"十二五"国家重点图书
出版规划项目

国家出版基金项目
NATIONAL PUBLICATION FOUNDATION

陕西出版传媒集团
2011年重大出版项目

中国少数民族法史通览

ZHONGGUO SHAOSHU MINZU
FASHI TONGLAN

总主编
张晋藩

本卷主编
徐晓光 高其才

参 编
吴大华 韦宗林 周相卿
龙泽江 李廷贵

第八卷

苗 族·瑶 族

陕西出版传媒集团
陕 西 人 民 出 版 社

丛书主编

张晋藩

张晋藩，男，汉族，1930 年 7 月出生，辽宁省沈阳市人。1952 年中国人民大学研究生毕业，历任该校法律系讲师、副教授、教授。1983 年至 1994 年任中国政法大学副校长兼研究生院院长、中国法律史研究所所长。现为中国政法大学终身教授、法律史学研究院名誉院长。

1983 年被评为中国法制史博士生导师，1988 年被评为国家重点学科法制史学带头人，1991 年享受国务院特殊贡献津贴。曾兼任：国务院学位委员会第二届法学评议组成员，中国法律史学会常务副会长、名誉会长，中国老教授协会副会长，全国人大常委会内务司法委员会特约研究员，中国法学会理事，等等。现兼任：中国法律史学会专业顾问，中国教育家协会名誉会长，最高人民检察院特约研究员，等等。

曾出版《中国法制史》《中国法律史论》《法史鉴略》《中国古代法律制度》《中国古代政治制度》《中国法律的传统与近代转型》《中国近代社会与法制文明》《中国宪法史》《中国监察法制史稿》《中华法制文明史》等 30 余部学术专著，主编《中国法制通史》（十卷本）大型学术著作。其中，有的已译成英、日、韩等国文字出版。迄今已发表专业论文 200 余篇。

2012 年，被中国法学会授予“全国杰出资深法学家”称号。

本卷主编

徐晓光

徐晓光，男，1958 年出生于辽宁省盘锦市。1982 年毕业于吉林大学外国语学院日本语言文学系，获文学学士学位。1988 年西南政法学院中国法制史专业研究生毕业，获法学硕士学位，毕业后留在该校任教，长期从事中国法制史和民族法学的教学与科研工作，2000 年 7 月获法学博士学位（中国政法大学中国法律史专业）。1999 年起在贵州民族学院工作。现为凯里学院副院长、教授，"贵州省原生态民族文化研究中心"主任，《凯里学院学报》主编，《原生态民族文化》常务副主编。贵州省高校哲学社会科学学术带头人，省管专家，享受国务院特殊津贴，2003 年荣获"中国杰出中青年法学家"提名奖。主要著作有《清代蒙藏地区法制研究》《藏族法制史研究》《中国少数民族法制史》《苗族习惯法的遗留传承及其现代转型研究》《清水江流域林业经济法制的历史回溯》《原生的法——黔东南苗族侗族的法人类学调查》。合著、合译的著作有《法律多元文化视角下的苗族习惯法——来自黔东南的田野调查》、《苗族习惯法研究》、《羌族法文化研究》、《中国少数民族法制史教程》、《法人类学基础》（日文）。主编《苗族法制史》《苗族法制史教程》等，在国内外学术刊物上公开发表学术论文 130 篇。

高其才

高其才，男，汉族，1964 年 9 月出生，浙江省慈溪市人。清华大学法学院教授，博士生导师。独著有《中国习惯法论》《中国少数民族习惯法研究》《瑶族习惯法》《多元司法——中国社会的纠纷解决方式及其变革》《国家政权对瑶族的法律治理研究》《桂瑶头人·盘振武》。合著有《司法公正观念源流》《乡土司法——社会变迁中的杨村人民法庭实证分析》《当代中国法律对习惯的认可研究》等。独著教材有《法理学（第三版）》《法社会学》《司法制度与法律职业道德（第二版）》。

《中国少数民族法史通览》
总 序

早在公元前2世纪，中国便初步形成了多民族的统一国家，无论国家疆域、社会的物质文明和精神文明，都是由各民族共同开发、共同创造的，其中也包括辉煌的法制文明。在20世纪80年代中国法律史年会上，我首次提出了研究民族法史。在我的倡导与主持下，法史界的一些同道发宏愿纂修一部信而有征的少数民族法制史。希望借此传承与弘扬各民族法文化的优秀传统，展示少数民族的法律智慧，保存存在于少数民族地区的珍稀法制史料，进一步巩固以汉族为主体的中华民族大家庭。同时也可以充实中国法制史学的内容，提高中国法制史学的世界地位。

一、中华民族是统一的、多样性的伟大民族

在世界历史上的文明古国中，由于种种原因，多已失去独立自主的民族生命，或已沦丧其固有的文化传统，唯有中国历经五千多年的历史发展过程，始终绵永其独立的民族生命与文化。这和以汉族为代表的先进文化为基础所形成的统一的中华文化是分不开的。虽然古代有过华夏文化中心论的华夷之辨，有过“非我族类，其心必异”的狭隘民族观，也有过按民族划分社会等级的民族等级观，但并没有妨碍自秦汉以来中华民族便已形成的稳定共同体的绵延与发展。正像发源于巴颜喀拉山下的涓涓细流一样，中华民族也都发源于一个共同的文化传统，尽管血缘上有异，地域上有别，但不存在严格对立的民族隔阂与阻止交流的壁垒。

“中华民族”作为一个整体，不仅有着同源的文化，而且在漫长的发展过程中，不同程度地进行着相互渗透、相互亲和、相互同化。只是由于所处的地域不同、生产过程与方式不同、习俗不同而表现出“族”的特有的形式而已。

数千年来，各民族经过不断的迁徙、杂居、通婚、互市，在文化上互相学习，在血统上互相融合，你中有我，我中有你，民族畛域逐渐消弭，统一的民族精神日益凸

现，这个民族精神，早已超越了一族的界限。正是这种超越一族的磅礴之气，以及各民族在文化同源的背景下的多样性发展，才形成了绚烂多彩的中华文明，凝聚成厚重的“中华魂”。法律作为中华文化的一部分，也有其源与流、干与支的相互关系及内在联系，并由此形成了多样性的统一体。这是我们在探究中华少数民族法制历史时首先应该注意到的。

二、中华法系是集各族法律智慧共同缔造而成的

中国是世界法制文明的古国，具有四千余年从未中断的法制历史。中华法系是世界公认的特色鲜明的一大法系，其中也汇聚了中华各族的法律智慧。早在法律形成时期便表现出了民族间的相互吸收与传承。根据史书记载，上古时期，华夏族以外的苗民，便已开始制定法律，所谓“苗民弗用灵，制以刑……爰始淫为劓、刵、椓、黥。越兹丽刑，并制罔差有辞”①。其后黄帝灭其族而用其刑，使苗民的刑制发展成为整个夏商周三代通行的奴隶制五刑：墨、劓、刖、宫、辟，并沿用至汉初。

特别需要指出的是由战国末期至秦汉逐渐兴盛的匈奴族，是中国历史上北部游牧民族建立的第一个统一的军事政权，并且适应游牧民族调整内部生活与秩序的需要，开始设范立制。史书说：其法，拔刃尺者死，坐盗者没入其家；有罪小者轧，大者死。狱久者不过十日，一国之囚不过数人。②

自秦汉迄南北朝，在中华民族的大家庭中，又融入匈奴、鲜卑、氐、羌、羯等诸民族。从西晋末年开始的“五胡内迁”，到东晋时期与江南东晋政权抗衡的北方“十六国”，再到南北朝时期的北方五朝，少数民族相继在广大的中原地区建立了政权。同时根据统治广大地区的需要，结合本民族的习惯，制定了使用范围不同的法律，丰富了中华法文化的内容，甚至创造了为隋唐时期所直接取法的法律范本。例如，鲜卑族统治的北魏时期，自道武帝拓跋珪至孝文帝拓跋宏，都较为注重法制建设，经历了从习惯法过渡到成文法，再发展到引礼入法的几个阶段。在儒家思想的引导下，并经过汉族律学家的具体帮助，以“齐之以法，示之以礼”③ 为指导思想，终于在太和五年（481）颁布了著名的《太和律》。这部律典既融汇了汉魏晋以来法制建设的成果，同时也保留了某些元魏旧制，可以说是这个时期游牧文化与农耕文化大融合的产物。从程树德先生辑录的魏律遗文中可以看出儒家人本主义对魏律的影响：“世祖定律，

① 《尚书·吕刑》。
② 《史记·匈奴列传》。
③ 《魏书·刑罚志》。

妇人当刑而孕，产后百日乃决，盖本元魏旧制。”① 至于鲜卑后裔建立的北齐王朝，其在法制上的贡献具有承前启后的历史地位，程树德先生评论说：“南北朝诸律，北优于南，而北朝尤以齐律为最。”②《北齐律》开创的新体例，与隋唐律的传承关系十分明晰：“盖唐律与齐律，篇目虽有分合，而沿其十二篇之旧；刑名虽有增损，而沿其五等之旧；十恶名称，虽有歧出，而沿其重罪十条之旧。”③由于各民族坚持不懈地进行法制的创造和法文化的交流，才有隋唐时期中华法系的定型。历史雄辩地说明了中华法系是以汉族为主体，各族共同缔造的。

隋唐时期中国的法律文化、典章制度远播海外，中华法系成为相邻国家和地区的母法。而建立在祖国边陲的吐蕃、突厥、南诏等地方民族政权，各自有着一套行之有效的法律体系。尽管这些法律带有浓厚的地域色彩，并杂有民族习俗和宗教规条，但是不可否认，它们都包括在中华法文化的大法苑中，都是中华法制文明的重要组成部分，都体现了当时少数民族对法制的重视和思考。

唐朝统治者对少数民族的法律和习俗也持认同态度，《唐律疏议》在处理化外人相犯时就提出这样的原则，“诸化外人，同类相犯者，各依本俗法，异类相犯者，以法律论。”在此条的疏议中就特别提出：“‘化外人’谓蕃夷之国，别立长君者，各有风俗。制法不同。其有同类自相犯者，须问本国之制，依其俗法断之。”④ 由此开创了在统一的多民族国家中，不同的民族在特定条件下可以适用本民族法律的先河。这条规定也从一个侧面反映了各族法律的发展状况，以及在互相交流中不断地得到演进的原因。近年来随着考古的发现，隋唐时期各少数民族政权的法律文件已部分地公之于世，为我们认识这一时期少数民族法制状况提供了第一手资料。

由于唐朝对边疆少数民族实行“恩惠抚和”的政策，使众多的少数民族相继内附，而且由于统治者开明的民族观念，使得各民族关系更为和谐，唐太宗曾提道：“夷狄亦人耳，其情与中夏不殊。人主患德泽不加，不必猜忌异类。盖德泽洽，则四夷可使如一家。”⑤ 以致有唐一代，在内附的民族区域建立的羁縻府州县多达856个，“羁縻，犹言维系也”⑥。在这些羁縻府州县中，政权事务由当地少数民族首领世袭管理，原有风俗一概保留，中央政府不加过问。地方仅在军事上“奉征调”，在赋税上

①②③ 程树德著：《九朝律考》，中华书局2003年版，第383、391、391页。

④ 《唐律疏议》卷六“化外人相犯”条。

⑤ 《资治通鉴》卷一九七，贞观十八年十二月。

⑥ 《纲鉴易知录·唐纪》卷四十三，中华书局本。

纳贡。许多民族还制定了地方性法规。

宋朝是面对民族问题最多的朝代，宋朝统治者运用法律的手段调整与西北蕃族的关系，制定了《蕃官法》、《蕃兵法》、《蕃丁法》、《茶马法》等法规。在宋朝统治期间，契丹族、党项族、女真族先后崛起，建立了辽、西夏、金等国，分别制定了既吸收中原地区传统法律文化，又具有本民族特色的辽《重熙新定条例》、金《泰和律义》、西夏《天盛改旧新定律令》等。辽金律已佚，只有西夏国天盛年间制定的《改旧新定律令》保存完好。① 《天盛改旧新定律令》是中国历史上第一部用少数民族文字印行的法典，其详细程度为现存中古法律之最。法典总计二十余万言，没有注释和案例，全部是律令条文，其内容包括刑法、诉讼法、民法、经济法、军事法，多方位地反映了西夏社会生活的各个方面。②

至元代，在蒙古族的统治下，天下又合而为一，元朝统治的疆域空前辽阔，其法制的创造性则更加明显，譬如独具特色的刑罚体系，平反律目的创立、民事诉讼的程序化、行政法律规范的细化等等，都反映了法制的民族性与创新性。目前存留的《大元通制条格》，既是中华民族法制史上一部重要的法典，又是蒙古族法制文化所达到的高度的表征。

综上可见，隋唐以来各民族的融合和文化上的交流，为封建社会后期法律体系的趋于完备和法律制度的不断完善创造了条件。至清代，民族立法已臻于完备和成熟。

至清代发源于白山黑水的满族早在关外开国肇基时期，便通过颁布《盛京定例》的形式，与蒙古结成巩固的联盟，并促使蒙古族社会关系的法律调整。此外，还采用“参汉酌金”的立法路线，创造了民族特色鲜明而又迅速封建化的关外法制。1644 年入关以后，更将“参汉酌金”的立法路线推向全国。顺治三年的《大清律集解附例》其实是大明律的翻版，随着汉满法文化交流的深化，至乾隆五年修订的《大清律例》已经成为与唐明律相同的正统封建法典。

清朝统治者为了统治疆域辽阔的统一多民族国家，实行“因族制宜、援俗而治”的政策，一方面确认各族的习惯法在该民族地域内继续发挥效力；另一方面，为了巩固多民族统一国家，制定了一系列民族立法，如《蒙古律例》、《理藩院则例》、《回疆则例》、《青海蕃夷成例》、《西藏章程》以及适用于苗疆地区的条例等。《大清会

---

① 《天盛改旧新定律令》（史金波、聂鸿音、白滨译注，法律出版社 2001 年版），该法典从俄国引至国内，原文献藏于俄国科学院东方研究所圣彼得堡分所写本部。

② 史金波、聂鸿音、白滨译注：《天盛改旧新定律令》，法律出版社 2001 年版，第 3—4 页。

典》里也汇编了有关适用于少数民族的诉讼、审判、定罪、量刑等方面的律例近百条。这都标志着民族立法进入了前所未有的辉煌时期。

以上可见，自从中华民族进入文明时代起，在中华大地上便孕育了包括汉族在内的众多民族。尽管他们在不同的时代由于文化、经济、政治发展的差别而处于不同的历史地位，对于缔造中华法系所起的作用也有所不同，但无论如何，中华法系是各族人民共同缔造的，凝聚了各族人民的法律智慧，是各民族法律文化与法制经验相互交流与吸收的综合结果。

三、习惯法和民间法是少数民族法律体系中的重要组成部分

在悠久的历史长河中，建立独立政权的少数民族毕竟是少数，而建立全国性政权的少数民族也仅有元清两朝而已。绝大部分的少数民族依然固守在世代生活的一隅之地，遵循着传统的习俗和共同推崇的权威，维持着社会的秩序。在政治、经济和文化发展不平衡的统一多民族中国，这种状况是较为普遍的。这些民族的生产和生活如何维持，相互间的矛盾与纠纷如何解决，对财产的侵犯与人身的伤害如何制裁等，都需要依靠约定俗成的规则。这些规则有些是成文的习惯法，有些是不成文的习俗。虽然简陋，但却具有很高的权威性与约束力，发挥着对该族内部生活的调整作用，这是我们研究与撰写少数民族法制史所不可忽视的。事实上在国家大法难以完全覆盖到的角落，家族法、习惯法、民间法，或者其他风俗习惯都对建立与维持一定的秩序起了重要的乃至主要的作用。韦伯在论中国传统皇权治理模式时说："出了城墙以外，统辖权威的有效性便大大地减弱，乃至消失。"① 这论断虽然稍嫌绝对，但却揭示了一个现象：在乡土中国，确实存在王法难以达到的真空，何况在少数民族聚居的边远地区。所以在研究与撰写少数民族法制历史的时候，需要探究在该民族地区起着实际作用的法源；需要了解在该民族生活秩序中，法与情、法与理是如何统一的；尤其是需要掌握具有共同性的法律意识的生成、发展及其作用。毕竟一部法典的生命力是有限的，而内蕴在少数民族内心的法律意识是世代相沿的，尤其是在相对闭塞的角落中更是如此。

在20世纪50年代以前，独龙、怒、傈僳、德昂、阿昌、景颇、阿瓦、拉祜、纳西、基诺、黎、布朗、赫哲等十几个民族或这些族群所在的部分地区，原始社会色彩还相当浓厚。不仅不可能拥有成文法，甚至连本民族文字都没有，它们的法律还处在

---

① 韦伯著，洪天富译：《儒家与道教》，江苏人民出版社1993年版，第109页。

世代相传的祖先训谕与原始宗教规条以及部落首领的训诰层次上。如景颇族的“通德拉”，即属于早期习惯法的范畴，对于这些习惯法的解释和执行，由部族头人和巫师负责。正如前文所阐明的各少数民族之间的发展是不平衡的，譬如凉山的彝族在新中国成立初期还处于奴隶社会，头人作为奴隶主行使着处罚大权，运用习惯法（彝语称“节威”），来维护奴隶主的特权和对奴隶的剥削压迫。较之彝族发达的西藏的藏族、云南西双版纳的傣族在当时已经处于农奴制社会。

藏族是一个具有悠久历史的古老的民族，从吐蕃初期制定的教法戒律，到松赞干布根据佛教“十善”制定的“法律二十条”称为吐蕃成文法的母法，无论是《王朝准则之法》还是《伤人赔偿律》、《盗窃追赔律》，都以它为基准，逐渐形成了在历史上典型的地方少数民族的成文法体系和丰富的法律内容。至清朝统治时期，清政府还通过制定“则例”“章程”“条例”等部门法的形式对西藏进行全面的管理。与中央立法相对应，西藏地方政府也制定了一些重要的法规，主要有五世达赖时期的《十三法》、青海果洛地区的《红本法》、德格土司的《法律十三条》，毛垭土司的《十三条禁令》等。藏族法律形成的多样性以及宗教戒律、道德规范与法律规范的结合，构成了藏族独具特色的、多元的法律文化。

聚居在西南边陲的傣族，长期以来就适用本民族习惯法。远在12世纪，首领叭真统一各部建立勐泐政权，随后历代宣慰司和勐泐土司为了维持封建领主的地位，颁布了一系列封建法规，如西双版纳傣族的民刑法规、礼仪规程和孟连宣抚司法规等。此外，壮、布依、侗、苗、瑶、土家、畲、白、回、维吾尔、蒙古、满等30多个民族则处于封建社会的中前期。如在苗族地区，基本上是按宗支建立自己的社会组织，即所谓“立鼓为社”，各鼓社均有自己的民主议事制度，并根据古礼和传统习惯制定规约。明清时期，苗疆各民族的习惯法经过长期的演化，逐渐丰富起来，成为具有普遍约束力的“苗例”。它涉及社会生活各个方面，内容相当广泛。经过历代中央政府的认可，苗例在苗疆地区长期适用。

再如侗族，其习惯法为“约法款”，其中的法律条文成为“款词”。款词原本是靠侗族人民口耳相传，后来采用汉字记录语音的方式辑录下来，成了现在的成文形式的侗族习惯法。

总之，少数民族习惯法和民间法的数量是众多的，形式是多种多样的，其内容主要是对贼盗犯罪的惩治和以罚牲畜作为刑罚的主要手段；在审判上运用多种形式的神明裁判。① 这些少数民族的习惯法与民间法，历史悠久，特色鲜明，它密切联系社会生活，服务于社会生活，具有深厚的群众基础和较高的权威，起着相当有效的调整作用。它们的存在有其必要性与合理性，是需要以理性的态度对待的。

需要指出的是，有些少数民族经过一番斗争，才获得了适用本民族习惯法的法定权利。以苗疆各族为例，苗疆各族人民多次进行争生存、反压迫的武装起义，迫使清朝在立法中确认苗疆少数民族习惯法的法律效力。据《清高宗实录》卷一三九载："若苗与苗非聚众而自相杀伤、偷盗，苗人愿照苗例完结者，免其相验解审。""一切（苗人）自相诉讼之事，俱照苗例完结，不治以官法。"《大清律例》卷三七"条例"："苗人与苗人自相争讼之事，俱照苗例归结，不必绳之以官法，以滋扰累。"

随着社会的发展进步，少数民族间的习惯法与民间法也处于由粗俗趋向细密，由野蛮趋向"文明"的进步过程中。正因为如此，整理少数民族固有的习惯法、民间法对于保存传统的法文化资料是十分紧迫的。

四、"通古今之变"是研究少数民族法制史应有的态度

由于历史的发展具有连续性，所以研究少数民族法制史时不能只局限于特定的历史时期，还需要纵向地考察法律内容的嬗变与联系、法律思想的传承与发展，总之要通古今之变。但绝不意味着仅仅是为了叙述其发展过程，厘清其发展轮廓。首先，是为了抽象各少数民族法制历史发生发展的规律性。譬如，秦汉以降在统一多民族的中国，各个民族大小不同、强弱不同、语言不同、居住环境不同、经济类型不同、文化和社会发展程度不同，这些都必然反映在各族群的实际生活与思想意识当中，由此形成了不同民族的法观念和立法的特点，它们在共同性中又存在着明显的差异性。又如，少数民族在取得政权以后（无论是全国性的还是地方性的），法制建设都会出现跳跃式的发展，往往从简单、落后的习惯法跃升到封建性的成文法典，北齐律可以看作是一个最明显的典型。这不是偶然的，是适应先进的汉族的生产方式与社会生活借以存在的需要，同时也和法文化的交流融合分不开。恩格斯说："文明较低的征服者，在最绝大多数的场合上，也不得不和那个国度被征服以后所保有的较高的经济情况相

① 民族志研究者根据田野调查，发现时至今日，在我国一些少数民族地区，对一些纠纷仍然保留传统神判方法，如景颇族，村里的仲裁者在证据不足又不能排除犯罪可能的情况下，就运用神判，目的是借助于神的意志来判定告发人和嫌疑者谁是谁非。其常用的办法有闷水、捞沸油锅、煮米、鸡蛋清卦、斗田螺、捏鸡蛋、诅咒、叫天等等。

适应；他们为被征服的人民所同化，而且大部分甚至还采用了他们的语言。”① 法律的发展也是如此，中华民族内部法文化的交流与融合一直未曾停止过。

其次，是为了总结中央政府在处理民族关系上的历史经验与借鉴。譬如在汉族中原王朝“大一统”思想的主导下，从少数民族政治、经济、文化的差异性以及与内地发展水平的不平衡性出发，采取一定的因族因俗制宜的自治方式或原则。强调“修其教不易其俗，齐其政不易其宜”②，“以其故俗治”③，“各依本俗治”④，“天子之于夷狄，其义羁縻勿绝而已”⑤，“荡佚简易，宽小过，总大纲”⑥，“临时制宜，略依其俗，防其大故，忍其小过”⑦。既强调其因俗制宜，赋予一定的民族自治权，又强调中央政权的管辖与法律的统一适用。这两者结合，是中国古代治理少数民族地区成功的经验，对于今天加强民族关系的法律调整都有历史的借鉴意义。

除此之外，为了维护和巩固统一的多民族国家，中央政府还采取必要措施保证国家对少数民族地区的立法权和司法管辖权，从而形成了中国各民族多元一体的法律发展格局。如何发掘和利用民族法文化的本土资源，使民族的习惯法与国家法律有效地衔接并逐渐一体化，将会促进依法治国的方略在广大疆域的实施。

最后，通过深入挖掘整理民族法文化遗产，将会极大地丰富中华民族的法律文化宝库，繁荣民族法学。由于少数民族发展本身具有不平衡性，无论法律意识、法律思想、法律实践、法律表达在不同的少数民族间存在很大的差距。有的少数民族没有自己的文字，民族的形成又比较晚；而有的民族虽然显赫一时，如契丹族，却早已经消亡以至难觅其踪迹。所以要编写出少数民族法制史，必须要进行广泛的田野调查，收集散失在民间的珍稀法律史料，由今及古复原出少数民族最真实的法制发展进程中的图景。法国史学家马克·布洛赫提到历史学家的技艺时曾谈道：“史学家所要把握的正是它在每个阶段中的变化，但是在历史学家审阅的所有画面中，只有最后一幅才是清晰可辨的。为了重构已经消逝的景象，他应该从已知的景象着手，由今及古地伸出

① 恩格斯：《反杜林论》，载《马克思恩格斯选集》第3卷，人民出版社1972年版，第222页。

② 《礼记·王制》。

③ 《汉书》卷四二。

④ 《唐律疏议·刑名》。

⑤ 《史记》卷一一七。

⑥ 《资治通鉴》，卷四八。

⑦ 《后史记》卷八七。

掘土机的铲子。”①

系统地编纂中国少数民族法制史是一项前无古人的事业，它的出版必将深化已有的民族法制史研究成果，全面弘扬中华民族的法律文化，使原先隐藏在历史烟尘中的明珠能够在世界法制舞台上熠熠生辉！由于中国少数民族传统法律文化内容极其丰富，而且处于不断发展变化之中，所以编纂这套《通览》并不意味着对少数民族法制史研究的结束，而只能说是一个阶段性成果。“路漫漫其修远兮，吾将上下而求索。”屈子的吟唱同样适用于我们对于少数民族法制历史的探求。

早在 1983 年，我于中国法律史学会西安年会上第一次提出编写中国少数民族法制史的意见，其后在论及中华法系的特点时，也一再强调中华法系是由汉族为主体的中华民族共同缔造的，但是编纂少数民族法制史的想法一直未能落实。直到 1999 年岁末，在时任中共云南省委常委、政法委书记秦光荣同志的支持下，我于昆明召开了全国相关学者参加的编写《中国少数民族法史通览》研讨会，后又争取到多项基金的支援，才使得这个计划得以逐步实现。

编写这样一部卷帙浩繁的、前人所未做过的文化工程，困难是很多的。我们虽然勉力以赴，但缺点与不足之处，甚至错误都难以避免。敬请读者批评指正。

张晋藩

2014 年 9 月

---

① 〔法〕马克·布洛赫著，张和生、程郁译：《历史学家的技艺》，上海社会科学出版社 1997 年版，第 38 页。

[目 录]

瑶族法制史

绪 论

苗族、瑶族都是我国古老的民族，是祖国民族大家庭中的重要成员，两个民族历史悠久，文化灿烂，为我国西南地区的开发建设做出了重要贡献。历史上苗族与瑶族同源，先秦时期居住在长江中游的江汉地区，泛称为“南蛮”。秦汉至魏晋，向西迁至湖南的湘江、资江、沅江流域，固其地而称“长沙蛮”、“武陵蛮”或“五溪蛮”。大约在南北朝时期，苗、瑶才分开，各有自己的“称谓”。直到清代将西南少数民族地区统称为“苗疆”，苗族、瑶族居地均是“苗疆”的一部分。苗族和瑶族都是长期迁徙的民族，支系众多，居地广阔而分散。由于历史发展阶段和所居地区环境不同，受历代政府统治程度不同，两个民族习惯法形成的时间与内容也不相同，但由于共同生活在西南山区这种特殊的环境，有的地方两个民族相互杂居，习惯法文化也相互影响，故有相同或相近之处。

一

苗族是我国人口较多的少数民族之一，据全国第五次人口普查统计，2000 年苗族人口近 900 万，主要分布在贵州和湖南的湘西地区，其余分散在云南、重庆、广西、广东、四川、湖北等地。其中以贵州的苗族人口最多，约占全国苗族人口的一半，为

4 299 954人。① 贵州苗族又以黔东南苗族侗族自治州人口最多，为1 458 912人；黔南布依族苗族自治州为396 591人；铜仁地区为446 735人；安顺地区为342 975人；毕节地区为387 562人；遵义地区为218 231人；黔西南布依族苗族自治州为180 555人；六盘水地区为165 095人；贵阳地区为90 244人。其次为湖南省和云南省，均超过100万人，接下来是50万人左右的重庆市和广西壮族自治区。之后的顺序为：湖北、四川、广东、海南等。

上古时代，苗族是居住在中原一带的民族，由于部落间的战争，逐渐向南迁徙，后来大部分苗族进入西南山区，现在多与其他民族大杂居。当然，也有苗族聚居的地区。国外也有一小部分苗族移民，主要在泰国、老挝、越南等东南亚国家，还有的去了美国及其他地区或国家。可见苗族是一个迁徙民族，其丰富多彩的服饰和口头传承的古歌反映了他们长期迁徙的历史。

追溯苗族的族源，据《后汉书·西羌传》说，“西羌之本，出自三苗，姜姓之别也”，大体上可以说古苗人是古羌人的一支。苗族与远古时期的“九黎”、“三苗”有着密切的联系。“九黎”是5000多年前分布在黄河下游一带的一个庞大的族群，其首领被称为蚩尤。当其向西往黄河中游地区发展时，与黄帝为首的炎黄部落联盟发生争战，最后在涿鹿战败，渐渐退入长江中下游一带。到尧、舜、禹时，形成“三苗”部落联盟。其中心地区在“左洞庭，而右彭蠡”（大约在今湖南、湖北、江西一带）。距今4000多年以前，以尧、舜、禹为首的北方华夏部落相继与三苗发生战争，三苗战败，除被打散在江淮荆州一带以外，一部分向川南、滇东北、黔西北等地迁徙，另一部分逃到南方的深山密林中，成为南蛮的重要组成部分，后来又经过多次迁徙跋涉到今湘西、川南、黔东、桂北等地区。大约在秦汉时期，有一部分苗族从洞庭湖一带往南，经巫水，顺南岭走廊进入黔东南地区。

民国时期的学者萧文哲先生在研究苗汉关系问题时得出这样一个结论，他说：“中国自黄帝至舜禹几百年里，除黄帝时代对北方荤鬻一度有所动作外，完全是汉苗两民族的对抗斗争。”②

在中国典籍记载的“正统”宣传中，苗族在几千年的历史长河中始终扮演着“反叛”的角色。华夏集团及后来的皇权势力对苗民的征伐均被视为正义的战争。这些典籍大致有：《尚书·大禹谟》、《尚书·尧典》、《尚书·吕刑》、《吕氏春秋》、《淮南

① 根据我国2000年11月发表的全国第五次人口普查统计资料。

② 萧文哲：《汉苗民族斗争及其给予的教训》，载《新亚细亚》第23卷（1963年），第8—14页。

子》、《史记正义》等。如此多的“正学典籍”将“苗”作为异端，进行“口诛笔伐”，不仅在历史的记录中罕见，而且对后人后事的影响非常深刻、持久，同时也让人感到这一历史的曲折和悲壮。

中国历代统治者和正统思想宣传喜欢在典籍中寻找理论根据和宣传资料，这更延续和强化渲染了汉苗之间的敌对意识。历史上常将苗族看成是“不服王化，叛服无常”的民族，因此苗族常遭皇权势力的讨伐，矛盾千年不解。数千年以来，苗族社会文化与主流社会文化在接触时，一直以武装冲突形式进行，有“五年一小乱，六十年一大乱”之说，“征苗”、“剿蛮”的战争直至清同治年间才停止。这在中华各民族大家庭中是很少见的。清朝时任云贵广西三省总督的鄂尔泰就认为天下有两大要务，“以民务为急，而利民者莫要于水利，害民者莫甚于凶苗”，他的思想具有较大的代表性。

历史上，苗族是苦难深重、不断迁徙的民族，这同该民族所扮演的“反叛”角色分不开，并成为历史上皇权势力可资利用的一种舆论和理论资源。因此，侵占苗民土地、夺取苗族生存资源、强行改变苗族习俗，甚至剥夺苗族人民的生命都成为神圣的“替天行道”行为。历代的剿苗行动都在充分的历史依据和现实的合法感、安全感、正义感的支配下变得越来越自信，历代统治者对待苗族的态度都会在政治统治、经济政策与立法中体现出来。

在政治统治上，从秦汉起历代封建王朝就对苗族居住的广大地区加强了国家政治统辖，根据“因俗而治”的原则，依照当时当地的具体情况制定了相应的政治制度，先后在苗族地区推行郡县制、羁縻制、土司制、保甲制来钳制苗族人民，尽量将苗民纳入国家权力管辖范围。在直接统治条件不成熟的地方则利用当地首领镇抚苗民，实行“以夷制夷”的统治政策，于是各级土司便借助朝廷的封赏、纵容，有恃无恐，渐渐坐大，形成拥有强大政治、军事、经济实力的合法的地方割据势力群。许多土司上傲官府，下虐百姓，导致政令不通，民怨四起，“土民之苦甚流民百倍，多有逃出流官州县为兵者”①。苗民多“愿归版籍”②，“自愿改土归流”③。朝廷利用民族情绪，为了统一政令，增加粮赋，削除民族地方割据势力，或以违抗朝令为名，或以谋反为

① 《广志绎》卷五，西南诸省。

② 贵州省锦屏县平鳌村“灾民告示”牌。锦屏县政协办公室、县志办公室编，姚炽昌选辑点校：《锦屏碑文选辑》（内部印刷）第19页。

③ 《咏绥厅志》卷二五，《奏疏》。

由，或以“乏嗣”做借口，对土司地区相继推行“改土归流”，即改土官为流官，并使一部分苗族地区纳入国家直接管辖的范围。

社会经济较为发达的“熟苗”和“良苗”（被驯服的和已归化的苗人），曾在经济上不同程度地遭受历代封建统治者的剥削。西汉时期，朝廷已向手工业较为发达的苗族地区征收赋税，其具体办法是“岁令大人输布一匹，小口二丈，是谓賨布”。所谓“賨布”，许慎《说文》解释为：“南蛮赋也。”到南北朝时期，苗族中所谓“顺附者”的赋税是“一户输谷数斛，其余无杂调”。到明、清两朝，主要是按土地数量来计征租赋。

除正赋外，封建统治者有时还加征“赋外之赋”，尤其是部分地方官吏任意摊派苛捐杂税，常常使苗族同胞苦不堪言，甚至出现“田园卖尽，始而鬻卖屋宇。继而鬻卖男女，以填逋赋。更有逃亡故绝，无可著追，而粮差及同族代为赔垫者”① 的局面。这种繁重的赋税，也是导致明、清两朝苗族反抗斗争频繁爆发的重要原因之一。

在法律制度上，历代统治者的苗族立法均以“隔绝民（汉）苗勾引为本”。禁止苗汉自由交往，禁止自由贸易，禁止苗汉通婚，禁苗民袭用与中央统治有抵触的习俗。如清同治十三年（1874）规定：“民无故擅入苗地及苗人无故擅入民地，均照越渡治关边寨律治罪，交察务官议处，民人有往苗地贸易者，令开明所置货物，并连往某司某寨贸易，行户姓名，自限何日回，取具行户保结报官，给照令塘验放，逾期不出，报文武官弁，徼查究。……（苗疆）不许汉民擅入苗地及私为婚姻，致滋事端。其各处集场，仍不准苗民按期赶趁……”② 关于不利于统治的苗俗，雍正时期就明文禁例。雍正六年（1728），岳钟琪奏不准苗民带刀出入，鄂尔泰奏凶苗之药箭宜禁。斗牛祭祖等大型活动向所禁止，而跳月的风俗，有时禁有时不禁，完全从地方官统治便利出发。这些禁例的目的是防止苗汉群众联合，苗族使用武器进行反抗斗争和利用大型民族祭祀活动聚众起事。由于历代统治者长期实行隔绝与封锁政策，几千年里苗族人民生产和生活方式没有多大改变，直到新中国成立前仍处于不完全的封建地主经济阶段。

苗族是具有斗争和反抗精神的民族，苗族人民有反压迫、反剥削的传统。为反抗历代统治阶级的压迫，曾多次进行大规模的武装起义。早在东汉时期，包括苗族在内的武陵等地区的人民就多次举行过起义。唐末黄巢起义时，苗族人民群起响应。南宋

① 《安顺府志》卷三二，《卢大桥传》。

② 《古州志》卷三，《张广泗奏折》。

时期又有大苗山的各族人民联合起义。到了清代，有雍正、乾隆年间包利、红银领导的苗族人民起义，乾隆、嘉庆年间湘西和黔西北地区反对兼并土地的起义，咸丰、同治年间黔东南等地爆发的张秀眉领导的起义，等等。其斗争的结果一定会在国家民族政策和立法上反映出来。如宋真宗的一道诏书就说："朕常诫边臣，无得侵扰，外夷若自相杀伤，有本土之法。苟以国法绳之，则必致生事，羁縻之道在于此。"① 清朝面对苗族人民的激烈反抗和习惯法在苗族社会的根深蒂固，在苗疆立法上充分考虑了这些因素，一定程度上认可了苗族习惯法。据《清实录》载："若苗与苗聚众而自相杀伤、偷盗，苗人愿照苗例完结者，免其相验解审。""一切（苗人）自相诉讼之事，俱照'苗例'完结，不治以官法。"②《大清律例》规定："苗人与苗人相讼之事，俱照'苗例'归结，不必绳之以官法，以滋扰累。"③《大清会典》卷五三规定："苗夷犯死罪，按律定拟题结，不准以牛马银两抵偿，其自相争讼之事，照苗例断结，不必绳之以官法。"另据《贵州通志·土民志》载："苗有事不明者，只依苗例。"清朝在国家的重要法典，特别是国家基本法律《大清律例》中直接规定了针对苗族的专门条例，这是清代少数民族立法中绝无仅有的。综上，说明历史上少数民族法律上的权利是在不断反抗统治者的斗争中取得的。

二

苗族是具有悠久历史和灿烂文化的民族。据载，尧、舜、禹时期就建立过"三苗国"，并创制过由国家强制力保证实施的"五刑"，为中国早期法律的萌生与形成做出了很大的贡献。秦汉以前载入史册的"三苗"与古老的华夏部落、藏羌部落共同敲开了中国文明的大门，同时也是中华民族形成与发展的重要的主体民族之一。

苗族逐渐迁徙西南后，在贵州的分布最多。进入封建社会以后，贵州大多数苗族地方受到历代封建王朝在苗地推行的各种制度钳制的同时，已在本民族传统鼓社制的基础上建立起"议榔制"，形成"议榔"立法、"理老"司法、"鼓社"执法的独特习惯法机制，为苗族内部的团结、社会稳定和保持本民族法文化特点起到了特殊的作用。在苗族文化中，包括历史上积年而成、相沿已久的榔规榔法；在长期历史发展过

① 《宋会要辑稿·蕃夷五》。

② 《清实录·高宗实录》卷一三九。

③ 乾隆《大清律例》卷三七，"条例"。

程中，苗族逐渐形成了具有本民族特色的、丰富的规范社会生活、维持社会秩序的习惯法规约。千百年来，在封闭的自给自足的自然经济状态下，苗族习惯法大体保持着独特的传统样态。明清以后，随着汉苗之间文化交流的增多，苗族习惯法渐渐从历史中凸现出来。在表现形式上，既有清末以后以汉字记载的议榔规约、族规、案例，也有在无文字状态下形成的“埋岩”（无字碑）、议榔词、法的传说等。苗族历史上没有文字，苗族语言因地域不同分为湘西、黔东、川滇黔三种方言。湖南城步地区曾使用过一种类似于汉字篆字的“苗文”，但在清乾隆六年（1741）以后，被清廷禁止使用，久已失传。民国以后，汉语在苗族地区的普及程度较高，汉字也被经常使用。苗族口承文化非常丰富，其中以贵州黔东南苗族口承习惯法最具特色，流传下来大量理词、唱词、古歌、谚语等，在中国各地苗族中最有代表性。

苗族习惯法的实际执行是以“鼓社”强制力保证实现的，这些社会组织有自己的法庭和执法人员，对危害社会秩序的各类违法犯罪，轻则罚款、罚畜、罚物，重则驱逐出村寨，甚至活埋、沉水，这些多在村寨范围内得到执行。

在法的普及传承上，苗族习惯法寓理于法，贴近生活，深入人心。苗族议榔、讲理、摆古等活动，已成为习惯法文化传承的重要形式，熏陶、教育了一代又一代苗族人。苗族议榔活动中订立规约和在具体案件审理中理师的“讲理”过程，都是教育苗族群众重视习惯法，增强守法观念的过程。这种具体的潜移默化的传统力量，以特有的方式代代相传，能够做到家喻户晓、妇孺皆知，起到了“润物无声”的社会效果。这些形式是苗族社会习惯法律宣传和传承的非常重要的途径。

苗族习惯法在村寨社会的生产和生活中有着深厚的社会基础。由于贵州苗族多聚居在山高路远、交通不便的偏僻地区，历史上与外界联系比较少，受汉文化的影响不是很深，所以大量的苗族习惯法规范一直保持到新中国成立前，甚至某些传统习惯法规范对今天苗族地区人们的思想、行为和社会生活都有或多或少的影响。如今，在苗族实际生活中，习惯法意识还相当强，并影响着人们的行为和纠纷的处理。这种深藏于人们心中的习惯法意识有的反映在村规民约里，有些传统规范和惩罚手段在当今村寨社会中仍实际存在。

贵州苗族村寨社会传统的习惯法在当今还有相当程度的遗留，只是强制程度和适用范围已无法和往日相比，作为一种乡土性知识，在价值体系上和国家法律是完全不同的。当今，少数民族社会面临着现代化问题，在民族法律的现代化过程中，要重视民族法资源的利用。苗族习惯法所体现的传统不应当被割断，苗族习惯法文化是苗族长期历史文化的积淀，不应该也不可能通过割断传统习惯法文化的途径来实现。英国历史学家汤因比曾经分析了历史上为什么有的文明曾昌盛过，但后来又衰落了，有的文明能够保持下来长盛不衰，也就是因为他们对挑战有不同的回应。凡是能够对危机做出迅速反应的民族就保持了繁荣，反之则会走向衰落。遗留至今的一些习惯法规范有些内容与国家法有明显的冲突，阻碍了国家法在苗族地区的实施。当前如何认识苗族地区的法律状况，进而找到苗族传统习惯法向现代法律转型的对策与措施，已成为苗族地区法律现代化研究的重要课题。同时应该看到，遗留下来的习惯法规范和解决纠纷的传统机制贴近苗族人民的生产和生活实际，适应乡土社会苗族村寨的实际需要，在苗族地区仍发挥着积极作用。它的存在有一定的合理性，可以允许它们在一定范围内，即在国家法律照顾不到的领域发挥作用。国家法律在苗族地区实施过程中要合理地加以利用，将其中一部分纳入民族自治地方的立法体系中，一部分以村规民约的形式保留下来，以维持苗族村寨社会常态秩序。

从今天历史学、人类学、法学的综合视角，深入研究历史上苗族地区习惯法的独特结构、样态，挖掘苗族习惯法的内容、运行机制及其在苗族村寨社会中的作用，总结苗族口承状态下法律文化的特点及传承规律，对保持和利用苗族习惯法文化是非常重要的。这不仅对丰富中华法文化的内容、繁荣我国民族法学有重要意义，同时也对我国制定民族政策、更好地实行民族区域自治、完善少数民族地方法制具有重大意义。

三

瑶族是中国南方主要的少数民族之一，人口有 255 万人，在中国 56 个民族中居第 13 位。在漫长的历史发展过程中，瑶族创造了包括制度文化在内的丰富多彩的民族文化。瑶族文化具有浓郁的个性色彩，是中华民族传统文化宝库中的重要组成部分。所以，总结瑶族法研究的成果，思考瑶族法研究的路径，对于深化瑶族法研究、推进瑶族地区的现代法治建设具有理论的、实践的意义。

国内学界对瑶族社会、历史、文化的研究比较深入，成果较为丰富，但是对瑶族法领域的研究则比较薄弱，除对瑶族石牌律等瑶族习惯法的探讨稍多，出现了如莫金山著的《瑶族石牌制》（广西民族出版社 2000 年版）这样的专门研究著作外，总体上为零散性的调查、总结、分析，专门性、系统性的研究不多。

根据覃乃昌、王晓莉、刘耀荃、胡起望等搜集整理的资料,① 近百年来我国对瑶族社会的调查研究活动和成果概述如下：20 世纪初就有学者进行有关瑶族法的调查、研究工作。1928 年 7 月 22 日至 8 月 18 日，中央研究院社会科学研究所的颜复礼先生和商承祚先生，对广西凌云瑶族进行了调查，完成了《广西凌云瑶人调查报告》，其中包括风俗（婚礼、丧礼）、财产继承、刻木记事、社交等有关习惯法的内容，1929 年作为中央研究院社会科学研究所专刊第二号印行。

1930 年春和 1931 年 3 月至 5 月，中山大学生物系的庞新民等到广东的曲江、乐昌和广西大瑶山等瑶区采集标本时，对当地的社会生产、生活习俗进行了比较详细的记述，涉及婚姻等规范，并进行了比较研究。在此基础上，庞新民写成《两广瑶山调查》，并于 1935 年 9 月由中华书局出版。庞新民指出："石牌者系瑶人公认成立的公约，勒于石上，竖立以垂永久者。起初数家或一村立一公约石牌，继而数村联合立一公约石牌。石牌所定之公约，瑶人均须绝对遵守，与汉人之村制乡约相同。"

曾在金陵大学开设"边疆问题讲座"的徐益棠先生 1935 年到广西象平瑶族聚居区进行了四个月的调查，陆续写出了系列文章，其中《广西象平间瑶民之法律》一文专门记叙瑶族的习惯法，记录了瑶人口头流传的不成文法和口述及记录的大瑶山的"石牌规矩"，对比了各种石牌的异同，并将之与布朗族、非洲南地人、非洲通加人、爱斯基摩人的习惯法进行了比较研究。该文在《边政公论》1941 年第 1 期上发表。

1935 年 10 月至 12 月，费孝通先生与王同惠女士对大瑶山的象县东南乡进行了调查，写成了《花蓝瑶社会组织》，1936 年 6 月由商务印书馆出版。《花蓝瑶社会组织》对家庭中的亲属关系、婚姻形式、生育习俗、男女成人礼、丧礼、石牌、经济生活等进行了介绍。费孝通和王同惠到大瑶山六巷等村考察，发现两件石牌。他俩认为："石牌的狭义虽是指那刻着法律的石碑，但在他们的实际应用中却是指整个的法律制度和行政制度，甚至指负行政责任的头目。"

1936 年 11 月 12 日至 17 日，国立中山大学教授杨成志先生带领学生对广东北江瑶人（分属曲江、乳源、乐昌）进行了调查，写成《广东北江瑶人调查报告专号》，于 1937 年 6 月发表在国立中山大学研究院文科研究所《民俗》第一卷第三期。其中，

---

① 覃乃昌：《20 世纪的瑶学研究》，载《广西民族研究》2003 年第 1 期；王晓莉：《二十世纪前半期的瑶族研究》，载《中央民族大学学报》（哲学社会科学版）2004 年第 4 期；刘耀荃、胡起望：《1949—1984 年我国瑶族研究综述》，载乔健等主编《瑶族研究论文集》，民族出版社 1988 年版。

王瑞兴的《广东北江瑶人的经济社会》和罗比宁的《广东北江瑶人之农作》较多地记载了瑶人的家族、姓、村、私有财产与贫富状况、婚姻制度和男女分工、渔猎、手工业、交易情况等。

1934年至1939年，曾在广西省教育厅任职的唐兆民先生几乎每年都到大瑶山考察，所著《瑶山散记》记述了许多有趣的石牌文化现象，加深了世人对瑶族石牌习惯法的认识。

此外，《东方杂志》1935年第32卷第10号发表张震道的《广西瑶民的婚姻生活》；《岭南科学》1939年第18卷第3期发表李智文的《八排瑶之来历及其社会组织与争端》；《民俗》1943年第2卷第3、4期合刊发表雷金流的《广西茶山瑶的石牌政制》；《中国农民》1944年第2卷第5期发表楼同茂的《广西瑶山瑶人之社会》。这些文章都涉及瑶族社会生活中的行为规范。

1949年前的这些瑶族法研究，以事实调查为主，直接研究的不多，重在揭示瑶族法的客观存在和具体形态，为瑶族法研究的初始阶段。

1949年中华人民共和国成立以后，瑶族法调查、研究进入了新的阶段。1951年7月至11月，中央人民政府派中央访问团（中南分团）到广西少数民族地区进行访问。中央访问团联络组在进行慰问和宣传的同时，还深入瑶族村寨，进行社会历史调查，并整理成20多份调查材料，其中有些与瑶族社会秩序、规则有关，如《广西瑶族团结公约订立经过》。1956年8月，由全国人大民族委员会主持成立少数民族社会历史调查组，在全国开展少数民族社会历史调查工作，到20世纪60年代结束。根据瑶族社会历史调查的材料，整理和编写成了《瑶族简史》、《瑶语简志》、《瑶族社会历史调查》，在1985年前后公开出版。《瑶族简史》对瑶族法进行了初步的分析，《瑶族社会历史调查》则提供了瑶族法的大量材料。

1980年，根据费孝通的倡议和指导，胡起望、范宏贵对广西大瑶山区的一个村寨进行调查研究，于1983年出版了《盘村瑶族》一书，反映了瑶族一个支系——过山瑶从游耕到定居的状况。吴永章的《瑶族史》（四川民族出版社1993年版），是公开出版的第一本瑶族史专著。柏果成等著的《贵州瑶族》（贵州民族出版社1990年版），介绍了贵州瑶族的社会、经济和文化。蒲朝军、过竹主编的《瑶族风土志》（北京大学出版社1992年版），描述了瑶族社会生活及习俗。朱荣等著的《中国白裤瑶》（广西民族出版社1992年版）一书，记述了瑶族一个支系白裤瑶的社会生活情况。这些著作和玉时阶的《白裤瑶社会》（广西师范大学出版社1989年版），黄钰、黄方平合著的《国际瑶族概览》（广西人民出版社1993年版），徐祖祥的《瑶族文化史》（云南民族出版社2001年版），盘福东执笔的《东山瑶社会》（广西民族出版社2002年版），刘保元等的《茶山瑶文化》（广西人民出版社2002年版）等著作都在瑶族社会生活状况部分或直接或间接地涉及瑶族法的讨论。作为专门性的著作，黄海的《瑶麓婚碑的变迁》（贵州民族出版社1998年版）较多地涉及了瑶族法的发展。而李远龙主编的《传统与变迁——大瑶山瑶族历史人类学考察》（广西民族出版社2001年版）、匡自明主编的《云南民族村寨调查——瑶族（河口瑶山乡水槽村）》（云南大学出版社2001年版）则部分展示了瑶族法的现实状况。

论文、调查报告方面，与瑶族法有关的研究主要涉及瑶族习惯法研究、瑶族社会形态和社会组织研究、瑶族风俗习惯研究等。

在瑶族习惯法研究方面，主要有玉时阶的《瑶族"油锅"组织研究》（《广西民族研究参考资料》1982年第2辑）、苏胜兴的《试论石碑话的科学性和文学性》（《广西民间文学丛刊》1982年第5期）、陈斌的《瑶族神判法述论》（《云南教育学院学报》1983年第2期）、史继忠的《瑶麓三块碑的研究》（《贵州文物》1983年第2期）、刘保元的《"石牌话"探析》（《广西民族研究》1985年第1期）、周宗贤的《瑶族的石牌制度试释》（载《南方民族论稿》，广西民族出版社1986年版）、李筱文的《浅析"瑶老制"》（《广东民族研究论丛》1986年第1辑）、李筱文的《浅析连南排瑶的"瑶老制"》（载《瑶族研究论文集》，广西人民出版社1987年版）、杨鹤书的《八排瑶"瑶老制"新议——八排瑶政治制度变迁研究之一》（《广东民族研究论丛》1991年第5辑）、李维信的《大瑶山石牌制度》（《西南民族史研究集刊》第2集）、赵家旺的《试论连南八排瑶习惯法》（载《瑶族研究论文集》，广西人民出版社1992年版）、姚舜安的《大瑶山"石牌制"考察与研究》（载《瑶族研究论文集》，广西人民出版社1992年版）、廖明的《金秀瑶族民族法文化研究》（《广西民族研究》1992年第4期）、张冠梓的《近代瑶族社会控制研究》（《广西民族研究》1994年第2期）、韦玖灵的《从石牌话看瑶族的原始法律意识》（《广西大学学报》哲学社会科学版1994年第5期）、蔡郁的《金秀瑶族石牌制性质剖析》（《民族论坛》1994年第1期）、李庭华的《试论广西瑶族石牌组织的宗法性》（《广西师范大学学报》哲学社会科学版1995年第2期）、杨林的《大化风景区各民族习惯法调查》（《广西民族研究》1996年第3期）、周敦耀的《金秀瑶族石牌制度的社会管理机制》（《广西大学学报》哲学社会科学版1996年第3期）、莫纪德和赵元海的《恭城瑶族家庭习惯法初探》

（《广西民族研究》1997年第2期）、韦成球的《广西西部瑶族笑酒规范钩沉》（《广西民族研究》1997年第2期）、玉时阶的《瑶族习惯法及其承传与改造》（载《瑶学研究》第4辑，广西民族出版社1997年版）、杨林的《瑶族习惯法与社会主义法制的关系》（载《瑶学研究》第4辑，广西民族出版社1997年版）、莫金山的《瑶族石牌考证三例》（载《瑶学研究》第4辑，广西民族出版社1997年版）、玉时阶的《瑶族习惯法研究》（《中央民族大学学报》1998年第2期）、张冠梓的《试论瑶族的石牌制度与习惯法》（《思想战线》1999年第1期）、莫金山的《近年来发现的两件瑶族石牌习惯法考释》《广西民族研究》2002年第2期）、差博·卡差·阿南达和罗宗志的《泰国瑶族的政治生活》（《广西社会主义学院学报》2002年第3期）、冯敏的《石牌下的贸易》（《广西大学梧州分校学报》2005年第1期）、王施力的《瑶族习惯法及其文化价值初探》（《民族论坛》2005年第4期）等。

在瑶族社会形态和社会组织研究方面，涉及瑶族法文化的主要有郑之行的《粤北瑶族的民族社会遗址》（《史学月刊》1957年第6期）、周宗贤的《瑶族石牌制度浅释》（《民史》1980年第6期）、周宗贤的《试论瑶族封建社会形成的特点》（《民史》1980年第12期）、韩肇明和陈克进的《瑶族原始社会残余试析》（《民族学研究》第2辑）、张有隽和邓文通的《十万大山山子瑶农村公社探讨》（《广西民族学院学报》1983年第3期）、韩肇明的《论瑶族农村公社》（《云南社会科学》1984年第2期）、谢剑的《试论广东连南排瑶传统的地域组织》（《西南民族学院学报》1991年第1期）及其《广东连南"排瑶"聚落模式的初步研究》（《广东民族学院学报》1991年第1期）、黄海的《荔波瑶麓乡瑶族亲族制度考察》（《贵州民族研究》1996年第2期）、张冠梓的《排瑶村落组织的结构分析》（《贵州民族研究》1996年第3期）、李行山和廖玉凤及范宏贵的《越南高平钱瑶的传统社会组织及其变迁》［《广西民族学院学报》（哲学社会科学版）1997年第2期］、玉时阶的《美国瑶族社会组织研究》（《世界民族》2003年第5期）等。

在瑶族风俗习惯研究方面，涉及瑶族法文化的主要有韩肇明的《瑶族原始社会婚姻遗俗研究》（《贵州社会科学》1982年第1期）、席克定的《荔波县瑶麓瑶族的岩洞葬》（《贵州民族研究》1982年第1期）、黄茂贤的《瑶族"招郎上门"习俗初探》（载《广西民族研究参考资料》第3辑）、玉时阶和张一民及何英德的《广西南丹县里湖瑶族公社岩洞葬调查及初步探讨》（《广西师范学院学报》1983年第3期）、黄培祺的《桂平县瑶族结婚"合同"说明的问题》（《广西民族研究参考资料》1984年第

4 辑）、玉时阶的《瑶族历史上的悬棺葬习俗——兼与石钟健教授商榷》（《学术论坛》1984 年第 2 期）、邓文通的《十万大山山子瑶的家庭与婚姻》（载广西民族学院民族研究所《民族研究集刊》1985 年第 1 期）、玉时阶的《广西南丹县白裤瑶丧葬制度研究》（《广西民族学院学报》1985 年第 2 期）、黄方平的《瑶族原始婚姻的发展变革》（《广西民族研究》1985 年第 1 期）、李贵思等的《云南瑶族丧葬礼仪述略》（《广西民族研究》1986 年第 2 期）、姜永兴的《赶山烧畲的真实写照——白裤瑶丧葬剖析》（《中央民族学院学报》1986 年第 4 期）、马建钊的《论八排瑶的丧俗》（《广东民族研究论丛》1986 年第 1 辑）、姚舜安的《巴马瑶族长寿之谜》（载《瑶族研究论文集》，广西民族出版社 1987 年版）、黄海的《贵州瑶族婚姻习俗改革简论》（《中南民族学院学报》1988 年第 6 期）、刘世彬的《瑶麓瑶族婚规碑管窥》（《贵州民族研究》1991 年第 3 期）、刘玉莲的《茶山瑶服饰探略》（载《茶山瑶研究文集》，中央民族学院出版社 1992 年版）、盘福东的《瑶族服饰花纹图案琐谈》（《文史知识》1992 年第 1 期）、李干芬的《瑶族居住特点的历史探讨》（载《瑶族研究论文集》，广西人民出版社 1992 年版）、蓝克宽的《布努瑶的文化模式与现代生活》（载《瑶族研究论文集》，广西人民出版社 1992 年版）、蓝正祥的《布努瑶的人生礼仪》（载《瑶族研究论文集》，广西人民出版社 1992 年版）、唐桂军的《从瑶族的图腾看瑶族的审美意识》（《广西民族研究》1992 年第 3 期）、卢敏飞的《广西瑶族丧葬习俗》（《广西民族研究》1993 年第 4 期）、俸代瑜的《瑶族文化多元一体特点浅析》（《广西民族研究》1993 年第 4 期）、磨长靖和陶桔红的《金秀茶山瑶的民居特点》（载《瑶族研究》第 1 辑，广西民族出版社 1993 年版）、徐杰舜和唐树程的《金秀三个支系瑶族生育观试析》（载《瑶族研究》第 1 辑，广西民族出版社 1993 年版）、黄方平的《勉瑶支系姓与亚姓习俗文化剖析》（载《瑶族研究》第 3 辑，广西民族出版社 1993 年版）、盘泰福的《瑶族婚姻习俗》［载《贵州民族学院学报》（哲学社会科学版）1994 年第 4 期］、石景斌的《广西都安布努瑶婚俗浅论》（《贵州民族研究》1994 年第 2 期）、曾跃明和熊丽芬的《文山蓝靛瑶婚俗》（载《瑶族文化研究》，云南人民出版社 1994 年版）、盘金亮和李富庄的《金平红头瑶婚俗——兼谈婚姻形式的改革》（载《瑶族文化研究》，云南人民出版社 1994 年版）、〔法国〕雅克·勒穆瓦纳的《孟腊与泰、老、勉瑶婚姻中的“本命”地位》（载《瑶族文化研究》，云南人民出版社 1994 年版）、盘福东的《略论苗瑶族传统文化的共同特征》（《广西民族研究》1994 年第 1 期）、黄方平的《瑶族传统节日文化》（《广西民族研究》1994 年第 4 期）、玉时阶的《瑶族葬式述议》（《广西民族研究》1995 年第 1 期）、蓝仕明的《白裤瑶婚姻家庭形态述议》（《广西民族研究》1995 年第 2 期）、许文清的《排瑶玩坡风俗探微》（《广东民族研究论丛》1995 年第 8 辑）、刘耀荃的《连南排瑶婚俗对现代社会的适应》（《广东民族研究论丛》1995 年第 8 辑）、张劲松的《走向二十一世纪的瑶族民俗文化》（《民族论坛》1996 年第 3 期）、玉时阶的《泰国瑶族的丧葬习俗》（《世界民族》1996 年第 4 期）、黄钰和黄方平的《瑶族原始记事法管窥》（《广西民族研究》1996 年第 3 期）、石开忠的《瑶麓瑶族的恋爱孔——对瑶麓瑶族婚姻制度演变的初步分析》（《贵州民族学院学报》哲学社会科学版 1996 年第 1 期）、盘军的《瑶族的传统美德》（《贵州民族研究》1997 年第 4 期）、蓝冠中的《桂西瑶族尊崇舅爷习俗一瞥》（《广西民族研究》1997 年第 2 期）、苏建灵的《荔浦县田厂村瑶族的社会文化》（《思想战线》1998 年第 2 期）、吴秀芳的《瑶族入赘婚略探》（《零陵学院学报》1999 年第 2 期）、唐玉文的《中国瑶族砍牛祭习俗初探》（《广西梧州师范高等专科学校学报》2000 年第 3 期）、徐祖祥的《云南瑶族歌谣的分类及其社会文化功能》（《西南民族学院学报》哲学社会科学版 2001 年第 10 期）、覃洁贞的《瑶族传统禁忌习俗的文化诠释》（《贵州民族学院学报》哲学社会科学版 2001 年第 3 期）、徐祖祥的《云南瑶族聚落背景探析》（《云南民族学院学报》哲学社会科学版 2002 年第 6 期）、胡隆福的《瑶、汉族婚嫁模式与新型生育文化建设——湖南省江华瑶族自治县的实证分析》（《南京人口管理干部学院学报》2003 年第 3 期）、陈扬乐的《瑶族与汉族生育文化比较研究——以湖南省江华瑶族自治县为例》（《人口与经济》2003 年第 3 期）、蓝剑明的《感受瑶族婚俗》（《民族论坛》2003 年第 8 期）、梁茂春的《金秀大瑶山瑶族族际交往态度的调查》（《广西民族研究》2004 年第 3 期）、徐祖祥的《试论瑶族传统婚姻的本质——以云南瑶族为例》（《西南民族大学学报》人文社科版 2004 年第 9 期）等。

此外，在瑶族民间宗教信仰、传统道德规范、文化等方面的研究，也有与瑶族法文化有关的论著，如黄权贵的《瑶族度戒意义的历史演变》（载《瑶族文化研究》，云南人民出版社 1994 年版）、周宗贤的《瑶族传统道德规范研究》（《思想战线》1983 年第 5 期）、黄海的《瑶族传统道德的现代化探索》（载《瑶学研究》第 4 辑，广西民族出版社 1997 年版）、吴永章的《元代瑶族概说》（《广西民族研究》1991 年第 1 期）、李默的《略论宋王朝对瑶族的政策》（《广东社会科学》1994 年第 4 期）、程苹的《论宋代治理湖南瑶族的政策》（《中南民族学院学报》人文社会科学版第 20 卷 2004 年 4 月第 2 卷）等。

1949年以后的这些瑶族法调查和研究，涉及范围较广，材料较为翔实。从这些调查报告、研究著述中，我们初步认识了瑶族社会的结构和秩序的维持，感受到瑶族法文化的独特魅力。

四

瑶族法制的发展，反映了瑶族习惯法与国家法两个秩序维持系统的生长、存在和相互影响、冲突的过程。在长期的社会发展中，一方面，瑶族内生秩序逐渐形成、发展，瑶族社会的公共权威不断成熟，瑶人的自治能力日益强化，瑶族习惯法成为瑶人的主要社会规范；另一方面，中原王朝控制力的加强，中央政权对瑶族的法律调整不断深入，国家权威逐渐进入瑶族地区，国家法律对瑶人行为的调整和规范日益紧密。正如美国学者赫克特所指出，这一过程是核心地区的政治机构逐渐向边缘地区扩散，核心地区的政治、经济、文化、制度逐渐渗透到周围的地区。① 在瑶族社会的发展中，瑶族习惯法日渐受到国家力量的限制、打压，生存空间、作用范围不断缩小，瑶族社会权威与国家权威在瑶族地区的地位发生变化。瑶族习惯法逐渐让位于中央政权的法律而失去主导地位。总结这一发展过程，既有实践价值，又有理论意义。

中国是统一的多民族国家，瑶族是中华民族大家庭的一员，瑶族文明是中华文明的组成部分，瑶族与各兄弟民族共同创造了中国的灿烂文化。在漫长的历史进程中，我国各族人民密切交往、相互依存、休戚与共，形成了中华民族多元一体的格局，共同推动了国家发展和社会进步。因此，深入探讨瑶族法，有助于丰富对中华民族多元一体文化的认识，增强各族人民的凝聚力，从而正确处理民族关系和民族问题，使各族人民和睦相处、和衷共济、和谐发展，实现各民族的共同繁荣发展。

通过全面梳理历代中央政权对瑶族的法律调整，分析中原王朝对瑶族地区的法律治理措施，总结其中的成败得失，做到以史为鉴，坚持实事求是，从实际出发，因地制宜、因族举措、分类指导，制定并实施符合瑶族和瑶族地区实际的法律措施和政策措施是一个重要的基础性工作；对于坚持和完善民族区域自治制度，切实贯彻《中华人民共和国民族区域自治法》，充分保证瑶族自治地方依法行使自治权，切实尊重和保障瑶族的合法权益也有重要意义。由于民族特点和民族差异的客观性，各民族在经

① 〔美〕赫克特：《内部殖民主义》，载马戎编《西方民族社会学的理论与方法》，天津人民出版社1997年版，第83—84页。

济文化发展上的差距将长期存在，瑶族与其他民族的关系、瑶族自治地方与中央的关系也需要依法进行规范和处理。全面分析瑶族习惯法与国家制定法的关系，找寻两者的契合点，能使瑶族地区的法制建设既有本土基础，又有时代特点，从而适应社会发展的需要。

瑶族习惯法是一种特殊的社会历史现象，它与瑶族具体的社会历史条件相联系，因而具有自身的特点。了解瑶族习惯法的历史和现状，把握瑶族习惯法的特点，理解瑶族社会的秩序维持和自治传统，认识瑶人的生存方式与规则，有助于取其精华、去其糟粕，发扬瑶族的优秀传统法文化，推进现代秩序建构和法制现代化建设，增强瑶族的民族意识、民族自豪感和民族凝聚力。同时，也有利于瑶族地区的对外开放、经济发展和瑶族社会的全面进步。

因此，全面梳理历代中央政权对瑶族的法律调整，系统讨论瑶族习惯法的发展，探讨瑶族社会的自我管理机制、内生秩序，对于丰富瑶学研究、拓展法学研究领域、弘扬瑶族优秀法文化、全面认识中华法系、促进瑶族地区的法制建设、推进瑶族社会的现代化建设具有重要的意义。

瑶族习惯法的研究以客观叙述为主，注重基本事实的梳理，全面描述其具体内容，力求反映真实的社会生活和社会秩序；在此基础上努力探索、分析瑶族法的内在规律和历史特点。瑶族法的研究，历史跨度大，涉及面广，需要坚持历史唯物史观，运用民族学、法学、历史学、人类学、民俗学、社会学等学科的理论和研究成果，进行跨学科的综合研究。在研究中，主要采用文献研究方法。瑶族的民间文献数量大、种类多，而且形式独特、内容广泛，涉及民族起源、历史、迁徙、政治、法律、经济、文化、教育、语言文字、文学艺术、婚姻家庭、风俗习惯、宗教信仰等许多领域，主要包括《过山榜》（《评皇券牒》）、祖图族谱、碑刻铭文、契约账据、宗教经书、民间故事、歌书信歌等，比较客观地反映了瑶族社会的实际状况。同时，瑶族也有大量的传说、谚语等口述材料和实物材料可供考察、分析。此外，运用社会学的实证分析方法进行具体的田野调查、个案剖析，感受鲜活的生活，对于认识瑶族法的现状、完整地把握瑶族法也非常必要。

对瑶族社会、历史、文化和瑶族法的把握需要长期的思考、积淀，难度较大。瑶族历史悠久，文化灿烂，支系众多，理解其精髓是一个不断渐进的过程。瑶族法的研究有其阶段性和长期性。认识的深化需要时间的累积，理解的到位有赖心灵的贴近。在研究中，对瑶族法的具体内容须秉持历史的、发展的观点，理性地进行认识，尊重其存在，不能脱离瑶族法的社会历史条件而进行孤立的、片面的理解。孤立地探讨瑶族法本身，难以发掘出隐含在瑶族法中丰富的瑶族历史文化和社会生活信息。瑶族法作为瑶族文化的一部分，宜动态地、联系地进行考察，揭示瑶族法与瑶族社会、瑶族文化相互依存、相互作用的历史。

由于历史悠久，长期频繁迁徙，居住分散，且与其他民族交往较多，因而瑶族的支系较多，不同支系在政治、经济、文化、制度方面的发展不平衡，瑶族内部文化、制度、规范方面存在一定差异，因此需要处理好瑶族法的主流与支流的关系，找出其发展的主线和共同性，探寻民族心理、民族精神和民族认同的元素，完整地把握瑶族法的全貌，客观地对待个性和内部差异。

瑶族法有其固有的表达方式和用语，而现代理解和传播又需要一般性的转换，瑶族法在现代认识过程中的原意保存、原意转达、原意承继非常关键又非常不易。瑶族有自己的语言，且各地瑶族并不一致，语言与事物之间的恰当对应有其难度。

瑶族法是瑶人在长期的生产、生活实践中自我创造的，主要规范、基本制度为瑶族固有的、原生的；同时，瑶族法也受到汉族、壮族等其他民族的影响，交往、交流基础上的民族融合、文化融合、规范融合之势无法阻挡，亦是民族进步的动力和象征。区分这两者之异、分析瑶族法的吸纳和流变、探寻瑶族法的特质对准确认识瑶族法富有意义，然而也颇为困难，因为内生机制与吸收能力共同影响瑶族法的发展。

历史总要过去，人们向往更美好的生活，且现代化有其标准化和趋同化的特点，文化保存与现代进步之间蕴含着某种固有的矛盾。文化自觉只能建立在生活需要满足的基础上。瑶族法是客观社会历史环境的产物，有其客观性，然而研究者有其主观能动性，有其主观偏好和个人兴趣，也会受到一定的意识形态的影响。在瑶族法的思考中，正确处理主观性和客观性的关系对于科学地研究瑶族法具有直接关系。一方面，我们需要对瑶族法怀有同情的理解，对瑶族法富有感情、充满关爱是关注、研究的动力，人为的努力有其积极意义；另一方面，我们应当恰当地、内在地表达情感，避免个人价值观的强化和泛化，尽量排除时代意识形态的干扰，才能保证瑶族法研究的科学性。这一点我们应当尊重瑶族法的客观存在和自然流变，尊重瑶人的辛勤劳动和创造。

著　者

2013 年 9 月 30 日

苗族法制史

MIAOZU FAZHISHI

第一章

古代苗族国家与法的雏形

苗族是一个古老的民族，有着悠久的文明、厚重的历史。早在炎黄时期，以苗族祖先蚩尤为首的九黎部落就建立了联盟，形成了自己的国家形态。逮至尧、舜、禹时代，三苗之名赫然在册。《史记正义》注："三苗，缙云氏之后，诸侯也。"《史记集解》注："缙云氏，姜姓也，炎帝之苗裔。"这说明三苗曾加入华夏部落联盟，苗蛮集团的祖先曾列入华夏的帝王系谱。三苗活跃的时代大体与尧、舜、禹相始终，而在尧时已强大到足以与北方其他部落联盟相抗衡，可以想象它必然经历了长期的力量积蓄和早期势力扩张的发展阶段。但"尧以天下让舜，三苗之君非之，帝杀之，有苗之民叛入南海，为三苗国"①。

三苗的刑罚也早于夏族，传说苗族始祖蚩尤既是战神也是刑神。上古"兵刑同制"，刑起于兵。夏禹时期的五刑（墨、劓、剕、宫、大辟），继承了古苗人的创造，而后被历代奴隶制王朝所沿用。古苗法是在什么样的社会环境下产生的？仅就汉文史料记载来探索这一问题，无疑有较大的难度。为此，本章试从法文化学的角度，结合民族考古学、法律考古学成果及苗族文化现象来探索古代苗族国家和法产生的社会背景。为便于探寻古社会的法文化现象，有必要先概述苗族族源问题。

一部分古籍认为苗族与古三苗及九黎有着密切的渊源。当今学者（尤其是苗族学者）根据史籍记载，结合现今三个方言区的苗族及迁徙史歌，又与苗俗综合论证，确认现今苗族即古三苗之裔，三苗是九黎之后，九黎之首乃蚩尤。据此，蚩尤是苗族先民。这是目前普遍性的观点，不乏真知灼见。

国家与法是一对孪生子，而法的出现与私有制经济、阶级、领土和军事武装等国家雏形所具备的条件有着密切的联系。对此，从散见于古籍上的片断记载，再结合现今苗族社会文化现象加以论证，不难看出古苗社会法中的影像。

① 郭璞：《山海经注》。

第一节

三苗时期的经济情况

经济的发展是国家和法产生的物质条件。九黎时期关于经济的史料欠缺，但九黎集团最先掌握冶炼技术是比较肯定的。相传蚩尤“铜头铁额”，是蚩尤头戴金属头盔的标志。到三苗时期，经济有两大特点：一是已种植水稻禾类；二是私有制经济的发展。三苗活动的区域，现今已发掘了成为序列的背城溪文化、大溪文化、屈家岭文化、石家河文化等。仰韶文化代表的是华夏集团的特点，其种植作物是粟；大溪文化代表的是三苗集团的特点，其主要种植的作物是水稻。在大溪文化遗址中，早期有许多陶瓷器以稻壳为掺和料；晚期的红烧土中，拌有很多稻壳、稻秆。屈家岭文化中晚期遗存，有500多平方米的红烧土拌有密结层稻壳。经专家鉴定，此土偏向于栽培粳稻品种。

种植水稻是文明时期生产发展的标志之一，这说明三苗社会经济以农业为主体。出土的很多陶器，证明了制陶业普遍发展；出土的缯帛，说明已有了纺织。在另一墓葬中，还发现有14块猪下颚骨，其他猪骨也积累了不少数量，表明是墓主人所有。从而证明三苗时期各小家庭已有相当的私有财产。

由于经济的发展，苗人集团内部的矛盾也就日趋尖锐。《左氏春秋·文公十八年》载：“缙云氏有不才子，贪于饮食，冒于货贿；侵欲崇侈，不可盈厌；聚敛积实，不知纪极；不分孤寡，不恤穷匮。天下之民以比汹，谓之饕餮。”杜预注：“贪财为饕，贪食为餮。”《神异经》载：“为人饕餮，淫逸无理，谓之苗民。”此外，《十三经注疏·尚书》和《史记·五帝本纪》等都有类似记载。这些记载固然有民族偏见的成分，但三苗的社会私有制经济所引起的社会矛盾可见一斑。一方面“聚敛积实”，另一方面“不恤穷匮”。生产力的发展、物质的丰富，也就孕育了私有制的合法化，不断发展的私有制在催生新的阶级矛盾。

第二节

城与领地

一、城池的出现

阶级的出现是产生国家与法的催化剂，而城又是阶级社会开始的标志之一。城是指人口较为密集、居住相对稳定的聚居区，是本民族或本氏族政治、经济、文化的中心。九黎时期是否有城？据苗族学者梁聚五先生在《苗夷民族发展史》中的考察，“有说九黎城都，是在今山西黎城县，或河北浚县东北之黎河附近的”。在苗族西部方言的《苗族迁徙歌》中开篇就这样唱道：“古时苗族住在直米力/建筑城垣九十九座/城内铺垫青石板/城外粉刷青石灰/城里住着格蚩尤老格娄尤老/直米力城建在上一方/直米力城啊/直米力城/平又平来宽又宽/大坝子一望无边。”“直米力”，注为：“地名，是一个宽广平坦的大平原。传说在河北一带”。这就是城在民族史诗中的反映，城池的背景极其明确：一是大平原；二是蚩尤时期。在贵州省威宁县苗族古史传说中，“格蚩尤老”（蚩尤）时期，就有“乌城”、“力城”、“金城”之说，“并曰元老三人（包括‘格蚩尤老’和‘干骚毛比’）住此地很久，土地肥沃，筑有城市”。

汉文史籍中有对后来的三苗时期情况的记载。《随巢子》记载三苗失败以后，“龙生于庙，犬哭于市”。古本《竹书纪年》也有类似记载，即“青龙生于庙”。“凡邑有先君宗庙之主曰都。”① 在古代社会，“国之大事，惟祀与戎”。所以，庙即城都的标志，而城都的出现，就是军事部落和国家雏形的佐证。湘西苗族古歌《修相修玛》说他们的祖先在江河湖泽一带时，“子孙如鱼如虾，人口越来越多，队伍越来越大，生活越来越好”。这就是人口密集的城池经济繁荣的写照。

如果说，九黎时期城的体现不甚充分，那么，从三苗时期所表现的经济、祖庙和人口的现象来看，城池的存在是无疑的。

---

① 《左传》卷九，文公十八年。

二、领地

在部落联盟争战时期，由于九黎集团在战争中首先取得优势，为夺取更多的财产，同时也就不断地扩大自己的疆土。“国家是作为征服外国广大领土的直接结果而产生的。”① 梁聚五先生通过对古代史籍的研究，综合各史学家的看法，认为“九黎区域，可能西至宝鸡，东至嵩山，北至怀莱，南至信阳。黄河由北而南，抵潼关，折而东，构成‘乙’字形，贯通九黎国境”。这与《中国历史地图册》所指的九黎区域相近，这一带土地肥沃，耕作便利，具有古代建国的条件。

到三苗时期，其领地在史料记载中清晰起来。梁启超先生在《历史上中国民族之观察》中说：“三苗之国，左洞庭而右彭蠡。今之江州、鄂州、岳州之地是也。”“此（苗）族最初之根据地，《左传》之定位袁州、瑞州、临江、南昌、南康、九江，是其地也。”梁氏的观点属折中之说，按王桐龄所说，还略有扩大。《苗族简史》采众家之说，认为三苗“据有江淮荆州平原之地，有洞庭、鄱阳诸湖之利，有衡山、汶山之险”。作为领地，会随着时间和空间的变化而有所变化。

从苗族的长篇《理辞》中看，苗族是一个领地意识较强的民族，在迁徙中，他们每到一处分开散居扎寨，便马上插标栽岩，圈定自己的领地。在中部方言的《理辞》中唱道：“nix vib ghob mongl jenl/nix det ghobmongl lof/nix vongx mongl vef jid/nix xed menl vef vangx”。其意译为：“他们便去栽自己的岩/他们便去插自家的标/其龙落脚于潭/其虎驻扎在岭。”苗族长期经历为领土和财产激战和痛苦的迁徙过程，所以产生了强烈的领地意识。

第三节

国家的雏形

九黎蚩尤时期是古苗人的英雄时代，为了夺取财产而占领了范围较大的领土。这

① 恩格斯：《家庭、私有制和国家的起源》，载《马克思恩格斯选集》第四卷，人民出版社1975年版。

时，部落联盟内部已经不完全是本氏族或本民族的成员了，而是以主体氏族或主体民族为基础的社会，里面包括日益增多的其他小部落成员、流民或俘虏。同时，冶炼技术的掌握使森林的开垦和大面积的耕作成为可能，生产的发展导致了私有制的出现，城邦的萌芽表明了阶级分化的开始，这一系列现象使古苗民正向人类社会“第二次大分工”迈进。九黎蚩尤时代，正是“以氏族为基础的社会和领土与财产为基础的国家并存”这样一种社会形态。此时，要维护主体氏族或主体民族的统治地位，他们对内用自己的武装作为统治的后盾力量，这就形成了他们统治的强制力，用杀戮或其他强制手段来补充氏族制“以善化民”的管理，“蚩尤……作重刑以乱民，以峻法酷刑民”，这就是他们的“刑”或强制性规范的体现；负责用暴力行为进行管理的组织，当然就是主体氏族或主体民族的基本社会机器。虽然当时的主体氏族概念不可能如此明确，一切都可能通过自己的武装来承担和实现，但这些内容的出现，就展示了国家的胚芽和法的雏形。这就是古苗人从原始社会末期向奴隶社会行进的交替时期，即从“氏族”到“国”的转型。既是主体氏族或主体民族，又是国家萌芽的基本力量。所以史称不一，既称“九黎国”，也称“九黎部落”或“九黎集团”；蚩尤既是“九黎之首”，又称“九黎之国君”。

三苗虽然作为“诸侯”，但范围之广不在九黎之下，并且其内部结构健全，是个相对独立的社会。水稻等禾类的种植，标志着他们进入了农耕文明时代，经济生产已自给自足，靠夺取外族的财产和领土的野蛮时代已成为过去。随着生产的发展和物质的丰富，三苗内部的私有制经济在逐步发展，阶级矛盾日趋突出，“这个社会陷入了不可解决的自我矛盾，分裂为不可调和的对立面而又无力摆脱这些对立面”①。为了调和这种矛盾，三苗的统治者采取了两种手段：一是神权和族权的统治，先祖宗庙的出现加强了对共同祖先的祭祀，并将祖先加以神化，这是意识形态上软的统治；二是作为统治阶层特权的统治（也可称政权的统治），“惟作五虐之刑曰法”，这是暴力行为上硬的统治。正如《十三经注疏·尚书·吕刑》所疏：“三苗之国君习蚩尤之恶……而更制重法，惟作五虐之刑，乃言曰此得法也……苗君久行虐刑，民惯见乱政，习以为常。”三苗之君使用的这两种统治方略形成了凌驾于社会之上的力量，这种力量把冲突保持在“秩序”的范围以内；这种从社会中产生但又居于社会之上，并且日益同社会脱离的力量就是国家。三苗社会虽属唐尧、虞舜“摄政”时的诸侯，但它的

---

① 恩格斯：《家庭、私有制和国家的起源》，《马克思恩格斯选集》第四卷，人民出版社 1975 年版。

社会自成体系，所以作为原始社会末期的华夏族诸帝的统治，很难鞭及三苗内部。三苗此时名义是诸侯，实质上是“国”的构架。因此也称“三苗国”、“有苗国”、“驩兜国”等。

在九黎时期，其权力机构基本上属于父权制末期的结构，而三苗国家雏形的统治阶层，在史籍中出现了明显的痕迹。所谓“遏绝苗民，无世在下”。疏曰：“此灭苗民在尧之初兴，使无世位在于下国。”实即为华夏诸帝不让古苗人所在地方继续扩大自己的实力，采取“遏绝”。这种消灭政策的理由是三苗“君子在野，小人在位。民弃不保……”其疏曰：“废仁贤、任奸佞。”① 这正说明三苗的统治阶层已不是体现所有成员意志的机构，同时可以看出三苗内部已有一套用人的方法来构成统治阶层。因此可以说，三苗社会内部的统治阶层已具雏形，并且它是脱离和凌驾于社会力量之上，这种统治阶层给三苗在内部施用“五刑”创造了有利的条件。苗族口头文学也反映出三苗时期人口密集和生活条件较好的情形，而无类似蚩尤那样有影响的人物渲染，这正好说明其统治阶层已脱离了众多的基础成员。

《论衡》说：三苗失败后，“三苗之亡，五谷变种，鬼哭于郊”，“龙生于庙，犬哭于市。”《竹书纪年》载：“三苗将亡，天雨血，夏有冰，地圻及泉，青龙生于庙，日夜出，昼日不出。”这些悲壮惨痛的场面，可以推想出三苗盛极一时的社会状况。至此重创后，三苗便分崩离析，一部分与华夏族融合，残部为了生存，便开始了自己民族大迁徙的历史。远古苗族法文化因不断的动荡和迁徙，没有稳定、集中的生存环境而走向衰落，在不同支系的苗族社会内部，法的强制力也就逐渐以神权和族权的习惯法面目出现，表现出另一种法律样态。

第四节

兵刑同制与刑法的萌生

刑始于兵，兵刑同制。这是我国法源的历史事实。在古代部落争战时期，谁先有金属冶炼技术，谁就在战争中获得绝对优势。《苗族古歌》第一章第一节“开天辟

① 《尚书注疏》卷三，《虞书》。

地”以后，其他三节是“运金运银”、“打柱撑天”、“铸造日月”，都与金属冶炼有关。这说明苗族古代社会就掌握了冶炼技术，这是一个惊天动地之举，以至于可以“打柱撑天”和“铸造日月”。如果金属的使用是从外族沿用的，那么，作为苗族口承文化载体的《苗族古歌》，必定不会用如此篇幅来大肆渲染。值得一提的是，苗族古歌在吟唱寻找金银的同时，还寻找铜、铁、铅等，说明当时具备了冶炼技术，这在古代争战时期，发明金属兵器以代替石器确属顺理成章。

史载，最先创制兵器的，就是九黎之首蚩尤。《管子》说：“蚩尤作兵。”《龙鱼河图》载：“黄帝摄政，有蚩尤兄弟八十一人，兽身人语，铜头铁额，食沙石，造五兵：仗、刀、戟、大弩，威震天下，诛杀无道，万民钦命。”所谓“兄弟八十一人”，乃八十一个氏族首领；所言“兽身”、“铜头铁额”，当指甲胄之物。所以，被称为蛮族的黎族和苗族，先进入中原地区，其次进入中原地区的是羌族中炎帝族。① 在蚩尤集团进入中原时期，武器精良，所向披靡，于是兼并了不少势力弱小的氏族部落，炎帝族作为一支较大的力量也被蚩尤打败。炎族向黄族求援，黄炎两族开始联合起来，共同对抗势力强大的苗族。就连黄帝也是“九战九不胜。”② “蚩尤最为暴，莫能伐……于是黄帝乃征师诸侯，与蚩尤战于涿鹿之野，遂擒杀蚩尤。”③ 这些记载，虽寥寥数语，但要擒杀蚩尤，绝非一年半载之功。最初黄帝是“以玉作兵”，而“蚩尤以金作兵”，因此“技不如人”，要师夷长技以制夷，学习使用蚩尤的兵器，征师诸侯，战蚩尤，其过程需用相当长的时间才能完成。其间，蚩尤集团在中原这块肥沃的土地上，经济、文化均有一定的发展，当时蚩尤的声威必定不在黄帝之下。所以，在黄帝擒杀蚩尤以后，“黄帝遂画蚩尤形象以威天下，天下咸谓蚩尤不死，八方万邦皆为弭伏”④。

九黎战败后，大伤元气。一部分成为黄帝族的俘虏，后融合于夏族；另一部分渡河南下，聚居于江淮一带，称为“三苗”、“有苗”或“苗民”。《山海经·海经》载：“三苗国在赤水东。”郭理注：“昔尧以天下让舜，三苗之君非之，帝杀之，有苗之民叛入南海，为三苗国。”《史记·帝王世纪》又说：“诸侯有苗氏处南蛮而不服，尧征而克之于丹水之浦。”败退长江中下游后的三苗，起初也曾臣服为华夏族的部落联盟，

① 范文澜：《中国通史》第一册，人民出版社 1978 年版，第 27 页。
② 《太平御览》卷一五，《黄帝玄女战法》。
③ 《史记正义》卷一，《五帝本纪》。
④ 《太平御览》卷七九，《皇王部四》。

故称诸侯。后来发展很快，有较大的实力，敢对尧让舜之举持“非之”的态度。到虞舜时期，舜仍继续征伐三苗，其目的在于“遏绝苗民”，使之“无世在下”。不料古苗民为了生存，坚持抵抗，致使舜“道死苍梧”。到禹的时代，主要战争还是征战三苗。“黄帝以下诸帝，以攻黎攻苗为主要事业，到禹才完成了这个事业。”① 这场争战旷日持久，历经数百年，最后以古苗人的失败而告终，这也是中国历代统治者自始至终歧视、压迫苗族的历史源头。

在以上诸次战争中，双方在对敌和治兵方面都使用军事刑罚，此外，连年征战本身就与古苗人内部用刑有关。对此《尚书·吕刑》记载：“王（周穆王）曰：若古有训，蚩尤惟始作乱，延及于平民，罔不寇贼，鸱义奸宄，夺攘矫虔。苗民弗用灵，制以刑，惟作五虐之刑曰法，杀戮无辜。爰始淫为劓、刵、椓、黥，越兹丽刑并制，罔差有辞。”帝尧正是因为三苗杀戮无辜，作五种残虐刑罚，还将几种刑罚施于人，不经过任何审理程序就滥施刑罚，才兴师问罪，报虐以威。

刑罚起源于战争，夏族同三苗的战争对中国早期刑罚的产生起到了重要作用。对于这场战争的原因，史家有多种推测：

（1）“弗用灵”，不敬鬼神。这反映战争发生的宗教原因，不同民族原始宗教的差异常常引起摩擦以至冲突，“非我族类，其心必异”②，这里的“弗用灵”是指不用北方之灵。朱芳圃先生说：“三苗不奉羌族宗教。”

（2）“制以刑”。《墨子·尚同》中载：“昔者圣王制为五刑，以治天下，逮至有苗之制五刑，以乱天下，则此岂刑不善哉，用刑则不善也。”说明“圣王制为亚刑”是“像刑”，即画影图刑，“象以刑典”，所以是“善刑”。

（3）“蛮夷猾夏，寇贼奸宄”。《书集传》曰：“劫人为寇，杀人为贼”，可见当时的蛮夷各部常常对外进行抢掠。《国语·楚语》载：“及少皞之衰也，九黎乱德，民神杂糅，不可方物，……其后三苗复九黎之德。”韦昭注：“行其凶德”或曰复其“弗用灵”之德。说明当时与南方苗蛮毗邻的夏族诸部受到严重的威胁，生命和财产没有保障，所以“皇帝请问下民，鳏寡有辞于苗”③。

其实，导致战争发生的根本原因，当是北方部落联盟的显贵们对财富和奴隶的贪婪，这使得战争不仅不可能避免，而且有了新的性质，并在客观上为统一国家的出现

---

① 范文澜：《中国通史》第一册，人民出版社 1978 年版，第 21 页。
② 《左传·成公四年》。
③ 《尚书讲义》卷二〇，《吕刑》。

做了准备。至于战争的直接原因，极有可能是借口苗民出尔反尔，背叛了和解的盟约。《尚书·吕刑》说："民兴胥渐，泯泯棼棼，罔中有信，以复诅盟。"《论衡·验符篇》载："三苗巧佞之人，或言有罪之国。"恩格斯曾指出，史前社会里，在没有明确的和平盟约的地方，部落与部落之间便存在着战争。"尧战于丹水之浦，以负南蛮"，战争的结果是"尧……窜三苗于三危"。战争引起双方部落联盟的重新分化和组合，在一定范围内新的共同利益在形成；在另一些情况下，新的利害冲突又在产生。此后"舜却苗民，更易其俗"①，"舜……南征三苗，道死苍梧"②，继承舜位的夏禹对三苗又起战事。《墨子·非攻》引《禹誓》曰："济济有众，咸听朕言，非惟小子，敢行称乱，蠢兹有苗，用天之罚，若予既率尔群封诸君，以征有苗。"《随巢子》曰："昔三苗大乱，天命殛之。夏后受命于玄宫，有大神，人面鸟身，降而福之，司禄益食而民不饥，司金益富而国家实，司命益年而民不夭。四方归之，禹乃克三苗而神民不违，辟土以王。"童书业先生认为禹得天下非因禅让，实因伐三苗所致。③

唐尧、虞舜到夏禹攻击三苗，这是一场旷日持久的战争，大体上可分为尧时进攻，舜时从相持到反攻，大禹时获得全胜三个阶段。从刑罚上说，苗民的五刑对北方部落联盟也有很大的影响，据《尚书·尧典》和《国语·鲁语》，尧时仅有刑法而未说有五刑，"尧能单均刑法以仪民"。舜嗣尧位，夏族尚未进入君夺神权、巫并于官、"制刑为法"的阶段，④ 苗族的五刑还没有在夏族内部施行的社会基础，但五刑的镇压、恐吓、威慑作用被夏族统治者所认识。《尚书·吕刑》中"罔不寇贼"、"夺攘矫虔"乃是指黄帝族对九黎蚩尤的看法。相互诋言，自不必说。其中"鸱义奸宄"一语颇值得玩味，疏曰："外奸内宄。"《国语·晋语六》说："乱在内为宄，在外为奸。"互相掠夺，互相侵霸，此"外奸"之乱属司空见惯。所诋者，"内宄"也。正如《十三经注疏》所云："蚩尤作乱，当是作重刑以乱民，以峻法酷刑民。"这就是九黎蚩尤时期其内部用刑的体现。

《尚书·吕刑》又说："苗民弗用灵，制以刑，惟作五虐之刑曰法，杀戮无辜。"这是尧舜征讨三苗的"罪状"。此时的三苗，并没有夺帝位或向尧等作战的念头和迹象，只不过对尧"禅让"给舜"非之"而已。而后来禹征苗的借口是："蠢兹有苗，

---

① 《吕氏春秋》卷二〇，《召数》。

② 《淮南子》卷一九，《修务训》。

③ 童书业：《春秋左传研究》，上海人民出版社1980年版。

④ 蔡枢衡：《中国刑法史》，广西人民出版社1983年版，第48页。

昏迷不恭。侮慢自贤，反道败德。君子在野，小人在位。”究其“反道败德”的原因，就是苗民“习蚩尤之恶”，不像先王那种以灵善之德教化其民，却“制以刑”，更变本加厉“作五虐之刑”。

伐三苗虽然发生在夏王朝建立前夕，但这时社会已发生深刻的变革，关于这时苗民的社会状况，《尚书·吕刑》中所说“弗用灵”之“灵”，旧释解作“令”或“善”。徐旭生引《说文》释作“巫”,① 也很有道理。因为在氏族制度时代，规范人们社会行为的只有习惯。以后，随着私有制的发展，开始出现各种违背传统习俗的事。正如恩格斯所说：氏族“是被那种在我们看来简直是一种堕落，一种离开古代氏族社会的纯朴道德高峰的堕落势力所打破的……最卑鄙的手段——偷窃、暴力、欺诈、背信——毁坏了古老的，没有阶级的氏族制度”②。而对待这些新的问题，开始还是用宗教手段处理，因为在“盟誓”时，他们都在神的面前表示如果“背盟”要受神的处罚。以后才出现了法，才用法律手段解决。所以“苗民弗用灵”，“惟作五虐之刑曰法”，是说苗人已不用传统的原始宗教手段维护社会秩序，而是用严酷的刑罚。虽然宗教手段有时更为野蛮残酷，但却被笼罩在神的光环中，在原始氏族社会仍有很大的权威性。苗蛮集团中首先出现的进步因素反而成了罪行。不仅如此，文中所说“泯泯棼棼，罔中于信，以覆诅盟”等谴责苗民人心奸诈、社会紊乱、抛弃信义、背叛盟誓、滥用暴力等“罪名”，也说明当时苗蛮集团文明因素的成长已走在黄河流域诸部落联盟之前。一般来说，社会发展较快，经济比较发达地区的人们头脑比较灵活和富有智慧，讲究实用理性，工于心计。经济发展落后地区的人们比较纯朴，重信义，同时比较野蛮，崇尚武力和迷信神灵。史料中谴责苗蛮集团不信神灵、“狡诈”、不讲信义，此诋毁之词说明苗蛮可能在远古各部落中诸多方面处于领先地位。这在考古学研究方面已提供了不少证明。禹伐三苗时，三苗已形成雏形的国家，而中原部族也已走到了文明的门槛前，所以这场战争具有与阪泉之战、涿鹿之战完全不同的特点。阪泉之战中黄帝带领氏族武装“熊罴貔貅虎”与炎帝争战，战场上女神——魃起了重要作用。说明氏族制度还有活力，母权制的遗风还有若干保留。

归纳起来，可得三点：①九黎蚩尤时期，古苗社会就有了刑罚。这些刑罚不仅用于战争，而且施用于九黎内部之民。②由于古苗人在战争中先度占据优势，所以，这

① 徐旭生：《中国古史的传说时代》，广西师范大学出版社 2003 年版，第 106 页。

② 恩格斯：《家庭、私有制和国家的起源》，《马克思恩格斯选集》第四卷，人民出版社 1975 年版。

为古苗社会的经济、阶级和领土等因素的发展在时间和空间上创造了有利条件，从而便给古苗刑罚的产生提供了环境。③“三苗之君习蚩尤之恶”，当指用刑的传承关系。三苗时期，刑罚的使用范围在扩展，因此，其内部发展较快，形成了威胁尧舜的力量，从而引发了尧舜禹诸帝征伐三苗的战争。

MIAOZU CHUANTONG DE SHEHUI ZUZHI YU LIFA JIGOU

第二章

苗族传统的社会组织与立法机构

在漫长的社会发展进程中，苗族的社会组织形式有其自身形成、发展、演进的过程。分布在不同地区的苗族，由于各自所处的生态环境、社会历史条件以及与周围各民族间的交往不同，社会发展往往呈现出极大的不平衡性和差异性。但是，代表社会组织形式的“议榔”制度在各地都有相同之处，还影响了相邻的水族、布依族等少数民族。而与黔南侗族地区邻近的苗族地区，受侗族“合款”制度的影响，称为“榔款”的比较多。苗族“议榔”制度是苗族古代社会部落联盟制度的遗存。

第一节

从血缘组织到地缘组织

恩格斯曾指出：人是“一切动物中最社会化的动物”①。人的社会性，可以体现为规范化、制度化的人际关系及其组织形式。古代社会中，人类普遍经历了从血缘组织向地缘组织过渡的历史阶段。

一、血缘组织的嬗变

在人类社会的各种社会组织形式中，血缘组织是人们最早结成的一种较为稳定的组织形式。苗族和其他民族一样，也经历了漫长的血缘组织时期。

从苗族有关的始祖神话来推测，苗族先民在远古时期最早经历的社会组织是血缘家庭公社。血缘家族公社是处于原始群和氏族公社之间的一个过渡性的社会发展阶段，它是生产力发展后原始群分成若干小集团的产物，同时也是人类社会最早的社会组织形式。该组织的历史性特征是，人类对两性关系的范围首次进行了界定，在倡导同辈通婚的基础上，产生了人类婚姻家庭史上的第一个形态——血缘家庭。关于苗族先民早期的这种血缘家庭，我们可以从其原生神话中看出端倪。《后汉书·南蛮传》中，在记述了盘瓠与高辛氏公主成婚的经历后，继续写道：“经三年，生子一十二人，六男六女。盘瓠死后，因自相夫妻。”当时，这种血缘集团内部的通婚，并不存在与

---

① 《马克思恩格斯全集》第二十卷，第511页。

道德的抵牾。对此，恩格斯在批评瓦格纳的《尼贝龙根》歌词对原始时代的完全曲解时曾说道："在原始时代，姊妹曾经是妻子，而这是合乎道德的。"① 在血缘家庭集团内，人们共同劳动，共同消费，过着原始共产制的集体生活。

继血缘家族之后，人类在自然选择的作用下，发展到了普那路亚家庭。"普那路亚"（Punalua）是夏威夷语，意为"亲密的伙伴"。在这种婚姻形态下，人们排除了同胞兄弟姐妹间互相通婚的现象，实行族外群婚制。通常是甲氏族的一群兄弟与乙氏族的一群姐妹互为夫妻。在这种家庭中，男子多妻、女子多夫是主要特点，子女们只知其母而不知其父的结果，导致了在计算世系时，只能以母亲的血缘为依据。因此，人类最早的氏族，只可能是母系氏族。恩格斯在《家庭、私有制和国家的起源》中说："氏族制度，在绝大多数场合下，都是从普那路亚家庭中直接发生的。"对于这种在族外群婚基础上产生的以女性为中心的母系氏族，虽然汉文史书缺乏明确的记载，但从苗族民俗中的某些习惯上，仍可看出某些蛛丝马迹。例如，在许多地区的苗语中，凡涉及男女的用词，习惯上都把女性放在首位。如称双亲为 mais bad（意为"母父"），而不是"父母"；称"夫妻"为 wid yus（意为"妻夫"）；称"公婆"为 wuk ghet（意为"婆公"）等。这些都反映了苗族的历史上确实有过女性最受崇敬的时代。此外，普遍存在于各地苗族中的尊重舅权的习俗，也是母权社会的残留观念。

所谓舅权，是指原始社会母系氏族及父系氏族制早期存在于舅甥之间的一种权利和义务。在母系氏族制时期，氏族曾是一个经济单位，舅舅是甥儿甥女最亲的男性长辈，他与姊妹一道承担抚养教育下一代的职责。年老后由甥儿甥女供养，职位（酋长、祭师等）和个人财产也由甥儿甥女继承。在后来的各个历史时期，这种尊重舅权的习俗皆有所保留。如乾隆《贵州通志》卷七《苗蛮》说：

> 黑苗，在都匀之八寨、丹江，镇远之清江，黎平之古州。……清江婚嫁，姑之女定为舅媳，倘舅无子，必重献于舅，谓之外甥钱，否则终身不得嫁。

这种对女权和舅权尊重的现象，说明苗族先民在遥远的古代，的确有过一个漫长的母系氏族公社时期，苗族先民父系氏族制确立的时代，迄今仍无定论。有学者认为："汉文史籍记载中的'三苗'、'有苗'等实际上就是指人数众多的蛮人部落群

① 恩格斯：《家庭、私有制和国家的起源》，《马克思恩格斯选集》第四卷，人民出版社 1972 年版，第 32 页。

体。其中有相当部分是苗族先辈的氏族和部落集团。"① 从有关"三苗"之君蚩尤能"以金作兵器"，以及"有兄弟七十二人铜头铁额，食铁石"来看，或许就已处于金石并用的父系氏族公社时期。一旦父权确立，接踵而来的便是财产的继承问题。作为生产劳动主要承担者的男子，强烈要求把财产传给自己的子女。而"这些财富，一旦转归各个家庭私有并且迅速增加起来，就给了以对偶婚和母权制氏族为基础的社会一个有力的打击"②。于是，婚姻形态也从族外群婚，经不稳定的对偶婚，逐步向一夫一妻制过渡。男人们采取逃婚、抢婚、支付礼银等各种手段，使"从妻居"转变成"从夫居"。此外，在姓氏命名上，也出现了强调私有财产传承的父子连名制。

到西汉设置武陵郡后，当地的苗族先民仍处在原始社会的末期，其氏族、部落的界线仍然没有被突破，范晔《后汉书·南蛮传》称其"无关梁符传，租税之赋。有邑君长，皆赐印绶，冠以獭皮。名渠帅曰精夫"。这里的"精夫"，应该就是氏族、部落的首领，他们各自统率着自己的氏族、部落，由秦汉王朝对他们"赐印绶"，以隶属于黔中郡或武陵郡。③

这种父系氏族组织，后来演变为苗族社会中长期存在的"鼓社"组织。苗语称"鼓社"为 jangd niel，音译为"江略"，意即一个组织单位。据说，当苗族祖先"顺着日落的方向走，跋山涉水来西方"时，是在各自的首领率领下，按宗族姓氏为单位而迁徙的。为了避免失散，每个宗支置一个木鼓，行进中敲鼓联络。并在迁到新的地方后，仍以宗族为单位，划定居住区域，并按宗支姓氏"立鼓立社"，重新建立自己的社会组织。一般来说，每个鼓社组织都制作一对称为"略斗"的长木鼓供在鼓头家的楼上，以作为宗支的标志。从"同宗共鼓"的异性之间不得谈情说爱和论及婚嫁的古规来看，"鼓社"是以血缘关系为纽带而形成的社会组织，它是父系氏族公社的一种残存形式。由于苗族社会发展的不平衡性，导致它长期保留在部分经济较为落后的苗族社会中。

---

① 杨昌文、雷广正：《苗族古代社会的民族制和"议榔"制》，载《贵州民族研究》1983 年第 2 期。

② 恩格斯：《家庭、私有制和国家的起源》，《马克思恩格斯选集》第四卷，人民出版社 1972 年版，第 50 页。

③ 尤中：《中国西南民族史》，云南人民出版社 1985 年版，第 65 页。

二、地缘组织——“议榔”

在原始社会末期，随着金属器具的广泛使用，人类的生产力迅速提高，人们生产出的剩余产品促使财产私有化进程明显加快。以此为诱因，以血缘关系为纽带的氏族制度进入解体阶段。随之而产生的是一种以地缘关系为基础的过渡性社会组织形式——农村公社。农村公社最主要的特征，就是公社组织的地域性和生产资料所有制公私并存的二重性。与此相对应，苗族的社会组织形式也从血缘组织向地缘组织过渡。

苗族社会中完成这一过渡的时间虽因分布地区和支系的不同而参差不齐，但其演变轨迹大致相同。首先，随着个体家庭私有财产的增多，苗族的生产资料所有制发生了变化。一方面，山林、土地仍旧是“同宗共鼓”的成员共有；另一方面，作为氏族成员的个体家庭，也纷纷拥有各自的份地，展开据地自耕的活动。这样，“个体家庭已作为一种力量，并以威胁的姿态与氏族对抗了”①。其次，随着人口的增多，原有土地已养不活新增的人口，于是，每个“鼓社”不得不分散迁徙，另觅耕地。正是这种频繁的迁徙，打乱了原来的血缘组织，使许多不同宗支的人口交错杂居，形成了以地缘关系为纽带而结成的社会组织——农村公社。

苗族的农村公社，南宋时称为“门款”，清代有“宰款合榔”、“合款”或“门款”等称呼。而且，不同地区叫法也有差别，在黔东南大部分地区叫“议榔”、“构榔”或“勾夯”，或“榔榔”也叫“议榔会议”、“构榔会议”；贵州从江和广西大苗山叫“栽岩会议”或“埋岩会议”；湘西大部分地区受侗族影响叫“合款”，凤凰县受汉族文化影响又叫“春酒会”；云南金平叫“丛会”或“里社会议”。尽管各地名称不同，性质基本相似，只是有些地区保留古老的东西较完整一些，有些地区有所变化和发展。②“议榔”在苗族文化中已经成为约定俗成的概念，是汉语中的“议”和苗语中的“榔”的组合词。“议榔”在各地苗族发音不同，汉文记述用字也不同。1958 年国家组织民族社会历史调查。1962 年整理的《雷山县掌握苗族社会历史调查

---

① 恩格斯:《家庭、私有制和国家的起源》,《马克思恩格斯选集》第四卷，人民出版社 1972 年版。

② 周光大:《苗族社会组织和习惯法述论》，载《思想战线》1988 年第 6 期。

资料》首先称其为“议榔”，被多数学者认同而广泛采用。①

“议榔”（苗语称 ghed hlangb），意为“议定公约”，“公约”即“榔规”或“榔约”。必须强调的是这种“议榔”与“鼓社”时期的“议榔”名同实异，它是按地缘关系为基础而结成的村社组织。从黔东南苗族的情况来看，“议榔”的历史非常久远。据苗族古歌《跋山涉水》讲述，当苗家迁到新的地方后：“雄公心里乐，笑着把话说：‘我们来议榔，议榔怎么住。’奶奶回答说：‘大家分开来，才好建村寨。’公公回答说：‘大家分开居，才好开田土！’雄公来议榔，榔约这样说：‘一支住方先，一支住方尼，一支住者雄，一支住希陇，一支住春整，分开过生活’”②。从民族中分化出来后，通常一个农村公社就是一个“议榔”单位，故陆次云《峒溪纤志》上卷说：“苗部所衣，各别以色。散处山谷，聚而成寨。”但“议榔”单位大小不等，小者包括一个或数个邻近村寨，每个“榔款”设有“款首”、“榔头”，管理行政事务，有称为“硬手”和“老虎汉”的军事首领；有作为宗教领袖的巫师；还有主持司法、执行榔规榔约的“理老”和“娄方”。“榔头”、“款首”和军事首领，一般由选举产生，有一定的任期，“理老”和“娄方”是自然形成的，无须选举，其条件是为人公正、能言善辩、熟悉榔规款约、德高望重、群众公认。

“议榔”的最高权力机构是“议榔会议”。“议榔大会”每户一人参加，由榔头、款首或威望最高的理老主持，讨论“议榔”单位内共同有关的大事，制定规约，选举产生各种执事首领。这种会议，有一年举行一次的，也有两三年举行一次的。大者往往以一个较大的村寨为中心，集若干村寨为一个大“议榔”。各“议榔”之间互不统属，没有统一的首领和行政机构，只有在遇上外敌入侵或涉及各“议榔”共同利益的事件发生时，才推举总的首领，率众解除危难。这种大“议榔”与瑶族的“石牌”制度极为相似。可见，苗族“榔款”的主要职能，一方面是抵御外来的侵犯，保护民族共同体的生存和发展，故“议榔”单位内各村寨有相互支持的义务；另一方面则是规范人们的生产、生活，协调苗族社会内部的各种关系。所以，该组织曾在苗族社会中起到重要的作用，它是以地缘关系为纽带而形成的一种区域性的政治经济联盟。

---

① 参见徐晓光：《“栽岩”的社会功能及其民族法文化特征》，谢晖、陈金钊主编《民间法》卷一三，厦门大学出版社 2014 年版。

② 田兵编选：《苗族古歌》，贵州人民出版社 1985 年版。

第二节

苗族的社会组织

苗族的历史悠久，在古代有比较严密的行政组织和军事组织，后来，由于不断迁徙，动荡不定，所以显现出特有的分散性。有接受官府统治的行官制；有接受土司、土目统治的行土制；官府难以统率的，则俱行习惯法。就社会组织而言，“立鼓结社”的鼓社组织最为典型。可以说“鼓社”、“议榔”、“理老”这三者是苗族古代社会结构的“三根支柱”。

一、鼓社组织

苗族古代社会的基本单位是村落，鼓社是等于或大于村落的社会组织。现今鼓社组织只保持在操中部方言的黔东南地区，历史上还存在于东部方言和西部方言的大部分苗族地区。鼓社的内容、文化含义主要通过“鼓社祭”或“祭鼓节”的活动表现出来。苗族古歌中有“姜央兴鼓社，全疆得共和”、“江略九千个，遍地喜洋洋”的记载，说明鼓社成立很早，至今仍存。

鼓社是苗族社会中比较原始的政教合一的组织形式，13年一届的庆典（鼓社节也称古藏书、鼓藏节或牯脏节等），既有祭祀祖宗、繁衍后代的内容，也有庆祝丰收、发展经济的愿望；既有礼乐教化、弘扬本族文化的宣传，也有崇尚武功、反抗外侮之演练。鼓社节的活动体现了鼓社组织的兴旺发达和顽强不屈的精神。鼓社的最高权力机关是全体社员大会，也就是13年一次的鼓社节，届时男女老幼都要参加（被开除族籍的人不能参加）。鼓社节的任务通常有以下几项：①举行隆重的祭祀活动；②选举鼓头，鼓头的产生须经全体社员大会通过；③讨论决定鼓社规约，即根据古理古规和传统习惯，结合实际情况讨论其他重大事项、表决要通过的问题，全体成员均可发表意见。鼓头的选举产生、鼓社成员权利和义务的规定、是与非的评判与裁决往往都要通过共饮牛角酒，同吃份肉体现出来。

鼓社分“黑社”和“白社”两种，“白社”系从“黑社”中分出（一般出于婚姻的需要），黑社选有鼓头（“鼓根”或“鼓主”，苗话称 ghaib niel，音译为“嘎略”）。一般每个鼓社选九个鼓主。

第一鼓主，苗语称 ghaib sod，意为祖宗鼓主。在鼓社节祭祖过程中，第一鼓主是过世民族始祖和氏族祖宗的象征，地位至尊，最为神圣。他严守禁忌，不苟言笑，吃饭穿衣均由第二鼓主服侍，处处显示出祖宗的尊严。他当选后，全氏族群众吹着芦笙到他家去祝贺，并杀鸡观眼。如鸡眼双睁或双闭，就认为吉利，说明祖先中意，当选有效。若鸡眼一睁一闭，乃属凶兆，当选无效，必须另选他人。

第二鼓主，苗语称 ghaib xongt，意为族长鼓主。在鼓藏节祭祖过程中，第二鼓主是在生全氏族的代表、氏族长。他的任务是侍奉代表过世祖宗的第一鼓主，代表全氏族成员向过世祖宗尽孝。

第三鼓主，苗语称 ghaib hlod，意为子孙鼓主。其任务是侍奉第二鼓主，表示氏族晚辈对氏族长辈的孝敬。

第四鼓主，苗语称 dinx wangx，意为帝王鼓主。在古代，其任务是保卫氏族安全。

第五鼓主，苗语称 dinx bod，意为富贵鼓主。在古代，其任务是管理氏族财物。

以上五位鼓主为主要鼓主。四个次要鼓主中，第一个苗语称 daib yus liongx，即姑爹鼓主，一般由第一鼓主的姐（妹）夫或女婿担任；第二个苗语称 ghaib vix，即司乐鼓主，在各项仪式中负责吹芦笙；第三个苗语称 ghaib dangk，即事务鼓主，在祭祀过程中负责一些事务工作；第四个苗语称 ghaib hniangt，即保管鼓主，在祭祀结束后负责保管极为神圣的氏族玉碗。

另外还有四个祭师：两个为主方祭师，两个为客方祭师。祭师，苗语称 bad hliod。主方祭师称 bad hliod vangb，客方祭师称 bad hliod liongx。

鼓主由民众选举产生，就职仪式很隆重，都穿大礼服登台，接受礼师和全场群众的欢呼。鼓主致词宣布共同遵守的祭祖事项，同时要大家遵守榔规古理，维护社会安宁。如有违反者，须听从理老按古理规议裁判，鼓社坚决执行。群众不断欢呼、齐声附和。①

以鼓社为中心的苗族社会显示了自身的活跃性及其强大的生命力，但这种“兄弟鼓社”的独立性也暴露了苗族社会的分散性及其易于被各个击破的弱点。

苗族社会中也有鼓社联盟，如“边江方”的凯祟凯哨一带，即为“三个鼓社的地方”；再如“九股苗”或“九鼓苗”也说明了具有某种联盟形式；又如湘西的“布将

① 李廷贵、酒素：《苗族“鼓社”调查报告》，载《贵州民族研究》1980 年第 3 期。

帅运动”、张秀眉起义时的“六鼓全起义”等，都说明了曾经有过的联盟，即使是松散的联盟，也说明了苗族鼓社联盟存在的普遍性。

二、议榔组织

议榔是苗族社会中议定法律的会议，也是经过一定的组织形式（会议形式）来完成的。议榔有时由一个村或一个鼓社进行，多数情况下是由几个鼓社，甚至几十个村、社进行的，这就需要组织，往往由几十个榔头（有的地方称“勾往”）参加会议，由德高望重者或提议者来组织这个会议，大家服从并做出决定。

无论是大范围或小范围的议榔，都在榔头的主持下，请长老、歌师朗读“议榔词”。开篇往往谈到“椎牛盟誓”的情景：

从前我们地方顺利/过去我们村寨吉祥/地方稳定/社会安宁/如今地方不静/现在村寨不宁/地方多匪盗/村中多蠡贼/勾央才来议榔/勾那才来说理/为粮食入仓而议榔/为团结和睦而说理/议榔地方才平安/议榔村寨才好过/地方才没有盗/地方才没有贼/牛背朝地/牛脚朝天/议榔在石头/石头有印子/议榔在石柱/石柱有痕迹/议榔在石头/才不会移动/议榔在石柱/才不会腐朽……榔又上来/理还过来/一年由一人主持议榔/一秋由一人主持说理/你有直线呀，黄牛/你有墨线呀，黄牛/哪个起心不良嘛，黄牛/哪个存心不善嘛，黄牛/哪个不遵守我们的榔规/哪个不服从我们的理约/你就拉直线衡量，黄牛/你就牵墨线测验，黄牛/你拉他到银桥头去/你牵他到金桥边去/拉他到往宜家去/牵他走沙印家去/他痛他才知道/他死他才晓得/这才教育各个地方/这才教乖各个村寨/人人都是正当/个个都做好事。①

朗读完议榔词，然后宰牛杀猪，以招待到会者；对于未到会的成员，则送去一份牛肉，使每个人都能吃到，亦即让每个人都知道议榔规定的条例法规。

所有这些活动都由大榔头主持，休会期间，则不定期地举行“榔头会议”或“勾往会议”，检查榔规理约的执行情况。这种议榔组织形式上比较松散，而决策内容十分严肃。这也是苗族社会内部千百年来“路不拾遗，夜不闭户”的良好风气形成的原因之一。

---

① 李廷贵、酒素：《略论苗族古代社会的“三根支柱”——鼓社·议榔·理老》，载《贵州民族研究》1981 年第 4 期。

与鼓社不同，议榔这种组织存在于整个苗族地区，甚至影响周围其他民族。鼓社组织是以血缘为纽带，议榔则主要是以地域为纽带。一般来说，从血缘关系发展到地域关系也有一个漫长的过程，就是说地域关系的组织往往也长期存在着血缘的痕迹。恩格斯说过：到了部落时期有“部落议事会”,① 它是由各个氏族的酋长和军事首领组成的——这些是氏族的真正代表，因此议榔很可能是由苗族远古的氏族部落议事会发展而来。

三、理老组织

理老是苗族习惯法的法律裁判者，由那些熟悉古理榔规而又能言善辩的人担任，他们有如“智者”或“师长”，举凡天文地理、历史文化和风土人情都能对答如流；无论大小纠纷，均能有求必应，热心调解，所以极受尊重。在调解纠纷时，诚如今天的律师。

理老大致分三级：一为一个村寨的理老，称“寨长”或“勾往”；二为一个鼓社的理老，为氏族头人，称“鼓公”、“娄方”或“父奴”；三为一片地方即“理甲”的理老，称“勾佳”或“大理头”。所有理老均由选举产生，可以连选连任。

理者在裁判过程中往往是单独行动的，但涉及问题较大而又各方都有理老为其申辩的情况下，就需要请一个大理老来主持公道，这时还必须有松散的组织加以协商。这类案件多数涉及村与村、社与社之间的山林、土地和水源的争执。由于大理老出面组织，要求多方理老出以公心察明事实，从而比较妥善地解决纠纷。对疑难案件，特别是盗窃案件中难以获得证据的不得已才举行 pid taib（意为“烧汤捞斧”）的所谓“神判”的案例是不多的，这也说明了各级理老和理老组织的权威性。②

四、保甲制度

清朝在苗疆地区改土归流后，苗族地区在政治上普遍建立了府厅州县制，大批流官充当了州县官吏。厅县以下则利用一些小的土司、土目和各民族的统治者做助手，

① 恩格斯：《家庭、私有制和国家的起源》，《马克思恩格斯选集》第四卷，人民出版社 1972 年版。

② 徐晓光、吴大华、韦宗林、李廷贵：《苗族习惯法研究》，华夏文化艺术出版社 2000 年版。

以进行统治。据《苗族简史》记载，在湘西和贵州松桃，设百户、寨长、外委等土官。仅永绥、凤凰、乾州三厅共设百户 36 名，寨长数百人，负责征收赋税，维持治安。百户多由汉族担任，苗族上层仅个别人当了副百户，大部分只当寨长。以后，由于地方官贪图贿赂，滥加委派，百户寨长就“渐滥渐多”了。在黔东南，则设了许多新的小土官，将汉民及“苗民中随征有功者”给以土千总、土把总、土通事、土舍等“世袭土职”，习惯上一般也称为土司。其中大的如土千总，管村寨二三十个，居民上千户以上，小的如土把总，只管村寨二三个，居民一二百户。他们有兵，少的十数人，多的数十人。

保甲制是清代一种严密控制人民群众的基层组织，除新辟苗疆六厅以外，乡村都设立这种基层政权组织。在基层政权中，普遍地编户口，设保甲：以十户为一牌，立一牌头；十牌为一甲，立一甲长；十甲为一保，立一保正。有的地方是十户立一头人，十头人立一寨长，实行“联保联坐”，“逐村经理，逐户稽查”，“一家被盗，全村干连，保甲长不能察觉，左邻右舍不能救护，各皆酌罚，无所逃罪”。在设官的同时，还大量驻扎绿营等正规军，设立镇协“营、汛、塘”等绿营的基层组织，可以保留并大量安置屯军。屯军按户给田，屯田全是以所谓“逆苗叛产”的名义剥夺而来的好田好土。广大苗族人民划入里甲之内，输粮纳赋应役。苗族人民从土司的农奴转变为汉族地主的佃户，以一年辛勤劳动收获物的一半或六七成作为地租交给地主。衙署火夫、更夫、打鼓、张伞掌扇等杂役常派苗民承担，衙署的马料、马房征苗民供应、建造，官员巡查或过境，常向苗民勒供银两和物资，里正、保正、把事之生辰、年节，亦向苗民索取礼物，向娶媳的苗户索取银两，向嫁女的苗户索取布匹。勒索不遂，则对苗民严刑拷打，如有反抗，便遭大军镇压，驱赶他乡。

保甲制度的建立某种程度上破坏了苗族的传统议榔组织，但同时也利用“议榔”组织，为保甲制度推行减少阻力。保甲制度下的苗族人民更加苦不堪言，处于水深火热之中。石启贵在《湘西苗族实地调查报告》中写道：“嘉庆初年，苗民起义平定后，总理边防同知傅鼐，实行清丈田亩政策，所有各县之土田，概丈殆尽，结果得百三十余仓，共计租额七万九千二百余石。数量之多以是边疆之贫瘠，负此巨大之租额，颇为国人所注意也。因租谷数量浩大，傅鼐为久安计，奏设制兵，组织各级屯苗官弁，驻防辖区，维护苗乡之安宁与秩序。设苗官弁束制苗民，以苗兵制苗，情况较熟悉，收事半功倍之效。所以当时之苗官，兼理刑名钱粮，权力甚大。一切事务，独断独行，于家庭中摆公案，设法堂，枪械刀叉，陈列盈室，绳索铁链、竹木板子，悬满壁上，戒备森严，实令苗民见而惧之，所以，当时之守备，有‘苗王’之称号也。”“设屯官弁控制苗兵，以汉兵制苗兵，防止苗兵发生事变，以收监督行动、防意外之虞。增设练勇控制屯兵，以练勇制屯，监视屯苗各级官弁，以遏乱萌。是项练勇，为总理边防同知傅鼐之左右护军，集中权力，执行政令，以利推行屯务事宜。凡任练勇，其地位，无异国王之钦差。奉派下县，屯苗官弁，敬畏非常。所到之处，杀猪宰羊，设宴招待，不堪其扰……”①

总的说来，保甲制是继土司制后，中央王朝封建统治者在苗族和其他西南少数民族中设置的基层政权，它较之土司制而言，是一种历史的进步，改变了土司“世有其土，世长其民”和鱼肉土民的状况。但封建统治者编保甲以“稽查”苗族的主观愿望，是想借此来对苗族实施政治强制和超经济强制。所谓政治强制，就是以军队、监狱等国家机器为后盾，强迫“归化”的苗族群众执行封建统治者所颁布的各种法令政策；超经济强制，即封建国家通过保甲制，把苗族束缚在土地上，让他们耕田种地，然后保甲长们按黄册“催征钱粮”，指派徭役，从而使封建国家的赋役收入得到较为可靠的保证。可见，保甲制是清代、民国时期苗族社会中的又一种社会组织形式，它主要推行于一些社会经济已有所进步的苗族地区。而保甲制的大力推行，又加速了苗族社会封建化的进程。

第三节

苗族传统的法律机制

根据史籍、古歌和传说的描述，可以反映出，苗族习惯法产生得较早，也比较完善。但是由于古代苗族没有文字，所以没有成文法，这样，苗族习惯法便在无文字状态下发展变化，依时间、地点和财产对象的不同，而法的具体内容也有差别。一般而言，苗族习惯法的实现都要依靠“议榔”立法、“理老”司法和“鼓社”执法。

① 石启贵：《湘西苗族实地调查报告》（增订本），湖南人民出版社2000年版，第168页。

一、"议榔"立法

议榔，苗语称为 ghed hlangb（音译为"构榔"），"构"（ghed）有"议"、"说"等意，更有"咒"、"发誓"之内涵。"构榔"一词，可以简明地说是"议约"或"议定公约"，也有"集体发誓"或"组织决定"之意。所以非常严肃，非常神圣。

议榔的范围，有由一个村、一个鼓社进行的，也有由几个鼓社以至一大片地区进行的，各地名称又有所不同。如广西融水和湘、桂、黔边区的苗族称为"栽岩会议"或"埋岩会议"；贵州的凯里、台江、雷山等地称为"构榔会议"或"勾往会议"（即"大头人代表会议"，"往"者"王"也）。究其实质，都是苗族社会中一种议定社会公约的制度，也是一种社区组织的议会制度。苗族"法律"就是由这些会议通过的条款确定下来，大家共同遵守。概括地说，小范围的"议榔"对经济生活的作用大，而大范围的"构榔"则着重在政治军事方面。

议榔规约的内容，对内是纯正社会道德，维护社会秩序，保护公有财产和私有财产，保障生产和生活；对外是互通有无，抵抗外侮，要求一处受敌，共同援救，等等。违者，将受到议定的各种条律处罚。因为所有规约，一经议榔大会确认，即具有神圣性，不得违背。有的地方用"栽（埋）岩"的形式固定下来，属于婚姻伦理的，称"女男岩"；属于禁戒偷盗的，称"禁盗岩"；属于维护买卖关系的，称"发财岩"。而有的地区则编成"理歌"、"理词"，广为传唱。①

议榔头人都是根据议榔"规约"来维护生产、生活秩序的。其主要职责有：①调解、处理有关田、土、山林所有权的纠纷；②调解、处理婚姻纠纷；③调解、处理偷盗案件；④调解、处理民族内部纠纷；⑤调解、处理违反禁忌事件；⑥调解处理有关内勾外引、互相残杀事件；⑦组织人们共同对敌、抗击外侮；等等。处理案件的一般程序是小头人调解，处理不了的事件再请大头人进行调解、处理。他们为群众解决纠纷和处理案件时，在有罚款的情况下，多少有些经济上的报酬。寨头、榔头一般不脱离生产，随着社会的发展，在阶级分化剧烈的地方，寨头、榔头的产生也发生了变化。在黔东南州一些地区，有的寨头、榔头还兼任甲长、保长、联保主任（民国时期），并且为地主阶级所利用，使议榔的性质发生了变化。

---

① 徐晓光：《无文字状态下的一种"立法"活动——黔桂边界苗族地区作为"先例"的埋岩》，载《山东大学学报》2006年第6期。

20年前，在一些苗族地区，还有使用汉字书写的榔约木牌，挂在村寨路口的“榔树”（即“木油树”，苗语称“豆榔”）上，有如“布告周知”等字样。在木牌旁，还挂有为议榔而宰的牛的角、尾和四蹄，做到“人人皆知”，以示威重。

议榔的社会功能是多方面的，以“军事性质”的意义最为显著。如《平苗纪略》中提到的黄平等地曾出现“齐榔”（议榔联盟）组织起义，声势浩大，给清王朝以沉重打击；“张秀眉起义”也是“掌梅里杀牛议榔”，号召“六鼓社全起来”，此后苗军将士携手并肩，艰苦奋战18年之久。可见，苗族“议榔”所形成的人尽皆知的“习惯法”，其社会功能与制约效力，并不比成文法逊色。

二、“理老”司法

近现代以来，随着生产的发展，人口的流动性增大，单姓鼓社共同体慢慢开放，外姓移入出现了主姓家族和多姓村落家族，即在一个村寨内存在着多种姓氏，但以一个姓氏宗族为主要成员，其他姓氏处于次要地位，或一个村寨内存在着多种姓氏家族，但没有一个宗族占主导地位，而是与其他宗姓并存。苗族村落家族的这一变化，是一种历史的进步，在这种情况下，苗族理老制度也随之产生了。

“理老”，苗语称为hfud lul（音译为“父录”、“奉奴”）或lil lul（音译为“律录”），即“长老”、“头领”或“律师”。“理甲”的“大理老”，称为hfudjaf（音译为“父甲”）或ghet wangx（音译为“勾往”），意即“王”。能当得起或称得上“理老”的，必须熟习古理、社规、榔约，他们是处事公正的“智者”或受人尊敬的“长老”，他们一般按古理调解各种纠纷，在苗族社会担当“和事佬”的职能。

理老按其职能不同而有三种“等级”：

第一种是在村社内部调解纠纷的。这种理老是自然形成的，有的就是“族长”或“寨老”，或大氏族鼓社头人，他们是纠纷的当然“仲裁人”。

第二种是解决重大案件的。这种理老精通各种“律典”，而且能言善辩。在“评理”会上，是为请他去说理的一方进行辩护的。

第三种是“理甲”或“理贾”的理老。这种理老是较大区域范围内的“评理”的头人。黔东南施洞地区周围五六十里，苗语称为diut jangd xongs jaf（音译为“丢江雄甲”），意为“六社七甲”。这一地区曾是一个“理甲”范围地，该地最后一个“大理者”在“高禾、秀眉起义”前后由偏寨的张美金担任，传说他在施洞理事，威望很高。这种大理老的职能是解决重大纠纷案件的。如关于田土、山林的争执；关于违犯纲纪、伦常、宗教禁忌等重大事件；关于婚姻纠纷；关于盗窃案件；关于械斗与残杀事件；关于维系组织体制和民族内部以及民族间的重大纠纷；习惯上其他应由理老评判处理之案件；等等。

从理老职能形式上看，可以分为三种类型，即仲裁型、主管型和荣誉型。其中以仲裁型最为常见，仲裁调处职能最强。他们享有一定的社会地位和权威，拥有一定的权势。在村落家族中起着十分重要的调节作用，在村寨家族纠纷、冲突和重大决定中拥有实际的权力，起到最后仲裁的作用。当诉讼构成时，诉讼双方各自有理老申辩（小纠纷则在一理老面前陈述，让其评断，若不服，则使诉讼升级）。理老一般辈分较高，阅历较深。他们在裁决时，大多引经据典，朗诵“理歌”、“理词”。一般来说，理老一经做出判断，当事人双方都能和解，一方自觉吃亏，也往往不再争辩了。

理老或理甲评理时，先听当事人及其所请代理者申辩，之后，才由他列举有关“理”、“典”裁决。理亏一方，须自觉地依照裁定及时向对方道歉或赔偿。对于难断之案件或重大盗窃的案件，则送交“公众审定”、“砍鸡头”或“烧汤捞斧”，以决胜负。“砍鸡头”、“烧汤捞斧”的所谓“神明”裁判，是“最高”的也是“最后”的裁判，在实际生活中是极其罕见的。所有裁判的付诸实行都由鼓社或村寨做后盾。

三、“鼓社”执法

鼓社，苗语称为 jangd niel（音译为“将略”或“江略”），jangd（音译为“江”）为古代苗族社会组织名称，niel（音译为“略”）即“鼓”。“江略”意译为“鼓社”，是苗族“立鼓结社”的社区组织形式。

鼓社为氏族外婚制团体，一般由同宗的一个村或几个村组成。立鼓结社的内容主要通过“鼓社祭”（杀牛祭祖）的活动表现出来。苗族古歌唱道：姜央兴鼓社，全疆得共和；唱笙歌鼓舞，订礼仪教化；立鼓为长官，团结众村寨。可见，鼓社应是苗族进入父系个体家庭以后的社会组织，是苗族的氏族——大氏族（鼓社）——部族（或部族联盟）——民族的结合基础。“议榔”立法、理老司法而由鼓社执法的制度，可以称为苗族的“鼓社法体制”。鼓社的鼓头、鼓主，总理全社事务，诸如社会道德、治安保卫和生活福利事业等，都得过问经管，其中，经过理老裁决的案件，得由鼓头执行。因为调整内外部关系是鼓社的主要职能。鼓社作为一种血缘集团，其成员免不了会发生纠纷，这时鼓社作为一种强制机关进行干预。社会舆论和强制手段是维持鼓社程序和风俗习惯的主要方法。鼓社要做出评判的主要事项有：①鼓社成员间发生的各种矛盾和冲突；②鼓社成员违反各种社规族约和生活戒律，如晚辈对长辈不孝，丈夫对妻子品行不端等；③关于继承权的纠纷；④使鼓社利益受到损害和影响的各种不良行为；等等。鼓社对其成员通常采取第一种也是最有效的手段，就是道义上的舆论压力。第二种手段即强制性手段，这是在不得已的情况下才使用的。通常有三种：①体罚，晚辈不服从长辈、子女不赡养父母或成员不执行鼓社会议决定、通奸等都可能受到体罚。②驱逐出鼓社，这是一种严厉的处罚。过去人们都认为，一个不属于任何鼓社的人，就被剥夺了防御和被保护的权利。这种人被害时，杀人者没有责任，因为没有人为被害者做主去处理杀人者。因此，被开除鼓社的人，如果遇到不幸就只能听任命运的摆布。被驱逐出鼓社实际上等于被判处死刑。③死刑，这是最高的处罚。在宣判死刑前，有权做出这样判决的鼓社会议要对案件认真地讨论。经裁判判处死刑的，由寨长或鼓头责令其亲属执行。①

对械斗、仇杀等重大案件，裁决后未能和解者，鼓主可率领全村或全社“兴师问罪”。当外部敌人入侵时，鼓头号召全民赴敌，而且往往是身先士卒。

议榔、理老、鼓社这种苗族习惯法的制定者、仲裁者和执行者“三位一体”的社会管理模式，一直贯穿于苗族古代社会的始终，甚至到近现代还在起着作用。

---

① 何积全：《苗族文化研究》，贵州人民出版社1999年版，第77页。

QINGZHIQIAN LIDAI FENGJIAN ZHONGYANG ZHENGQUAN DUI MIAOZU DIQU DE XINGZHENG YU LIFA

第三章

清之前历代封建中央政权对苗族地区的行政与立法

第一节

秦汉到魏晋南北朝时期

中国多民族统一国家的形成是从秦朝开始的。公元前221年，秦始皇灭六国，统一了中国，建立了统辖多民族的专制主义的中央集权制的封建国家。秦朝在少数民族地区设置了郡县，对少数民族进行直接统治。在东北地区设置了辽东郡、辽西郡；在北方阴山山脉一带设置了34个县和九原郡；在西北地区设置了陇西郡、北地郡；在岭南地区设置了象郡、桂林郡、南海郡；在东南地区设置了闽郡、会稽郡；等等。从以上秦国到秦朝建立后的民族法律关系调整问题上看，都需要有这方面的法律，所以制定《属邦律》是非常必要的。

春秋战国之际，楚国为七雄五霸之一，随着楚国势力向外扩张，苗族的先民经过长期的融合和迁徙，慢慢向西、南两方向移动。据《后汉书·南蛮传》载："秦昭王使白起伐楚，略取蛮夷，始置黔中郡。"秦昭王二十八年、二十九年（前219、前218），秦派大将白起率军"攻楚，拔郢，烧夷陵，遂东至竟陵"①。在新占领的楚地设置南郡。南郡大约包括今湖北省汉江流域大部分地区，原是楚国的活动中心。从秦设置南郡到秦始皇二十年，虽已好几年，但楚国的影响仍然很大，加之多民族聚居于此，情况比较复杂，阶级矛盾和民族矛盾时常激化，造成社会动荡。公元前228年"南郡备警"②，秦派腾任南郡守是秦始皇加强战备的一项重大措施。《云梦秦简》中的《语书》也是一篇重要的法律资料，颁行于秦始皇二十年（前227）。《语书》是教戒性文告，它是秦始皇时期南郡守腾颁布的地方性法规。这是一篇南郡及所辖各县的地方性法规，有助于了解当时南郡地区社会民族状况和秦朝制定《属邦律》的原因。

《语书》共520余字，分为两部分。第一部分是正文，第二部分类似于正文的附件。发往机关和主管官员是南郡所属各县、道官廷和各县、道啬夫。所谓"道"，即少数民族集居的县。《语书》首先写道："古者，民各有乡俗，其所利及好恶不同，或

① 《史记》卷六三，《白起王翦列传》。

② 《睡虎地秦墓竹简·编年纪》。

不便于民，害于邦。是以圣王作为法度，以矫端民心，去其邪僻，除其恶俗。法律未足，民多诈巧。故后有闲（简）令下者。凡法律令者，以教道（导）民，去其淫僻，除其恶俗，而使之之于为善也。”

在这段记述中，强调同乡俗、恶俗做斗争。将乡俗、恶俗与邪僻连在一起，显然不能狭义地理解为仅指民族风俗习惯，还应该包括那些不利于实行阶级统治的言行，甚至可以说主要是指斗争方面的内容。正因为如此，就需要制定和适用法律来解决。当然，制定法律并不等于要一味地使用暴力，而应“以教道民”，“使之之于为善”。如果他们可以采用暴力以外的手段达到维护自己的统治目的时，并不是一定要采用武力。

秦朝时在民族地区设置了管理少数民族的行政机构——道。杜佑《通典·职官十五》说：“汉制，列侯所食县曰国，皇太后所食曰邑，有蛮夷曰道。凡县万户以上为令，减万户为长，侯国为相，秩次亦如之。皆秦制也，汉因之。”及至汉兴，中央王朝在苗族先民居住的地区建立了更加完备的郡县制，将秦所置黔中郡改为武陵郡，并派遣官吏，建立邮亭，以对辖区内的各民族群体进行管理。秦时黔中郡设在临沅（今湖南常德），辖境相当于湖南沅水、沣水流域，湖北清江流域和贵州东北一部分，境内民族称黔中蛮。武陵郡设治义陵（今湖南溆浦南），辖境基本相当，而蛮名则称武陵，又因其地有雄、满、抚、酉、辰五溪，至东汉又称之“五溪蛮”，这是当时对苗族的称呼。当然，这种统治只适用于生产发展水平较高的地区，在“苗蛮”集中的地区，仍只能是对其首领皆“赐印绶”，实施“羁縻”统治。

所谓“羁縻”，司马迁《史记·司马相如传》索隐按：“羁，马络头也；縻，牛纼（缰）也。”在汉族封建统治者眼里，少数民族被视为“牛马”，其首领王、侯、邑君长则被看成拴“牛马”的“络头”和“纼”。因此，从“制四夷如牛马之受羁縻”的观念出发，汉族封建统治者在保持少数民族内部原有的政治、经济结构不变的前提下，以其首领为工具，利用他们来实施对少数民族的间接统治，从而达到“以夷治夷”的目的。

秦汉时期封建统治者这种民族羁縻政策，客观上在稳定南方各少数民族地区的秩序方面起到了积极作用。以东汉时期的情况来看，这种以“故俗”而治的方法，经济剥削相对较轻，比较容易被当地的少数民族接受。例如，据《后汉书·南蛮传》记载，东汉顺帝永和元年（136），武陵太守曾上书说“以蛮夷率服，可比汉人，增其租赋”，但即遭尚书令虞诩反对。虞诩说：“（蛮夷）难率以礼，是故羁縻而绥抚之。”

但最终增加了租赋，导致了苗族和其他民族先民的反叛。

苗族多居山壑，生产力相当低下，“无关梁符传、租税之赋”。由于苗族部落分散，自有首领，互不统辖，所以秦朝廷授为“邑君长，皆赐印绶”。各部落首领由公众推举，不是世袭的统治者。西汉建立后，开始向苗人征收口赋，“岁令大人输布一匹，小口二丈，是谓賨布”，《说文》释为“南蛮赋也”。西汉法律规定，武陵蛮须向官府按人头输纳这种“賨布”。大人岁输布1匹（4丈），小人（孩）输布2丈，此项输纳专称为“南蛮赋”。东汉初年，武陵蛮强盛，建武二十三年（47）底，东汉光武帝刘秀遣武威将军刘尚领南郡、长沙、武陵兵万余人，乘船逆沅水而上，进行军事进攻。武陵蛮首领相单程等率众屯聚两岸险要处扼守。由于谷深水急，官军船难靠岸，又以远道深入，粮食不济，刘尚只得撤退。在撤退时沿途遇伏，全军覆没。相单程乘势于次年顺流而下攻占临沅。建武二十五年（49）春，朝廷遣名将伏波将军马援及中郎将刘匡、马武等带兵4万余，在攻破临沅后向武陵蛮大举进攻，至壶头山（在今湖南沅陵县境）受阻。武陵蛮居高守御，官军久不得进，多中暑死于疫，统帅马援亦病死军中。刘秀因官军惨败甚怒，将原授予马援“新息侯”的印绶追缴收回。元初二年（115），武陵蛮因官府征调赋役不公，群起攻城池杀官吏。永和元年（136），武陵太守上书请求加重武陵蛮承担的租赋。朝议时，群臣附和，独尚书令虞诩认为应按古训对武陵蛮实行“附则受而不逆，叛则弃而不追”的羁縻绥抚政策，不得随意增加原有赋税，否则必然导致反乱。顺帝刘保不听，降旨强行加重武陵蛮的租赋，果然激起反抗。当年冬天，武陵蛮以“贡布非旧约”为由，杀乡吏举行武装反抗。灵帝中平年间，巴郡包括苗族在内的“蛮夷”地区“长吏、乡亭更赋至重，徭役箠楚过于奴虏，亦有嫁妻卖子或乃自颈割。虽陈冤州郡，而牧守不为通理……愁苦赋役，困罹酷刑，故邑落相聚，以致叛戾”①。

魏晋时期，汉族封建统治者基本沿袭秦汉时期的“羁縻”政策，采取“即其渠帅而用之”的方法，来治理少数民族地区。据《三国志·蜀书·马良传》记载，刘备征东吴时，曾遣侍中马良“入武陵招纳五溪蛮夷，蛮夷渠帅皆受印号，咸如意指”。看来在苗族最为集中的“五溪”地区，中央统治势力仍然难以深入，只能沿用秦、汉“赐印绶”的方法，对其“渠帅”授“印号”，实行羁縻统治。

三国魏晋南北朝时期，群雄并立，争战频仍，各统治集团为扩展地盘，加紧对苗族地区的深入控制。黄龙初年，吴屯兵于秭归，后被蜀将吴班攻破，武陵苗族受制于

① 《后汉书》卷一〇六，《南蛮传》。

蜀。黄龙年间（229—231），吴国太常潘承明进攻武陵蛮时，于酉水两侧筑垒固守。晋太康元年（280），特于荆州置南蛮校尉，设立专门机构对苗族地区实行军事控制。永嘉五年（311），荆湖流民在杜弢领导下起义，武陵地区的苗族响应，乘船顺流攻武昌。荆州刺史陶侃先后两次带兵攻掠五溪。在封建统治者步步进逼的局势下，一部分苗族被迫移徙避乱，东至江淮一带，西达巴蜀之间，北抵汝颍以至陆浑以南。散布在三峡地区的苗族更是人多势众，群落大者上万家，小者亦有千户。他们各有首领，或称为王或称为侯，“屯据三峡，断遏水路”①，使往来之人须假道而行。

南北朝时期，在归附后的西南边区和边远少数民族聚居区设置“边郡”、“左郡”或“初郡”，在这些郡县中除派少数政府官员进行统治、监督外，常常笼络和利用当地土著豪酋来统治其辖区内的土著民族，即实行“以蛮夷治蛮夷”的羁縻政策。刘宋王朝除沿袭南蛮校尉的设置外，又添设宁蛮校尉，分别对蛮州、雍州地区苗族实行军事震慑，在派遣窦应明领兵攻武陵后，特筑城（在今沅陵县境）一座，作为镇抚武陵苗族的前沿据点。刘宋时期，苗族中所谓“顺附者”的赋税是“一户输谷数斛，其余无杂调，而宋人赋役严苦，贫者不复堪命，多逃亡入蛮，蛮无徭役，强者不供官税”②。对荆、雍二州境内苗族则按户征赋，每户年输谷数斛。由于赋徭并无定制，地方官员强行掠夺勒索和任意加重赋徭的现象就不断增多。刘宋末年，荆州刺史沈攸之加重勒索，常借故给苗民定罪，规定以财物赎罪，称之为“赕罪”。所谓“赕罪”实际就是借故勒索。酉溪“蛮王”田头拟杀攸之使者，攸之又“责赕千万”，头拟“输五百万”，被逼而死，“于是群蛮大乱”③，五溪苗民反抗激烈。

第二节

唐宋时期

隋朝在苗族地区设置长沙、巴陵、武陵、黔安、澧阳、沅陵、泸川、涪陵、犍为等诸郡及义熙县。唐初，在汉民与西南少数民族临界的潭州（今长沙）、黔州、泸州、

① 《周书》卷四九，《异域》。
② 《南史》卷七九，《荆雍州蛮传》。
③ 《资治通鉴》卷一三三，《宋纪十五》。

戎州等要害地区设都督府，实行与内地相同的军事弹压，后又在苗族聚居的五溪设经略使、守捉使，在辰、巫、溪、锦、业等地设团练守捉观察使，专门对付境内苗族及其他少数民族。

唐朝统治者不仅把“以夷治夷”奉为圭臬，而且将“蛮夷之俗，羁縻而已”的绥抚政策进一步完善，形成了曾在少数民族地区广泛实施的羁縻州制。《新唐书·地理志》记载：

> 唐兴，初未暇于四夷，自太宗平突厥，西北诸蕃及蛮夷稍稍内属，即其部落列置州县，其大者为都督府。以其首领为都督、刺史，皆得世袭。虽贡赋版籍，多不上户部，然声教所暨，皆边州都督、都护所领，著于令式。

在此制度下，苗族及其他少数民族中的贵族分子往往“分据其地，自署刺史”，对外接受唐王朝的封号，对内充当少数民族的首领。

唐高宗总章二年（669）以后，在西南地区州郡官吏，不由吏部任命，而由都督推荐。唐朝根据苗族地区的不同情况分别采取不同的统治形式。对与内地邻境、社会发展较快、王朝势力能直接控制的地区，与内地一样设立经制州，由吏部委流官充任刺史，按年额征收赋税。在距内地较远，社会发展较慢，王朝势力未能直接深入的边远地区，则特设有别于内地的羁縻州，刺史由都督推荐当地少数民族首领世袭，按期朝贡。羁縻州同中央王朝的关系比较松弛，但已纳入版图，负有一定的封建义务，未正式入版籍的则称为“化外”。

唐朝的法律在中国法制史上占有重要的地位，其体系之完备，内容之周详，用刑之宽平在当时世界上是最先进的，堪称中华法系的代表。永徽二年（651），在《贞观律》基础上修改完成的《永徽律》就少数民族及外国人的法律适用问题做了明确的规定，“诸化外人，同类自相犯者，各依本俗法，异类相犯者，以法律论”。永徽三年（652），为了统一解释律文，唐高宗命令中书、门下省，广召解律之人，对《永徽律》解义逐条注释。一年之后，长孙无忌、李勣、于志宁等主持编撰的疏议告成，附于律条之后，合称《永徽律疏》，颁行天下，后世称为《唐律疏议》。疏议与律文具有同等法律效力，在唐代司法实践中广泛适用。

《疏议》对律文“化外人相犯”条做如下解释：“化外人”谓“蕃夷之国，别立君长者，各有风俗，制法不同，其有同类自相犯者，须问本国之制，依其俗法断之。异类相犯者，若高丽之与百济相犯之类，皆以国家法律（唐律），论定刑名”。可见唐律对不同民族、不同国家的人在唐朝境内发生纠纷和相互侵犯案件的处理，既尊重各民族的风俗习惯，又维护了国家法律尊严，体现了属地主义和属人主义原则的合理适用，较为有效地解决了唐帝国境内不同民族法律适用问题，这一原则为以后各朝法律所沿用。

唐律中“化外人”条主要不是规定国与国之间的法律效力范围，而是着眼于调整与“礼教”法律文化有差异和冲突的民族的法律适用问题。《唐律疏议》所称“同类”、“异类”一般也指“族类”而言。“化外人”虽然包括“外国人”，但两者绝不属于同一概念。显然，用“化外人”一词更符合唐朝的客观状况，也更为准确地表达了唐朝的立法意图。

后人称“化外人”即为“外国人”，将在“化外”地方居住的人一概视为“外国人”是不符合中国的历史事实的。唐代已有“外国人”一词。据记载：“开成元年（836）六月，京兆府奏：……准令式，中国人不得私与外国人交通、买卖、婚娶、来往。又举取蕃客钱，以产业奴婢为质者，重请禁之。”① 这说明唐朝时已有“外国人”一词，但何以唐律以“化外人”而不是“外国人”来规定这个律条呢?

在中国古代，说四夷“无有礼义”、“不知礼义”的记载充斥于历史文献之中，被称为“化外”地方也常见于史籍之中，但“化外人”一词只在法典中出现。这个情况很值得注意，它至少说明：第一，“化外人”只被作为一种法律用语。由于“化外人”并不执行国家颁布的法律，而其“本俗法”受本民族经济文化的影响和制约，反映了其特定发展时期的风俗习惯和价值取向，必然与国家的法律存在明显的差异和冲突，这就使得国家的法典必须做出调整这些冲突的法律规定。第二，将众多民族泛称为“化外人”作为适用该法律条文的主体，表现了唐朝立法技术的高超，既具有高度的概括性，也便于法律的运用。唐代文献中还未找到明确指出哪些民族属于“化外人”的记载，很明显，它是一个泛称。②

唐代苗族主要分布地区的经制州大多在乌江以北和酉水以南的黔州、涪州、归州、泸州、思州、珍州、夷州、费州、辰州、锦州、叙州、溪州、施州、荆州、潭州、衡州、邵州、鼎州、澧州、融州、沅州、诚州（后改为靖州）等数十州。从唐贞观到开元（627—741）的100多年中，唐中央王朝在南方各族地区建立羁縻州，多至

① 《册府元龟》卷九九九，《外臣部·入觐》。

② 苏钦：《唐明律“化外人”条辨析——论中国古代各民族法律文化的冲突与融合》，载《法学研究》1996年第3期。

856个，其中苗族分布的地区就有56个，人数最多的是辰、沅、靖、黔四州。① 苗族的羁縻州多在乌江以南和酉水以北，有羊州、充州、应州、蛮州、庄州、琰州、矩州、峨州、逸州、龙州、明州、晃州、晏州、巩州、长宁州、连州、筠州等州，其中仅酉水以北的羁縻州即达36州。唐朝开始对于各羁縻州实行朝贡制，各土著首领建州授官后，必须按规定朝贡，以表示归顺和维系与中央王朝的隶属关系。朝贡时间一般是数年一次，也有一年一次的，所贡多为方物，即当地土特产。对各羁縻州诸“蛮夷”的朝贡使者，朝廷均给以各种赏赐，以示“恩信”。

唐朝经制州内的苗族遭受官府赋役的剥削，羁縻州内的苗族遭受封建王朝贡纳之掠夺，土著政权统治下的苗族更遭受奴隶主的残酷奴役与压榨。苗族人民不堪苛虐，不断掀起反抗斗争。

苗族的称谓始于宋代，宋朝承袭唐朝制度，承认苗族地区自治权力，由苗族首领自己管理本地事务。《宋会要辑稿·蕃夷五》说：

> 嘉祐三年八月，荆湖北路转运司言：已按安彭仕羲，……仕羲盖盘瓠之种，所居即汉黔中，……其俗阴五溪，历代荒诵不常。……国初，彭氏纳牌归顺，许通市易。咸平中，降真命，赐管下二州名，许贡奉京师。至景德中，有彭文庆者来贡方物，真宗尝面戒之。后有彭儒孟、彭文绾、彭仕汉等，继以修贡。仕羲祖父五世袭下溪州刺史，兼都誓主，共诸州将承袭，必率蛮酋共议，子孙若弟侄亲党之当立者，具州名，文移辰州，州（刺）史保明上申钤辖司，然后以闻，而赐敕告印牌。每隔江望拜阙廷而受恩。其州有上、中、下溪，龙赐（天赐）、忠顺、保靖、感化、永顺、懿、安、远、新、给、富、来、宁、南、顺、高等州，每州有押案、副史、校吏，皆自补置之。

宋初，对距中原较远、实力难达的今贵州境内的苗族采取宽松亲善政策。太平兴国五年（980），西南藩王牂柯遣使团入京朝贡时，所带苗族芦笙队曾在皇宫做《水曲》表演：“一人吹瓢笙，如蚊蚋声，良久，数十辈联袂，宛转而舞，以足顿地为节。”② 苗族的芦笙舞从此扬名京师，记入史册。在与内地邻近的武陵地区，宋王朝则设官屯兵，常派大员“经制蛮事”。官员们常“擅杀蛮人”以请功，甚至用“杀一

① 何积全：《苗族文化研究》，贵州人民出版社1999年版，第52页。
② 马端临：《文献通考》卷三二九，《四裔考六》。

蛮人赏钱十千”① 的手段鼓励滥杀无辜，苗族人民忍无可忍。朝廷无定制的贡献和对各种方物的搜刮，对当地苗族等少数民族来说，无疑是沉重的负担。

宋太平兴国八年（983），有“溪（今湖南永顺县东南）、锦（今贵州省铜仁县东部、湖南境内辰水北岸之锦和）、叙（今溆浦）、巫（今湖南黔阳）四州蛮相率诣辰州（今湖南沅陵），愿比内郡民输租税。诏不许”②。尤中先生据此认为：当时的苗族已进入封建社会。至于宋王朝“诏不许”的原因，即因当时苗族地区的封建制与内地的封建制仍有所区别。内地汉族中当时是封建地主经济，私有土地的地主和个体小农可以直接向国家缴纳赋税；苗族当时是封建领主经济，土地全部为各州刺史即封建领主所有，农奴从封建领主那里分得小块份地使用，向封建领主直接提供实物和劳役地租。而宋王朝不可能越过苗族中的这些封建领主直接向苗族人民征收租税，所以当溪州彭氏等向宋朝廷提出“愿比内郡民输租税”时，宋朝廷不同意，而只能是保留其内部原有的封建领主经济结构不变，由各封建领主将其剥削所得的一部分，定期向宋朝廷“入贡”。③

此外，还有部分居住在城镇周围的苗族，按“省民熟户”输租纳赋。如《宋史·张九成传》记述说：九成“谪宋邵州。既至，仓库虚乏，僚属请督（即责罚）酒租宿负、苗绢未输者。九成曰：‘纵未能惠民，其敢困民耶！’是岁，赋入更先他时。”这段话是说张九成到邵州（今湖南城步苗族自治县）任刺史后，就当时苗民未向官府输“苗绢”，有人建议派人责罚，张九成以仁政爱民之心而拒绝采纳，结果当年民众交绢纳赋比往年还早。

宋朝规定苗族地区可按习惯法处理内部纠纷，宋大中祥行三年（1009）宋真宗诏：“朕常诫边臣，无得侵扰，外夷若自相杀伤，有本土之法，苟以国法绳之，则必致生事，羁縻之道，正在于此。”④ 据《宋史·蛮夷列传》记载：淳化二年（991）富州人向万通杀死皮师胜父子七人，取五脏及人头祭礼魔鬼，“朝廷以其远俗，令勿问”，对羁縻州内少数民族恶劣风俗采取宽容态度，而对羁縻州以外的少数民族和汉族地区的杀人祭鬼现象则被视为恶俗并动用凌迟大刑来处理。

在此一年前，即北宋淳化元年（990）针对一些地方有杀人祭鬼的现象下诏：“禁

① 《资治通鉴长编》卷一四三。
② 马端临：《文献通考》卷三二九，《四裔考六》。
③ 尤中：《中国西南民族史》，云南人民出版社1985年版，第286页。
④ 《宋会要辑稿·蕃夷五》。

川陕、南岭、湖南杀人祭鬼。”为加强打击力度，宋仁宗天圣六年（1028）又下诏：“自今首谋若加功者，凌迟斩。”① 凌迟刑始于五代，宋初未使用这种刑罚。此敕令首开宋朝凌迟刑之先河，以后一发不可收，凌迟刑的编敕越来越多。

宋代和中原历代封建王朝统治者一样，将四边少数民族视为未开化的、野蛮的“化外人”，称之为狄、夷、蛮、蕃等，奉行“明华夷之辨”的思想，仍然实行民族歧视和民族压迫政策。习惯上，宋代将羌、苗、壮、瑶、黎等民族分为“生户”和“熟户”，已纳入政府户籍由地方管辖并承担封建赋税和徭役的，或是邻近汉区与汉人较为接近的，称之为“熟户”；对“居深山避远，横过寇略者谓之生户”，② 则进一步推行“以蛮夷治蛮夷”的羁縻政策，建立羁縻州加以笼络。如苗族“生蛮”地区的羁縻州，州下设县，县下为峒，任用当地的封建领主和豪右任刺史、县令、峒官，他们终身为官，并可世代相袭。宋朝还特别设置“经略五溪蛮事”、“湖南溪峒总领”等官职，专门管理苗族事务。同时，还派出禁军和厢军守各州，并招募一些无田游民组成“弓箭手”武装，在苗族地区屯田耕作，戍守防卫。宋代在广南西路地区进一步健全羁縻州县制度，按村落大小分为州、县和峒，峒约50余所，擢拔其酋长为首领，发给印信。为管理这些土官，朝廷又委派经略使、提举等汉官，对土官“守疆土、修职贡、供征调”等工作进行监督，在战略要地还派军队镇守。

宋代以“强干弱枝”、“守内虚外”为国策，全部力量集中于对内镇压，对外但求苟安。与各少数民族的关系，原则上是“厚其委积而不计其贡输，假之荣名而不责以烦缛；来则不拒，去则不追，边圉相接，时有侵轶，命将致讨，服则舍之，不黩以武”③。表面上宽厚豁达，实则外强中干，腆颜求和，但对于能够直接统治的民族，仍然实行民族压迫政策。北宋时由于朝廷在南方民族地区开辟道路，筑堡戍兵，加重摊派，给苗、侗、瑶等民族带来灾难和痛苦。元祐二年（1087），爆发了以“渠阳蛮”杨晟台为首的农民起义，使“三路俱惊”，朝廷调兵数万人镇压。宋朝鉴于各族人民的威力，“斟酌废置”州县，“诸路所开道路，创置堡寨并废”。④ 南宋建立初期，一方面金朝的军队不断南下骚扰，另一方面溃散的宋朝官兵乘机抢劫，官府则横征暴敛，弄得民不聊生。当时，一石米税，实际上要输五六石；一千文的正税，要征七八

① 《宋史》卷四，《太宗本纪》。
② 《宋史》卷二六四，《宋琪传》。
③ 《宋史》卷四八五，《夏国上》。
④ 《宋史》卷四九三，《西南溪洞诸蛮传》。

千。江南地区“极目灰烬，所至残破，十室九空”①。建炎四年（1130），武陵地区爆发了钟相、杨么领导的农民起义，坚持了五年之久，后被岳飞军镇压。

宋代在土地问题上实行“不立田制、不抑兼并”的政策，民族间和民族内土地强占、买卖盛行，土地兼并严重，因此不断发生纠纷。宋初，在南方各民族中，实行乡兵营田制，乡兵“授以闲田”，土地权属归国家所有，“擅鬻者有禁，私易者有罚”，得田后自耕或给他人佃耕“各从其便”。在生产上还可以得到国家的技术、种子、耕牛等方面的帮助，并享有“蠲免赋役”的优惠待遇。到宋中期，田禁逐渐松弛，“山瑶峒丁得私售田”，贫困的峒丁、土丁、弩丁生计困难，渐渐将自己的土地出卖，典当给汉、苗大户。一些汉族地主为逃避田赋、夫役，也常把自己的田地寄匿于苗人名下，以至“内亏国赋，外滋边患”②，另一方面也有不少汉民和苗民“擅自易田”，有的汉民则将田地卖给苗人。

鉴于这些问题，宋朝从隆兴到嘉定的50多年中，多次下令禁止民、蛮互相买卖田地，特别是严禁汉民买蛮民田土，目的在于使“蛮民能自养之业”，“以息边衅”。为了保持民族地方稳定，不准“生界”人民到“省（熟）界”居住佣工，更不准“省界”各族人民进入“生界”，这种做法不利于各民族经济文化交流。

第三节

元明时期

元明时期，苗族在政治、经济因素的促使下，迁徙极为频繁，逐渐形成广布于湘、鄂、川、黔、滇、桂、粤、直隶、陕等省的分布格局，并逐渐流入东南亚各国，成为国际性民族。国内各地苗族相继被纳入封建王朝的直接统治之下，分别从原始公社制、奴隶制、封建领主制进入封建地主制。苗族地区出现了激烈的动荡，苗族社会发生了急剧而深刻的变化。

元朝凭借武力征服全国之后，对地方政治制度实行两大改革：一是创行省，作为

① ［宋］《建炎以来系年要录》卷四二。

② 《宋史》卷四九三，《蛮夷》。

地方最高政权机关；二是在西南部边远民族地区，废除大小邦国和各羁縻州，创建土司制。苗族地区分别纳入湖广、四川、云南三行省管辖。行省之下为路，在少数民族地区又专设宣慰使司作为布达行省政令的流官行政机构，其下设有招讨使司、安抚使司、宣抚使司、蕃民总管府、军民土府及蛮夷长官司等土司。苗族地区宣慰使司主要有施南、永顺、桑植、酉阳、乌撒、乌蒙、广南、播州等。土司则有散毛、容美、保靖、茅冈、柿溪、石柱、顺元、思州、新添、葛蛮、程番武胜军、卢蕃静海军、方番河中府、麻哈、平乐、金筑、闷畔、马湖、马克、维摩、庆远、南丹、都云、康佐、古州、王弄山、安隆等大小数百个。明代更行省为布政使司，其下为府、州、县。苗族主要分布在全国13个布政使司中的湖广、贵州、四川、云南、广西、广东6个布政使司境内。原属流官体制的宣慰司，明代一律改为土司，原有土司除部分改设府、州、县外，大多在原来的基础上保存下来，只是有的变更了名称。

一、元朝苗族地区的土司制度

土司制度虽然形成于元代，完备于明朝，衰败于清朝，但其渊源却是始于秦、汉。《明史·土司传》在篇首论及土司制时也说道：

西南诸蛮，……自巴、夔以东，及湖湘岭峤，盘踞数千里，种类殊别。历代以来，自相君长，原其为王朝役使，……沿及汉武，置都尉县属，仍令自保，此即土官土吏之所始欤！

1271年，忽必烈按照中国历代封建王朝的传统，将蒙古帝国改为元朝，并设立中书省总理全国政务，在地方则设置行中书省。1276年，蒙古兵攻占南宋首都临安（今杭州），灭掉了南宋政权后，活动于湖北、湖南、四川地区的各路蒙古兵，纷纷展开了对西南地区各少数民族上层分子的招降活动。

至元十六年（1279），“立八番宣慰司，使官赴镇”统领。① 八番之地在今贵州省惠水、罗甸、平塘一带，该地区也是苗族分布比较集中的地带。在八番等处被招降后，包括苗族在内的当地的少数民族上层分子即成为元朝统治者所授命的土官。在八番顺元的蛮夷官中，有安抚司九、长官司三、定远府（在今贵州省平塘、罗甸之间）、桑州（在今贵州省惠水县南部）、都云县（今都匀）等府、州、县17个。至元二十年（1283）六月，“四川行省参政曲立吉思等讨平九溪十八洞，以其酋长赴阙，定其地立

① 《招捕总录·八番顺元诸蛮》。

州县，听顺元路宣慰司节制。”① 此“九溪十八洞”之地，在播州安抚司南、思州安抚司西、八番宣慰司北、亦奚不薛东部，即今黔东南、黔南地区，该地也是苗族聚居区之一。

关于湖南地区的情况，《明史·土司传》在“湖广土司”条中说：

湖南，古巫郡、黔中地也。其施州卫与永、保诸土司境，介于岳、辰、常德之西，与川东巴、夔相接壤，南通黔阳。溪峒深阻，易于寇盗，元末滋甚。陈友谅据湖、湘间，啖以利，资其兵为用。诸苗亦为尽力，有乞兵旁寨为之驱使者，友谅以此益肆。及太祖歼友谅于鄱阳，进克武昌，湖南诸郡望风归附，元时所置宣慰、安抚、长官司之属，皆先后迎降。太祖以原官授之。

由此可见，元朝在对包括苗族在内的西南少数民族地区的设置与统治中，每当招降当地少数民族上层分子后，便大量就地任命土著民族首领充当土官，并渐成制度，世代相袭。对此，《元史·百官志七》说：

诸蛮夷长官司。西南诸溪洞各置长官司，秩如下州。达鲁花赤、长官、副长官，参用土人为之。……除袭替土官外，急阙久任者，依例以相应人举用。

在元代的“西南诸溪洞”中，贵州也是土官设置较多的地区。按元人范汇八番顺元宣慰司题名提记中说：有“万户府一、镇抚司一、安抚司一、长房司五，而顺元思、播三宣抚司皆听宣镇，其任重矣”②。

正是由于元代苗族分布最多的贵州各地已遍设土官，所以苗族地区的土司制度在元朝时已基本形成，只是在制度上不够完备而已。

二、明朝苗族地区的土司制度

（一）土司制度的建立

1368年明朝建立后，针对西南地区民族众多、社会发展参差不齐的情况，继续在西南地区推行土司制度，并使之逐步完备。对此，《明史·土司传》曾说：“迨有明踵元故事，大为恢拓，分别司郡州县，额以赋役，听我驱调，而法始备矣。”正是在明王朝的“大为恢拓”下，元朝在各地分封的土官纷纷归附。继朱元璋大败陈友谅，原

① 《元史·世祖本纪》。

② 转引自田玉隆、田泽、胡冬梅等：《贵州土司史》，贵州人民出版社2006年版，第3页。

来追随陈氏的湖湘土司转投明朝后，其他苗族分布区的土司也相继归顺明朝。如《明史·贵州土司传》说：

明太祖即克陈友谅，兵威远震，思南宣慰、思州宣抚率先归附，即令以故官世守之，时至正二十五年也。及洪武五年，贵州宣慰霭翠与宋蒙古歹及普定府女总管适尔等先后来归，皆予以原官世袭。帝（指朱元璋）方北伐中原，未遑经理南荒，又（思州）田仁智等发修职贡最恭顺，乃以卫指挥佥事顾成筑城以守，赋税听自输纳，未置郡县。永乐十一年，思南、思州相仇杀，始命（顾）成以兵五万执之送京师，乃分其地为八府四州，设贵州布政使司，而以长官司七十五分隶焉，属户部；置贵州都指挥使司，领十八卫，而以长官司七隶焉，属兵部。府以下参用土官……

看来，在朱元璋的“兵威远震”下，不仅当地土官“先后来归”。而且，在此基础上，明朝将元代仍分属湖广、四川、云南三省的贵州之地，于永乐十一年（1413）统一置贵州行省，以加强统治。

四川的苗族主要分布在川南和川东南地区。洪武四年（1371）明军平定四川后，川南的“马湖路总管安济，遣其子仁来归附，诏改马湖路为马湖府。领长官司四：曰泥溪，曰平夷，曰蛮夷，曰沐川。以安济为知府，世袭。六年，安济以病告，乞以子安仁代职，诏从之。”① 此外，曹学佺《蜀中广记》卷三八《边防》第八“上川东”说：

石耶长官司（驻今秀山县东南部之石耶），酉阳属地也。先朝自宋杨昌安者窃据其地，……洪武初，杨金隆归附，改立长官司……人织斑布以为衣，佩长刀而捕猎。

石耶长官司属酉阳宣抚司，当地“织斑布以为衣，佩长刀而捕猎”的，显然是分布在川东南一带的苗族。

有明一代，在苗族分布较为集中的湘西南、川东南和整个贵州境内，已普遍设置土官，负责管理汉族官吏难以直接管理的地区。而且，在土官授职、承袭、贡纳等方面制度化后，进而形成比较完备的土司制度。只不过由于某些特殊的原因，苗族地区的土司制度在职官、族别等方面表现出了自身的特点。

（二）明朝对苗族土司的管理制度

1. 土司的设置

明王朝土司的设置分为文职和武职两种。从统辖关系来说，土司大体分为两个系

① 《明史》卷三一一，《四川土司传》。

统：第一个系统是由军事部门管辖的，官员的任免是由兵部武选司负责，由省的军事部门直接统率，如设在各地的宣慰使司、宣抚使司、安抚使司、诏讨使司和长官使司等。这些使司的主官又称土司，土司之下各设有同知、副使、佥事等官。第二个系统是由行政部门管辖的，官员的任免由吏部验封司负责，而由各县的布政使具体领导，如所谓军民州、土州、土县等，其主管郡被称为土知府、土知州、土知县。这些衙门的体制基本上仿效一般府、州、县机关，但大都有所简略。文职土司的设置，土府、土州、土县“设官如府州县”，“其品秩一如流官”。据《明史·职官志四》载，文职职衔有：

①土府职衔——土知府（正四品）、土同知（正五品）、土通判（正六品）、土推官（正七品）、土经历（正八品）、土知事（正九品）。

②土州职衔——土知州（从五品）、土同知（从六品）、土通判（从七品）、土吏目（从九品）。

③土县——土知县（正七品）、土县丞（正八品）、土主簿（正九品）、土典史（无品级）。

武职土司的设置虽承袭了元代的土官制度，但宣慰使司则由省与郡县之间的一级行政组织变为专在少数民族地区设立的土职，武职职衔有：

①宣慰使司——宣慰使一人（从三品）、同知一人（正四品）、副使一人（从四品）、佥事一人（正五品）。

②宣抚司——宣抚使一人（从四品）、同知一人（正五品）、副使一人（从五品）、佥事一人（正六品）。

③安抚司——安抚使一人（从五品）、同知一人（正六品）、副使一人（从六品）、佥事一人（正七品）、吏目一人（从九品）。

④招讨司——招讨使一人（从五品）、副招讨一人（正六品）、吏目一人（从九品）。

⑤长官司——长官一人（正六品）、副长官一人（从七品）、吏目一人（未入流）。

⑥蛮夷长官司——长官一人（正六品）、副长官一人（从七品）。又有蛮夷官苗民官及千夫长、副千夫长等官。

按照明王朝的规定，凡文职隶属吏部验封司，武职隶兵部武选司。土司虽有品级，但并不按官秩取俸，正如《明史·职官志一》载：“凡土司之官九级，自从三品至从七品，皆无岁禄。”

明代土司主要设置于云南、贵州、四川、湖广、广西等省。各省中以云南设置最多，文武职土官共218员。其次是广西，共197员。再次为贵州，共92员；四川，共73员；湖广，共41员。①

2. 土司的任命

土司一经任命，明王朝即赐予诰敕、印章、冠带及符牌等信物，作为朝廷命官的凭证。

①诰敕。明王朝规定：“凡诰敕等级，洪武二十六年（1393）定，一品至五品，皆授予诰命，六品至九品皆授予敕命。”② 特别有意义的是明王朝在诰敕书写中对录有土司所属少数民族的文字。

②印章。明王朝规定，正三品以上官员为银印，从三品以下则为铜印。故所有的土司均授予铜印。只是铜印的厚薄按品级不同而有所区别而已。

③冠带。明王朝规定，不同品级的官员授予不同规格的冠带。

④符牌。明王朝规定，以符牌作为朝廷与土司联系的信物。据《明会典·礼部》六十六载，符牌“制铜铸信符五面，内阴文者一面，上有文行忠信四字，与四面合编某字一号至一百号批文、勘合、底簿。……阴文信符、勘合，俱付土官，底簿付云南布政司，其阳文信符四面及批文一百道，藏之内府。凡朝廷遣使，则赍阳文信符，及批文各一，至布政司同底簿，方遣人送使者以往，土官比同阴文信符及勘合，即如命奉行。……又置红牌镂金字，敕书谕之。凡有调发及当办诸事，须得信符乃行。如越次及比字号不同，或有信符而无批文，有批文而无信符，即是诈伪，许擒之赴京，治以死罪”。

3. 土司的承袭

明承元代之法，允许土司世代相袭。为了更有效地对土司进行控制，明王朝制定并实施了一系列比元代更为严密的承袭法。

早在洪武初，明王朝即规定，凡土官承袭，必须赴京受命，以示朝廷威柄。正如《明史·土司总序》所言：“袭替必奉朝命，虽在万里外，皆赴阙受职。”从《土官底簿》的记载看，这一规定在明初至少在洪武、永乐年间是实行得比较严格的。有关各地土司赴京告袭的记载相当多。如洪武时，贵州镇远州同知杨永泰去世，“次男杨王

① 吴永章：《中国土司制度渊源与发展史》，四川民族出版社1988年版，第166页。

② 《明会典·吏部五》。

宣赴京承袭”；广西田州府原知府“长男岑祥备方物马匹赴京告袭”。永乐二年（1404），土官巡检李升，升为凭祥知县掌印，“本年五月赴京谢恩，中途病故”。① 由于土官赴京，道路险远，诸多不便，天顺以后，明王朝对这一规定逐渐放松，土官承袭不一定都要赴京受职，“准就彼冠带，到任管事”。但这并不意味着对土司承袭管理的放松。就地承袭，仍要经过许多手续。

明王朝规定：“土官告袭，所司作速勘明具呈，抚、按复实批允，布政司即为代奏，该部题选……抚按仍设告袭文簿，将土舍告袭、蕃司代填日期登记明白，年终报部备考。”② 广西地区甚至还实行面见制度。据《明会要·职官》十四载：“太平知府胡世宁令：‘生子即闻府；应世及者，年十岁以上朔望谒府；父兄有故，按籍请官于朝。’”

为使各地土司尽忠职守，服从中央王朝，弘治五年（1492），明王朝规定土官袭职后，先要学习礼仪三个月，方准“回任管事”。嘉靖七年（1528），规定土官病故，应袭儿孙经勘查无误，开始只能以土官“权管地方，俟著有功劳，然后授以冠带；俟功劳再著，然后授署职；俟功劳屡著，然后实授本职”。嘉靖二十八年（1549），规定：“应袭土舍，曾经调遣效有功劳，暂免赴京，就彼冠带署职，管束夷民，待后功劳显著，方许实授。”万历二十年（1592），“三院会议，土舍初袭，照旧小帽管事；三年后，若守法奉公，兵粮完足者，给冠带；至六年、九年劳绩愈彰，渐次议加置职、实授。如有恣肆不检，仇邻构兵及钱粮、兵马负欠逾期，追夺中，多无世袭之文，欲以示驾驭之权”。许多土官承袭文书上往往加上“只不做世袭，若不守法度时，换了”，“准他做，只不世袭”等附加语。③ 这就迫使土官小心翼翼，尽忠职守。

4. 土司的奖惩

为鼓励土司效忠明王朝，凡土司有功，明王朝多给予升迁。据《土官底簿·普安州判官》记载：“隆本，宣德八年袭本州土官判官，后征麓川有功，正统五年，升本州同知。”又据《粤西文载·广西郡县志》，广西思恩府知府岑瑛，“时两广用兵多所调发，总兵董兴檄瑛讨贼帅黄箐养，破之，瑛守柳庆又败峒贼韦公点于宾州，瑛上首功四百五十余。天顺元年升广西参政，改都指挥同知，擢骠骑将军都指挥使”。

相反，对于有罪土官，明廷不一任姑息，“轻者可轻，重者难宥”。凡犯重罪者取

---

① 以上所引分别见《土官底簿》：“镇远府通判”条、“田州府知府”条、“凭祥县知县”条。
② 郭子章：《黔记·宣慰司列传》。
③ 《土官底簿》“贵州婺川县知县”等条。

消世袭权并绳之以法。据《土官底簿·结伦州知州》载：广西结伦州冯郎黄，本应承袭，“缘伊父存日曾告本人有悖逆夺印情况”，不仅不准承袭，且以“无礼”之罪，“发去辽东都司安置”。另据《明史·湖广土司列传》载：天顺五年（1461）湖广施州木册长官司谭文寿平素“凶暴，并造不法诽谤之言，罪法刑”，后其母虽进马赎罪，最后仍只是“给百绽以慰其母，其子仍禁锢之”。

明王朝虽然对犯罪的土司绳之以法，但并不照汉法来惩治，而准其用本民族的习惯来处理，即以金、牛、粟等赎罪。如嘉靖时，水西土司安国亨、安庆相仇杀，遣官议罪，安国亨“对簿、伏杀信状当死”，“于是以三万五千金自赎”。① 又如乌撒与永宁、乌蒙、益、水西诸土司，境土相连，争端迭起，“当事者颇厌苦之，万历六年乃令照蛮俗罚牛例处分，务悔祸息争，以保境安民。”② 又如洪武二十五年（1392），思明府知府黄广平杀了思明州知州后，“乃以病死闻于朝，所言不实，诏逮广平鞫之。即至，帝谓刑部曰：‘蛮冠相杀，性习固然，独广平不以实言，故绳以法。今姑宥之，使其改过。”③ 再如正德十一年（1516）容美宣抚田秀之子白俚俾，贼杀其父及其弟，磔死，“土官唐胜畜、张世英等为白俚俾奏辩，罪亦当坐。诏以蛮僚异类，难尽绳以法，免其并坐。”④

5. 土司的权力

（1）司法权

明朝各地各级土司大多是该地少数民族首领，他们“世有其土，世长其民”，是政治、军事、经济全部权力的拥有者。土司生活起居及处理事务的处所往往在一座高墙围绕的高大建筑群内，即“土司衙门”。衙门除公堂、居室、警卫室外，还设有牢房。土司对于属民有生杀予夺之权，苗族以及其他各族人民与土司有着紧密的人身依附关系，他们没有人身自由，甚至连生命的保障都没有，移入或迁出者须经土司批准，社会地位极其低下。《永顺府志》记载：永顺、保靖土司审理民间词讼，未审前，凡被告都要罚钱。审后，输的一方要“赎罪钱”；胜的一方要纳“谢恩礼”；无力缴纳的人，就没收其家产，拆卖其人口。《嘉靖思南府志》记载：思南土司田宗鼎，在思南城外河边一个叫香炉滩的地方，“日刑数人”，恐怖气氛十分浓厚。土司拥有军

---

① 《蛮司合志》卷三，《贵州二》。
② 《明史》卷三一一，《四川土司列传一》。
③ 《明史》卷三一八，《广西土司列传二》。
④ 《明史》卷三一〇，《湖广土司列传》。

队，土司兵称土兵。土兵数目少则数百，多则成千上万，是镇压人民、维护特权的有力工具。

（2）经济剥削权

土司辖区的土地均为土司世代所有。耕地分为官庄、私田两类。官庄一般地平土肥，土司直接派管事经营，指派属民们无偿耕种，收获物全部归土司。私田多系以村寨为单位，从土司处领取的分地，分由各家各户耕种。领种份地者须为土司服劳役，如养马、喂鸡、砍柴、割草、建房、修路、猎取野味等等。土司婚丧嫁娶或过年过节时须服杂役，纳银献礼。无论官庄、私田，土地均为土司所有，不得买卖。苗民以农奴身份领种土地，实行以劳役为主的缴纳地租形式。

6. 土司的义务

明承元制，土司的义务主要是三项，即朝贡、纳赋、出土兵。不同的是明王朝对土司义务规定更具体、严格。

（1）朝贡

朝贡作为对明王朝臣服的一个标志，极受重视，举凡入贡的时间、人数、物品等均有严格的规定。入贡时间：明王朝规定三年一贡。据《大明会典·礼部》六十六载："湖广、广西、四川、云南、贵州腹里土官，遇三年朝觐，差人进贡一次，俱布政司给文起送，限本年十二月终到京，庆贺限圣节以前，谢恩无常期。"入贡时间一般不得违反。正统十年（1445）正月，广西思明府忠州官族、头目等入贡违限失期，吏部即曾奏请治之以法，后经英宗特许宽宥方得免。万历间，广西凭祥州、江州、龙英州等壮族土官因违期而俱被减半赏。

入贡人数：明王朝规定每司到京者为二人。为节省赏物，减少接待中的麻烦，明朝对各土司入贡人数进行严格控制。英宗时曾明确规定："到京人只着紧要的来，其余不紧要的，不许来。"据《大明会典·礼部》六十六载：嘉靖七年议准"湖广土官袭授宣慰、宣抚、安抚职事者，差人庆贺，每司不许过三人。其三年朝觐，每司只许二人，大约每司共不过百人，起送到京者，不过二十人，余俱存留布政司听赏"。

入贡物品：明朝规定"贡方物"。如广西土司所贡物品有"马、犀角、孔雀尾、象牙、象钩、象鞍、象脚盘、蚺蛇胆、金银器皿、青红宝石、玉石、围帐、金戎索、各色戎线、各色手巾、布、花藤席、降香、黄蜡、槟榔"① 等等。各地进贡品种、数

① 《粤西丛载》卷二〇。

量都有规定，非规定之物均退还之。如弘治九年（1496），湖广“金峒安抚覃彦龙奏：‘境内产杉木，尝鬻金三千贮库，今彦龙年老，子惟一人，恐身后土人争夺，乞解部。’工部议非贡典、却之。”① 规定之物不及数则罚之。如成化五年（1469），礼部奏“容美宣抚司田保富等，遣人进贡方物不及数，恐使者侵盗，宜停其赏，仍移知所司”。弘治八年（1495），容美宣抚贡马及香，礼部以香不及数，马多道毙，又无文验，结果只给半赏。

此外，各土司入贡，必须先经所在布政司同意，取得文印后方进京。如无文印，或文印不符，即属违例。嘉靖二十六年（1547）湖广“腊壁峒等长官司入贡，礼部验印文诈伪，诏革其赏，并下按臣勘问”。以上是明王朝对各地土司入贡的种种规定。显然，明王朝关于土司朝贡的规定比元代更明确、更具体。

（2）纳赋

明朝时期，随着封建王朝势力向西南腹地的深入，封建统治者向苗族地区征收租税的现象更加普遍，如明朝诗人杨基在其诗《桂林即兴二首》中就写道：“时有苗人与瑶女，负薪输布事科征。”② 而且，征赋的办法也逐渐完善。

明王朝不仅规定各土司按期入贡，还规定各土司编户之民也要缴纳一定数量的赋税。据《明史·职官》五载：“洪武七年（1374），西南诸蛮夷朝贡，多因元官授之，稍与约束，定征徭差发之法。”只是一般而言，部分地区稍迟些。如对贵州土司，起初是“赋税听自输纳”，直到洪武二十一年（1388）方“定期数以为常”。

土司地区的租赋数额一般较内地低。洪武时，管辖面积较大的水西宣慰“每岁定输赋三万石”。永乐时贵州普安土司“地阔民稠，输粮三千余石”③。即使是整个贵州也“赋不敌东南小郡”④。

（3）出土兵

明朝规定，土司拥兵是合法的。《蛮司合志·序》载：“溪峒之间，窃发时起，则彼我征调，颇易为力，因之设土兵相制之法。”原来明政府虽在南方各省区沿边设立卫所，驻有重兵，由于“窃发时起”，卫所官军远远不能满足需要，尤其是明中叶以后，卫所徒具虚名，无论是镇压农民起义，还是镇压少数民族的反抗，无论抗击倭

---

① 《明史》卷三一〇，《湖广土司列传》。
② 《粤西诗载》卷一五。
③ 《明史》卷三一六，《贵州土司列传》。
④ ［清］田雯：《黔书》卷一。

寇，还是抗击后金，多要调动土兵。正如《蛮司合志·序》所言："其后展转假借，凡议大征者，无不借狼兵土兵，远为调遣。"于是，土兵日益成为明王朝一支不可缺少的军事力量，出土兵也就成了土司一项重要的义务。如万历二17年（1599）平播州土司杨应龙之乱，据李化龙《平播全书》载：曾调集了"天全兵"、"施州兵"、"永宁兵"、"永顺保靖兵"、"水西兵"、"天柱兵"等全国各地土兵。进攻时分兵八路，"每路兵丁万，官兵三之，土司七之"，① 所调兵数几达十七万之众。

从鼓励各土司出发，明王朝将土兵在征战中的表现与土司的承袭升迁相联系。嘉靖七年（1528），云南武定土舍凤朝文附武甸安铨反，朝廷调云、贵、川、湖四省土兵、官兵前往镇压，但所调各土舍多"疑畏"，积极性不高。黔国公沐绍勋乃出榜示众，先给各土舍冠带，待后有功再请承袭。顿时士气大增，"众始感奋"。事后嘉靖皇帝对这一做法给予肯定，同意彰功土舍"俱许承袭"。②

7．对土司的监督

明王朝对土司监督的主要手段有：

（1）军事震慑

明初以数十万兵力平定南方后，为控制这些地区，将大部分兵力留驻下来，建立大量卫所，驻扎重兵，实行军事震慑，"以威服之"。据《明史·兵志二》载：明朝在西南各省设布政司，下统各卫，卫统前、后、左、右、中五所，所下为哨、屯、堡，明在西南苗族地区设立卫所情况如下：

广西都司：卫10，千户所22。

云南都司：卫22，千户所20。

贵州都司：卫18，千户所12。

湖广都司：卫17，千户所31。

湖广行都司：卫8，千户所9。

明代的卫所军士，"大率五千六百人为卫，千一百二十人为千户所"③。从以上设置情况看，即使不满额，明朝在西南各省所布兵力仍是相当强的。许多卫所都是在土官统治区沿边设置，对土司进行直接的军事威慑。同时这些卫所官军还得随意调动。据《大明会典·兵部十四》（卷一三一）云："隆庆二年题准，施州卫孤悬万山之中，

① 《明史》卷二二八，《李化龙列传》。

② 《明史》卷三一四，《云南土司列传二》。

③ 《明史》卷九〇，《兵志二》。

与川、湖交接，番、汉杂处，将靖州、郴、桂、临武等处原戍官军撤回一半，以济荆、襄；存留一半，以防苗夷。”明政府在忙于对付荆襄农民起义、兵力捉襟见肘之时，对已设土司的施州“番夷”仍留兵把守。显然，明政府对少数民族地区的土官是无时不小心防范的。

（2）土流参用

明王朝在对土司进行军事震慑监督之时，还实行了土流参用的监督措施。土流参用，就是“夷”汉参用，土汉共治。正如《明史·职官志五》所云：“其府州县正贰属官，或土或流，则因其俗。”其目的，就是要“使之附辑诸蛮，谨守疆土，修职贡，供征调，无相携贰。有相仇者，疏上听命天子”。① 显然就是要对土官加以监督、制衡。贵州苗族地区多用流官为正、土司为副这种形式，主要是在土司势力较弱的地方。

8. 改土归流

明朝对贵州的改土归流。始于永乐年间，统治者利用各种机会在部分地区实行改土归流。改土归流多在以下几种情况下进行：

①土司相互争斗时改土归流。如永乐年间，思州宣慰田琛与思南宣慰宗鼎因争地有怨，田琛遂联合辰州知府黄禧率兵进攻思南。朝廷乘机派兵弹压，并将思南、思州改为郡县。据《明史·贵州土司列传》记载：“（田）琛、宗鼎分治思州、思南，皆为民害，琛不道，已正其辜。宗鼎灭伦，罪不可宥。其思州、思南三十九长官地，可更郡县，设贵州布政使司总辖之。……十二年，遂分其地为八府四州，贵州为内地，自是始。两宣慰废，田氏遂亡。”

八个流官府分别是：思州（今岑巩）、思南（驻今思南）、镇远、铜仁、石阡、黎平、乌罗（今松桃西部之乌罗，正统三年划入铜仁府）、新化（今黎平东北，宣德十年划入黎平府）。上述地区是多民族聚居区，在设流官的同时，其基层仍置许多小土司，管理当地以苗族为主的社会经济发展较为滞后的少数民族。此外，从明永乐至明末崇祯年间，先后有普安、镇远、铜仁、金筑等地被改土归流。

②土司绝嗣时改土归流。如广西上石西州知州去世，“无嗣，本宗别无以次儿男”，“成化十五年正月题准选除流官知州彭侃讫”。② 另据《明史·王车兀传》记载：“初，之平陇政也，以陇氏无后，请改设流官，兵部尚书李钺等然之。遂改其部为镇

① 《明史》卷七六，《职官志五》。

② 《土官底簿》卷下，“广西上石西州知州”条。

雄府，分置四长官司，授陇氏疏属阿济等为长官，而擢重庆通判程洮为试知府。”

③自请归流。如万历四十年（1612），“吏部复巡抚胡桂芳奏：‘金筑安抚土舍金大章乞改土为流，设官建治，钦定州名，铸给印信，改州判为流官。授大章土知州，予四品服色，不许管事。子孙承袭，隶州于贵阳府。’遂改金筑安抚司为广顺州。”①另据道光《云南通志》载：天启间，云南广西府师宗州知州珑耿，“遣李璜赴京请职，璜竟请改土归流，职遂除”。

三、明朝苗族地区土司制度的特点及改土归流的教训

苗族地区的土司制度，由于受分布地区社会环境和内部社会经济发展不平衡的双重影响，在实施过程中存在着差异，在设置时间、土司族别和职官等级等方面，形成了自身的特点。

（一）苗族地区土司制度设置时间先后不一

在湘西等靠近内地地区，土司制度在元朝时便已粗具规模，到明太祖朱元璋对湘西诸土官“以原官授之”后，明代盛极一时的土司制才渐次在西南地区展开。故此，毛奇龄在《蛮司合志》卷一中说：“有明三百年，抚有西南诸土司，实自此始。”在贵州、云南等分布在边远山区的苗族中，由于社会经济发展比较落后，土司制度设立的时间较晚，有的甚至始终无土官管辖，更谈不上形成土司制，往往是“有土司者为熟苗，无管束者为生苗”。因苗族散布面广，反抗最频繁，所以管辖的情况比较复杂。在苗族人口最多的贵州境内的布依、彝、侗、水等各少数民族亦被笼统地混称为“苗类”，即所谓仲家苗、倮苗、侗苗、水家苗等。分布在滇东南山区的苗族，由于社会经济较为落后，封建统治者仍无法对其实施直接管理，只好分封其头人为土官来管辖。因此，苗族社会中原选举产生的农村公社首领，在被明政府授官后，蜕变成了明政府统治苗民的代理人。所以，苗族地区土司制度设立的时间先后不一，且延续时间较长。

① 《明史》卷三一六，《贵州土司列传》。

（二）较大的土司多由其他族充当，本族土官多官小、品低

从明朝情况来看，封建统治者设置土司的方法，其一是洪武初年时“西南夷来归者，即以原官授之”；其二是“以劳绩之多寡，分尊卑之等差”。① 其中，大者为宣慰、宣抚、招讨、安抚等司及土府、土州，小者为长官司、土县、洞、巡检等。上述土司在隶属上也有明确规定，《明史·土司传》说：

以府、州、县等官隶验封，宣慰、招讨等官隶武选。隶验封者，布政司领之；隶武选者，都指挥领之。于是文武相维，比于中土矣。

苗族地区的土司，实力较强者尤以属湖广行省的思州田氏、水东（今贵州鸭池河以东）宋氏、水西（鸭池河以西）阿画（其后裔为安氏）、播州（今贵州遵义地区）杨氏为代表。这些官职大、品级高的土司，大多是其他民族的上层分子，苗族只是其辖下的少数民族之一。如水西安氏即“卢鹿族也”（彝族），在其管辖的鸭池河以西地带，虽是“罗罗”的集中聚居区，但亦多有苗族杂居其间。对此，嘉靖《贵州通志》卷一贵州宣慰使司说：“宣慰安氏亲领夷罗民四十八部，谓部长曰头目；宣慰宋氏亲领夷汉民十二部，谓部长曰马头，同知安氏亲领夷罗民一部，谓部长曰头目。”在安氏所领的48部“夷罗民”中，即包括大量的苗族人口，此外，水东宋氏的情况也大致相同。

安氏被明朝封为贵州宣慰使后，辖下地域内也是多民族杂居的地区。对此，顾祖禹《读史方舆纪要》卷一二一《贵阳军民府》说：

明朝洪武四年，置贵州宣抚司，六年，升宣慰使司，……府当四达之郊，控百蛮之会。《志》云：贵阳所辖夷种非一，曰罗罗、曰宋家、曰蔡家、曰仲家、曰龙家、曰曾竹龙家、曰红仡佬、曰花仡佬、曰打牙仡佬、曰东苗、曰西苗、曰紫姜苗、曰卖爷苗，习俗各异。

由此可见，苗族分布地区的大土司，多为其他民族的上层分子，苗族本民族中，则很少有能雄长一方的品级较高的土司。

至于长官司之流的小土司，则各地比比皆是，以贵阳府辖境内来看，府下即设有长官司以管理苗族。爱必达《黔南识略》卷一说：

贵阳府，为首会首郡，……通计府属汉、苗错处之庄一百七十有奇，苗

① 《明史》卷三一〇，《湖广土司列传》。

寨一百一十有奇。……府共辖六土司。前明俱属宣慰司，今属府，绵以长官司世其职。中曹长官司，即元中曹白纳长官司，在府东南，……养龙坑长官司，在府北，……白纳长官司，在府东南……虎坠长官司，在府东南，……又有青岩土弁，……苗类属府辖者，有宋家、蔡家、花苗、白苗、青苗、仲家各种，……花苗住巴香，白苗住高坡，青苗住蔡家关，……皆以服色为别。

可见，贵阳府辖境内的花苗、白苗、青苗等苗族人口，主要归长官司管辖，形成汉民归流官，苗民属土司的状况。担任长官司长官的，既有苗族，也有其他民族。

至于土巡检、土千总、土守备、土把总、土舍等基层土官，则多由苗族本族人员充任，以利用他们熟悉民情的特点，助汉族官吏“催征钱粮”和“稽查匪类，约事苗民”。①

（三）明朝改土归流的教训

封建统治者建立土司制度的目的，是为了加强对少数民族地区的控制，因此，往往根据“劳绩之多寡”，来“分尊卑之等差”。利用已有的土司来实施对苗族的统治。在散处山区，甚至连其他少数民族的土司势力也无法达到的苗族中，则尽量利用其本民族中的一些村社头人，授以职位较低的土官、土吏，以实施对苗族的统治。这样，就形成了明清时期苗族本民族土司官职小、品级低，大部分苗族处在其他民族土司统治下的历史特点。

《明史·土司传》对土司制度的作用概括为：“然其道在于羁縻，彼大姓相擅、世积威约，而必假我爵禄，宠之名号，乃易为统摄，故奔走惟命。然调遣日繁，急而生变，恃功怙过，侵扰益深。故历朝征发，厉害各半，其要在于抚绥得人，恩威兼济，则得其死力，而不足为患。”对于改土归流，明王朝内部也有不少人持反对意见。嘉靖年间，王守仁在奉命前往镇压广西思恩、田州土酋卢苏、王受之“叛乱”前，即曾从思恩、田州例力陈改流弊病：“思恩未设流官，土酋岁出兵三千，听官征调。既设流官，我反岁遣兵数千防戍。是流官之设，无益可知。且田州邻交趾，深山绝谷，悉瑶、壮盘据，必仍设土官，斯可借其兵力为屏蔽。若改土为流，则边鄙之患，我自当之，后必有悔。”② 平“叛”后，他又力主在田州、思恩恢复土官统治。

---

① ［清］爱必达：《黔南识略》卷三。

② 《明史》卷一九五，《王守仁列传》。

关于改流之弊，一些少数民族地区的地方官也深有感触。曾任广西布政司右布政使的林富也在其《议上思、田等处事宜疏》中提出思恩府“自岑濬受诛，二十余年反者数起，朝廷始因成功不废，设立流官，其实选来知府皆不过因循岁月，苟且避祸，盖未有卓然自立能禁制诸夷头目者。非其心不欲，势不可耳”。

不可否认，流官统治较之土官统治，是对传统的羁縻政策的一个质的突破，的确是历史的一种进步。明代改土归流对于局部地区尤其是靠近内地的一些少数民族地区的生产力发展起到了一定的积极作用。由科举选拔限期任免取代贵族嫡长世袭土司的政治统治政策是在中央王朝制定的统一制度规范内进行的，土官权力统治的随意性受到相对的约束，减除了被统治者强烈的人身依附关系；主要生产资料——土地可以自由买卖，实物地租取代了劳役地租，劳动者的生产积极性有所提高。改土归流的实现，冲破了土司林立时期的许多狭小范围的自我封闭壁垒，打通了苗族与汉民族交往的渠道，加强了苗族地区之间、苗族地区与内地以及与中央王朝的联系，为内地人口以及先进政治、经济、文化的输入开启了方便之门，促进了苗族地区经济的发展。但是，在明代由于绝大多数少数民族地区封建地主经济尚未发达，改土归流的物质基础尚未完全形成，因此明王朝在许多土司地区的改流尝试失败了。当时的人即指责改土归流为“治夷之失”，认为改流“徒益茧丝，我自为圉事端愈众，棼而扰之，乱可日俟”①。

正是有鉴于此，终明之世，明王朝一直未在土司地区做大规模的改土归流。但是，正如吴永章先生所说：明代的改土归流“却为清代的改土归流开辟了道路，积累了经验，奠定了基础。这是不可抹杀的历史功绩”②。

① 魏浚：《峤南琐记》卷上。

② 吴永章：《中国土司制度渊源与发展史》，四川民族出版社1988年版，第209页。

QINGCHAO ZHENGFU DUI MIAOJIANG DE LIFA

第四章

清朝政府对苗疆的立法

对苗疆的法律调整是清朝民族法制建设中最有特色的部分，体现了清朝民族统治和民族立法的成就。清朝政府本着“因俗而治”的原则，根据苗疆各民族的实际情况进行了多层次、多种形式的立法，规定了灵活的司法管辖和审判方式。正是通过有效的法律调整措施，使清朝政府的法令得以深入广大苗疆地区，司法管辖由此及于苗疆的各民族中，建立了独具特色的民族地方法律统治秩序，这是历史上其他朝代所无法企及的。

第一节 清朝政府对苗疆立法的形式

一、清朝基本法典《大清律例》纂入针对苗疆的“条例”

在清代，苗疆地区与蒙古、回疆、藏区地域较为集中、民族成分较为单一的情况截然不同，其地理和民族情况非常复杂。从地理上说，苗疆有广义、狭义之分。广义的苗疆泛指今云、贵、川、两广等省区各少数民族居住的地区，《清世宗实录》卷一四七就有“云、贵、川、广等苗疆地方”的记载；狭义的“苗疆”仅指贵州东南部以古州（即今榕江县）为中心的苗族聚居区，可称之为“贵州苗疆”。从民族结构来看，“贵州苗疆”的民族成分比较单一，除部分侗族外，大多数是苗族。而广义的苗疆民族成分就复杂了，有今天的苗、侗、瑶、彝、壮、水、布依等20多个民族。清朝将居住在上述地区的各少数民族都统称为“苗蛮”或“苗夷”。清政府在苗族地区没有制定类似蒙古的《蒙古律例》、新疆的《回疆则例》那样的专门法规，而是在《大清律例》［乾隆五年（1740）］中专门纂入24条条例，散见于各卷中。薛允升《读例存疑》记载有关苗疆地区的条例共36条，其中的12条是乾隆五年以后的规定。条例是清朝法律的重要形式之一，针对苗疆的条例多数是根据清朝皇帝关于苗疆的谕旨和地方官员关于苗疆的奏议而制定的。条例的内容包含刑事法律规范、行政法律规范和民事法律规范，而以刑事法律规范的比重最大。鉴于苗族地区动乱不息、山高路远和改土归流后的具体情况，清政府认为应统一适用《大清律例》，以便进行直接的立法调整，没有必要再制定苗疆统一适用的单行法规。《大清律例》有关苗疆的条例，对苗疆的各少数民族都有直接效力。

二、由国家行政法《钦定吏部则例》规定苗疆的土官制度

改土归流后的苗疆地方土官被视为国家地方官吏，他们的职责、袭职和犯罪处罚由国家法律规定。清朝政府编纂的《钦定吏部则例》纂入这类条例，涉及土官承袭、土官支庶授取、土官缘事、土官降罚、土官阵亡议给世职、土官请封和土官额缺七个方面的内容。则例是清代经过系统编纂的一种法规，清朝对外藩蒙古、西北地区的少数民族专门编纂了《蒙古律例》、《理藩院则例》、《回疆则例》等较为系统的法典，而对苗疆地区没有编纂专门的则例。《钦定吏部则例》中关于土官的规定与《大清律例》中的有关内容总体上是一致的，前者是从部门法规角度，后者是从综合性法规角度加以规定的。《钦定吏部则例》所涉及的苗疆地区土官的规定，是清朝政府对苗疆的设官立制订立的较为系统和严密的规范，其中的一些规定直到晚清仍有法律效力。

三、处理苗疆善后事宜的“章程”

章程是清朝政府制定的一种比较系统的法规。苗疆地区的章程由经略苗地官员针对当地具体情况拟定后，上奏皇帝审批，皇帝把它交给军机大臣或兵部或其他机关议决，认为可行的则批准实行。有时则由皇帝直接批行。章程一般是针对苗疆的一些重大事件，如苗民起义的善后事宜等，为稳定苗疆的社会秩序而专门制定的，所以称为“善后事宜”和“善后章程”。清朝对苗疆的章程以康熙四十二年（1703）偏沅巡抚赵甲乔奏定的“苗边九款”为最早，是在湖南红苗起义被平定后制定的。雍正五年（1727）三月，云贵总督鄂尔泰疏奏“经下仲苗事宜十条”,① 是在平定贵州长寨等地苗民反抗后拟定，经兵部议决，雍正帝批准的。此外还有嘉庆十年奏准湖南巡抚阿树保的苗疆“善后章程”，四川总督鄂山等奏“筹议善后章程十条”等。② 清代针对苗疆的章程有10余个。③ 这些章程涉及苗族地区行政组织、职官制度、司法制度和土

① 嘉庆《吏部则例》卷五四。
② 《清宣宗实录》卷二四六。
③ 刘广安：《清代民族立法研究》，中国政法大学出版社1993年版，第122—134页。

地、赋役、户籍、兵器管理制度等方面。章程的内容主要以行政管理法律规范为主，条文几条至十几条不等。章程这种形式在中央藏区立法时亦常用之，是赋予该地区民族一定“自治权”的单行法规或基本法，而对苗疆的善后章程多是军事弹压后的法律措施。如嘉庆十年的苗疆“善后章程”，共10余条，主要内容是设立碉堡哨卡、练勇备战、召佃屯田、贮银贮粮、备荒、清查叛苗产业等。光绪初年又一次平定苗疆后，也制定了“善后章程”，其中规定“以苗疆绝逆产业充作义学资费，因地置馆”，① 以伦理来教化苗民。

四、适用于苗疆某一地域的“禁约”

禁约是清朝政府对苗疆地区制定的较早的一种法律形式。它是由清朝派遣到苗疆的官员，根据其管辖的范围和授权拟定的，有的要经中央有关机关议决，由皇帝批准。早在康熙年间，清廷派驻苗疆的官员就根据自己管辖的范围制定了一些禁约：如湖广提督俞益谟在康熙四十二年（1703）发布的“戒苗条约八条”，同年该提督制定的“晓谕苗人告示”；② 湖广总督鄂海在康熙五十年（1711）对镇筸一带苗民制定的禁例。③ 禁约多以布告的形式公布，名称有告示、晓谕等，是省、州、县及下级官员采用的主要法律形式。内容以刑事法律规范为主，多为管束所辖苗疆各民族的禁止性规范。为便于人们知晓，常勒以石碑，立于路口或少数民族聚居地。现在湘南、黔东南、黔西南都保留较多此类石碑。在黔东南剑河县城东南67公里的翁座乡翁座村东路口处立有一块载有同治十三年（1874）十一月二十七日贵州巡抚曾碧光“出示严禁事”石碑，共13条，主要内容是规定差役不准向苗民摊派勒索、禁止苗民结盟拜会、村寨严查贼盗及其他社会治安问题。在黔东南这个“禁约”有多处碑刻遗留。

五、调整苗汉间法律关系的“处分条例”

随着改土归流的深入，与汉族地区交界的苗等少数民族汉化的速度比较快，同时打破了苗族地区原来封闭的状态，使这一地区与外界的交往密切起来，内地汉人不断

① 徐家干：《苗疆闻见录》，贵州人民出版社1997年版，第216页。
② 严如煜：《苗防备览》卷二一。
③ 鄂海：《抚苗记》。

进入苗地耕作、贸易。这样就出现了汉人与苗人间各种新的法律关系，需要相应的法律规范来调整。乾隆年间这方面的立法颇多，如《苗汉杂居章程》、《官员失察汉民进入苗地处分条例》、《吏民擅入苗地处分条例》、《苗汉禁婚令》等。其内容包括禁止扰苗，加强苗族地区治安，分垦苗地，禁止苗、汉人等制造武器和相互劫杀抢掠等等。

六、法律认可苗疆部分固有习惯法为“苗例”

《大清会典》规定：“苗夷犯死罪，按律定拟题结，不准以牛马银两抵偿。其自相争讼之事，照苗例断结，不必绳之以官法。”① 这项苗族地区法的适用原则，又通过《大清律例》加以规定，从乾隆五年（1666）起成为具有普遍意义的原则被确定下来。“凡苗夷有犯军、流、徒罪折枷责之案，仍从外结，抄招送部，查核其罪。应论死者，不准外结，亦不准以牛、马、银两抵偿，务按律定拟题结。如有不肖之员，或隐匿不报或捏改情节，在外完结者，事发之日交部议处。其一切苗人与苗人自相争讼之事，俱照苗例归结，不必绳以官法，致滋扰累”。② 这里所指的以“官法”之外的“苗例”作为处理苗人之间的案件的“准据法”，是政府“因俗而治”、“因地制宜”政策的具体体现。③

清朝政府虽然强调国家法制的统一，事实上在苗疆大部分民族村寨，习惯法仍发挥着实际作用，清朝政府认识到苗族习惯法在当地的根深蒂固，不可能在短时间内通过一纸禁令就加以改变，所以，将“苗例”通过国家的法律加以认可，由各级官府如此办理，其所谓“苗事不明，只依苗例”。④

---

① 《大清会典》卷五三。

② 《大清律例》卷三七，杂例“断狱下·断罪不当”。

③ 详见苏钦：《“苗例”试析》，载《民族研究》1993年第6期。苏钦在该文中认为：在清代的史料中，“苗例”是指杀伤命案，原按苗疆各民族的习惯以赔牛、赔谷、赔银的方法解决，而清廷认为这类案件关系重大，不能放任，应属由国家管辖的部分。它与其他苗族习惯法有区别，属于国家法律的一部分。清代对一般苗族习惯法往往称“苗俗”，其中的一部分冠之以“例”，就说明被纳入清朝法律体系之中了。同时它也不是清朝政府针对苗疆地区制定的成文法，官府的制定法一般称为条例、禁苗条例、善后章程等。

④ 《贵州通志·土民志》，“黑苗”条。

第二节

对苗疆地区立法的几个阶段

一、顺治、康熙时期

顺治、康熙时期，清朝政府对苗疆主要采取羁縻政策。在法律上虽然强调大清律在全国范围内适用，实际上在苗族地区没有强行贯彻。如顺治十年（1653）户部右侍郎王弘上疏言："滇、黔土司宜暂以其俗，候平定后绳以新制也。"① 苗族地区仍沿用其习惯法。

康熙四年（1665），贵州总督杨茂勋疏言："贵州一省在万山之中，苗蛮穴处，语言不通，不知礼仪。以睚眦为喜怒，以仇杀为寻常，治之之道，不得不与中土异。凡有啸聚劫杀侵犯当地者，自当发兵剿除。其余苗蛮在山箐之中自相仇杀，未尝侵犯地方，止须照旧例，令该管头目讯明曲直。或愿抵命，或愿赔偿牛羊、人口，处罚输服，申报存案。"② 这是以后国家立法中考虑准用苗族习惯法的基本思路。

在多次平定了苗疆地区的动乱后，为加强对苗地的法律控制，康熙四十四年（1705），刑部议复湖广提督俞益谟题准定例："凡苗人有伏草捉人，横加枷肘勒银取赎者，初犯者监侯，为从者俱枷号三个月，臂膊刺字，再犯者不分首从皆斩立决，俱不准折赎。"③ 这是清朝第一次直接规定苗民犯罪如何处罚的条例。说明清廷开始改变"暂因其俗"的相对宽容的做法，对苗民"伏草捉人"等严重危害清朝统治秩序的刑事案件，要依国法制裁，不得折赎。

---

① 《清世祖实录》卷七六。
② 《清圣祖实录》卷一六。
③ 《大清律例》卷二五。

二、雍正时期

雍正即位后，根据中央集权和统治苗疆各民族的需要，开始对苗疆地区进行全面立法。雍正三年（1725）《大清律集解附例》修成，其中规定了许多有关苗疆的条文，主要有：

①禁止清朝官员勒索苗民财物。“差遣兵役骚扰逼勒，科派供应等弊，因而激动番蛮者，照引惹边衅例，从重治罪。”①

②规定官吏约束苗民的职责。“凡苗人犯抢劫重罪，流官、土官虽不知情也俱议处；知情故纵者，革职，枷号三个月，俱不许折赎。”②

③关于苗民犯罪案件的处理。“凡苗、彝有犯军流徒罪、折枷之罪，仍从外结，抄招送部，查核其罪。应论死者，不准外结，亦不准以牛、马、银两抵偿，务按律定拟题结。如有不肖员，或隐匿不报或捏改情节，在外完结者，事发之日照溺职例议处。”③这个条例是根据广西巡抚韩良辅的上疏，通过立法程序，于雍正五年由律例馆奏准编纂的。

④雍正六年（1728）清朝定例：“苗、倮、蛮户俱不许带刀出入及私藏违禁等物。违者照民间私有应禁军器律治罪。该管头目人等知而不报者杖一百。地方文武官弁失察照例议处。”④ 对不利于清朝统治的民族惯行明文加以禁止。

从以上条例看，雍正时期对苗疆的法律调整明显加强，对杀人、抢劫、带刀、私藏违禁物等要按清律治罪，不准按苗疆习惯法以牛、马、银两抵罪，这是清朝在民族地区统一适用国家法律的重要步骤。

三、乾隆时期

乾隆即位后，鉴于改土归流以后赋役过重，苗疆起义频仍，朝廷鉴于战争的教训，在立法上做了一些新的调整。颁布《永除贵州、古州等处苗赋令》，免除黔东南

① 《大清律例》卷三七。

②③ 《大清律例》卷二十五。

④ 《大清律例》卷一九。

"新疆六厅"① 的粮赋。对苗民间争讼案件的管辖问题，曾明谕："苗民风俗与内地百姓迥别，后苗众一切自相争讼之事，俱照'苗例'完结，不必绳之以官法。"乾隆二年（1737）在对古州等处苗民的上谕中重申了这一点。到乾隆五年（1740）《大清律例》编成，乾隆这道上谕正式被编入，从而确认了苗疆部分习惯法——"苗例"在处理苗民之间民事纠纷和刑事犯罪方面的法律效力。

乾隆中叶，清廷总结清初以来对苗族立法的经验，对原有的苗疆条例进行了增删，使苗疆立法更趋于成熟和完善。增删的条例有：

①关于杀人、抢劫犯罪的规定："苗民伏草捉人，为首斩监候。""凡黔、楚两省相接红苗，彼此仇忿，聚众抢夺者，照抢夺律治罪。人数不及五十名，伤人，为首枷号两个月，为从者一个月；杀人者斩监侯，下手者枷号三个月，为从者四十日。聚至百人者，虽不杀人，为首者斩决，为从者各枷号两个月，杀人者斩决枭示，下手之人俱斩监侯，为从者各枷号三个月，所抢人畜、财物追还给主。""苗人图财害命，照强盗杀人例斩枭。""土蛮、瑶、僮、苗人仇杀劫掳，捉人勒索所犯系死罪者，本犯正法、家口迁徙。"

②关于管束苗民方面的规定："凡苗人犯抢夺，该管土官约束不严，俱交部议。若至百人以上，土司、府、州革职；百户寨长罢职役，满杖。知情故纵者，革职，枷号一个月，俱不准纳牲折赎。若犯教令、指使或通同图利者，照为首例治罪。"

③关于犯罪的处罚规定：改土归流之土司，本犯系斩绞者，仍于本身分别正法、监候。苗人等犯军流徙罪，照例折枷完结，免发遣。

④删除雍正六年"土蛮、瑶、僮、苗蛮居住混杂者，照例议处"的条款。其原因是"若定为成例，恐反有窒碍难行之处，无庸纂入，删"②。

到乾隆三十一年对雍正六年"苗、倮、蛮户不许带刀出入例"进行修改，规定："其佩刀跳月之处毋庸禁止。"③ 修改的原因，《大清律例增修统纂集成》有一段说明："原议边地苗民性喜佩刀，本属相沿旧俗，势难概以官法绳禁。今佩刀既不查禁，所

① 清朝凡"改土归流"地方均称"新疆"，为普通词，作"新辟疆域"意。如，云南乌蒙府（今昭通、永善）新疆；贵州古州（今榕江）新疆；贵州西部（今安顺市和祺宁）新疆；四川大、小金川新疆。乾隆二十四年，改西域为"新疆"或"西域新疆"。新疆作为一个固定名词，一个固定地名并正式成为一个省是光绪十年的事情。详见徐晓光：《清水江流域传统林业规划的生态人类学解读》，厦门大学出版社 2014 年版，第 20 页。

② 《大清律例通考》卷八。

③ 《大清律例》卷一九。

以乾隆二十五年请禁裤刀之处一并毋庸禁止。”《清高宗实录》也载：“查佩刀本苗人之夙好，而跳月亦自仍其土风，原无碍于政教”，“欲使苗民习俗一时尽遵礼教，并责成该管官以年限考核，无论势所难行，徒滋扰累，且地方官畏顾考成。转自讳饰，所奏毋庸议。”①

乾隆三十一年定例：“云南贵州苗人犯该徒流军遣，仍照旧例折枷完结。其情节较重或再犯不悛，将本犯照例折枷后，仍同家口各就土流所辖一并迁徙安插。至苗人中有发衣冠与民人无别者犯罪到官，悉照民例治罪。”

乾隆时期政府对苗疆地区立法进一步完善，同时认可准用“苗例”，在苗疆地区国家制定法与民族习惯法同时施用，体现了国家法制的统一和尊重苗族习惯法的原则。

四、嘉庆、道光时期

嘉庆四年（1799）十月，嘉庆帝针对苗疆的情况说：“从前平定新疆，拓地二万余里，我皇考于一切善后事宜，区画尽美尽善，是以数十年来相安无事。”② 说明此前政府对苗疆的法律调整是成功的。嘉庆七年（1802）九月，嘉庆针对苗疆等少数民族立法问题时说：“抚绥外夷之道，动不如静。若无必不可已之情节，总宜率由旧章。拘守之人，总无大谬；好更张者，终有差讹也。将此各传谕知之。”可见，政府不鼓励变革更张，强调实现既定章程的实效，所以嘉庆以后，对苗疆的立法在内容、范围上多因循雍乾旧制。

道光以后由于内忧外患日益严重，清政府加强了对苗疆地区的统治。道光三年（1823），“黎平府下江厅属，有生苗和红苗挟仇械斗杀毙多命”，道光为妥善解决苗民之间的重大仇杀要案，先后三次上谕表明对苗族立法的态度：一是沿袭雍乾两朝的法制；二是重点惩办首犯，胁从者不过多追究，重点打击反叛清朝和各民族伙同犯罪的行为；三是令贵州巡抚程国仁根据上谕直接处理此案。

此案处理后，专门由贵州巡抚酌筹议定苗疆善后章程，规定：有土司地方的苗民由土司予以管制，未有土司的地方由苗寨头人管束，苗寨头人的更选要经过公举和官府的同意。苗地的劫盗斗殴案件及争执户婚田土等事一律由官府审理。同时也明确了

① 《清高祖实录》卷七七三。

② 《清仁宗实录》卷五三。

对贵州苗疆地区的军事控制。

这个章程是清朝中晚期政府对苗疆制定的比较全面的法规，它把乾嘉时期制定的法律措施系统化和条文化了。此外，还进一步强化了贵州苗疆地区的保甲制度，以控制散居的各族人民，维护社会的安宁。道光六年（1826）谕曰："黔省汉苗杂处，近来客民渐多，非土司所能约束，自应编入保甲以使稽查。除苗多之处仍照旧例停止外，其现居苗寨客民，无论户口、田土多寡，俱著一律详细编查，惟令各该管地方官查办，转致胥复滋扰。"① 禁止苗、汉人等混杂，以造成社会动乱。

第三节

苗疆立法的主要内容

一、对土官的管理规定

（一）土司的承袭

条例规定："凡土官袭职由司府州邻具印甘各结，并土司亲供宗图及原领号纸，详送督抚具题袭替。若应袭之人未满十五岁者，许令本族土舍护理印务，俟岁满日题具承袭。如有事故迟误年久方告袭者，宗图号纸有据亦准袭替。"② 若土司死时无子，准其弟承袭。如子、弟全无，准其妻或婿（择有威信者）一人承袭。凡土官病故，该督抚须及时查用应袭之人，限六个月内具题承袭。在具题之前，须令应袭之人照署事官例用印管事。地方官有勒措沈搁留难者，将该管上司均交部议处。条例还规定，土官的支庶子弟有顺从、谨慎能办事的，准土官详报督抚具题，请旨酌量给与职衔，令其分管地方事务。为了保证土官的世袭权位，条例禁止不该承袭之人承袭。凡非法承袭而抢夺仇杀者，俱发极边烟瘴地方充军。

---

① 《大清会典事例》卷一五八，《户部七》。

② 《大清律例》卷六，《吏律》。

（二）土官的职责

条例规定："凡苗民犯抢夺，该管土司约束不严，俱交部议。若有百人以上，土司府州革职，枷号一个月，不准折赎。若教令指使或通同图利者，照为首例治罪。"①凡苗民犯抢劫重罪，该管土官虽不知情也须议处，知情故纵者，革职，杖一百。若教令指使或伙同取利者，革职，枷号三个月，俱不准折赎。还规定："凡苗蛮仇杀劫杀有一处者，该土司罚钱二十两，责令缉拿。一年不获，再罚二十两，若失事至五年以上不得缉获，土司罢职，另选族中有才能者袭替。若失事俱能拿获，容臣等奖赏，庶土官知所劝惩矣。"② 如犯人由土官庇护，未捕拿到，即由督抚核实报告，将该土司革职。明确规定了当地土官缉拿抢劫杀人罪犯的行政责任，加强了对土官的控制。

（三）土官的降罚

《钦定吏部则例》规定，土官公罪应降三级以内调用者，降一级留任；应降五级以内调用者，降二级留任；应革职降四级留任，如有贪酷不法等罪，仍革职。遇有罚俸，各按品级计俸罚米（每俸银一两折罚米一石）。③

（四）土官的请封

《钦定吏部则例》详细规定了土官请求封给职衔的程序和办理期限。凡土官请封，该督抚一面题咨，一面传谕提塘候领。吏部按三月汇题使限题给。一经奉旨，即将执照传该省提塘收领。俟揭送内阁后，再限40日，内阁汇齐用宝即传本省提塘限十日具领送回。如有各衙门办理违限，以及该提塘不即赴领或递送迟延者，均著交部分别议处。具体处罚方法由《吏部处分则例》规定。

二、关于苗民行为的规定

为了有效地控制苗疆，清朝政府将内地的保甲制度推行于该地。雍正四年(1726)，帝亲谕大学士曰："弥盗之法，莫良于保甲。至各边省，更有藉称土、苗杂

---

① 《大清律例》卷二四。

② 《贵州通志·宦迹志》康熙八年十月。

③ 嘉庆《钦定吏部则例》卷五。

处不便比照内地者，此甚不然。即数家亦可编为一甲。熟苗、熟僮即可编入齐民。”① 雍正六年（1728），清廷定例：“归流苗蛮族类逐一编造户口册籍，分清地址管辖者，不准移居混迹。倘有事犯好在该地方衙门跟究，如该管官不加详察，仍听苗蛮居住混杂者，照例议处。”② 还要求当地土官和保长、寨长“恪遵约束，不至侵扰内地”。

清朝政府制定的条例对苗民的仇杀、抢劫等严重危害地方社会的犯罪做了具体的规定，对这些重罪都依照《大清律例》的规定严加处罚。为了防止苗民起事反抗清政府，条例禁止苗民带刀出入及私藏违禁物品，“违者照民间私有应禁军器律治罪”。

雍正五年（1727），鄂尔泰疏奏“经下仲苗事宜十条”，对苗疆的土地管理、户籍管理、兵器管理、教化管理、审判管辖都做了具体的规定。在土地管理方面，要求苗民地亩分别订立地契文书，由官府发给印信，以便世代继承。在户籍管理方面，要求根据苗民祖先姓氏造报户口清册，编立保甲以便管理。对不知本姓者，由官府代为立姓，以便稽查。在兵器管理方面，要求苗民缴出一切军器，严惩私造军器者，并规定该章程实行后，苗民出入，只许佩戴数寸小刀。在教化管理方面，设立专职文官，宣谕化导，抚绥苗民。在审判制度方面，规定苗民劫杀重案由文武官员会同审究，不准袒庇行私等。

对苗疆人民具体行为的规范，以地方官府的禁约最为详细，如康熙四十二年（1703）俞益谟制定的“戒苗条约”，包括四个方面的内容：一是禁止苗民出边劫杀抢掠；二是禁止苗民再制兵器或执刀枪行走；三是勒令苗民纳粮当差；四是令苗民改过自新。在禁止劫杀的条文中规定：“尔杀内地一人者，我定要两苗抵命；尔掳内地一人者，我定要拿你全家偿还。”

三、关于苗汉关系的规定

为了防止苗民与内地民人往来引起纠纷和动乱，条例禁止民人无故擅入苗疆和苗人无故擅入民地，禁止民人私通苗人互相买卖借贷、诓骗财物引惹边衅或潜入苗寨教诱为乱。《大清律例》卷二〇“条例”还特别禁止民人在苗疆附近煎挖窝囤与贩卖硝黄，并规定商人在近苗产铁处所收买铁斤须呈明该地方官。对奸商贩卖军器给苗民者予以严惩。嘉庆十年（1805）的“屯田章程”也规定“禁止民人擅入苗寨”，“苗、

① 《清世祖实录》卷四三。
② 《大清律例通考》卷八。

民界址划分清楚”，“不准擅差兵役入寨”，等等。

条例规定对文武职官索取土司财物的犯罪和云贵、四川、湖广等处流官擅自收敛土官财物的犯罪加重处罚，犯该徒三年以上者，俱发边充军。禁止清政府官员勒索苗民财物，如有“差遣兵役骚扰逼勒、科派供应等弊，因而激动番蛮者，照引惹边衅例从重治罪”。

乾隆五年（1740）以后的补充条例规定了湖南民苗结亲的条款，凡湖南省所属未剃发之苗人，与民人结亲，俱照民俗，以礼婚配，须凭媒妁写立婚书，仍报地方官立案稽查。如有奸拐贩卖嫁妻逐婿等事，悉照民例治罪。其商贾客民未经入籍苗疆，踪迹无定者，概不许与民人结亲。如有私相连接滋事者，按例治罪，失察之地方官，照例议处。至溪峒深居苗瑶，有愿与民人结亲者，亦听其便，悉照前例办理。①

清政府为了防止民人欺凌或诱教苗民引起动乱，补充条例禁止近苗地方吏民人等擅入苗境欺凌苗民。违例情重应处死刑者，须将罪犯押赴原犯苗地正法。情由张挂告示，通行晓谕。还对贩卖贵州苗人的犯罪规定了严厉的惩罚措施，对诱教苗民犯法的外来人，规定加等治罪，遇赦不宥。该地方官也须承担失察之责，受到惩处。

乾隆三年（1738）十月，贵州总督兼巡抚张广泗所奏针对古州一带的章程就规定：禁止屯军人户越界侵占苗人田土山场，违者照耕种他人田例惩处。凡雇募苗夫，须计程计日给予钱粮。文武衙门兵役等不得仍前滥派，短少欺凌。凡巡查并递送武职衙门公文，俱责塘兵，不得役使苗民。

地方官府发布的禁约有的也是针对苗汉关系的规定，如康熙五十年（1711）湖广总督鄂海制定的“苗疆禁约”就规定：禁止内地人擅入塘汛，进入苗疆勾引生事和禁止塘汛驻地以外的苗民擅入民地引起争端，该禁约结尾强调：“尔等民苗各益凛遵禁令，安分守法，以保身家性命，共乐熙朝圣世，不得故违，自取罪戾，后悔莫及矣。凛之，慎之，勿忽。”②

四、关于减轻苗民负担的规定

清朝前期，苗疆土司压榨土民恣意取索，“土司借官府，往往因而科索之，历来

① 薛允升：《读例存疑》卷一二。

② 鄂海：《抚苗录》。

苗乱，半由土司激忿而成”①。为给苗疆各族人民以基本的生活条件，从而稳定苗疆的形势，清政府在总体上实行的是“轻徭薄赋”的政策。乾隆初年，一再下达“永不加赋”诏令，苗疆的一些府、县根据中央的政策，订立本地的法规。如贵州永顺知府袁承崇颁布禁革土司积弊21条。其中属于废除土司盘剥行为的占11条，如禁革“谢恩”、“赎罪”钱和“烟火”、“锄头”钱；禁革向人民勒索礼物和无偿派夫等。② 改土归流后，赋税“较土司陋规十不及一，民皆欢心乐输”,③ 有效地改善了政府和各族人民的关系。

乾隆中后期，又逐渐出现“赋外加赋”、“差外加差”的现象，官吏“征粮不善”④、滥派劳役引起了苗民普遍不满，所以减轻苗民的负担，安抚苗疆始终是清朝的一项重要工作。在湘南、黔东南地区清代地方官府发布的禁约中，规定对苗民减役减粮的内容比较常见。如光绪二年（1876）所立贵州巡抚“免地方当赴应役事禁约”⑤ 碑文中说：“地方官及土司衙门书役向有苗民轮流当差应夫并供应器具什物，每遇差使过境或因公下乡，土司书役联为一气，勒派夫马、酒食，无不恣意苛求。且有营汛员弁官绅责令苗民负役，其弊相等，各路防管见而效尤。遇有移营樵采等事，亦相率拉夫，似此劳烦民力，朘削民膏，实不堪命。应即严行禁革，以安闾阎，除行善后局分移镇、道，并行各营属遵照外合行出示晓谕。为此，示仰各属地方官绅及各等营汛员弁，并土司、民苗人等知悉……”规定除主考学院可以迎送外，一切公差不得令民苗应夫供役，一切供应陋规，概行革除，倘有违犯，即行照例，分别议处究办，决不稍宽。

五、司法管辖方面的规定

清初对苗民间刑事案件，仍照旧有习惯由苗寨寨长和头人自行审理，“不齐之以

① 徐家干：《苗疆闻见录》卷下，贵州人民出版社1997年版，第215页。引该条注：据《皇朝经世文编》卷八六载：“黔省土司，一年四小派，三年一大派，小派什钱，大派什两，土民岁输土徭，较汉民丁加多十倍。土司一日为子娶妇，则土民三载不敢婚姻。土民一人犯罪，土司缚而杀之；其被杀者之族，尚当敛银以奉土司，六十两、四十两不等，最下亦二十四两，名曰‘玷刀银’。”

② 苗族简史编写组：《苗族简史》，贵州民族出版社1985年版，第120页。

③ 《永顺县志》卷一三，《食货·粮税》。

④ 《清史稿》卷五一五，《土司传·贵州》。

⑤ 此碑立于黔东南州黎平县坝寨乡青寨鼓楼前，2000年10月笔者抄录。

官法”，但清廷明确规定重大的刑事案件要申报存案，以便朝廷及时了解苗疆的法制情况。

康熙四十三年（1704），清廷就在湖广“红苗”地方添设同知、通判、巡检、吏目等员，专理苗务。苗犯轻罪者，听土司发落；犯命盗重罪者，土官拿解，道厅审明拟罪。对于那些严重危害清朝统治和社会秩序稳定的重大刑事犯罪，清朝政府本着法制统一的原则，统一适用大清律，由府、州、县流官直接管辖。“有大狱讼者，皆决于流官”。① 所谓“大狱讼”，即指重大刑事案件，基本上是人命抢劫重罪和其他应判死、军、徒、流刑的犯罪。清律规定：苗夷犯死罪，按律定拟题结。“改土归流之土司，本犯系斩绞者，仍于本身分别正法、监侯”；“苗人图财害命，照强盗杀人例斩枭”；“苗人仇杀劫掳，捉人勒索，所犯系死罪者，本犯正法，家口迁徙”。

清朝政府在苗族地区又有营汛的设立，营汛是正规的绿营兵，任务是防范“盗匪”。营汛的官员有参将、守备、千总、把总等，他们也有权处理地方刑事案件。《大清律例》规定了流官承审苗民案件的期限。以犯人到官日为始，盗案限一年，命案窃案限六个月，杂件限四个月。期满不结，须向上级报告。雍正六年（1728）十一月，雍正对苗疆地区诉讼时效和办案期限发布上谕：“苗民案件扣限完结，系雍正五年所定之例。其官员等处分之处，著从雍正六年起，照例扣限查参六年以前案件，免其查揭。”②

补充条例规定了黔省苗疆地方承审命盗案件的期限，凡州县各照原定分限，寻常命案三个月，盗案及情重命案，两个月审理完结。其加展两月、三月之例，概行停止。③

康熙年间，苗民犯军流徙罪，由地方流官审理，按照清朝律例折换成枷号，在本地方执行，不必发遣外地。按以往惯例，苗疆地区苗民这类案件都在原地审理完结，不按内地的审理程序。这样做虽然比较方便，但法律没有具体规定统一的办法，往往造成各级官吏执法不严，以致“各为外结，其实结者十无二、三”，影响了政府统一适用刑罚，没有起到对这类较为严重的犯罪施以适当刑罚的作用。为改变这种混乱的状况，雍正五年定例：苗民犯军流徙罪一律先根据清律定罪，然后折枷处罚。折枷处罚本是清律中对满人犯徒、流罪免予发遣，代之以相应时间枷号的制度，是专门给予

① 《黔南职方纪略》卷七。
② 《清世宗实录》卷七五。
③ 薛允升：《读例存疑》卷四七。

满族人的司法特权。由于苗疆大多山高林深，地处偏远，把犯罪苗人发遣外地无实际作用；苗民与内地人习俗迥异、语言不通，异地发遣很难生存，在苗疆地区一般是重罪处死，轻罪罚服，没有羁押犯人的监狱，执行徒刑也不具备相应的条件。因此，清朝统治者对苗族等少数民族地区的刑罚执行做了变通规定，这是清朝政府根据广大苗疆地区的实际情况而采取的一种特殊的刑罚方式。而以鞭枷代替军流徙，刑罚显然轻得多。这类案件不受清朝诉讼程序的约束，由当地的主管官员审理便可判决执行，只需报部备查。条例特别规定对苗疆死刑案件必须按清律审理，并严格按诉讼程序逐级上报批准，而不准以牛马银两抵偿。苗民“杀人、伤人赔牛数条、十余条”的习惯，被明文禁止。清朝通过制定条例，明确了清廷对苗民一切刑事案件的管辖权。

苗疆地区死罪案件的司法终审权统于中央。人命重案依照《大清律例》的程序审理，由州、县而上，逐级审转复核，直到刑部三法司和皇帝，无须像北方一些民族那样咨报理藩院。苗疆地区死刑立决罪犯由中央执行，监侯案犯要待秋审时处理。乾隆二十五年（1760），贵州大定府平远州苗民阿介打伤致死阿臭一案，就先由贵州巡抚依律拟绞监侯后具题。刑部复核时驳回此案，认为阿介和阿臭是小功堂叔侄关系，按服别论定应杖一百流三千里。黔抚“尊驳改正”。此案涉及的“服制”纯属内地封建伦理法的内容，照样被适用到苗民的案件之中。①

清朝政府在当时统治苗民的流官机构，有厅、州、县等，内设三班六房。所谓三班，是三班差人；所谓六房，是指户、吏、兵、刑、工、礼等，还另有粮房。各房设有师爷，三班差人很多，如清江厅三班差人共有400到500人，每班有150人左右。差人头子叫“剥头”。厅、州、县的官吏，平时与师爷、差人相勾结，官吏以师爷、差人为爪牙，师爷、差人以官吏为依靠。苗民又常被差人教唆去打官司，差人增加提案机会，更好借端勒索。苗民纠纷一经告官就会打得两户皆家破人亡。②

① 郑秦：《清代司法审判制度研究》，湖南教育出版社1988年版，第93页。

② 贵州省编辑组编：《苗族社会历史调查》（三），贵州民族出版社1987年版，第176页。

QINGCHAO DUI GUIZHOU MIAOJIANG DE FALÜ KONGZHI
JI MIAOZU DIQU FALÜ TIAOZHENG DE YIYI

第五章
清朝对贵州苗疆的法律控制及苗族地区法律调整的意义

第一节

对黔东南新辟苗疆六厅地区的法律控制

清代贵州黔东南新辟苗疆六厅地区，在雍正年间实行改土归流之前是习惯法控制的社会。乾隆初年以后，实行灵活务实的法制政策，苗民之间的争讼由民间依照苗族习惯法处理；苗民与汉民、屯军及熟苗之间的争讼案件适用清朝的法律。清朝还在这一地区设立了不同于内地的管理机构和屯军，实行苗汉分治以及豁免赋税等政策。其法律控制的主导思想是保持边疆地区的社会稳定，维护各族民众的利益。

一、六厅地区的开辟及其稳定

清朝雍正年间，实行改土归流以前的贵州黔东南地区没有土司统治，没有受到儒家文化的影响，中央王朝的势力也没有渗入其中。这块接近原始状态的地区就是当时所谓的“生苗区”。据《清史稿》记载：“镇远清水江者，沅水上游也，下通湖广，上达黔、粤，而生苗据其上游，曰九股河，曰大小丹江，沿岸数百里，皆其巢窟。”① 雍正四年（1726），云南巡抚兼总督鄂尔泰在向雍正皇帝上奏的奏章中称：“苗疆四周几三千余里，千有三百余寨，古州居其中，群砦（寨）环其外。左有清江可北达楚，右有都江可南通粤，皆为顽苗蟠据，梗隔三省，遂成化外。”②“生苗”与“熟苗”相对而言，指没有受到汉文化影响的苗族，后者指受汉文化影响较深的、比较开化的苗族。从社会控制角度而言，生苗地区的内部处于一种自然状态，没有国家设置的常设办事机构和军队，没有法庭和监狱，是习惯法控制的社会。

由于苗族历史上没有文字，没有苗文资料，故明朝以前对这一地方的情况没有详细记载。根据清人爱必达写的《黔南识略》记载，丹江、都江、台拱在明以前都属于纯粹的化外生苗；八寨在明朝时属夭坝土司，后被生苗控制；清江在明朝时名义上属

---

① 《清史稿·土司四》。
② 《清史稿·土司一》。

于黎平赤溪南洞长官司管辖的地方，实际是化外生苗；古州地方在明朝时采用羁縻政策，没有真正进入版籍。

清朝政府为了控制黔东南生苗地区，在这里建立起国家统治秩序，决定进行武力征服。雍正六年（1728）五月，清朝的军队开始进攻八寨（今丹寨县）。经过五年的征战，雍正十一年（1733）征服台拱（今台江县）。清朝军队征服这一地区后，设立了相当于县的丹江、八寨、清江、古州、都江、台拱六个厅，简称“新辟苗疆六厅”，实行了改土归流的政策，即在厅一级设置国家官吏进行直接统治。

六厅设立初期，社会并不稳定。雍正十三年（1735）二月，六厅地区古州的包利、红银领导苗族民众起义，后来发展到西南许多地方，六厅地区成为西南苗民起义军活动的核心地带（由于这次起义发生在雍正末年和乾隆初年，故史称“雍乾起义”）。乾隆元年（1736），皇帝命令当时的湖广总督张广泗兼理贵州巡抚（后为贵州总督）镇压起义，动荡很快平息，六厅地区的社会形势才趋于稳定。

清朝政府为了巩固其在西南地区的统治秩序，在六厅等“新辟苗疆”地区采取了灵活务实的政策，实行了不同于内地及“熟苗”地区的特别法律制度，收到了稳定苗疆近60年的良好效果，其经验与业绩得到广泛认可。

二、清朝一般法在这一地区的适用

在法理学上，一般法指对一般人、一般事，在全国范围内普遍适用的法律。这里所涉及的一般法主要是指雍正和乾隆时期的清朝律例等在汉满地区普遍适用的法律，有时也包括清朝在西南广大苗族地区适用的法律。

随着清军控制能力的逐渐扩大和深入，清朝政府在“六厅”地区的法制政策有一个演变过程，法律适用的原则也有宽窄的变化。总的说来，国家律例在这里是适用的，但也允许个别地区根据具体情况而灵活变通。

（一）新辟苗疆地区法律适用的基本原则

在清朝政府军事征服以前，除了在个别军事重镇以外，国家法基本上无法适用于这一所谓的化外地区。前述雍正四年时鄂尔泰的奏折中曾说：“苗、倮无追赃抵命之忧，土司无革职削地之罚，直至事大上闻，行贿详结，上司亦不深求，以为镇静边民无所控诉；若不铲蔓塞源，纵兵刑财赋事事整饬，皆治标而非治本。”①

在军事征服的过程中，清军开始在被征服地区适用清朝的法律。不仅各厅的同知、通判有司法职能，而且驻军也有司法职能，“且塘汛之设，所以保护行旅，稽查奸匪，亦非专为递送文书一节而已”②。

大部分苗区被控制以后，法律适用问题凸显出来。苗族地区自古没有文字，苗汉言语不通，苗族群众生活于深山之中，和内地几乎没有交往，不了解国家法。文化背景方面的差异就更大，控制他们行为的是完全不同于汉族地区的文化模式。如何适用法律使这一地区保持稳定是雍乾时期镇守此地的许多封疆大吏都要考虑的问题，其中贵州按察使方显的奏折对此做了深入的分析。

雍正十年（1732）六月，清军尚在征战之中，贵州按察使方显就奏称：“查苗人犯杀人应死向有赔偿牛马、准其抵命之例。雍正五年（1727），经云贵总督今升大学士鄂尔泰等奏请不许外结，亦不许以牛马银两赔偿，务按律定拟题结，奉旨钦遵在案。数年以来，滇、黔各属苗倮，咸知凛惕，法至善也。但查，久经归服熟苗，化导日久，有犯应与内地人民一体治罪，以昭惩戒。若新开苗疆，从古化外，不知法律，今虽投诚而渐靡未深，犹踵仇杀故习，每有命案多不报官，或私请寨老人等理讲，用牛马赔偿，即或报官又多于报后彼此仍照苗例讲息，将尸掩埋，相率拦捡，不愿官验。倘地方官径行准息，即违例干处，若必欲起验，而原、被告等又往往抛弃田宅，举家逃匿，以致悬案难结。承缉承审诸员虽受参罚，实属冤抑。臣请归附已久熟苗，有劫盗仇杀等案，应照内地审结，至新开苗疆，如古州、清江、九股、丹江、八寨等地，除劫盗及伤毙汉人，情罪深重难以宽纵者，仍照律究拟外，其各寨仇杀、斗殴、人命，凡具报到官，即准理。如受害之家，必欲究抵，亦应照律审断。或其中有情愿照苗例以牛马赔偿，不愿检验终讼者，似应念其归附日浅，准予息结，详明立案。”对此，雍正皇帝批示：“伊论议甚是。”③

以上奏折的中心意思在于治苗之策的区别对待。熟苗地区由于“久经归服，化导日久”，了解国家法律，因而对其犯罪应“与内地人民一体治罪”。对生苗地区即新辟苗疆则应充分了解其旧俗，分别对待。第一种情况，劫盗及伤毙汉人情节严重者，照

① 《清史稿·土司一》。

② 《张广泗奏议冯光裕治理苗疆事宜折》，载《清代前期苗民起义档案史料》上册，光明日报出版社 1987 年版，第 215 页。

③ 《雍正朝汉文朱批奏折汇编》第 22 册，第 715 页以下。转引自苏钦：《“苗例”考析》，载《民族研究》1993 年第 6 期。

清律处罚。第二种情况，生苗自相仇杀、斗殴以致死人者，可依律处罚也可以调解结案。凡受害者家人要求国家惩治凶手者，要“照律拟断”；凡受害者家人情愿接受牛马等财产赔偿的，“准予息结”，即可不予追究凶手的刑事责任。此份奏折充分考虑到新区苗民的旧有风俗习惯和国家法律在这里适用的困难，提出了区别对待的政策构想，对此后清朝的政策起到了很大的影响。

考虑到新征服地区的苗民难以适应而且也没有条件掌握清朝的法律，国家法在这一地区无法实施的现实情况，乾隆元年（1736）七月，皇帝发布的上谕中指示：“苗民风俗与内地百姓迥别。嗣后苗众一切自相争讼之事，俱照苗例完结，不必绳以官法。至有与兵民及熟苗关涉之案件，隶文官者，仍听文员办理，隶武官者，仍听武弁办理，必秉公酌理，毋得生事扰累。”① 此谕旨将区别对待、在新区灵活适用国家法律的政策确定了下来。

随后，乾隆皇帝命令对《大清律例》逐条逐字加以考证，重新编辑，于乾隆五年（1740）冬将修订本颁布天下。《大清律例》中将乾隆发布的有关对新辟苗疆地区司法政策上谕中的内容法典化，其《刑律·断狱下》规定：“凡苗夷有犯军、流、徒罪折枷责之案，仍从外结，抄招送部，查核其罪。应论死者，不准外结，亦不准以牛马银两抵偿，务按律定拟题结。如有不肖之员，或隐匿不报，或捏改情节，在外完结者，事发之日交部议处。其一切苗人与苗人自相争讼之事，俱照苗例归结，不必绳以官法，以滋扰累。”至此，清朝在新辟苗疆地区的法律适用原则完全确定下来。它包括这样两点精神：第一，对重要犯罪必须依照国家法律处断。军流重罪可外结，但必须报中央刑部批准，死罪必须报中央刑部处断。第二，其苗人（指生苗）自相争讼之事可以任由苗人自己解决，国家不必干涉。这样的原则完全是从治理苗疆实际需要出发的。

（二）关于苗例的适用

前面已有多处提到，清朝允许苗人自相争讼之事可依苗例处断。那么，何为苗例，又如何适用呢？由于史料缺乏的原因，到现在也没有学者发现过成文的苗例，因此众说纷纭，莫衷一是。许多学者进行过研究，其中苏钦的《“苗例”考析》② 一文材料丰富，分析也最为精到。

---

① 《清高宗实录》卷二二，乾隆元年七月。

② 该文载《民族研究》1993 年第 6 期。

关于苗例的史实问题。除前面提到的乾隆元年谕旨和《大清律例》中的有关规定外，康雍乾时的许多奏折谕旨中都多次提到苗例。

早在康熙四年（1665），贵州总督杨茂勋上疏称："贵州一省在万山之中，苗蛮穴处，言语不通，不知礼义，以睚眦为喜怒，以仇杀为寻常，治之之道，不得不与中土异。凡有啸聚劫杀侵犯当地者，自当发兵剿除，其余苗蛮在山箐之中自相仇杀，未尝侵犯地方，止须照旧例令该管头目，讯明曲直，或愿抵命，或愿赔偿牛羊、人口，处罚输服，申报存案。"① 此处旧例应指苗人之旧例。

康熙四十年（1701），又有皇帝批示"复准熟苗、生苗若有伤害人者，熟苗照民例治罪，生苗仍照苗人例治罪"②。此处苗人例应是指前面提到的处理苗人自相仇杀的旧例。

雍正三年（1725）三月，贵州巡抚毛文铨在奏折中称："贵州苗人自相仇杀者甚多，有数世数十年不能解者。夫苗人自相仇杀，原无抵命之条，惟有偿以牛马布疋，苟非焚劫内地汉民及抗拒官兵，臣只从彝例治之。"③ 清时对西南各少数民族本无严格区分，苗彝之称可以通用，所以此处的彝例也可做苗例解。

乾隆元年（1736）六月，贵州布政使冯光裕奏折中明确提到苗例一词："苗人前此不知礼义法度，其苗例杀人伤人赔牛十余条、数条而止，弱肉强食得谷十余石、数石而止。"④

根据上面的史料，我们对这样几个问题可以得出如下的认识：

①苗例的内容。具体内容很多，包括了对苗人之间的杀人伤人事件赔偿牛马布匹粮食的规定。赔了这些东西以后，就可以不用抵命了。

②苗例的来源。苗例是一种历史上形成的做法。除上引材料外，《旧唐书·南蛮西南蛮传》、《旧五代史·外国列传二》、《永乐大典》和《贵州通志》等文献，也都说明苗族杀人伤人赔偿牛马的习俗由来已久。

③苗例的使用范围。从主体来说，只能用于苗人之间，尤其是生苗之间的犯罪。从犯罪性质来说，只能用于苗人之间的自相仇杀，不能是侵犯汉民、官兵以及熟苗的案件。从犯罪的地域来说，只能用于归化未久、交通闭塞的生苗聚居区内。

---

① 《清圣祖实录》卷一六。

② 《大清会典事例》卷七三九。

③ 《雍正朝汉文朱批奏汇编》第4册，第608页。

④ 中国历史档案馆藏《朱批奏折》，民族，胶片编号70，转引自前引苏钦文。

除此以外，理解《大清律例》中“苗人与苗人自相争讼之事，俱照苗例归结”的规定，还应该注意两点：

其一，这一规定并不是普遍适用于苗族地区，只是适用于新征服的原“生苗”地区，对六厅地区而言是适用的，对其他地区就不一定。乾隆六年（1741）曾特别规定：楚粤两省苗地“凡谋财害命及苗人与军民交涉案件，仍按律究拟，不得援苗例轻纵”①。这与“生苗”地区不同，也与内地不同。

其二，这里的“苗人与苗人”是指“生苗”之间，“生苗”与其他苗族人之间的争讼还是要适用清朝的法律。根据咸丰四年（1854）成书的《黔语》记载，古州与黎平、下江（今丛江）交界之处的“九千里”地方，“红苗窜入，诡为生苗佃种山地。红苗故黠，而生苗愚不之觉也。后乃稍稍侵占，又阴埋碑土中，绐生苗共发之，即指之为先世遗业。生苗无以解，于是生苗老果等悉其众以逐红苗，气势汹汹。有司乃往谕，遣红苗归故土，而罪生苗之杀红苗者，苗众乃解散。盖道光三年事也”②。说明有司处理此案件是适用了清朝的普通法律。

④关于“苗例”的性质。苗例是苗族自己的法律还是国家适用于苗族区域的法律，学界存在争议。苗族历史上没有文字，没有形成过国家政权，不可能制定出成文法。乾隆讲苗民自相争讼之事，照苗例处理而“不必绳以官法”，说明“苗例”也不是如同条例、则例那样由清朝制定的法律。到现在为止，也没有学者发现过成文的“苗例”就说明了这一点。

那么苗例是否为苗族自己的习惯法？有学者提出过这样的看法：“苗族习惯法也不能说就是‘苗例’。‘苗例’仅仅是苗族习惯法的内容之一。苗族习惯法泛称为‘苗俗’，而一旦冠之以‘例’就与其他苗族习惯法相区别，而属于国家法的一部分。”③ 我们认为以“例”为名，不一定就不属于民族习惯法，也不能说明它就是国家法的一部分，“例”也可以是习惯，是风俗。如生于乾隆五十九年（1794）的魏源在《圣武记》中说道：“苗讼仍从苗俗处分，不拘律例。”④ 这里可以看到，清人对“苗俗”和“苗例”可以通用。这说明，苗例实际上就是苗俗，即苗族习惯法。在这个意义上，可以把苗例解释为苗人处理案件的惯例，是一种稳定性比较强的司法方面

① 《清高宗实录》卷一三九，乾隆六年三月。

② ［清］吴振：《黔语》，载罗书勤等点校《黔书·续黔书·黔记·黔语》，贵州人民出版社1992年版。

③ 苏钦：《“苗例”考析》，载《民族研究》1993年第6期。

④ ［清］魏源：《圣武记》，中华书局1984年版，第295页。

的习惯法。

从民族法学的角度看，习惯法是与国家法相对而言的，是在国家权力不能到达，或者国家权力不能完全控制的情况下存在的。我们研究习惯法，不能完全使用现在的法律术语。现代社会中，法律、道德、宗教、禁忌、习俗基本上是可以区分的，特别是国家制定法与其他规范的区别是清楚的。我们在描述苗族习惯法时，这些规范之间界限模糊，是很难分清的。我们把这些规范的总和统一称之为社会控制模式较为合适，当我们称其为习惯法时，其含义已不同于我国法理学上讲的现代法律。所以，乾隆讲的苗例就是这种不成文的苗族习惯法。国家承认苗例的司法效力，就说明了在特定的民族地区适用民族习惯法的必要性。

美国著名人类学家露丝·本尼迪克特说道："个体生活的历史中，首要的就是对他所属的那个社群传统上手把手传下来的那些模式和准则的适应。落地伊始，社群的习俗便开始塑造他的经验和行为。到咿呀学语时，他已是所属文化的造物，而到他长大成人并能参加该文化的活动时，社群的习惯便已是他的习惯，社群的信仰便已是他的信仰，社群的戒律已是他的戒律。每个出生于他那个群体的儿童都将与他共享这个群体的那些习俗，而出生在地球另一面的那些儿童则不会受到这些习俗的影响。"苗族习惯法是苗族文化的组成部分，六厅地区的苗族民众熟悉、信服苗族习惯法，习惯于依靠该法处理纠纷。清朝政府不急于在该地区适用国家统一的法律，有利于新征服苗疆的社会安定，符合中央和地方以及当地苗族民众的利益。

虽然如此，由于清朝在这里驻扎军队，屯军人数增加，汉族人口陆续迁入，国家控制的根基逐渐加深，生苗习惯法控制的地区呈逐步缩小的趋势。

由于苗族民众与屯军、屯民及熟苗相关涉的案件适用清朝的法律，由清朝的文武官员审理，因此清王朝的法律逐步渗入生苗地区。《百苗图》写成于清朝嘉庆初年，是可以明确断代的古民族志典籍，其中的一些内容可以反映国家法的渗入情况及其影响。如清江境内的"黑生苗"，"访（知）富户所居，则勾连恶党，执火持镖刀而劫（之）。自雍正十三年征服，今亦守法矣"。① 台拱、古州、清江境内的"黑山苗"，"以掳掠致富。……近皆宁戢"。②清江、台拱境内的"黑脚苗"，"出入三五成群，持标带刀，以抢劫为能（事）。……如男不能抢劫者，女则不嫁之。近亦畏法，已改矣"。③说明生苗区存在的抢劫现象，由于国家法的适用，已经得到一定程度的控制，反映了生苗区文明程度的提高。

①②③　李汉林：《百苗图校释》，贵州民族出版社 2001 年版，第 75、77、79 页。

三、特别立法控制

法理学上的特别法指在特定的地域、特定的时间，或者对特别的事、特别的人适用的法律。这里的特别法主要是以皇帝的谕旨批准的、封疆大吏请求实施的特别治理法令等形式表现出来。法令的内容包括行政管理方式、军事驻扎、发展地方教育及民族隔离等事项。实施的地域范围是贵州黔东南的“新辟苗疆六厅”地区（有时也扩及湖南等地的生苗地区）。采用特别法的最主要原因是这一地区的苗族文化模式不同于汉满地区及熟苗地区。这些特别法虽然具备国家法的所有特征，但由于没有以一般的法律形式表现出来，经常被法学研究者忽视。

（一）因俗因地制宜的地方行政管理

清代在新征服的苗疆设相当于县的厅，由知府的佐官通判、同知主持地方政务。在某些距离厅府较远的要害地区，设有巡检司。关于厅以下的情况，乾隆十五年（1750）四月，贵州巡抚爱必达的奏章中称：“新疆生苗与屯军错处，亦额设土弁、通事、寨长、百户分管。”① “新辟苗疆”的土官、土弁一般是随征有“功”的外地人，多数是随征调遣、担任向导、招抚诸苗或引导清军进剿有功的人。根据民族志调查资料，一般由汉族担任。如在雷山县掌披地方“清代的土司和通事都是汉族，而且是世袭，寨子上的人（指苗族）没听说有人当过通事”②。

基层管理因俗而行。清朝在内地采用编制户口牌甲的方法，控制基层社会，但这种制度在顺治、康熙时期不可能在六厅地区实施。雍正朝军事征服这一地区后，在要不要采用这一制度问题上，清廷内部有过争论。乾隆元年（1736）正月，贵州按察使方显奏请在张广泗平定的苗民起义地区编立保甲，“每十人为一甲，择一老成者为甲长，给以委牌。每十甲为一保，择一强干者为保长，给以委牌。凡遇朔望，令保长赴就近地方官衙门听讲上谕，通事、番译，仍量赏盐烟，以示奖励。并令保长回寨，督率甲长，家喻户晓”。③ 方显是想通过编立保甲的方式日渐月摩，训导、教化苗民，

① 《清高宗实录》卷三六三，乾隆十五年四月。

② 贵州省编辑组编：国家民委民族问题五种丛书之一，中国少数民族社会历史调查资料丛刊《苗族社会历史调查》（二），贵州民族出版社 1987 年版，第 210 页。

③ 《方显奏请于苗疆编立保甲折》，参见《清代前期苗民起义档案史料》上册，第 132 页。

使其服从清王朝的统治。

但是张广泗在镇压苗民起义以后，认为在新开辟的苗疆地区编立保甲的条件还不成熟，应根据苗俗用其“头人”来进行管理。他在给乾隆皇帝的奏折中称：“查新疆苗众向无酋长，若遽欲设立土司头目，以统率其众，不但苗众不肯服从，且恐更滋事端，然亦不便听其散涣漫无约束。查各苗寨内，向有所称头人者，系各本寨中稍明白、能言语、强有力者，众苗即呼为头人。虽众苗亦不甚听其管束，然其头人良儒守分者，本寨散苗亦稍知守法。……应请就各本寨择其良善守法者，仍其苗俗，听于本寨内将姓名公举报官。酌量寨分大小，或每寨一、二人，或二、三人，签为寨头，注册立案，各本寨散苗，听其约束，毋许为非作歹，毋许劫掠仇杀，毋许私造军器，毋许招纳匪人。”①

乾隆皇帝采纳了这一意见，没有要求在六厅地区推行保甲制度。《黔语》中记载：九千里地方“山箐阻深，生苗据为巢窟，华人无有涉其地者。乾隆五十年后，始有人梯山伐木，然亦与内地昆连处，不敢深入也。往时，负贩者流贪利，贸易至辄被留不能复出。然则其地之纵横广狭，孰得而穷究耶”？九千里地方在当时的古州境内。实际上，清朝中央政府的统治势力的渗入是很慢的，并不是说设官建制就是进行了实际统治。此例也佐证了咸同起义前在六厅地区没有推行保甲制度。

（二）屯军控制

明朝朱元璋平定云南后，留下大军在贵州建立屯堡，主要是在交通要道上。六厅之地为明代屯田和移民垦殖活动所不及。清王朝为了巩固对这块“新辟苗疆”的统治，也采取了明代卫所屯军办法，把一批军队驻扎到“苗疆”进行垦殖。屯军是防止苗民造反的一种措施，就是“屯以卫民，民以实屯，有屯堡以资生聚，尤必有碉卡，以固防维，均田屯勇，寓兵于农”②。

军屯的直接起因是镇压起义的善后措施。雍正十三年（1735）二月，在古州爆发苗民起义，其活动范围几乎遍及整个黔东南地区。起义过后，这一地区的苗民人口剧减，出现了很多无主的田地，这些田被称为绝田。关于绝田的处理问题，张广泗在给皇帝的奏折中认为这些田地颇多，不能抛荒，也不能赏还给苗民耕种，为解决这些田

---

① 《张广泗奏革除苗疆派累厘定屯堡章程折》，参见《清代前期苗民起义档案史料》上册，第241页。

② 佘贻泽：《清代的苗民问题》，载《新亚细亚》1936年8月第12卷2期。

地的归属问题，应召集外地汉民耕种，他讲道："今应乘此大兵之后，苗人户口凋零之隙，于附近城汛并彼此大路通达之区，设立汉民村寨，以相联络。农工之暇，稍为训练，平居足以相望，有事可以助守，兵民相倚，则我势强而苗势弱，不宜复将绝户田产赏给苗人，令其居中盘踞，处我肘腋之间也。……既与汉民错处，朝夕观感，其性情嗜好，礼文法度之间，必渐知仿效。"①

乾隆皇帝担心以后苗民再次起义，不同意民屯，下旨军屯："朕思苗性反复靡常，经此番兵威大创之后，虽畏惧慑伏，而数十年后，岂能预料？若于新疆各处将所有逆产招集汉民耕种，万一苗人滋事蠢动，则是以内地之民人因耕种苗地而受其荼毒，朕心深为不忍，此必不可行者。朕意逆苗因罪入官之地，自无复赏给逆苗之理，与其招集汉人，不若添设屯军，即令兵丁耕种，俾无事则尽力南亩，万一有警，就近即可抵御，且收获粮石，又可少佐兵食。"② 安设屯军时，首先满足兵丁子弟内人材壮健、能耕种之人承领。裁减归农的兵士中，人材壮健、能种田并情愿到苗疆承领的，也给予耕种。在实施屯军的过程中，也有相反的意见。乾隆三年（1738）四月，两广总督鄂弥达在奏章中主张对新辟苗疆："撤兵于外，周围防守以镇抚之，择苗民之稍有知识者设立头人，约束其众，所有苗田尽其种植。"③ 乾隆在批奏时说：我也认为应该这样做，但张广泗坚持屯军甚力，他是封疆大臣，又首尾承办此事，不得不照他所请。针对鄂弥达的奏章，贵州总督张广泗奏道："苗蛮向无酋长，虽有本寨中之强有力者一二人，亦不能约束其众，况苗类众多，统以文武，镇以官兵，尚敢群起跳梁，又岂一二巡检、头目所能约束耶？"④ 最后，屯军的措施得到了全面实施。

具体的屯军办法是，在苗疆领田屯军者，每户给上田 6 亩或中田 8 亩或下田 10 亩，并将附近山土令其垦种杂粮。每屯军户给修房银 3 两，牛具籽种银 5 两，自带家属者，以起程之日始，各预半年口粮。农闲的时候进行训练操演，有事时服从调遣。乾隆十四年（1749）八月，贵州巡抚爱必达奏："遵查黔省屯丁案内，古州、八寨、台拱、丹江、清江等五厅，设立九卫，共一百二十堡，屯军八千九百二十户。"⑤ 军屯对这一新辟苗疆地区起到了稳定的作用。

---

① 《张广泗奏议冯光裕治理苗疆事宜折》，载中国第一历史档案馆等合编《清代前期苗民起义档案史料》，光明日报出版社 1987 年版，第 227 页。

② 《谕张广泗苗疆善后事宜应详细筹划》，《清代前期苗民起义档案史料》上册，第 231 页。

③ 《清高宗实录》卷六七，乾隆三年四月。

④ 《清高宗实录》卷七三，乾隆三年七月。

⑤ 《清高宗实录》卷三四七，乾隆十四年八月。

（三）对教育的鼓励与限制

在民族关系正常的情况下，当时的汉文化对贵州的少数民族还是有非常大的吸引力的。陈鼎在《黔游记》中描写旅途中经过少数民族村寨时这样记述："山洞中诸苗男女见吾辈鲜衣、怒马、仆从呼拥而至，举家皆出而膜拜，有不知者大呼之而出曰：'睨汉郎'（睨者，视也。汉郎者，汉官也）；或下马过其家乞水火，必举家男女跪而奉之。其爱慕中国如此。惜乎，无有以化之者，苟有以化之者，皆相率而入礼仪之域矣。"① 陈鼎叙述之事的具体地点并不清楚，但说明了汉文化对少数民族的吸引力。

在武力征服之初，清朝政府也试图通过发展教育，实施教化，使苗族的传统文化发生变迁。义学亦称义塾，是一种免费的启蒙教学，雍正八年（1730）贵州巡抚张广泗就上奏了《设立苗疆义学疏》。这次上疏对设立义学的目的、计划、经费、教育内容、管理方法等都提出了具体建议。在上疏中他认为："设立义学，课诲新附苗人子弟，实为振励苗疆之要务。……查下游附近黎平府之古州，已安重镇，周围苗户繁多，应设立义学二所，附近清平县之大小丹江，附近都匀府之八寨，……各应设立义学一所。"② 自此以后，义学有些发展，贵州差不多所有的府、州、县、厅都办起了义学。在"六厅"地区，雍正八年奉旨建立的义学有：八寨城乡义学；大丹江义学与小丹江义学；都江厅义学；台拱厅义学；清江城乡义学。这些义学都是教化苗民子弟的。

虽然设立了义学，但是这段时间的教育在苗族最聚居的"六厅"地区不可能产生多大的效果。这是因为：从清军开始征服这一地区到雍乾起义，苗族人民反抗清军的斗争一直没有停止；雍乾起义被镇压以后，被清军焚毁的苗寨占整个苗寨的3/4，未被屠杀的苗民也是大部分躲入深山老林；清军在镇压苗民反抗过程中的杀人放火行为，苗族民众必然铭刻在心，而心理隔阂必然影响到苗族民众对汉文化的接受；苗族群众与屯军关系紧张，民族隔离阻隔了日常的文化交流；"屹崖毒箐"、"鸟道蚕丛"的环境使教育难以普及。尽管如此，到乾隆十六年（1751）时，清王朝对在贵州"新辟苗疆"办义学还是有所后悔，担心苗族识字知书之后更不好统治，认为在贵州苗疆设学，本意是对苗族民众进行教化，使其知道儒家的礼义，但是"士子稍知自爱者，必不肯深入苗地设教，而侥幸堂试之徒，既不能导人以善，转恐其相诱为非，且苗性

① ［清］陈鼎著：《黔游记》，载罗书勤等点校《黔书·续黔书·黔记·黔语》，贵州人民出版社1992年版，第426页。

② ［民国］《贵州通志·学校志四》。

愚蠢，欲其通晓四书义理甚难，而识字以后，以之习小说邪书则甚易，徒启奸匪之心，难取化导之效”①。乾隆十六年七月，吏部议复了要在贵州实施的如下事宜：“密饬地方官，将新疆各社学之社师已满三年者，徐行裁汰，未满三年者，亦以训迪无成，渐次停撤，则从学苗童，自不禁而止。并请岁、科两试，仍准苗童一体应考，但不必另设额数，则苗卷自难入彀，亦可不禁而限。”② 乾隆同意了这种做法，苗疆义学被大量裁撤。

一直到咸同起义后，清统治者认为办教育对其统治有利，可以利用办义学加强教化，才重新重视教育，在黔东南苗族地区普遍设立了义学，使“六厅”苗族聚居地区的教育事业得到较快发展，提高了一部分苗族民众的文化水平。

（四）苗汉分处的法令

乾隆元年（1736）十二月十五日，乾隆皇帝在批奏提督贵州学政、云南道监察御史邹一桂的奏折中指出：“黔省积习，无论军民人等，素以欺压苗民为事，平时待之不堪，欺之太甚，积怨蓄怒，发于一朝。”③ 他列举的苗族民众受欺凌的事实有：一切劳苦力役之事，都由苗民承担；苗疆的讯兵，看守咽喉要道，凡苗民负货经过者，多短价勒买，稍不从命，即殴辱拴锁，有的苗民畏其威势，弃其货物而逃；欺占苗民田地；沿汛之处，巡查递送对苗民骚扰不宁，需索无已；苗民有受屈鸣怨者，官府或驻军置之不问；在贸易时欺压苗民，有无苗不富之说等。④邹一桂的奏折尖锐地说明了苗族民众平时受剥削、受压迫、受欺凌的情况，并指出这是引起苗民雍乾起义的原因。这对于当时的统治者是有启发作用的。

苗汉隔离的特别法基本上都是由封疆大吏针对时弊提出，由皇帝批准或认可而形成的。主要内容有：

（1）不允许苗、汉杂居

乾隆四年（1739）八月贵州总督张广泗奏：“若令苗、汉杂处，恐致欺凌生衅”，不同意苗、汉杂居。乾隆支持其做法。⑤ 乾隆二十八年（1763）六月，贵州按察使赵孙英奏：“新疆苗民较淳于旧疆，治之之法，在严惩汉奸，或入苗寨唆讼，或种苗地

---

① ［民国］《贵州通志·学校志四》。

② 《清高宗实录》卷一九五，乾隆十六年七月。

③④ 《邹一桂奏苗民被欺积怨折》，载《清代前期苗民起义档案史料》上册，光明日报出版社 1987 年版，第 229 页。

⑤ 《清高宗实录》卷九九，乾隆四年八月。

久占，或开店诱为盗贼，似此不法，有犯悉递原籍，则蠡去而苗安矣。”① 这一建议也得到乾隆皇帝的支持。乾隆四十一年（1776）八月，因担心这一法令日久废弛，曾谕军机大臣要求相关的地方督抚奏报落实不准内地民人混入苗地的禁令实施的情况。

（2）不准汉族人在新区置办产业

乾隆十五年（1750）四月，贵州巡抚爱必达奏：“其归化未久与新疆一带各苗寨，令地方官稽查，不得听汉人置产，亦不许潜处其地。”②

（3）禁止马贩进入苗疆要区

乾隆十六年（1751）六月，贵州巡抚开泰奏：八寨、台拱、古州、丹江、都江、清江等厅县“均苗疆要区，应禁止马贩进入”，乾隆同意此做法。③

实践证明，这些法律措施对维护六厅地区的稳定确实是有效的。此后，乾隆六十年（1795）二月在湖南、贵州交界处的松桃厅、永绥厅、凤凰厅、乾州厅同时爆发了苗族民众的大起义。这一次起义没有蔓延到六厅地区，最重要的原因是在这一地区实施了上述措施。

乾隆六十年（1795）二月，皇帝针对苗民起义的原因，谕军机大臣：“贵州、湖南等处苗民，数十年来甚为安静守法，与民人等分别居住，向来原有民人不准擅入苗寨之例。今因日久懈弛，往来无禁，地方官吏暨该处土著及客民等，见其柔弱易欺，恣行鱼肉，以至苗民不堪其虐待，劫杀滋事。”④ 乾嘉起义中被俘的苗族起义领袖吴八月在供词中讲到造反的原因时说：“苗子的田地多被客家盘剥占据去了，所以（我们）要杀客家，夺回田土。”⑤ 这也说明了苗汉分处政策在当时是适当的。

19 世纪 20 年代，由于在六厅地区实施的这些特别法历年既久，积弊已深，道光二年（1822）八月发布的上谕中认为：“黔省各寨苗人向来恭顺安静，因与汉民久处，被其引诱欺凌，日形苦累。不可不急加整顿。”⑥ 道光三年（1823）二月下旨要求：“至科派夫役，向来役使苗民。擅动苗夫，本干禁例，嗣后该处一应差事，俱不准向苗寨签派，倘兵役借端扰累，立即严惩究办。”⑦ 道光六年（1826）六月又发布上谕：

---

① 《清高宗实录》卷六八九，乾隆二十八年六月。

② 《清高宗实录》卷三六三，乾隆十五年四月。

③ 《清高宗实录》卷三九七，乾隆十六年八月。

④ 《清高宗实录》卷四七〇，乾隆六十年二月。

⑤ 胡起望：《乾嘉苗民起义参加人供单》，载《苗族史文集》，湖南大学出版社 1986 年版，第 184 页。

⑥ 《清宣宗实录》卷四〇，道光二年八月。

⑦ 《清宣宗实录》卷四九，道光三年二月。

"黔省汉、苗杂处，近来客民渐多，……倘再有勾引流民擅入苗寨，续增户口及盘剥准折等事，立时驱逐，田产给还苗人，追价入官，仍照例加倍治罪。若地方官徇庇不究，并纵令差役擅入苗寨滋事，即行严参惩办。"① 虽然道光皇帝预感到危机的存在，并重申以往的特别法，但是"黔省苗寨客民渐多，久经占籍，势难概行驱逐，苗人生计日蹙，恐致滋生事端"②。咸同起义有很多原因，民族隔离的法律历年既久，已经无法全面实施，但又没有新的有效补救措施，应该是最重要的原因之一。

（五）六厅地区的赋税豁免

贵州被认为是僻在偏隅，"刀耕火种，无薮泽之饶，桑麻之利，岁赋所入不敌内地一大县"③。而苗疆更被认为是交通阻绝、屹崖毒箐、瘴疠丛生的地方。清王朝控制这一地区的最大目的是民安，在六厅地区收取赋税，不但收不到多少银两，而且还容易激起民变，对国家而言，是得不偿失。乾隆皇帝认为："思苗人纳粮一事，正额虽少，而征之于官，收之于吏，其间经手重叠，恐繁杂之费，或转多于正额，亦未可知。惟有将正赋悉行豁除，使苗民与胥吏终岁无交涉之处，则彼此各安本分，虽欲生事滋扰，其衅无由。……将古州等处新设钱粮尽行豁免，永不征收。"④ 这样，自乾隆元年始，即将六厅等新辟苗疆地区的赋税全部豁免了。

四、清朝对苗疆六厅法律控制的历史作用

（一）清朝对六厅地区进行法律控制的指导思想是稳定边疆

封建皇帝治理国家的理想状态是国泰民安。在雍正年间实行改土归流以前，由于东部汉民族的扩张，苗族被迫西迁，苗汉由此而引发冲突，汉文的历史记载中有时较片面地记载，但也说明了这种冲突的存在。康熙九年（1670）八月，贵州巡抚佟风彩的奏章中有"贵州有红黑二苗，傍居险要，时出劫掠"的记载⑤。《黔游记》作于康

---

① 《清宣宗实录》卷九九，道光六年六月。

② 《清宣宗实录》卷一〇一，道光六年七月。

③ ［清］爱必达：《黔南识略》，载《黔南识略·黔南职方纪略》，贵州人民出版社 1992 年版，第 15 页。

④ 《清高宗实录》卷二二，乾隆元年七月。

⑤ 《清圣祖实录》卷三三，康熙九年八月。

熙十年（1671），作者由北京返云南途经贵州，从东到西横穿贵州全境，记载路上的见闻有“九股黑苗聚落于古州八万。……自古不服中国，今为仲家（布依族）诱出，焚掠过境，黎平受害特甚”①。这种冲突直接危害了封建王朝的统治秩序，是清朝统治者在内地基本安定的情况下征服控制黔东南苗族地区的最主要原因。

雍乾时设立六厅以来，清朝允许新辟苗疆地区苗族内部的纠纷采用苗族习惯法自行解决，并豁免这一地区的赋税，这是苗族民众发动起义，以惨重的代价换来的成果。清朝统治者认识到对这一地区进行直接的法律控制，收取采用刀耕火种生产方式的苗族民众的赋税，会引起不满、导致反抗，实属得不偿失。清朝以特别法的形式禁止苗汉自由交往、杂居、自由贸易，是对苗族民众的一种保护措施，并不是民族歧视。当然，清朝统治者的出发点也不是保护苗族民众的权利，而是害怕在苗汉接触的过程中，苗族民众处于不利地位，受欺凌、失生计，被逼造反。而且，汉族的不断渗入，会不断压缩苗族民众的生存空间，造成不稳定局面。因此，清朝采取了前述一系列特殊的法制政策和做法，这都是在保持边疆社会稳定的指导思想下进行的。

（二）清朝对六厅地区进行法律控制的效果

总的说来，由于清朝特别司法政策和特别法的实施，在很长时间内保证了这一地区的稳定，可以说在整个乾隆朝60年的时间里这一地区是稳定的。到后期，由于实施不力，激化了民族矛盾，这是咸同起义爆发的内在原因之一。我们也可以从法文化因素的角度分析其原因。汉族文化和苗族文化是两种区别非常大的文化，清朝的法律是汉文化的组成部分，苗族民众很难了解清朝的法律。苗民与汉民之间的纠纷适用清朝的法律，在苗汉接触的过程中，肯定是对苗族民众不利的。例如：“即如田土一项，悉系苗人开垦，始因不谙办粮，寄放绅衿户下，每年议补完粮米谷，久之而刻薄绅衿恃有印串，即捏造假契，指称伊祖伊父所卖，因而责令分花。分花不足，即另招佃种，于是苗民数十年血垦之田，遂为绅衿所有。故黔省以霸占苗田而结讼者，比比而是，地方官但据纳粮印串为凭，不分曲直。”② 由于清朝特别司法政策和特别法的实施，在很长时间内保证了这一地区的稳定。一旦民族隔离的法律失去其权威，新的冲突就不可避免。

---

① ［清］陈鼎著：《黔游记》，载罗书勤等点校《黔书·续黔书·黔记·黔语》，贵州人民出版社1992年版，第419页。

② 《邹一桂奏折》，《清代前期苗民起义档案史料》上册，第229页。

习惯法控制有其局限性。没有常设管理机构和军队，没有法庭和监狱，不一定就是完美的社会。原始习惯法控制的最显著特征就是保障习惯法实施的权威上存在缺陷。在没有一个公共权力控制社会或者不能完全控制社会时，血亲复仇或血族复仇的现象必然存在。从现有的民族志资料看，在没有形成国家或国家没有实际控制的地区，复仇的现象普遍存在。六厅地区在被清朝政府征服以前，复仇的现象作为一种制度而存在，也叫“打冤家”。田汝成在《炎徼纪闻》中对黔东南及与湖南交界处的苗族这样写道：“睚眦之隙，遂至杀人，被杀之家，举族为仇，必报当而后已。”① 而没有国家强力的控制，一日成仇，累世不忘，冤冤相报，自相仇杀，有的数世或数十年不能化解，正如苗谚云：“苗家仇，九世休。”乾隆元年（1736）以后，苗众之间自相争讼之事，并不是都能按照习惯法妥善完结。直到清朝灭亡，国家对六厅地区的司法政策都没有原则性变化，这一地区的复仇现象也就一直存在着。

第二节

清朝苗疆地区法律调整的经验与意义

一、“因俗而治”作为苗疆法律调整的总体方针

清代苗疆各少数民族地域不同、风俗各异，或杂居或聚居，分属不同的地方管辖，国家欲以一两个制定法调整如此复杂的民族关系是非常困难的。所以，要稳定广大苗疆地区，必须采取多层次的法律形式，既在国家制定法中纂入针对苗疆的条例、则例，作为比较稳定的法律规范，同时通过国家法认可部分苗疆习惯法的效力，使苗疆一些重要法律关系的调整纳入国家的法律体系中。对苗疆地区不断出现的新的法律问题则以比较灵活的“章程”的形式加以调整；而对小地域范围内的户籍管理、纳粮征税、社会治安等问题就由地方官府的“禁约”等法律形式来调整。这就在苗疆的法律调整上形成了有别于回疆、蒙古、藏区的多层次的立法样式，是清政府总结历代民

① 田汝成：《炎徼纪闻》卷四。

族统治和立法经验，对情况复杂、地域广阔的苗疆采取的灵活法律调整措施。

这种“因俗而治”的原则也体现在清廷对“熟苗”、“生苗”的法律适用与司法审判程序上。据《苗疆风俗考》记载：“边情以外者为生苗，边情以内者间与民村相错居住或佃耕民地，供赋当差，与内地人民无异者，则熟苗也。”清代熟苗已进步到与一般汉族相当的水平。清廷根据民族统治的需要，考虑到苗族各地发展的不同程度，因地制宜地进行司法管辖和适用不同的法律，将久与汉民杂居，语言、服饰与汉族大体相同的“熟苗”同汉人一样对待，适用《大清律例》的一般规定。“苗人中有剃发衣冠与民人无别者，犯罪到官，悉照民例治罪”，而对不懂汉语，不谙汉俗，由土司或苗寨寨长管束的“生苗”，则主要适用清朝法律的变通规定“苗例”和苗族习惯法。如“若苗与苗非聚众而自相杀伤偷盗，苗人愿照苗例完结者，免其相验解审”①。“一切（苗人）自相诉讼之事，俱照苗例完结，不治以官法”②。

生苗之间的争讼案件由土司或寨长审理完结，但不服审理要求上诉或直接在流官处诉讼的案件，则由流官审讯。如规定：“即令苗弁传送秉公审理。”③ 苗汉之间的争讼及在苗族地区居住的汉人之间的纠纷由流官审理，按照《大清律例》和有关章程规定处理。

在苗族聚居区准依“苗例”处理案件，是清朝民族法制建设的一个重要内容。尽管清代苗族地区有很多进步，但由于交通闭塞，经济落后，有些地区社会发展还很缓慢，尤其是清朝统治者对苗民推行的民族歧视、民族隔离政策，使许多苗族群众匿于深山之中，和内地交往甚少。加上语言障碍，苗民了解“官法”的人很少。而对于“苗例”，他们不仅熟悉，而且信服，依“苗例”处理苗人之间的诉讼纠纷，不仅比较有利于案件的顺利解决和苗疆的社会安定，而且也使苗民不至于因不懂“官法”、不通汉语而受官吏的过分勒索敲诈，使苗人“无狱讼之烦”。难怪清人将其自誉为“千古治苗之要法”、“因地制宜之善法”了。④

乾隆年间公开确认“苗例”，并收到较好的社会效果。这种做法也为其他民族地区提供了借鉴，成为清代颇具普遍意义的法律原则。例如，乾隆三年（1738）四月，“川省南称族番民谷禄、旺素克等交纳贡马银两，被郭罗克番民劫杀……大学士仍管

① 《清高宗实录》卷一三九。
② 《清高宗实录》卷二二。
③ 严如熤：《苗防备览》卷一三。
④ 参见中国第一历史档案馆：《朱批奏折》，民族，胶片编号71。

川陕总督查郎阿疏称：……番人性情，反复靡常，劫杀事所恒有。若照内地律例，绳之以法，不惟彼此怀仇，转相报复，且恐各生疑惧，致滋事端……应请嗣后有犯，番照夷例罚服完结。部议如所请。嗣后郭罗克番人与汉人争斗抢夺等事，俱照例科断。其番人与番人有命盗等案，俱照番例完结"①。乾隆十一年（1746）四月，大学士川陕总督公庆在筹酌管束川省三齐等36寨番民事宜中称："新附生番，未便骤绳以法，或犯命盗等事，暂照夷例归结，十年后照内地一体办进。"② 从这些记载来看，确认民族习惯法的效力是清代在民族地区法制建设的一项重要形式，而"苗例"的确认则具有开创性的意义。

确认民族习惯法的效力是清朝实行"抚绥"政策在法律上的体现，较好地解决了民族地区的特殊性与内地法律之间在某些方面不相适应的状况，适应了这些民族地区的实际情况。但是，这些习惯法毕竟是在特定历史阶段形成、在特定社会环境下发挥作用的社会规范，必然具有极大的局限性。即使在被确认之初，亦受到清朝官员的异议。乾隆六年（1741）十月，署贵州布政使陈荣就对此提出了不同意见。他说："词讼细事，可照苗例完结，至赔头钱之例，则万不可行，盖'杀人者死'之条，必应申明，不容宽赦也。"自古以来，杀人都属于重大的刑事案件，"杀人者死"是历代帝王推行的"王法"。现在清朝准许苗人杀死苗人可以赔银赔牛，违背这条"王法"，也难怪他们反对了。事实上，从乾隆元年（1736）确认"苗例"直至清亡，"苗例"虽然一直有效，清朝在运用上却是很慎重和灵活的，并随着清朝在这些地区统治的深入和苗族地区社会的发展而逐渐减少这些习惯法的运用，这也是符合历史发展趋势的。

清廷对苗疆各民族风俗习惯的态度，总的来说是比较明智的。清初，随着统治的稳固和深入，各任官员屡次奏请改革苗疆的风俗习惯和习惯法，但都没有得到朝廷的批准，因为这样做不符合"因俗而治"的总体方针。有些民族的风俗习惯被认为不合中原"礼教"，但并没有过多的干涉，一直到清末都采取比较宽容的措施，以达到"渐化其俗"的目的。

二、各族人民斗争的成果体现在法律中

从清朝治理苗疆的一般策略看，仍离不开"文治武功"并重的做法，其政策指向

① 《清高宗实录》卷六七。
② 《清高宗实录》卷二六四。

承袭历代封建统治者的传统，基本将苗族作为异类看待，即所谓“殊域别种”之属。康熙时期首任两湖巡抚的赵申乔，依前人治苗的经验及自己的心得，订立治苗十三条，作为后人治苗的指导。十三条的内容是：①开道化诱徐徐求效也；②贵政简刑清，而不宜多事也；③万不可无益之利，以翻新逞才也；④除弊不可过急，要渐次而化道也；⑤苗民性情多倏忽更变，居官者宜出言始终如一，不可一、二其令也；⑥凡审苗案以清白爽快速结为是，不可拖累，以滋煽惑也；⑦衙役不可乱差以滋扰害也；⑧行动夫马不可擅派土人供应也；⑨放告宜少收状纸，不可滥准词讼，以起撞骗忧也；⑩不可听衙役之话，以寄耳目也；⑪征粮不可假手吏胥，以致横派也；⑫不可容纳汉奸，以生是非也；⑬文武宜和衷共济，万不可争能以竞胜也。① 这是清朝管理苗疆地区的官吏的治苗体会，在当时的历史条件下，有其合理的成分。但总体上给人的感觉是冷冰冰的。把这种“冷冰冰”的态度和政策总结起来，按嘉庆年间湖南巡抚祖之望的说法是“理苗之道，不外剿抚两端，防边之策，务使兵民相间”②。

清朝为治理苗疆地区，使少数民族完全臣服，不断采取武力征服手段。从清初到咸同期间，清朝对苗族的清剿有很多次。剿是最后的手段，若苗有乱者，抚之不行，则出兵剿之。经雍正、乾隆、嘉庆时期的几次剿苗，苗疆不少地方出现“有十去其五六或八九者”的荒凉景象。如乾隆初平定苗疆，清军滥毙滥烧，毁除苗寨 1224 座，阵斩苗民 17600 多人。咸同年间苗民起义失败后，“贵州上下游废田不下数万顷，流亡可复者仅十之二三。……降苗所存户口较前不过十之三，其民则逃亡转徙，百里无烟……数百里中皆成荆棘，出示川境招抚流亡之后，乃渐有耕作者”③。又据佘贻泽先生研究，“咸丰同治之乱，作者由平定贵州《苗匪纪略》各奏折中统计被杀苗人数目除开奏中无数字，如‘杀贼无算’、‘斩获多人’、‘杀贼不可数计’外，单就陈报计算，已有 354000 人，而官方死提督三，道台五，知府七，总兵十三，其他参将、游击守备等更难以数计”④。

清代过激的清剿行动，滋长了汉苗之间的仇杀和猜忌心，同时，为强制贯彻中央统一法令，特别加强了对苗民的司法镇压，也引起了苗疆人民的强烈不满和大规模的反抗。鉴于这种情况，清朝统治者总结以往军事讨伐、法律实践的经验和教训，认识到苗疆与内地的巨大差异，根据其民族地方特点，及时地进行法律调整，既要尽量做

---

①④ 转引自佘贻泽：《清代民族问题》，原载《亚细亚》1936 年 8 月版，第 9—22 页。

② 《清史稿》卷五一五，《土司传·贵州》。

③ 《贵州通志稿本》第 36 册，转引自《苗族简史》，贵州民族出版社 1985 年版，第 16 页。

到国家法制的统一，又有兼顾民族习惯法在当地的实际作用，否则国家法律制定得再好，由于苗疆的政治、经济、文化发展水平达不到，也难以实施。

正因为如此，乾隆五年（1740）的《大清律例》卷三七“条例”才规定：“苗人与苗人自相争讼之事，俱照苗例归结，不必绳之以官法，以滋扰累。”《大清会典》卷五三也规定：“苗夷……自相争讼之事，照苗例断结，不必绳之以官法。”清朝在国家的重要法典，特别是国家基本法律《大清律例》中直接规定认可苗疆部分习惯法“苗例”在该地的效力，这是清代少数民族立法中绝无仅有的。那么，为什么只有苗族会有如此的法律待遇呢？因为苗族历史上就是具有斗争精神的民族，为反抗历代统治者的压迫，曾多次进行大规模的武装起义。仅清代就有乾隆、嘉庆年间湘西和黔西北地区反对兼并土地的起义，咸丰、同治年间黔东南等地爆发的张秀眉起义等等，斗争的结果一定会在国家民族立法上有所反映。说明历史上少数民族法律上的权利是在不断反抗统治者的斗争中取得的。

在湘南、黔东南苗、侗民族聚居区保存有很多的“抗粮碑”、“抗捐碑”，也有官府的“减粮碑”、“减役碑”。这说明土司官府税役过重、征粮不善，有的土官应纳钱粮不过300余两，却“取于下者百倍”①。官军、官员过境所需夫役，由土司向所属苗民征派，用于运粮、抬轿。遇有战事，土司则征调苗众服兵役以做前驱。生活在土司制度下的广大苗族人民，遭受沉重的经济压榨，就会引发苗疆各民族的反抗，造成动乱，一旦引起朝廷的重视，朝廷便责令地方官府减粮减役。如贵州贵定县仰望地区苗族生产的茶叶是我国的名茶之一，唐朝指定为向朝廷进贡的珍品，清朝亦指定作为“贡品”。到乾隆后期“贡茶”征收日重，已超过了实际产量，茶民不堪其苦，联合起来抗贡，官府不得不于乾隆五十五年（1790）下令免征。② 贵定地处交通要冲，平时所需马匹都向苗民征募，土司官府乘机滥派，习以为常，苗族人民经过几年的合法斗争，才迫使官府于乾隆五十七年（1792）明令免除额外苛派。③

贵州省松桃县城关西门苗院子，现遗有一块残缺不全的“苗民杨老晚卖地碑”，石碑为素面一字碑，高1.12米，宽0.68米，厚0.8米，碑文如下：

立卖山杨田契苗人杨老晚，因雍正十年，苗疆奠定，将蚁苗祖地出卖，建立松桃城垣。于雍正十三年，城工衙署兵房完竣，官兵移驻弹压，因操坐

① 《圣武记·雍正西南夷改流记》。

② 贵定县仰望寨“抗贡碑”，乾隆五十五年四月立。

③ 贵定县关口寨、牛屎寨“抗夫碑”，乾隆五十七年七月二十八日立。

马匹未有放牧之地，于乾隆元年内，蒙清军护协府崔将公用会勘，将蚁苗祖管水源头、两岔溪、争唆洞、小河一带以作营中马场。原系领□□□出卖建造城基地内①。乾隆四年，蚁苗误听楚民毛纯臣、川民勾天德哄诱，盗卖与二姓为业，重受价银七十六两，后被两营查出，告经□□□公同会勘。踩得毛、勾二姓垦种地土，实在牧场中心，当堂审断，令蚁民退还原价，饬令二□□移，勿得混占滋扰。奈蚁苗贫苦，当日得银入手，俱已用费无存，家中无牛马可以变卖，原受毛、勾价值，实难出备，以至延迟二载。于乾隆七年，蒙清军都督宋、温念蚁苗苦，两营各位老爷公（共）同捐银一百零两，除给毛、勾二姓七十六两外，余剩二十六两给蚁苗，照俗卖后加找之钱，当堂亲身领讫。出具遂依契结，附卷存案。所有营中马场四至老界照旧管理，今将退价向毛、勾赎回。界内之水源头、两岔溪，争唆洞三处开垦已成之田，□□书立卖契与松桃两营管理，此番领银写立卖契之后，永远听凭管理，不敢乱言，自取罪累。空口无凭，特立手印卖契一纸与营中，千古为照。

左右营红白队兵人等同建立

□□□□六月初一立卖契人杨老晚

这份契约的来由可追溯到康熙末年，一次清军窜入老松桃（距今松桃县城6公里）一带苗寨，苗民奋起抗击，结果80人惨遭杀害、房屋烧尽，仅杨老晚一人逃脱。十年以后杨老晚到县衙门告状，为全寨惨死的苗民申冤。在杨老晚的斗争和群众的压力下，政府不得不承认事实，将原属苗院子的山林土地全部归还杨老晚。雍正八年（1730）松桃城移建，强占杨的城内土地方圆2公里多，官府又以牧放军马为名，以少量的价银占用了郊外近3公里的“八城八岭”，即以后的“马场”。对此事《松桃厅志》卷二六亦有记载：“马厂（场）者，……爰动帑工具，购其（杨老晚）以建完成。而城这隙场举给帑焉。……乾隆四年，……杨老晚和售之。苗贫甚，佯不知其祖之地已领帑价而利重典可博多金也……”厅志记载与碑文相合，但立场不同说法各异，厅志把清军低价估买实际是强占这一重要事实隐瞒。事实上雍正初年全部土地还给杨老晚后，官方即使付给了他马场之地地价，但杨的整个山林地已被占了2/3。杨虽对此不服，但又不敢反抗。遂于乾隆四年（1739）暗中将马场中的部分地卖给别人，官府知道后，强令杨老晚退回卖价，并要驱逐毛、勾两户农民。在杨揭露官府强

① □处即碑文不清。

占苗家土地的行径后，官府不得不付给毛、勾两家的买地款，以微薄的26两银子作为马场大片土地的价款，并强迫杨老晚在城中武庙门前立下了“卖地碑”①。

各族人民在斗争中也学会了用法律来保护自己，如同治年间贵州巡抚赵碧光发布的“免夫役”告示，就是因嘉庆、道光年间，政府对贵州边远山区的少数民族剥削过重，特别是地方的土司、绅团肆意鱼肉乡民，派夫索粮，奸淫妇女。因此，咸同年间张秀眉、李洪基、姜映芳发起苗、侗人民起义，起义历时二十年，声势浩大，“千里苗疆，莫不响应”。虽然失败了，却严重打击了清朝政府在苗疆的统治。同治十三年(1874)，赵碧光为苗疆做长治久安之计，向人民让步，发布此告示，但厅官、土司仍变本加厉地剥削各族人民，群众苦不堪言。光绪二十年（1894），黔东南剑河县翁座村群众将告示勒石刻碑，以示反抗，并以此来警戒鱼肉百姓的官绅。现存由各族人民所立的官府告示碑刻还有不少，这样的告示中一般都有照顾人民利益的内容，体现了人民依法斗争的愿望。

三、清朝的法律调整符合苗疆地区的社会发展与进步

在行政管辖与制度建设方面，以“贵州苗疆”为例，该地域包括今台江、剑河、榕江、丹寨等县周围2000余里的地方，历来被视为“化外之地”，是苗民的主要聚居区之一。自古以来由于这一地区十分偏僻，交通梗阻，沿袭传统的生产和生活方式。不仅中央政府只能对其采取羁縻政策，就是大小土司亦不能予以完全的管束，土司和流官只要能得到居住在这里的苗民“归附”就知足了，根本不能建立有效的统治。“贵州苗疆”的社会结构十分松散，没有建立统一的强有力的地方政权组织。苗民各族结寨而居，各寨互不统属，社会权力掌握在寨长和头人手中，由他们自主地按本民族传统和风俗习惯处理本寨事务。如前节所述，清朝雍正年间对“贵州苗疆”用兵六年，设立了六厅，即八寨厅、古州厅、清江厅、都江厅、台拱厅和丹寨厅，分属黎平、镇远、都匀三府，确立了对“贵州苗疆”的直接统治。实施改土归流的目的，鄂尔泰认为是：“为剪除夷官，清查田土，以增租赋，以靖地方。”② 实际上，就是要在物质条件许可的地方，以封建王朝直接派遣的流官，取代世袭的土司。并仿照内地汉

① 本资料引自松桃苗族自治县委员会文史资料研究委员会编：“旅游文史专辑”《松桃风情》(松桃文史资料第十辑)，第81—83页。

② 鄂尔泰：《改土归流疏》，见《经世文编》第八十六卷。

族地区的基层建制，在经济上增加剥削收入的同时，又从政治上巩固清朝在西南少数民族地区的统治。通过雍正朝的努力，清朝不仅在“贵州苗疆”确立了流官统治的政治制度，而且也确立了国家统治的法律制度。

改土归流以后，清廷在苗疆仍保留土司，但此时的土司已完全不同于明朝。“自张经略（张广泗）开辟以来，渐次裁抑，所存者不过如保长、寨长仅供驱使，小有剥削而已。”清朝在苗疆保留土司的目的，仍然是为了控制和防范苗民，以收到“以蛮制蛮”之效。清朝还通过立法，对土司“惟时加以约束，不得擅受擅理而已”①。

在民人与苗人的关系调整方面，清朝法律只是防止民苗联合、危害其统治的行为，对正常的贸易、往来、婚姻并不一概禁止。如汉人与苗人的通婚，在康熙、雍正年间发布过禁止苗汉通婚的法令，但禁止不了。乾隆年间转而鼓励苗汉通婚，欲达到“以汉化苗”② 的效果。到乾隆二十五年（1760）因害怕苗汉的联合，又立禁止苗汉通婚之例。乾隆二十九年（1764），经吏部尚书陈宏谋条奏，从体察民情、因势利导方面考虑，订立了民苗结亲之例。薛允升认为：此例专言湖南而未及别省，原因是各省都督没有条奏。为划一办理，修例时应通行有苗各省。③

在法律文化方面，历史上苗疆民族没有本民族通行的文字，也不可能形成统一适用的系统的法典，清以前与汉民族和其他民族的交往也很少，维持这一地区社会秩序的法律规范只是世代口耳相传的不成文的习惯法。清朝，随着国家统治的深入和民族间往来的增多，内地文化不断流入这一地区。苗疆地区不仅有各级官府发布各种形式的法令碑刻，也有以汉字记载的“乡规民约”碑，减赋、减粮碑和抗赋、抗粮碑；在贵州清水江流域的锦屏、天柱等林业县，由于清代宫廷对木材的征派和木材买卖的兴起，与内地的文化交往更加频繁。该地的山林买卖、租佃等契约不仅用汉字，而且依照内地的契约格式。现存这类契约文书的数量非常之多。④ 这都说明苗疆地区已从不成文习惯法阶段向成文的民间习惯法与国家制定法并存的阶段过渡。⑤

此外，清朝还废止了明朝年间非常不合理的带有民族歧视性的法律条文。以上这

---

① 《古州厅志·田赋志》。

② 《清高宗实录》卷六〇七。

③ 薛允升：《读例存疑》卷三〇。

④ “清水江文书”据估计在民间保留约40余万份，以黔东南锦屏县存量最大，所以人们也把它叫做“锦屏文书”。目前该县收集约10万余份，装裱3万多份。清水江沿岸其他县民间也有不少留存。2011年中山大学、贵州大学、凯里学院共同获得国家社会科学重大招标课题“清水江文书整理与研究”，对该文书的收集整理与研究工作正在深入展开，从事这项研究的学者越来越多。

⑤ 徐晓光：《清政府对苗疆的法律调整及其历史意义》，载《清史研究》2002年第3期。

些政治统治和法律调整措施都在一定程度上推动了苗疆社会的进步和文化的发展。但清朝对苗疆的法律调整也体现了阶级压迫和民族压迫的本质特征，这是由统治阶级法的本质决定的。从政府制定的法令、条例，皇帝的谕旨，地方官员的奏折看，无不体现对落后民族的歧视。清廷的流官在处理苗汉之间的纠纷时，往往“多汉胜而苗败”，造成法律适用上的不平等，更引起苗民的不满。另外，政府对苗疆法律调整中也体现出清朝法律体系本身的缺点。从所定的苗疆条例来看，往往一事一例，既不系统又容易发生矛盾。条例对各民族的称呼杂乱不堪，有的称“苗蛮黎僮”，有的称“苗彝”，有的称“云南贵州苗人”或“苗倮蛮户”等，这些称呼不仅带有民族歧视的色彩，适用起来也十分不便。在地方官府的一些“禁约”中，更能体现封建社会法律的阶级镇压本性。如康熙四十二年（1703）湖广提督俞益谟制定的“晓谕苗人告示”就声称如果苗人再反抗，即“将尔等寨党尽诛，子女尽缚，庐舍尽毁，牲畜尽戮，必不使尔苗寨之上一人逃死，脱有漏网。必将尔耕种田禾尽行芟刈，在仓粮粟尽行烧毁。或数日一临，或一月而再至、三至，总教尔立脚不牢，安身不住，扼喉绝吭而后已……”这种强横的告示还得到了康熙的支持，他说：“若辈不如此示以厉害，则地方百姓何能安居。”①

① 《清圣祖实录》卷二一三。

MIAOZU CHUANTONG XIGUANFA GUIFAN

第六章

苗族传统习惯法规范

苗族习惯法是苗族社会从古至今在实际生活中人们习惯使用的成例，它是积年而成、相沿已久，人们耳熟能详，并实际起作用的法律规范。在长期的历史发展过程中，苗族逐渐形成了大量的、丰富的、具有本民族特色的规范社会生活秩序的习惯法规范。从清朝开始，这些习惯法渐渐丰富。从表现形式上看，既有清朝以后以汉字记载的榔规、族规、案例，也有在无文字状态下形成的“埋岩”（无字碑）、议榔词、理词传统的法律符号，以及口耳相传唱词、古歌、谚语等资源。苗族习惯法是苗族社会上层建筑的重要组成部分，在历史上为维护苗族社会的稳定发挥了重要作用。以此为基础，人们形成了较为固定的社会行为范式，在村寨社会的生产和生活中有着深厚的社会基础。

第一节 刑事法律规范

为维护正常的社会秩序、保障民族成员的生命财产安全和生产、生活的顺利进行，苗族的刑事习惯法规定对杀人、伤害、偷盗、损坏财产、通奸、强奸等行为进行各种处罚。

一、对故意杀人的处罚

苗族对于故意杀人者处以活埋,① 凡杀人案件，被害人的亲属可复仇，处死凶手甚至直系亲属，并掳掠其全部财产赔偿死者损失。从江县孔明山地区苗族习惯法规定，杀人则血还血，头还头。能秋地区栽岩约规规定不准杀人……杀人的要捆绑活埋。松桃地区苗族对故意杀人的“即当严惩以偿命”。② 可见，苗族习惯法对故意杀人行为处罚十分严厉，处罚手段也十分野蛮，并允许血族复仇和株连。

但是，过失杀人（无意杀人）的，一般是赔偿命价或负担安葬费了事，如在行猎

① 贵州省编辑组编：《苗族社会历史调查》（三），贵州民族出版社 1987 年版，第 25 页。

② 松桃苗族自治县民族事务委员会编：《松桃苗族自治县民族志》，贵州民族出版社 1990 年版，第 14 页。

中因枪支走火误致他人死亡，经调查了解，确是误杀，射手要负责安葬等一切费用；有的还另加罚款。

二、对斗殴、伤害的处罚

对社会上发生的斗殴、伤害行为，苗族习惯法规定：如果无故殴打他人，造成伤害的，由伤害他人者请酒赔礼，负担医药费用；情节严重的，要罚 10 斤酒和 1 只羊做“羊酒服理”，斗殴双方均对事件起因有责任或无正当理由的，“羊酒服理”的费用由双方分担。

三、对偷盗的处罚

苗族习惯法严禁偷盗，对偷盗行为做了比较严厉的处罚，并规定了一套防盗、擒盗、惩治盗窃的原则，这从以下几个方面可以看出：

（一）明文禁盗

广西大苗山有专门禁止盗窃的习惯法“禁盗岩”，主要内容规定：①不得偷挖乱撬别人田水；②不得偷别人的田鲤；③不得盗别人猪牛；④不得挖别人寨树、风景树、破坏公共古老森林和盗伐鼓社林木；⑤不得挖别人禾仓，盗禾把；⑥不得偷别人瓜果、蔬菜、辣椒、棉花、蓝靛等；⑦不得偷别人柴草；⑧不得偷别人香菇；⑨不得偷别人装夹、装套等所捕获的鼠、禽、畜、鱼等。如有违者，轻者除批评退赃外，还罚一两斤酒做“请酒服理”，情节严重（屡犯不改）者，还将当众宣布将盗犯开除出家族，听凭失主处理，对窝盗和不揭发者同样要处罚。

惠水县摆金上摆放牛坪上，至今直立着一块石刻“民约”碑，这是清代光绪以前的碑刻，古民约共 12 条，内容是：①纳粮缴税；②孝顺父母；③编甲连坐；④齐心御盗；⑤护卫牛马；⑥严禁抢婚；⑦勿生口角；⑧力禁赌博；⑨节制饮酒；⑩重罚偷盗；⑪保护庄稼；⑫惩治邪恶。其中关于偷盗的规定就占了两条，即第 4 条“齐心御盗”和第 10 条“重罚偷盗”。1939 年，上海大夏大学社会历史研究部在摆金也发现了古民约，其中的第四、五、十条对有关盗窃行为及其与偷盗相关问题做了规定。①

（二）对偷盗行为依其轻重处以不同的刑罚

1. 名誉刑

贵州省榕江县的苗族，捉到偷鱼者，罚母猪一头，意思是使他以后没有猪崽饲养。不仅如此，更重要的是把猪头拿给偷鱼者，意思是让他的脸面扫地，偷鸡、鸭、衣物者，所罚与此相同。

2. 罚款

贵州从江县孔明山区苗族习惯法对盗窃则规定：偷粮食或进入别人家中偷东西的，罚银子8两8钱；偷柴、菜的，视情节轻重，罚银子3两3钱、7两7钱或8两8钱。

3. 赔物、罚物

赔物、罚物指除罚款外，还赔还实物，罚实物。如从江县苗族习惯法，对偷铜鼓、鹅，除退还原物外，还要罚牛3头。对偷盗粮食者，罚肉77斤。有的罚串串肉，人多的寨子，每户可得1—2两。

4. 死刑

死刑主要有活埋、溺水等。如从江孔明一带苗族习惯法对惯窃犯要处以活埋。贵州雷山西江苗族对盗窃行为处刑也十分严厉。该镇控拜村附近就流传着这样一个典故：有个叫“仰谢”的姑娘，爱偷东西，屡教不改，最后被溺死于溪流的一个深潭中，这深潭也因此叫“仰谢干进”（苗音）。这个典故在控拜村一带苗族老幼皆知，其教育意义十分深刻。从以上可以看出，苗族对盗窃特别是惯窃行为处罚是非常严厉的，最高刑运用了死刑，且处刑手段也十分残忍，采用了活埋、溺水等方法。

（三）关于偷盗对象的规定，各地不同

贵州贵定县的苗族，在山林里砍他人的生树桩，是偷窃行为，要罚款。但是砍他人干枯了的树桩，不算偷窃，不会受到惩罚。

---

① 何积全、刘之谦、张晓：《惠水县摆金区苗族村寨今昔乡规民约状况调查》，载贵州民族研究学会、贵州民族研究所编《贵州民族调查》（四），1986年8月。具体内容详见本书第八章。

（四）对小偷小摸行为着重教育

各地苗族对小偷小摸主要靠社会舆论来制止。有的地方，对初犯者除令其赔还原物外，还进行教育、训斥，甚至告诫家长、家属，对再犯、屡犯者才惩罚。有的地方严厉些，对初犯者轻罚，再犯者重罚。偷窃情节不同，惩罚的轻重也不一样，如偷瓜果蔬菜与偷牛盗马在惩罚上就不相同。贵州省从江县苗族，对偷菜蔬、柴火、田里鱼，初犯、再犯者，只给予警告；第三次犯，就处以罚款。贵州省榕江县的苗族，对偷牛盗马、开仓偷物谷者，初犯就罚款。苗族习惯法规定：夜晚行窃罚款比白天行窃的罚款重一倍。松桃县苗族习惯法规定：偷盗财物、庄稼、果实之类，视其盗取的财物多少、情节轻重，按照规约分别予以批评教育，或退还赃物，或罚款等恰如其分的处理。①

（五）以传统形式订立惩治盗窃的办法

如从江县能秋地区苗寨1985年古历八月初八举行的纪念栽岩②活动中重申规约：从今以后，各个村寨不准偷盗……出现开仓砸门或偷牛盗马的要罚牛一头（牛的胸围要有12个拳头大），损失的东西还要他按价赔偿；偷鸡摸狗的要罚肉33斤；偷别人的瓜果、蔬菜、棉花、蓝靛的，罚白银4两。③

四、对强奸的处罚

对于强奸这种严重侵犯妇女人身权利的行为，苗族习惯法也予以惩处。在苗族地区，如外寨男子强奸了本寨妇女，则按照习惯法通知其父母进行讲理，由双方寨头共同解决。强奸者不仅要受责，还受“羊酒服理”的处罚。本寨男子强奸外寨妇女，处罚相同。未婚男子强奸已婚妇女，如被捉获，对强奸者处以“裸体杖”，并罚“请酒服理”。④融水苗族“实盛埋岩”也有处死规定：强奸妇女者活埋示众。

---

① 松桃苗族自治县民族事务委员会编：《松桃苗族自治县民族志》，贵州民族出版社1990年版，第14页。

② “栽岩”是立一块无字的石头，黔东南月亮山地区苗族栽岩与“议榔”活动同时进行，所以此地议榔也叫栽岩，栽岩立誓表示永远遵守“议榔规约”，绝不违反。但雷公山一带的苗族只议榔不栽岩。

③④ 贵州省编辑组编：《苗族社会历史调查》（三），贵州民族出版社1987年版，第25页。

五、对通奸的处罚

苗族对已婚男子与妇女通奸的，分别情节，按习惯法或公开批评，或罚以“羊酒服理”，所罚费用由双方分担。有的地区还要求通奸的男子赔偿通奸者的丈夫几十两银子。已婚男女通奸，被亲夫或族人捉获后，分别情节，或处罚或男女均受“裸体杖”的处罚，并罚“请酒服理”，请酒服理所杀的牛、羊、猪，均由男方负担。未婚男子与已婚妇女通奸者，如为亲夫捉获，处罚与已婚男子相同，即受“裸体杖”。从江能秋苗寨栽岩立法曾规定：破坏他人婚姻的，罚白银100两。

六、对破坏生产的处罚

（一）对“活路头”先行播种、插秧的破坏

苗族有领导农业生产的“活路头”，领导整个鼓社的经济与生活。“活路头”要对每天的生产做出安排，自己还要第一个上工，并出色地完成自己的劳动任务。他还要负责保证全社食用粮，增加牲畜头数。需要迁徙时，也首先由“活路头”寻找新的住处后再举族而迁。有的苗族地区，大寨子才有“活路头”，小寨的农事活动要听从附近大寨“活路头”的领导，不能违反。每年的播种、插秧季节，由“活路头”先行播种、插秧，然后其他人才能陆续跟上。播种后，禁止吹芦笙、烧砖瓦、烧死人骸骨等，由“活路头”监督，违反者要被惩罚，目的是集中精力投入农业生产劳动。按照传统的农业习惯，没有活路头“起活路”和“开秧门”，任何人都不得提前浸种和插秧，违者罚酒给全寨人吃。谁抢在“活路头”之前播种、插秧，除承认错误外，还要罚鸡1只，30㪷（苗族水稻计量单位）的粑粑，1㪷禾的酒，送给“活路头”和告发者吃喝。若不承认错误，要重罚1头牛，或折成钱66毫用来买猪，宰杀后分给本寨群众吃。违反规定吹芦笙等禁忌者，惩罚与此相同。

（二）家禽家畜糟踏庄稼的处罚

贵州省雷山县丹江镇虎羊村《议榔榔规》规定：放牛或其他牲畜吃他人庄稼或故意破坏生产，糟踏他人庄稼的，从重处以罚款。贵定县的苗族规定家禽家畜糟踏庄稼

的，糟踏一株秧，除赔偿半斤谷外，有的村寨还规定罚款。如鸭子糟踏庄稼，每只罚款6元。

（三）破坏农田水利的处罚

从江县孔明山地区苗族习惯法规定：乱挖别人的田坎地区，私自阻断别人的田水，乱砍别人田边地头的休息处挂衣服、饭食的树丫，乱砍杉木等罚银8两8钱。

广西融水县一带的苗族习惯法规定：偷挖别人田水、撬别人排水口，罚银1两至2两。贵定县的苗族则规定：偷开他人田水者罚款16元，其中讲理费10元，造成严重损失者罚款24元。有的村寨则规定：偷他人田水、水沟水，损坏水池、水管者，罚款70元，其中报口（检举）费50元；外寨人违反者，罚款24元，其中报口费12元。

（四）破坏森林资源的处罚

乱砍杉木和放火烧山的，按从江县孔明山一带苗族习惯法规定罚88斤肉。贵州省榕江县苗族规定，偷砍1株杉木，罚大洋13元。贵州台江苗族规定，砍去1株小杉树尖，罚银3两3；偷砍木柴1担，罚银3两3。贵州省贵定县苗族近年重新规定，偷砍2株树，罚款人民币26元，其中报口（检举）费12元。还另有一种计算方法，如偷砍他人自留山上的树，以该株树的树脚直径计算，每寸罚款5元、12元、20元，另加报口费若干。各寨规定不一。

对不慎引起烧山林的行为，即失火犯，苗族习惯法也有处罚，大多是处以罚款。贵定县的苗族不以面积计算，每起事件罚款300元，其中报口费100元。雷山县丹江镇《议榔榔规》规定：失火烧山的，首先勒令失火者交出黄牛一头给全村人扫火星，[①] 并责令失火者赔偿火灾损失，任何人擅自进入育林乱砍柴、割草、烧炭、砍砧板、砍粑槽、砍猪槽都要从重处罚。

---

① 村寨的防火也是习惯法明确规定的内容。苗族房屋多是木瓦结构，所有财产一般都放在家里，所以防火是每个村寨和家庭的头等大事。“扫寨”是以村寨为单位举行以防火为目的的活动。活动采用洗寨、灭火星、杀牲祭祀等一系列宗教仪式，向人们宣传防火的意义以及制定防火公约，督促每个人做好防火安全，并明确规定惩罚条款。其实就是利用传统的“议榔”形式进行防火安全方面的宣传和管理。近年来扫寨活动在苗族地区经常进行，在农村防火安全方面起了积极有效的作用。

七、对抢劫的处罚

对抢劫者按习惯法处以吊打，情节严重或屡犯不改者处死，如贵州雷山苗族，对抢劫五六次仍违反者，处死。死刑有投水、打死、吊死、砸死、烧死等方式。黔东南地区习惯法规定，轻则处以高价罚款，根据当事人的经济能力而定。若因抢劫而伤害本村人或有其他严重情节的一律处死。新中国成立前，雷山县西江有一人外出抢劫伤害本地人和抢劫本地人的财产，教育五六次后仍不悔改而被处死。但外出抢劫不伤害本地人生命，不抢劫本地人财产者不受任何处罚。70年前，雷山县西江侯仲仁外出抢劫，但从不抢劫本地人财产和伤害西江人，没有受到议榔规约的制裁。①

八、对拐骗人妻的处罚

为维护婚姻家庭的稳定，苗族习惯法对拐人老婆的处罚是很重的。如果某男拐走别人的老婆，在处罚之前，通常是失去老婆的人与全寨人去找拐他老婆的男人家，杀猪吃粮，几天几夜，等到他家的肉粮吃光之后，方来讲按习惯法罚款之事。如从江县摆勒寨上一个男人把已与加泥寨子的人订了婚的姑娘拐去，加泥寨子的人便到摆勒寨子那男人家去，把他家的猪杀了，肉粮吃得一干二净，然后罚了100两银子了结此事。而都柳江一带苗族习惯法规定：强占别人妻女的，罚银24两，外加挑肉提酒登门认罪。从江县孔明地区苗族习惯法中的罚款条约中规定：拐别人老婆的，罚160东毫（辛亥革命时广东政府铸造）、猪1头；能秋地区栽岩立法规定：玩弄他人妻女而且拐走的，罚肉50斤。

九、对放火的处罚

对纵火烧房这种严重危害公共安全者，苗族习惯法规定，一是处死，即把放火者当场抛入大火中烧死；二是罚款，如从江县能秋地区栽岩立法规定：各村寨不准放火……放火烧房屋的，罚白银50两（用来买牛杀，做成“串串肉”分送各寨）。

对于失火犯，处罚则有较大区别，大多是赔礼道歉或罚少量款了事。

① 韦启光：《雷山县西江苗寨调查报告》，载《贵州民族调查》（之二）。

十、对窝藏匪盗、窝赃的处罚

对窝藏匪盗、窝赃，贵州惠水县摆金苗族习惯法规定：强盗作奸犯科，害人利己。倘肆行不法及窝藏匪类者，相邻九家负责送官惩究。如隐瞒一经查出，则要承担连坐之罪。对窝藏盗窃者或窝赃则规定：如有赃贼两全及其窝家，传齐东西，按照各团章程处罚。

都柳江一带苗族“埋岩立法”规定：窝藏匪盗者，除赔偿损失外，开除族籍，驱逐出寨。

十一、对诬陷的处罚

民风纯朴的苗族村寨社会，人们将名誉看得非常重，（向寨老）诬告他人者要打酒、放鞭炮给被诬告者“洗清名誉”。诬陷他人造成损害后果的，除赔偿损失外，还必须向寨老及受损者赔礼道歉，并接受寨老的训诫；若没有造成后果，则只需打酒，由老年人与寨老边喝边听行为者唱“悔过歌”。捏造事实侮辱他人，除受寨老组织的训诫外，必须给受害者“粘花挂红”、放鞭炮赔礼。对诬陷者，在是非辨明后，罚以“请酒服理”。从江苗族习惯法规定陷害他人者罚银8两8钱。

十二、对诽谤、侮辱的处罚

苗族对出口伤人，比如说人家“有蛊”等，而受害人不服时，习惯法规定是请寨头调解，并由输方打酒赔礼。从江县孔明地区苗族习惯法规定：醉酒骂人的，罚一只3.3斤的公鸭子。

十三、对投敌叛变的处罚

苗族习惯法对投敌叛变，里应外合，充当奸细，通风报信，“引狼入室”的，判处活埋。活埋前，由犯者亲属挖坑，活埋时由犯者亲属填土。从江能秋栽岩立法中就有“勾外扰内的，捆绑活埋他”的规定。

十四、对不孝顺父母的处罚

苗族人崇拜祖先，尊重老人，讲究孝道，苗族对不孝顺父母、虐待父母情节严重的，将由家族吊打。黔西南苗族还有这样的习惯规定：老人过世以后，在守灵的当晚，儿子、儿媳要面对亲戚房族陈述自己如何对待老人的行为，那些不尽孝道的年轻人会在这时候遭到众人谴责而威信扫地。①

十五、对虐待妻子的处罚

苗族习惯法对虐待妻子、经常殴打妻子情节严重的，妻家将率众到夫家杀猪，并将粮食吃个一干二净，捉获其夫处以吊打，以示惩戒。

十六、对拒不执行寨老裁决的处罚

传统习惯法是不能违反的，违反者必罚。从江苗族对违反习惯法的人一般都由寨老通过凿岩会议确定处罚结果。对寨老主持下凿岩会议所做出的裁决，当事人若拒不执行的，群众会一齐登门，把他家的猪、牛等家畜通通拉去寨中杀了吃光。更严重的还有可能把他的房子也拆掉，开除其“寨籍”。可见，为维护“凿岩会议”裁决的权威，苗族习惯法对违犯者处罚是很重的。

但是，对“凿岩会议”的“判决”也有变通执行的情况，主要是一些虽违反法规，但情节较轻的，采用另外一种方式来处理，即由寨老与双方协商处理。这种情况，当事人双方互不见面，由寨老传达意见。如被罚者按规定要罚 50 斤肉，如果真的家里穷，确实罚不起，请求少罚，罚 5 斤。对方想想，他家确实穷得很，算了，就罚 5 斤吧，这就算达成协议，罚 5 斤肉便了事。如协商来协商去，硬坚持要罚 50 斤肉，那还要罚 50 斤肉，这种情况主要在亲属之间出现。

① 转引自何积全主编：《苗族文化研究》，贵州人民出版社 1999 年版，第 293 页。

十七、对关于拐骗人口的处罚

按苗族习惯法规定，查出拐骗者后，受害人家邀聚全寨的人，到拐骗者家，把猪、牛、鸡、鸭、粮食全部吃光，再重罚，甚至毁其财产。这种习惯仍然保留至今，在拐卖人口案中常发生此类事情。

十八、刑罚的执行与程序

关于刑罚种类及其行刑方法，苗族习惯法也有具体规定。

（一）刑罚与刑种

苗族习惯法中，不仅对犯罪有规定，而且对各类犯罪专门规定了刑罚，视罪行轻重而有不同的“法定刑”，刑种主要有生命刑（即死刑有活埋、木棒打死、投河、烧死、坠崖、吃钢针和“五牛分尸”等）；财产刑（罚款、罚物、罚牲、没收财产）；资格刑（开除寨籍、族籍）；等等。

（二）死刑的执行

关于行刑方式，一般由被判处死刑人的父兄、房族、亲属执行，因为由别人执行，怕以后遭报复。苗族地区也设有专门的刑场。例如，贵州黎平县已得苗寨的“已得刑场”。① 已得苗寨，现地属平寨乡，历来就是苗族同胞聚居的大村寨，以姜姓为主，少数胡姓。已得对危害村寨秩序、作奸犯科之徒，按照老一辈留下的规矩有房归房，无房归族，由本房或本族人来自行决定。当时处理一个人，没有什么法律准绳，只凭族人的意志为转移。最高的处分，莫过于死刑。被处死刑的人，也无须开什么群众集会或公判大会，只需本房或本族的长老把被判处死的罪魁祸首找来，历数他的罪行，嘱咐他勇敢地死去，来世做个好人，请两位旁族人将他送至翁坐（地名）面崖而跪，从后面飞起一脚，踢下数十丈的悬崖，就算行刑完毕。

---

① 参见《黎平县文史资料》（六）。

“已得刑场”位于已得北面通乌潮寨桥头，桥下是数十丈高、乱石嶙峋的瀑布群，刑场下的石壁犹如刀削，望而胆寒。被带到刑场行刑的人不多，历史上最后一次是在20世纪30年代末期，被执行死刑的人名叫姜乔四，地方上称他为姜老虫。姜乔四生得五大三粗，臂力过人。毛病是好吃懒做，随身携带一把长柄大砍刀，磨得飞快，想吃谁家的鸡鸭，就明目张胆地去笼内捉，假若谁敢开门窗瞧，就随手给门枋或窗枋一刀，谁敢声张就给他划一刀做纪念，所以人们只要听见自己的鸡鸭叫，都只能龟缩在屋子里喊：“老虫，你想吃就拿去吧，莫要吓唬人!”由于他作恶多端，经全寨房族寨老决定将他处死。姜乔四在行刑前叹道：“可惜今年的新米饭吃不上了，你们给我一线稻谷吧!”押解他的人随手摘了一线稻穗送入他的口中，他一边细细咀嚼，一边向死亡线走去。

十九、刑事习惯法中的“神判”

苗族习惯法除在实体上规定了应该处罚的各种行为外，还对刑事案件的程序有专门规定，但大多数是神明裁判的内容。对疑难案件当事人各执一端，是非难辨时，在程序上则诉诸神判方式“断鸡头”、“烧汤捞斧”解决。松桃县的苗族惯用迷信鬼神的威力，叫众人喝血酒、摸油锅，以做儆戒，这是一种攻心办法，过去苗族人民畏之胜于法规，故行之有效。①

（一）断鸡头

断鸡头一般用于解决扯不清楚的中小型纠纷。比如甲说乙偷甲的东西，乙说没有偷；或甲说乙与甲妻私通，乙否认；等等。当甲乙双方把这些事诉之“寨老”、“理老”，但无任何人证物证，只好用“断鸡头”解决。矛盾的双方出钱买来一只大公鸡，放于场地上，“理老”立于一旁，口里念“断鸡头词”，纠纷的双方站于公鸡的左右侧，“理老”把理词念完，便手执利刃，一刀斩断鸡头，无头之鸡窜向或倒向谁，站在那一边的人便算是输理。输理者除给“理老”付主持费外，还必须向另一方认输，赔偿损失。当然，这其中也有谬悖，但已经过双方同意，输的一方即使冤枉也自认倒霉。现在砍鸡头的神判方法在一些苗族地方还有遗存。

---

① 松桃苗族自治县民族事务委员会编：《松桃苗族自治县民族志》，贵州民族出版社1990年版，第15页。

（二）烧汤捞斧

烧汤捞斧苗语叫 pid taib（音译为批胎），是解决比较大的纠纷的习惯法。比如寨与寨之间争山林、户与户之间争地界，乃至一些杀人放火但悬而未决的案件，当解决不了的时候就用“烧汤捞斧”的办法。

烧汤是用一口铁锅和一把斧子，铁锅是特制的，直径约 50 厘米，较一般煮饭的铁锅深，斧子也是特制的，较一般斧头小，还装上约 20 厘米的短木柄。烧汤时，在一大场坝中架上三角灶，将锅安于灶上，锅内放入牛油 3 斤 3 两 3 钱 3 分，小米 3 升 3 碗，蜂蜡 3 斤 3 两 3 钱 3 分，混合一起，然后用柴火将油蜡烧沸，把斧子放入锅的正中。在锅灶一侧放一张桌子，脚下系公鸡一只，把几张白纸剪成三重置于桌上，桌上放一升米，点三炷香。“理老”或巫师撑一把伞，站在桌前念“烧汤理词”。烧汤捞斧一般是以原告为烧方，被告为捞方。此时烧、捞两方人分别站在锅的两旁。当烧汤理词念毕，“理老”一声令下，叫准备捞斧。捞方的人便七手八脚把柴火退出灶孔，而烧方人则争着将退出的柴火又放入灶孔中去，使火烧得更旺。捞斧者在双方争夺柴火之中，挽好衣袖，并在手和小臂上涂上一层油脂，而且把早已预备好的两三斤米放在另一只袖筒中。捞斧之时，捞斧人一下把米倒入锅的正中，趁米落入锅时划开的一条缝隙之机，敏捷地顺着缝隙把斧捞出。检验“神判”结果的时间各地不同，有的当时，“理老”叫捞斧人伸出手臂当面检验，如果手臂无烧伤之痕迹，输理的一方除向另一方认错赔款以外，还负责开销烧汤中所花的各项费用。① 有的地方是第二天一大早，看捞汤人的手臂是否起泡。

流传于剑河县的关于尼葆香的民间故事，就是“烧汤捞斧”神判的一个典型案例。

苗家姑娘尼葆香，美貌聪明“盖过一江水”。求婚的人挤破门，但尼葆香一个也瞧不上，父兄也无可奈何，只得由她自己抉择。由于她太美，穷小子们谁都不敢高攀。后来有个孤儿丢夏柳，人虽穷却很能干、标致，尼保香闻知丢夏柳的为人后，经媒人一说即成，二人顺利地结婚了。有个富家子弟，曾经多次向尼葆香求婚未成，如今看到她竟自愿嫁给了穷汉，于是放出谣言，诬说尼葆香对丢夏柳有异心，还说尼葆香手脚不干净，丢夏柳不信。这个富家子便乘丢夏柳、尼葆香外出，偷偷将带血的鸡鸭毛塞在尼葆香的床下。老实巴交的丢夏柳因此认定尼葆香干了盗窃的丑事，不惜同

---

① 雷山县民族事务委员会 1987 年编印：《雷山县志・民族志》（油印本），第 77—78 页。

妻子反目。尽管尼葆香不为诬陷吓倒，但已有嘴难辩，最后只好横下一条心，当众烧汤捞斧，以示清白。

于是，在村寨附近的大草坪上，架上一人多高的三脚桩，架起柴火烧铁锅，将水烧开，并放进稀饭、牛油、小米等煮成糊糊。诬陷方请来的巫师念起“烧汤理词”，呼唤鬼神，诅咒对方若敢下手，定然皮开肉绽：“输在锅边/倒在火堆前/我才舒服/我才心甘。”尼葆香没有请巫师，独自一人站在高台上，自唱理词反驳对方。她冷静地请众神和大家“拿耳朵来听/用眼睛来看/请听我情/判明我理/我在我门/我住我家/我种田吃饭/吃在锄头口/我挑柴换米/米在斧子尖/我吃自己力/我喝自己的劲/我舔我腮边口水/我吞我额头汗珠/吃我自成油包心/喝我自有脂包背/白天我不碰谁一根针/晚上我不拿谁一根钱/我直我过得去/你们曲你们必输”！接着她又用理歌来做深一层的辩护，字字斩钉截铁，句句动人心弦，驳得对方体无完肤，瞠目结舌。这时有人将烧红的斧头丢进烧汤油锅里，尼葆香毫不迟疑，掀开雪白手臂，迅即将斧头从锅底捞出，趁势掷到对方巫师面前，而尼葆香的手臂丝毫未损，对方和巫师在众人一片喝彩声中，悄悄溜掉。尼葆香因此也证明自己的清白。关于“神判”具体过程和文化含义将在第七章中详述。

从以上可以看出，苗族刑事习惯法规范内容丰富，对故意杀人、伤害、抢劫、盗窃、放火等严重的刑事犯罪行为都做了明确的规定，并都规定了严厉的刑罚。虽然苗族刑事习惯法尚有血族复仇、株连等消极因素，但在特定历史条件下为维护苗族地区的社会稳定和保持有序的传统社会风尚所起的积极作用是不可否认的。

第二节

民事法律规范

一、民事权利

明清时期，苗族社会生产力的总体水平仍然十分低下，产业结构中占主导地位的农业生产，仍主要以“刀耕火种”的粗放经营为主。在基本未能注入新的生产力的情况下，手工业和商业尚未从农业中分离出来，形成独立的部门，整个社会经济尚处在一种低水平的缓进状态中。但每个社会中都需要有各种不同的民事规范要求，以满足诸如家庭、宗族、社会和政治组织这样一些社会单元的需要。苗族的民事习惯法规范，内容也十分丰富，包括财产所有权、债权、继承权、侵权民事赔偿等法律制度。

（一）所有权制度

1．山林土地所有权

苗族的所有权习惯法将土地分为公有土地、山林和私有土地。公有耕地不多，山林财产有80%左右为各姓家族、宗族或全寨共有，主要有学田、全寨共用田、游方坡、寨有山林、家族共有山林、族有坟地、斗牛场等，溪水河流为全寨共有。田地、山林的界线以山岭、沟冲等划分，也有以种树或栽石为界的。需要木材时，通知本房宗族即可上山砍伐，但树秧、果树、神树、寨子周围的“风景树”不准砍伐。私有山林有两种类型。一类是山权、林权都为私人所有，一般是住宅前后的，林木主人有权砍伐、买卖、转让、赠送；另一类是只有林权没有山权，田边地头种树，田为谁所有，树即归谁所有。在私有田边地段，又有一种占有田边树木的习惯法规范，即上、左、右三边距田坎两市丈以内的，下边距田坎一丈五以内的，归田主所有；两块田之间的空地面积，不足此数者，则由两个田主平分地段占有林木。①

荒山荒地可以随便开种，只要向土地占有者通知一声，就可以砍倒树木，放火烧光，播种农作物，不送礼，不交银，不付任何报酬，但仅有使用权。云南省金平县的苗族开垦荒地的习惯法规范别具一格，山地的耕种方法是由山下往山上依次进行，因此，只能在已开垦的山地一方开荒。开垦水田却不同，以水的流向决定，靠近水源的为上方，开垦水田从上方向下方发展，占有水源头和上方水田的人，下方的水田或土地也归其占有，其他人无权开垦。

黔东南苗族的“议榔”规约曾规定，由于人口增多，新开垦田地日增，但旧田质量好，旧田的1/5留给原主，剩下的4/5与新开辟的田混合在一起，按人口分配。

苗族土地赠送较普遍的是送给女儿的“姑娘田”。这类田是为未出嫁的女儿置办出嫁时的衣饰及婚后“不落夫家”及省亲时的生活开支用的。一般不能作为姑娘的夫家财产，只有姑娘亲子有权占有；如姑娘亡故，又无子嗣娘家就收回这类田地。

---

① 贵州省编辑组编：《苗族社会历史调查》（一），贵州人民出版社1986年版，第139页。

金平县的苗族，女子都有一两块麻地，有的甚至有小块菜地、玉蜀黍地和花生地。这些地由女子所有者支配，其他人不能占用。

贵州榕江县苗族，分家时则保留上等好田作为父母的“养老田”，归父母所有，父母跟谁生活，由谁耕种。

关于所有权的标志，苗族中有“结草为记”的习惯法。在不少苗族地区，准备开垦的荒地、砍倒的树木、打到的猎物、待运的柴草……只要用一把野草挽成一个草结（俗称“草标”）放在上面或拴在上面，便证明该物是有所归属的了。除该物的主人外，其他任何人未经许可不得私自触动，据为己有。一旦发现，便会受到苗族习惯法的处罚。

2．房屋所有权

房屋所有权，可以分为寨有和个人所有两种。寨有房屋主要用于一些集体性活动，个人房屋则为个人财产；祖传房屋在苗族习惯法中一般视为家庭共有财产，子女成人后，需分家另住时，按共有财产进行分配，但较好的一份一般留给父母。

（二）债权及人身权

1．债权习惯法

（1）田、土买卖法

苗族习惯法，允许土地买卖，但买卖土地时，家族有优先权，外族买主即使确定了田价，只要家族内有人要，其所出的田价不比外人低，仍然让家族成员买。买卖田产可立契约，仅由卖主请双方亲族、寨头和中人（证人）吃一餐“中饭”，同时买主送给卖主的亲叔伯兄弟每人 10 斤谷，谓之“亲房谷”，中人由买卖双方各送 20 斤谷或四五角钱作为酬谢。经过“吃中”和接受了“亲房谷”以后，买卖关系便算正式成立，将来如有反悔，参加“吃中”的人都有作证义务。

苗族习惯法另有“卖田不卖坎”的规定，所以在田产出卖后的第一年秋收时，买主依据习惯法一般要按卖价每两银子折送 10 斤谷给卖主，作为“补买田坎”。此外，买主还得按买田的丘数每丘另送二三十斤谷给卖主，表示“关怀”。

（2）房产买卖习惯法

对于房产，按苗族习惯法规定，一般不卖，卖房产一般被视为“败家子”的做法。但特殊情况下亦可以买卖。

（3）雇用

苗族习惯法规定雇用劳动力分长工、月工和日工三种。月工较少，日工则较多。工资视劳动力强弱而定。长工的工资视劳动的强度分上、中、下三等，上等为一年16—20元（银元）；中等约10—14元；下等为4—6元。长工的劳动十分繁重，生活没有保障，无法娶妻的很多，童工的境遇更惨。

此外，还有一些没有能力借债的，就向有钱人家预卖短工，雇主预付工资，到农忙时节，雇主要工，随唤随到，不能推迟。这种预购劳动力的工资一般比农忙时间的工资要低，甚至低一半左右。①

（4）借贷习惯法

苗族借贷关系在寨内发生的较少，多与寨外发生。习惯法中有限制借贷年率不得超过50%，不许计算复利，欠债还不清时，家族有代偿责任的规定。借谷的，利率名为50%，实则高达200%～300%。寨内借贷的，年利率一般也是50%。但农民间或家族至亲间的劳力借贷不计利息。大宗贷款，借期未满一年即归还者，按实际月数计息。不过，粮食借贷，无论借期长短，均按一年计算。大多是栽秧后借债，收获后要回本利。

另外，苗族有借母猪猪崽和“合会”两种特殊形式。借母猪与猪崽有两种方法：一是借喂的母猪养大后，仍归猪主所有，养猪户在母猪生一窝小猪时，给猪主小猪一只；另一种是母猪养大后，猪主与养猪户平分，所产小猪也平分，分过3窝小猪以后，老母猪归养者所有。

“合会”是有互助意义的一种借贷。由困难户发起，担任会首，应邀参加的通常为十多人，每人每次出款1元以下，每一次会款总额由会首先得，以后每隔半年或固定时间集款一次。有多少人参加就集款多少次，得会款总额的次序在会首得款后由大家商量决定，凡已得会款的人，在以后交付定额会款时，要附加定额的50%做利息给后得款者。清末时“合会”尚未具有高利贷的性质，到1926年前后，“合会”成为一种高利贷的形式，到1948年“合会”仍在一些苗族地区流行。②

债务到期不能偿还的，苗族习惯法规定采取以下方法解决：第一，以工抵债。以所欠债务折算成工日，然后由债务人到债权人家做工，以工日计价，折算成钱，欠多少债务做多少日工。第二，子孙还债。父亲负债，还不清或死亡时还未还清，由其子偿还。诸子分家，父亲债务也摊到诸子身上，负责偿还，儿子还不清，孙子继续偿

①② 贵州省编辑组编：《苗族社会历史调查》（一），贵州民族出版社1986年版，第66、68页。

还。第三，吊打逼债。第四，强行抄其家产抵债，包括田土、牛马牲畜以及家用器具等。

（5）商品交换

苗族在漫长的原始社会阶段，由于生产力水平十分低下，苗族内部实行生产资料公有和平均分配的制度，任何人都必须自觉从事种植、采集或渔猎等生产活动。适应这种社会经济的法律规范，必然是共同劳动、团结互助、平均分配。因而苗族思想观念受原始平均主义的影响较深，甚至或多或少地延续至今，如“有酒大家喝，有肉大家吃”。因而不少苗族群众害怕扩大生产规模，找寻致富路，原因之一就是担心“吃大户”。苗族大多不愿意经商，看不起经商的，认为经商赚钱不道德，他们满足于自给自足的自然经济状态，在本民族内部的商品交换现象很少发生，偶有交换也多是以物易物，且不计得失。又由于在与外族的商品交换中常常吃亏，故使苗族人产生惧怕心理，商品交换不发达。当然，对商品交换活动，苗族习惯法也有调整。商品交换主要是以物易物，以油盐、针线、农具等换大米、稻谷、猪等。粮食在一定程度上起着等价物的作用。商品交换主要是通过赶场、货郎担进行。① 苗族的商品交换遵循等价、自愿、公平交换规则，反对强买强卖。

但苗族地区也有特殊情况，明清时期由于全国对木材的需要，黔东南清水江流域地区人工杉木工业蓬勃兴起。山林、土地买卖非常频繁。在这些活动中人们签订买卖契约、租佃契约，形成商业经济的契约关系。外地商人、本地商人在行户进行木材交易，栽手、木夫、排夫等行业收益，维持着很多人的经济生活，使清水江流域地区成为当时中国商品经济最发达、人民生活最富裕的地区。②

2. 继承习惯法

按苗族习惯法的规定，父母死亡发生继承的，子女一般享有继承权，姑娘的继承权要受限制，即一般仅限于继承动产中的金银首饰，不动产则只能由男子继承。一般继承是依照被继承人的遗嘱进行，被继承人生前未留遗嘱的则在家族的主持下由继承人协商继承。

---

① 贵州省编辑组编：《苗族社会历史调查》（一），贵州民族出版社 1986 年版，第 153 页。

② 徐晓光：《清水江流域传统林业规则的生态人类学解读》，知识产权出版社 2014 年版，第 20 页。

苗族习惯法一般剥夺丧偶妻子继承其丈夫的遗产，但如果未改嫁的，可以享有继承权。贵州丹寨等地的苗族，至今仍沿用“忌锅灶”的风俗。“忌锅灶”即姑娘出嫁后就不能再触摸娘家的锅灶。这实际上是限制女子回娘家继承遗产的习俗，由此也才派生了寡妇改嫁不带丈夫遗产的规定。

二、民事责任

（一）侵权民事赔偿习惯法

苗族习惯法对侵权民事赔偿规定很详细。主要有以下几个方面：

1. 人身损害侵权赔偿

故意杀人的，按苗族习惯法规定，被害人亲属可以掳掠凶手全部财产，赔偿损失。故意伤害他人，造成伤害结果的由侵权人请酒赔礼，并负担医药费用。

2. 侵犯财产的侵权赔偿

（1）填还。贵州惠水苗族习惯法规定，偷盗五谷杂粮、苹果及竹柴者，填还。

（2）恢复原状。榕江、雷山、贵定苗族规定，凡破坏水利设施者，要照原样修复。

（3）退还。广西大苗山苗族习惯法规定偷盗财物的退赃。从江县苗族习惯法规定偷铜鼓、鹅，要退还原物。

（4）罚款。贵州省从江县的苗族，对乱挖他人田块、地边，乱砍他人田边地头挂衣服、饭盒的树丫者，罚银8两8钱，民国时期，改为罚肉77斤。

（二）畜禽损害的侵权赔偿

1. 禽畜糟蹋庄稼赔偿

贵州惠水苗族古民约规定，如牛马践踏大春、小春作物，放鸭践踏别人稻草、粪田，要其填还。台江县巫脚苗族习惯法也规定，放猪糟踏庄稼，要赔偿损失。

2. 按损失程度赔偿

贵州雷山的苗族，牲畜糟蹋了他人的庄稼，主要按损坏庄稼和产量赔偿受损失者，如糟蹋了100株玉米，按这块地100株玉米产量赔偿。但受损者不能打死家畜，如打死家畜，要向畜主赔偿相应的活家畜或折钱赔偿，当然，畜主仍要赔偿家畜糟蹋庄稼的损失。一般情况下按此原则处理，如有争执，才请村寨头人“理老”调解。

3. 除按损失程度赔偿外，另加罚金

贵州省贵定县的苗族近年规定，家畜家禽糟蹋庄稼，除损失多少赔偿多少外，还加罚金，如鸭子糟蹋庄稼，每只罚人民币6元。

4. 定额赔偿

贵州贵定县的苗族另有一种规定，糟蹋一株秧，赔偿半斤谷。有的村寨规定，罚款3元或6元（其中举报费2.4元），外寨的家禽、家畜糟蹋庄稼，比本寨的重罚一倍。

（三）精神损害赔偿习惯法

苗族习惯法规定，人身攻击和诬陷要赔礼道歉，并送给恢复名誉钱。如前所述，诬陷他人造成损害后果的，除赔偿损失外，还要向寨老及受损人赔礼道歉，并打酒给老年人和寨老喝。特别在苗族地区有“蛊”的迷信，但近代随着人们文化教育水平的提高，村寨习惯法规定对诬陷别人“放蛊”的行为要处罚，如雷山县报德村村规民约规定要“罚4个120”（120斤米、120斤肉、120斤酒、120元钱）。

三、民事法律行为

（一）狩猎分配习惯法

以前苗族地区还不同程度地进行狩猎活动，近些年苗族群众动物保护意识提高，狩猎活动越来越少。苗族狩猎分配原则是按出猎人和猎狗数平均分配猎物，除每人和每只狗各得一份外，击中猎物者可以多得猎物的头。

（二）他物权的习惯法

1. 抵押借贷

为了保证债权能够实现，在苗族的借贷关系中出现了抵押借贷。在借贷数额大时，债权人为使贷出的款或物能按期收回，要求债务人有抵押的物品，如到期不能还债，抵押物品便归债权人所有。数额大的借贷一般以田地作抵押；数额较小的借贷，以银饰、树木、毯子、衣服、铁锅、铁罐、酒等作为抵押。除了抵押物品外，还得书写借据。

2. 土地典当

苗族的田土典当比田土买卖少，约为1∶4。当价大致为卖价的1/2，也有占2/3的。典当期一般为3年，也有个别的订为10年或8年，但不是死当。即使超过当期，只要有钱，随时都可以赎回，甚至有父当子赎的现象。

习惯法规定家族有优先承典权利，只有无亲房或亲房所做出的典价比外人低廉时，才能典给外寨人。典当协议，要有双方家人作证，但可以不办酒席招待和立契约。

（三）其他方面习惯法

1. 水资源习惯法

种植水稻的民族都有自己的水源管理规则和灌溉法。苗族习惯法规定水资源为共有，不应强占而应“田水均分”。有的村寨对水源管理专门订立民约，规定共同修建水渠，防止水污染，禁止私自霸占和破坏水渠、水井等内容。① 雷山县郎德镇报德村根据习惯法规定，偷占他人稻田轮流用水的，每次罚款150元；有意挖他人水沟的每次罚20元。

2. 相邻关系习惯法

苗族习惯法对相邻关系，如房屋与房屋之间的距离，以及相邻土地之间的通行、排水等都做了规定。苗族注重协作互助，如某家盖房，全村人都要投工投劳，或某家失火，大家都帮助救火。在一定规则下的邻里关系都非常和睦。

3. 农业保护习惯法

苗族为维护农业生产的正常进行，制定了一套从播种到收割的习惯法。早期的《议榔词》对全年的生产活动都做出了安排。“一月来到，千把钉耙翻谷蔸，万把锄头干活路……三月到来，挑肥到田间，撒粪到田头，取种子来浸，拿种子去撒；……五月来到，扯秧去栽，拔秧来插……九月来到，谷黄满坝，谷熟遍坡，摘刀去摘禾，摘刀去摘糯，禾把晒在禾晾，谷子装进谷仓。”这说明“议榔”主要是围绕生产活动进行的。长期以来，苗族地区基本上是原始的生产、生活方式，由于低下的生产力和简单的生产关系，人们更多地依赖于自然。因生产和生活需要，非常重视对生产资料和

① 徐晓光、吴大华、韦宗林、李廷贵：《苗族习惯法研究》，华夏文化艺术出版社2000年版，第174页。

自然资源的保护，在这方面的习惯法规范最多。

黔东南苗族的《议榔词》中说：为粮食满仓而议榔/为酒肉满缸而议榔/在羊子踩庄稼的地方议榔/在猴子坏庄稼的地方议榔/议榔庄稼才有收成/议榔寨子才有吃穿。其中禁止条款最多，如“各人种的庄稼各人管，各人砍的柴草各人烧”，“不准弄坏田土、践踏庄稼”，“不准拆别人河里的鱼圈毁别人的山林”，“议榔不准开人家的水田，议榔不准开人家的牲口圈，议榔不准偷鱼，议榔不准砍树。个个做活路，人人打柴烧，地方才平静，寨子才平安”。可见，他们深深懂得用法律保护农业和林业的重要性。

4. 禁忌习惯法

苗族有一种传统的“吃牯脏”的祭祖盛典（鼓社节），祭祖过程中一系列禁忌和约定俗成的规矩，都纳入“议榔规约”的范围。凡违反吃牯脏禁忌、习俗者，根据相应榔规处罚。民国二十九年（1940），该区副区长侯辉明违反关于牯脏头系世袭不得随意更换的规定，遭群众殴打并处以罚金。

苗族有一些农业方面的禁忌，如“活路头”没有播种前，任何人不得先开始，如违反要受处罚。播种以后禁吹芦笙、烧砖瓦等，违者罚66银毫。苗族种棉花必须撒播，若有违反则受罚。民国二十三年（1934），西江区侯新华家播种棉花时违反此规约，实行点播，被罚猪肉、大米、酒各120斤。①

四、关于民事活动的基本原则

基本原则是苗族公民在民事活动中必须遵循的行为准则，主要有互助原则、诚实信用原则、等价有偿原则、侵权赔偿原则等，其中互助原则，可以说是苗族社会中具有悠久历史的人与人之间最基本的行为规范。在苗族社会中，谁家盖新房，村寨中的人便会主动去帮助；有的人家或村寨发生火灾，远近的村寨闻讯后，都会主动拿出粮食、衣物、木料等前去帮助受灾的村民；谁家有婚丧大事，人们也会主动前去帮助料理。在生产上也是如此，如某人家主要劳动力亡故或正值农忙之时生病卧床，村寨中的人便会主动邀约一起去帮助他家适时栽秧或播种。苗族人民在这些互助活动中都是不收取报酬的。在他们的观念中，对他人困难的帮助是一种应尽的义务。在苗族的社会历史调查中，这方面的资料是很多的。如关于贵州省台江县反排苗族社会历史调查

① 韦启光：《雷山县西江苗寨调查报告》，载《贵州民族调查》（三）1995年10月。

中，就有当地苗族在生产、生活等各方面互相帮助情况的详细记录。①

从以上可以看出，苗族的民事习惯法内容十分丰富，尽管零散，但总体看来，苗族的民事习惯法实际已有了物权制度、债权制度、民事主体制度以及侵权民事赔偿制度等民事主体制度；在民事责任的承担方式上已有了赔礼道歉、赔偿损失、恢复原状、返还原物等责任方式。这些为稳定苗族地区民事经济关系，促进苗族的经济发展起了重要作用。

第三节 婚姻家庭法律规范

苗族进入阶级社会后，婚姻家庭基本实行一夫一妻制。在订婚、结婚、转房和离婚、复婚等方面，有其独特的习惯法则。

一、恋爱习惯规则

按照近代国家制定法与道德的区分，恋爱归属道德的范畴，不是国家法律调整的对象。在少数民族的习惯法中，恋爱也应遵循一定的规则，是与婚姻紧密相关的一类社会规范，违反恋爱的传统规则也会受到习惯法的谴责与处罚，因此，我们把恋爱的有关传统规则也纳入习惯法的范围。

（一）苗族青年男女恋爱比较自由

苗族不同宗、社的青年男女允许恋爱。通常称为“友访”（yex fangb 的音译，另可译为“游方”、“游访”等），意即“走村寨”，特指青年男女正常的社会交际。各地苗族对青年自由恋爱的称谓略有不同，但形式大同小异。

友访是以集体对歌的方式进行。通过这种正常的社会交际，达到双方的互相爱

① 贵州省编辑组编：《苗族社会历史调查》（一），贵州民族出版社 1986 年版，第 136—158 页。

恋。此后人数可以逐渐减少，随着感情的加深，双方进行侧面的了解，包括了解对方的人品、性格、家族情况等，若双方有意，便可以互相交换信物。部分地区的苗族青年男女，从恋爱到情真意笃时，双方可以私下约定时间、地点，以芭茅草打结作为标记，对这样的草标，任何人不得破坏和挪动。知道草标之意的人，都有意避开。

（二）恋爱的场合

苗族青年恋爱必须在特定的场合。白天，在村寨边的风景区、节假日娱乐场所周围，赶场来回的路上、路边；夜晚，在村寨边、鼓场上或门槛边。晚上女方不许出远门，都是男方在寨门唱门间歌。姑娘听到歌声，即可悄悄出来对歌，老人一般不阻拦。少数地区还为男女青年谈情说爱提供方便，在寨旁搭有小公棚，这是原始社会群婚制择偶的遗风。苗族青年不能到特定场所之外的地方去谈情说爱，谈情说爱的场所必须在老人的视线范围内，若违反常规，便被视为不规矩，寨老、兄长等会加以斥责，他人可掷石驱逐。

（三）恋爱的禁忌

苗族青年在“友访”当中，已婚男女可以唱问候或略表敬意的山歌，不准谈情说爱。婚姻理词唱道：“不能和已出嫁的女子深交，不能同已结婚的男人迷恋。”否则，妻子可以到现场撕扯丈夫、臭骂与丈夫接触的女子；丈夫可以到现场打妻子、打与妻子接触的男人。对不守规矩、行为浪荡的男女，可打可骂，打伤打残，无理可诉。为了保护一夫一妻的制度，长期以来，形成了这种惯例：青年男女在进行交际之前，长者就将这些规矩交代给他们。据《麻江县志》载：男女游访时“井井有条，不及于乱”。《黄平县志》载贺绪蕃《芦笙曲》诗说：“岂非造次维礼法，犹能自重同琼瑰。”吴泽霖先生也说：“这种恋爱方式虽很自由，但并不混乱，他们有不具文判裁的束缚，在行为上很能知道检点。”①

青年男女在交际中，同宗、同社的异性不能接触。因为古理中有规定：“同宗族、同鼓社的子女是兄妹，不能婚配；亲姨表子女也如同亲兄妹，不准婚配。违反者，罚以‘白水牛’，祭祖祭社。虽同宗同社，分社以后，可以开亲。”同年龄中不同辈分的避免接触；在当代，军人妻子不许接触。这些都是进步的表现。苗族《议榔词》说：

① 吴泽霖、陈国钧：《贵州苗夷社会研究》，贵州民族出版社 2004 年版，第 17 页。

“……哥哥是哥哥、弟弟是弟弟、姐姐是姐姐、妹妹是妹妹、婶婶是婶婶。各人是各人，伦理不能乱，要有区分才有体统，要有区分才亲切和睦。谁要学鸡狗，学牛马乱来，大家把他揪，拉来杀在石碑脚，教乖十五村，警诫十六寨。”同姓男女不许婚配，如发生这种事情，双方都要受到同姓人家及全寨的责备。该男子要罚黄牛一头、猪肉33斤，牛、猪由全寨各家共分。并且男女双方都要当众认错。

二、婚姻习惯法

（一）订婚

苗族婚姻中的订婚有私订婚姻和请媒订婚两种。

1. 私订婚姻

私订婚姻是青年男女通过对歌、友访中的谈情说爱，达到情投意合而双方私下议订的婚姻盟约。这种婚姻是自由恋爱的结果。

私订婚姻一般以信物为凭证。但初次交换信物还不足为凭，这仅是一种互相爱慕，愿意继续交往的表示。初次的信物一般是：女方将自织的花带送男方，男方将从市上买来的小镜子或梳子给女方。以后逐渐变换信物的品种，随着感情的加深，信物的价值也随着升级。女方送给男方的都是自织自绣的信物，如：花带、腰带、头巾、衣物等；男方送给女方的多是从市上买来或定做的信物，如小镜子、梳子、袜子、手巾、银耳环、银手镯、银项圈等。越贵重的礼物就越接近订婚盟约，达到私订终身的可能性就越大。在订婚时，无论馈赠多贵重的礼品，都必然有伴随着情歌的盟约，山水相依、鱼水情深、缠绵悱恻，这也称之为定情。同时并订下私奔的时间、形式和步骤。这种形式，有的还经过一定的中间人，或有意让情场的人们知道，以引起舆论的监督，或引起家长的注意和默认。如果双方家长默认，此形式便具有了“习惯法定”的婚姻效力。如果双方家长执意干涉，往往导致悲剧的产生，或者男女双双结伴逃离。如果双方家长知道子女私订终身后并不反对，再加上请媒说亲，此门亲事便水到渠成。但要以家长请媒按礼订婚为准，才能在社会上产生“习惯法定”效力。

2. 请媒订婚

请谋订婚是父母为子女物色并决定婚姻嫁娶的形式。无父母的青年男女，可由其兄长或叔伯承担请媒订婚的义务。请媒订婚一般是男方主动。所请的媒人男性女性均可，总之要能说会道，通晓一定的苗族婚姻习惯法规则，有威信，在女方家能说上话的长者。媒人说亲一般要到女方家说三次以上才能订婚。苗族婚姻中即使是父母请媒说成的，也要征得子女的同意。青年男子同意与否，可以直接表示。青年女子在父母征求意见时，若同意则说“由老人做主”或羞涩不语；若不同意则坚决否定。如果青年女子坚决反对，父母对此婚姻则多半不表态，即不表示同意，对男方来的媒人婉言谢绝即可。如果青年男女在情场互有爱慕之心，此时的媒人说亲仅是履行婚姻习惯法的形式认可程序而已。

订婚要选择吉日，由男方置备礼物到女方家去，礼物各地大同小异，但米酒、猪肉、糯米饭等是男方必备的。女方给男方准备的有鸡、布或鞋、袜之类。一般来说，多数地区互换活鸡。因为在苗族古理歌中认为，鸡能把太阳请出山，享有较高的威信。苗族《定亲歌》是这样唱的：

拿什么作证，添酒来作证。拿什么来定亲，一对公母鸡，它们来定亲。谁家要变心，鸡的嘴巴硬，鸡的心公平，由鸡来评理。

苗族请媒订婚不由青年男女亲自出面，男方由父兄、媒人等将礼物抬到女方家，女方家长请大爷、叔伯姑婶相陪；设宴祭祖，招待客人，双方互唱酒歌祝福，或唱婚姻礼歌相庆，赴宴者均为证婚人。此后，该门亲事已定，被社会公开承认，青年男女的言行也就开始置于社会舆论的监督之下。

3. 退婚

退婚是指订婚以后结婚之前对婚约的解除。退婚分为解除私订婚约和解除媒人婚约两种。

（1）解除私订婚约

男女自由恋爱私订的婚约，如果哪方翻悔，翻悔一方必须退回对方所有的信物，对方有权留下一至两件信物不退。如一方行为浪荡不端，另一方有权翻悔而提出退婚，悔方有权要求对方退回所有的信物。互退信物时，悔方通知对方，具体时间、地点以及陪伴由对方决定。一般地说，退婚的习惯法时限，是在对方得到退婚通知后的一年之内。超过一年，悔方可以另寻伴侣。在此时间内，对方得慎重考虑是否可以挽回，如有挽回的余地，就把具体时间告诉悔方，地点一般在特定的“友访”情场上，邀约同伴或兄弟姊妹作为见证人。如双方商定解除婚约，今后各走各的路，井水不犯河水，此私订婚约即可解除。

（2）解除媒妁婚约

由父母请媒人按礼订婚的盟约，如果翻悔一方提出退婚，对方有权向悔方提出退回所有的礼品并负责赔偿有关“损失”，悔方也有退回礼品或赔偿“损失”的义务；而对方可以不退悔方的礼物，也没有赔偿“损失”的义务。订婚以后的未婚男女中，哪一方如果行为浪荡不羁，对方可以悔婚并提出退婚。在这种情况下，悔方有索回自己所有的礼物的权利；过错方有退回对方礼物的义务。

媒妁婚约在退婚时，双方约定时间、地点，一般不在悔方家，而是由悔方到对方家去。原订婚的证婚人必须大多数到场方能商议。此时媒人一般不到场，也不担任主要角色，主要由双方家族中的长者为代言人商议定夺。苗族有一句话：“一碗米不包人一辈子。”当初请媒人时，媒人曾接受了主人的一碗米，媒人只负责“搭桥”，不负责“拆桥”。双方商议的内容主要是看谁家理亏，怎样退回礼物等。

若是悔方理亏，那么，多半是悔方将对方的所有礼物及该赔的损失主动退还，可以直接到对方家，也可以托对方的叔伯家，由对方的叔伯转交给对方家。是否理亏，取决于行为规矩与否。

行为不端的一般习惯法界限是：订婚以后无论男女，在友访场上对异性只能唱互相问候或互相敬重的山歌，不能与其他异性单独谈情说爱，更不能发生两性关系。若有违反，则被认为理亏，无理可辩。此外，还有偷盗行为等也在此列。

（二）结婚

在苗族的婚姻家庭制度中，结婚是最热烈而又最严肃的环节。其结婚形式有明媒正娶、买卖婚、抢婚、逃婚、私奔（偷婚）等。

1. 明媒正娶

苗族婚姻中的明媒正娶，是指男方的家长通过请媒说亲，然后按习惯法结婚的形式。无论是青年男女在友访情场上先情投意合而请媒，还是家长物色包办后征得子女同意而请媒，只要请媒做中介的皆属于此类型。

男女结婚的年龄一般在十七八岁。16—22岁之间被认为是适当的结婚年龄，大于或小于这一年龄阶段的被认为偏大或偏小。现代的结婚年龄普遍推迟到20岁左右。

择婚期吉日。苗族结婚都要择定良辰吉日，一般在春夏两季商议当年的婚期；来年婚期的商议可以不论何时。婚期一般选择秋收稻谷进仓以后到年底，卯日、辰日、亥日居多。西部方言的苗族择婚期较为严格，如威宁地区最具代表性：常见为农历七月商议，婚期定置于冬月。超过古历七月男方才与女方商约的，则女方有权推到次年。商定婚期后，若一方有老人去世，原定婚期可以推延至隔年。双方所择婚日，禁用忌日、逝日和祭日。在正常情况下，当年商定的婚期当年结婚，不能跨年定婚期。

苗族青年结婚通常的礼俗惯例是夫家杀猪待客，新娘入门敬祖，宴请新亲戚，即被社会确认为夫妻关系，并受习惯法和社会舆论的保护。各地婚礼繁简各异，中部方言区通常的礼俗惯例是：

（1）结婚程序

新娘由自己的母舅、长辈代表和兄弟在前护送，由同辈的姊妹若干人陪送到新郎家。新娘的兄弟、母舅和长辈代表到新郎家以后，将礼品等放置堂屋正中便出门，此时新郎家人也都全部从侧门走出，由新娘第一个进家，以表示欢迎新娘来主管家业。新娘走到夫家门口立刻停步，待夫家请一位有威望的叔伯妈拿来皇历书一本、小镜子一面、红鸡蛋两个放在新娘怀里，然后扶着新娘进家门。跨进门槛时，门下放置少许糯米，燃有火，新娘踏火进入男方家门后，意味着姑娘是来管家掌火的，属于男方家的人了。这是远古婚姻习惯法的遗风，火在当时是文明和威力的象征，远古没有什么家产，而掌管火种就算是主人的权威了。

新娘出嫁一般无家具陪嫁。新娘出嫁所着盛装，有满头银饰、银项圈、银手镯、围腰链、耳环等。银饰多数是借来的，当然也有一定的银饰属于父母购置给姑娘的。一般有银项圈一根、银玉环一套、银项链一条、银手镯一只，视家里贫富情况来定，要置以上银饰，少则几百元，多则上千元。全新的衣服是给姑娘的嫁妆。原来姑娘出嫁时，有钱人家也有用牛、马、布匹作为陪嫁物，现用牛皮腌成酸牛皮代替，由新娘的兄弟抬着相送出嫁。苗族社会在母系氏族社会后期是男子出嫁，到父系氏族社会前期即转变为女子出嫁。女子提出要与兄弟分家析产，父母不准而硬逼着其出嫁，女子出嫁后常返家争财产。最后约定：女子出嫁后，不准再返家掌管家业，具体规定为不准触摸娘家的锅灶、甑子等物。此习惯法规定在贵州的苗族中部方言地区仍有保留。姑娘出嫁之前，经双方父母商议，如果子女均已成人，那么在婚礼这一天设涴手饭祭祖仪式，新婚夫妻以后永不能触摸女方父母家的锅灶，然后才可以同房。如果双方或一方发育尚未成熟，或者姑娘家父母需要劳动力再帮一段时间，那么，婚礼这天则不设涴手饭祭祖仪式，新娘则不能与新郎同房，也不能触摸丈夫家的锅灶，只能挑水、做些田地活、打柴草等。待补充该仪式后，方能过正常的夫妻生活。若有人违反，则被社会舆论谴责、唾骂和鄙弃，被视为不守族规的人。

结婚这天中餐称为正酒，请新娘掐鱼、掐饭（糯米饭用手掐着吃）、酹酒祭祖，便算是夫家的人了。在宴请新亲旧戚的同时，由长辈（或主婚人）主持，让新郎与新舅（新娘的兄弟）互敬交杯酒，象征着从今往后便是亲戚，相和到老。

新娘入门后，由新郎的姊妹相陪食宿。第二天清早开始做家务，以挑水礼为象征。过后由新郎以及叔伯陪郎送新娘回门（即返回新娘的父母家），此时岳父岳母还应送给新郎衣物作为礼品。次日，由新郎和陪郎去请岳父岳母及其家族到新郎家赴宴，双方父母互认亲家，新郎家倾族相陪，此餐称为尾酒，亦称“渣渣酒”，至此婚礼结束。

（2）礼金

苗族婚礼要由男方向送亲队伍中的有关人付礼金（礼金多少应在订婚时商定）。要付给礼金的人有新娘的母舅、长辈代表、新舅（新娘的弟弟）、新娘、堂舅、打扮婆（梳妆人）、陪送新娘的姨娘、打伞人等，以上称“踩路钱”，此外，新郎家还送给新娘家部分礼亲钱。以上所有礼金多少按大、中、小三种礼亲而定，家庭富裕则举行大礼，一般是中礼，贫寒则小礼即可。除了礼亲钱外，在“踩路钱”中，新娘母舅的礼金是最高的，婚礼宴席上，新娘母舅被奉为上宾。这是“还娘头”习惯婚制演变而来的习惯法规范。

（3）不落夫家

有的地方姑娘出嫁后不常在夫家居住称为“不落夫家”。姑娘在婚礼后的三五天即返回娘家居住，以后每逢农忙、节日或喜庆日子，由丈夫去接来住几天，一般是姑娘有身孕后才长落夫家居住。

在落夫家居住之前，新夫对友访情场上的新妻的言行尤其关注，如果新妻与他人谈情说爱，新夫有权制止甚至打骂情敌和新妻，并有权提出离婚。新妻和情敌无理可诉。

（4）还娘头

姑妈的女儿须嫁给舅家的儿子，称为“还娘头”。贵州中部苗语称“补份嬷”或“补厚嬷”（音译为“bex hfud mais”，《史志》意译为“还娘头”）。

还娘头婚是私有制社会以后的产物。从社会调查的情况看，当地苗族众说纷纭，有的说是为了“亲上加亲”、“肥水不落外人田”；有的说是为了“优生”（其实恰恰相反）；有的说是因为都彼此了解，不至于去沾上“不干净”的人家，保持血缘“纯正”；有的说是“要回姑妈带去的钱财”，不至于财产外流。凡此种种，抑或兼而有之。但“要回姑妈带去的钱财”的成分大些，实质是财产权回归的问题。这就形成了苗族婚姻习惯法上的舅权。曾经盛行这样的规则："姑妈的女儿须嫁给舅家的儿子。按古时成理，如不嫁给舅家须赔给舅家三百两银子；有可谅之情的减一半；再有特殊困难之情者可再减一半。"此后，姑妈家的女儿，不经舅家表态，不得任意出嫁。俗话说："姑姑女，伸手取。"如果舅家不娶该女做儿媳方可允许出嫁，但须给舅家"还娘头钱"。这也是苗族婚姻中要给新娘母舅以较重的礼金的缘故。清代到民国地方政府和民间有识之士，倡导婚姻改革，其中主要针对"还娘头"，这在很多碑刻资料中得到了体现。

"还娘头"的婚姻现已不多见，但还有部分地区存在。由于还娘头钱较高，所以导致了部分买卖婚姻。

2．买卖婚

我们把以较重的礼金作为嫁娶条件的婚姻称为买卖婚。由于部分地区苗族婚姻给母舅的还娘头钱数量很高，女方家无法承担，必须由男方家来给姑娘的母舅家支付。除了承担此礼金外，还有婚礼上的各种礼金，这样数量就更高。所以在商议嫁娶时，女方家不得已以较高的礼金作为嫁女条件，而男女双方家庭则讨价还价，形成了变相的买卖婚姻。"还娘头"和买卖婚的仪式与一般的明媒正娶相同。

3．抢婚

苗族习惯法的"抢婚"不是指暴力抢夺逼迫成婚，而是指女方为了避免（舅权的）强迫婚姻而由其所中意的男方"抢去"成婚的一种婚姻惯例。抢婚是对舅权制婚姻（即还娘头）的一种反抗，是女方为了摆脱舅权限制，有意让男方来抢的婚姻，实质上抢的是"还娘头"的婚。

在舅权盛行时期，只要舅家说要，姑姑的女儿就没有选择的余地，必须"还娘头"。这样，逼得姑娘与有情人不成眷属而寻死觅活，无数的悲剧给人们以深刻的教训。为了摆脱舅权在婚姻上的束缚，聪明乖巧的姑娘有了意中人后，男女分头私下告诉父母，若父母默许，就让男方到姑娘家佯装掠抢，将姑娘"抢"走。姑娘的家长装模作样追赶一阵，打闹一场，称为"打发打发，要打才发"。然后由姑娘的母亲去舅家报信，说姑娘如何被别人家抢走了，骂几句自家的女儿，说几句自责的话，舅家无奈，也就不好指责过多，只好按古老的规约索取一些"还娘头钱"（也称为"舅头钱"，苗语称 nix diangb），也就不了了之。而女方父母则打闹到男方家去，对男方家长、新婿和自己的女儿都一一数落。无论如何责骂，仅动口而不动手，男家知是默许的，做样子"下台阶"而已，于是便抱歉不迭，堆笑赔"罪"，递烟让坐。在男方家喝了“撵脚酒”，被“抢掠”的姑娘就成了男方的新娘了，具有“习惯法定”的婚姻效力，被社会公开承认为夫妻关系。这种打打闹闹喜剧性的抢婚，冲破了舅权的桎梏，具有重大的进步意义。但从我们近些年调查情况看，“抢婚”习俗也给一些不法分子实施强奸犯罪提供了借口。

4．逃婚

逃婚是指姑娘被迫嫁到男方（多数是舅家）后，不满现时婚姻而悄悄与另外的意中人逃往异乡。这也是对舅权婚姻或包办婚姻的一种反抗。多数逃婚是双方感情不好，或因长相悬殊，或因年龄悬殊，或因智愚差异、残全不同、性格不合等原因所致。但不能逃回娘家，因逃回娘家无济于事，娘家人最终还得将其送归夫家。所以，姑娘要私下另寻新欢，或与原来相好的男人悄悄逃离。总之，逃婚要与意中人一起另逃他处，这是必要条件，并且专指已被舅家或父母包办强迫成婚又不满现时婚姻的妇女。这种婚姻多是舅权和父母包办造成的后果。

逃婚的姑娘必须逃得较远，或者隐蔽较深。若被原夫家发现，惩罚是很惨的，不是被沉潭，就是被丢进山洞天坑。人们只能同情，无理可诉，此乃传统习惯法使然。所以，一些姑娘逃婚后，长期隐藏在家里不露面，使原夫家无法打听到她的下落。直到生儿育女，既成事实，时间一长，原夫家也就不再追究，娘家也开始认亲、走亲。

习惯法的规矩是，逃婚满三年后，原夫家找不到已逃的媳妇，则有权另娶。若是原夫不是舅家，那么女方家长得赔偿一定的“损失”，以后两家断绝亲戚关系；若原夫是舅家，那么女方家长还得出“赔情钱”，以支援舅家另讨新媳。这样，姑舅间还可照常来往，若不出“赔情钱”，两家从此则断绝关系，互不来往。

5．私奔（偷婚）

私奔就是未经明媒正娶，男女双方私下约定，女方悄悄逃出，由男方接到自己家去成婚。私奔必须以私下订约为前提条件。也就是说，男女双方是在友访场上从对歌、互相爱慕、两人私下谈情说爱，直至私下送信物、私订婚约等一系列过程，然后未以公开婚礼而双方私下以惯例的形式结合成婚，苗语有的称为“偷婚”，有的称为“奔婚”。

私奔一般有几种原因：①虽然双方家长都同意，但双方因家境贫寒，所以用私奔的形式结婚，可以避免大宴宾客。②虽然家境殷实可以举行明媒正娶的婚礼，但由于女方的父母或兄弟对此门亲不甚满意，只好用此形式，给女方家一个台阶下。③虽然双方家长均同意，且家境可承担婚礼，但因择婚日或卜卦年庚不尽如人意，则用私奔的形式结婚。此种原因虽存在，但为数不多。

私奔的惯例形式：私奔没有公开婚礼那么隆重，其程序也没有那么繁杂。私奔之前，男女双方约好时间，一般多在夜晚，地点常是女方家附近某地。若是把时间定在白天，那么地点多是某个友访场上或赶场天沿路某地。私奔的姑娘，一般只带几件换洗衣服，不能带其他东西，由同伴或伯母、婶娘一两人相陪送走。在走之前，由家族的同伴或婶娘家悄悄备好糯米饭让姑娘带着上路。如果姑娘的家长默许该门亲事，那么父母兄弟等早就心中有数，睁一只眼闭一只眼。姑娘出去时，既不追赶，也不寻找。如果姑娘的家长不同意这门亲事，那么，姑娘则处处小心，不能走漏风声。而男方也由他的同伴或堂兄弟一同前往接亲。有些地方的惯例，还得有叔伯等一位长辈与偷婚的小伙一同前去，以示慎重，在约定的时间地点将姑娘接到男方家。男方家长往往早就悄悄备下佳肴美酒，专门等候新人的到来。新人一到家，父母就把随姑娘带来的糯米饭放在堂屋祖宗灵位前，与自家的酒饭肉一起酹酒祭祖，虽然简单，却也严肃庄重。至此，姑娘小伙便成夫妻。男方父母盛情款待陪同新媳妇的婶娘、同伴及大家会餐，然后除新娘留下外，陪姑娘来的人就悄悄返回。回去后也不露声色。有的姑娘不要人陪送，直接到约定地点由情人带到家。男方在适当的时候（有些地区在姑娘生了孩子的时候），便派人通知女方家长。

如果女方家长同意该门亲事，得到通知后，便邀本家族的长辈们去“要人”。去男方家后，姑娘的父母不便作声，由其能说会道的叔伯向男方家“责骂”，想骂谁就骂谁，当然，这只不过是装装样子而已。这时，男方家也要选一个伶牙俐齿的长辈专做接待和解释，要让女方家庭有台阶下，或唱酒歌，或摆古理，或敬酒，或跟着数落自家几句，等等。从祭祖、就餐到劝酒、争执，一切都在微妙而激烈的气氛中进行。虽然女方家的人们始终是骂骂咧咧，但对于男方家满脸堆笑的款待并不推辞。这一餐，也就标志着两家互认亲戚，同时也向周围人们表示这门亲事成了，以取得社会舆论对这起婚姻的确认。

如果父母不同意这门婚姻，必然对此横加干涉，那么婚姻要几经周折。直至最后，多数还是木已成舟，女方父母要附加些条件而已。少数情况出现分离，导致悲剧的产生。

6. 招婿

苗族在一些地方，无子则可以招婿。招婿即由男方到女方家结婚。招婿的手续较之娶妻过门的礼节要简单得多。只要男女双方认为满意，由男方找个证人去女方家说明，对女方的老人承担养老送终的责任，然后带去一些酒肉之类的礼物，即可成为夫妇。招婿的酒席如何操办，一般由招婿的人家决定，所谓哪家得人哪家置办。

招婿的目的是给女子的父母养老送终。父母双亡的女子一般不能招婿上门。

7. 婚姻的迷信风俗

在苗族联姻问题上，很讲究“门第”问题。这“门第”不指政治、经济和社会地位，通常指所谓的“干净不干净”（意译）。“干净”是指该家族没有什么苗族迷信中所指的“问题”；“不干净”是指“麻风病”（“dliangb lix”把此病说成一种鬼）、“老虎鬼”（“dliangb gel”也称为一种鬼，如老虎鬼）和“蛊”（“jab”）。男女双方家长在子女联姻之前，都从侧面暗暗地了解对方家族是否“干净”。被传有以上“不干净”问题的家庭，不论富贵、人品等如何，男的不宜娶亲，女的不宜出嫁。麻风病确有此病，但现在医药已可治愈。“老虎鬼”、“蛊”说得玄而又玄，让人恐惧，实际上是社会病态心理所致。平时人们对长得丑的姑娘，不去在意其家庭是否“干净”，只注意到所谓“不干净”家庭中长得俊俏的姑娘，这是一种嫉妒心理在作怪。对此，人人惋惜，所以，苗谚说：“好花偏生悬崖上，好女偏出‘药’家门。”历来因“老虎鬼”、“蛊”的婚姻迷信酿成不少的悲剧，应该说是一种陋俗。近代，此风已在逐渐改变，但观念还普遍存在。

（三）离婚

因为苗族的结婚有多种形式，所以，离婚也有多种形式。一般分为公开离婚和私下离婚两种。

1. 公开离婚

公开离婚就是按习惯法用明媒正娶的形式结婚的夫妻，因为一定的原因不能延续婚姻关系，就通过理老和有关证人公开解除婚姻关系。

（1）离婚的条件

离婚的条件（原因）往往与赔偿损失密切相关，因此不同的离婚条件导致不同的赔偿结果。

如果女方“脚不踩丈夫的席，头不顶丈夫的被”的，丈夫可以提出离婚。这就是女方无理，男方胜诉，女方要赔偿男方的损失（或男方不负责赔偿女方的损失）。

如果男方“米不给女舂，水不让女挑，公公‘打谷仓’，婆婆‘吹晒架’（即故意刁难）”的，妻子可以提出离婚。这就是男方无理，女方有理胜诉，男方将赔偿女方的损失（或女方不负责赔偿男方的损失）。

结婚后，如果男方还在友访场上谈情说爱，言行越轨，有伤风化，那么女方可提出离婚，这属男方无理，女方胜诉，男方要赔偿女方的损失（或女方没有责任赔偿男方的损失）；反之亦然。

另外，男女双方谁有偷盗行为的，另一方可以提出离婚并胜诉，偷盗者败诉并赔偿对方的损失。以上是有条件离婚。

还有一种情况是对方没有过错而无故提出离婚的称为无条件离婚。谁无故提出离婚，谁赔偿对方的损失，而对方没有责任赔偿任何损失。凡认为对方长相不好，或性格不好，或脾气不好，或家人不好的，都没有充足的理由，属于无条件（或无故）离婚之列。

婆媳关系不好一般不作为离婚条件。若经调解无效，则做分家处理。

婚后夫妻感情不和，关系恶化，可以离婚，但由理老或长者来断定是非曲直。理亏者赔偿对方的有关损失；若双方理亏，或互赔损失，或互不赔损失。以上大多数离婚条件的实质内容可视为“夫妻感情破裂”。

（2）离婚的程序

在举行离婚仪式之前，约定时间、地点（一律在野外或分岔路口、分岔河口），由理老主持，双方数人至数十人参加，当场对答，可对婚姻古理歌，由理老断定曲直，以破竹筒为标志，男女双方各持一半，正式确认解除婚姻。

贵州苗族西部方言区的威宁县，其离婚习惯法比较有代表性。男女婚后，如果不仅婆媳不和，而且夫妻关系恶化已达水火不容，或经理老（长者）按习惯法调解无效，那么就做离婚处理。处理前，由双方先找出公认的理老五至七人，请他们确定断理的时间地点、每方参加断理的人员、商议断理条件和断理需注意的事项等等。断理时，理老先画出各方所坐界线，并把铧口、竹子等习惯用的实物摆在断理场正中，然后宣布有关事项。接着提出断理原因，再由双方主断人员介绍情况，当众提问和答辩，随行人员可做补充，再经理老依据事实，找出问题根源，提出处理意见，明确责任所在。不服者可以反驳，此时理老要按照习惯法引经据典，一一解释。只要多数服从，哪怕有少数抵逆，就可以立约定案，落实事由责任，按习惯法定的常规：属男方责任的，男方赔七至九头牲畜（牛或羊）给女方；属女方责任的，女方赔七至九套新衣服给男方，限期兑现。然后挂起铧口，破开竹筒，并在竹片上刻数量不等的刀痕，代表赔偿的数目，离婚双方各拿一半，以为凭证，若以后谁对赔偿翻悔，则谁钻过铧口眼孔，或复原竹筒无缝，这件不可实现的要求，是说离婚裁决和赔偿标准永不改变。另外，若不如数兑现，或逾期兑现，加倍严处。显示出习惯法处理离婚的权威和效力。

2. 私下离婚

私下离婚的条件与公开离婚的条件相同，不同点主要在于离婚的程序上。私下离婚是未按礼明媒正娶的夫妻，因为一定的原因不能延续婚姻关系，并通过有关证人私自解除婚姻关系的一种离婚形式。原来以私奔、逃婚、抢婚等形式结婚的夫妻，离婚时多用此种形式。可以不请理老主持，参与的人数极少。

具体的程序是：男女双方各约一至两位同伴，有时也可以有个别长辈来做见证人。在分岔河口或分岔路口，当众破竹，男女各持一半，当场互退信物或赔偿有关损失，该婚姻关系即可解除，两人至此分手。

至于谁向谁赔偿损失的问题，因为此类婚姻在结婚形式上比较简单，双方均未有更大的损失，在破竹离婚前，多数均已私下商议好。约定时间地点破竹离婚，只不过是一种程序。需要见证人在场，才能确认正式离婚。

如果在结婚时某方损失较大，因此在赔偿问题上两人私下商议不成功，那么，也可以请理老用公开离婚的形式来解除婚姻关系。

3. 离婚中的其他问题

苗族的离婚，有的地方请媒人出面，有的地方不请媒人出面。媒人一般不愿意出场，认为这是缺德，是拆桥。如果非要媒人出场，则支付给媒人一定的费用，多少看请者的承受能力来定。这费用作为媒人的功德补偿，媒人得了这补偿钱，出面为他人解除婚姻关系以后，将这钱用来杀鸡敬神、砍刺挂门（用少许白刺挂在门上），以抵御舆论的唾骂和神对他的惩罚。

在离婚时，谁家请的理老、代言人和同伴等由谁家招待。

离婚中的子女问题。不管是公开离婚还是私下离婚，对子女的处理一般情况是：女孩跟母亲，男孩跟父亲。若母亲要带男孩，必须经男方同意。若男婴尚小，男方可以不同意马上离婚，理老也认可。子女的归属一旦确定，离婚后无论所得子女多少，都各自抚养，互不承担对方所得子女的抚养义务，即使是独生子女也如此。

财产问题：离婚后女方不能带走男方的财产（包括共同劳动的成果），若胜诉，可以索取赔偿金。无论胜诉败诉，女方都可以带走娘家给她的银首饰以及织布机、纺花车等。若败诉，则男方不付给女方赔偿金。

4. 转房、复婚与重婚

（1）转房

在苗族婚姻中，因为涉及财产继承关系，以致出现转房的婚姻现象。转房的习惯法规则是在丈夫死亡后，妻子有转嫁给亡夫兄弟的义务。亡夫的妻子转嫁亡夫的兄弟称为转房。这属文化人类学上的兄亡弟及婚，其他一些少数民族亦有此婚俗。

①转房的条件。双方年龄不能差距过大；双方情愿；双方的父母同意。

②转房的原因。一般是为了便于对子女的抚养，并可减少“娶亲”费用，或者是为了防止财物的流失，后者是历史上产生转房的实质原因。虽然现在女子出嫁时没有多少陪嫁物，离婚时也不能带走任何家产，但历史上曾有过以耕地、牲畜等作为陪嫁物，加上银饰等，其价值也颇为可观。为了不让财产落到家族之外，转房婚姻便应运而生了。

③转房的程序。该婚姻一般是由亡夫家提出，首先征得女子家长的同意，然后托媒人从侧面征得女子的同意。接下来，择定良辰，请女子的家人到男方家，加上证婚（媒）人，两家长辈祭男方祖灵后，共进婚宴。婚宴可请客，可不请客。女子本来就是男家的人，无须回去，也不必按礼重新盛装出嫁。转房的程序比较简便，双方家长祭祖就餐后，转房婚姻即可确立。

夫妻之间，任何一方丧偶，均有改嫁和续娶的自由。但是，改嫁之女不能带走亡夫家的财产。改嫁时，若年纪尚轻，则另从娘家出嫁。若年龄大（父母早故），则可举行一定仪式后直接从亡夫家出走，多是由新夫来接，与新夫结合。到新夫家祭祖成婚，不必举行隆重婚礼。

（2）重婚

苗族《理词》说：“多娶妻的，犯了‘拉留’、‘抗公’的榔约，要杀牛来赔榔规，杀猪来祭榔约。”一般说来，苗族中的重婚现象很少，重婚者常引起舅家的不满，并派人来“冲家”，使其不得安宁，社会舆论对重婚者也多贬责。以前个别重婚者多属一夫多妻现象，或者是有钱人家，或者是因为不生育，有的以宿命论做幌子，说某某命该重婚，才不至于断子绝孙等等掩人耳目，以免舅家来“冲家”。重婚在苗族社会中被人们认为是缺德的事。

（3）复婚

有些青年男女，因一时的矛盾而离婚的，经过一段时间，双方进行反省，感到在处理离婚问题上有些草率，或怜悯子女受委屈，经亲友劝说，双方抛弃旧怨，重新组合，实现“破镜重圆”，共建家园。

总之，苗族婚姻主张一夫一妻制，在结婚形式上以明媒正娶为主要形式，同时辅之多种形式，结婚以祭祖为标志，离婚以破竹为象征。婚姻以尊重本人的意愿为实质内容。虽然在个别情况下流露出男女不甚平等的遗风，但从总体上说，基本上体现了男女平等的原则。

三、家庭关系习惯法

苗族家庭是苗族在社会中最小的组织细胞。它与一般的家庭所担负的社会职能相同，有人口再生产职能、经济职能和教育职能，但其家庭关系也有一些习惯法自身的特点。

（一）夫妻关系

夫妻双方有各用自己姓名的权利，妻不从夫姓，但子女从夫姓，并且苗族从来都是父子连名。如父名为 vib（音译为“依”），子名为 jux（音译为“久”），那么往往称子名为 jux vib（音译为“久依”）。以此类推，女儿的名亦如此。

夫妻双方有互相扶助的义务。任何一方在生活上有不能自理的困难，另一方都不能推卸扶助的责任。夫妻双方有共同赡养父母的责任和抚养子女的义务。

夫妻双方都有参加生产劳动和参加有益社会活动的自由。

夫妻在婚姻有效期间，对共同所有的财产有平等的处理权。但寡妇改嫁只能带走一部分共同劳动所得的动产，一般不能继承遗产和属于不动产部分的财产。

（二）父母子女关系

父母子女间有抚养、赡养的义务。父母对子女有教育、抚养和为其嫁娶的义务；儿子有赡养父母并为父母送终的责任。在 些地区流传着这样的俗语：“老子欠儿子一个老婆，儿子欠老子一副寿板。”这就形象地道出了父母子女间的责任与义务。

已出嫁的女儿，对父母一般没有赡养和送终的义务。丧失劳动能力的父母，女儿应该经常看望，其资助量力而行。在父母去世时，有奔丧吊孝的义务，但不负担丧葬中的更多经济责任，吊丧礼物也可量力而行。

无子女的夫妇可以抱养别人的子女。养父母有抚养养子女的义务，并有责任为养子女操办婚事。养子有责任赡养养父母并为他们送终。养女出嫁后，一般没有对养父母养老送终的责任。养子女对原生父母则解除了赡养义务。

继父母与继子女间的责任义务，在组成新家庭后，和一般父母与子女的责任义务相同。同时，组成新的家庭后，继父母对不随身的原生子女不负抚养义务，继子女对原家庭的生父或生母也不承担养老送终的责任。

（三）其他家庭成员间的关系

祖父母有抚养（无父母的）孙子女的义务；孙子女对（无子女的）祖父母也有赡养的义务。

外祖父母与外孙子女之间无抚养和赡养的义务。

兄弟姊妹之间，如果父母已故，或母亲改嫁，有负担能力的兄长必须承担起抚养未成年弟妹的义务。姐姐出嫁后，如果没有长兄，有些姐姐也主动抚养未成年的弟妹，但一般无抚养未成年弟妹的义务。

如果父母、祖父母已故，兄弟姊妹均未成年，那么，伯叔父均有抚养的义务。

在苗族家庭中，女子出嫁后，一般说来，对原生父母没有赡养的义务；对未成年的弟妹也无抚养的责任。但对夫家的父母有赡养的义务，对无父母而又未成年的弟妹有抚养义务。这是长期以来的习惯法规则。

第四节

财产继承法律规范

苗族习惯法中的继承制度，与婚姻家庭有着密切的联系。现就继承的原则、遗产的种类、家族继承、遗嘱继承和绝业遗产的归宿等分别阐述。

一、继承的原则

（一）保护继承权的原则

继承权是以所有权为前提的，不保护社会成员的继承权，对其所有权的保护是不完全的。苗族习惯法的继承范围一般是配偶、子女、父母、兄弟或者尽了赡养义务者。继承顺序根据继承人与被继承人血缘关系的远近以及尽义务的程度来确定，首先是配偶、子女、父母（包括有赡养和抚养关系的继子女、继父母）；其次是在兄弟、叔伯、本家族中确定尽义务者。继承一旦形成，继承权受社会习惯法的保护，他人不得侵犯。

（二）权利和义务相一致的原则

家庭成员间的赡养和抚养义务与财产继承的权利有密切的关系。尽义务多的多分，尽义务少的少分。例如，父母去世后，子女中谁愿意跟父母住在一起，所尽赡养义务多，则家产、财产理应多得。兄弟间分家后，谁没有与父母住在一起，所尽的赡养义务自然就少，所以在分割家产、财产时，相应就少些。

在一个家庭里，几个儿子长大结婚后可以分家。一般情况下，有几个兄弟就分为几份家产和田产，另外还单独留有“养老田”。兄弟间分家时，可以根据长幼先后分出，也可以一次分定。谁尽了赡养父母的义务，谁就有继承“养老田”及老人部分家产的权利。

（三）男性继承原则

苗族基本上以男性继承为主。这是苗族古代社会父权制延续的习惯遗风。苗族家庭的子女中，男性的继承权相当突出。祖父母去世，遗产由父辈（即父、叔、伯）继承，姑母无继承权；父母去世，遗产由儿子继承，儿子中有几兄弟，就分割为几份，姐妹无继承权；父母去世，或儿子也去世，或无儿子，其遗产由叔伯家庭男性继承；如果无叔伯，则由本家族亲缘关系最近的家庭男性继承。如果无家族成员继承，或者家族中无人愿意继承，那么，该遗产作为绝业遗产处理。

苗族中的女性一般没有直接继承权。她们的继承权依附于男性（或父母、或丈夫、或子女）。女儿出嫁时，父母尽其所能给她们置办嫁妆。嫁妆含服饰、银饰，或农具、家具等。其耗资也不小，有时甚至要变卖某些家产。兄弟对此一般都很支持。出嫁以后，不管父母是否去世，都只能以客人的身份回来。有的地方，回娘家连锅灶都不许触摸。无论离婚返回，还是改嫁他人，终身都是如此，更不用说继承遗产了。在现代，有的苗族地区有所改变，家中没有儿子，则由负责安葬其父母的女儿及女婿继承，如贵定县仰望乡上坝寨苗族村民金居堂，无子，有三女，妻子先过世，其家产是房屋一幢和生产、生活用具。金居堂去世时，所有的安葬费用全由大女儿、大女婿负担，其房屋及各项家产也归大女婿家继承。说明妇女还是没有独立继承权。

媳妇在公婆去世后，只能与她的丈夫共同享有以丈夫名义所分得的财产。如果离婚，除了原父母所给的嫁妆可以带走外，任何财产都不能带走。

寡妇如果不改嫁则继承丈夫的遗产。如果她改嫁，也只能带走自己的嫁妆。至于她与亡夫生前共同劳动创造的财产，在一般情况下，均不能带走。但有时改嫁的寡妇也可以带走与亡夫共置财产的一部分，前提是必须征得本家族的同意。至于不动产，这是绝不能带走或变卖的。

家庭无子，或儿子丧失自理能力，实行养子过继，俗称“抱养崽”，即收养子。收养子的范围一般在本家族的堂兄弟中儿子较多、关系较好的家庭中寻找。收养子的形式，一般与对方的父母商量妥当，然后请本家族或本村寨的几位长者，加上养父母和养子一起，祭祖后，宴请大家，家族社会认可，即可完成养子过继的程序。有条件的人家可以杀猪、宰鸡鸭，宴请亲朋好友；无条件的人家，粗茶淡饭亦可。养子对养父母有赡养送终的义务，有继承养父母家产田产的权利。作为养子，对原父母是否要尽赡养和送终的义务，由本人根据能力来定，但他一般没有再继承原父母财产的权利。

（四）为姑娘提供便利原则

在继承父母遗产的问题上，一般来说，苗族姑娘是无权问津的。因此，苗族姑娘在出嫁的那一刻，未出门就开始流泪，一出门就泣唱《哭嫁歌》。从向父母兄弟告别开始，对曾经使用的炊具、农具、家具到曾经劳动的地方，一一道别，荡气回肠，声泪俱下，感人肺腑。如果新郎家距离五里地，她可以哭唱三里地。《哭嫁歌》现在固然已经成为一种感染力极强的礼嫁文化形式，人们已经不再认为是姑娘为了计较父母的财产而哭泣。但是，《哭嫁歌》在离别兄弟的歌词里，曾有这种意思：“你们有幸与父母朝夕相依/你们有幸得到父母的温暖/你们得祖宗田犁/你们得父母地耕/你们得牛马祭祖宗/你们得瓦房遮风雨/我们打一把伞就离去/两手空空向你们道别……”对比之强烈，令人心碎。这是对姑娘没有财产分割权的一种哭诉。应该说，这种哭诉是自父系氏族社会产生时就开始的。很多在苗族的史诗、古歌、古理词里面，都反映了这样一个事实。苗族最先是嫁男而不是嫁女，后来因为劳动力等原因才改为嫁女而不是嫁男。这就是母系氏族社会向父系氏族社会过渡的远古记忆。几千年的出嫁，几千年的哭诉，这提醒苗族的父母们，因为苗族姑娘没有财产的继承权，做父母的必须给自己的姑娘在财产方面提供相应的补偿，它也提醒苗族的兄弟们，应该知足，不要在遗产问题上闹纠纷。给予姑娘补偿的方式具体表现为：

①姑娘进入少年、青年时期，父母就注意让姑娘向嫂嫂或姐姐们学绣花、编织花带、画蜡染布、绣花、织布，准备出嫁的衣料，这些自制或父母帮助制作的工艺品要花许多时间，价值也较高，全归姑娘所有。

②姑娘帮助父母种田种地、养猪、养牛，除了解决一家的生计外，凡出卖得利，父母都把一部分现金给姑娘，让其保存或买项圈、首饰、腰链等银饰和衣料，这些属于姑娘所有。这体现姑娘的劳动成果，鼓励姑娘不断地劳动，多创劳动价值，出嫁时由姑娘带走。

③划一片地（称姑娘地）给姑娘种棉花，用来纺纱、织布，种蓝靛来染布或种其他农副产品出售，所得的产品，换取的现金，全为姑娘所有。

④在林区，如父亲或兄弟砍树锯板子、烧炭、劈柴卖时，父母也故意安排姑娘去卖，卖得的钱归姑娘所有。清水江流域苗族有种“姑娘林”的习惯，家里生了姑娘，就种一片杉木，等姑娘长到 18 岁，林子也长成，将林子砍伐出卖，作为女孩的嫁妆①。

⑤姑娘利用农闲去劳动所得的收入全归姑娘所有。

⑥父母专为姑娘做的出嫁的银器（借来的除外）、服装等全归姑娘所有。但银器待姑娘年老或离世后，由舅家收回一部分，有的也不收回。

⑦有的地方姑娘出嫁后，兄弟分家时有几个姐妹就留几份田，称“姑娘田”。这种姑娘田在私有制时，可以由姑娘自己去种，直到姑娘年老、离世时由舅家收回。也可以由舅家耕种，但必须是某位舅种某位姑娘的“姑娘田”。逢年过节，舅家必须抬米或送粑粑去探望这位姑妈（姑娘），一直探望到她老了为止。如果姑娘家没有兄弟，就由姑娘的亲生父母明确由哪位堂舅乐意认某姑娘为姑妈，负责该姑妈直到年老。并由这位堂舅赡养姑娘的亲生父母，以后这位堂舅可以继承这两位被赡养老人的财产。过去姑娘没有继承权，随着社会变革，现在有的地方姑娘同样有全部或部分继承权。

⑧有些人家比较富裕，父母自愿把一部分动产，如银器、布料、木料等送给姑娘，这部分财产归姑娘所有。

---

① 徐晓光：《清水江流域传统林业规则的生态人类学解读》，知识产权出版社 2014 年版，第 85 页。

⑨姑娘出嫁后又离婚的，姑娘有权回娘家或舅家同住、同吃、同劳动，直到改嫁为止。改嫁时父母或舅舅同样为姑娘准备一些出嫁的礼品。

⑩除了上述姑娘权利外，姑娘出嫁到男方家，过一段时间，如姑娘与丈夫的父母、兄弟分居时，父母还送去农具、家具、炊具等财物，帮助她独立生活，直到她年老或去世。以上实物所有权全归姑娘所有，父母、兄弟不得收回。

（五）长者协商判定原则

对遗产的继承，分有协商继承和非协商继承两种。非协商继承指父母已故，只有一个儿子而无兄弟或养子的，由儿子直接继承，无须协商；父母已故，只有一个养子的，养子与亲生子享有同样权利，直接由养子继承，无须协商；儿子虽有两个以上，但尚未分家的，父故母继，母故父继，无须协商；儿子已故，父母继承，无须协商；等等。

协商继承指“非协商继承”以外的各种继承。它们都需要进行协商，在此基础上，不管意见分歧与否，最后都请本家族或寨上的长者几人到场判定。

协商继承是在继承人之间对遗产利益的分割。要求所有的继承人到场，大家在哀痛的氛围中进行协商。通常都能比较顺利地按以上习惯法原则进行协商分割。但也有意见分歧或产生纠纷的，这时，长者既是公证人，也是判定人，一经判定则具有习惯法定的效力。

在协商继承中，无论有无纠纷，如果没有长者判定，就不具有法定效力。反过来，该协商而未协商，长者也无从判定，也不能判定。

判定继承，较为复杂的，也可立字据为证；不甚复杂的，口头议定即可。

二、遗产的范围和种类

在苗族习惯法中，遗产是指苗族家庭成员死亡时遗留的全部个人财产，其范围包括房产、土地使用权、山林使用权、实物家产、货币及其他财产等等。

房产、土地等属不动产，实物家产和货币财产属动产。不动产只需划定，一般不能分拆；动产需要具体分割并拆散。

房产包含固定于房屋上的砖瓦、柱板、门窗及地基（使用权）等。土地包含耕田、耕地、灌渠等。山林包含山地、林产以及固定于山林的护林设施等。实物家产包含各种建筑材料、家具、炊具、农具、家禽、家畜、粮食、肥料、房内外的禽畜、棚具、衣物、棺料以及各种工具等。货币等其他财产包含钱币、银饰、银两及有关宝物等。

寡妇改嫁时，她和已故丈夫共同创置的房产、林产、田产、家产、财产等不动产一律都不能带走，作为原夫家的遗产处置。至于和丈夫在世时共同劳动所得的货币、衣物等，也可以适当带走一部分。带走多少由本家族长者到场与子女等协商断定。

三、家族继承

苗族的家族继承是指直接继承人中无男性，为防止财产流出族外，而由本家族血缘关系相近的男性继承的习惯法规则。也就是说，父母已故，无子女或有女无儿的，由叔伯或者家族继承。如果男性一直未婚，一旦去世，则由其兄弟家庭或本家族继承其遗产。这些情况称为家族继承。

家族继承要在承担处理好被继承人有关事务的前提下，才能实施。例如：被继承人无子女，谁是家族继承人，谁就有义务将被继承人的后事处理好，如果继承人能力不够，可以变卖被继承人的部分遗产作为补充。

如果被继承人有女儿，家族继承人除了处理好被继承人的后事以外，还有义务将其女儿当做自己女儿或妹妹一样对待，有义务处理好她的婚事，置办嫁妆，如果能力不够，则可以处理部分遗产作为补充，一定要使嫁妆达到相应的质量与数量，让家族的人们认可。然后，家族继承人作为舅家要经常走访被继承人女儿这门亲戚。

家族继承属协商基础上的长者判定继承。由谁享受家族继承权，要依照血缘亲疏的先后。如果没有较亲的兄弟、叔伯，那么就在整个家族中寻找最接近的亲属关系。同时还要考虑继承人的自愿。例如，较亲的兄弟或叔伯都不愿意家族继承，那么在本家族中如有谁愿意家族继承，也可以跨越这个顺序。家族继承的确定原则和程序：一是亲疏顺序；二是自愿；三是判定继承的权利义务；四是由长者最后判定。

长者到场协商一旦判定，继承人的权利和义务就产生习惯法定效力，继承人的继承行为就处在家族社会的舆论监督之下。如果继承人草率处理被继承人的后事，或者对被继承人的女儿未尽到应尽的义务，那么，将被本家族长者和众人指责。这种舆论的否定，往往影响到被指责者参与群体的行为。换句话说，在今后宗族的群体活动中，被指责者的行为将受到限制，同时也很难得到群体的帮助。

四、遗嘱继承

遗嘱继承是指继承人按被继承人的遗嘱进行的继承。死者的遗嘱在“协商基础上的长者判定原则”中起着决定性作用。在苗族中，长者判定时一般都尊重死者的意愿。

限于文化和文字的原因，苗族的遗嘱大多为口头遗嘱。临终前的被继承人，除了无法说话以外，继承人都希望听到他们的遗嘱，其遗嘱就是继承的重要依据。在被继承人去世后的继承协商过程中，遗嘱不仅体现为被继承人的意愿，而且在生者的心目中，遗嘱更重要的是体现为一种灵魂的声音。苗族群众一般崇拜神灵，崇拜祖先。年迈的被继承人，其遗嘱在后人心中自然具有相当的权威。所以只要遗嘱涉及的继承范围，一般都照遗嘱继承。

遗嘱除了对后事的安排意见外，在遗产继承方面，对一般涉及的或者易于争议的问题说出自己的意见，或者是指定祖传秘方的继承人，或者是指定祖传工匠技艺的继承人，或者是债权、债务情况交代等等。其中，祖传秘方一般按亲疏传给后代，而工匠技艺的继承则可以不受亲疏关系限制，有的可以在家族以外指定继承人。

遗嘱继承具有较大的习惯法定效力。

五、绝业遗产的归宿

绝业遗产是无继承人的遗产。在苗族中出现绝业遗产的情况有以下几种：

一是无家族继承人的绝业遗产。在既无继承人，又无家族继承人的情况下，其遗产为绝业遗产。二是有家族而无子继承的绝业遗产。无子继承，按理一般可以在家族中由家族其他成员继承。但是，被继承人如果被苗族群众认为是“鬼”或“蛊”的携带者，或者属于“恶死”的不正常死亡，那么，家族中一般无人愿意继承其遗产，其遗产为绝业遗产。三是被继承人去世，继承人外出他乡多年，且不知去向，几十年杳无音信的，其遗产为绝业遗产。

对绝业遗产一般做如下几种处理：①如果被继承人的女儿较多，本家族将其遗产全部变卖，做供养其女儿长大直至置办嫁妆的费用。如果其遗产不够支付，其女儿由本家族收养。②如果绝业遗产不多，则全部变卖做死者丧葬资用，或者谁安葬死者，谁继承此遗产。③除了“鬼”、“蛊”的携带者或“恶死”的遗产要火化外，所有各种绝业遗产一律充为本家族或本村寨公用。

所谓“恶死”，也称“凶死”，苗语称 das yangf 或 das axvut，在苗族社会中属不正常死亡。诸如产妇难产死亡，产妇未满月死亡，坠崖死亡，作恶后被官家斩首、枪毙，还有以前犯榔规后被沉潭死亡等等，都属“恶死”之列。对“恶死”者的遗产，一般情况下，非直系亲属都不愿意继承。该情况若属绝业遗产，多数家族连充公都不愿意，往往一火焚之。

第五节

林木经营与管理法律规范

苗族很久以来就擅长森林林木的栽培、种植、采伐利用，从事林木、林地的经营管理活动。在明清时代就广泛植树造林，他们“以林为生计”，在长期的营林过程中摸索总结出“边砍边造”、“持续利用”的方法和经验，一定程度上做到了“多予少取”。因此可见，林木的利用和种植是一种社会的行为，要有相应的规矩加以规定，苗族在林木生产和经营方面有较为丰富的成文与不成文的规矩。

一、明清时期的皇木征派与民间林契的出现

贵州黔东南及与其毗连的湘西地区，气候温和、雨量充沛、山峦起伏、林木茂盛，是连绵千里的大林区。在原始的生产、生活方式下，由于低下的生产力和简单的生产关系，苗族人民对森林资源的利用仅限于就地采伐，以用于简单的生产和生活所需。森林长期自然生长的蓄积量一直超过人们的采伐量。苗族人民的生产和生活长期依赖于自然，正如贵州《黎平府志》所说：“天之所以利黎平在此，黎平民之所以为生计者亦此。”这样，苗族人民自然形成一种森林生态自然环境的保护意识以及相应的森林禁忌习惯，因此，这一地区森林面积一直有增无减。如贵州锦屏县清水江畔的文斗寨“在元时，丛林密茂、古木阴稠、虎豹踞为巢，日月穿不透，诚为深山箐野之

地乎"①。足见在元代，文斗苗寨还是一片郁郁葱葱的原始森林。

明朝洪武三十年（1397）朝廷在锦屏设卫，屯军占地354顷，引发了少数民族人民的起义。十月，朝廷派兵镇压农民起义，明军主力"由沅州伐木开道二百里抵天柱"②。说明当时贵州天柱、锦屏一带还是漫山遍野的森林。也就是在这次用兵的过程中，朝廷了解到这一地区的森林资源情况，便开始在此地征派皇木。

明清两代京城在兴建宫廷的过程中，均定例向黔、湘等省的少数民族地区征派杉、楠、樟等木材，供皇苑建设使用。此外，少数民族土司为了向皇帝请赏，常有选巨木为贡品，奉献朝廷而获得晋升官职者。

明朝在黔湘苗族地区大量征派皇木，给两省财政和各族人民带来沉重的负担。如嘉靖三十六年（1557），朝廷"复遣工部侍郎伯跃采木于川湖贵"③。对此，贵州抚按官员高翀等向皇帝上奏："本省采木经费之数，当用银一百三十八万余两，费巨役繁，非一省所能独办，乞行两广、江西、云南、陕西诸省通融，出银助之。"④ 奏章未被朝廷采纳，高翀只好硬着头皮执行，但一些地方官员消极以待。嘉靖三十八年（1559）"高翀参都司何自然以采木急，托疾规避，宜治其罪"，诏曰："革自然任，付抚臣待问具奏。"⑤

清朝则定例按年征派，为保证皇木及时运达京城，也采取了一些具体法律措施，杜绝在采木过程中的不法行为。如《皇木史稿》中载有湖南巡抚的一折奏文："……领帑承办之同知通判等官，每籍采办名色，在于苗地，不问民之愿买与否，将树混号记，给价砍伐。苗以奉公采办不敢较论，及至常德府德山河下，商木聚会之所，又将商木选择号记轻价勒买。除额办，夹带私木，运至江南一带，逗留私卖，每有途经年不到京之事，内部行催，彼以风水阻滞，无从究结，诚不可不立法稽查，以杜其弊。……现行示布政司查议转饬，如果聚木行市之处办不足数，须在苗境购觅，务必委员知会地方官询问苗民情愿，然后照依时值砍买，仍会地方官通报查考其木运至辰州，承办之员将改办木数，辰、永、沅、靖道亲监查照，以杜多滞渔利之弊，亦在案。"⑥

由于明朝中期开始的大量采伐，以致造成"山林空竭、海内灾伤，林木料价采征

---

① 《姜记家谱·记》。

② 《黎平府志》。

③ 《明史·食货志》。

④ 《明世宗实录》卷四五六。

⑤ 《明世宗实录》卷四七三。

⑥ 贵州省编辑组编：《侗族社会历史调查》，贵州民族出版社1988年版，第9页。

甚难”① 的情况。到了清朝，朝廷开始认识到了林木对水土保持的重要作用，康熙就曾说：“水养木，木养土，木富而水生。”到了乾隆五年（1740）十月，“树木亦多行栽种，查黔地山多树广，……令民各视土宜，逐年栽植，每户自数十株至数百株不等。种多者，量加鼓励。……种植既广，宜劝民以时保护。种植在山，民间牲畜如有肆意纵放，致伤种植，及秋深烧山，不将四周草莱剪除，以致延烧者，均令照数赔偿……”②

明末清初，随着木材的商品化，人工造林在贵州推行。锦屏林区盛产杉木，也宜生桐木，苗族人民在种田之外，历来重视营林，林业商品经济发展较早，除农民自己种桐树外，也吸引一些商人投资经营成片的桐林，湖南黔阳等县的农民就有到该地栽杉谋生的，反映了当时以木材为主的商品经济的发展正在冲破自然经济的限制。

人工造林的兴起，带来了林地租佃关系，出现了山林租佃契约。现存较早的租佃契约是锦屏县河口乡文斗寨的《佃种山场合同》，为清乾隆四十五年（1780）栽手龙文魁等七人向地主姜兴周佃山栽杉的契约：

立佃种山场合同人稿样寨龙文魁（以下七人人名从略）等，亲自问到文斗下房姜兴周、姜永凤、姜文襄得买乌养山一所、乌书山一所，今龙、吴、李三姓投山种地，以后栽杉修理长大发卖，乌书山两股平分，乌养山四六股分，栽手占四股，地主占六股，乌书山栽手占一股，地主占一股。其山有老木，各归地主，不得霸占。今恐无凭，立此投佃字存照。

凭中代书姜梦熊曹聚周姜安海
佃种人龙文魁吴光才李富林
党加众山佃约付与梦熊收存
乾隆四十五年正月二十九日立③

林木的生长周期最少要18年，一般是20—30年之间积材最快，往往是树长到20年才发卖，栽手最终能获得20% ~40%的林木分成。在长达20年的时间里，为保证地土和栽手双方的利益，需要订立长期有效的契约作为保障。

① 《明世宗实录》。

② 《清高祖实录》乾隆五年十一月初六。

③ 贵州省编辑组编：《侗族社会历史调查》，贵州民族出版社1988年版，第17页。

二、林业契约及其法文化价值

苗族地区至今保留了一批用汉字书写的山林契约，记载了黔东南苗族侗族地区发生于清代到民国时期的山林买卖关系和租佃关系。据了解，在清水江沿岸锦屏县，民间尚保留这类契约至少还有40万份。这些是研究苗族地区林业活动和买卖关系的稀有历史资料，正好填补了我国西南林区封建社会林业生产关系研究的空白。这里仅介绍锦屏县文斗上寨保留至今的清代林业契约。

文斗上寨是以苗族为主的村寨，位于清水江畔，以产杉而驰名，林业商品经济发展较早，在西南林区属于经济发达地带。文斗上寨的清代林业契约从乾隆到同治年间均有分布，从这批年代久远的契约中可以了解当地山林的占有、买卖、租佃关系以及木材的生产、贸易的历史实情。

契一："乾隆年间卖山、树契约"

立断卖杉木并地人本房侄子姜朝佐，因为家下缺少银用，无从出处，自愿将到祖业山场一块坐落土名纲晚山，三大股均分，朝佐兄弟名下占一股，今将朝佐半股杉木并地卖与本房姜兴周叔爷名下承买为业，当日议定断价纹银七两整，入手领回应用。起杉木之后，任从买主子孙世代永远管业，而卖主不得悔言，如有翻悔者，俱在卖主，一卖一了，二卖二文，今恐言信难凭，立此断契存照为据。

凭中叔姜乔香

朝佐亲笔

乾隆四十三年十二月十七日①

契二："嘉庆年间卖林木契约"

立断卖山场杉木并地字人姜议九弹，因为家中缺少银用，自己将到保天所遗杉木一块，上凭岭，下凭朝瑾，左凭朝贵，右凭朝瑾，四至分明。请中度到姜朝瑾父子名下承买为业，当日议定价银七钱整，入手收回应用。其山场杉木自卖之后，卖主不得异言。如有异言，俱在卖主上前理落，不与买主相干。今欲有凭，立卖据存照。

凭中姜老所

① 贵州省编辑组编：《侗族社会历史调查》，贵州民族出版社1988年版，第13页。

代笔姜宗礼

嘉庆五年（1800）二月十八日姜议九弹立

契三：“同治年间卖山林契约”

立卖山场杉木字人姜发清，为因要银使用，无从得出，自己将山场一块，地名凤犁，出卖与姜恩成名下承买为业，三面议定价银贰两捌钱，亲手领回应用。其山界至：上凭路，下凭土坎。左凭岭与钟英山为界，右凭冲为界，四至分明。此山分为三大股，本名占一大股，自卖之后，任凭买主管业，卖主不得异言。如有不清，俱在卖主理落，立断卖山场存照为实。

同治八年（1869）六月二十日亲笔立凭中（姜）大周

从以上诸契并结合其他类似山林买卖契约，可以发现订立契约必须具备以下要项：

①立契人，即出卖山林的人。若买卖关系发生于寨内、族内一般省去立契人的住址、籍贯；若买卖关系发生在寨外、族外，则需写明买者的村寨。以上几契均发生在本寨、本族内。

②产权的来源。写明山林的产权是“祖业”还是“某某所遗”或是“自己买进的”。还有一部分契约只提“自己名下”或“自己份下”的山场而未言明产权来源。

③买山人。若山林买卖关系发生在族内，需写明与卖方的亲属关系，如契一。买卖关系发生在寨内，则省去买卖双方的住址。寨外要写明买方的住址。

④出卖山林的原因。一般写明“缺少银用”、“无银使用”和其他原因。

⑤地产的范围。在买卖契约中必须写明所卖山场的上下左右四至界限，稍有疏忽就会引起与临界山主的纠纷，所以山林买卖契约对写明四至山界都非常重视，只有独山独林，四周无林地可以混淆的，不必要在买卖契约中写明四至。

⑥山价。山林的买卖，按清代的币制是以白银或铜钱支付的。

⑦买卖双方的权利义务。凡山林立契卖断，银、契两交后，买方即为法定的山林所有者，有权决定对林木的蓄养栽修，对山林进行管理或转让出卖。若卖断后发生卖主方叔伯、兄弟、房族和外人对产权的纠纷，全是卖方的事情，与买方无关。

⑧立契手续。立契必有中人，曰“凭中”，凭中与买卖双方达成协议后，立契人、凭中懂汉字的由自己书写，注明“亲笔”或“凭中代笔”；双方不懂汉字的，请有文化、懂汉字的人书写契约，书写人要在契后落名，并注明“代笔”、“代书”、“依口代笔”。然后银交卖方，契交买方，契中内容生效。

清代民国在黔东南偏僻的苗族村寨出现如此之多汉文规范化的契约，且使用得如此普遍，从根本上说是林地私有化、木材商品化的结果。在这一过程中，内地汉族地区封建土地所有制对苗族地区的质的影响亦不可低估。从契约的形式上看，山林作为商品进行买卖，必然要有约定双方权利与义务的契约为保证，但历史上苗族没有文字，只能借助内地汉族地区土地买卖中定型的契约形式体现这种买卖关系。说明了当时有较高势能的内地法律文化向民族地区的流动，国家法和内地汉族民间法传统向这一地区的浸润。

三、传统“榔规”关于森林保护的习惯法规范

森林是人类发展的摇篮，世居在黔东南的苗族人民，与森林有着密切的联系，很早就有“靠山吃山，靠山养山”的爱林护林传统。在清朝和民国年间，立于锦屏、镇远、黎平一带的碑文，就记载着黔东南苗族人民爱惜森林、保护森林的规矩。清嘉庆二十五年（1820），立于锦屏县九南乡的一块碑文载：“我境水口，放荡无阻，古木凋残，财爻有缺。于是合乎人心捐地买界，复种植树木。”碑文中记有20人捐买一片山地造林，并规定：“一禁大木如有盗伐者，罚银三两，招谢在外；一禁周围水口树木一栽之后，不准砍伐枝丫（原文作椏）。如有犯者，罚银五钱。”道光七年（1827），黎平县南泉山立有《永远禁石碑》，碑文刻：“兹有不法山僧，暗约谋买之辈，私行擅伐。合郡绅士，因而禀命干预，除分别惩处外，理合出示晓谕，再行勒石，以垂久远。自后山中凡一草一木，不得妄砍。”镇远县蕉溪区大岭乡金坡村于道光十八年（1838）所立乡规民约碑中载：“日后不拘内外亲及贫老幼人等，概不许偷盗桐茶、盗砍木植，一经拿获，罚银五百文。偷窃杉料材木，加倍处罚。”同治八年（1869），黎平县潘老乡长春村立下禁碑：“吾村后有青龙山，林木葱茏，四季常青，乃天工造就之福地，为子孙福禄，六畜兴旺，五谷丰登，全村聚集于大坪饮生鸡血酒盟誓，凡我后龙山与笔架山一草一木，不得妄砍，违者，与血同红，与酒同尽。”①

以前，在苗族村寨中，家族与家族之间的林权纠纷，都可以通过习惯法加以协调和解决，家族内的林权纠纷更可以通过家族内的规定得到处理。户与户之间的纠纷多由保长、甲长、族长出面调处；村寨之间的纠纷由乡长或区长出面调处，寨与寨、乡

① 黔东南苗族侗族自治州地方志编纂委员会编：《黔东南苗族侗族自治州州志·林业志》，中国林业出版社1990年版，第161页。

与乡之间的纠纷，如和解不成的，可告到县，由县政府出面解决。清朝、民国期间在黔东南林区，村寨与村寨之间较大的林权纠纷则由县司法机关来解决。在凯里市（当时的炉山县）三棵树镇南花村尚存有记载民国二十七年（1938）司法处判决南花村与平寨村村民因山林纠纷案件的石碑。

苗族习惯法高度重视林地的疆界，无论谁只要破坏了原有的林地疆界，就会受到重罚。《苗族理词》载："屋地菜园、山场河流、良田肥地、杉木杂木、各人各份，各人各股，立石为界，划线为界，是用钱买回的，拿钱换来的，或自力开垦的，自力开辟来的。……不准谁过界砍柴，越岭界挖地，移石界者绝种，蛮占者死绝，地方不允许，村寨不相让，众人一条心，村寨人一起，到他家、上他门，杀大猪，宰肥猪，九十九斤酒，八十八斤肉，串肉送给各地方，串肉送给各村寨。"以上规约把维护林业产权界线明确视为人人必须遵守的基本行为准则，其宗旨是强调"让得三杯酒，让不得一寸土"。这种明晰产权的规矩，恰好是这一地区人工用材林业得以长期稳定经营的社会条件。若没有这些规矩加以约束，就会导致林木产权的混乱和纠纷。正因为规约中规定了林业界石和界槽人人都得保护，才能保证活立木的所有权不至于遭到侵害。苗族在保护林木方面的议榔非常多，此不赘述。苗族明确规定了林业的生产月令，一至三月是林业的操作期，林间的间伐和疏伐安排在一月完成，而林间的中耕则安排在二三月完成。这样的月令安排，除了林间的必要的管理期外，一年中绝大部分时间，林区完全处于封闭状态，这样做确保了林木的生长和林区的安全。

对于违反山林保护规则的处罚措施苗族榔规规定得更为明确。公有山岭和牧场根据公约进行保护和使用，社、村公有山林，不准私人或其他村、社侵占。"封山才有树，封河才有鱼。封山有林，不准烧山。哪个乱砍山林，我们要罚他十二两银子；他若不服，要加倍罚到二十四两到三十两。""偷人家杉树，罚银三两三；偷人家松树，罚银一两二；偷人家干材，轻的罚六钱，重的罚一两二"。从江县苗族榔规规定："乱砍杉木和放火烧山的罚88斤肉，乱砍别人田边地头休息处挂衣服和饭食的树丫和杉木的罚八两八钱。"榕江苗族规定："偷砍一株杉木，罚大洋13元。"台江苗族规定："砍去一株小杉树尖，罚银三两三，偷砍山柴一担，罚银三两三。"

苗族的一些习惯、禁忌也对林业的经营和保护起着很好的作用。又如苗族"鼓山林"（苗族鼓社公有的山林）不准砍伐，鼓社节时才能砍伐少许，作为制作新鼓和过节之用，村寨敬奉的古树和风景林，大家要以神树供祭，若有亵渎或砍伐，决不轻饶。如，仅距从江县县城两三公里的岜沙苗人，有担柴到县城（丙妹镇）来卖的习惯，但从不使用人力车和机动车运输。岜沙是古老苗族的一支，至今还保留着战国时期的头饰和服饰，挑柴卖是他们古老的传统，是习惯法规定的，以保证该地的林木量，防止过度的砍伐，而且限定了砍伐烧柴的树种，只许砍青冈木、麻栗木以外的树木。

这些习惯禁忌客观上起到了保护森林的作用。

苗族村寨的传统规制中都有一些保护山林和生态环境的具体规定，如凯里市三棵树镇南花村苗族习惯法规定：牲畜践踏他人苗木的由牲畜饲养人照数赔偿；村寨周围的林木为公有，若谁擅自砍伐将予以双倍罚款；偷砍林木的，按所盗林木的重量予以罚款；情节严重或数量较大的，还另罚偷盗者拾粪、修桥、补路等。雷山县甘皎村苗族习惯法规定：私自砍伐村寨周围山上林木为己用的，除砍一棵另栽十棵外，还必须赔偿；牲畜践踏苗木的，寨老主持清点被践踏实际数量后，由牲畜饲养人如数赔偿。天柱县三门塘村规定：砍人家的木头要把猪杀了分给大家吃；村里的“老人会”还规定：谁偷砍树木，以后家里死了人不准别人给他家抬棺材，情节严重的拉猪、拉牛。

民国以前，黔东南苗族地区山属私有，林归个人，各级组织虽公布过一些林业法规，出示禁止烧山和不准乱砍树木等牌示，但没有做专门的宣传。明清时期，林业没有专门的机构，由县令统管林政。直到民国十八年（1929）前后，黔东南各县由建设局管理林业，警察局负责森林保护。由于政府林业管理组织的薄弱，使民间林业公会等管理组织的职能得以发挥。民国初年，邛水县（今三穗县）瓦寨人周治昭、治南兄弟发动家乡群众植桐栽杉，选地建立工棚，请人日夜守护，邀请区、乡、保、头人成立瓦寨林业公会。民国九年（1920）六月，又联络瓦寨附近长吉、顺洞、新场、稿桥各乡保甲长及山林主订立《邛水县瓦寨联合林业公会规约》，规定：“盗人杉树一株，赔洋二元”；“浪放牛马猪羊践踏树木农产等物者，除相应赔偿损失外，罚洋一元至三元”；“无力缴纳者，酌照银行计算，罚充本会林场苦工，重者照《森林法》呈请官厅执行”。这样，村看村，户看户，一个垦山造林、封山育林护林的风气自然确立。没几年，瓦寨、款场一带桐茶满山，杉木连片，蔚为壮观。民国二十三年（1934），始立于锦屏县同古乡岔路口的植树护林碑说：“先人自洪武开辟同古，迄今数百年矣。所有各地关山古木，与地方关系甚大。先人栽树，后人应该修培。”“近年来人心日漓，见利忘义，是以约父老刊碑禁止，不许妄砍。”民国二十八年（1939），黎平县水口区南江乡勒石刻碑，制定保护山中草木不容败坏之乡民规约：“好人必赏，恶人必罚，特坏人必处，赏罚严明；徇私者必究，轻犯者，必登各家各户请罪；重犯者，由寨老没收其产业。”新中国成立前，黔东南地区各县内的山林纠纷频频发生，一些争议频繁、纠纷不断的地方，往往也勒以石碑，刻字为凭。

苗族地区这些成文、不成文的规矩，几百年来对森林资源的保护和农业生产发挥着积极的作用。

第七章

苗族习惯法的订立、形式及其传承

第一节

成文习惯法的存在与实体性规范的订立

一、成文习惯法的存在

在苗族居住的各地区，经济、文化的发展不完全一致，用某一风俗习惯概括所有苗族社会也是不可能的。这种不一致在很大程度上表现为与汉族文化的交流和对汉族文化的学习上，在这一过程中汉字的学习和使用是重要的环节，为弥补没有文字的缺憾，避免习惯法传承中的困难，在苗族的某些地区也曾使用汉字来记载习惯法，以使法律垂诸久远。据笔者调查的资料，以汉字记载的习惯法文本有的多达几百字，少的只有十几个字，多以石碑作为其载体，或书写在木牌上，挂在人们经常经过和容易看到的地方。

修文县高仓“禁止杀牛规碑”只有12个字。该碑位于高仓村王家寨中央三岔路口处。碑高0.70米，宽0.40米，碑文用带繁体的正楷字书写：“永远禁止杀牛，违者送官追究。”其后落款为“光绪四年五月二十五日公立”。高仓村旧时有杀牛招“天神”，祈祷上天降雨的习惯。据说此处以前立有一块“杀牛祭招天神”石碑，光绪年新石碑取代以前规碑，以示移风易俗。距雷山县永乐镇北1公里处的干南桥有一青石碑，系原丹江（今雷山）、八寨（今丹寨）两县联界的各保甲长及父老等集会议定的“榔规”，内容是确定苗族婚姻财礼金的“条例”。其碑文是：

万古不朽。

兹将丹、八两县联界邀集各甲长及父老等进行决议规定，财礼钱不得多取。所有婚嫁自由，不得强迫子女成婚，俏（稍）有违当众议决规定条例，多取及强迫者，均以碑章证明，否则天诛地灭，永不发达，仰望各界父老须知。此碑万古不朽，所议各条开例于后。

计开：

第一条：对于回娘头，先由媒人说定，或由双方子女愿意成婚者，乃能决定婚配，若不得双方子女同意者，而父母决无强迫阻滞及野蛮之行为。

第二条：准定财礼钱，富者，一百五十元八角（银元）。

第三条：准定财礼钱，贫者，一十二元八角。以上贫富财礼钱，须向嫁家取定收分。

第四条：准定娘头钱，一律七两二钱。依古法律，每扣小钱一千二百文，不许任意折扣。

第五条：施行本简章，呈请丹、八两届县府核准之日实行。

由于该碑未书立碑时间，其内容当为民国时期，目的是改革苗族婚嫁礼金，提倡一定程度上的婚姻自由，减轻娶亲男子的经济负担。

苗族“榔规”历来无文字记载，直到新中国成立前几十年才有汉字记载。民国年间出现了一些汉文记载的榔碑或榔牌，有的立在路口，有的挂在寨旁。但实际上，大量的榔规榔约由于条件所限，没有昭示出来。定番（今惠水县）摆金上摆苗寨，保存着一份用汉字写在纸上的议榔规约，特录全文如下：①

自古养民要术，莫甚农桑。卫民良规，莫如保甲。保甲相联，无异志，则匪类奚以容身。一甲相应有同心，则奸徒安能聚首。由斯而移风易俗，廉耻可以返朴还淳，忠孝可作，仁里德邻，不久重见于吾辈哉。爰集保甲，共议条呈宜存自爱之心，无负至尊之意，谨刊乡规于后：

（一）议衣租食税，自古维昭，进草纳粮，于民宜急。无因父母仁慈，乘闲延玩。倘故抗违者，报名禀官，自干罪泪莫谓其不情也。

（二）议父母之恩诚如天地，子媳之职、理宜顺从，勿以习成骄傲，任意忤逆，倘有不孝者，甲内投明保长、总甲，送官究治，如有隐匿酿大事，一律连坐。

（三）议联甲编保，弭盗安民，作奸犯科，害人利己，倘有自行不法及窝藏匪类者，九家投知保甲，送官惩究，如有隐瞒，一经查出，自干连坐之罪。

（四）议害人之蠹，莫甚于盗。倘有夜间偷取什物、本人乡邻齐执器械、

① 详见吴泽霖、陈国钧：《贵州苗夷社会研究》，民族出版社2004年版，第145—146页。该榔规与何积金、刘之谦、张晓：《惠水县摆金区苗族村寨今昔乡规民约状况调查》（《贵州民族调查》四，内部印刷）所录该地“民约碑”内容相近，因石碑年代久远，风雨剥蚀，碑文有些模糊不清，但“民约”横额及部分条文仍依稀可辨。

捉拿送官。如故意不前，公议重罚。或被贼伤，同甲俱派钱调理，伤重而死，同甲俱派银十两安埋、拿获为盗之人，同保赏银三两。杀毙贼犯，有事合团一律担当。至于挟隙藉故杀死者，不在此例。如有得赃贼两全，及真窝家，传齐东西，按照各团章程处治。

（五）议牛耕马载，最利人民，无论日夜被盗，本人传呼同保，齐执军器口粮，连日追赶拿获牛马，失主出牛马之半价，以作东道。若拿不获，同保派半价以帮失主。拿获贼犯，送官究治。至于贼党扛帮，众保同挡。倘有与贼私合者，公众议罪。

（六）议人伦之道，夫妇为先。自古嫁女婚男，须当凭媒正娶。前经悬示，严禁抢亲。保甲估嫁估娶，甚至纠众劫夺者，其保投保长、总甲，送官究治，以儆刁风。

（七）议处事持身，安守本分，些微口角忍耐，忍住能消去无理之事。亦见甘棠之爱。如甲内有不平事，当从甲长理明说息，万一不了再经众人及总甲公断，以免悬主动乱方心，倘刁逞估抗不遵者，大众公禀，送官究治。

（八）议盗贼之根，始于赌博，各宜安分，倘敢妄为同甲必须投公议处。如甲隐忍，别人发觉，一律同罚不贷。

（九）议滋生事端，于酒为甚。虽不戒，切不可贪。倘有借故胡闹，干犯长上同甲捆绑送官，即欺侮平人保甲，亦公议重罚，决不徇情。

（十）议田园为养民所需，山林为栖身依赖。如偷盗五谷杂粮菜果及竹柴草者，除填还外，公议重罚，并饬出伊结，永保所偷之地。

（十一）议勤耕苦种，利用后生。牛马践踏，何由丰稔，如放野牛野马伤践大春小春及放鸭践入稻草粪田，除向他填还外，议重罚。

（十二）议士农工商各有本业，不能作苦，岂能谋生，如有惯习闲游，串同敲诈，好淫邪盗，包揽词讼，种种不法，同甲人投鸣保长、总甲和保送官究办。

以上各条，协同公议。如有干犯，言出必行。伏愿谨守规程，各遵条例，同感仁厚，其乐升平，岂不懿欤。

上面12条规约虽然很简单，在苗族地区榔约中很有代表性，已涉及保甲制度下苗族村寨生活的各个方面。从纳粮缴税、联甲编保、送官究治等方面的内容来看，议榔规约已具有主体社会的某些行政职能。从文字表述上看，已相当精练、准确，同时说明在100年前贵州苗族受汉文化的影响已相当深了。

习惯法从不成文发展到成文，取决于有无文字或可能借用某一种文字的条件。苗族历史上没有文字，在大多数封闭的苗族地区，汉族文化影响不大，汉字不普及，加上苗族长期口承法律的习惯，在广大苗族地区实际起作用的“榔规”多以口头传下来，这是实体性规范的重要表现形式。但在清代、民国，由于受内地汉族文化的影响，很多苗族群众掌握了汉语汉字，很多“榔规榔约”通过汉字记录下来，并得以流传。

二、实体性规范的订立

（一）“议榔”订立规约

“议榔”顾名思义，就是开会制定榔约、榔规。“议榔”会议作为苗族特殊的“立法”机关，在不同的历史时期其职能有所不同，总的来说它的基本任务是讨论“议榔”范围内的重大问题，制定规约和选举各种执事首领。议榔中的全体成员，对议榔大会议定的规约都必须自觉遵守。

前述，苗族议榔制定的规约内容广泛，主要是组织管理生产，解决生产资料纠纷，处理偷盗案件，解决婚姻纠纷，处理违犯禁忌行为等等。在这些关系苗族生产、生活重要方面的问题上，“议榔”会议力图制定明确的禁止性规范和处罚标准，使村寨生活的主要方面有明确的习惯法规范来调整，以期达到在主要社会关系上有“法”可依，有章可循。

“议榔”有时是有针对性的，如黔东南台江县反排寨，大约在清雍正、乾隆年间举行过一次议榔，主要是解决土地分配问题。据说当时由于经济发展，人口增加，好地方均被修成田了。由于人口和劳力的不同，迁入的时间不同，以致有的人家田多、有的人家田少，有的人家田好、有的人家田坏，有的有吃、有的无吃，产生了贫富不均的现象。反排榔头（lul fangb，音译为“娄方”）养猫应便联络了补瓦（即今剑河搓尾寨）的“娄方”嘎咀丢，共同倡议，举行议榔，协商解决土地问题。当时参加议榔的还有剑河县所属的“虾”（服装类型）大小13寨；台江县所属的反排、登交、交密、东杜、南宫、交下、巫脚、番召、九搓、红梅等村寨，议榔范围比较大。留传至今的《议榔词》说：“各地的娄方都互相喊，各寨人都到齐。”上述村寨由娄方率领群众参加了大会，议榔的地点是在台江巫梭寨后面的松利略地方。①《议榔词》说："我们都是一个娘养，都是'固央'的后代，我们杀牛来'勾整'，大家回去再修田，修了田后再分田，个个有田种，大家有吃有穿。"据说养猫应主持"议榔"后，人们就普遍开田，在开田的基础上进行重新分田。分配的原则是：原占有的田，每10挑留2挑给原主，其余8挑就拿出来和新开的田加在一起，按人均分。均分时，还遵循远近、好坏搭配的原则。除分田外还分山，也是好搭坏、远搭近，分成若干份，立石为界，分配给群众。据说分田曾遭到占田多的富者的强烈反对。反排寨羊纠的往当引（人名），就是反排占田最多的富裕户。他拒绝参加分田，并带着全家迁走了。这说明阶级分化已经出现，同时也说明在苗族平均主义生产资料分配原则下，不可避免地要损害一部分富有者的利益。

议榔具有自治的性质，因此维护社会制度和社会秩序，确保生产、生活的正常进行，就成为议榔的主要内容之一。正如苗族《议榔词》所说：

年年有人议榔，岁岁有人议榔，议榔在长雄，议榔在长华，大榔就杀牛，小榔就杀猪。议榔防盗，议榔防贼。议榔不准偷菜，议榔不准偷柴，议榔不准烧山，议榔封山育林。谁要起恶意，谁要起歪心，烧寨里房子，砍地方树子，在山坳抢劫，在半路杀人，我们就齐集河边榔寨，团拢山上榔村，肠一根，心子一个，走路一条，过桥一座。我们撵他越高山，赶他翻大岭，杀他的身，要他的命，教乖十五寨，警告十六村。……天上恨老鹰，地下恨强盗，恨牛爱碰圈，恨人乱地方。为不准藏匪而议榔，为不准窝匪而议榔。哪个窝匪徒，哪个藏盗贼，暗地收匪赃，明处装好人，地方睡不宁，寨子坐不安。窝匪就是匪，藏盗就是盗。我们转身在一起，扭头在一边，罪大恶极的，我们杀他的身，要他的命。教乖十五寨，警告十六村。家家莫藏盗，户户莫窝贼，地方才安静，寨子才平安。②

苗族地区"议榔"的社会属性的变化主要是从清初"改土归流"开始的。"改土归流"后大批客民、屯军进入苗区，带来了先进的生产技术和生产工具，客观上有利

① 贵州省编辑组编：《苗族社会历史调查》（一），贵州民族出版社1986年版，第165—166页。

② 何积全主编：《苗族文化研究》。这个《议榔词》与前列惠水县苗寨的成文榔规比较，议榔宗旨、规约内容和所调整的范围大体上是相同的。不同的是前者是成文的，明确、规范、严谨；而后者是以口头传承的，形象易记，口语化，变异性强。从中可以看出口承法与文字传承法文化的区别。

于苗族地区社会经济的发展。进入阶级社会后，朝廷先后委任一批苗族的基层统治者为“苗官”，他们以流官为后盾，逐步脱离苗族人民群众，发展成为苗族内部的统治阶级，随之“议榔”机关与地方行政组织有所结合。民国年间，“议榔”的社会属性变化较大，有些地区的“议榔”制度与国民党政权的区乡保甲制度密切结合，成为苗族阶级社会的统治机构，苗族的榔规榔约中具有明显的阶级压迫的色彩。当然，苗族地区经济发展是不平衡的，“议榔”社会属性发生变化的情况和时间也不尽相同。

如前所述，苗族近代的议榔组织与以前大同小异，大小不一，有一个村寨或几个村寨组成的，有一个鼓社或几个鼓社组成的，有几十个村寨甚至整片地区组成的。几个村寨或整片地区组成的议榔，一般以一个大寨为中心，集若干小寨为一榔。地区性的议榔设有榔头（湘西称为“款头”或“款首”，广西融水称为“头老”，贵州从江称为“该歪”，云南金平称为“丛头”）一人；副榔头若干人；设有被称为“硬手”和“老虎汉”的军事首领若干人；设有作为宗教领袖的祭师若干人；还有主持司法的“行头”、“寨老”若干人。榔头和军事首领一般由选举产生，并有一定的任期。榔头要求的条件是：第一，办事公正；第二，说话要有说服力；第三，年龄在30岁以上。军事首领要求作战勇猛，要能够担负起保卫安全的责任。榔头和军事首领在任期内不称职的，要进行撤换。寨老一般是自然形成，无须选举，其条件是为人公正，能言善辩，熟悉各种榔规榔约，德高望重，群众公认。祭师一般也是自然形成，他熟悉各种礼俗和规则，乐于为大家服务。

议榔大会由榔头主持，每户必须有一人参加。其任务主要是讨论议榔内共同有关的大事，制定榔规榔约，选举各种执事首领。这种会议，有一年举行一次的，也有两三年举行一次的，还有十三年举行一次的。十三年举行一次的，就和历史上延续下来的鼓藏（社）节结合在一起，其间举行议榔活动。一年举行一次的如雷山西江。每年秋收后，寨老们要举行一次议榔会议，重申或议订榔规榔约。参加会议的群众原则上是各家户主。届时，由寨老首先重申历代继承下来的古议榔规约，然后议订宣布据现实需要制定的新榔规。宣布完毕，杀猪以示庆贺，并按与会各家过去一年遵守榔规的情况，对能遵守榔规者分给一份猪肉，对有过违反议榔规约行为者不分给猪肉，以示警告。①

在议榔时，大部分地区都要杀牛或杀猪，将肉分给每户一块，也让每一个未到会的成员都能吃上肉，表示大家都要牢记议榔规约，不得违反。也有喝血酒盟誓，以示

① 参见韦启光：《雷山西江县苗寨调查报告》，载《贵州民族调查》（三）1993年10月。

遵守的。榔规榔约一经群众通过，就成了不成文的法律，上至榔头，下至群众，人人必须遵守，无一例外。如有违反，都要根据不同情况进行处理。

各个议榔之间互不统属，没有超出议榔之上的高层政治组织。只是在某种紧急需要时才有临时的联合，共推“大榔头”、“大款首”，统一行动。如清道光年间，湘西苗族抗屯租起义时，永绥（今花垣县）、乾州（今吉首市）、凤凰三厅所属的合款组织，曾一度联合起来，合成一个“大款”，“苗民响应者已达数百寨之多，并有大款头、小款头之名称”，领导起义。① 张秀眉领导的苗族大起义，也是利用议榔联合的方式，号召“明天一清早，六社全起来”。由此可见，只有当整个部族感受到外来压力，榔与榔之间才会有团结一致、统一组织，共同对抗外部压力的要求。平时各个议榔都是自己处理自己的事务，在一个社会系统中具有自治的性质。

近代议榔和制定社会公约有着密切的联系，所以，议榔的主要活动是议定公约，维系社会的榔规榔约就是传统习惯法的延续，它是通过议榔会议由公众确认下来的。如前所述，由于社会历史的原因，苗族没有形成统一的组织来管理社会，而是由各地“议榔”、“合款”、“丛会”等组织制定习惯法来进行管理。苗族的习惯法由于议定组织的名称不同，所以各地的叫法也不尽相同。有叫“理录”、“理告”，即古理、古法的；也有称为“榔规”、“榔约”、“团规”、“款条”的；还有叫“里社规约”、“埋岩会议规约”的。总之，就是苗族的“乡规民约”。

议榔一般都由榔头主持。有的地方榔头还要手持芭茅和梭镖（代表权力和权威）向群众宣布榔规，然后由大会通过。有的地方在宣布新的榔规之前，榔头还要背诵历史上流传下来的规约，即让大家知道历来的榔头提倡什么、鼓励什么、反对什么，再讲述这次议榔的内容，让大家更好地遵守。

（二）“埋岩”订立规约

在黔桂边界苗族地区，“议榔”与栽岩是同时进行的，主要是通过“栽岩”（又称为“埋岩”）的形式来制定规约。埋岩头人把群众召集到一个选择好的地方进行栽岩，把一块石头一半埋在地下，另一半露在地面，通过一定的仪式重申古理古规，然后根据当时的情况进行修改和补充，形成新的议榔规约，以此作为约束人们的行为规范。从江县的苗族是通过“凿岩会议”制定和实施乡规民约的。这种“凿岩会议”

---

① 石启贵：《湘西苗族实地调查报告》（增订本），湖南人民出版社2002年版，第51页。

通常由寨老主持，也要杀牛吃肉。有时送“串串肉”，即用竹签将肉块穿成一串挨户去送，在举行仪式时，要到祖先专为制定和实施榔规而埋的一块岩石那里，由寨老用插钎凿岩。他们一边背诵议定的法规，一边凿岩，完毕之后，法规生效，任何人不得违反，如有违反，按法规进行处罚。栽岩是苗族在无文字的状态下形成的颇具特色的制法形式，这些无字碑与刻有文字的石碑和写在纸上的法律文本具有同样的法律功能。现将历史上苗族地区的埋岩形式和内容分述如下。

1. 贵州榕江县计划乡的“埋岩”

榕江县计划乡一带的苗族，过去的栽岩会议组织有四种形式：一是每个大寨都有栽岩议事；二是几个小寨联合栽岩议事；三是几个邻近大寨包括其间小寨联合栽岩议事；四是整个计划乡一带的联合栽岩议事。

（1）一个大寨的栽岩议事

新中国成立前，计划乡的几个大寨都各有栽岩议事组织，尤为突出的是计怀寨。过去各寨的栽岩议事组织叫“耶吉富襄”，即寨头栽岩议事。议事地点在计怀寨北的一棵大梨树下。在那里，至今还存放着一块长 76 厘米、宽 37 厘米的大石块。据该寨潘氏家族族长潘大全说，这块石头是古代老人们埋在那里的。他在 17 岁（1941 年）时，曾见到保长兼寨头潘文清在这里主持过一次议事，处理一件偷盗案。当时，本寨的姚老经偷潘故槁家的鱼。按照议事法规，凡开仓偷谷、拉牛，要罚牛一头；凡偷鱼、偷鸡、偷鸭，要罚母猪一头。所罚猪、牛，要杀死以后将肉分给各家各户，而被罚者得到的只是一个猪头。潘文清就按照这一惯例，罚了姚老经一头母猪，并由他家族的人负责杀猪分肉。参加这次议事的人，有全寨各家族及各房族的族长、各甲的甲长、各户的家长。这边议事，那边杀猪分肉。议事结束，用猪血和内脏当场架锅煮的稀饭也熟了，凡参加者一人一碗，吃完为止。猪肉按户均分，一家一串，饭后各家自己领走，并告诉家里的所有成员，村民将此事牢记在心，从此以后，全寨很少发生偷盗事件。

（2）几个小寨的联合栽岩议事

在计划乡一带，寨与寨之间的距离有几华里至几十华里不等。出于某种需要，邻近几个小寨便组织栽岩议事，维护大家共同的利益。过去乌略、也梭、摆计和摆交四个小寨，各寨都有近 20 户人家，他们的栽岩议事组织就叫“耶衣桔”，即 80 户人家的栽岩议事，地点在乌略寨东的“摆力”。据乌略寨的寨老姚老胖说，很早以前，四个寨子就组织了“耶衣桔”栽岩议事，并打牛告众，严禁偷盗。后来有人认为议事规约不健全，偷盗行为又多了起来。四小寨又重新组织议事，把对各种偷盗行为的惩罚规定得十分明确。由于条规严谨，人人都得遵守，四小寨杜绝了偷盗行为，社会秩序井然，受到当时人们的普遍称赞。以至加化、加去、加两等大寨组织栽岩议事时，都吸收乌略四小寨参加，认为没有乌略四小寨的参加，栽岩议事就不完全、不彻底。

（3）几个大寨的联合栽岩议事

计划乡过去几个大寨连接为片区的栽岩议事组织有两个，一个名叫“耶吉兄”，另一个名叫“耶吉究”。前者的议事地点在计划大寨的北寨头，后者的议事地点在加化大寨与加去大寨之间的山坳上。主持这种栽岩议事的头人，当地苗语称为 ghet wangx（音译为“故往”）。1936 年，计划寨的“故往”潘文高主持过“耶吉兄”的一次栽岩议事。那时，外地的坏人经常来抢东西，为了联合起来一致对外，潘文高组织摆底、计划等七个大寨联合杀牛议事。议事时，潘文高说：我们大家要捏拢来，一个不要丢一个，哪个寨出事，大家都要帮助。后来摆底大寨又遭坏人抢劫，计划等寨的人就去帮忙，打败了坏人。当时参加议事的七个大寨，牛肉按户均分，也按户摊派买牛钱。

（4）整个计划乡一带的联合栽岩议事

由“耶吉兄”和“耶吉究”两个片区的联合栽岩议事组织，就叫做“耶吉究兄”。议事地点在两个片区的交界处，也就是计怀寨与加化寨之间的“松翁”。原来这里还栽有岩石。据寨老们说，“耶吉究兄”的栽岩议事组织最早是由计怀寨的潘故锥组建起来的，人们称他叫“故往略”（意为老一辈的大官）。潘故锥死后，其子潘故全继任。后来由计划寨的朱朝福担任，朱朝福死后，其子朱国象继任，直至 1949 年。

据说潘故锥的威望很高，最初“耶吉究兄”的议事村寨只有 16 个，后来扩大到 72 个。东面发展到从江加牙乡的加退、加早、加车和榕江加宜乡的九秋、加里等寨；南面伸展到荔波的水维寨和本县的水尾、水盘、高望等寨；北面扩展到八开乡的党央等寨。潘故锥曾组织过 72 寨的栽岩议事活动。到潘故全时，也还组织过以“耶吉究兄”为中心的 43 寨议事。1926 年，潘故全和朱朝福共同组织计划乡 16 寨议事。当时，加吉寨的韦老迷和韦老明勾结清江的杨老胜，从加两和加去两寨抢走了大量银元。后来有人将情况告诉潘故全和朱朝福两个“故往略”。潘、朱两人通知 16 寨举行议事，将二韦以“勾生吃熟”论处，杀死了韦老迷、韦老明二人。①

① 资料引自黄才贵：《榕江县计划乡苗族家庭、社会组织及习惯法》，载《贵州少数民族调查》（一），载贵州民族研究所编《月亮山地民族调查》1988 年 6 月。

计划乡一带的栽岩议事，是苗族议榔组织的一个缩影。苗族过去就以这种议榔形式，各自组织起来，借以维护社会秩序、生产秩序和保护公众的利益。一个大寨或几个小寨的议事，是为了维护一个小范围内的共同利益，具有部落议会的性质。几个大寨或整个区域的议事，则具有部落军事联盟的性质。

2. 广西融水的“埋岩”

广西融水苗族的埋岩，苗语叫“依直”，为苗族的古规，是苗族社会历史传统文化的重要组成部分。“埋岩”是不成文的法规，内容极为丰富，它既是古代苗族社会状况的真实写照，又是稳定苗族社会秩序的有效措施。从它在历史上所获得的良好的社会影响和社会效果，我们可以了解“埋岩”在苗族村落社会的重要作用。

融水埋岩是广西苗族人民为纯正社会道德，维护地方治安，抵御外侮，维持生产生活秩序，改革制度等通用的一种“决议”、“决定”形式。埋岩时将一块长方形的石条埋入泥中，半截露出地面，并将埋岩的地点、时间、内容编成歌或词，广泛说唱，以便人人皆知，个个遵守，教子教孙。埋岩包括三个方面的含义：①埋岩是苗族古代社会的一种立法形式。埋岩古规的修改、补充、废止，都是通过埋岩这一古朴、简单、行之有效的形式完成的。②埋岩是苗族社会一切活动的主体，是本民族的律典、思想和行动的准则。③埋岩通过集众商量，解决有关社会问题或传达有关会议精神等等。现在融水县拱洞、红水等乡的苗族群众还把“开会”叫做“埋岩”。

埋岩的最早产生是当某一地域出现带有社会性的问题时，在人们迫切要求解决的情况下，埋岩头人或头人代表经过商量、酝酿，确定时间和地点，向地域内的各村寨发出通知，召开所辖地区的群众大会或代表大会，采用苗族传统的、独特的埋岩形式，通过几条决议。会址均不在村里屋内，而是在较为宽阔的地方。除个别情况外，一般在会址立一块岩石做标志，若原地已开过埋岩会议，而且已立有埋岩标志的，多数不再立新岩。埋岩会议所形成的“决议”，都是口头向与会者宣布，再由与会者回到各村寨向群众传达。有时由于内容重要，头人回到本村寨后，也采用埋岩的形式，向所属村寨的群众传达。埋岩的“决议”一经通过，就产生法律效力，所辖范围内的群众，必须恪守此规，做到家喻户晓、人人皆知、代代相传。正如“埋岩理词”所说：“不许妻违，不容子犯，各家各管教，各人各自觉。”人们称之为苗族古代社会不成文法规，实为确切。埋岩会议内容一般不形成文字，因为苗族过去没有自己的文字，加上有许多埋岩内容直接涉及暴动、起义的规定。直到 19 世纪以后，才有个别埋岩将决议内容用汉文刻成碑文，立于会址。

苗族埋岩有大岩、中岩、小岩之分。小岩是由一个村寨或几个村寨“埋”的，小岩做出的决定、决议，一般只涉及一个村寨、几个村寨的事；中岩涉及的地域往往是十几、几十个村寨，甚至百个、数百个村寨，内容也都与上述村寨苗族人民共同关心和与之生死攸关的大事；大岩按照不同含义分为两种：一种是指地域的范围而言，通常跨越行政区域，自然形成一大块区域的苗族大聚居区，或者几个相互毗邻的苗族聚居区，也有牵扯到整个苗族的，称为大岩。另外一种则是地域不一定很宽，人口不一定很多，但是，它在一定范围内却是至关重要的，不立岩不足以解决问题，例如本区域内苗族自身的某项社会改革；一定地域内苗族与邻近其他民族需要达成某项协议；与统治者临时议和或采取对抗措施；等等，也都在大岩规定之列。岩无论大小，一旦通过埋岩的程序，立即产生效力。

广西苗族埋岩活动具有浓厚的民族特色，有严格的程序：埋岩活动只有一天的时间，埋岩大会的筹备工作都在埋岩活动前准备。大量准备工作由埋岩头人及有关代表人物进行，他们通过相聚来酝酿、磋商。这种酝酿时间少则几天，多则几个月，甚至几年。在酝酿过程中，一般围绕三个问题进行：一是分析目前所产生的社会问题的严重性和需要解决的迫切性；二是协商解决的办法和措施；三是推选埋岩会议的主持人和宣布法规的人，即立岩人。

苗族埋岩有三个基本程序：

第一，由几个人将一块用做埋岩标志的石块立于“立岩人”讲话的地方。在岩前用草或木叶铺在地上，上面覆盖着一些碗，碗的数量是根据此次埋岩活动各村寨头人的数目而定。然后由“立岩人”颂词祭祀。颂词内容有：叙述埋岩的由来；埋岩在各个历史时期对苗族社会的作用；把埋岩创始人及历届已故埋岩头人的亡灵请来。祭毕，杀猪或宰牛，群众自由交换意见，头人再次商议这次埋岩所需要的法规。

第二，猪或牛肉煮熟后，把肉和内脏切成小片，将岩前的碗翻起，放入少许内脏，斟上酒，由“埋岩头人”当众宣布此次埋岩形成的法规，然后由主持人按各村头人名次，点名依次上前领酒。

第三，酒碗领完后，由“埋岩头人”再祭祀一番，内容有：说明埋岩法规已经形成，各村头人已经代表各村寨的群众认领“岩规”；重申岩规要人人遵守，违者必究；预祝问题得到圆满解决，希望社会安定和繁荣；表明会议已经开完。随后把请来的埋岩创始人及历届埋岩头人的亡灵送回去，祭完后，各村头人领取分好的肉串即散会。

当晚（路远的次日晚），埋岩管辖区内千家万户以所分得的肉作为埋岩会议精神，向全家人宣布这次埋岩法规的内容，教育家人要遵守法规，有些人家有人外出了，就将肉腊起来，待他们回来时，再取肉来进行教育。人们一旦吃了这次埋岩所分得的肉，就说明大家已承认了这些法规，因此，人人必须自觉遵守，还要“教子教孙传千代”。

融水县境内苗族埋岩的形成大致分为三种情形：

第一，北支苗族的埋岩是从整高汪欧岩中分出来的。例如，松奴埋岩是从古州（今贵州省榕江县）地方的整高汪欧埋岩中分出来，是北支苗族刚从贵州迁入融水后做的第一次大埋岩活动。

第二，靠近贵州省界的一些地方，原先是与贵州的苗族群众共同做埋岩的，后来才逐步分出来。例如，杆洞地区的整巴埋岩原属于贵州省从江县的鸠东埋岩管辖范围，后来因为人口增多，地域宽广，不便管理，才从鸠东埋岩中分岩到整巴做埋岩。

第三，在融水境内的发展。埋岩活动是解决苗族社会问题的一种有效方法，是苗族头人用来解决和处理本民族内部事务的手段之一，是与周边兄弟民族搞好团结、友好往来以及联合起来，抵御外侮的措施，所以许多埋岩应势而生。这种埋岩的发展有两种情况：①苗族头人看见别的区域的苗族群众做埋岩；②遇到新的社会问题而原埋岩古规里没有规定的，必须通过埋岩活动来解决。这类埋岩活动在融水县境内比较多，例如金兰埋岩、高文埋岩、松吾勇埋岩、宾盛埋岩等等。

苗族埋岩古规的内容是逐步形成和完善起来的。开始，它只不过是各氏族内部或在同一地域内的少数氏族与氏族之间结成联盟所缔结的内容简单的规约。随着时代的变迁，民族压迫和阶级矛盾的尖锐，埋岩古规日益趋于完备，并成为维系苗族社会、纠正道德、维持地方治安、抵御外侮的重要武器。

埋岩古规粗中有细，“条文”简便，易于实行，内容十分丰富，涉及苗族社会生活的方方面面。概括起来有以下几个方面：

（1）埋岩头人

埋岩头人是苗族埋岩古规的执行者，是苗族埋岩的自然领袖。埋岩头人不是自封自霸，不是世袭，无须选举，也无任命，头人是在社会实践活动中逐渐“崭露头角”，被公认为“好人”的自然领袖。头人一般在40岁以上，既有生产经验，又明事理，通晓埋岩古规，办事公道，执法严明，不徇私舞弊，热心于公众事业，在群众中有一定威信，必要时还要挺身而出，甚至牺牲生命。

埋岩头人的主要职责：发动和带领所辖地区的群众参加埋岩活动；代表各方参加

头人议事；负责宣传贯彻埋岩会议所通过的法规；负责监督埋岩法规在地域内的执行和对出现问题负责处理。在处理问题时，小案件由地方头人自行解决，大案件要通过埋岩各方头人集中讨论处理。

埋岩头人在履行埋岩法规过程中与群众一律平等。若有“勾生吃熟”、“勾外扰内”、充当统治者的帮凶等行为，触犯了埋岩古规，同样会受到惩罚。

埋岩头人没有薪俸报酬，没有“乐捐”资助，他们的工作基本上是义务的。

（2）禁忌埋岩

凡属禁忌，不得违忌。例如，苗族年节期间，不得吵架闹事，不得动刀弄枪；从二月初开始至薪禾节前（农历六月前）不得吹芦笙；各村各寨的芦笙坪（包括寨里、平坝、田洞、坡头上大小芦笙坪）不得改动、迁移、毁掉。

（3）社会公德埋岩

以前，杆洞地区的苗族沿袭女孩一定要出嫁的习惯，一些有女无儿或无儿无女的人家精神负担很重，对生产没有积极性，不愿参加群众性娱乐活动，怕见别人携儿带女而伤心难过。1941 年在百秀村头松弟坳上举行了一次埋岩活动，称“松弟埋岩”，宣布有女无儿人家可以招婿，享有财产继承权，任何人不得歧视；无儿无女人家可在本宗族内收养子女，同样享有财产继承权。洞头地区的宾盛埋岩规定：父母有责任教育好儿女，兄长有责任教育好弟妹，子女有责任赡养父母。要求老要爱少，少要遵老，家庭要和睦相处。

（4）禁规埋岩

融水县境内的埋岩中，禁止性内容比较多，涉及苗族社会许多方面。每次埋岩会议所立禁规的条款，都是根据当时该地域内出现的问题而制定的，针对性强、观点鲜明，内容具体、明确。尽管没有文字为凭，但群众易懂易记，印象深刻，自觉遵守，实现了理词中所说“底不漏水，盖不漏气。大事地方办，小事家庭管”的良好效果。融水县境内的埋岩古规中规定的禁止性规范有八个方面：

①严禁偷盗抢劫。在融水县的广大苗族山区，这方面的埋岩比较多，它是对苗族群众进行社会教育，维护社会治安，纯正社会风气的一个重要内容。在有关的埋岩理词中，只要不是自己的东西都不能占为己有。各地的埋岩法规更有具体规定，例如在白云乡竹口村这一带苗族群众居住的地方，山多田少，群众依靠种杂粮过日子。但山多林茂，猴子甚多，每当杂粮成熟时，猴群常来摘取，一些心地不良的人也趁机去偷，还制造舆论归罪于猴子。为消除这种不良行为，苗族头人聚众举行埋岩活动，叫

"洋气埋岩"，指出了这种偷盗行为，还明确规定了不准偷别人地里的粮食等。拱洞乡龙须村头的"松整埋岩"，是针对有人偷别人的东西，在松整坳上集众做的埋岩，规定不准偷别人的鸟媒和粘漆，不准占别人捕得的鸟等等。

所有的埋岩都是震慑坏人，保护群众利益。安太地区的党九历埋岩规定：偷盗，根据情节轻重，分别给予罚银子一两二、二两四、三两四、四两六、四两八。另外还规定老实认罪，态度好的少罚，顽固耍赖的多罚。

②严禁重利剥削。人类进入阶级社会后，采用重利进行剥削的行为比比皆是，边远贫困的少数民族山区也不例外。苗族人民群众和重利剥削者的斗争也成了埋岩活动的一个重要内容。这类埋岩法规的产生来自两个方面：

第一，来自群众的强烈要求。重利剥削者对贫苦百姓进行残酷的压迫和剥削，使平民百姓民不聊生，妻离子散。在苗族群众的强烈要求下，埋岩头人及有关代表通过酝酿讨论制定并经埋岩活动通过规约，谁违反就罚谁。约 18 世纪中叶，有个姓刘的湖南人到红水乡高文村做生意，他借高文村的泉水酿酒出售，成了暴发户以后，财大气粗，处处欺压百姓，借端敲诈勒索，随意对群众捆绑毒打，罚款罚粮。结果惹怒了苗族群众，他们遂联合 32 个埋岩所辖地区的数千群众前来立岩，罚了这个高利剥削者，制定了不许重利剥削，不准敲诈勒索的法规。

严禁重利盘剥的埋岩规定，对苗族生活秩序起了很大作用。杆洞地区清道光十六年（1836）在尧告村江边寨的埋岩规定"借钱者利三分，出借禾者只准五分"，直到中华人民共和国成立，宣布废除高利贷后才终止。

第二，贯彻当时政府限制盘剥苗民的告示。苗族群众在遭到重利剥削、难以忍受的情况下，他们通过各种合法渠道向政府诉讼，政府发布了一些限制性文件或告示，群众便召开埋岩会议来贯彻。一些地方还将文件刻成碑文立于埋岩场地。这类埋岩立碑在前章有所论述。

③严禁买卖不公平。反对大秤小斗是苗族劳动人民反剥削斗争的重要内容。约于清朝末年，安陲地区大秤小斗盛行。所谓大秤小斗，就是利用大秤收进，小秤卖出，从中盈利。由于少数人使用大秤小斗来剥削苗族群众，群众意见很大，纷纷要求苗族头人为民做主。经各寨头人串联，在同乐寨脚的松吾勇坳上进行埋岩，宣布不准用大秤小斗坑害人，发现谁搞大秤小斗就把拉他到松吾勇埋岩处实行惩罚。传说在进行埋岩时，首先将一个秤砣埋在下面，然后立岩在上，宣布谁搞大秤小斗他就像秤砣一样永不得翻身。

④严禁敲诈勒索。这类埋岩古规有三个方面的内容：

第一，禁止惹是生非，借故敲诈勒索。例如，安太乡尧良村斗寨村头的“党溜埋岩”，是针对该地区当时有一些人以长辈身份随意借口讲某某晚辈得罪了他，并罚办酒席或罚钱粮等不良行为而聚集群众做的埋岩，该埋岩规定“不准老欺小，父欺子，兄欺弟，到处打别人油火（即到处敲诈勒索）”。

第二，禁止在办案过程中节外生枝，或者议而不决，拖长时间吃别人的酒肉，以至索取受贿。例如，安太乡元宝村大寨屯的党后“松吉埋岩”规定：“严禁在办案过程中节外生枝，或议而不决，拖长时间吃别人的酒肉和索取受贿。”另外还规定：“违者每人罚一两二银子。”安太地区的“别松埋岩”规定罚二两二或三两六银子。

第三，严禁巧立名目，克扣工钱。拱洞地区曾出现雇请长工的雇主用各种手段敲诈勒索长工。例如长工在年头或年中先预支一些钱粮养家，雇主到年终突然收取高利；或者雇主送一两件半旧衣物给长工，节假日里送点礼物给长工带回家，年终又突然以高价勒索，迫使长工长年劳动，年终结算却没有收入，个别人还要赔钱。在群众强烈要求下，一些正义的苗族头人互相串联，决定通过埋岩活动来制止，拱洞地区的“甲吉埋岩”便是其中之一。

⑤严禁买卖田地又翻悔。在生产资料私有制的社会里，田地买卖是正常现象。但从融水县的埋岩材料看，在少数地方曾出现一些卖主认为少数民族没有文化、土地买卖没有文字凭据以及为人憨厚等，常以“没有卖断”、“只当不卖”等为借口，企图再索取第二、第三次钱，导致纠纷频增。为了端正社会风气，维护生产、生活秩序，苗族头人们组织群众在安陲地区的松支都埋岩来惩罚买卖田地翻悔之人。从那以后，这一地区便不再发生卖田地又翻悔的事件。安太地区的培秀村的培旧埋岩规定：土地买卖，因无文字，以破木额为据，按破记木为凭，不得翻悔。① 红水地区的红水埋岩规定：买卖田地、山林以及耕牛等大牲畜，均需请中人到场作证。

⑥严禁越界开荒种地和强夺别人山场。安太地区的狄秀埋岩规定：不准侵占他人的山场、柴山、杉木，违者罚款12至13两银子。

⑦严禁奸淫。这方面内容的埋岩理词是：父不奸媳，婶不惑伯，嫂不诱叔，男不偷女，女不偷男，各守本分，以正伦常。滚贝地区三团村的“寨朵埋岩”规定：犯淫乱者罚四两四银子。

⑧严禁讲“鸭变”、“蛊”。“鸭变”是说某个宗族的女人死后几天复生，居然钻

---

① 张声震主编：《融水苗族埋岩古规》，广西人民出版社1994年版。

出坟墓，晚间回到村上及亲戚朋友家抓鸡捉鸭，几个月后就变成老虎进入深山野林去。“蛊”是说某人家收藏有一种毒虫，把虫放进生人的酒里，当生人喝了酒后就生病，并逐渐干瘦而死。实际上，苗山从来没有人见过这些东西。坏人为了制造隔阂，因对某女青年嫉妒而进行中伤，使人们歧视、疏远她，或者是坏人有意制造恐怖气氛来达到某种目的。事实上，每当有“鸭变”的舆论出现时，人们恐惧不敢出门，此时盗窃案件剧增。为了端正社会风气，维持社会治安，维护人格尊严，苗族头人集众举行埋岩活动。红水地区的“引孔洋松埋岩”规定严禁讲“鸭变”和“蛊”。

（5）婚姻埋岩

苗族的婚姻习俗经历了漫长的改革过程。这些改革关系到苗族社会的生存和发展，不但在古代有着重要意义，而且至今也有现实价值。苗族婚姻的重大改革都是通过埋岩活动来决定的。融水县境内的苗族婚姻埋岩主要内容有四个方面：

①苗族族内婚到族外婚的改革。苗族是实行族内婚的。由于历史的原因，苗族人民不断迁徙，使他们远离自己的同胞独自生活或者与别的兄弟民族杂居。因为受到传统观念的束缚，加上语言和生活习惯不同，青年男女找对象还得找自己的同胞，他们只好到遥远的苗寨“走寨伴妹”，谈情说爱。族内婚给苗族的生存、发展以及生活秩序带来诸多不便。由于男青年走寨伴妹，一般都自带银饰和银子，路途遥远很不安全，而且时间过长，往往耽误农时而影响收成。因此，族内婚直接阻碍苗族社会的进步和发展。苗族头人经过酝酿讨论，决定举行埋岩活动。他们集中苗族群众在松奴埋岩，决定把苗族的族内婚改为族外婚，从此，苗族可以同其他兄弟民族通婚。

②婚礼改革。婚礼改革是苗族婚姻埋岩的重要部分，在融水境内，这方面的埋岩比较多。苗族婚礼改革，包括废除七头牛彩礼，改重彩礼为轻彩礼，不做硬性规定但越轻越好等几个方面。

传说古代苗族娶亲要七头牛做彩礼，“埋岩歌”唱道：“远古那时候，结婚要七牛，妈用竹竿量，不平妈不要。”后来由于贫富悬殊越来越大，况且富人少穷人多，这种彩礼只有富人才能办到，穷人无法完婚。有首苗歌这样唱：“七头牛彩礼，富人才得妻，穷人受孤凄。聚众做埋岩，富人才牵牛，穷人送鲤鱼，人人都成婚，天下人欢喜。”从口碑传说中，我们可推测融水的苗族祖先在贵州时已做埋岩废除七头牛彩礼了。因此在融水境内的埋岩中没有找到改革七头牛彩礼的埋岩理词，但却有恢复旧的埋岩内容。例如，家庭富有的派乃洋翁（人名），结婚时恢复了结婚要七头牛的彩礼，她的行为遭到众人的唾骂。她拿一头牛到培些做埋岩，叫做“培些埋岩”，宣布恢复七头牛彩礼。人们不但不接受这个岩规，而且反应更加强烈，苗族头人通过商量，决定进行埋岩活动，罚派乃洋翁一头牛，把牛拉到能东做埋岩，称做“能东埋岩”，再次宣布废除七头牛彩礼，广大群众拍手称快。

苗族人民从贵州迁入融水以后，生活在这块土地上的时间比较长，所做的埋岩活动也比较多，各地方的埋岩活动对苗族婚礼由重逐步改为轻的规定亦有差异。例如，安太地区培地村的两段埋岩规定：上等亲，牛两头、一牵一还礼，财礼银十二、十三两；中等亲，抬一头猪、牵一只羊，财礼四两四、八两八，二夜亲、三天返（送亲）；下等亲，房族陪送亲，每户酒一壶、荤菜一碟，财礼一两二，当天送亲当天返。离婚办一餐饭给寨老，银七钱，寅时办，卯时了。姑表亲，财礼可二两八、四两四，不能超过此规定。①

有些地方在做埋岩时规定逐步改革彩礼，使彩礼逐步减少。例如，安太、四荣地区原在金兰做埋岩，规定彩礼为银子三十一两一或七十二两二。后来安太地区上学寨的公侯（人名）牵头牛到柱茅进行埋岩，宣布改彩礼为银子八两八。后人认为还是过高，四荣地区翁牛寨的通温响和节沛郎两个头人又组织群众在整吉进行埋岩，规定彩礼为银子六两六。在实行过程中，后人还嫌高了，最后由安太地区培科寨的土德下、寨尤寨的龙新、洋能寨的龙优、培秀寨的培九，这几个头人相聚商议，决定在安太林洞村对面的整浪进行埋岩，称做“整浪埋岩”，规定彩礼只收银子一两二。

③同姓可通婚。在古代苗族社会里，同姓是不能通婚的。随着社会的发展、进步，人口逐渐增多，出现新的社会问题。比如不少地方的一个姓氏就占了绝大多数人口，这样大姓氏的青年男女很难找到对象。如果要到遥远的地方找对象，由于交通不便，大家来往十分困难，也很难相互了解，建立感情；有不少地方同姓氏而不同宗族的男女青年在生产、生活以及走寨伴妹等活动中，双方产生爱慕之情，但迫于传统习惯的约束，使青年人相爱而不能相许。在群众要求改革的基础上，埋岩头人以及代表决定通过埋岩进行改革，宣布同姓不同宗的可通婚。例如，20 世纪初杆洞地区的苗族群众仍然沿袭同姓不通婚的习惯，违者重罚。百秀村的韦宗德、韦平应等人于 1939 年开始酝酿，1941 年在百秀村头松弟坳上埋岩，称为“松弟埋岩”，宣布同姓不同宗可通婚。从此，杆洞地区的同姓通婚才算合法，再也无人干涉了。

④丧偶再婚。苗族社会从母系氏族社会向父系氏族社会过渡以后，苗族家庭就是一夫一妻制了，但习惯认为夫妻双方“生是自己的人，死是自己的鬼”，夫妻关系长

---

① 张声震主编：《融水苗族埋岩古规》，广西人民出版社 1994 年版。

存，丧偶不能再婚，导致部分丧偶家庭生活艰难。传说安太地区培地村有个苗族埋岩头人名叫八林梭，中年丧妻，家里单身一个。一次各村头人到培地议事，大家集中在他家讨论问题，当议事到太阳快落山时，培科村的头人土夏问："吃饭吧?"八林梭答："酒还在村底水潭里。"意思是谷子无人舂，酒无人酿。头人们非常同情，大家说："找个填房吧!"八林梭说："怕法理不容，群众不许。"头人们联系到社会上这种现象比较普遍，遂产生改革的念头，于是在芽朝举行埋岩活动，宣布丧偶可再婚，但彩礼要比初婚高一倍，即收二两四银子。

（6）战争埋岩

①反对外来侵扰。在融水县境内居住的各族人民，都具有反抗黑暗统治的传统精神。他们不堪民族压迫和阶级压迫，争取民族的生存和自由，互相声援，互相支持，进行过无数次大大小小的斗争，创造了许多业绩。他们的斗争大都采取集众埋岩的方式，其目的是通过举行埋岩统一民众思想，使全体民众"捆绳做一股"，组织力量，保卫地方，保护本民族的利益。

1944年9月，日寇200多人入侵融城（今融水县城），大苗山沦陷了。当时国民党九三、七一两军残部数万人，居然一弹不发，如丧家之犬逃进贝江流域。这些残兵败将在山中无恶不作，他们到荣地征粮时，交不出粮食者被抄家和砸烂锅头。一贫如洗的侗族群众忍无可忍，围攻并殴打了作恶多端的国民党官兵，迫使他们狼狈逃回当地东江的驻地。恼羞成怒的"国军"立即组织了2000多人来"铲平荣地"。荣地群众一面组织起来反抗，一面向周围苗族的村寨群众求援，苗族人民在苗族头人贾建忠的领导下，组织六七千人到金兰埋岩，声援侗族人民。在埋岩会上，苗族头人说："现在是国家无王，家庭无父，前门有虎，日寇来侵略，我们要阻击，国军来侵扰，我们要反抗。"会后组织万人暴动队伍支援侗寨，他们砸烂了3个乡公所、24个村寨公所，割断了从县城通往四荣、安太所有的电话线。敌人看到各方反抗队伍一呼百应，来势凶猛，只好逃出贝江流域。1950年，罗城县的一些匪首带领几百人窜到安太地区的侗安村，企图借着苗山地形复杂，苟延残喘。安太苗族头人深知让这帮匪徒盘踞，灾祸难免，便组织群众在狄秀做埋岩。头人在埋岩会上讲："铁钉进袋烂袋，坏人进寨烂寨，我们要组织起来，保卫地方，保卫村寨。"会后苗族头人挑选精干的青壮年200多人留下，以备应急。土匪见势不妙，遂狼狈逃走。

②反抗压迫剥削的斗争。历史上，苗族人民不堪统治阶级残酷剥削而进行多次反抗，史称"苗民起义"。融水县境内的苗族人民起来反抗，大多是集众做埋岩，动员

和组织群众进行反抗斗争。1937 年，国民党反动派在苗区强行“征兵、征粮、征税”，十天抽一次丁，拉一次夫，每天派一次款，苛捐杂税名目繁多，可谓“万般皆有税，唯有屁不捐”。许多少数民族群众被逼得妻离子散、家破人亡，为逃避抽丁拉夫，很多人背井离乡，逃进深山老林。这时，四荣、寨劳的苗族头人贾老喜组织领导反“三征”的斗争。他先发动了寨劳500 人起义，又联合了安太、安陲的队伍共3000余人在寨劳做埋岩，组织力量准备打到融水县县城去。但事未举而泄密，伪县府派伪兵和民团赶来镇压，双方激战五天五夜，最后敌人派密探来烧寨劳村，这次起义被镇压了。民国初年，以李红记为首的苗族头人组织群众起来反“三征”，他聚众在红水地区良陇村附近的松培娄做埋岩。会后组织红水地区的苗族群众起来斗争。

在苗族社会发展的历史长河中，苗族埋岩起着不可磨灭的作用，它是处理苗族社会问题的一种卓有成效的方法。苗族埋岩古规，从社会组织到治安管理，从民事到刑事，从诉讼到裁决，一应俱全，而且行之有效。苗族的社会组织在执行规约与法规的同时，还特别注重强化伦理道德和行为准则的教育，正因为这样，苗族人民不但具有忠厚、朴实、性情爽朗的性格，而且养成了尊重社会公德，遵纪守法的自觉性。

千百年来，融水苗族人民依靠埋岩活动，把埋岩古规一代一代地往下传，教育一代一代人，直到今天，他们依然保持着良好的社会道德风尚。在相当长的一段历史时期内，他们的许多木楼就是“一条草绳”帮看家（不上锁），田里地里作物没人偷，柴堆草垛没有人挑，瓜果蔬菜没有人摘，猪鸡鸭鹅没有人捉，挂在桥头路边的衣服、手巾、头帕、饭包没有人要，冬天散放在山里无人看管的牛没有人牵，就是打上草标说明有主的地蜂（马蜂）窝也没有人乱挖，吵嘴等家庭纠纷以及不和睦现象也属少见。许多村寨几代人不见闹离婚。所谓“道不拾遗，夜不闭户”，在苗族村寨并非侈谈。

苗族埋岩古规在苗族历史发展过程中起了很大的作用，民族团结和抵御外侮，保障了苗族的生存和发展，促进了苗族社会政治、经济、文化的发展，这是埋岩的主流。但是苗族埋岩也有消极的一面，主要表现为：第一，一部分苗族埋岩带有浓厚的排外色彩，加重了苗族地区的封闭性，阻碍了苗族地区的发展；第二，清朝末年以来，封建统治阶级见到苗族埋岩对治理苗族社会有很多益处，也采用埋岩形式，制定一些法规为其统治服务。① 苗族埋岩活动资料在一定程度上反映了苗族古代结构，人与人的关系，本氏族与外部关系以及民族习俗、信仰、伦理道德等等。因此它是研究

① 以上资料均引自张声震主编：《融水苗族埋岩古规》，广西人民出版社 1994 年版。

苗族古代社会文化、历史发展的重要资料。

第二节

婚姻纠纷理词、神判理词与程序法

苗族实体法规范主要通过议榔来订立，以埋岩作为法律符号“立法”，以后借用汉字勒碑，并有了汉字记录习惯法的文本。程序法方面则主要体现在解决实际纠纷的《婚姻调解理词》、《油汤理词》、《汤粑理词》、《烧汤理词》和《纠纷理词》中，这些理词都是以口承形式传下来，后用汉字记录的。

一、调解

在阶级社会里，由于经济、道德和思想等多方面的原因，苗族内部不可避免地产生各种各样的纠纷，如财产纠纷、婚姻家庭纠纷，对于此类“细故”，他们多通过自行和解、理老与寨老等调解来解决。这主要基于苗族和谐无争的观念和共同生存的意识。《烧汤理词》说：“有力去做活，有智做生意，力大莫相斗。明智不相争，各做各的事，各吃各的饭。你退三丈，我退三丈。莫以角相斗，不用头相碰。两公牛相斗，总有一头跑。并非力不足，只因一处吃草（指将来还要一起生活，要互相忍让）。”①

在纠纷出现后，双方都请有中人（或称媒人）作为调解员，中人一般对双方好言相劝，说明利害，目的是息事宁人，所以不会遭到当事人的怨恨。所谓“不愿讲纠纷理，但愿双方息事，评纠纷不会恨中人，断祸事将会恨理师”。说明理师是仲裁重大纠纷的，因为仲裁的结果只能是一方赢，另一方输，而输的一方很可能认为理师裁判不公而怨恨理师，寨老往往运用调解手段来达到“双方息事”，以求最佳的纠纷处理效果。调解的原则是：双方当事人愿意调解；必须合乎苗族习惯法原则和习惯；不愿调解或调解不成可以请理师评理，也可以到官府“打官司”。

---

① 贵州省黄平县民族事务委员会编印：《苗族古歌古词》，下集“理词”部分。

二、民事诉讼

《婚姻纠纷理词》等是解决财产纠纷和婚姻纠纷的“民事诉讼法”。民事诉讼程序是“理词”这种口承法律中最有民族特色的部分，这种诉讼制度既规定有审判人员和审判场所，也规定了类似于现代的诉讼代理人、当事人和证据等。

（一）婚姻纠纷

口承法律的特点一般是以简明、易记的词句形式，叙述带有普遍性的案例，说明解决的“法理”依据，而让当事人信服。在黄平县苗族《婚姻纠纷理词》中，有一则关于一女子的行为问题引起婆家和娘家纠纷的案件。女方的父母代理女儿诉说：“你家白天把菜扔在锅，夜里舀饭倒在盆，上坡像虎哮、下坡像龙吟，打簸振及手，打女痛到娘，不拿我的姑娘当新媳，不把我的闺女当媳妇。我的丫头，我的闺女，喊少不去，叫才不去！”从这段理词中可以看出女子在男家受虐待才不肯回婆家。男方父母代理其子答辩说：“（你说）拿你的姑娘，将你的闺女，不当新媳看，不当媳妇待，天天也在打，夜夜也在骂。还有左邻右舍，还有街坊邻里，等人们来说，由人们来讲，我俩说不算，我俩讲不成，你们村大有大道理，你们村小有小道理。”男方父母认为是否打骂儿媳，应该由左邻右舍的人作证。理师调解说：“我们也不按老人言，我们也不按小孩说，我们劝你们两头，我们劝你们两家，为你们开铜鼓，为你们关话闸，开亲要开到底，联姻要联到头！”从上述的起诉、答辩词和调解词中可以看出，这个民事诉讼制度程序设计是健全的。它特别重证据，不轻信口供。另外，原告和被告都委托诉讼代理人代理诉讼，还聘请了自己的理师（起律师作用）。可见苗族的诉讼是允许请代理人为其诉讼的。在调解无效的前提下，大理师终于下了判决：“我们劝你们不依，我们跟你们破筒，我们跟你们断箭；得多就退多，得少就退少（指结婚送的礼物）；男的就各退婚，女的就各退亲，男的有亲就各娶，女的有婚就各嫁，我们钉钉在火塘，我们打桩在屋脚。”① 双方离异，各自娶嫁，判决生效。

黔东南施秉县的一则苗族婚姻理词记述这样一个案例：一对夫妻感情不和，一方

---

① 贵州省黄平县民族事务委员会编印：《苗族古歌古词》，下集“理词”部分。

提出离婚，双方就要请出自己村寨或家族的寨老进行评判。如果是丈夫提出离婚，女方寨老在与男方寨老讲理时首先唱道：

我和你家开亲，我和你家结戚，烧火只烧一个火坑，开亲只开一处；客也喜欢，主也乐意，才用牛来祭祖，才嫁女到你家。到了三周岁，公公做雷公打谷仓，婆婆做暴风吹晒架，米不给我舂，水不给我挑，论情是你错，论理是你输……

在这样的事实面前，男方寨老并不认输，他也列举事实驳斥对方：

你把家看成棺材，你把丈夫看像老虎，刚从廊下走进来，又从灶边跑出去。脚不踩我的席，头不顶我的被。论理你输了，论理你错了……

当然，女方寨老也不会就此认输，又要找理由来辩论，这样往往形成僵局。于是找地域性寨老仲裁。地域寨老先是听当事人叙说，然后叫其宗族或村寨寨老申辩。在评判时，地域寨老多以劝和为主。如果劝和不成，同意双方离婚，最后议定谁来赔偿经济损失和其他事项（一般是谁先提出离婚谁赔偿）。议定后，地方寨老便唱道："结婚有规，离婚有理，不能丢规，不可犯理，离婚理词，辈辈相传，我把它念，大家细听。"于是就唱出以下离婚理词：①

地方没有官/拿我来当官/我做升量米/我做斗印粮/我做戥大家用/我做秤寨邻称/你们请我才来/你们叫我才到/我是水不护田/我是坡不护土/我继前人的古规/我承先辈的古理/我用古规来讲/我拿古理来说/我只能搭桥/我不能拆桥/我说你们要听/我劝你们要依/我讲你们不听/我劝你们不依/男的硬要分/女的死要离/冷饭捏不起/剩饭团不成/绳捆不成夫妻/索绑不成伴侣/若说你们不听/若劝你们不依/要离你们各离/要分你们各分/一百二十斤重担/放在你们肩上/重了你们各减/轻了你们各增/一百二十八斤打粑粑糯米/我不沾芝麻大小一粒/脏了你们各洗/烂了你们各补/洗要洗干净/补要补光滑/多了拿不起/重了挑不动/多了要改少/重了要减轻/拿的才好拿/要的才好要/从今天开始/从夜晚以后/水牛各下水/黄牛各上坡/各走各的路/各行各的道/今后碰在路头/将来遇在路尾/远的笑迎脸/近的相问好/不准谁生气/不准谁脸红/谁要是生气/谁要是脸红/我听我不许/我知我不依。

地域寨老将离婚理词念完后，接着拿出事先准备好的一节一尺二寸长的竹筒握在手中，对两个离婚当事人说："你们两个情不投来意不合，怎么劝也不依，怎么说也

① 龙林、王应光：《苗族离婚理词》，载《施秉文史资料》第4辑。

不听，一个不愿跟一个，男人拿不得女人裤，女人着不得男人衣，只有各走各的路。男走荣华富贵，女走富贵荣华，切莫怪我们这些当事人，用刀把竹筒划破拆散你们。”说完，把竹筒划破成两半，交给男女双方各执一半为凭，于是解除婚约。

（二）土地纠纷

土地是农民的重要生产和生活资料，土地纠纷是财产纠纷中最多的部分。传说中苗族迁徙到黔东南地区后，首先是“插草为标”占有土地，插在哪里就占哪里，插占以后即为家族所有，世代相传。由于苗族是稻作民族，所以占地首先选择的自然是靠近水源，易于水稻种植的可耕地，其次才是离水源较远的山地，苗族称做“土”。这部分只能种旱田，山林地带不易引水灌溉，林地改造成稻田花时费力，所以更不会成为首选之地。《苗族古歌古词》中有一则“烧汤理词”（Det lit pid Taib），该理词牵扯的事情比较多，初看起来很杂乱，细读起来，实际上是一段反映土地纠纷的理词，内容是申诉者称自己家已从祖辈手里传下九代的田被别人强占，请寨老用神判的方法解决的一个诉讼案件。

1. 纠纷的起因和原委

据原告称：

为这为那，天响地动，为抢田边地角响，为争边界石桩（地桩）动。恨来恨去，恼来恼去，恨那白日贼，憎那半夜盗；恨那恶心人，憎那狠心贼，恨那抢田角，恨那占土坎，恨那半夜掘屋，恨那白天撬门。为这些事起，仇怒由此来，才发生争吵，才动手相打，争端从此起，响动由此来。

被告称：

你仗祖宗能干，你仗父辈势力大，场中来抢妻，田坝里夺田。我的黑泥田，我的肥泥塘，我祖血汗开，我爹骨肉耕。你祖作龙搅水，你爹作雷劈树，见大掠大，见好抢好，人见人怕，鬼见鬼跑。抢我祖田种，夺我祖地耕。我祖老实，软弱如粥，讲不来，说不出，气愤到脖颈，忍受在心中。父告诉子，子告诉孙，一代传一代，深记不曾忘。人有代宽代窄（人是代代相传延，总有兴衰的世代），天有冷暖季节。鱼该返河水，田该归故主。我树根牢固，我绿叶茂密（自己一方有理，会得到大家的支持），索还我祖田，收回我旧地。

以上说明由于被告人父辈老实、软弱，祖上传下来的田被作恶多端的强势家族强占，所以才采取夺田地的行动。被告人相信理在自己一方，会得到社会舆论支持，便向理师应诉要求返还田地。

2．理师讲理

（1）理师出场

两头主人家，两位当事人，争纠压头，祸事缠身，身不能翻，气不能出，才登我门，请我动身。我非见水争沐浴，不是见火想烘烤，不来反怕说拗价（摆架子，讲价钱），讲我理师太难请。只得执杖而来，脚跨大步，天黑地暗，攀登龙坳。别人坐下会吃惊，站立心头跳，我来稳如必轰坚如必角（必轰、必角，地名，在今黄平县境内）。我来拍竹片，来就说理……

（2）理师讲理

我不摆季节理规；我不说季节理词；季节理规教耕耘，季节理词教做人。我说纠纷理词，纠纷理最厉害，人听人怕，鬼见鬼惊。你要我怕，我要你倒。两户主人家，两头当事人，家有祸事，莫惹事端，唤地方兄弟，求地方父老，请理师说理，请中人通话。入村求能人，选个好理师，才不走极端，把事乱翻天。……家出纠纷，人遭祸事，祸事大如牛，人力壮如虎，主人心如烈火烧，主人身似热水淋，白日坐不安，夜里睡不着，碓边无米簸，床头无利剑（人穷又老实，无力抵抗祸事），心伤及手心，意冷到脚板，只好进村请能人，只好入林集干柴。巧妇教会半边村，能人维护一片区。挑花数经线，理师求理真。断不成才“烧汤”，劝不依才“捞斧”。不做尖利水牛角，不做恶毒的恶人（指理师个人行为）。

（3）双方抗辩以及神判解决

理师让当事人双方当众辩理后，做出错在原告方的裁定，原告一方不服理师的裁定，要被告作为“雄方”（捞斧一方），通过神判来解决，以证明自己拥有土地所有权。

一方说“田耕已十代”，一方说“是他公抢去”。耕种十代有人见（指原告），代代相传不曾忘（指被告）。

原告称：

恨那抢田，恨那夺地，我的黑泥田，我的肥泥土，祖宗耕耘已九代，占人十代地种。他手中银多，他怀中金足，目中无人，心不愿理，仗其父子多，踏我千金理，天上有灵神，人间有理老。天有雷公，管业传到十代孙，下无鼠啃，上无鸟啄（指从来无疑议）。今年来临，此岁来到，有人仗银多作祟，有人仗粮多作怪。他心长刺，他胆长毛，心恨占人山，意恶抢人田，夺人九代田耕。

被告称：

（索还土地）是据古理，并非新词，天地正直，讲给天听，我依古理，捞不会伤（指捞汤神判）。

原告又辩：

他说旧祸事，我说新争端，新如新生芽，嫩如新生芽，嫩如新长草。坏人贼心，夺田夺地，讲的不是前年，说的就是今天，就是新鬼，并非旧事。三千年未听讲过，三百年没听说过，昨天你抢田耕，今天你抢地种。……你耳不听老人言，你心不服理师讲，就以长斧来判，就用“天油”熬粥。……我方有理烧，你方敢捞斧？……我烧粥必烫，你捞必断手。

被告辩：

你以戏法来，我用理法挡。有理只一句，无理枉千言。我那块老祖田，我那块传宗地，年年我管理，岁岁我耕种，地有人见，天有雷瞧，我握争纷之正理，我掌弹建屋的墨线，合情合理，无需多言。主人错主人败，理师斜理师倒……错方烧汤不烫，正方捞斧不伤。有理不需多说话，自有舆论来补足。……五村十寨，汤场万人，千手指你鼻，理师护无理，自找苦水喝，众多父老，众多村公，分成“马腿”六股，组成“肢鸡”（为村寨社会中的大小组织）十四分，议定一方三百两（银），讲好一方十三石白米，赢方则不出，输方全负担。赔赢方粮银，田是赢方的。

原告称：

……我是雌方，你是雄方，不怕手断，把斧捞出，……脸色不变，谈笑如故，是天地告诉人，是高祖传到孙，真是你家田，雌方该认输……

被告称：

我的养老田，我的养鱼塘，是母根基布，是父根基根，夺我的去，说是你的。你做“雌方”烧，我做“雄方”捞，雷不助你烧，龙要护我捞。你烧白费劲，我捞手凉爽。田归原主，猪还故厩。

双方在理师的主持下进行了捞汤神判，并验看神判的结果。

明天天亮，旭日东升，请六寨老，请五大人，众多前辈，全都来看，看是哪方赢，看是哪方输，各做各当，自作自受。魔鬼已赶去，纠纷已了结，

大众平安，人人长寿。鲜花各去开，硕果各去结，新理不知在何处，古理都在这里，众多前辈们，对！（众人应声）①

三、刑事诉讼

《汤粑理词》、《油汤理词》反映苗族的刑事诉讼程序，其中有审判机构和审判场所，也有原告的起诉词和被告的辩护词，还有类似于现代诉讼法辩护制度中的证据、期限等规定。可见苗族原生的辩护制度设计也是比较完善的。《汤粑理词》叙述的是一起盗窃案：

起诉的案由：

恨那好吃懒做，憎那白吃空喝，偷我十两链，盗我百段（缎）裙，只好进入牯牛屋，寻求高师，为我做主，为我判断。

诉状的正文：

狗咬外人不咬主人，人防生人不防熟人，见近不见远，见人不见心。画眉嘴巴，狐狸心肝，我拿他当好人，他把我当傻瓜，白天探我门，夜常转我屋，骗我儿外出，暗地进我家，翻我橱柜，撬我箱子，偷我首饰，盗我衣裙。自知齿有虫，明知手脏屎，害怕抄家，疏散赃物，外逃七天，七夜方回。

证据：

我请寨老，我求兄弟，帮我进门搜家，为我进屋查赃，人人都在家，只差他一人，不是他偷，又是谁盗？

原告陈述：

寨老皆齐，理师也到，理师依理讲，寨老洗耳听，是直是曲，定自有理断。

被告辩护：

我关门家中坐，他闯门来寻衅。白粉抹他脸，黑烟涂我面。帝王名难

---

① 神判输赢的标准是在第二天早晨验看是否起泡、蜕皮。“蜕皮如蛙脱衣，剥皮如蛇蜕皮”即为输；“捞你钝斧，斧凉如冰，手不发痒，皮不起泡”即为赢。赢方不但可以得到事先议好的输方300两银（或13石白米），还可以拥有对所争议的所有权。验看的目的除了确定输赢，更重要的目的是“告诫大众，莫惹争端结怨，要相劝勤劳积财，各种各的田，各管各的业，团结共处，切莫相争”（详见该“烧汤理词”，贵州省黄平县民族事务委员会编印：《苗族古歌古词》下集“理词”部分）。

得，盗贼名难背。蛇咬药可医，人咬理来治。你诬我偷银，我要你洗净。砍伐树倒地，我要你接活。不由你道黄就黄，不依你说黑就黑。是谁对你说，叫他来对嘴（叫人来作证）。

如果拿不出证据就是诬告，所以被告又说：

见我笨可欺，见我软好吃；神灵各看见，理师各知道；神灵不怕凶恶，理师不欺善民；给我做主，帮我作证。

理师听完双方一诉一辩后，进行调解和判决：

因为鬼临门，因为祸到家，不断怕引起是非，不断怕带来人命，才来挑水来扑火。是金是铜，我心有数。两家烧汤户，两位当事人，各想各的心，各思各的意。是直或是曲，是善或是恶？你俩在明处，我们在暗处，切莫相躲藏，脱裤子遮脸，牯子牛相碰，总有一头输。会水死于水，玩火绝自焚。莫聪明一世，莫糊涂一时，走路看前头，临崖即止步，思前想后，有错认错，互相忍让，和睦相处。

理师进一步调解说：

有冤睡不着，结仇坐不安，父辈结仇，子孙难解，为十两银，传十代仇。水牯顶角我推腿（苗族斗牛时有一条腿拴一条绳，几个年轻人在后面推，防止牛在激烈拼斗时受伤），人闹争纷我劝解。铸锅是为煮食物，不是煮粽断纠纷。蛋不裂缝，蚊蝇不爬，会起会结束，谁错谁改正，思前想后，顾及一切。理师只劝人和事，不愿双方来烧汤。不愿犁牛进鬼场，不愿拖牛进浑塘。

以上说明理师也不愿意双方用神明裁判的方式解决。理师依理进行摆古说理，劝导双方和解，避免矛盾扩大，可谓情真意切、言之有理、不偏不倚。当事人双方都知道冤家宜解不宜结的道理，最后妥协，达成赔偿协议。在场观众从纠纷的争执和理老的调解中认识到纠纷带来的危害，从而在以后的生产和生活中尽量避免纠纷，所以说理老审理过程就是一次普法教育活动。

经过几次调解，双方仍互不相让，理师就说：

你们向深处跑，拉你们回浅处。你们一个愿意往锅底钻，你们一个愿意去捞斧柄；一个请中人，一个调理师；一个穿理师衣，一个戴理师帽；一个愿烧，一个愿捞。

苗族传统审判中真正使用神判的极少。只是在多次调解不成的情况下，理师方做判决："我控事端'鼻'，我据真理'纲'，要双方满意，使地方信服，两头若不依，村寨尚议论，请雷烧错方，求龙护对方。"先由理师根据榔规榔约做出判决，如对理师的判决不服才请神灵来裁判。苗族普遍信奉神灵，雷公和龙王是信仰中的"刑神"，"明火知情，不烧正方，清水明理，不护歹方"，"龙王公正，雷公正直，冤枉者烧汤不烫，受屈者捞不伤手"。① 理师基于这一信念对双方进行神明裁判。

刑事案件起诉后经过调解也可以撤诉："牛拉到鬼场，才回到了厩，争端到汤场，火还可扑灭（可撤回起诉）。"

第三节

榔规的传承与习惯法的普及

不成文习惯法如何传承下来？如何普及到每个人，使其知法、守法？守法意识如何培养？这是研究口承法律文化时需要解决的问题。苗族习惯法的普及和法律观念的形成有以下途径：

一、理师唱词

苗族古歌是在婚丧、祭祀等气氛庄严、人数较多的情况下由歌者、鬼师唱诵出来的，而理词是在案件审理过程中由理师唱诵出来的。理词多半以盘歌形式演唱，有的用叙事的形式朗读、吟唱；有的用道白的形式互相对答，以对偶的长短句式为主，和谐悦耳、古朴雅致、抑扬顿挫、朗朗上口，十分动听，在场的人们容易记住。这在我国西南地区一些少数民族口承法文化类型中是极具代表性的普法形式，"拿来当古典讲，拿来当典故说，千年也不断，万年也不丢。不忘古老的话，不丢古老言。父教子才知，娘教女才得，它顺着槽槽流下，古典顺着人们传下"。这样世世代代口耳相传，随着时间的推移，又加入"新理"，以后"新理"又成古理，这样理词的内容逐渐增多，习惯法的实体和程序规定就更加周密。

① 贵州省黄平县民族事务委员会编印：《苗族古歌古词》下集"理词"部分。

唱词时理师注意理词的完整性，避免遗漏。“迦（佳）完又起始，理完又开头；唱歌要唱新歌，叙理要摆古理；叙迦（佳）要完整，叙理要无缺。”唱完时要说：“新理不知何时起，旧理即在此结束。”最后呼唤“众多前辈们”，听众此时要应声，表示已经听懂和记住了。

二、就案讲法

苗族理师在审理案件时，就某案本身有很长的讲法过程，口承法律文化中要求审判人员必须是博闻强记、精通古理、能言善辩、知识丰富的人。审案时，“请六寨老，求五大人到场，双方‘肢鸡’、‘马腿’、‘鸭笼’、‘饭团’（后两者为议榔中的小团体）全部到齐，来得齐整。理师已述三天理，中人已传多次话”，表明审判已经开始。明朝弘治《贵州图经新志》载：

> 苗族有事，则用行头媒讲，行头能言语讯断是非者，苗讲苗以苗为行头，……凡行筹讲事，皆用筹以记之，多至一二百筹，少亦二三十筹。每举一筹曰：某事云云，其人不服则弃之，又举一筹曰：某事云云，其人服则收之。如一二百筹讲至如十筹；二三十筹，讲至数筹。然后往报，所为讲者曰，某事，某人不服。所为讲者曰，是，则令某人依数陪（赔）偿。或不以为然，行头又复如前往讲之，至有数往讲者，或经月始定。若所讲筹尚多，其人不尽偿，则劝所为讲者，掷一筹与天，一筹与地，又掷一筹与和事之老，然后约其余者，责令赔偿。凡讲杀人，谓之算头，讲偷盗牛马，曰犯瓦，苗之一（之）为一瓦，皆酌量事情轻重，以为差等，谓之媒讲。如有婚姻，用媒以通两家情好也。凡请行头，皆用银布，名曰缚行头，言缚之使不贰心也。

田汝成的《行边纪闻》、郭子章的《黔记》也有与此大体相同的记载。①

在审案中“讲理”的过程非常重要，提出各种处理意见，必须使当事人双方心服口服才做出判决。所谓：

---

① 田汝成在《行边纪闻》中说：“苗人争讼不入官府，即入亦不以律例科之，推其属之公正善言者，号行头，以讲曲直。行头以一事为一筹，多至百筹者。每举一筹数之曰：汝负于某，某人服则收之；又举筹数之曰：汝凌于某，其人不服则置之。计所置多寡，以报所为。讲者曰：某事某事，某人不服。所谓讲者曰，然则以，不然又往讲如前，必两人咸服乃决。若所收筹多，而度其人不能偿者，则劝所为讲者掷一筹与天，一与地，一与和事之老，然复约其余者。责负者偿之，以牛马为算。”

要明古理讲，要以善言说；雷才三思考，龙才三动脑；我只会说理，不会出恶言；理师以理辩，不会出恶言；鬼听鬼害怕，人闻人信服；……誉传千里，理服天下，才是好事，才是正道，才可教育大众，告诫地方。①

三、法理的灌输

苗族崇拜祖先、崇拜神灵的信仰习俗非常久远，特色浓厚。苗族理词中常常把祖先遗言奉为古理古规而代代相传，强调把祖先遗留下的古规古理视为生活的准则、行为的依据。

“议榔给所有的人遵循，议榔给所有的人知道”。如果榔规榔约不被大家信奉、遵循，这些行为准则不为大家公认、照办，那将是什么样的情景呢？“千行百样都入了榔，千行百样都归了约，只有水不愿入榔，风不愿归约，水才任性淹没田庄，风才随便拔树倒屋。野火也不愿入榔，芭茅也不愿归约，山火才任意焚烧山野，芭茅才任意划破人们的手脚。”说明因为不愿意入榔归约，即是不遵守榔规榔约，不遵循公认的行为准则，没有奉行应有的准则，结果洪水泛滥，淹没庄稼；狂风大作，摧毁房屋、树木；野火燎原，弥漫山野。以此来说明谁不入榔归榔约自然要受到惩罚。

“佳”（迦或贾）是苗民的“世之常理”，是苗民口头创作的哲理著作，蕴含着苗族独特的法制理念。“佳”在人们的日常生活、生产劳动以及处理人事关系、判断是非曲直中的作用无处不见。理词中“汉人离不开字，苗家丢不了佳”②，指出文字传承法律文化和口头传承法律文化的明显区别。汉族因文字历史悠久，有典籍可查，有规章可循，而苗族的法律规范、道德规范、生活准则等虽未形成文字记载的“文本”，却烂熟于人们的心中，反映在口头流传的理词之中，所以说“苗家丢不了佳”。对“佳”的社会作用，理词中这样说：“掐着竹理片就明白，拿着竹理片就看见，亮如太阳门，明像萤火虫。”在唱理词时，理师持四根竹片，边拍打竹片边说理。“迦（佳）完又起如，理完又开头”，这是唱词中最开头的话。“佳”是理词中的重要部分，是苗族人对法的哲学思考，对培养苗民法律观念作用非常大。

综上所述，苗族村寨社会通过“议榔”定有明确的法律规范；有原生的较为完整的诉讼审判程序；习惯法的宣传和普及有独特、有效的途径，从而潜移默化地调整着

① 贵州省黄平县民族事务委员会编印：《苗族古歌古词》下集“理词”部分。
② 中国民间文艺研究会贵州分会编印：《民间文学资料》，第61页。

苗族社会的法律秩序，形成了典型的口承文化的法律环境。

第四节

苗族“理词”体现习惯法的本质与特征

一、“理词”及其分类

理词，苗语称 jax lil［音译为“佳（迦）理”］，是苗族理师在理场调解纠纷时辩论的词。我们把理词中寓神明于法理之中，反映神灵作用下的习惯法理念的“佳理”称“法理理词”。反映通过“埋岩”、“议榔”等订立习惯法规范的理词称为“立法理词”；反映民事纠纷调解内容的理词称为“民事理词”；反映刑事案件的处理及刑罚的部分称为“刑案理词”；反映“捞汤”等神判过程的理词称之为“神裁理词”。

（一）“法”理词

在大量的理词中，有一部分反映“佳”（迦）的内容，它在苗族习惯法中享有最高的权威，是古代苗民用来维护社会秩序的一种最高法原则，其他法规都是依据“佳”的精神来订立，不得超越它。“佳老”是指制定“佳”的人或精通“佳”的人，相当于现代的大法官或法律解释权威。“佳”主要用来处理重大案件的代表性案例，一般都是通过“理”判决不了的案件才使用它。有点像汉代董仲舒的“以经折狱”。

“理老”即专门说理的人。苗族“理老”都是精通苗族的古规、古理及现实生活中的道理和常识，或大都懂得“佳”（迦）和“理词”。他们是在群众中自然形成的，群众很尊重他们，在群众中也有威望，民间发生纠纷，出现违法（如婚姻、偷盗、土地）等现象都请他们调解和解决。

这本书是把自然界和社会中的一些现象，引申成法的道理，作为“贾老”断案根据并说服苗民尊神守法，以神鬼的力量对人产生威慑作用。古代苗族没有文字，无法写诉状，也无钱无权去告倒侵权者，只好采取迷信办法，请恶鬼暗地报复对方的人、畜或使其倾家荡产，以达到侵权者家破人亡的目的。所以寓鬼神于法之中，是苗族自然神权法的特征之一。①

（二）立法理词

前述，广西《融水苗族埋岩古规》收入多则广西壮族自治区融水县埋岩理词，是苗族埋岩活动最具特色的埋岩理词，由两部分组成：一是通用埋岩词，即第一次埋岩活动都必须使用的通常理词。例如，苗族头人在每次埋岩活动中都首先讲苗族埋岩的由来，埋岩在苗族历史上所起的作用等。二是埋岩专用理词，即根据每次埋岩活动解决的不同社会问题而编制的各种理词。这类理词只可供每次埋岩活动所用。通用理词和专用理词都是苗族设立规范的“立法理词”。此外，苗族“埋岩歌”，以埋岩为中心内容，是苗族民间广泛传唱的叙事民歌，它比埋岩理词更形象、具体、生动，深受群众喜爱，在苗族中有很深的影响。它的主要作用是对各次埋岩活动内容进行立法宣传和习惯法普及，促进人们树立法的观念，加深对埋岩法规的理解，增强遵守埋岩法规的自觉性。

（三）民事理词

贵州省黄平县民族事务委员会编印的《苗族古歌古词》下集“理词”和“婚姻调解理词”中的“婚姻纠纷理词”等是调解民事纠纷的“民事理词”。过去苗族村寨调解民事纠纷一般是找族中长者或舅爷调解。调解未成才设理场辩理，这种形式近似“法庭辩论”。当事人双方各自找代理人——理师代为“起诉”或答辩，不过此种诉讼活动是“背对背”进行的，各设各的理场，各请理师两人以上，其中一人是主持者，称做“掌理师”，另一人负责来往两边理场，即所谓“往讲”，传递理情，称做“送理师”。辩论的内容因事而定。常见的纠纷有财产、婚姻、偷窃和蛊等。

民事理词是苗族理师调解民事纠纷的即兴之作，它不像神词“佳”那样神秘，也不像史词那样有史可循。理词则以事而论，理师论理决事援用的是苗族的习惯法规范和道德规范。因理师裁决的民事纠纷，一般都能“让不会做人的学会做人，教不明事理的明白事理”。它对保持村寨安定团结，维护民族伦理道德起着积极的作用。

另外，天津古籍出版社出版的《中国苗族古歌》，由石宗仁翻译整理，其中第七部“婚配”、第八部“纠纷”，除具有文学价值外，从内容分类上应属于“理词”性

① 文经贵、唐才富编译：《苗族古词》，麻江县民族事务委员会内部印刷。

质，“婚姻纠葛”中所反映的内容与上述黄平县“婚姻调解理词”有很多相似之处。下面摘录几段围绕婚姻纠葛的民事理词：

我娘家听了理老传来婆家的话，我娘家听了理郎转过婆家的理。婆家父母和儿子来到理场，娘家父母和姑娘来到理场。理场来了很多亲友，理场来了很多人。现在轮到娘家来讲，现在轮到娘家来答。我娘家有理说给理老细听，我娘家人话讲给众亲分明。……你婆家讲我家的姑娘，说我家女娃。在你家不好好做工，不愿好好做人。我要问你婆家她做什么？要问你婆家她为何不做？你要说我姑娘割草越过崇山，你家讲我姑娘拔笋跨峻岭。问你过山过了多高？问你跨岭跨了多远？一个栏里，猪你提得了两头；一个笼里，鸡你拉得了两只。哪理亏是我姑娘，哪理输是我姑娘。……说理给老理郎来评，说理给大庭广众来听。……①

婆家和娘家经过充分的辩论后在理老的裁决下，纠纷最后得到圆满解决。

（四）刑事、神裁理词

刑事诉讼程序过程中的神判过程，在黄平县“汤粑理词”和“油汤理词”中反映得很清楚，本书在第六章、第八章和本章中述及颇多，此处不做赘述。

（五）伦理道德理词

苗族伦理道德在维护村寨稳定方面起着重要的作用，习惯要求纯正社会道德，强调有秩序、守规矩。属于这类范围的有：尊老爱幼、对人和气；为人要忠厚诚实；不狡不诈，勤耕勤织；不偷不摸，不盗不抢；关心村寨的事务，履行自己对村寨承担的义务；严禁氏族内部通婚；不强占蛮霸别人妻女；等等。这些内容也通过“议榔”、“埋岩”活动规定，通过理词、古歌加以传诵，奠定了人们的习惯法“内化”控制的伦理基础。如广西融水苗族埋岩理词：

不准高吃矮，不准刁吃笨；不准人吃人，不准嫂乱叔；不准伯乱婶，不准人乱人；莫去偷人家田鲤，莫去偷人家鸡鹅，莫去偷人家菜柴，莫去坡上偷马，莫去坡上偷牛，莫强占别人妻。地方才平安，村寨才太平。

在苗族习惯法中伦理融于法，道德伦理与法律规范紧密结合，“出于礼则入于刑”

---

① 石宗仁翻译整理：《中国苗族古歌》第八部“纠纷”，天津古籍出版社1991年版。

是其鲜明的特色之一。

二、苗族理词体现习惯法本质

苗族理词是在人民生产、生活中产生的一种口头文学，同时又是习惯法的表现形式。它大多是一些具有深刻训诫，并含有深刻的法理内容，形式上古朴典雅，为苗族群众喜闻乐见的口头“文体”。理词不仅章法独特，韵法也别具一格。理词与苗族人民血肉相生，具有非常普遍而深厚的群众基础。无论男女老少都会运用他们熟悉的理词为依据处理各种事务，如遇婚丧嫁娶、生产劳动、财产纠纷、人命伤害甚至血族复仇，当事人往往使用他们常闻熟记、最生动、最具体的理词，表达他们对法律的判断、评价和看法。因此，理词在大多数情况下成为处理各种纠纷的准则、教育人民的训条、衡量是非的尺度、惩恶扬善的利器，是苗族习惯法的重要表现形式。

理词与古歌等不同的是这类理词所体现的内容由村寨、鼓社、议榔组织和宗教迷信的强制力保证实施，只受社会舆论力量制约的道德规范，不是“理词”承载的主要内容。在阶级社会里，谁违反理词所指示的内容，谁就要受到严厉的制裁。所以，作为苗族习惯法重要表现形式的理词也具有强烈的阶级性和强制性。融水苗族埋岩理词说：

> 鼓衣的元海，心地不良，思想不好，……别人用铁制秤砣，他用木皮制秤砣。七月租谷给穷人，他拿秤砣晒太阳，一称少七斤。十月收租谷。他用秤砣泡过水，一称多占七斤。他恶像皇帝，他富像天皇。……他们（穷人）借债赔不起，借吃还不了。元海去讨债，清扫他谷仓，强抢他锅头，……（穷人）气在肚里，恨在心上。上山吃了毒药，找绳子吊了颈。死了他一个人，就像烂他蛋一个。但地方不允许，三十三埋岩不允许，四十四埋岩不容许。聚众到培取（地名），聚众到松高（地名），杀元海垫底。立埋岩在上，埋个放债岩，立下放债规。乃朱（地名）埋岩，仲娃埋岩，利钱每元收三钱，利谷百斤收四十。不准收利过本，不准利滚利。有借有还，欠债别拖延。讨债不准刮粮仓，追债不准端锅鼎。如果谁不依岩规，不照古理办，塞水冒田，吃草过山界，地方不允许，村寨不容忍。要他死像元海，死也要服从埋岩规，死也要遵守埋岩理。①

---

① 张声震主编：《融水苗族埋岩古规》“埋岩理词”，广西人民出版社 1994 年版。括号内的文字均为笔者注释。

由于元海为富不仁，盘剥百姓致死人命，被强制执行死刑。从此，订立了放债法规，要求人们以元海之死为借鉴，严守放债岩规。又如：

荣刚的想斗，开铺做生意，他卖盐掺沙，卖酒掺水，卖一斤盐，有半斤沙。花育的公行，开蜂窝取蜂蜜，他卖给想斗，称有七斤，退皮八斤。他俩吵架惊全寨，相骂惊全村，地方不允许，村寨不赞同。群众相邀，去处罚想斗，罚九十九两银子，罚八十八两银子。就像赶猴子离山，还赶他离村寨。从今以后，做生意，做买卖，哪个卖假货，哪个哄骗人，要他像想斗一样，罚九十九两银子，罚八十八两银子。各地各宣传，各地各牢记。

由于想斗等做生意卖假货、哄骗人，昧着良心赚钱，人们把他驱逐出村寨，分别罚了 99 两银和 88 两银子。该理词还强调：

该罚就罚，该打就打，该杀就杀，各亲戚朋友，各家族兄弟，遵从埋岩古规，遵照埋岩规约。一切按埋岩规约，一切依明理岩约。今日火未燃烧先备水，事未发生先交代，严在先好在后，哪个九教不改正，十教不服从，按汪欧岩规。拿绳捆脖子，用索绑喉咙，拉他上埋岩，拖他上埋岩，用木棒来敲，拿棍棒来打，头迸出脑浆，依整高岩规，屁股流出屎。打给众人看，打给众人知。要他死也要服从埋岩规，死也遵守埋岩法。地方才平安，村寨才安宁。

由此可见，苗族习惯法的暴力强制性是非常明显的，一种法律如若没有地方组织的强制力来保证实现，维护地方社会稳定是不可能的。1949 年以前习惯法的强制性和暴力性非常明显，包括剥夺人的生命，都可在小的地域范围内执行。因此，苗族理词表现了习惯法强制性的特征。

三、理词体现习惯法基本特征

（一）广泛的社会调整功能

法的社会调整功能是指法在调整各种社会关系中的作用。除具有维护阶级统治的作用外，还有执行由一定社会性质产生的各种社会公共事务的职能。所谓社会公共事务，是指有益于社会的那些公益事业。在苗族村落社会，各阶级、各阶层的人们要想生存下去，就不能没有一定的生存条件，不能没有一定的生产、流通消费的秩序。苗族习惯法的社会作用是十分广泛的，包括政治、经济、思想各领域。在苗族地区，公共事务主要是：①保证社会劳动力生殖繁衍；②维护人们生存的基本自然条件；③发展经济，互通有无，便利生活和交往。从广义上说，为保持基本社会秩序，惩办奸淫、烧杀、抢掠、偷盗、惯盗行为也属于社会公共事务，苗族习惯法从杀人放火到小偷小摸，从婚姻缔结到财产分割，从山林争执、水源纠纷到市场交易、借债关系，凡社会实际生活中遇到的各种法律问题都有相应的调整规定，并用理词明确、简洁地表现出来。

如在社会治安方面严禁偷盗抢劫，对苗族群众实行守法教育，维护社会治安，纯正社会风气是习惯法的重要内容。如埋岩理词中说："不做狗饿，不做猫偷，脚走正路，手不乱拿，家不乱钻，园不乱进，各田各种，各地各收，各柴各要，各菜各择"等等，还规定不准伤别人的鸟媒和粘漆，不准占别人鸟堂，不准拿别人捕的鸟等等。

理词所反映的内容，必须做到违者必究、执法必严、震慑坏人、保护群众利益，规定：偷盗，根据情节轻重分别罚银子一两二、二两四、三两六、四两八。另外还规定：老实认罪、态度好的少罚，顽固抵赖的多罚。

（二）明确的社会规范作用

法作为一种特殊的行为规范体系，在调整不同社会关系中发挥着重要作用，法律规范是逻辑严谨、明确、具体、肯定的行为规范，所以具有预测、指引、评价、教育和强制作用。苗族理词也体现这些特征。

1. 预测作用

所谓预测作用，即人们根据法的规定，预先便可以知道或估计到自己的行为后果，这种后果包括合法行为受法律和社会公众的保护，也包括违法行为要受到法律制裁和社会舆论的谴责。

如融水苗族理词规定：

> 不准谁过界砍柴，越岭界挖地；移石界者绝种，蛮占者死绝。地方不允许，村寨不相让。

融水苗族理词"婚姻彩礼"规定：

> 如有哪一方，晚上有多妻，或白天跟丈夫，晚上给别人，他们要破铜钱，破木额，由寨老，由头人，依古理裁决，照古规处理。男离要一两二银子，……女离要一两二银子。

2．指引作用

法对人们该如何行为，不应该如何行为和可以在什么范围内自由选择自己的行为指明了方向。法的指引作用可以帮助人们自觉守法，将行为纳入法要求的轨道上来。

融水苗族理词“界石、放债、买卖”说：

地方无冤，村寨无仇，讲条做生意，说条做买卖，卖的当面卖，买的当面买。九就是九，筒要合秤，秤要合筒，别卖假货，莫欺骗人。……

3．评价作用

法是评价、判定人们行为是否公平、正义、理性的标准和尺度。合法行为被视为符合公平、正义、理性，于是，人们便可以据此评价自己与他人行为的合法性。法的阶级性决定了合法与违法不是固定不变的，公平、正义、理性也各有不同的标准，但就维护苗族村寨法律秩序而言，这种评价作用无疑是十分重要的。

如：水要有源，树要有根。理要有依，法要有据。……

苗族理歌“婚姻纠葛”中说：

……两位理郎像高高的竹子高过山坡，两位理老像粗大的枫木高过峻岭。凭树边的土地庙啊，凭土地庙的大树。请你俩像裁缝拿起剪刀，来剪齐裙边衣角。你俩要像裁缝剪掉那垂吊的布筋，要剪掉那难看的碎片。像木匠要把弯的削成直的，不让他偏离人间的德行，不让他偏离人生的轨迹。请你们来啊，帮忙评议善恶好丑；请你们来啊，帮忙辨明是非曲直。①

4．教育作用

法所具有的评价作用，必然产生其特殊的教育作用，因为评价本身就确立某种明确价值标准即合法行为受到保护和奖励，以鼓舞人们加以效仿；违法行为必受惩治，以警戒众人切勿重蹈覆辙。教育作用并不仅仅指法在实施以后才发生，其实在法律适用过程中也运用教育手段。

融水苗族理词“禁偷盗抢劫”规定：

三十三岩规不许犯，四十四岩规不容犯。处处要齐心，村村要团结，杀宋公垫底，立埋岩在上。立下治盗岩，立下治贼岩。地方没有小偷，村寨没有强盗。第一次劝告，杀他家肥猪，罚肉九十九斤和八十八斤。第二次劝告，拉他到坪上，拉他到场上。用木尖来钉，用木棍来打，拿他来倒挂。教

① 石宗仁翻译整理：《中国苗族古歌》，天津古籍出版社1991年版，第311—312页。

训才聪明，讲了才清楚。……

5. 强制作用

苗族习惯法对违反了“榔规”、“岩规”，轻的罚牛、罚款；重的拆房、驱逐、杀头、活埋，甚至要株连家属。如对于强盗罪，“要他房柱朝天，要他房柱倒地。砸烂他房子，吃完他家当，地方才好，村寨才安定”。对勾引别人丈夫的女人，“拉她上埋岩，拖她上埋岩，用鞭子来抽，用棍棒来打，让她身体烂像刚（一种腌久而腐烂的酸菜），发臭像屎尿……”①

四、理词自身具有的特征

理词来源于苗族的社会生活，它以规则对仗、凝练浓缩、生动形象、简洁明快的语言形式，概括了对社会规律性的认识。作为习惯法的主要表现形式，它具有简练性、普遍性、生动性等特点。

（一）精练、简洁性特点

法律规范有逻辑严谨、明确肯定的特征。理词重阐明法理不重抒情，重训诫不重生活细节描绘，重概括不重过分铺陈，这就在最大程度上符合法律规范的要求。理词句短精练，内容一般很明确。

如融水苗族埋岩理词：

若当头人不正直，若当寨老不正大，要头人与盗同罪，要寨老与贼同刑。各地应知晓，村村别忘记。

可见，理词设定的法律规范是明确的，以此来限制头人、寨老滥用职权。这都是苗族法律实践中，对法律知识和经验的简短、明确的概括，这些规范在苗族中发挥着预测、指引、评价和教育功能。

（二）普遍性的特点

法具有对一定地域范围内的所有人普遍适用的特点，这就需要人们都知道法律，认识法律。“规定给所有人遵守，规定给所有人知道”，这样才能发挥其普遍规范的作

① 张声震主编：《融水苗族埋岩古规》，广西人民出版社1994年版。

用。理词作为苗族习惯法的载体，简短易记，易于传播，在没有文字的苗族中已深深扎根在人们的心里，在处理各种法律问题时，很容易找出自己最熟悉的理词来判断是非，保护自己的权利。在习惯法的执行中，理老、理师、头人、寨老等也往往使用他们熟悉的理词来裁决定案，使其定案结论更有说服力，从而为人们所接受。习惯法的基本精神、要求和人们遵守的规范以理词形式体现出来，在社会上流传，人们根据理词的精神和要求来调整自己的行为，能使之更合乎习惯法的规定。

（三）生动形象的特点

苗族理词内容丰富、生动、具体、形象，它在苗族习惯法发展中起过很大作用。苗族没有自己民族的文字，习惯法只有靠口碑传唱保留下来，这就要求这种口头传承形式要以形象的语言表现深刻的道理，既生动感人，又耐人寻味，是形象思维和逻辑思维的结合。理词运用生动的语言反映深刻的法理，对法律现象的表述有时采用比喻、对比、排比、夸张等艺术手法。如“苗族古歌”中的“财产纠纷”：

> ……请你俩像裁缝，剪掉那难看破片。请你俩像木匠，要把弯的削成直的。热天不让世理，偏离人间的常规；冬天不让世俗，偏离世上的规矩。①

苗族理词表达违法行为及其处罚的语言非常形象。如讲女人行为越轨：

> ……她常常上山吹风流的木叶，她常常上坡去打幽会的口哨。她拔笋爱去远远的地方，割草她越过山坡，打柴她跨过峻岭，她放牧爱往人迹罕至的地界。……②

在犯罪行为的表达上，将盗窃比做“学螃蟹钻田沟，学黄鳝钻田塘，学老鼠咬粮仓，学蛀虫啃树干”。

在搜集证据的表现上，“看见有鱼才撒网，看见野兽才放狗，偷粮的抓在仓边，通奸的抓住衣服”。

在处罚的表现上，将犯罪者驱逐出村寨比喻为“像赶猴子离山”。对打死或活埋则这样表述：“拉他上埋岩，拖他到埋岩。地方人来看，村寨人来瞧。用木棒打头，用木棍打脚。头上迸出脑浆，屁股流出屎，要他亲兄弟，要他宗族人，推他进土坑，抛他进土槽，……”这些理词的寓意苗族人民群众一听便知，心领神会，同时能起到约束自己行为的作用，从这个意义上说理词也具有一定的群众性。

---

①② 石宗仁翻译整理：《中国苗族古歌》“财产纠纷”，天津古籍出版社 1991 年版。

第五节
苗族习惯法的历史功能

苗族习惯法的历史功能是指它对苗族社会历史曾经产生影响和作用。苗族习惯法作为一种社会规范，曾在苗族的社会生活中发挥过重要的作用，具有维持社会秩序、巩固民主议事制度、传播民族文化等社会功能。它作为苗族社会的主要法律文化体系，之所以能够维护社会组织和社会秩序，是因为它以赖以生存的苗族聚居的乡里村寨社会为基础的。美国民族学家摩尔根曾经指出：人类社会制度中凡是能维持长久的，都与一定永恒的需要有关。苗族习惯法究竟适应了苗族社会的哪些需要而发挥了它的特殊功能呢？从法学的角度来分析，有以下几个方面：

一、加强社会控制、维护社会秩序

人类社会的存在和发展，首先需要稳定的和正常的社会秩序，才能使人们生活安定，生产发展。而要有稳定的社会秩序，就得有与其历史发展阶段相适应的社会规范和维护这些规范所采取的一切必要措施，这就是社会控制。它包括两个互补的方面：一是由社会群体组织对其成员进行教育指导和约束，使广大社会成员接受这些规范，并在自己的思想意识深处潜移默化，以增强社会控制的力量；二是对违反社会规范的行为加以有效的制止和制裁。习惯法正是苗族人民根据传统习惯和社会经验自发采取的一种有效的社会控制手段。苗族理词叙说道：一位仙家栽枫树在池塘边，后因塘中鱼被鹅偷吃，主人宝塞妮怀疑鲍建塞偷了她的鱼，鲍建塞据理力争，两人越吵越凶，互不相让，“爆发了‘宝塞妮’的纠纷，闹起了‘鲍建塞’的案件”，搞得四邻不得安宁。于是大家找到用“江”树做成的道板理片，“送给寨老管，送给寨老拿”，寨老不存偏心，公正断案，“不让木船翻，不让碓开裂，船儿不添桨，碓头不加楔”，从而“结束了‘宝塞妮的纠纷，结束了‘鲍建塞的案件”。处理了此事，社会还是很混乱，没有规矩，儿子不愿跟父亲，姑娘不愿出嫁，社会难以发展，“‘往都’才来议榔，‘沙郎’才来定约，用三个簸箕来议榔，用三根绳子来约定，‘泥沙贴紧大岩，儿子跟父亲'"，只有这样，"葫芦才长大成熟，子孙才繁荣昌盛"。从此以后，"议榔成父亲的古理，规约成儿子的章程"。

当苗族先民 zab gangx nal （音译为"五支奶"）和 diut niuf mais （音译为"六支祖"）从"东方"西迁到黔东南地区后，为了避免以前在东方那样"麻雀生多了，窝窝挤不下，子孙生多了，寨子住不下"的情况发生，便用议榔规定分居过活。对此《苗族古歌·跋山涉水》叙述道："雄公来议榔，榔约这样说叙，一支住方先（榕江)，一支住方尼（台江)，一支住者雄（雷山)，一支住希陇（黄平)，一支住春整（凯里)，分开过生活。"

理词是苗族习惯法最直接的表现形式，作为一种具有较强约束力的条款规约，几乎涵盖了苗族社会生活的一切领域，诸如怎样处理偷盗、冤枉好人、纵火、通奸、为非作歹、子女不孝、嫁娶纷争等，在理词叙述的榔款规约中都能找到依据和规则。苗族社会的理老和巫师都要懂理词，从民事纠纷的解决到刑事案件的裁决，无不以它作为依据。从这个意义上说，它与《诗经》时代各诸侯国使节在外交辞令方面均以诗为本一样，具有同等权威性。理词在它所流传地区人们的意识中被视为经典。"佳"（迦、贾）以理词为表现形式，是理词的重要内容。在苗语有"路"之意，正所谓"经者道之常"。因此，理词在很大程度上具有"经"的性质。在苗族社会纠纷的调解中，理师评断是非曲直，为了让人心悦诚服，能随口诵出理词中相关的内容乃至只语片言，而且都被视为至理名言，具有不可辩驳的说服力和权威性。这些都是加强社会控制、维护社会秩序所需要的重要外在形式。

二、巩固民主议事制度

社会发展史和大量的民族学资料证明，氏族是人类最古老、最普遍的原始社会组织，作为农村公社基层组织的氏族，都有一个自己的议事会议。它既是处理政治事务的机构，又是统驭氏族、部落和部落联盟的最高权力机构。古代苗族社会的理词，作为氏族议榔会议的伴生物，在某种程度上也等同于议榔制度本身。它较多地保留了原始形态的氏族初级社会痕迹。

在氏族社会里，氏族成员是靠牢固的血缘纽带联合起来的同胞。生产资料是公有的，大家共同劳动、共同消费，相互之间权利义务平等。氏族里一切重大事务，特别是榔款规约和执事首领以及宗教祭祀等，都由氏族全体成员参加的议事会议定。管理行政事务的榔头款首有大有小，大的管一个部落，小的管一个胞族或氏族，他们不脱离生产，没有特权。他们的权力不是靠暴力而是靠自己的威信以及氏族成员对他们的尊敬和爱戴来维持的。

从氏族社会里萌生、成长并一直延续下来的民主议事制度，不但构成了文明时代乡里社会的政治基础，而且成为一种深入人心的政治传统观念，具有强大的生命力。阶级和国家出现后，尽管统治阶级出于阶级利益偏见，必然要以国家政权体系的乡村政权组织的职能取而代之，或对之进行改造，使之变为其统治的工具。但是，由于苗族偏居闭塞的西南山区，社会发展缓慢，贫富差距不明显，国家政权鞭长莫及，除封建社会后期出现的土司等为数极少的特权阶级外，由自耕农和其他劳动者组成的绝大多数平民阶层，在政治上还保持着平等地位。这就有必要继续保持古代沿袭下来并与苗族社会的前进步伐相适应的民主议事制度，并与封建统治者的国家权力组织抗衡。

于是，理词便以原始形态的农村公社民主议事制度议榔的补充和传承形式，成为乡里社会相对独立的法律—政治—文化的复合结构，并与鼓社、理老（制度）、议榔共同构成了苗族社会的四大支柱，作用于苗族社会。

三、传播民族历史文化

苗族是一个灾难深重、屡经迁徙、经济发展水平落后的民族。当其为躲避战祸和灾荒迁徙到西南的崇山峻岭后，就处在一个相当封闭的环境中，经济上是自给自足的自然经济。由于自身没有文字，又长期无流官统治，为了进一步巩固本民族内部团结，加强凝聚力，以共同对抗随时发生的侵扰和侮辱，他们除了在政治上仍采用鼓社、议榔、理老制度进行自治，婚姻上实行胞族或部落内通婚以强化血缘关系、联络感情外，还非常重视作为本民族自立意识标志的历史文化传统的保持，非常重视用古歌、理词、故事传说等来传授民族历史，讲述先辈的各种经历、经验，解释万事万物的起源等。

作为一种信息符号系统，苗族承载习惯法的理词内容极为丰富，囊括了神话传说和古代各时期、各方面的社会生活，被称为苗族的“百科全书”。它按照天地开辟（包括天地分开、日月的铸造、射日射月、请日邀月、云雾的来源、生命的产生等）、立榔定规（主要对事物矛盾的解释，如野猫为什么吃鸡、虎为什么吃猪、狗为什么撵山、什么是大鬼小侣、什么是大祸小灾等）、蝴蝶妈妈、相争天下、洪水滔天、兄妹结婚、跋山涉水、丧葬祭悼、确定季节、开亲结戚、曲直纷争、地名来历共 12 个部分来分类。

这些都是为了便于传播民族历史文化的需要而编唱的，并且每涉及具体的人或事，理词都以形象、系统的理论做依据，让人心悦诚服。如关于传承至今的“忌锅灶”习俗，理词中叙述道，苗族古代社会是嫁男不嫁女，时间长了，被嫁出的男儿对父母说：“我们走了使田土荒废，我们去了让寨脚萧条。”可是父母还是硬逼着他们出嫁。而后，父母们才感到村寨确实缺少生气，劳动力也渐渐不济，致使田土荒芜。男儿们也不愿出嫁，又返回家园。最后，男女双方父母只好商量，把姑娘嫁出。风俗突变，女儿一时想不通，执意不肯嫁出，并一定要在父母身边与兄弟们一道分家产。为了不让出嫁的女儿再返娘家分家产、田产，便请理老来规定：嫁出的女儿一律不准再触摸娘家的锅灶，否则将“大逆不道”，要遭“千人唾骂，万人数落”，甚至“破脚割眼”等，使人在了解苗族婚姻发展史的同时，明白了婚姻财产分配上的规则。

值得一提的是，苗族人民在进行民族历史文化传播时，不是采取枯燥、刻板的说教形式，而是采用寓教于乐、群众喜闻乐见的古歌叙唱形式，且由具有文学修养和艺术才能的榔头、款首、巫师、理老和寨老们，按照文学语言的特征，把榔规款约编成语言精练、形象生动、音调和谐的口头文学形式，并在修辞方面继承、运用和发展了苗族古歌的比兴、借代、排比、对偶、拟人、夸张等表现手法，以增强语言的艺术魅力和诗意美，使人易记易唱，过耳不忘，印象深刻。苗族人民通过实践经验，使教育与娱乐相结合，在寓教于乐方面，确实提供了可供借鉴的范例。他们利用一切时间、空间，巧妙地传播民族历史文化并将其穿插到生活的各个领域、各个环节，形成多样式、多渠道、多层次的“全方位”教育模式，这在增强苗族自我意识，培育民族自豪感和自信心等方面，起到了重要的作用。

其实，苗族习惯法本身是一个有机结合、相互协调、自动控制的整合功能系统，并通过这个功能系统对苗族社会发挥整体效应，有效地规范了有利于苗族社会进步发展的各种社会关系。

第八章

苗族传统司法审判习惯与制度

苗族历史上没有本民族的文字，也没有形成统一的法典。明清以前，维持苗族地区社会秩序的社会规范就是苗族世代口耳相传、年久而成的不成文习惯法规范，在司法层面上，清朝将大部分苗族地区收归国家司法机关管辖，但在苗民村寨中大量的纠纷仍由寨长、头人自行按习惯法解决，特别是“新辟六厅”地带，情况更是如此。这些习惯法尽管比国家制定的法律要“粗陋”一些，但却切合实际，简便易行，苗民乐于接受。对苗民来说，由寨长、头人解决纠纷更使人信服，效果要比官府适用官法好得多，从社会效果上说是国家司法机关办不到的。

第一节

苗族的司法组织及其职能

苗族村寨的司法组织是理老和依照习惯法的评理组织“理甲”。理老是进入阶级社会后形成的，有的是由苗族寨长或鼓社头人担任，苗语为 hfud lul（音译为“奉奴”或“奉录”），即“长老”、“老一代”的意思。一般来说，理老都必须谙习古理、社规和榔约，是处事公正的“智者”或“长老”。“理甲”的“大理老”，被称为 hfud jaf（音译为“父甲”），即“理干头”之意，也有的称 ghet wangx（音译为“勾往”），即“王”的意思。“理甲”的主事大理老是由全理甲范围内的公众和村寨鼓社头人代表选举出来的，当选者必须是精通古理陈规、榔约等规则，明辨是非，处事公正和德高望重之人。如果当选者在任期内无重大过错，可连任终身，甚至可以世袭。

理老的职能：一是调解寨、村内部的纠纷，寨内苗民间的民事纠纷和轻微伤害案件由他们解决，相当于“仲裁人”，实际上充当着所管范围内处理民事纠纷的司法官。政府一般都认可村寨组织具有解决民事纠纷的权力，这是对苗族传统的民事审判权力的默许。理老不能解决的纠纷可以向地区性评理组织提出诉讼。二是解决村寨内较大案件，理老精通习惯法内容，熟悉民情，而且能言善辩。在评理会上一般请他去为评理的一方进行说理辩论。在特殊情况下理老评理解决不了的疑难案件，在理老的主持下，采取 pid taib（“烧汤捞斧”）等形式的神判予以解决，解决这部分案件的依据是传统习惯法规范。

“理甲”的“大理老”的职能是对较为重大的纠纷进行裁判，他所受理解决或评判的事件有：关于田土、山林等财产的争执；关于违反纲纪、伦常、宗教禁忌等重大事件；关于婚姻纠纷；关于盗窃案件；关于较大械斗和残杀事件；关于维系组织体制和尊严及民族内部重大纠纷；习惯上应由他评判处理的事件；等等。

理甲的大理老评理时，先听当事人及其所请的理老说理申辩，之后才由他列举有关的“理”进行裁判。理亏一方必须按照裁判结果及时向对方道歉或赔偿，否则将被视为对全寨、全鼓社的侵犯而被强制执行。判处死刑的，由寨长或鼓社头人令其亲属执行。与外族仇杀等重大案件，未能和解者，则集合全寨、全鼓社“兴师问罪”。

从清朝开始，苗族地区死刑终审权收归中央，军、徒、流刑案件由流官审理，由于广大苗族地区固有法文化的根深蒂固，实际上大多数案件仍在苗族内部依照习惯法自行处理，包括从制度上一些应由国家司法机关管辖的案件，也没有按规定上报官府，地方官员也多听之任之。理老评判制度始终是苗族社会地方司法审判的主要形式，理老依照习惯法裁判，行使司法权，这些权力体现在鼓社或村寨所有评判之中，它的付诸实行是以村寨、鼓社、“议榔”组织为后盾的。

清代苗疆地区仍有不少地方没有实行改土归流或改土归流进行得不彻底，这些地方的土官一直享有特殊的权力，也包括司法审判权。各级土司兼理兵刑钱粮，权力甚大。一切事务，独断专行。如在毕节大南山地区，每个大土司在其家中都私设专门镇压佃户的法庭和刑具、黑洞（关押人的场所）等。差人下乡传案，要被传苗民送“草鞋钱”。佃户如有不缴纳租子、“份子”的，或者偶有不如土司意的，就要受到罚、打、关、杀。黄平县岩门土司审案时，有一套残酷的刑具，铁链、囚笼、牢房，以及重达60斤乃至120斤的大枷。

第二节

神明裁判的审判方式

马克思曾经指出：“审判程序和法二者之间的联系如此密切，就像植物的外形和植物的联系，动物的外形和血肉的联系一样，审判程序和法律应该具有同样的精神，因为审判程序只是法律的生命形式，因而也是法律内部生命的表现。"① 与苗族习惯法的内容相适应，司法审判上呈现出本民族的特色，主要是以神明裁判作为审判的主要形式。

神明裁判是在生产力极其落后，人们不能认识自然现象，也无法做出合理的解释，从而产生的原始迷信在原始司法中的反映。世界各地早期的古老民族都信奉人生有灵，所以崇拜天神和魔鬼，认为他们才是世界万物的主宰。人间的祸福凶吉，扬善惩恶都由神鬼来安排，一遇到难以辨别的事情往往借助神灵的指点，这样神明裁判就应运而生。神明裁判的存在，从一个侧面反映了神权和法权的紧密结合以及诉讼形式的原始性；从另一个侧面也反映了人们开始重视对家庭财产的保护。1949 年以前在苗族村社的司法审判中，普遍流行着神判方式，人们之间的纷争是非难辨或蒙冤无法自白时，就会求助于神的裁决。神判方式主要有对神"设誓"和神裁是非两种。

一、对神设誓

据《尚书·吕刑》载：苗族"民兴胥渐、泯泯棼棼、罔中于信，以复诅盟。"诅盟就是设誓。据《周礼·秋官·司盟》载："司盟掌盟载之法，凡邦国有疑，会同。则掌其盟约之载及其礼仪。北面诏神明，既盟，则贰之。盟万民之犯命者，诅其不信者，亦如之……有狱讼者，则使之盟诅。"这说明在很早以前苗族审判时以当事人的诅盟为诉讼证据，举行对神盟誓的仪式。

苗族人重承诺、守信义，在处理内外财产关系时，往往以誓状形式进行，因而订立民事契约发生诉讼时，便验对契约及向神明赌咒。从诉讼程序来说，当事人的诅咒发誓是重要的证据，誓词是不得违反的，必须严格遵守。

吃血是设誓的重要形式，清代严如熤在其《苗防备览·风俗上》对"吃血"仪式做了记述：

> 遇冤忿不能白。必告诸天王庙，设誓刺猫血滴酒中，饮以盟心，谓之吃血。既三日，必宰牲酬愿，谓之悔罪做鬼。其入庙，则膝行股栗，莫敢仰视。理曲者，逡巡不敢饮，悔罪而罢。其誓辞曰，汝若冤我，我大发大旺，我若冤汝，我九死九绝。犹云祸及子孙也。事无大小，吃血后，则必无悔。有司不能直者，命以吃血则惧。盖苗人畏鬼甚于法也。

① 《马克思恩格斯全集》第一卷，第 178 页。

近人根据实地调查，对苗人在天王庙吃血以及请天王到村寨折狱描述得更为具体：

> 苗人最畏此神（天王或称白帝天王），如在天王庙吃血设誓，无敢后悔者。苗中天王庙甚多。在平城鸦溪者最大，苗人视为圣地。如无天王庙之苗寨，有时可请天王至本寨断讼折狱；亦可请天王出巡，凤凰新寨天王被请至他寨断狱折狱。①

可见，吃血是解决苗人争端的重要审判方式之一，审判者往往根据当事人是否敢吃血设誓来判断罪之有无和是非曲直。这充分体现了神灵与司法紧密结合的审判方式，敢于吃血人的誓言往往被简单听信，这有时也会给犯罪者侥幸脱罪的可乘之机。

陆次云《峒谿纤志》说：

> 请歹之时，两造苗民各踞两山之上，而立牛于其中。讲既明矣，一苗持刃从牛颈下屠牛，易如委土。于是两山之苗呼噪而集，各割肉一块，归而祭祖。若有誓曰：有负谕者，有如此牛。

以这种仪式加强当事人之间的信义。设誓是迷信的表现，这与苗族人迷信鬼神的宗教观和追求向善、朴素的心理素质有关。如爱必达《黔南识略》卷二七载：苗民以为“背盟不详，必于鬼怒也，善其信巫鬼之心甚于畏法”。张澍《续黔书》卷一“诅盟”条载：“宋遵义军《图经》曰：‘民信巫鬼，好诅盟’，嗟呼。此不独遵义也，黔之民类然。”在今天贵州省紫云县打郎乡苗族村寨还保留有赌咒习俗，其过程是：矛盾纠纷双方在山坯口上，搭一个小棚棚，放一块石头在棚棚后面当做菩萨，抓一只猫，放一只鼓在棚上，互相喊天赌咒。

设誓与苗族村寨单纯、朴素的实际社会生活相适应。落后、贫穷的苗族村寨，不可能准确查证各种复杂的纠纷原因和证据，不得不通过对神发誓的仪式使各种纠纷尽快得到解决，这客观上在维系与约束苗族内部关系，稳定社会秩序，加强村寨的凝聚力方面起着相当重要的作用。

二、神判是非

苗族对于盗窃方面疑难案件和判决不服案件要求助于主宰人间命运的神来判决，这是“最高”和“最后”的裁判。苗族神判的方式主要有“断鸡头”、“烧汤捞斧”、

---

① 凌纯声、芮逸夫：《湘西苗族调查报告》，民族出版社 2003 年版，第 114 页。

烧汤粑、踩热铁等。

（一）断鸡头

在寨老裁判的事件中，一些较小的纠纷，若当事人双方对案件的基本事实存在根本的分歧，经调解无效，则采取断鸡头的方法解决。

70多年前，黔东南榕江县岩寨有个案例，一次寨民顾九和他的妻子闹翻，其妻跑到同寨的顾累家躲了一夜，以后就不见了。顾九认定顾累出卖了他的妻子，但顾累拒不承认。双方争执起来，寨老多次从中调解也不奏效，于是决定用“断鸡头”的方式来判明谁是谁非。“断鸡头”是在寨内一块空地上进行的，围观的群众很多。寨老首先在场地中央插上半人高的木棍，以木棍为中心，拴上一条长线，两边距离各约4米。顾九和顾累分别站立于线之两端，用脚踩住线头。仪式开始，原告顾九首先开口：“鸡呵，你要睁开眼睛，看看谁是好人，谁是坏人，顾累把我老婆骗去卖了，你快去啄他的脚。”接着顾累也做了类似的申诉：“鸡呵，你要睁开眼睛，我没骗顾九的老婆，他诬赖我，你快去啄他的脚。”两人申诉完后，寨老仰面朝天高呼：“天上的菩萨啊，地上的菩萨啊，各方的菩萨啊，哪个干了坏事我们不知道，只有你知道，今天请你来显灵。”寨老接着对鸡如此这般地叮嘱一番，便将鸡割断脖子，置于木棍跟前。鸡在垂死挣扎，很快蹦向顾九跟前。寨老当众宣布顾九为诬告，罚肉77斤，由全寨每家各得一份。① 这种神判方式在今天的苗族村寨中还有遗存，但只保留了“杀鸡发誓”部分。

（二）烧汤捞斧

烧汤捞斧在中国很多少数民族的司法审判中都长期使用过。据民国《贵州通志·土民志》“黑苗”条引《清平县志》曰：“苗事不明者，只依苗例，请人讲理。不服则架锅，用油米和水贮锅，置铁斧于内。柴数十担，烧极滚。其人用手捞斧出锅，验其手起泡与否。为决输赢，凭天地神明公断有无冤枉，谓之捞汤。”

苗族对寨间的纠纷也以神判的方式解决。明清期间，苗民为争夺土地、财产而“打冤家”的械斗事件非常多。据《苗防备览》载：“苗性刚直，轻生好斗，睚眦之隙，动辄捉人打冤家。”村寨间“凡有不平之事，即登鼓击之。各寨相闻，俱带长镖

① 王承权等：《榕江县加宜乡苗族调查报告》，载《贵州省少数民族社会调查》（之一）。

利刃齐至楼下，听寨长判之”①，然后参加械斗。此时本区域的裁判人大理老要出面调停双方，判定曲直，也采用神判的方式。“若小隙争论不已，择此期以日、地辨曲直。两寨之人及两家亲属左右列。中设一大锅满贮以水，置一斧，燃以沸。两造各言是非，言竞，互鸣金，声震林谷。金尽，彼此仰而吁天。移时各以手入沸汤中取斧，得斧而手无恙者为直，焦烂者为曲。如直在左，右则奔，不奔不脱者执而杀之。”②贵州省黄平县“理词”中的“烧汤理词”讲清了烧汤捞斧程序的全部过程。在此摘录一段寨主的唱词。

两户主人家，两位当事人。各讲各对，各说各恨。只有架深锅，放入长口斧。……就以长斧来判，用天油熬粥。用铁叉拨火，置斧于锅底。我求天火烧，熬粥稀又绒。我方有理烧，你方敢捞斧。……我烧粥必烫，你捞必断手，跌在锅旁，倒在梯脚。教育大众，告诫地方。我是雌方，你是雄方。不怕手断，把斧捞出。请天来执“戥”寸，请地看“斤两”。这里不是养鱼塘，这儿不是喂鸡坪。是斗殴场，是拼杀坪。来者即着，不死亦伤。我架锅等，你来爬梯。伸你右手，捞我大斧。脸色大变，手不烫伤。脸色不变，谈笑如故。是天地告诉人，是高祖传到孙……③

这首理词表明苗族酷信神明裁判，对重大争端缺少证据，或调解不成，或对判决不服，喜欢选择“烧汤”的形式来解决。神判用的三脚架，约5尺许，一口深锅高置其中，将米、油、斧子放入锅内，大火烧煮，然后架梯于锅旁。双方当事人，分为“烧方”、“捞方”，双方当众辩理后，“捞方”伸手入锅内取出斧来，手起泡为负，“烧方”则胜；手不起泡，则“烧方”负。烧汤时，习惯上把烧汤一方称“雌方”，把捞斧一方称为“雄方”。

（三）烧汤粑

烧汤粑是争执双方，各包一个重量、大小基本相同的粽粑，共入一锅煮，熟方为胜，未熟方为败。黄平县民族事务委员会编辑的《苗族古歌古词》中收有两则“烧汤粑”的理词。第一则中说：

铁锅高架，干柴一堆。两方各包粑，粽子四斤米，同入一锅煮。看谁的

---

① ［清］严如煜：《苗防备览》。

② 李李咸：《苗俗记闻》。

③ 贵州省黄平县民族事务委员会编：《苗族古歌古词》，下集“理词”。

粽熟，看谁的粽生。谁的熟谁胜，谁的生谁负。小孩做玩，大人认真。一方称银二十两，量出五斗米。交给寨老，代为保管。煮粽来判断，谁胜谁收取。议一致就烧，捆紧了就煮。人不依劝，用粑判断。粑入锅底，尽力加火。明火知情，不烧正方。清水明理，不护歹方。粽同一锅煮，各翻各的粽。天地神明，公正判断。粽子一熟一生，熟方赢，生方输。两个都熟，两个都生，没有输赢。依理师话，双方息事。……

第二则中说：

一户收一杯米，一家收一支麻。每人缝一个袋，每袋装一个粑，袋上写有名，袋上书有姓。写好来喊龙，书好来叫雷。喊龙来就说，叫雷到就讲。龙你不要遮，雷你不要护，你烧就真烧，你焚就真焚。人人的粑都蒸熟，个个的粑都煮透。谁的粑煮不熟，谁的粑还夹生，他就是游寨鬼，他就是半夜贼。……德高望重的理师，众望所归的师傅。白天他来说，夜间他来讲：烧就真实烧，捞就真实捞，寅日我们就烧，卯日我们就焚，有那白天贼，有那夜间盗。我们就搁在面前，我们就放在里边，他的粑就煮不熟，他的粑就熟不透，我们编鞋一只，我们搓绳一股。定要他倾家荡产，定要他家业耗尽！……①

（四）踩热铁

“踩热铁”是在两边争执激烈、是非难断的情况下，令当事人双方或一方用脚踩烧红的斧或铧，以其是否被灼伤来定曲直。20 世纪 50 年代，贵州从江县加勉乡的苗族，每个寨子都有一名“该歪”（本寨头人，相当于寨老）负责调解本寨民间纠纷。当发生盗案，失主与被嫌疑者各执一词，难辨是非的情况下，可请鬼师主持通过“踏斧头”的仪式来解决。做法是将三个铁斧放于火坑中烧得通红，并有鬼师作法“念鬼”。咒毕，由鬼师将斧头夹出置放于地，并且自己先赤足从铁斧上踩过，以显示其法力高深。随即令嫌疑者同样赤足从铁斧上踩过，若被烫伤，即认为其是贼盗，除赔偿外，还应按规定受罚。若嫌疑者未被烫伤，则表明其清白无过。这样失主须宰猪办酒席款待嫌疑者和寨人，以示谢罪。

1983 年，中国社会科学院民族研究所夏之乾先生在贵州省榕江县加宜乡进行民族

---

① 贵州省黄平县民族事务委员会编：《苗族古歌古词》，下集“理词”。

调查时，苗族老人蒙古榜曾讲述了一个他亲眼所见的踩铁铧的案例：20 世纪 20 年代初期的某一年，有 20 多个广西“水老”（水族人）到摆早寨来买木料，其中有一个工头。他们在加宜寨雇了 20 余人运木料，每人每天 1 钱银子的工价。一天，工头突然发现丢失了 5 两银子，怀疑加宜寨马果老等几人行窃。嫌疑者拒不承认。于是，工头去广西地界请来一个鬼师搞“踩铁铧”决是非。这次神判是在摆早寨的空地上进行的。由巫师将三个铁犁头置于炭火中烧得通红后夹于地上，每间隔一步放一个。踏铧前先由巫师念咒，大意是：好人踏铧头安然无恙，偷儿踩上铧头会衣服烧着，脚被烫伤。念毕，鬼师往铧上吐了一口唾沫，然后嫌疑者赤足，并在脚板上抹一层桐油，随即由两人扶住两只胳膊（使其踩铁铧时不致摔倒），迅速踏过铁铧。据这位老人讲，头几位都安全通过，最后一个刚踏上铁铧，衣服即着火燃烧，被认定为偷盗，除赔偿 5 两白银外，另罚肉 33 斤，由大家共食。按苗族习惯，如若嫌疑者踏铧全部顺利通过，则表明鬼师“功夫不到家”。这样，鬼师和失主则应各赔猪肉 11 斤，由参加者聚食，以示认错。①

三、占卜

占卜与神判同属于迷信神灵的社会活动，两者有相互的关联，同时也有明显的区别。尽管神判中有不少内容和形式都与占卜有关，然而占卜的很多方面并不属于神判。在苗族的社会生活中有着多种多样的占卜形式，其中只有一部分是为了判断是非，查明犯罪，这类占卜属于司法审判的内容。

（一）鸡卜

所谓“鸡卜”与前文所述杀鸡发誓和断鸡头不同。它要求的不是神判的结果，而是神判的先行步骤。此类占卜是将鸡毛剥去后经过适当的处理，再以鸡休某一部位呈现的状态来寻找失物或查找窃贼。“曰‘着鸡卦’，持鸡于野，插五色纸于地，绕（烧）以楮钱（纸钱），击竹筒祷之，然后烹鸡，取两胫（腿骨）以竹筳（细竹枝）测骨孔之深浅，其吉凶休咎，率卜于是数者。”② 光绪二十三年（1897），董鸿熏所修《古文坪志》以有大体相同的记载。

---

① 夏之乾：《神意裁判》，团结出版社 1993 年版，第 112 页。

② 宣统元年铅印本《永绥厅志》，引自《楚人巫术崇释述略》（百度文库）。

（二）米卜

据夏之乾所著《神意裁判》载：贵州榕江县两旺乡空列寨苗族（短裙苗）中有以“丢米”寻找失物的占卜形式。这里的苗族人家每户都养牛，晚上并不关入牛圈，而都是散放于山上，平时也不看管，用时再去牵回。如牲畜丢失或被人拉走，不知去向，可以请巫师进行丢米（zas ghab hsaid，音译为“遮嘎晒”）来找牛。巫师以半碗清水放置于地，以左手握大米 10 余粒，将其中 3 粒以锅底之黑烟染成黑色。然后边念口诀，边以右手食指在碗上来回比画作法。念毕，将米丢入碗内，以 3 粒黑米之分布情况来判断是否牲畜走失或偷牛贼所在之方向。①

第三节

苗族司法的特点及其文化解释

一、对盗窃犯罪处罚较重且用刑残酷

与苗族社会历史发展阶段相适应，由于私有制取代公有制的时间短，生产力发展的水平还很低下，物质贫乏，为进一步巩固和发展私有制，必须采取严厉的刑罚手段，惩办侵犯与破坏私有财产的罪犯，以保护私有制家庭的物质基础。所以苗族对盗窃、欺骗、强盗罪处罚较重，而且用刑特别残酷。

刘介《苗荒小记》载：

> 苗瑶刑罚甚酷，犯盗窃者，苗头以其罪名传语团众。于是家出片柴，堆积刑场，缚犯者于柴薪之上，举火焚之。或竟有生埋者，其残忍可谓极矣。然而道不拾遗、夜不闭户……

苗族榔约榔规规定：

> 谁要是存心阴险，蓄意阴谋，骗人家田地水口，开人家谷仓，撬人家门

① 夏之乾：《神意裁判》，团结出版社 1993 年版，第 112 页。

户，挖人家墙角，这事可大，罪恶不小。我们要罚他二十四两银。要是他硬顶，罚他四十八两。要是他还藐视榔村鼓社，就整他像炉灰，捶他像毒药，抛他到桥昆鱼滩里，投他到桥头的龙潭里。

窝匪就是匪，藏盗就是盗。暗地里收匪贼，想装好人，罪小的送他到衙门里，罪大的我们杀其身要他命。①

严厉刑罚的威慑，使苗族地区很少发生盗窃事件，平时牛羊牧于野也无人偷盗，某种程度上达到"以刑去刑"的效果。

二、一般案件以"罚服"完结

除贼盗、寨内抢劫等严重危害社会秩序和财产关系的犯罪处以死刑外，苗族社会一般触犯榔规榔约的犯罪行为，多以"罚服"来处理。牲畜、家禽是苗族人民重要的生产和生活资料，据严如熤《苗防备览·风俗上》载：苗人"耕织之外，惟事牧畜，以牛、马、犬、羊、豕、猫、鸡、鸭之类最多。而所重牛，所窃惟牛，然不任耕种供口腹资贸易而已"。饲养牲畜家禽是苗族重要经济来源和生活所需，刑罚也反映这种地缘法文化的特点。在苗族地区大至人命重案，小到偷鸡摸狗；上至寨老、寨长，下到普通苗民，犯罪都要罚服。

如：

杀人、伤人赔牛十余头。

若无事击鼓及有事击鼓而不到者，罚牛一只以充公用。

亲姨表子女婚配，罚以白水牛。

违反祭祖礼仪，"若属无意罚以鸭一只，若有意罚猪或羊"。②

此外，罚银的处罚也比较多，一般从3钱开始，以3数为一个罚银单位，根据触犯榔规榔法的轻重递增，3两、6两、9两、12两、15两不等。

以罚服作为刑罚的主要手段，比较适合苗族社会实际，苗族地区没有健全的强制机关和固定的监狱羁押犯人，徒、流刑没有实际意义。对各类犯罪相应地科罚牲畜和银两，对生活比较贫穷，以牲畜和家禽为主要经济来源的广大苗民来说，无疑是较为有效的惩罚措施。摩尔根指出：以牲畜作为罚金的支付手段，是一切古代法侵权损害

---

①② 转引自李廷贵、酒素：《略论苗族古代社会的"三根支柱"——鼓社·议榔·理老》，载《贵州民族研究》1981年第4期。

赔偿的重要特点。私有制产生后，“家畜成了价值超过以前所知道的一切财产总和的一种财产。家畜可作食物，可交换其他商品，可赎回俘虏，可支付罚金，可用作宗教仪式上的牺牲。此外，因为家畜可以无限地增加，对它们的占有使人类头脑中第一次出现了财富的概念”①。苗族社会重视私有财产的保护，严厉惩治贼盗犯罪，又通过处罚手段，使牲畜等财产的所有权得以移转，从而达到惩恶扬善，保证苗族社会稳定的作用。所以说“有犯罪者，小事罚之，大事杀之，盗物倍还其赃”，充分反映了苗族等少数民族习惯法的地缘文化与社会文化特征。

三、神判中的“人判”因素

苗族“烧汤捞斧”、“踏铧”等古老的神判形式一直延续到新中国成立前。神判从本质上讲是一种巫术，是原始宗教的一种表现形式；总体上说是不科学的、落后的审判方式。然而在某些神判形式的发展和演变过程中，逐渐形成以“神判”作为外部形式，以“人判”作为本质内容的综合审判因素，在普遍信奉神灵的苗族村落中，能得到人们的真心信赖，在及时查证案件、惩罚犯罪、稳定社会秩序方面有着一定的社会效果。苗族的神判之所以长期存在，应该说有它“合理”的成分和存在的可能条件。

在苗族神判中，以手脚对沸汤、热铁等，通常情况下必被烫伤，而从铁火神判的结果看有时却是有的被烫伤，有的不被烫伤。其中奥秘就在于理师（巫师）的神判技巧，即所谓“巫术”。如西南各民族烧汤捞斧神判仪式规定烧汤捞斧时捞汤者可以在沸油中撒一把冷米（苗族、彝族）、醋酸（壮族）、酒等，在油温骤然下降时即刻捞汤，此时虽然锅里的油貌似沸腾，实际上温度并不高；苗族的巫师使用一种叫“托生”的药物粘在斧子上，然后放进锅里，或者和米谷一起放进去，巫师自己的指甲里也放有药物，以防示范时被烫伤。另外，还使用一种特殊的物质，使锅里的水未达到沸点也会出现剧烈的气泡，使人误以为锅里的液体已达到沸点。②

巫师控制烧汤捞斧仪式的节奏、时间和父子相传、不示外人的技巧，掌握谷物品种、药物使用和投锅时间及烧汤捞斧者的捞取时机等，从而决定着对捞汤者的神明裁判，以达到自己预定的目的。

① 〔美〕摩尔根：《古代社会》下册，商务印书馆1977年版，第549页。

② 〔日〕伊藤清司：《铁火神判系谱杂记》，杨德芳译，载《贵州民族研究》1986年第1期。

什么是理师预期的目的呢？就是要查出真正的罪犯。在苗族村落社会中，理师是人与神之间的使者，是阅历最广、知识最丰富的人。苗族村寨一般都比较封闭，人数也是有限的，在长期的交往中，巫师对全村寨人的品行早就了然于胸，一些人的劣迹他早都清楚。当有的人家东西被盗，并指出嫌疑人时，在巫师心中也已大概确定了谁是行窃者。巫师虽然名义上是人和神的“沟通者”，但他本人毕竟不是神，仅由他本人来判定罪犯的“人判”没有充分的说服力，人们也不会信服，此时只好请出“万能”的神灵来进行裁判，巫师正好借神灵裁判陷犯罪者于水火。在普遍信奉神灵的苗族中，人们真的相信做了坏事，神一定会惩罚，神判时一定会被验证出来。在这样的威慑下，作案者就会做贼心虚、惧怕烫伤，一般情况下在捞汤前就能低头认罪。个别的想侥幸过关，胆敢以身试法，必然要受到烫伤的惩罚。可见巫师在神判中起到左右裁判的作用，在很大程度上，与其说是“神判”，还不如说是“人判”。

由于巫师个人修养和素质的差异，他们可以通过巫术查出罪犯，也可能因贪图钱财而陷害无辜者。这样的理师受到人们的唾骂：

> 理师求真理/劝不依才“烧汤”/对不依才“捞斧”/不做尖利水牛角/不做恶毒的恶人/水牛角根牢/黄牛角尖利/鼻孔一喷/头顶狠碰/一撬一块肉/一挂一堆血/狠毒理师/断事不平/寅时评事/卯时死人/地方不用/众人不请/“肢鸡”没他的份/“马腿”无他的股。①

为什么苗族在盗窃案件中多使用“烧汤捞斧”和“踏铧”的方式？我们可以从各民族煮食器物的演化中寻找原因。林惠祥先生在谈到北美印第安人煮食的方法时说：“阿西尼本族，其意是‘煮石头’，这名便是他们煮食食物的方法而得。他们宰了一头牛，便在地面上挖一个窟（凹坑），把牛皮铺在上面，使它凹下可盛水，把水灌入其中，并置牛肉于内；另在旁边生一个烈火，将一块块石头烧得滚热，然后置于水内，到水沸肉熟为止。这种饮食方法也很通行于别族中。”② 这可能是陶器出现前狩猎人群因携带不便，煮食食物普遍采用的方法。这种饮食方法在今天云南一些少数民族中还在沿用，他们先将放有水的锅置于桌上，然后再取来滚烫的石头放入锅内，将食物煮熟。在西班牙人的饮食文化中还保有形式上的遗迹，他们在煮汤时将两块石头放入汤内，喝完汤时将其取出洗净，以便下次放入。

---

① 黄平县民族事务委员会编《苗族古歌古词》下卷。“肢鸡”、“马腿”是“议榔”组织内的基层组织单位，一村或几村为一单位称“肢鸡”，若干“肢鸡”合为一“马腿”。

② 林惠祥：《文化人类学》，商务印书馆1991年版，第99页。

在中国古文字中，最早的“盗”字是由水、火、肉、皿四个部分组成，从字形结构上看，器皿里装着水、火和肉，可见“盗”的最初含义是指从滚烫的石头煮着的装有水和肉的容器里把肉拿走，很像“捞汤”神判中的器物形式，由此可以推知捞汤神判的原始文化的样态。

在氏族部落社会，生产力非常低下，可供食用的东西很少，经常要忍饥挨饿。但氏族成员必须严格遵守男狩猎、女采集，共同劳动、平均分配的习俗惯制。当外出狩猎的人们获得猎物后，煮肉的时候有的人因饥饿难耐，趁人不备，从沸腾的器皿中迅速拿出一块肉吃下，匆忙中不免会烫伤手。当“头领”按人分肉的时候，发现自己切的肉少了一块，就会以手是否被烫伤来判定谁是偷肉的人。久而久之，这种鉴别经验进一步定型化、神秘化，逐渐演变成神的旨意，这可能就是烧汤捞斧神判的文化源头。

邓敏文先生认为，“捧铧”等铁火神判可能比烧汤捞斧神判出现得早。在氏族部落成员们烧烤食物时，由于饥饿的驱使，难免会有人伸手到火中去探取食物，结果手被火烧伤或被灼热的食物烫伤。由此人们逐渐形成一种思维定式，偷食者的手会被烫伤，以后这种感性经验逐步演化成检验偷食者的一种手段，这种手段被神秘化后即变成铁火神判的形式。① 它也可能是烧汤捞斧神判的一种简化形式，考虑到各民族饮食传统中的“烧石入锅”的习惯及“盗”的字形文化的含义，“捧石”可能是最早可以替代“烧汤捞斧”的一种神判形式，后来发展为“捧斧”、“捧铧”等，苗族的“踏斧”、“踏铧”可能由此转化而来。

综上所述，“烧汤捞斧”、“踏铧”等神判形式与盗窃犯罪有着很深的文化联系。氏族部落社会末期开始出现和实际存在的盗窃问题，可能是这些神判形式产生的最初原因，也是最初的一种社会需要。神判在阶级社会的长期存在，一方面反映了神权和法权的紧密结合，另一方面体现了各民族对财产权利的重视和对盗窃犯罪的痛恨。

---

① 参见邓敏文：《神判论》，贵州人民出版社 1991 年版。

瑶族法制史

YAOZU FAZHISHI

YAOZU DE LISHI YU WENHUA

第一章

瑶族的历史与文化

瑶族历史悠久、文化丰富，是住在我国南方的民族。

根据2010年11月1日我国第六次人口普查统计，瑶族人口有279．6003万，分布于广西、湖南、广东、云南、贵州、江西、海南等省（自治区）的130多个县内。其中居住在广西壮族自治区的瑶族约有150万多人，占瑶族人口的60%以上。瑶族居住在湖南省约有60万多人，云南省约有20万多人，广东省约有14万多人，贵州省约有2万多人。①

在我国少数民族中，瑶族是分布区域较广的民族之一，他们与汉族、壮族、傣族等民族杂居，东起乳源五指山，西至金平哀牢山，南至河口大围山，北达江华九嶷山，西南与越南、老挝境内的瑶区接壤。瑶族主要聚居于广西壮族自治区金秀、富川、恭城、都安、巴马、大化等瑶族自治县，广东省乳源、连南瑶族自治县和连山壮族瑶族自治县，湖南省江华瑶族自治县，云南省河口瑶族自治县、金平苗族瑶族傣族自治县。此外，广西的龙胜、三江、融水、马山、隆林、防城港、上思、南丹、全州、灌阳、凌云、资源、钟山、贺州等县（市），湖南的零陵、蓝山、道县、江永、郴州、桂东等县（市），云南的富宁、麻栗坡、屏边、勐腊等县，广东的曲江、乐昌、始兴、英德等县（市），贵州的荔波、黎平等县（市）也有不少瑶族居住。

山脉连绵，峰峦叠起，山地与坡地是构成瑶族赖以生存的自然环境。瑶族主要聚居区地处亚热带，气候温和，年均气温为19℃，年降雨量在1439毫米至2251毫米之间，雨水充足，有利于农业和林业生产。农作物有玉米、水稻、高粱、黄粟、豆类、薯类、甘蔗等，林业以种杉、松、青冈树、楠、樟、玉桂、八角、毛竹等为主，出产茶叶、油茶、冬菇、竹笋、香草、香漆、烟草、蓝靛及各种草药，矿藏有铜、锌、银、铁、金、汞、石英石、大理石等。水利资源丰富。

瑶族的名称，最早见于《山海经·大荒东经》："帝舜生戏，戏生瑶民。"唐初姚思廉的《梁书·张缵传》中也说："零陵、衡阳等郡有莫徭（瑶）蛮者，依山险为居，历政不宾服。"长孙无忌等在《隋书·地理志》中也说，"长沙郡又杂有夷蜒，

① 关于瑶族的人口发展，王迪云对到2020年瑶族人口的发展进行了研究，提出了高、中、低三个方案，对瑶族人口的变动进行了分析。参见王迪云：《瑶族人口的发展趋势与结构演进》，载《湖南经济管理干部学院学报》第15卷第1期（2004年1月）。国外瑶族人口约有50多万，主要分布在越南、老挝、泰国、缅甸、加拿大、美国、法国、新西兰、墨西哥等国。瑶族向国外迁徙，主要是因为逃避战乱。他们迁徙的第一站是与中国接壤的越南、老挝、缅甸等国，再迁泰国，然后再由东南亚到美国、法国等国。参见张冠梓：《关于国外瑶族的分布与变迁》，载《民族研究》1995年第1期。

名曰莫徭（瑶）”。瑶族名称由来，史籍记载各异。《宋史·蛮夷列传》说，“蛮徭（瑶）者，居山谷间，……不事赋役，谓之瑶人”；周去非著的《岭外代答》则说，“徭（瑶）人者，言其执瑶役于中国也”。这些有以不事赋役而得名，也有因服徭役而得名的说法，说明瑶族名称与中国古代统治者对瑶族先民的徭役征免有着密切的联系。

瑶族是一个统一的多族系的民族。因其生产方式、居住和服饰等方面的不同特点而有多种自称和他称，瑶族自称有“勉”、“金门”、“布努”、“拉珈”等，瑶族内部有近30种不同的自称，他称有“盘瑶”、“茶山瑶”、“山子瑶”、“坳瑶”、“花蓝瑶”、“白裤瑶”、“红头瑶”等，多达20个支系。新中国成立后，瑶族成了他们的统称。

瑶族的这些自称和他称来源不一，以广西大瑶山地区为例，有因住地而得名的，有因服装色彩、装束而得名的：①

①茶山瑶。“茶山”是大瑶山北部一个历史上的地名。根据清同治六年（1867）茶山瑶师公全胜银手抄，现藏金秀村全胜祝家的一本《还愿洪门太疏意者牒榜》。神书第一页有“今据大明国广西道桂林府修仁县西乡淳化里茶山洞上秀村新安社下……”一行地名记载，金秀村，原名上秀村，可证金秀村址是在茶山洞的。又据《方舆纪要》载：“茶山（永安）州西四十里，绵亘深远，林菁丛郁。”大瑶山北部，恰在永安州（今蒙山县）西。根据上述这些记载，可证茶山瑶是因住地而得名的。

②花蓝瑶。在新中国成立前某些大瑶山调查报告，有误做“花篮瑶”的。而对“花蓝”这个族称，各人的解释也有不同。据一些专家多方深入了解查对，比较正确的解释是：因为花蓝瑶妇女的服装，都喜欢挑绣着色彩斑斓的花纹。花蓝瑶族叫蓝，并不是代表蓝的一种颜色，而是指多种灿烂的色彩。用他们自己的话解释，花蓝就是“花花绿绿”的意思。据此，花蓝瑶是以服装色彩而得名的。

③坳瑶。由于远在清康熙二年（1663）已向清朝官府纳粮，名为“粮瑶”。又因男子的头髻位置，不偏不倚地结在头顶的正中，不同于茶山瑶髻的偏于前，也不同于花蓝瑶髻的偏于后，故也称“正瑶”。坳字是瑶语的译音，读yin，是指头髻耸耸的

① 莫金山认为金秀大瑶山是中国瑶族最典型的聚居地，金秀瑶族包含了中国瑶族的主要支系，包含丰富而完整的瑶族文化，金秀瑶人保留了更多的瑶族体质特征，金秀大瑶山是中国瑶文的正音之地，金秀瑶族是中国瑶族的缩影，处于中国瑶族的中心点上。参见莫金山：《金秀大瑶山瑶族在中国瑶学研究中的地位》，载《广西民族研究》2003年第2期。

样子。

④盘瑶。盘瑶又称“板瑶”，由于从前盘瑶妇女所戴的帽子，曾经是用木板做的，后来虽改用木皮或黄蜡来做了，但他们仍然叫这种帽子为“卜扁”（现在仅在结婚时才戴）。“扁”即是“板”的瑶音。因此，有些地区（如桂北）也称板瑶为“顶板瑶”。这种称呼在旧籍记载中常可见到。“盘瑶”这个名称，则由于他们崇奉始祖盘王而得。在大瑶山内外，有人把妇女戴尖顶帽的盘瑶称为“尖头瑶”，把妇女用花带缠头的盘瑶称为“平头瑶”，以装束命名更为明显了。

⑤山子瑶。山子瑶或简称“山子”。过去汉区地主叫佃耕自己田地的贫苦农民为“佃户”或“佃子”。大瑶山的山子是靠佃耕山主的山地垦种为生的，故把他们称为“山子”。这个族称是由于被压迫被剥削而得的。①

依据所使用的语言和固有的文化进行分析，瑶族大致可分为三个不同的族系，即：“勉”族系、“布努”族系和“拉珈”族系，这三个族系组成了我国现代瑶族的实体。②

①“勉”族系。这一族系人口约占全国瑶族总人口的68%，分布于广西、湖南、云南、广东、贵州、江西六省（自治区）的130多个县的山区里。“勉”族系包括自称“勉”、“董本优”、“土优”、“谷岗优”、“祝敦优勉”、“坳标”、“标曼”、“史门”、“金门”、“甘迪门”、“标敏”、“交公勉”、“藻敏”等。这部分瑶族所说的语言属于汉藏语系苗瑶语族瑶语支。

“勉”族系瑶族崇拜龙犬（盘瓠）图腾。他们认为自己是盘瓠（盘王）的子孙。“勉”族系社会普遍使用长鼓，大凡祭祀娱乐都离不开它。长鼓，“勉”语称“官”，为“勉”族系文化的标志，故可称“勉”族系的传统文化为“长鼓文化”。③

自称“炳多优”、“优念”、“珊介”、“优嘉”的瑶族，现在所操的语言已是汉语

---

① 广西壮族自治区编辑组编：《广西瑶族社会历史调查》第一册，广西民族出版社1984年版，第219—220页。

② 梁茂春认为，语言、职业、通婚、风俗等与他族区分的基本特征在慢慢地消失，但是族群主观认同依然不变。依据其成员主观认同所界定的族群在内部特征上所呈现的多样性或分化，社会学称之为异质性。族内异质性是反映族群变迁的一个客观指标，可以直接反映某一特定族群与他族相互渗透、融合的程度，反映族群原生的情感联系，并将影响族群认同。参见梁茂春：《论族群内部的异质性：以广西大瑶山为例》，载《广西民族学院学报》（哲学社会科学版）第26卷第4期（2004年7月）。

③ 张有隽的《瑶族远祖盘瓠传说再研究》论述了盘瓠传说的源流，盘瓠与盘古的关系，盘瓠传说内容之真实可考性及盘瓠与瑶族的关系。参见张有隽：《瑶族远祖盘瓠传说再研究》，载《广西民族研究》2004年第4期。

的一种土语。有学者认为，这部分瑶族原来就是“勉”族系的一部分，后来由于迁徙等原因，耕种于平地，与汉族交往甚密。年深日久，逐步失掉了原来的民族语言，也正因为耕种于平地，而被称为“平地瑶”（炳多优）。① 这部分瑶族与自称“勉”的瑶族一样，崇拜龙犬图腾，普遍使用长鼓。长鼓亦是他们传统文化的标志。因此，他们的文化应属于“勉”族系的文化系统。

②“布努”族系。这一族系人口约占全国瑶族总人口的31%，分布于广西、云南、贵州、湖南等省（自治区）30 多个县的山区里。广西都安瑶族自治县、巴马瑶族自治县和大化瑶族自治县是其聚居地。这一族系包括自称“布努”、“努努”、“瑙格劳”、“努茂”、“怀冬诺”、“炯奈”、“唔奈”、“巴哼”、“优诺”的瑶族等。他们所说的语言属汉藏语系苗瑶语族苗语支。

“布努”族系崇拜创世女神“密洛陀”为始祖，自称是密洛陀的后代。“布努”族系社会所普遍使用的乐器是铜鼓，逢年过节或操办丧事等都离不开它。铜鼓，“布努”语称“引”，是“布努”族系文化的象征，即传统文化标志，故称“布努”族系文化为“铜鼓文化”。

③“拉珈”族系。这一族系人口只占瑶族总人口的0.1%，主要居住于广西金秀瑶族自治县和平南县马练瑶族乡。这部分瑶族所说的语言属汉藏语系壮侗语族拉珈语支。陶鼓，“拉珈”语称“蒙过”，是“拉珈”族系的主要乐器。“拉珈”社会过去祭祀、娱乐都离不开陶鼓，它与“拉珈”瑶人的生活息息相关。陶鼓是“拉珈”族系传统文化的象征和标志，故称“拉珈”族系文化为“陶鼓文化”。②

瑶族语言属汉藏语系苗瑶语族瑶语支。由于长期与汉、壮、苗等族接触，各地瑶族一般又兼通汉语，部分兼通壮语和苗语。

瑶族是具有悠久历史的民族。关于瑶族来源，学界说法不一。概括而言，有这样一些观点：①认为瑶族源于“山越”，原始居地在今江浙一带，会稽山（浙江绍兴）和南京十宝殿（店），又是主源之地。③ ②认为瑶族源于“长沙、武陵蛮”，原始居地在湖南的湘、资、沅江流域和洞庭湖沿岸地区，其中又有人认为，还应包括湖北、四川、贵州、江西、安徽、河南、陕西等省的部分地区。④ ③认为瑶族源于“五溪蛮”，

---

①② 刘保元：《论我国瑶族传统文化的构成》，载广西民族研究所编《瑶族研究论文集》，广西人民出版社 1992 年版，第 223、221—224 页。

③ 徐松石：《粤江流域人民史 · 两粤的苗瑶》，载广西少数民族社会历史调查组编《瑶族族源问题讨论意见》，广西人民出版社 1962 年版。

④ 广西少数民族社会历史调查组编：《瑶族族源问题讨论意见》，广西人民出版社 1962 年版。

原始居地在湖南、贵州之间。① ④认为瑶族先民与春秋时期东南沿海一带的越瑶人有关。② ⑤认为瑶族来源是多元的，既有“长沙、武陵、五溪蛮”成分，也有“山越”成分。③ ⑥认为瑶族渊源于中原地区的太行山一带，具体为山西南部。④ ⑦认为瑶族主要源于蚩尤九黎集团。⑤

关于瑶族来源问题，因其历史久远，史料缺乏，尚难定论。但多数人认为瑶族源于“长沙、武陵蛮”或“五溪蛮”，是“长沙、武陵蛮”或“五溪蛮”的一部分，原始居地在长沙、武陵两郡，即湖南的湘江、资江、沅江流域和洞庭湖沿岸地区。瑶族南迁后，有的又向西南山区移动，于是形成了大分散、小集中的分布局面。⑥

关于瑶族的族源，瑶族都普遍认定，瑶族民众是伏羲姊妹（按即兄妹）的后代。这方面，有大量的传说、故事。他们不仅在每一件重大事情讲话时（如开石牌会的料话，发生争端时的讲理，婚嫁酒会中讲吉利祝颂词，等等），都要在开头讲“盘古开天立地，伏羲兄妹造人民”，而且还普遍流传着“伏羲兄妹”（或做神农兄妹）的故事；在许多神祇崇拜仪式的神书中，还把这个故事编成七言一句的韵文“神唱”，在跳神时歌唱。

在被誉为瑶族的百科全书、民族创世史的《盘王歌》中，有这样的描述：⑦

洪水退落地还原，茫茫大地无人烟，
伏羲兄妹自相配，传根接种人繁衍。
松柏树下结良缘，风传花粉上妹身。
花胎怀在妹身上，呱呱坠地不成人；
生下冬瓜一大个，切碎冬瓜化为人；

---

① 《壮、瑶历史科学讨论会论文集》，转引自《瑶族简史》编写组编《瑶族简史》，广西民族出版社 1983 年版，第 12 页。

② 李维信：《试论瑶族起源问题》，载《广西大学学报》1980 年第 1 期。

③ 李干芬：《瑶族族源探讨》，载《思想战线》1980 年第 3 期。

④ 何英德：《瑶族渊源中原考》，载《南方文物》1995 年第 2 期；何英德：《再论瑶族源于中原》，载《广西师范大学学报》（哲学社会科学版）第 32 卷第 3 期（1996 年 9 月）。

⑤ 浦朝军等主编：《中国瑶族风土志》，北京大学出版社 1992 年版，第 3 页。

⑥ 黄钰等：《国际瑶族概述》，广西人民出版社 1993 年版，第 10—11 页。

⑦ 谭晗：《盘王大歌：瑶族的创世歌》，载《民族论坛》2003 年第 3 期。在漫长的历史发展过程中，勇敢智慧的瑶族人民创造了丰富多彩的民间文学。但由于历史原因和自然环境的不同，各支系的民间文学都具有自己的独特风格。其中，《伏羲兄妹造人民》是茶山瑶脍炙人口的民间作品。《评皇券牒》和《盘王歌》是平地瑶和盘瑶民间珍藏和广泛流传的歌谣和重要文献，既有比较高的文学价值，又有较高的历史价值。《密洛陀》不仅是为布努瑶人民所熟悉的民间歌谣，也是研究布努瑶社会历史的重要史料。

撒上高山万瑶族，撒到平地百姓人。①

在《盘王歌》中，关于瑶族来源还有这样的叙述：

花英王女配太宁，白云山下建瑶厅，
生下六男又六女，六男六女无姓名。
评王得知好欢心，当厅赐给十二姓；
盘沈包黄李邓姓，赵胡雷唐冯周人。
十二兄妹十二姓，女人招婿男娶亲，
天下江山据守好，兄妹分居守四边。②

远古时代，在我国南方居住着许多民族的先民部落。“蛮”是当时南方各民族的泛称。荆蛮是蛮的一支，主要活动在今湖南、湖北、江西、安徽等地。汉代，湘江、资江、沅江流域一带，属于长沙、武陵郡，历史上把居住在这些地区的少数民族，统称为“长沙、武陵蛮”。由于流经武陵郡的沅江，有五条较大支流，文献记载又把武陵郡的部分地区称为五溪，居住在五溪地区的少数民族又概称为“五溪蛮”。在《梁书·张缵传》、《隋书·地理志》、《宋史·蛮夷列传》、《桂海虞衡志》、《天下郡国利病书》等史籍中，都说湘江、资江流域和“五溪”地区早有瑶族先民居住，而这一带地方，正是“长沙、武陵蛮”的活动地区。据现今湖南辰溪县瑶族自述，自古以来他们就居住在这里，从来没有搬迁到其他地方。再从《后汉书·南蛮传》记载说明，汉代的“长沙、武陵蛮”有着现今瑶族很多相似的习俗和传说。由此可见，瑶族和“长沙、武陵蛮”，在历史上有着十分密切的关系，在后者中可能包括有前者的先民在内。

瑶族是我国历史上迁徙较多的民族之一。③ 秦汉时期（前3世纪初—前2世纪），瑶族先民主要集中在湖南的湘江、资江、沅江流域的中、下游和洞庭湖一带地区。进入南北朝时期（5—6世纪），沅江流域的部分少数民族，向北迁移至长江、淮河之间的广大地区，④ 其中可能也有瑶族的先民在内。后来，因统治阶级不断压迫，又逐步向南返迁。瑶族民间流传着漂洋过海的传说，可能是人们对这一次迁徙时越渡长江、洞庭湖的追忆。隋唐时期（6—10世纪初），瑶族主要居住地在长沙、武陵、零陵、

①② 郑德宏等整理译释：《盘王大歌》下集，岳麓书社1988年版，第92—93页。

③ 赵家旺认为民族心理、生态环境和政府行为是瑶族迁徙的三大因素。参见赵家旺：《民族心理·生态环境·政府行为——瑶族迁移的三大因素》，载《广东民族学院学报》（社会科学版）1996年第3期。

④ 《魏书》卷一〇一，《蛮传》。

巴陵、桂阳、衡山、澧阳、熙平等郡，即湖南大部分、广西东北部和广东北部等地区。① 五代时（10世纪），湖南资江的中下游和湘、黔之间的五溪地区，仍有较多的瑶族居住。② 到了宋代（11—13世纪），湖南西南部的辰、沅、靖诸州以及湖南南部、广西东北部和广东北部的韶州、连州、贺州、桂阳、郴州等地，都是瑶族的主要分布地区。③ 这时广西的清江府（桂林）所属各县和融州（今融安、融水）等地区，也有瑶族在活动。④ 元明时期（13—17世纪），瑶族被迫继续大量南迁，不断深入两广腹地。特别是明代，两广已成为瑶族主要分布地区，当时的瑶族，已占全省人口3/10，有的地区高达7/10。⑤ 广东11个府的54个州县都有瑶族居住。⑥进入明末清初（17世纪），部分瑶族又由广东、广西分别迁入贵州和云南的南部山区。⑦ 这时，遍及南方六省区的瑶族，已基本和今天分布一样，形成了大分散、小集中局面。⑧ 瑶族在历史上居住不定，辗转迁移，有着复杂的阶级、经济和社会原因。⑨

瑶族的物质文化包括服饰、饮食、居住、交通等；精神文化包括宗教文化、民间文献、口传文学、语言文字、教育、民间艺术等方面。瑶族精神文化中的宗教文化内涵丰富。瑶族民间主要的宗教仪式有“打斋”、“还盘王愿”、“度戒”等。唐宋以来，道教、佛教相继传入瑶族居住区。道教对瑶族影响深远，凡属于丧葬和超度的礼仪，基本上是按道教法旨进行。瑶族中信奉佛教的人不多，佛教信仰者平常只在家里供佛、念经，很少出家化缘。瑶族的祭祀仪式多种多样，继巫师、师公之后，道公也执掌祭师之职，负责主持人们的生死超度祭祀。

瑶族文学内容丰富、体裁多样，具有强烈的生活气息。瑶族文学一般用汉文抄录，但多数以口耳相传。瑶族口传文学有：①神话传说：内容较多，情节动人；②寓言故事：题材广泛，寓意深刻；③民间歌谣：内容丰富，可分为祭神歌、造物歌、生

---

① 《隋书》卷三一，《地理志·荆州》。

② 《宋史》卷四九三，《蛮夷列传一》。

③ 参见［北宋］范成大：《桂海虞衡志·志蛮》，四川民族出版社1986年版；［南宋］周去非：《岭外代答》卷三，四库全书本。

④⑥⑨ 《瑶族简史》编写组编：《瑶族简史》，广西民族出版社1983年版，第14、14、10—14页。

⑤ 《粤西丛载》卷二六；《古今图书集成》卷一四二六，《方舆汇编·职方典》，上海中华书局影印本。

⑦ ［清］李宗昉：《黔记》，问影楼舆地丛书本；广西壮族自治区编辑组编：《广西瑶族社会历史调查》第一册民族部分，广西民族出版社1984年版。

⑧ 吴永章认为，历史上瑶族的居住地要比现在广泛。参见吴永章：《瑶族历史研究中若干重要问题新说》，载《民族研究》1999年第2期。

产歌、信歌、爱情歌、婚姻歌、风俗歌、甲子歌、诘难歌、新歌等十类。瑶族民间著名的歌谣主要有《盘王歌》、《密洛陀》两部。瑶族民间谚语是瑶族人民用精练的文字语言对实际经验的总结和升华，流传广泛，影响深远。

瑶族服饰极具特色。综观古今瑶族服饰，其大同者，乃颜色多为黑色或深蓝色，女着长裙，男着对襟服，皆有头饰，且较复杂，这些都反映了瑶族各支系的审美情趣。但瑶族服饰因支系不同、地区不同，又有着较大差异，这种差异主要体现在服色、样式、头饰三个方面。

中华人民共和国成立之前，受居住地域限制，瑶族社会经济发展不平衡，可分为三种类型：第一类以农业为主，兼营林副业，如湖南江华、江永等地瑶区，广西都安、巴马、富川等地瑶区；第二类以林为主，兼营农副业，如广西金秀、龙胜、兴安等地瑶区；第三类地区采用“刀耕火种”的原始耕作方法，如广西西部部分石山区、十万大山中心地区等，这些地区耕作制度原始、生产工具非常落后，狩猎和采集在经济生活中占有相当比重。

中华人民共和国成立之后，按照民族平等和民族团结原则，瑶族聚居地区逐步建立了自治县或民族乡。瑶族自治县（含联合自治县）有 1952 年建立的广西金秀（原名大瑶山）瑶族自治县，1953 年建立的广东连南瑶族自治县，1955 年建立的湖南江华瑶族自治县、广西都安瑶族自治县，1956 年建立的广西巴马瑶族自治县，1962 年建立的广东连山壮族瑶族自治县，1963 年建立的广东乳源瑶族自治县、云南河口瑶族自治县，1984 年建立的广西富川瑶族自治县，1985 年建立的云南金平苗族瑶族傣族自治县，1988 年建立的广西大化瑶族自治县，1990 年建立的广西恭城瑶族自治县以及 1951 年建立的广西龙胜各族自治县、1953 年建立的广西隆林各族自治县、1958 年建立广西防城各族自治县等十多个。瑶族乡有广东的秤架、瑶安、深渡水、三水、下帅、蓝田，广西的马练、南屏、长坪、夏宜、黄洞、大平、两安、花山、同练、高基、镇圩、古寨、宛田、黄沙、大扒、蕉江、东山、蒲芦、西山、洞井、华江、河口、蓝田、足别、作登、江甸、伶站、朝里、玉洪、力洪、沙田、弄瓦、利周、八渡、八桂、潞城、福达、三弄、中山、五联、八圩、里湖、平乐、江州、金牙、北牙、福龙、高龙、沙里、八腊、仙回、滚贝、里当、国安、大鹏，云南的洞波、猛洞、曼腊、瑶区、高良，贵州的瑶山、瑶麓、顺化、雷洞、滚董、塔石、翠里、高忙、油迈，湖南的晒北、莽山、蒲竹、华山、门楼下、上梧江、蒿吉、传素、团结、麻林、黄金、联民、长塘、那溪、虎形山、茅坳、龙渣、松柏、千家峒、蓝溪、清溪、源口、鲁灌、九疑山、桐木漯、棉花坪、荒塘、紫良、汇源、犁头、荆竹、浆洞、洪塘营、井塘、横岭、审章塘、后塘、罗子山、苏木溪、上蒲溪、龙船塘、杨柳、月峰、大塘、小垣、岭秀、盈洞、正寿、三江口、大桥、大屋、连坪、西山、仙人湾等一百多个。在现代化的进程中，瑶族与兄弟民族一起团结奋进，使瑶族自治区域的政治、经济、科技、文化、卫生、教育等各方面都发生了巨大的变化。①

① 农学冠等：《瑶族文学史》，广西民族出版社 2001 年版，第 8—9 页。

ZHONGYANG ZHENGQUAN DUI YAOZU DE FALÜ TIAOZHENG

第二章

中央政权对瑶族的法律调整

20世纪50年代之前，瑶族没有建立自己的地方政权，瑶族的居住区域呈现大分散、小集中的状况。历朝的中央政权、历代的统治者，为了加强对瑶族地区的社会控制，巩固其统治地位，对瑶族地区实施羁縻管治、封官自治、设关封锁、遣兵征剿、招抚诱降、优免安瑶、开发瑶区、兴学化心、强迫同化的政策，通过包括法律手段在内的各种措施进行管治。①

由于瑶族居住在偏僻山岭，交通不便，与外界交往较少，“而夷狄殊俗之国，辽绝异党之地，舟舆不通，人迹罕至，政教未加，流风犹微”②。而历代中央王朝的政治、经济、文化中心大都在北方，因此中央政权的法律很难在瑶族地区完全实施。东汉顺帝永和元年（136），对武陵蛮采取“羁縻而绥抚”的政策，③ 宋代以后，羁縻制度逐渐推广。在瑶区这样的少数民族地区，“大抵人物犷悍，风俗荒怪，不可尽以中国教法绳治，故（姑）羁縻之而已”④。元代开始实行土司制度。

中央政权对瑶族的法律调整随着社会的发展呈现不断强化的趋势。明以前的中央政权对瑶族总体上以抚为主，法律调整的具体范围较小，对瑶人的控制比较宽松，以免生“瑶乱”为目标，租赋从轻，任用瑶首自治，军事控制主要为防范、威慑，瑶区的秩序主要为内生秩序。明朝中叶，社会矛盾急剧尖锐，瑶人起义风起云涌，明代中央政权对瑶族实行以镇剿为主的政策。清代重抚绥，对瑶族的管治较明代为宽。中华民国政府对瑶族的法律调整内容全面，更强调发展、同化，此时瑶族作为中华民族的一员基本融入国家整体。

中央政权对瑶族的法律调整既有针对少数民族的一般性的规定，也有专门针对瑶族的法律措施。历朝的中央政权虽也通过立法对瑶族的社会关系进行规范性调整，强调同化以促进瑶族经济社会发展，然而更重视在具体的冲突解决等法律实施过程中体现中央政权的力量和权威。

---

① 有学者认为，瑶族从夏代以后，原始部落社会一直延续到隋末唐初；进入唐代中叶，瑶族跨越奴隶社会而进入封建社会。参见黄钰：《瑶族社会分期新探》，载《广西民族研究》1991年第1期。也有学者认为，云南瑶族的政治法律大体上经过了四个时期：第一个时期是瑶族固有的与农村公社相应的瑶老、寨老制度；第二个时期是羁縻制度；第三个时期是土司制度；第四个时期是改土归流后的保甲制度。参见徐祖祥：《瑶族文化史》，云南民族出版社2001年版，第89页。

② 《史记》卷一一七，《司马相如传》。

③ 《后汉书》卷八六，《南蛮西南夷列传》。

④ ［宋］马端临：《文献通考·四裔七》，引《桂海虞衡志》，万有文库本。

第一节

宋代以前的中央政权对瑶族的法律调整

瑶族先民和早期的瑶族基本上实行自我管理，中央政权对瑶族的法律调整极少，范围较为有限。

根据《过山榜》(《评皇券牒》) 的记载，瑶族最早的社会制度——家庭制度式的峒是以男性血缘为依据组成的复合式家庭，以父家长为核心，管理峒中一切事务；土地为始祖盘王夫妻及其子女共同所有。《过山榜》云："国王普天之下，万顷山河，乃系朝廷山场，仍须王瑶子孙安居，刀耕火种山田。" 此时的瑶族 "不属国家管"，"无版籍"，"不与华通"，"不纳赋税夫役"。①

夏、商、周时期，居住在长江中下游及淮河流域的瑶族先民，多数处于夏、商、周政权的统治和侵扰之下，在长期的征伐下瑶族先民逐渐向南和西南迁徙。

春秋战国时期，楚国在南方强大起来，蛮夷是楚国的基本居民，其中包括了瑶族先民。

公元前221年秦始皇统一中国，进一步加强了中华各民族之间的联系。秦朝的统一，是我国多民族国家全国性的第一次的或最初的形成。②

秦代中央政权在少数民族地区采取 "谪戍民" 的法律政策。从中原派大批汉人进入武陵、长沙蛮地区，带来了先进生产工具和技术，促进了这些地区生产的发展。秦朝是我国历史上第一个以华夏族为主体的，包括东夷、西戎、南蛮和百越各民族在内的统一的多民族封建国家。《秦律》中设有专门的关于少数民族的规定，对少数民族地区的管理相当重视。《后汉书》记载："及秦惠王并巴中，以巴氏为蛮夷君长，世尚秦女。其民爵比不更，有罪得以爵除"，"杀人者得以钱赎刑"。③ 这实际上是让少数民族自己管理自己，确认少数民族习惯法的效力。

两汉以前，瑶族先民对中央政权贡而不税。据清道光《广东通志》卷三三一载：

---

① 李本高：《瑶族〈评皇券牒〉研究》，岳麓书社1995年版，第105页。

② 田继周等：《少数民族与中华文化》，上海人民出版社1996年版，第14页。

③ 《后汉书》卷八六，《南蛮西南夷列传》。

“周武王十有三年，既灭殷，乃正九服徹法。”“凡八蛮之距扬州者，为蛮扬，近荆州者，为蛮荆。皆贡而不税。”可见当时的瑶族先民“蛮荆”与中央政权只是一种臣服的关系，唯以纳贡的形式表示称臣于周天子而已，并无赋役的负担。《后汉书·南蛮西南夷列传》卷八六亦有类似的记载：汉以前的南蛮“无关梁符传租税之赋”。

随着郡县制的建立和生产发展，中原的中央政权不断加强对南方少数民族和瑶族先民的统治和剥削。首先，将其征服的酋首“赐以印绶”，封为地方官，并通过他们对瑶族先民征收各种赋税。西汉时，武陵地区的蛮人按丁计税，“岁令大人输布一匹，小口二丈，是谓賨布”。① 到了东汉，仍对蛮族征收“徭税”。东汉永和元年（136）武陵太守上书，“以蛮夷率服，可比汉人，增其租赋”②，尚书令虞诩反对说，蛮夷“难率以礼，是故羁縻而绥抚之”。③增赋结果，一些地区的“蛮人”，承担封建徭税的剥削与汉人一致了，澧中、溇中蛮“争贡布非旧约”，武陵地区的“蛮人”包括瑶族先民，因为“徭赋过重”而纷纷起义。如安帝元初二年（115），澧中蛮就因“郡国徭税失平”而聚众造反；顺帝永和元年（136），澧中、溇中蛮也因对增加租赋不满而“遂杀乡吏，举种反叛”④。这表明，东汉时中央政权对瑶族先民采取了一定的法律调整。

汉代时，一些瑶族先民，已知“田作贾贩”⑤。他们除了种田之外，也有从事商业活动。辰州、泸溪、沅溪等地的少数民族先民，还能从事在朱砂中提炼水银的手工业，并作为向中原王朝进献的贡品。汉朝对于包括瑶族先民居住地在内的南方各边远民族，采用在中央王朝的统治下，让少数民族根据本民族的特点实行“自治”的制度，“修其教不易其俗，齐其政不易其宜”⑥，可见这是给少数民族习惯法以某种地位，承认习惯法在民族地区的适用。

秦汉之时，除在少数民族地区设置边郡边县，以区别于内地的郡县外，还在少数民族聚居的一些地区设置了“道”和“属国”二级特殊的地方行政单位。所谓“道”，即设在少数民族地区的县。《史记·五帝本纪》云：“县有蛮夷曰道”；《后汉书·百官志五》云：“凡县主蛮夷曰道”。如汉光武帝时，“置属国都尉，主蛮夷降者”；“唯边郡往往置都尉及属国都尉，稍有分县，治民比郡”，⑦ 所谓“属国”就是灭少数民族所建之国，存其国号，而属汉朝，其地位相当于郡，而与郡不同的是其为

①②③④⑤ 《后汉书》卷八六，《南蛮西南夷列传》。

⑥ 《礼记·王制》。

⑦ 《后汉书》卷五，《百官志》。

少数民族地区，有半独立的地位。这种道和属国具有明显的羁縻性。

这些法律调整措施，对后世中央政权处理民族问题影响深远，后来的羁縻州县制就是在“属国都尉”基础上建立起来的。

三国时期，瑶族先民居住地先后属蜀、吴国统辖。三国前期，战乱频仍，各地方势力争相拉拢包括瑶族先民在内的蛮族。这一时期的瑶族先民包括武陵蛮、湖湘山民及江西山民等虽归属吴或蜀的管辖，实际上却拥兵自卫，处于相对独立的状态，赋而不役。如“上缭壁，有五六千家相结聚作宗伍，惟输租布于郡耳，发召一人遂不可得”①。但孙吴出于军事需要，建国后即诉诸武力疯狂地掠夺山民，使之成为重要的兵力、劳力和财力来源。②“武陵蛮”曾多次起兵反吴，黄龙三年（231），“武陵蛮”又起兵反吴，吴国政权派潘俊等率军进击，战争持续四年。蛮族人被“斩首获生，盖以万数”③，反抗终被镇压下去。

南北朝时期，瑶族先民与汉人的联系增多，也成为各政权争取的对象。南朝为加强统治，在荆州、雍州分别设置“南蛮校尉”和“宁蛮校尉”。④ 南朝刘宋政权曾使宜都、建平（在湖北西南部）等地“蛮帅”受其制驭，并给“酉阳蛮”诸首领以封号。⑤ 北朝的北魏，先后封诸蛮首领为江州、南雍州、东荆州刺史。⑥

需要指出的是，南朝在包括瑶族先民居住地在内的少数民族聚居的地区设置左郡左县。所谓左郡左县，一方面意味着少数民族地区已纳入版图，必须服从南朝中央政权的领导；另一方面又表示少数民族地区的郡县与内地的郡县不同，还有特殊性，故在郡县之前冠以“左”字，以示区别。有的则干脆直呼“僚郡”、“俚郡”。这种左郡、左县或僚郡、俚郡，既不打乱少数民族原有的社会组织，也不干预其内部事务，也是给“酋豪”封官加爵，利用他们对少数民族实行统治，可见，左郡、左县，或僚郡、俚郡上承秦汉的道和属国，亦带有鲜明的羁縻性。

晋王朝对包括瑶人在内的“夷人”实行租赋从轻的制度。据《晋书·食货志》卷二六载：“制户调之式，丁男之户，岁输绢三匹，绵三斤，女及次丁男为户者半输。其诸边郡或三分之二，远者三分之一。夷人输賨布，户一匹，远者或一丈。”“远夷不课田者输义米，户三斛，远者五斗，极远者输算钱，人二十八文。”从中可见，“夷

---

① 《三国志》卷四九，《吴书·太史慈传》。

② 刘志军：《历代王朝治瑶赋役政策的社会历史分析》，载《贵州民族研究》2004 年第 4 期。

③ 《三国志》卷六一，《吴书·潘俊传》。

④⑥ 《魏书》卷一〇一，《蛮传》。

⑤ 《宋书》卷九七，《蛮传》。

人”只输少量“賨布”，其户调不及汉区的1/3，“远夷”则不交田税，只输义米或象征性的少量算钱。南朝承袭晋代的政策，对瑶族先民盘瓠蛮等实行不同于汉区的租赋徭役政策。据载：荆雍州“蛮民归顺者，一户输谷数斛，其余无杂调”。“蛮无徭役，强者又不供官税。”① 这说明当时的“蛮民”需以户为单位缴纳租赋，但既无杂调，又无徭役，负担较汉民为轻。相对而言，北朝对包括瑶族先民在内的“蛮族”的征取则较为繁重。史载：北朝“诸蛮款服，咸求输税”②。平定信州蛮后，“自此寇抄频息，军粮赡给焉。”③ 驱平荆蛮后，“因抚慰蛮左，翕然降附，遂税得马一千五百匹供军”④。可见北朝出于军事需要，往往向蛮民征取军粮、军马等物，且数量不少，可以“赡给”。⑤

隋唐时期，居住在湖南、广西、广东等地的瑶族先民称为“莫徭”。隋唐时期，中央政权力量强盛，影响随之扩大，控制范围广泛，中原的中央政权与各少数民族之间的关系日益密切，超出前代。

唐朝是中国古代社会发展的繁荣时期。唐代中央政权的统治势力延伸到了瑶区，更是明确设置羁縻府州。唐王朝的统治者，清楚地认识到武力是无法征服瑶人的，于是就采取了安抚的办法，即实行羁縻制度，在统一领土内，对包括瑶族先民居住地在内的南方民族聚居和杂居地区，采取有别于汉族地区的办法治理，“其道在于羁縻”，“即其部落列置州县，其大者为都督府，以其首领为都督、刺史，皆得世袭。”⑥ 羁縻府州“皆旁塞外，或寓名夷落”。⑦

所谓羁縻府州制度，即俗称的“以夷治夷”，就是在不破坏国家统一的前提下，以少数民族的所在地划分地域，设立特殊的行政单位，任用少数民族首领为“土官土吏”，保持或基本保持各少数民族原有的统治机构，承认其原有首领的政治地位和直接统治本民族的权力，除在政治上隶属于中央王朝、经济上有朝贡的义务外，其余一切事务均由少数民族首领自己管理。

羁縻府州制度有都督府和州县的不同等级，都督、刺史、县令不仅以其本部落首

① 《宋书》卷九七，《蛮传》。
② 《魏书》卷四一，《源贺传源恭附传》。
③ 《周书》卷四四，《李迁哲传》。
④ 《周书》卷二八，《史宁传》。
⑤ 刘志军：《历代王朝治瑶赋役政策的社会历史分析》，载《贵州民族研究》2004年第4期。
⑥⑦ 《新唐书》卷四三，《地理志·羁縻州》。

领为之，而且皆可以世袭。“大凡府州八百五十六，号为羁縻云。”① 江南道的羁縻州是以蛮部设立的，皆隶于黔州（治所在今重庆彭水）。岭南道的羁縻州也是以蛮部设立的，分隶于安南都护府和桂（治所在今广西桂林）、邕（治所在今广西南宁）、峰（治所在今越南越池东南红河之南）三州都督府。②“蛮隶江南者为州五十一，隶岭南者为州九十三。”③唐王朝中央政府对羁縻府州县有行政领导权、法律治理权、征调兵马权、收取南赋权，表明羁縻府州仅是唐中央政府统辖下的地方一级行政机构。同时，唐中央政权先后在瑶族聚居的武陵、长沙、巴陵、辰州、沅州、衡阳、桂阳、零陵、临贺、韶州、连州、邵州等地设置州郡，以统治瑶族先民和其他民众。

唐朝前期的中央政权实行比较开明的民族政策，治理是比较宽松的。如唐太宗从“中国既安，四夷怀服”观点出发，对四夷少数民族“不必忌猜异类，盖德泽洽，则四夷可使如一家”④。有学者根据瑶族的历史文献《评皇券牒》中多次提到“贞观”年号以及唐朝的其他年号，认为瑶族《评皇券牒》（《过山照》、《过山榜》）是唐朝唐太宗颁发给瑶人的。⑤ 瑶族先民基本上无赋役或减税输，“岭南诸州则税米，上户一石二斗，次户八斗，下户六斗。若夷僚之户，皆从半输。”⑥ 这里的“夷僚”当包括瑶族先民。唐代的中央政权也任用包括瑶族先民在内的蛮人为官吏，如邵州峒蛮王国良曾为湖南牙将；黄巢起义后，由于失控，甚至诏以洪州“蛮僚”钟安为抚州刺史，⑦ 唐末时授五溪蛮诸蛮酋为刺史。⑧ 唐朝后期的中央政权较为腐败，民族矛盾也较为尖锐，瑶族先民多次起义反抗。

在赋役方面，隋朝统治者对莫徭采取的是十分宽松的赋役政策。唐代中央政权也对包括莫徭在内的“夷僚”等实行减税的赋役政策。据《旧唐书·食货志上》卷四八载：“岭南诸州则税米，上户一石二斗，次户八斗，下户六斗。若夷僚之户，皆从半输。”但此外，莫徭尚需贡土产，所贡计有“黄蜡”、“细布”、“麻布”、“斑布”与

---

①③ 《新唐书》卷四三，《地理志·羁縻州》。

② 白寿彝总主编，史念海主编：《中国通史》第六卷，上海人民出版社 1999 年版，第 271—272 页。

④ 《资治通鉴》卷一九七。

⑤ 黄钰：《瑶族〈评皇王券牒〉初探》，载《瑶族研究论文集》，民族出版社 1988 年版，第 6—7 页。

⑥ 《旧唐书·食货志》。

⑦ 吴永章：《瑶族史》，四川民族出版社 1993 年版，第 106 页。

⑧ 《新唐书》卷一八六，《邓处纳传》。

"辰、锦二州光明砂、水银等物"。①

总体而言，唐朝对包括瑶族先民在内的南方少数民族实行羁縻管治，不仅在缓和民族矛盾方面起了一定作用，在一定程度上也促进了民族地区生产的发展。

五代十国时，湖南是瑶人的主要居住区。由于社会动乱、征伐无时，统治者需要大量的战备资源，当时建立在湖南境内的割据政权楚国对瑶人的税赋征取较为苛重，并将向中原政权纳贡的负担，也转嫁到包括瑶人在内的"属内民"头上。据载：龙德二年（922）楚"始取永、道、郴诸州民丁钱绢米麦"②。其中各州的瑶人自然在被征之列。

第二节

宋代中央政权对瑶族的法律调整

宋代是中国古代继秦汉隋唐以来又一个统一时期。宋代瑶族，仍主要分布在今湖南地区。今湖南省，在宋代划入荆湖北路与荆湖南路两政区。荆湖北路，包含有岳、澧、鼎、辰、沅、靖六州；荆湖南路共分潭、邵、衡、郴、永、道州和桂阳监、武冈军以及含今广西境的全州，这就是史称的"湖南九郡"。③ 在广南西路、东路的连州、贺州、韶州等地也有瑶族居住。④ 宋代中央政权尤其是南宋加紧经营开发瑶区，瑶汉来往日趋密切，瑶人依地理远近出现发展程度上的分化。

宋代重视对南方的开发。开发梅山后，宋代中央政权在瑶族地区"画田亩，分保伍，列乡里，筑二邑隶之"，"使知有政"，⑤ 以改变瑶族游耕迁徙的局面。熙宁开边拓土，包括开梅山与北南江36州。关于开梅山的问题，嘉祐元年（1056）十一月，谓入梅山招谕，其酋长400余人，皆出听命，籍以为民，凡1100户，通梅山自此始。熙宁五年（1072）十一月，章惇招降梅山峒，籍其民万4800余户，田260400余亩，

① 《大唐六典》卷三，《户部》。

② 伍任臣：《十国春秋》卷六七，《楚一·武穆王世家》，中华书局标点本。

③ 吴永章：《瑶族史》，四川民族出版社1993年版，第114页。

④ 龚书铎总主编，任崇岳主编：《中国社会通史》宋元卷，山西教育出版社1996年版，第83页。

⑤ ［宋］马端临：《文献通考》卷三二八，《四裔五·槃瓠种》，万有文库本。

均定其税，使岁一输，筑武阳、关硖二城，置安（新）化县，隶邵州。据《续资治通鉴长编》卷二四〇载：章惇言招谕梅山蛮瑶令作省户，皆欢喜，争开道路，迎所遣招谕人，得其地。清同治《湖南通志·苗防二》卷八〇对开梅山峒的按语称："《长沙府志》章惇开梅山进兵失利，退屯梅山密印禅寺，饷阙，遣人入峒招谕，不从。乃遣颖铨长老三人入峒说法，瑶率众出降。考《宋史》章惇遣所部郭祥正入梅山招降之，祥正以功擢知邵州。则颖铨之事无据。"不论颖铨事之真假，均说明梅山峒是招谕而纳土的，不是以军事征剿而开辟的。章惇曾作《梅山诗》云："熙宁天子圣虑远，命将传檄命开边……不持寸刀得地一千里，王道荡荡尧为天。"而毛渐的《开梅山颂并序》亦云："重湖之间，蛮瑶杂处，非以一教化同风俗，宜开拓而统领之……壬子冬月，吏士传檄沼谕，獠俗俛从，于是籍户授田，均定租赋，分建二邑。"① 这都表明是传檄招谕开边。②

因此，宋代中央政权通过羁縻治理、颁照立禁、计口给田、兴学化心等方式对瑶族进行全面的法律调整，对瑶族地区实行广泛的治理。

一、羁縻治理

进入宋代，由于民族间经济文化交流的日益密切，生产力得到发展。宋朝统治者认识到少数民族地区"大抵人物犷悍，风俗荒怪，不可尽以中国教法绳治，姑羁縻之而已"，③ 针对瑶族等少数民族的社会习俗与内地存在极大差异的情况，在法律调整上采取区别对待的政策。宋真宗曾下诏说："朕常诫边臣，无得侵扰，外夷若自相杀伤，有本土之法，苟以国法绳之，则必致生事，羁縻之道，正在于此"④，因此"尊本土之法"，"因俗为治"，即不强制推行汉法，允许瑶族按习惯法处理民事、刑事纠纷。

宋初"武陵、辰阳、澧阳、靖湘、邵阳五州，各有蛮瑶保聚，依山阻江，迨十余万，马希苑、周行逢时数出寇边，以至围逼辰、沅二州，杀掠民畜，岁岁不宁。"⑤ 宋太祖赵匡胤一方面派兵遣将向荆湖和岭南瑶区进行征剿，另一方面，"下荆湖，思

① 《宋史》卷四九四，《蛮夷列传二》。
② 李默：《略论宋王朝对瑶族的政策》，载《广东社会科学》1994 年第 4 期。
③ ［宋］马端临：《文献通考·四裔七》，引《桂海虞衡志》，万有文库本。
④ ［宋］李焘：《续资治通鉴长编》卷七二，上海古籍书店影印本。
⑤ ［宋］江少虞：《宋朝事实类苑》卷五六。

得通蛮情，习险厄而勇智可任者，以镇抚之”①。宋太祖派人率兵向荆湖瑶族地区进军时，开始利用那些“通蛮情，习险厄”的蛮族首领进行统治。② 兵下辰州，又封瑶酋秦再雄为辰州刺史。“官其子为殿直，赐予甚厚，仍使自辟吏属，予一州租赋。”③旋升之为辰州团练使。秦再雄可以在辰州征收赋税，可以“自辟吏属”和“训练士兵”，拥有武装三千人，④实际上是当地拥有权力的统治者。其所管辖的地区数千里，国家不增一兵，不费帑庾，终太祖之世，边境无患。清人毛奇龄在《蛮司合志》中说：“宋太祖举瑶人秦再雄，使之自治辰州，而推广其意，及遍设官吏、尽布籍属，于是土司之史兴焉。”自治是实，但这一制度尚不是“土司制度”。

可见，宋初中央政权继续沿用唐王朝“以夷制夷”的羁縻政策，统治者采取“树其尊长，使自镇抚，始终蛮夷遇之”的措施，⑤推其雄长者为首领，不强行汉法治理少数民族，建立对瑶区的间接统治。“析其种落，大者为州，小者为县，又小者为洞。推其雄者为首领，籍其民为壮丁，以藩离内郡，其蛮长者皆世袭。”⑥

后来，在北江少数民族地区 20 州，设置刺史，以其首领任之。把世有溪州（上、中、下三州）的彭氏，任为下溪州刺史兼都誓主，其他 19 州皆隶属其下，称为誓下。“州将承袭，都誓主率群酋合议，子孙若弟侄亲党之当立者，具州名移辰州为保证，申钤辖司以闻，乃赐敕告、印符，受命者隔江北望拜谢。州有押案副使及校吏，听自补置。”⑦

宋所不同唐代者只是将土官调离本土，制定了土官袭法，规定了土官的纳贡义务，显得更严密一点。宋代中央政权任瑶人首领为官，瑶官向朝廷称臣纳贡，并承担保境安民的义务。据宋曾公亮《武经总要前集》卷二〇“荆湖北路”条载：“溪洞州在辰、鼎、澧三州之界外，皆盘瓠遗种。”“溪洞州”为羁縻州之别名。前者因其居住特点而名，后者则以其统治形式而称，名异而实同。这是宋代中央政权对辰、鼎、澧三州的周边地区包括瑶人在内的盘瓠种人行羁縻州的例证。这种羁縻府州，上承南朝的左郡左县，更具有鲜明的羁縻性；在瑶族地区培植和利用瑶族酋长来统治瑶族人民，让瑶人按照他们的习惯法来处理内部事务。到熙宁元年（1068），宋代中央政权在湘南地区，先后建立以“土酋”为官的羁縻州达 36 个，⑦ 实行“以夷制夷”的制

① ［宋］江少虞：《宋朝事实类苑》卷五六。
② 《宋史》卷四九四，《蛮夷列传二》。
③④⑤⑦ 《宋史》卷四九三，《蛮夷列传一》。
⑥ ［清］蒋廷锡等：《古今图书集成》卷一三九六，《职方典》，上海中华书局影印本。
⑦ ［宋］马端临：《文献通考》卷三二八，《四裔五 · 槃瓠种》，万有文库本。

度，以统治瑶族和其他各少数民族。

在羁縻制度下，峒内的头人或峒长，不再是自然领袖或通过峒民选举产生，而由中央政权赐封的“通蛮情，习险厄”的瑶人担任。如庆历三年（1043）冬，湖南桂阳监瑶族人民起而反抗，宋代中央政权派兵“剿平”后，“授蛮酋三人奉职”。① 庆历七年（1047），湖南钤辖杨畋采用招抚政策，“诏补唐和、盘知谅、房承映、承泰、文运等五人为峒长”②，“居亿保峒中”③。峒长有较大的“自治权”，如准秦再雄征收租赋，自辟吏属和训练士兵。峒长又将土地租佃给峒民，并“均定租赋，岁输租三斗”④。管理峒内事务不再仅仅是习惯法，而是“立法有溪峒之专条，行事有溪峒之体例”,⑤ 有时甚至直接适用封建中央政权的法律。⑥

可见，宋代中央政权对瑶族地区实行羁縻治理从宋初就开始。对此，《续资治通鉴长编》的记载最为详细。《续资治通鉴长编》卷一四，开宝五年（972）十一月“丁巳朔”条载：“以辰州都指挥使秦德崇为起复云麾将军、权知辰州、兼五溪巡检史。后二岁，德崇罢归，除右千牛卫将军。”注曰：“魏泰《东轩录》云：‘武陵、辰阳、澧阳、靖湘、邵阳五州，各有蛮徭保聚，依山阻江，殆十余万。马希范、周行逢时数出寇边，以至围逼辰、永二州，杀掠民畜，岁岁不宁。太祖既下荆湖，思得通蛮情，习险厄而勇智可任者，以镇抚之。有辰州徭人秦再雄者，长七尺，武健多谋。在周行逢时，屡以战斗立功，蛮党畏服。太祖召至阙下，察其可用而以一路之事付之，起蛮酋，除辰州刺史，官其一子为殿直，赐予甚厚，仍使自辟吏属，尽与一州租赋。再雄感激异恩，誓死报效。至州日，训练士兵得三千人，皆能被甲渡水历山缘堑，捷如猿猱。又遣亲校二十八人，分使诸蛮，以传朝廷怀徕之意，莫不从风而靡，各得降表以闻。太祖大喜，再召至阙，面加奖谕。再雄伏地流涕，呜咽不胜感恩。改辰州团练使，又以其门客王元城为本州推官。再雄尽瘁边圉，故终太祖世无蛮患，五州延袤数千里，不增一兵，不费帑庾，而边境妥安。由神机驾用一再雄而已。’（按：泰所录再雄事甚美，然正史、实录无之，又不见于他书。或此秦德崇即秦再雄也）”⑦ 这说

---

① 《宋史》卷一一，《仁宗纪》。

② 《宋史》卷四九四，《蛮夷列传二》。

③ 《宋史》卷四九三，《蛮夷列传一》；《连山壮族瑶族志》编写组编：《连山壮族瑶族自治县壮族瑶族志》，中国文联出版社 2002 年版，第 148 页。

④ 《宋史》卷四九四，《蛮夷列传二》。

⑤ ［清］徐松：《宋会要辑稿》一九八册，《蕃夷五》，中华书局影印本。

⑥ 李本高：《瑶族〈评皇券牒〉研究》，岳麓书社 1995 年版，第 109—110 页。

⑦ 《东轩录》原名应作《东轩笔录》，此书今尚存。

明宋代中央政权对瑶族地区实行羁縻治理是符合社会需要的，间接治理是有积极作用的。

羁縻制度亦产生了相应的效果，即少数民族首领听从宋代中央政权的法律、命令，维护统一，而当少数民族地区首领之间发生互相仇杀攻劫时，朝廷均不发兵，只遣使诏谕，使之平息。即使一些地区发生寇掠事件，朝廷虽发兵，然亦有节制，仍招谕来归。如大中祥符六年（1013），发生辰州溪峒都指挥使魏进武率山瑶数百人数寇城砦，朝廷不欲发兵穷讨，而降诏招谕。天禧元年（1017），溪州彭儒猛寇扰，遣兵讨之。亡入山林，其后儒猛自诉求归，朝廷亦特许释罪。至和年间，彭仕羲起事，朝廷发数千兵征讨，仕羲逃入他峒，官军亦损失惨重，就在这种情况下，朝廷亦不穷讨，仍间遣使谕旨，许以改过自归。自是仕羲岁奉职贡。元祐间，对叛首杨晟台等免追讨。①

同时，宋代中央政权把瑶人分为两类，加以区别对待。对鞭长莫及的偏远地区的瑶人实行羁縻州制，实行松散统治。而对散居在湖南腹地的山区瑶民，采用“素有知勇为瑶所信服者，应为酋长，借补小官司以镇抚之”的手法，② 以授那些“有知勇”者为官，利用他们的“习俗嗜欲悉同瑶人，利害情伪莫不习知”的条件，使之“坐而制服”瑶人。③ 对于汉化程度深浅不同的瑶人，在法律上也区别对待。在靠近“省地”、汉化程度较深的瑶区逐步实施以汉法取代“夷法”的政策。对邻近汉区的经济较发达的瑶人实行郡县制，这些瑶人成了封建国家的编户齐民，与汉民无异。据宋曹彦约《湖南军前晓谕峒贼榜》载：“契勘三县（指湖南郴州桂阳、郴县和衡州茶陵县）诸峒，系是朝廷省地，百姓与其他羁縻峒瑶不同。”所谓“省地”，即属宋王朝直接统治之地；此地之人，称为“省民”。“省民”（或称“百姓”），编入户籍，需向国家输赋，显然与“羁縻峒瑶”不同。④ 宋开梅山后，即“大开庠序明礼乐，抚柔新俗威无专”⑤，“遂徭俗于变，皇风大同”⑥，在设治之初就推行汉法。元丰四年（1081），诏“徽、诚州归明团峒应未建城寨以前，有相仇杀及他讼并令以溪峒旧法理

① 李默：《略论宋王朝对瑶族的政策》，载《广东社会科学》1994 年第 4 期。

② 《宋史》卷四九四，《蛮夷列传二》。

③ 《宋史》卷四九三，《蛮夷列传一》。

④ 吴永章：《瑶族史》，四川民族出版社 1993 年版，第 138—139 页。

⑤ ［北宋］刘挚：《忠肃集》卷一二，四库全书本。

⑥ 卞宝第等：光绪《湖南通志》卷八二，转引毛渐《开梅山颂并序》，光绪二十一年刻本。

断讫”，但“自今有侵犯并须经官陈诉，如敢擅相仇杀，并依法处断……”,[①] 元祐间下诏：“沅州归明人，除附近城寨及与汉人杂居处，若有相犯，或有相侵，合以法令从事；外有渠阳寨归明人，并去城寨至远蛮人，欲依沅州一州敕除。”[②] 这种循序渐进地推行汉法的政策，有利于缓和民族矛盾，稳定当地社会秩序，对加速瑶区封建化进程也起到一定的推动作用，当然也加强了宋代中央政权对瑶人的控制。[③]

在瑶、汉、壮等民族杂居和瑶族散居地区，羁縻州官吏的设置则以“为傜人所信服者”为原则。迁入桂北和桂西北山区与壮族杂居的瑶族，宋王朝则利用“习俗嗜欲悉同瑶人，利害情伪莫不习知”[④]的壮族土官在羁縻州当政。如南丹、宜山一带的瑶民，由南丹壮族莫氏土官充任州官。从蛮酋到州吏这种政治组织的演变过程，标志着瑶族社会组织封建化的形成，中央政权承认羁縻州府瑶酋的统治地位，羁縻州官吏在政治上代表中央政权的利益，承担着入朝纳贡的义务。从而确立了与中央政权之间的君臣隶属关系，瑶民也由“峒丁”、“山民”变成朝廷“省民”，接受了封建地方统治机构的直接管束。

从此，中央政权羁縻治理、以瑶首治瑶之策，历两宋而未改。南宋宁宗嘉泰年间，广为推行湖南安抚赵亮励以瑶首为“总首”之议，即是突出例证。据元马端临《文献通考·四裔考五》卷三二八载：嘉泰三年（1203），湖南安抚赵亮励言，防瑶越界生事，“为今日计，莫若先事选择土豪为瑶人所信服者为总首，以任弹压之责，潜以驭之。凡细微争斗，止令总首弹压，开谕劝解，自无浸淫之患。盖总首者，语言嗜好，皆与之同，朝夕相接，婚姻相通，习知其利害，审察其情伪，而其力足以惠利之。每遇饥岁，则粜粟以赈其困乏，傜人莫不感悦而听从其言。若先借补名目，使得藉此以荣其身，而见重于乡曲，彼必自爱惜而尽忠于公家，如此则傜民之众，可坐而制之。然亦须五年弹压，委有劳效，然后正补以所借之官。所捐者虚名，所得者实利，安边之策，莫急于此。诏令本路诸司，相度条具。诸司言，赵亮励所言，谓以蛮瑶治蛮瑶，其策莫良，宜诏本路监司遵守。从之”。

值得注意的是，宋代中央政权又“虑蛮夷变生叵测”而不断加强对其治理，如理宗时，在辰、沅、靖、澧等四个羁縻州，招募弩手3500人，“分处要害”之地，以监

---

① 李焘：《续资治通鉴长编》卷三一三，上海古籍书店影印本。

②④ ［清］徐松：《宋会要辑稿》一九八册，《番夷五》，中华书局影印本。

③ 程苹：《论宋代治理湖南瑶族的政策》，载《中南民族学院学报》（人文社会科学版）第20卷第2期（2004年4月）。

视和控制瑶民活动。这表明，宋代中央政权对瑶族地区的法律调整，安抚是主要方式，但不是绝对的、唯一的。

宋代中央政权对瑶族等南方少数民族虽然实行羁縻治理，但或由于苛政激变，或是互相仇杀，或逼于饥饿，因而少数民族起事亦时有发生，在这种情况下才劳师讨捕，进行军事征剿。宋代瑶人反抗活动的次数与规模是空前的，反抗活动从未中止。其中，尤以庆历年间唐和、盘知谅等人领导的桂阳蓝山县华阴峒瑶人起义，嘉定年间罗世传、李元砺诸人领导的瑶人起义，规模大、时间长、影响远。宋代中央政权通常采用镇压手段，以图扼杀瑶人的反抗活动。但是，此策并不是都能奏效的。反抗活动初起时，多是人少势单。而屠杀政策，往往驱使越来越多的各族群众卷入其中，使之成燎原之势。范仲淹在《权三司盐铁判官尚书兵部员外郎王君（丝）墓表》中就指出庆历瑶乱的原因："前之主者，立重赏以诛蛮，人一级万钱，士卒贪之，往往害樵饷之人以为功。"①

对此，欧阳修的分析较为全面："今湖南捕贼者，杀一人头，赏钱十千。官军利赏，见平人尽杀。平人惊惧，尽起为盗，除邓和尚、李花脚等数十头项外，其余随大小成火者，不可胜数。今（杨）畋所击只一洞，所聚已二千余人。于二千人中杀七八十人，是二十分之一。其余，时暂鸟散，必须复集。"

"今湖南贼数虽多，然首恶与本贼绝少，其余尽是枉遭杀戮逼胁为盗之徒。在于人情，岂忍尽杀。"②

"今盘氏正蛮，已为邓和尚、黄捉鬼兄弟所诱，其余山民莫瑶之类，亦皆自起而为盗。窃闻常宁一县，殆无平民，大小之盗，一二百火。推其致此之因，……正蛮黄、邓初起之时，捕盗官吏急于讨击，逢蛮便杀，屡杀平人，遂致莫瑶惊惶致此。以此而言，则本无为盗之心，因有可招之理。"

"莫瑶之类，使安耕织而岁输皮粟得为平民，乃彼大幸，不徒足志而已。今若击之不已，则其为害愈深。……仍恐迫之太急，则潭、郴、全、邵诸寨向化之蛮，皆诱胁而起，则湖南一路可为国家之忧。"③

这表明，宋代中央政权使用"以帛购蛮首"、以"人一级万钱"、"募杀一首领者

---

① 范仲淹：《范文正公集》卷一四，四库全书本。

②③ 欧阳修：《欧阳文忠公集》卷一〇五，《论湖南蛮贼可招不可杀札子》，四库全书本。

赐之绢三百”等计级行赏法和“以剿绝群瑶为期”的滥杀，来对待瑶人的反抗活动。①

但是宋代中央政权更多采用绥抚招纳。如庆历四年（1044）九月，湖南转运使刘沆上报：“沆发大兵至桂阳，招降二千余，使散居所部，而蛮首降者皆命以官。”② 邓文志、黄文晟、黄元士并为三班奉职。至庆历七年（1047），朝廷又进行招抚。五月丁亥，广南东西路转运使傅惟机、高易简等言：“瑶贼唐和尚令其子执要领诣官，自愿贷粮米，居所保峒中。请敕荆湖南路钤辖杨畋，趣连，韶州山下，共告谕之，使以兵械输官，质其亲属，仍请补为峒主，先给告下转运司”。皆从其请。③ 在事件平息后，即补唐和、盘知谅、房承映、承泰、文运等，并为银青光禄大夫、检校国子祭酒，并监察御史武骑尉，充峒主。事后，余靖作诗《贺运使学士分散瑶人》云：“狂瑶数载扰湘东，多谢招降息战功。”④

需要指出的是，为达到诱降目的，宋代中央政权甚至不惜使用女色，一时传为笑谈。据史书记载：“往年黑风峒诈降，朝廷以通直郎镇南佥幕招之，不出，使其弟来吉州谒帅。帅以角妓奉之。丰宅之云：‘遗下种类，奈何？’”⑤ 宋代中央政权也表示对参与者“官司释其罪愆，宽其租税”。⑥

总体而言，从《宋史·蛮夷列传》的记载看，绥抚招纳，远多于讨捕，这说明宋代中央政权对瑶族的法律调整，“恃文教略武卫”的方针是行之有效的。至于宋代中央政权为什么实行绥抚为主的法律调整手段，其原因主要是当时宋王朝受辽与西夏外来的压力太重，加之元昊的叛乱，广西又发生宜州蛮区希范寇乱，江淮旱蝗盗起，客观上抽不出更多的兵力来征讨，更无法大量供应后勤补给。欧阳修在《南洋县君谢氏墓志铭》写道：“庆历四年，是岁南方旱，仰见飞蝗而叹曰：今昔兵未解，天下重困，盗贼暴起于江淮，而天旱且蝗。”⑦ 在《太子太师致仕杜祁公墓（志）铭》又写道：

---

① 如宋徽宗时，“辰溪瑶叛，杀溆浦令，（蔡）京重为赏，募杀一首领者赐之绢三百，官以班行，且不令质究本末”。参见《宋史》卷四七二，《奸臣·蔡京传》。

② 李焘：《续资治通鉴长编》卷一五九，上海古籍书店影印本。

③ 《武溪集》卷二，转引自李默《略论宋王朝对瑶族的政策》，载《广东社会科学》1994 年第 4 期。

④ 欧阳修：《欧阳文忠公集》奏议九，《讨论蛮贼任人不一札子》，四库全书本。

⑤ 转引自吴永章：《瑶族史》，四川民族出版社 1993 年版，第 235 页。

⑥ 曹彦钧：《湖南军前晓谕峒贼榜》，载《昌谷集》卷一六，四库全书本。

⑦ 欧阳修：《居士集》卷三六。

"庆历初、上厌西兵久出而民弊。"① 在这种情况下，只好选择绥抚为主的法律调整措施。此外，瑶人利用有利的地理条件（山林险恶、巢穴深远、南方暑湿）坚持斗争，也是一个主要原因。②

羁縻制度下，瑶族地区的社会治理发生了极大的变化。峒民已不再是"自由人"，"男丁受田于酋长，不输租而服其役"，③"日各以职供水陆之产"④。还要为瑶官"为之力作终岁"⑤，"边陲有警时要征调"⑥，"为之效死战争"⑦。"有罪则听其所裁"⑧。所以，瑶官实际上已成为有很大权力，占有生产资料、生活资料，靠剥削为生的封建领主。绝大多数峒民则成为隶属于抚瑶土官的、依附于抚瑶土官占有的土地的、在某种程度上失去自由的人，在经济方面、人身方面都存在依附关系。峒不再是有一定"自治权"的地方自治组织，而是封建地方政府的部属。所以峒内的管理亦执行中央政权制定的法律。除一般纠纷由峒主、户、甲长处理外，其他均要"送县府衙究治"。封建王朝地方政府为了帮助抚瑶土官更好地"抚绥"瑶民，"凡遇荒岁，亦受赈济之列"。

宋代中央政权对治理瑶族地区的羁縻制度表面看来与元代开始实行的土司制度类似，但不是土司制度，两者是有本质区别的。土司在所辖地区是土皇帝，有至高无上的权力，而抚瑶土官只有承上管下、下情上达、催征粮赋和处理一般民事纠纷的权利。土司所管辖之地是国中之国，"自治权"相当大，除向中央政权承担一定贡赋和出兵等义务外，其余均有自主权。抚瑶土官所管之峒已入版籍，一切听从封建政府号令。抚瑶土官主要是协助封建地方政府"抚绥"瑶人等。⑨

羁縻制度的推行，加强了宋代中央政权对瑶族地区的管辖，打破了瑶族与汉族不相往来的壁垒，促进了民族间的交往和文化交流，对瑶族社会的进步有积极的推动作用。在中国统一的多民族国家的形成和发展过程中，"地大物博"的少数民族之所以与"人口众多"的汉族结成了相互依附的关系，前后延续了 2000 多年的羁縻制度起了很重要的作用。⑩ 羁縻制度产生了积极的效果，即少数民族首领听从王朝的命令，

① 欧阳修：《居士集》卷三一。

② 李默：《略论宋王朝对瑶族的政策》，载《广东社会科学》1994 年第 4 期。

③ 洪迈：《容斋随笔》，四库全书本。

④⑤⑧ 《宋史》卷四九四，《蛮夷列传二》。

⑥⑦ 周去非：《岭外代答》卷三，"峒丁条"，四库全书本。

⑨ 李本高：《瑶族〈评皇券牒〉研究》，岳麓书社 1995 年版，第 111—113 页。

⑩ 参见吴宗金等主编：《中国民族立法理论与实践》，中国民主法制出版社 1998 年版，第 9—11 页。

维护统一，如“景德四年，宜州军乱，朝廷恐宜、融溪峒因此而起侵扰，降诏约勒其首领。皆奉诏，无敢辄动。”① 但是，这种制度是宋代中央政权征服瑶人的一种补充手段，其目的是“让旧生产方式维持下去，自己满足于征收贡赋”。“羁縻州者，虽有州县之名称，而刺史县令，皆以其酋长为，而其内部之行政，中央殆少加以过问，后世之土司制度仿佛之。……故所谓羁縻州者，仅略具名称于职方之臣而已。”② 而且这种州县，“立法有溪洞之专条，行事有溪洞之体例”③，说明它仍然是一个独立的封闭的地方政权，这种政权使瑶区更加封闭，从而失去与外界交往的机会，一定程度上阻碍了瑶族社会的发展。④

二、颁照立禁

宋代中央政权对瑶族的法律调整还表现在颁照立禁、因俗而治方面，集中地表现为《评皇券牒》的出现。⑤《评皇券牒》由瑶族中的最大支系盘瑶人作为传家宝所珍藏，是瑶族特有的“宗谱”和“身份保证书”。⑥ 学界一般认为《评皇券牒》是研究瑶族的最重要资料。《评皇券牒》主要记述了人类和瑶族的产生以及瑶族的迁徙、政治、经济、文化和瑶人的游垦山林、不事赋役等权利。南宋中央政权发给瑶人特许状的因素包括瑶人当时所处的特定生存环境、瑶人的英勇斗争，⑦ 也有学者认为主要是宋理宗对“宋明理学”之宗祖的周敦颐的推崇。⑧

---

① 李默：《略论宋王朝对瑶族的政策》，载广西民族研究所编《瑶族研究论文集》，广西人民出版社 1992 年版，第 186 页。

②③ ［清］徐松：《宋会要辑稿》一九八册，《蕃夷五》，中华书局影印本。

④ 李本高：《瑶族社会发展缓慢原因探析》，载广西民族研究所编《瑶族研究论文集》，广西人民出版社 1992 年版，第 180 页。

⑤ 关于瑶族的《评皇券牒》的由来，学界有不同的看法。有认为《评皇券牒》是隋代中央政权发给瑶人的，有认为《评皇券牒》是唐朝唐太宗颁发给瑶人的，有认为《评皇券牒》是明初中央政权发给瑶人的，有认为《评皇券牒》是明代瑶酋发给瑶人的，但大多认为《评皇券牒》是南宋中央政权发给瑶人的特许状。参见李本高：《瑶族〈评皇券牒〉研究》，岳麓书社 1995 年版，第 1 页。也可参见陈路芳：《回眸近二十年〈评皇券牒〉的争鸣与探讨》，载《广西民族学院学报》（哲学社会科学版）第 24 卷第 3 期（2002 年 5 月）。

⑥ 〔日〕竹村卓二：《瑶族的历史和文化》，广西民族学院民族研究所 1986 年版，第 255 页。

⑦ 李本高：《瑶族〈评皇券牒〉研究》，岳麓书社 1995 年版，第 5—6 页。

⑧ 任俊华：《宋理宗缘何只对瑶族发给“特许状”》，载张有隽主编《瑶学研究》第 4 辑，广西民族出版社 1997 年版，第 569—576 页。

下面为一件原存广西恭城县三江街，抄件存广西民研所的《评皇券牒》:①

过　山　照

评皇券牒

[理] 宗景定元年（1260）十月二十一日

……臣僚俱无承认。龙犬盘护（瓠）登位，踊跃拜舞朝王，欢欣中外。独言报主之恩，至［取］高王头级，发誓不虚往。［敕］赐宴食饮之，食罢，辞而去。大将军等各送国门外，盘王走如云飞，身游大海。七日七夜到高王国中，时遇在朝，认得盘护（瓠），喜而笑曰：评王有些龙犬，今来投我国，必定败也。吾闻昔日有言，异物进朝，而国必胜，群能畜此，主建昌。左右臣僚举皆欢悦退朝，引护入内宫，置食美味待之，情如珠玉。每坐朝常令侍侧，不离须臾。忽遇［高王］游百花林行营，［饮酒］大醉不省人事。盘护（瓠）心思［报］主之恩，用意将口咬杀高王，截取头级，复游大海回归殿下，污血堕地。大臣僚游奏问言，盘护（瓠）汝因何取高王头级。先准敕在前，不敢忘主教以前件事，急为上奏，我王坐朝，盘护（瓠）口衔高王头级，舞拜朝见陛下。先准敕誓竖立不移，我有福德之分。敕令宫女插带梳妆，如花似玉，休能举出，盘护（瓠）向前，将口咬住宫女裙脚不放。我王见盘护（瓠）有此灵性，就将宫女嫁之为妻，入内宫排宴成亲。敕令奋鼓乐迎引送入会稽山安住，逐月差人供奉钱粮，与伊夫妻食用。黄金白银共支八十万两供应。官赐二品都尉将军尚书。敕令清州将军路转司照应。放免一切伕役，已许青山白云之地安处。后宫女生长六男六女，王闻之喜，敕赐各姓。盘、沈、包、黄、李、邓、周、赵、胡、唐、翟、冯，犒劳酬赏，各补官爵，永晓世务。令耕山田源处，三锹以上之地，离田三尺，离水三寸，戽水不上，乃王瑶子孙耕管，三锹以下之地，乃农民耕种，送纳王租。三锹以上，养生送死。一依三千条罪律令，各入山居处，刀耕火种，山田坑处，并与蠲免国税夫役，赏各照人仰律令。入山源田地，拨归王瑶子孙承管，准令施行。国家普天之下，万顷山河，乃系朝廷山场，仍须王瑶子孙

① 《评皇券牒》有许多版本，至1991年，在中国收集了126份，在泰国收集了3份，在越南收集了2份，见姚舜安《瑶族民俗》，吉林教育出版社1991年版，第35页。《广西瑶族社会历史调查》第八册收录了黄钰先生搜集、整理的89件。详见广西壮族自治区编辑组编：《广西瑶族社会历史调查》第八册，广西民族出版社1985年版。另可参见《过山榜选编》，湖南出版社1984年版；黄钰辑注：《评皇券牒集编》，广西人民出版社1990年版。

安居，刀耕火种山田。自置山货、麻、豆、粟、麦、苎、藤种类，通客兴贩，自营生计。当地之人，不许恃豪富欺凌，侵夺山林货苗利。如有百姓夺山林，瑶人无靠，该赴官参究。不许差人交婚寄居。山内不属国家所管。遂给券牒与王瑶子孙，万世流传后代，特与依牒律令。

出世子孙十二姓，永远管山，刀耕火种山田，营生活命。后盘护出山转岭打猎，被石（羊）撞落石崖（……）十二姓子孙摇动长皷（鼓），吹笛笙歌皷（鼓）板，引出大男大女，连手把肩，穿花赤领，摇天转地，唱歌不绝。收得黄金［骨］入于木函中，令伊子孙承奉香火，万代享受无穷，功绩不朽。合具敕牒条律开后。

一准王瑶子孙所居山林，各以刀耕火种。山源田地以下三锹之地，系百姓输纳之田，以上三锹之地，不许百姓侵夺。请如有夺占者，将官将依牒准重施行。

盘王女不嫁［百姓］，如有嫁百姓者，罚蚊子蚱［酢］三翁，开通铜钱三百贯，无节竹三百根，狗角梳三百六十只，糠头绳三百丈。入官山田货，拨归王瑶承管。准令施行。

一准令各府州县官吏，不许科派诸般粮税，一切身丁夫役，并与蠲免，或往来经过山谷，不许［盘］问，违例施行。

一准令十二姓子孙，各赐官品爵禄。不在深处青山白云，① 不许桀骜逞强，违例施行。

一准令十二姓子孙，自行嫁娶，不许与族［外］交婚。

一准令应请山林，不问远近，任便王瑶子孙采斩竹木，栽种麻，豆，苎，茹，藤，茶，麦，禾，粟，香腊，通客兴贩。不许形势之家，② 妄作名取。违律施行。

一准令天时不雨，庄稼旱枯焦，仰王瑶子孙，依时出县祈求雨泽，禳国裕民，振宗庙祖，仰准如前。敕令王瑶奏上乞姓名人门下议上，各赐官爵品，看门监尉徐举等，奏乞者准。

---

① “不在深处青山白云”，《广西瑶族社会历史调查》第八册作“住在深山白云之处”。参见广西壮族自治区编辑组编：《广西瑶族社会历史调查》第八册，广西民族出版社1985年版，第89页。

② “形势之家”，《广西瑶族社会历史调查》第八册作“豪势之家”。参见广西壮族自治区编辑组编：《广西瑶族社会历史调查》第八册，广西民族出版社1985年版，第89页。

一赐长男姓盘名启龙，封助国公，食邑五千户，补充滕州刺史。

一赐二男姓沈名如飞，封骑侯，食邑五千户，补充刺州司马大将军。

一赐三男姓包名进成，封野尉侯，食邑三千户，补充州刺史。

一赐四男姓黄名文敬，封光禄大夫都鲁侍郎，食邑三千户，补充尧州都尉。

一赐五男姓李名应瑞，封紫禄大夫，食邑一千户，补充本司仆射郎官。

一赐六男姓邓名协瑞，封镇国大将军，食邑一千户，补充信州都尉。

一赐七男姓周名文旺，封都尉判使佐州，王氏夫人。

一赐八男姓赵名才昌，封都尉，补充国公知州，杨氏夫人。

一赐九男姓胡名通广，封都鲁将军，永氏夫人。

一赐十男姓唐名元瑞，封定国公尚书，嘉氏夫人。

一赐十一男姓雷名元卿，封定国班鲁侍郎，食邑甚昌县，永氏夫人。

一赐十二男姓冯名世瑞，封经国侯，本司仆射郎、石杨县柳氏夫人。

谨石仰官爵如前,① 谨定官品姓名。门下大学士将军与子士臣林光。奉照议定姓名冯世瑞。封国径侯门下大学士臣罗道门。议官品门下学士列臣居上。奉东门大将下金骑都尉臣经专。奉南门大将军云骑尉臣罗竹。奉西门大将军飞骑安臣何临。奉北门大将军下郎飞门尉任。奉中门大将军节骑臣刘光辉。

奉中国大夫知国事臣芦节。

奉给事舍人张令宗。

奉正谏大将军节度判使臣李行林。

奉金紫光禄大夫上柱国令首舍人樊宅。

奉古敕知前应以十二姓子孙浮游天下,②随风随雨，乃是助国之人，与圣分忧，任便山居，给立评皇券牒，子子孙孙永远收执存照。十一月二十一日给立牒券，照令施行。③

《评皇券牒》明确规定了瑶人的土地、婚姻、赋役等事项，准许“王瑶子孙所居

①② “石”疑为“右”。参见广西壮族自治区编辑组编：《广西瑶族社会历史调查》第八册，广西民族出版社1985年版，第89、90页。

③ 李刚等编：《广西恭城瑶族历史资料》，漓江出版社1990年版，第5—8页。原存恭城县三江街。这与《广西瑶族社会历史调查》第八册所载有一定文字上的出入，参见广西壮族自治区编辑组编：《广西瑶族社会历史调查》第八册，广西民族出版社1985年版，第88—90页。

山林，各以刀耕火种”、“十二姓子孙，自行嫁娶，不许与族［外］交婚”，“应请山林，不问远近，任便王瑶子孙采斩竹木，栽种麻，豆，苎，茹，藤，茶，麦，禾，粟，香腊”，“天时不雨，庄稼旱枯焦，仰王瑶子孙，依时出县祈求雨泽，禳国裕民，振宗庙祖”，要求“各府州县官吏，不许科派诸般粮税，一切身丁夫役，并与蠲免，或往来经过山谷，不许［盘］问，违例施行”。

其他版本的《评皇券牒》也都有类似规定：瑶民所居山林归瑶民所管，“倘有军民乡村老百姓不遵令之乱入科派夫役，强取粮税，瑶老瑶目可持盘王敕赐铁链……将歹人捆绑送官究治”。“准令王瑶子孙……搬移家眷，……沿途歇所，不许关津渡口盘诘阻滞和勒取银钱。如有此等，许令王瑶可任从棍责锁绑，交所属地方乡老甲约，解赴司衙。”“砍山为业，有采捕而无赋役。”① 由此《宋史·蛮夷列传》得出结论：“蛮徭（瑶）者，居山谷间，……不事赋役，谓之瑶人”。

从《评皇券牒》可知，瑶族先民认为，他们先祖对朝廷有功，因而应当享有特权（从某种意义上说，这种特权也是瑶族先民的生存权）。这些特权主要包括：一是“天下一切山林田地，付与王瑶子孙耕管为业，营身活命，蠲免国税夫役”；二是瑶人在迁徙途中，“逢人不作揖，过渡不开钱，见官不下跪”、“王瑶子孙，出入搬移，任从所带弩弓、刀枪，不许官府军兵、巡捕、百姓盘查阻挡”；三是瑶人犯法，应当重罪轻审。《评皇券牒》中说：“王瑶子孙，犹恐过犯王法，敕令各省府县官员轻审，勿得杖打偿命充徒，查明原委，放予归山。”这些权利包括游垦山林权、不事赋役权、自由通行权、反抗勒索权、族内通婚权等，禁止瑶汉通婚，禁止地方政府科派粮税、赋役，禁止豪强掠夺、侵占等。这种特权在其他少数民族中是难以见到的，就连普通的汉族百姓也是难以享有的。也正是瑶人所认为应当享有的这种特权，往往造成瑶人与汉人、与官府的矛盾。②

宋代中央政权是否真的通过颁发《评皇券牒》这一特别命令赋予瑶人较广泛的权利，没有充分的材料能够证明，尚存在疑问。但《评皇券牒》所体现的这些规定，在宋代的官方文献和有关记载中能够得到一定的印证：

禁止地方官吏纵民深入瑶寨“略其财物”。如高宗绍兴十五年（1145），前知广西

---

① 李本高：《瑶族〈评皇券牒〉研究》，岳麓书社1995年版，第107、108页。

② 陈路芳认为从《评皇券牒》可以看出瑶族独特的矛盾性格，即独立性和依附性并存、反抗性和忍让性同在、自豪感和自卑感相伴、特权意识和平等意识共有、开放性和封闭性（保守性）相依。参见陈路芳：《从〈评皇券牒〉看瑶族的矛盾性格》，载《广西社会科学》1999年第3期。

全州高楫上书言："猺人今皆微弱，不敢先侵省地。砦官每纵人深入，略其财物，遂致乘间窃发。宜诏与溪峒接壤州郡毋侵猺人，庶使边民安业……"高宗听其言，"诏守臣一遵成法，务在抚绥"①。

表正经界，禁豪猾大姓诈匿其产猺人以避科差。孝宗隆兴初（1163），有人上书说，"湖南州县多邻溪峒，省民往往交通猺人，擅自易田，豪猾大姓或诈匿其产猺人，以避科差。内亏国赋，外滋边患。宜诏湖南安抚司表正经界，禁民毋质田猺人，诈匿其产猺人者论如法，仍没入其田，以赏告奸者。田产卖入猺人，俾为别籍，毋遽夺，能还其田者，县代给钱偿之"。孝宗亦"从其言"，乾道七年（1171），"申严边民售田之禁"②。

禁民毋质瑶人田，使能自养。地方官员和豪绅民主户占瑶民田地，是瑶民起义的重要原因。孝宗乾道四年（1168），"诏给事中、中书舍人、户都长贰同敕令所议，禁民毋质猺人田，以夺其业，俾能自养，以息边衅。"③

对逃散的起义人员免罪宽容，允许回家、复业。如孝宗乾道三年（1167）十一月，皇帝行"南郊礼"后，"诏以缘边溪峒，州县失于拊循，致怀反侧，或逃窜山谷，其在赦恩以前，并加宽宥，能复业者，罪一切置不问，互市如故，悉听其便"④。

裁减冗员，更换贪功守臣。即汰去一些名存实亡的巡防寨棚，并汰去冗员，使"官廪无虚费"；对那些瑶族痛恨的守臣，予以更换。如高宗绍兴三十年（1160），改武冈县为临口砦，减冗员。乾道六年（1170 年），复临口为县，再减关硖、武阳等砦巡检，汰去冗员。同年，将肆意派兵攻毁 13 个瑶寨的沅州守员孙叔杰予以更换，以平息瑶人的愤恨。⑤

宋代中央政权这些做法，是其"颁照立禁"的具体体现，其出发点虽然是维护宋代中央政权的统治地位，但客观上抑制了地方官吏及豪强对瑶族人民的肆意侵夺，有利于安定瑶区的社会秩序，在一定程度上促进了瑶族社会经济的发展。⑥

综合《评皇券牒》和有关文献，宋代中央政权对瑶族颁照立禁，随俗而治。据《续资治通鉴长编》卷三四五，元丰七年（1084）五月"己酉"条载："荆湖路相度公事左司员外郎孙览言：'沅水已招怀结狼九衙等三百十余峒，乞委本州随其风俗量宜约束，不必置官屯守，自困财力。'"此处"随其风俗量宜约束"之法，主要是针

①②③④⑤ 《宋史》卷四九四，《蛮夷列传二》。
⑥ 张有隽：《瑶族历史与文化》，广西民族出版社 2001 年版，第 71—72 页。

对湖湘“蛮瑶”而言。可见，处理瑶族内部事务，主要依据瑶人的习惯法从事。①“雍熙元年，黔南言溪峒夷獠疾病，击铜鼓沙锣以祀神鬼，诏释其铜禁。”又如淳化二年，富州向方通杀皮师胜父子七人以祀鬼，“朝廷以其远俗，令勿问。”②这说明，宋代中央政权尊重其民族风俗习惯。

三、计口给田

宋代中央政权比较重视对包括瑶族在内的南方诸族的开发，积极开边拓土，采取法律调整措施促进经济发展，主要表现在实施“计口给田”或“籍户授田”制度。

在土地及租赋方面，宋代中央政权鉴于前车覆辙，吸取了教训，实行“计口给田”或“籍户授田”制度，采取按丁收租的缓和办法，这也是对南方诸族行“羁縻而绥抚”之法律调整手段的具体表现。瑶族地区羁縻州、府的土官，把囊括的大量土地，以“计口给田”或“籍户授田”的方法，分配给所属瑶族和其他民族的农民耕种。计口给田的办法，是将田分成大小均等的方块，分给熟户山瑶峒丁，每人每年课米三斗，目的是使瑶人成为依附在封建土地上的固定佃农。据文献记载，在湘西地区，“其初，区处详密，立法行事，悉有定制。峒丁等皆计口给田，多寡阔狭，疆畔井井，擅鬻者有禁，私易者有罚。一夫岁输（租）三斗，无他徭役”，“熟户、山徭、峒丁”，“故皆乐为之用。”③峒民对田地有使用权，典卖则被禁止，这与宋代中央政权在汉区实行的“不抑兼并”政策完全不同，目的在于使溪峒民有业自养，以达到绥靖边境之效果。但遇“边陲有警”，受田者必须“出万死不顾”，④听从征调。在湖南西南的靖州、武冈、桂阳地区，“蛮酋自称曰官，谓其所部曰都幙，邦人称之曰土官……男丁受田于酋长不输租而服其役，有罪则听其（酋长）所裁，谓之草断”⑤。

对部分耕地少，人口多的瑶族聚居地区，宋代中央政权便采用籍民徙山的办法，开拓荒场。如在湖南中部资水流域的梅山地区，“蛮徭错处，非所以一教化，同风俗，宜开拓而统领之……于是籍户授田，均定租赋，分建二邑（武阳、关硖）”，并设置安

---

① 吴永章：《瑶族史》，四川民族出版社1993年版，第148页。

② 《宋史》卷四九三，《蛮夷列传一》。

③④ 《宋史》卷四九四，《蛮夷列传二》。［清］徐松：《宋会要辑稿》一九八册，《番夷五》，中华书局影印本。

⑤ 洪迈：《容斋随笔》，四库全书本。

化、新化县进行统治。① 宋嘉祐五年（1060）“诏招纳梅山峒蛮……遂经营开拓，安抚使吴中复以闻，其议中格，转运副使范子奇复奏，蛮恃险为边患，宜臣属而郡县之。于是诏知谭州潘夙，转运副使蔡煜，判官乔执中，经制章惇招纳之。大田诸蛮先纳款，遂檄谕开梅山，蛮瑶争辟道路，以待得其地”②，此谓之开梅山之举。所辟之地，东起宁乡司徒岭，西抵邵阳白沙寨，北界益阳四里河，南北湘乡佛子岭，籍其民得主客14890户，19089丁，田得260436亩。

这种“计口给田”或“籍户授田”制度，具有如下特点：①按户籍人口多少，分配土地。②分配所得的土地，有使用权无所有权，不得“擅鬻”或“典卖”。③所分土地“疆畔井井”，界线分明，不能“私易”。④所分土地，收入为个人私有，必须担负劳役或租赋。一些地区则以劳役为主。⑤所分土地之户，人身被束缚在土地上，“世代隶属”土官，“有罪”则听“草断”。⑥土官建立城堡、衙门，设置统治机构，对所辖属地的人民进行统治。这就说明羁縻州、府土官所统治这些地区，其社会历史发展已进入封建社会的历史阶段，是瑶区封建化的开端，土官统治下的土地关系是领主土地所有制，瑶族农民应是隶农和农奴。③

北宋后期，宋代中央政权招租承佃，允许土地买卖，改变生产方式。随着在湖南瑶区建立直接统治地区的扩大，宋朝也逐渐在瑶区推行封建土地所有制。宋开梅山后，于其地“画田亩，分保伍，列乡里，筑二邑隶之，籍其田以亩计算者二十四万，增赋数十万”④。元丰四年（1081），又在新建徽州“招纳元属溪峒地，分道路以至地里远近并附入州县图籍。令县邑城寨，常切开广，于新城地买官田，乃许百姓置田”⑤。把新归籍的原溪峒地纳入封建国家直接统治下，推行封建生产方式。需要指出的是，由于宋朝对湖南各瑶区经营开发情况殊异，封建统治力量分布不均衡，且其主要目的是加强统治，因此，推行先进生产方式的地区是有限的，对待还未“变夷为汉”的“蛮徭”区仍维持旧有法律措施。尽管如此，上述法律手段对湖南“蛮徭”区的影响颇大。

南宋时期，宋代中央政权重申“蛮”汉间田业不许买卖之政策。随着影响扩展至瑶区的土地兼并现象的日益加剧，南宋时溪峒土地旧制普遍遭到破坏，严重威胁宋代

---

①② 卞宝第等：光绪《湖南通志》卷八二，转引毛渐《开梅山颂并序》，光绪二十一年刻本。
③ 《瑶族简史》编写组编：《瑶族简史》，广西民族出版社1983年版，第29—32页。
④ 刘挚：《忠肃集》卷一二，四库全书本。
⑤ ［清］徐松：《宋会要辑稿》一九八册，《番夷五》，中华书局影印本。

中央政权在瑶区的统治；随着封建领主制经济的扩张及封建地主经济因素在瑶区的出现，汉民质田和诈匿产业于瑶人，瑶人侵占省地和在省地创置产业的现象日益普遍，由于“蛮”瑶的赋税明显低于省地民，故此严重影响了宋代中央政权的赋税收入，实乃统治者之忌。因而一再申言禁止瑶汉“交通”，“擅自易田”。① 统治者推行上述政策主要是从“裕国用”、“保安境”出发，以求长治久安，这是不言而喻的。推行结果对湖南瑶族兼有利弊：设法保全瑶人田产，有利于其生产、生活的稳定，也有利于这一地区的开发，此其利；在一定程度上又限制了瑶汉人民间的正常交往，也限制了瑶族社会中封建经济因素的增长和封建势力的发展，此其弊。②

在税负负担方面，《评皇券牒》有云：“王瑶子孙入山居住，刀耕火种山田坑处，并与蠲免皇税夫役”，部分瑶族离开中原肥沃地区，向贫瘠的山区迁徙。经过籍户授田，大部分瑶族经营封建王朝的土地，每年定期向州官交租，羁縻州、府土官将剥削所得取出部分向中央政权贡纳。在瑶族称谓中，就有曾因向封建王朝纳粮，而称为“粮徭”的记载。③

针对瑶区社会经济落后于汉区的情况，为避免剥削太重而激起反抗，自宋初起就采取了有别于汉区的税负制，总体而言，瑶人税负较汉区百姓轻，汉化程度不同的瑶区，赋税征收也不同。根据具体情况，宋代中央政权对瑶人实行不同的赋役法律规范：远离省地僻处深山溪谷中的“生徭”不征赋役，即所谓“荒服不征”，“民不服役，田不输赋”；④而靠近汉区的瑶人，“每丁岁纳三斗三升，谓之身丁米”，“岁输身丁米，务平收，无取羡余及折输钱”。⑤除此，免征其他徭赋。熙宁后，已成为国家编户齐民的“熟户”，所输赋税与汉民并无二致，即要纳“二税役钱”⑥。但这种地区毕竟不多，一是成为省民的瑶人并非很普遍；二是瑶区社会生产力发展水平远远落后于汉区，名义上是省地，实乃地穷民贫的落后地区，难以负担沉重的封建租赋，因而出现“入版图者存虚名，充府库者无实利”的现象。⑦ 南宋中央政权加紧搜刮，境内各地人们负担加重，湖南瑶民也在所难免。受王朝直接统治的“熟瑶”除纳二税外，还

---

①④⑤ 《宋史》卷四九四，《蛮夷列传二》。

② 程苹：《论宋代治理湖南瑶族的政策》，载《中南民族学院学报》（人文社会科学版）第20卷第2期（2004年4月）。

③ 黄方平：《瑶族农村公社向封建社会演变试析》，载广西瑶族研究学会编《瑶族研究论文集》，广西民族出版社1987年版，第90—93页。

⑥ 李焘：《续资治通鉴长编》卷三〇三，上海古籍书店影印本。

⑦ 马端临：《文献通考》卷三二八，《四裔五》，万有文库本。

要纳名目繁多的附加税；而溪峒之民所纳“身丁米”，官府征收时则取“羡余”及“折输钱”。各地官吏又变本加厉，巧立名目，横征暴敛，人民怨声载道，南宋中央政权不得不下诏宣布：“……徭人岁输身丁米，务平收，无取羡余及折输钱，违者论罪。”① 但一纸禁令，无济于事。②

同时，根据瑶区具体情况，宋代中央政权还给瑶人一定经济的补贴，如发放盐钱。据《庆远府志》第十五册关于南宋时期古宜州瑶人起义的原因，记录说：“知宜州马宁祖，不支思立砦盐钱，谓为前守积逋止给一个月不能遍及蛮部，而权守思立砦将领杨良臣复镇抚乖方，遂致激变光渐等”，即是说当时的宜州知州马宁祖无理停发思立寨“蛮部”的盐钱，当地的瑶人屡请未果，十分愤恨，再加上权守思立寨的宋将杨良臣“抚镇乖方”（即招抚不得法），以致激起蒙光渐等“叛乱”。后来，经过三年的镇压，事件平息之后，宋代中央政权不得不下诏罢免了思立寨守将杨良臣的官，给宜州知州马宁祖以降官一级的处分，令广西帅漕（广西军政首领）按时发给“蛮部”盐钱，并于宋绍熙三年（1192）刊勒碑《思恩府蛮人请盐钱谕碑》:③

宜州知州沙世坚刻立《思恩府蛮人请盐钱谕碑》：宜州去天最远，三方被边，溪峒瑶蛮种落不一。我国家自祖宗以来，深仁厚泽，与天无穷，并包夷夏，受均赤子，锡汝钱盐之券，庶几涵濡圣泽，各安巢穴，永为边陲藩。给岁月浸远，而蛮子侄，阴结寨吏，伪卷日增，以诈取赏不一。如欲执以借口，寇我疆场，深负累圣好生之德。岁在壬子，本职准经略提刑都运敷奏，被命守边，历考争端，果为伪券，尽革前弊，与之更新，刻之坚珉，籍其姓名，著具斤数，思恩券凡二十八道，钱月计二十贯五十文。省盐月计二十九贯七百二十四文足重。合思立、镇宁、天河、带溪、河池、安远、德谨、怀远、临冲而计之，券总二千七百五十有七道，钱月总三百四十四贯一百，省盐月总六百一十三贯四百五文重。各于所隶县支请，尚虑传道不能世守约，从尊敬忠武侯严其貌像，载书饮血，无背此盟，俾尔蛮长保真诚券，后人无复减，因以杜绝衅端。明神所监，洋然在上，逆凶顺吉，尔蛮占之，今国家边备，增置强弩毒矢，非昔时之比，苟肆其野心，干纪犯分，闻之于朝，有

① 《宋史》卷四九四，《蛮夷列传二》。

② 程苹：《论宋代治理湖南瑶族的政策》，载《中南民族学院学报》（人文社会科学版）第20卷第2期（2004年4月）。

③ 韦振苏：《一块记载宋代瑶族历史碑刻的考释》，载韦标亮主编《布努瑶历史文化研究文集》，贵州民族出版社2003年版，第399页。

诛无赦。宜致深长之思，上体国恩，父训其子，兄诲其弟，维继忠孝，以承天休。敬之毋忽。①

这反映了宋代中央政权对布努瑶独特的管治。

互市贸易也是宋代中央政权对瑶族等少数民族地区加强经济联系、进行社会控制的重要法律手段。为促进瑶区交流和贸易，宋代中央政权逐步开放溪峒瑶区的贸易市场，“楚、蜀、南粤之地，与蛮僚溪峒相接者……皆听与民互市”②。开拓“蛮”地后，设置专门的贸易场所，方便瑶汉贸易。熙宁七年（1074），“诏荆湖北路转运司相度沅、锦、黔江口之三处置博易场，与蛮交易”③，由沿边互市，后来发展为“城下贸易”，元丰五年（1082），权荆湖北路转运副使赵扬等言：“巡历至诚州，城池楼橹，足以保民防患。上江、多星、铜鼓、牛镇等团并至城下贸易。”④ 宋代中央政权还颁发诏令允许平价互市盐米，平收岁输身丁米。绍兴十五年（1145），广南东路提刑黄应南言：“溪峒巡检尉、砦官不严守备，纵民与徭交通，恐启边衅，乞诏有司申严法令，俾帅臣、监司常加觉察。”当时，“宰臣以为沿边互市，恐不宜禁绝。”高宗说“往年禁西夏互市，遂至用兵”，下令“帅司裁决”⑤。孝宗乾道三年（1167）八月，又“诏平溪峒互市盐米，价听民便，毋相抑配，其徭人岁输身丁米，务平收，无取羡余及折输钱，违者论罪”。⑥这些法律调整措施对于保障瑶人的生活、促进其经济发展是有积极意义的。

四、兴学化心

瑶族没有文字，往往采用刻木记事。融州瑶人，“刻木为契约，字画如梵书，不可晓”⑦。辰州盘瓠之后，“刻木为契”⑧。盘瓠余种，“其要约以木铁为契”⑨。渠阳

① 李楚荣：《宜州碑刻集》，广西美术出版社2000年版，第19—20页。
② 《宋史》卷一八六，《食货下八》。
③ 李焘：《续资治通鉴长编》卷二五四，上海古籍书店影印本。
④ ［清］徐松：《宋会要辑稿》一九八册，《番夷五》，中华书局影印本。
⑤⑥ 《宋史》卷四九四，《蛮夷列传二》。
⑦ 祝穆：《方舆胜览》卷四一，四部备要本。
⑧ 祝穆：《方舆胜览》卷三〇，四部备要本。
⑨ 田渭：《靖州图经》，麓山精舍辑本。

蛮俗，“要约以木铁为契。”① “刻木为符契，长短大小不等，冗其傍，多至十数，各志其事，持以出验，名木契。”②

宋代周去非的《岭外代答》卷一〇《蛮俗》中更有非常详细的记载：“瑶人无文字，其要约以木契合二板而刻之，人执其一，守之甚信。若其投牒于州县，亦用木契。余尝摄静江府灵川县，有瑶人私争，赴县投木契，乃一片之板。长尺余，左边刻一大痕及数十小痕于其上，又刻一大痕于其上，而于右边刻一大痕，牵一线道合于右大痕，又于正面刻为箭形，及以火烧为痕，而钻板为十余小窍，各穿以短稻穰而对结绉焉。殊不晓所谓。译者曰：‘左下一大痕及数十小痕，指所论仇人，将带徒党数十人以攻我也；左上一大痕，词主也；右一大痕，县官也；牵一线道者，词主遂投县官也；刻以箭为形，言仇人以箭射我也；火烧为痕，乞官司火急施行也；板十余窍而穿草结绉，欲仇人以牛十余头备偿我也，结绉以喻牛角云。’”③ 控诉人在一长约一尺多的木板上，左边刻一大痕表示“仇人领带着几十个人”；板中间又刻一支箭形表示“用箭射”；又用火烧一块痕迹表示“火速”。还在板旁钻有几十个小洞，每个洞内穿有打结的短杆表示“几十头牛”。这块木契的全部意思是：“我禀告县官，仇人带领了数十人用箭射我，我要求判决仇人，用几十头牛来赔偿我的损失，希望火速施行。”这是我国详述刻木为契方法的最早记载，从而使人们对古代文献关于这一问题的记述有了具体了解。④

针对这一状况，宋朝中央政权在治理瑶区时，为“化服人心”、“以柔人心”，维护统治，开始重视教育，在瑶区兴办学校，传播汉文化，以“兴学化心”，提高瑶人素质。清同治《桂阳直隶州志》卷二六《洞瑶》有载：“射雁唐世，就学宋朝。”表

① 洪迈：《容斋随笔》，四库全书本。
② 朱辅：《溪蛮丛笑》，学海类编本。
③ 徐祖祥：《瑶族文化史》，云南民族出版社 2001 年版，第 66 页。
④ 吴永章：《瑶族史》，四川民族出版社 1993 年版，第 208—209 页。

明从宋代起瑶人开始学习汉文，接受汉式教育。①

自熙宁后，随着越来越多的瑶人被纳入封建政权的统治范畴，在思想文化领域加强对溪峒瑶人的控制，使之成为封建政权的忠顺之民，很有必要。而当时，学校教育是最为直接而行之有效的途径。为此，宋代中央政权在“蛮”瑶区大力兴办学校。宋熙宁五年（1072）章惇开梅山时“以儒为教”②，开历代中央政权设“瑶学”的先河。“新化县儒学，在县治东。自宋熙宁开梅山，建学于邑之西南。”③ 熙宁七年（1074），惇言：“邵州新化县已建学，乞下转运司给水田二百亩为学田。”从之。④

此后，熙宁八年（1075）三月，沅州奏：“比建州学，今听读者已多。乞赐国子监书，庶一变旧俗，皆为礼义之民。”⑤ 淳熙元年（1174）四月，“许桂阳军溪峒子弟入州学听读。”⑥ 淳熙八年（1181）四月，“立郴州宜章、桂阳军临武县学，以教养峒民子弟。”⑦ 朱熹知潭州时，“会洞僚扰属郡，熹遣人谕以祸福，皆降之。申敕令，严武备，戢奸吏，抑豪民，所至兴学校，明教化，四方学者毕至”⑧。知桂阳军赵崇度说：郴、桂诸峒瑶人，“赋性悍彪，在位者无以化服其心，故易为乱。奏请命郡教授选士之有学行者二人，以《孝经》、《论》、《孟》授峒子弟。每三岁，上其能通习者，

---

① 宋代兴学之风较盛。如据考，广西富川有证可查的第一所书院是宋嘉定十三年（1220）由秀峰进士、会稽太守毛基创建的，位于朝东秀水村灵山之侧江东书院，是在该村的对寨山书房、书房山书房、鳌山石窟寺书房的基础上扩展、充实而成，它比建于明代成化年间的梧州绿漪书院早建250多年。书院依山傍水，红梅绿竹，云波相映，宁静优雅。堂前有一小圃，豆篱菜畦，草绿花香；中有一池，圆如月，鱼虾欢，有沟泄水入江，潺潺而流，情趣盎然，正好适宜师生读书授课。现存秀峰宣教房门楼石碑《江东书院记》曰：“中曰来薰，涤尘襟也；西曰拂云，耸清操也；东曰待月，遣遗兴也；北曰履斋，即退而省其私之所也。”宋嘉定之前，秀峰得古道之便利，科第连绵，进士辈出，开禧元年（1205）毛自知还高中状元，开创了富川任荣登龙虎榜的先例。毛基任会稽太守时便倡教育，重人才，他为了振兴家乡的教育事业，出资费力，创立书院于故园江东，荟萃名师，培养了不少进士、举人和贡生。元代元贞元年（1295）的进士毛商芝、明万历十三年（1585）的进士毛燕章皆先后就读于此，真可谓英才辈出，久负盛名。至今江东书院的遗址尚在。参见唐玉文：《古道教育说书院》，广西富川瑶族自治县网。

② 《宋史》卷四七一，《章惇传》。

③ 陆柬：隆庆《宝庆府志》卷三，《学校》，隆庆元年刻本。

④ 李焘：《续资治通鉴长编》卷二四八，上海古籍书店影印本。

⑤ 李焘：《续资治通鉴长编》卷二六一，上海古籍书店影印本。

⑥ 《宋史》卷三四，《孝宗本纪二》。

⑦ 《宋史》卷三五，《孝宗本纪三》。对此，《宋大诏令集》卷一五七则载：“辅臣进呈湖南安抚转运司申：郴州宜章县、桂阳军临武县，虽与溪峒接境，实国家省民，欲重恢乡村，招诱溪峒子弟入学训导。”

⑧ 《宋史》卷四二九，《朱熹传》。

郡以礼延召旌异之。如此三十年，诸峒皆将化为衣冠之俗，谁肯自弃于贼”①。陈傅良也云：“臣伏见前后臣僚屡言，郴、桂之间宜兴学校以柔人心，寻准淳熙八年（1181）八月二十一日敕命文三省同奉圣旨依体户部勘会事理施行，行于本路于郴之宜章、本军临武二县创建县学，所以劝奖风厉，条目甚备。仰见睿明旁烛幽照，欲使边氓同被文化。……诱进义社豪民或边峒子弟任入学听读。”② 当时荆湖南路“蛮徭”区学校有称“新学”、“新民学”者，湖南“新学者，群山溪酋豪子弟而教之”。③ 宋室南渡后，恢复了湖南各地一度荒废之学舍。绍兴十四年（1144），诏“复置靖州新民学”，“教学溪峒归明子弟，以三十员为额……”④ 孝宗淳熙间，郴州、桂阳军等地“蛮”瑶学校也陆续重建。⑤ 宋嘉定后任瑶人居地泷水判官的翟卷石甚至用自己俸禄办学：“泷俗初不知书，石尽捐俸延师立塾，教以孝弟文章，督课殆无虚日，俗为之丕变焉。”⑥

宋代在湖南瑶区所设之学校，大都有专职教官、专门校舍、专项经营，且以儒家经典为教材，所以史称：“条目甚备……欲使边民同被文化。”⑦ 另外，宋代中央政权考虑到民族差异性，采取与汉族不同的科举之法。政和四年（1114），“中书省言：勘会新民子弟初被教养，故立法稍优，以为激励。若归明已久自当依州县学法，缘未有立定年限，诏新民归明后经十五年并依县学法施行。”⑧

虽然“兴学化心”的实际效果并不显著，正如陈傅良在《桂阳军乞画一状》所指出的：“今来两县（指宜章、临武）虽各有学，然而无训导之官，无供亿文具，名存实亡。……所在县学，多是具文。”但是，宋代中央政权对瑶族实行的“开化”教育，客观上有利于瑶区人才的培养、汉文化的传播和“旧俗”的改变，⑨ 有利于宋代中央政权对瑶区的治理。

通过宋代中央政权的一系列法律调整，瑶族社会有了一定的发展；同时，瑶族与汉族等民族之间的相互交往增多，出现了民族融合的趋势。如宋祝穆《方舆胜览》卷

---

① 真德秀：《真文忠公文集》卷四三，《提举吏部赵公（崇度）墓志铭》，四部丛刊本。
② 陈傅良：《止斋集》卷一九，《桂阳军乞画一状》，四库全书本。
③ 刘辰翁：《须溪集》卷三，四库全书本。
④ 《宋史》卷三〇，《高宗本纪八》。
⑤ 《群书考索（后集）》卷三四，《学门·蕃学》。
⑥ 周学仕：中华民国《罗定县志》卷五，中华民国二十四年铅印本。
⑦ 陈傅良：《止斋集》卷一九，四库全书本。
⑧ 徐松：《宋会要辑稿》一七册，《兵》，中华书局影印本。
⑨ 吴永章：《瑶族史》，四川民族出版社1993版，第207页。

三一，引汪彦章《靖州营造记》云："初，夷人散居溪谷间，各为酋长。及上版图，职方氏，为王民，与彼之山川壤比疆连犬牙相入也。岁久，声教所覃，去椎髻之俗而饰冠巾，转侏离之音而通字画，奉官吏约束，一如中州。"又，宋朱辅《溪蛮丛笑》"客语"条载："能省民之言者名客语。"道光《宝庆府志·政绩录一》卷一〇五载：杨巽，景定五年（1264 年）以大府寺丞知武冈军，上疏言："郡风土虽民瑶杂居，而好礼尚义尊朝廷则一。"而"武冈军溪峒旧尝集人户为义保，盖其风土、习俗、服食、器械悉同瑶人。"①

第三节

元代中央政权对瑶族的法律调整

元代实现了汉唐以来的又一次国家统一，疆域超越了以前的各个朝代。

元代时，瑶族居住在今湖南、广西、广东以及贵州、云南等地。瑶人聚族而居，按世系群构成社会基层单位。据《平瑶记》载，元代广西诸族，"若所谓曰生瑶、曰熟瑶、曰僮人、曰款人之目，皆强犷之标也。曰溪、曰洞、曰源、曰寨、曰团、曰隘之属，皆负固自保，因以肆暴之所也。"换言之，瑶、僮诸族，按所居地域构成名为溪、洞、源、寨、隘称谓的社会组织。这一组织，起着对内团结族人对外共同行动的协调指挥作用，故史称其为"负固自保"之所。这些按"溪"、"洞"、"源"、"寨"、"团"、"山"组织起来的瑶人首领，被称做"酋"②、"瑶酋"③、"瑶首"④、"山主"等。这些瑶酋、瑶首、山主，约相当于后世的"瑶老"。⑤

元代，中央政权实行民族分化的法律调整措施，推行民族歧视政策，将全国人分为蒙古、色目、汉人、南人等四个等级，他们的法律地位和待遇不平等。统治者把瑶族等原南宋境内各民族划入最低贱的"南人"。元军进军江南后，对包括瑶族在内的

① 《宋史》卷四九四，《蛮夷列传二》。
② 虞集：《道园学古录》卷三八，《平瑶记》，四库全书本。
③ 《元史》卷一九二，《周自强传》。
④ 《元史》卷二九，《泰定帝本纪一》。
⑤ 吴永章：《瑶族史》，四川民族出版社 1993 版，第 262—263 页。

少数民族实行奴隶式的统治，并对少数民族的起义反抗施行“剿抚兼施”的政策。①泰定帝就明确指出：“今闻迎降者甚众，宜更以恩抚之。若果不悛，严兵追捕。”②元《招捕总录》记载：（广西）全州西延溪瑶“皆持木状赴府中降”。

元代中央政权封瑶酋为官。据《元史·成宗本纪三》卷二〇载：大德五年（1301），“瑶人蓝赖率丹阳三十六洞来降，以赖等为融州怀远县簿、尉”。《续文献通考·四裔考九》卷二四五“广西土司庆远”条载：“泰定元年（1324），庆远瑶首潘父绢等率众来降，署为簿、尉有差。”居住在广东北部山区的瑶人，元代曾设立“山官”进行统治。③《元史·泰定帝本纪二》有广西全茗州土官许文杰率诸瑶归附的记载。瑶酋归附后，需纳贡称臣，为维护元代中央政权在瑶区的统治而听命。

同时，在剿的方面，主要是“戍兵”防范和镇压瑶民的反抗活动。

为保证戍兵的给养，行屯田制，名之曰屯戍。《元史·刘国杰传》卷一六二，对有元一代屯戍制度的建立过程、内容与作用做了集中记述：元贞元年（1295），刘国杰为湖广省平章政事，“辰、澧地接溪洞，宋尝选民立屯，免其徭役，使御之，在澧者曰隘丁，在辰者寨兵，宋亡，皆废，国杰悉复其制，班师。继又经画茶陵、衡、郴、道、桂阳，凡广东、江西盗所出入之地，南北三千里，置戍三十有八，分屯将士以守之，由是东尽交、广，西亘黔中，地周湖广，四境皆有屯戍，制度周密，诸蛮不能复寇，盗贼遂息”。可见，此制沿袭宋制，始用于防范瑶族聚居的湖南诸州，继而在广大南方民族地区推广，成为一代定制。

“屯戍”的主要做法，是在民族地区周围重兵“置戍”，实行寓兵于农、且耕且守，并有一套较完备的制度。在镇压包括瑶族在内的南方诸族中，此制起过重要作用。据《元史·达识贴睦尔传》载：因广西“瑶僚”窃发，达识贴睦尔谓：“罢靖州路总管府，改立靖州军民安抚司，设万户府，益以戍兵。”因此收到“诸瑶僚番降”之效。据《元史·王史敬传》载：元统初，“岭海瑶贼窃发，朝廷调戍兵往讨之”。《平瑶记》也载：庆远之地，“欲置官府，连营于其间以戍之，使不得动作”。

但在“屯戍”中以“屯军”为名，赶走定居瑶人，掠夺瑶人土地，也引起瑶人反抗。如泰定年间（1324—1328），道州、永明等地瑶人先后三次起义反抗。元天历

---

① 《连山壮族瑶族志》编写组编：《连山壮族瑶族自治县壮族瑶族志》，中国文联出版社2002版，第148页。

② 《元史》卷三〇，《泰定帝本纪二》。

③ 《元史》卷四三，《食货志二》。

二年（1329），东安县瑶人与邻近广西、湖南邵阳边境瑶人联合反抗斗争，持续时间多年。元统元年（1333），广西贺州等地瑶人反抗土司统治，道州瑶民起义军与之联合，攻陷道州城，杀死道州千户。元至正十二年（1352），永明县瑶族首领邓四率瑶人起义，辗转于广西边境山区，斗争持续18年之久。元末，宁远县境北部（今鲤溪、石家洞一带）瑶人聚众起事，威震四方。元王朝派蒙古人夹谷烈秃为御前指挥，率兵征剿，长期镇守。元王朝灭亡后，夹谷烈秃改旗换姓，改蒙古族为汉族，夹谷姓为仝姓，定居宁远鲤溪高家山一带至今。①

为实现长期管治，元代中央政权采取以瑶制瑶之策。其法主要有二：一是征募瑶兵。故史有“八番，顺元及静江、大理、威楚诸路瑶兵”（《元史·泰定帝本纪一》）与“静江路瑶兵”（《元史·泰定帝本纪二》）的记载。此“瑶兵”，为元朝乡兵的组成部分。一是实行“屯兵”制，据《招捕总录》载：招募“熟瑶与僮瑶”为民户，“分地遏贼为便”。② 利用瑶兵熟悉当地山川地形与风土人情之利以辅控制。

同时，元代还立巡检司，以作为“镇遏”瑶人的军事据点。如《元史·顺帝本纪一》载：元统二年（1334）“立道永州永明县白面圩、江华县涛圩巡检司各一，以镇遏瑶贼”。

在经济上，元代中央政权的法律规定，不仅生瑶，即使熟瑶，一般“亦不出赋”；即使出赋，也较轻。如《元史·阿里海牙传》卷一二八载：至元十八年（1281），“所定荆南、淮西、江西、海南、广西之地，凡得州五十八，峒夷山僚不可胜计。……又其取民悉定从轻赋”。③《元史·泰定帝本纪一》卷二九载：至治三年（1323），免“八番、思、播、两广洞寨差税一年”。《平瑶记》也载至元元年（1264），谕灵川县瑶酋来归，“得户百二十六，大小九百八口，岁愿输租三十余石”。

元代中央政权也开始注意对瑶人进行教化。据清道光《广东通志》卷二八一载：至治一年（1321），仓振知新州，“时瑶贼蜂起，振深入贼所，谕以祸福，示以恩信，群瑶贴然向化。暇日诣学，召诸生讲解经义”。以湖南郴州为例，据《大明一统志》卷六六“郴州名宦元代王都中”条载：“因郴民染于蛮俗，喜斗争，乃大治学舍，延宿儒教授其中，以义理开晓之，俗为之大变。”④ 通过教育开化民智，移风易俗。

---

① 零陵地区民族事务委员会编：《零陵地区志·民族志》，零陵地区民族事务委员会2001年版，第76页。

② 吴永章：《元代瑶族概说》，载《广西民族研究》1991年第1期。

③ 《元史》卷一二八，《阿里海牙传》。

④ 此处所指之“蛮”，文中已言明为“瑶僚”。

元代中央政权有时也采取一些社会救济、保障措施，解决瑶人的生活困难，以防止瑶变，维护其在瑶族地区统治的稳定性。如《元史·泰定帝本纪一》卷二九载：泰定二年（1325），“庆远溪洞民饥，发米二万五百石，平价粜之”。又《元史·文宗本纪四》卷三五载：至顺二年（1331），“新添安抚司河寨主诉他部瑶僚蹂其禾，民饥，命湖广行省发钞二千锭，市米赈之”。

元代中央政权对瑶族的法律调整有制度上的创新，这就是土司制度。所谓土司就是以少数民族首领充任世袭的官职。中央政府对少数民族地区阅户籍民，封民族首领为“土官土吏”，赐以诰敕（即任命书）、印章、虎符、驿玺书、金银符作为信物。土司的设置按原民族首领管辖地域的宽广、人口的多寡分别设置宣抚司、安抚司、招讨司、长官司、蛮夷司、路总管府、土知府以及寨、洞、甸等大小不同的职务、不同品级的土官。① 从某种意义上说，土司制度总承道和属国、左郡左县、羁縻府州的特点，集我国古代法律羁縻性之大成。瑶酋归附后，需纳贡称臣，为维护元代中央政权在瑶区的管治而听命。如《元史·周自强传》卷一九二载：“泰定间，广西洞瑶反，自强往见瑶酋，说以祸福，中其要害，瑶酋立为罢兵，贡方物，纳款请命。”元代中央政权委任瑶酋为土官及瑶酋纳贡称臣一事说明，元代土司制度已在瑶族地区推行，元代中央政权的统治势力日益深入瑶族地区。②

第四节

明代中央政权对瑶族的法律调整

明代前期国力强盛，吏治较为廉明，经济得到恢复与发展，后期则走向衰败。明代，瑶族的居住中心由湖南移至广西、广东。这一时期，瑶族社会发展不平衡进一步加剧。除河谷、丘陵地区生产较发达外，许多山区的瑶族农业生产仍处于刀耕火种，“食尽一山，则移一山”的游农状态。部分地区还停留在“不事耕种，善弩攻猎”阶

---

① 龚书铎总主编，任崇岳主编：《中国社会通史》宋元卷，山西教育出版社1996年版，第100页。

② 吴永章：《瑶族史》，四川民族出版社1993年版，第269页。

段,① 过着“采实猎毛，食尽一山则他徙”的原始生活。②

明代中央政权对瑶族的法律调整大体经历了“抚”、“剿”两个阶段，经历了一定的发展变化，并注重民族地区社会经济的开发，在土司制度、经济开发、开化教育等方面尤为突出，进一步加强了对瑶区的治理。清代的《王辰征瑶记》曾谓：“蛮自汉以来，叛服无常，惟以蛮制蛮为上策，总不外乎两端。而襟主抚，故沅州、诚州之建废日繁。明主剿，故韩雍、李寰、王守仁之师徒时起。”认为明代中央政权对瑶族的法律调整重在“剿”，这有一定的事实根据，但并不全面。

一、土司制度

明代中央政权沿用前代“剿”、“抚”两手治理政策，以征服瑶族地区，管治瑶人，即所谓“已归者，必抚之以恩；未来者，必申之以义。号令必信，赏罚必分，巨恶必诛，小过必宥。而又整饬戎伍，坚甲利兵以临之。使彼既慕其利，又畏其威，则悍然不逊之气自消矣”③，从而使中央政权的统治势力深入两广瑶族山区。

“抚”是指明初统治者采用了以土司制度、土官制度为核心的法律调整措施。土司制度是封建中央政权在部分少数民族地区分封各民族首领世袭官职，实现的所谓“以夷制夷”的治理制度。元代时土司制度已在瑶族地区开始推行；在此基础上，明代在南方少数民族地区广为推行土司制度。之后直至中华民国初年，该制度实行的时间长达数百年。土官世袭统治着辖下的少数民族，作为对明代中央政权的臣服，土官的袭替必须接受朝廷的册封，并定期向明代中央政权进贡方物。土司“以劳绩之多寡，分尊卑之等差，而府、州、县之名亦往往有之”④。如《明史·土司传》虽没有单列广东实施土司制度的记录，只是把海南岛土司并入《广西土司传》，但事实上，明初广东确曾存在土官制度。明初广东土官，依民族名称，分别称为“瑶手”、“瑶头”、“瑶老”等，也有封册为土官知州以下诸职。

明洪武三十一年（1398）朝廷派兵征剿瑶区后，便在瑶寨设立瑶首，统领抚瑶总甲，这是绥瑶之始。据崇祯年间《历代绥瑶政策（上篇)》奏文载述：“历代绥瑶之

---

① 《古今图书集成》卷一八〇,《方舆汇编·职方典》，上海中华书局影印本。

② ［明］顾炎武：《天下郡国利病书·广西四》，四部丛刊本。

③ 王翱：《边境疏》。

④ 《明史》卷三一,《土司传》。

法不一，或剿或抚，或妙其用。”洪武三十一年，高州泷水县“西山瑶人盘穷肠为暴，官兵捣其巢穴，设立瑶首”。①。“隆庆间，从化松子寨寇作，峒瑶多从乱。邑人黎邦宁抚平之。当事委受抚瑶官。宁卒，……弟梦吉复能训之，于是奉委世袭。”② 永乐间，粤南瑶寇掠，“邑诸生王礼率民兵入其巢穴，擒渠魁。”后瑶民入贡，“遂录礼功，授抚瑶主簿，世为土官”③。永乐四年（1406），“命荔波县民单敬信为本县知县。敬信先奉命招谕梅村等七十三洞洞瑶首藩父长等，至是藉其户，同父长等来朝，遂授敬信知县，赐冠带袭衣钞币，命专抚瑶民”④。永乐十年（1412）六月，“升泷水县丞冯原泰为德庆州判官，以其善抚诸瑶也”⑤。正德时，诏盘氏瑶人为蓝山县北山瑶总，至清末“其子孙世充之，无职衔。群瑶甚严敬二总，号为官，至今循其制”⑥。

永乐年间（1403—1424），高州、肇庆、德庆、化州、梧州等府州瑶族首领向明王朝进贡方物，籍其属归附，被封授为土官，统治当地瑶人。⑦ 所以，《皇清职贡图》说：“洪武、永乐时，瑶首盘贵等相继来朝，始立土司。”据不完全统计，从明洪武三十一年到天顺四年（1460）的60年间，两广21个州县的瑶族首领“归附”，被封为世袭土官。到嘉靖年间（1522—1565），王守仁镇压大藤峡、八寨壮瑶人起义后，在现都安、巴马、马山地方增设都阳、安定、旹马、万冈、篆甲、古零等土巡检；隆庆六年到万历元年（1572—1573），殷正茂在镇压府江瑶民起义后，将荔浦之峰门、南源，修仁之丽碧市，永安之古眉原各巡检司“悉革罢，易为土司”⑧。

明承元制，允许土司“世官其地，世有其土，土民世耕其地，世为其民”，⑨ 使其世袭官位，世统平民。据载：高要县人谢永安，正统年间，“时瑶民犷悍，永安抚以义，俾知归化。朝命抚高要、四会瑶人，世袭瑶官。《谢氏家谱》载，永安十一年（1446）卒，子守信嗣。景泰四年（1453），高要、四会、广宁、德庆诸山瑶复叛，守信抚定368户。次年，瑶入贡方物，命守信以原官辖四县瑶僮。”⑩ 嘉靖二十三年

---

① 道光《西宁通志》卷一二，《事纪》。
② 赵俊等：嘉庆《增城县志·舆地·瑶人》，嘉庆二十五年刻本。
③ 韩际飞：道光《高要县志》卷二二，《瑶蛋》，道光六年刻本。
④ 《明太宗实录》卷五一。
⑤ ［明］顾炎武：《天下郡国利病书·广东下》，四部丛刊本。
⑥ 吕恩湛：道光《永州府志》卷五七，《风俗·瑶俗附》，同治六年重校本。
⑦ ［明］顾炎武：《天下郡国利病书·瑶》，四部丛刊本。
⑧ ［清］全文炳：光绪《平乐县志》卷十，《艺文志·府江善后疏》，光绪十年刻本。
⑨ 《明史》卷七七，《食货志一》。
⑩ 韩际飞：道光《高要县志》卷一八，道光六年刻本。

(1544)，蓝山县委派两名世袭抚瑶官，分别传袭13代和16代。①

明代的承袭之制较元时更为严密。明洪武年就规定：土官"袭替必奉朝命，虽在万里外，皆赴阙受职"②。天顺年以后，考虑土官赴京，道路险远，不一定赴京受职，但必须办理诸多手续，即"土官告袭，所司作速勘明具呈，抚按复实批允，布政司即为代奏，该部题选……抚按仍设告袭文簿，将土舍告袭，藩司代填日期登记明白，年终报部备考"③。广西地区还实行面见制。据《明会要·职官十四》载："广西土官承袭，长吏率要贿不时奏，以故诸酋怨叛。太平知府胡世令：'生子即闻府；应世及者，年十岁以上朔望谒府；父兄有故，按职请官于朝。'"吉田太阳村的《韦氏家乘考》记载："在嘉靖元年（1522）督抚准以陆父诞为土官……嘉靖三年（1524）父诞身故，至五年（1526）众举莫讳环，字翠峰为千长。至十年（1531）甲里长联名呈请督抚，札给翠峰为土官，袭其岳父陆父诞之职。"

明时，土司承袭分隶兵部、吏部，土司与中央有朝贡关系，有事听从调遣，所谓"袭替必奉朝命，虽在万里外，皆赴阙受职"④，又"额以赋役，听我驱调"⑤，"凡土司贡赋，或比年一贡，或三年一贡，各因其特产，谷米、牛、马、皮、布，皆折以银，而会计于户部"⑥。贡使人数只许五六十人，多不过百人，限每年十二月底前到京城，按期到达者给全赏，逾期者给半赏。⑦ 除此以外，土司在自己辖区内，有各种"自主权"，实则为一方"土皇帝"。⑧

土司时代，土司的各级官职都是世袭制，不仅"土巡检"是世袭，就连以下城头的"总管"、峒寨的"土目"都是世袭的。他们对瑶人政治上压迫，经济上剥削。

---

① 零陵地区民族事务委员会编：《零陵地区志·民族志》，零陵地区民族事务委员会2001年，第86页。

②④⑤ 《明史》卷三一，《土司传》。

③ 郭子章：《黔论宣慰司列传》。

⑥ 《清史稿》卷五二，《土司一》。

⑦ 白寿彝总主编，王毓铨主编：《中国通史》第九卷，上海人民出版社1999年版，第382页。

⑧ 如瑶官每年例行进瑶山两次，上年造册，下年具结，收取各种租派。瑶官进山一般是骑马坐轿，一马三夫，随从数人。每到一村一寨住宿3—5天，必具"三牲"款待，否则，便肆意增加租派。除官税外，还有人头税、火炉钱、山头钱、锄头钱、山租钱、轿马钱、纸笔钱、草鞋钱等共达18科之多。15岁以上男女，每人交人头钱2—3元，山头钱（地租费）每户5—10元，另加3斗玉米。人死了还要交"死人钱"（坟地）。每次瑶官进山，人均摊招待费、轿夫钱4个银毫，称轿马礼。跟随进山的瑶官儿女，走时每户要交2元红包钱。逢年过节还要送年节礼。瑶官家的薪柴、木炭概由瑶人供给。瑶官钟华涛的老婆死了，每户瑶人派烧香钱1块光洋。参见零陵地区民族事务委员会编：《零陵地区志·民族志》，零陵地区民族事务委员会2001年，第86—87页。

《明史》卷三一八《广西土司二》记载“土司官无定制，上有十羊九牧之扰，民无定役，下有皂隶马夫之费”。

为防瑶人起义，广西的安定土司采取“以瑶制瑶”政策，在布努瑶区设“行宫”，主派布努瑶头人为“总管”、“土目”、“小甲目”，通过这些小头目对布努瑶进行控制。他们按官阶大小，规定使役多少。按等级封赐田地名曰官田、官族田、甲田、役田等。①

据中华民国时期编成的《凤山县志》记载：“土司时代，原以外六哨为食采。其行政组织，土官称为州同，下设统领、参将各一员，授田各均四百把，以产谷数量计，每把重约二十斤，担任赴阵出师。设土兵若干，皇兵百名以备调遣，各给田约百余把。哨设哨统、哨田，哨统给田约三百把，哨目约二百把。哨以下为石，设统石、总管，给田各约二百把。石以下为村，设头人、苏老、保正等名目，给田约谷百六七十把。夫役每站设三十至五十名，各给田约百余把。至若衙役值番、厕所、马草、定更、击磬、擂鼓、放鞭炮、吹号筒、乳母等，约给田每各约百把。”②

思恩军民府规定：安定土司每年应纳赋税折色米三百四十三石六斗八升四合四勺，应征地粮二百四十六两四钱四分。而安定土司实征土俸 555 两，官禾 2259 吊（45000 斤），多收近 50%。布努瑶居住的上段城头有田地 185 玮，官族田达 77 玮，土官征收银粮 59 两，土俸 95 两，共 147 两，每玮纳银 1 两多，此外还要纳“垦田银”30 两。

安定土司对瑶族施用的“刑具”、“刑法”十分残酷，在审理民刑案件时，均无法典做依据。凡被土官认定“有罪”者，轻者打屁股数十至上百棍，稍重者还勒索银两赎刑，不纳银两者送土狱关押，重者施以“五马分尸”、割耳朵、割脚筋。对拘押人犯一律加用手铐脚镣、押床、颈架、吊索、大铁链和大石凳等刑具折磨。审讯时，为逼取招供任意施行各种酷刑，如打刑板、打刑棍、跑铁链、“猴子抱抓”（以手脚屈抱，腹部加大石头）、“饿鬼加吹箫”（身、手、脚完全束缚，用木条支顶下颌、使头不能转动）、钉大拇指（把两拇指用铁钉或竹钉打穿束缚起来）。

此外，土官在审理民刑案件时，要收铺堂费、送案费、结案费、出狱费等。

---

① 韦振苏：《土司制度下安定瑶社会情况调查》，载韦标亮主编《布努瑶历史文化研究文集》，贵州民族出版社 2003 年版，第 166—168 页。

② 韦廷章：《凤山土司统治下布努瑶的社会状况》，载韦标亮主编《布努瑶历史文化研究文集》，贵州民族出版社 2003 年版，第 126—127 页。

安定司对瑶人的徭役，分为“常役”和“时役”两种。“每年摊派”常役500名，纳银者可免役。“时役”不定时间，不定人数，随往随调。如每次往南宁调70—80名，去武鸣调50名，不去服役者，便令其纳银两。去南宁每名每次纳400文，去武鸣每次纳300文。清康熙年间，土巡检赴百色公干，衙司有100名夫役不用，却征调司民，不服役者令每名纳1000文。此外，土官袭任、婚娶、祝寿、死葬，还要向司民摊派“红白费”，官族清明节上坟令当地司民杀猪、宰羊祭其祖坟。①

明代中央政权除封授瑶族首领为瑶首、统领、瑶镇、总甲等官职，使之统辖瑶民和每岁来朝外，还在险要地区和瑶族人口较多的县份，建立新的土州、土千户、土巡检司，任用汉族官吏和壮族首领为抚瑶土县、土州官和土巡检来统领各地瑶目，“专抚诸瑶”。② 如洪武八年（1375）在广西藤县五屯地方设土千户所，以瑶族首领覃福为土千户，领土兵864人戍守。③ 成化元年（1465），韩雍在镇压侯大苟领导的瑶民起义后，于大藤峡中心地区的碧波滩设武靖州，把上隆州壮族土官岑铎从牢里放出来担任土知州，到万历元年（1573）改为土千户。广东高州之泷水、信宜县，都专设有抚瑶官。

明初以“抚”为主的法律治理措施是相当成功的。有学者检索《明实录》，自永乐四年（1406）第一次的广东土官首领进京朝觐竟达52次，其中永乐十八年（1420）电白瑶首黄满山进京人数竟达60人之多，为历朝所罕见，④ 出现了“今九夷八蛮自昔未归附者，皆来朝贡”的新局面，⑤ 使明代中央政权的治理日益向瑶区深入。这与朱元璋的预想相一致。洪武元年（1368），征南将军廖永忠下广西，朱元璋针对下属要对蛮瑶取“临之以兵”以使之畏服的主张时，说道：“蛮瑶性习虽殊，然其好生恶死之心，未尝不同。若抚之以安靖，待之以诚，谕之以理，彼岂有不从化者哉。”⑥ 洪武二年（1369），朱元璋又针对中书省臣要迁广西省诸洞之人入内地以息边患的主张，说道：“溪峒瑶僚杂处，其人不知礼义，顺之则服，逆之则变，未可轻动。今惟

---

① 韦振苏：《土司制度下安定瑶社会情况调查》，载韦标亮主编《布努瑶历史文化研究文集》，贵州民族出版社2003年版，第166—171页。

② 《古今图书集成》卷一三九三，《方舆汇编·职方典》，上海中华书局影印本。

③ 《瑶族简史》编写组编：《瑶族简史》，广西民族出版社1983年版，第42—43页。

④ 颜广文：《明代广东地区民族政策的演变与瑶区社会经济的发展》，载《华南师范大学学报》（社会科学版）1996年第5期。

⑤ 《明太宗实录》卷三〇。

⑥ 《明史》卷三一八，《广西土司传二》。

以兵分守要害以镇服之，俾之日渐教化，则自不为非。数年之后，皆为良民，何必迁也。"① 可见，朱元璋主张"待之以诚，谕之以理"，尽量不干扰瑶人，使之"安靖"，以便成为"从化"的"良民"。②

但是，明中叶以后，明代中央政权开始走上衰落道路，各种社会矛盾急剧尖锐，农民起义此起彼伏。在这种情况下，瑶人的反抗与明代中央政权的征讨剿杀不断，明代中央政权与瑶人处于严重对抗状态。这尤以广西大藤峡和广东罗旁地区的瑶人起义为代表。广西大藤峡和广东罗旁地区的瑶族人民坚持反抗明代中央政权封建统治，长达200余年。大藤峡瑶山是指包括大瑶山在内，含象州、桂平、武宣、藤县、平南、蒙山、荔浦、修仁诸县，方圆300公里的广大地区。大藤峡瑶族农民起义，从明英宗正统七年（1442）到嘉靖十八年（1539）的近100年里，爆发了相继以蓝受贰、侯大苟、侯郑昂、王牛儿、侯公丁等为主要领袖的瑶人起义，得到荔浦、修仁、平乐、蒙山、郁林、博白、柳江、来宾及广东高、廉、雷三州地区广大瑶、壮、汉族人的响应，沉重打击了明朝的封建统治。其起义历时之长、规模之大、反抗之坚决、斗争之悲壮，不但在瑶族史上是空前的，也为中国各族人民的斗争史上所罕见。③

瑶人起义的原因很多，其中的重要因素是统治者的非正常盘剥。这种非正常盘剥首先体现在各级官吏的多方索贿。瑶族土官在袭替过程中要由自州、县到省层层上报，在中央则要经司礼监、兵部、礼部、通政司等诸衙门的安排引见皇帝，若其中任何一环故意刁难，袭替册封便难以完成。据黄佐《广东通志》载，瑶人"其作乱始自正统间"，原因就是镇守广东的太监阮能和兵部尚书陈汝勾结，"白（百）端剥削，袭荫必须厚赂"，"于是，寇盗四起"。④ 天顺八年（1464）正月诏曰："广东等处贼寇生发，多因官司取办物件，守令不得其人，以致饥寒迫身，不得已而为盗。"⑤ 同年六月，"广西指挥舒镛哨守荔浦、修仁等县地方，科取瑶僮之归化者财物，遂复为

① 《明太祖实录》卷四三。

② 吴永章：《瑶族史》，四川民族出版社1993年版，第313页。

③ 张有隽：《瑶族历史与文化》，广西民族出版社2001年版，第96—101页；《瑶族简史》编写组编：《瑶族简史》，广西民族出版社1983年版，第53—61页。练铭志讨论了广东明清时期瑶族起义的状况，见练铭志：《广东明清时期黎、瑶、壮、畲等民族起义述论》，载《广西民族研究》2002年第4期。值得一记的是，大藤峡瑶人汪直被俘入宫成为太监后，"年少黠谲，上宠之"（《明史》卷三〇四，《汪直传》），成化十三年（1477）掌西厂，一时间权倾天下。以罪人而有如此地位，历史上较为罕见。汪直应是明代瑶人中对明代中央政权最有影响力的一位。参见白寿彝总主编，王毓铨主编：《中国通史》第九卷，上海人民出版社1999年版，第224—226页。

④ 黄佐：嘉靖《广东通志》卷六七，《外志四》，嘉靖四十年刻本。

⑤ 屠英：道光《肇庆府志》卷二二，光绪二年重刻本。

乱。巡抚都御史吴桢等抚平之，以状闻。命建治镛而追其赃给主”①。到了嘉靖年间，由于各级官吏的压扣，“不与给勘”，“有十余年不得袭者”。② 其次，明朝统治者又在通往瑶区的道路上遍设关卡，重兵把守，禁绝商人将生活必需品运往瑶区，尤其是食盐，以致瑶区盐价昂贵。如高州的小函谷关、廉江的石城、恩平的恩平堡、三水的胥江巡检司就是明代扼守通往瑶区的重要关卡。成化元年（1465），广东籍官员、翰林院讲学士向皇帝献《驭夷狄仪》，提出：“凡军民人等有入山峒生理，许赴官告之，印帖为照”，“无帖者不许，责令供给，不敢将带违禁器物，惟许取其米谷、生（牲）口、土物，不许受其银两及其地所不产之物，违者枷号示众，没入其财物，亲属邻保知情不首罪同，有首告者给以其财物三分之一”。宪宗阅后，转批两广总督韩雍，责令执行。丘濬正是以此计策而出名，迅速步入统治集团核心的。③ 韩雍对推行丘策可谓不遗余力。韩雍接报，立出榜文，其榜云：“两广军民人等，多有贩鱼盐等物进入瑶峒买卖，因而走漏消息，深为未便，尔须出榜严加禁约，违者处以死罪。”④ 食盐为生活必需品，为夺取食盐，瑶人不得不攻打通往盐区的关隘，或攻打州县，以获取食盐。于是，瑶、汉、壮诸民族联合起事，粤西瑶区渐渐成为起事中心。粤西瑶民有谚曰：“官有万兵，我有万山；兵来我去，兵去我还。”对此，明代中央政权束手无策，哀叹：“朝廷已无广东。”“岭表非我版图矣。”⑤ 这一时期，明代中央政权对瑶族的法律调整，突出“威”、“剿”一面。⑥

明代中央政权对瑶族的法律调整，袭自宋元。明初，治理较有成效。明中叶以后，失在剿之过严，而动乱则愈剿愈多，愈剿愈烈，愈剿愈大。与此同时，抚之则不

---

① 《明宪宗实录》卷六。

② 《明世宗实录》卷三一五。

③ 该文见《明经世文编》卷七三，事迹见《明史》卷一八一，《丘濬传》。

④ 刘尧梅：《苍梧总督军门志》卷二，《制敕》，转引自颜广文《明代广东地区民族政策的演变与瑶区社会经济的发展》，载《华南师范大学学报》（社会科学版）1996年第5期。

⑤ 张居正：《张太岳集》卷二四，《答两广殷总督》；卷二五，《与殷石汀论吏治》；卷二九，《答两广凌洋山》；卷三一，《答两广刘凝斋言贼情军情民情》。转引自颜广文：《明代广东地区民族政策的演变与瑶区社会经济的发展》，载《华南师范大学学报》（社会科学版）1996年第5期。

⑥ 明代中央政权甚至希望剿灭瑶族，王守仁的《灭猺诗》可做佐证。明嘉靖六年（1527），都察院御史兼两广巡抚，总督两广、江西、湖南军事指挥权的明朝将军王守仁（王阳明）领兵前来镇压广西八寨瑶民起义，于1528年4月在今广西忻城县古逢乡周安村罗永岩峒指挥部驻地写下《灭猺诗》，并命人把诗刻在该峒的石壁上：“钦旨于兹八寨游，无村夜泊此岩头。凶山有意如回顾，恶水无情向北流。子孙传闻生赋种，屡遭杀戮使人愁。从此设立千军镇，戮灭猺蛮永绝休。”1958年兴修水利过此岩峒时，才把这首《灭猺诗》炸掉。参见政协广西大化瑶族自治县委员会编：《大化文史》第三辑《布努瑶历史与文化》，政协广西大化瑶族自治县委员会2002年版，第76—78页。

得其法，即所谓“不能守成法，过于宽弛”。① 这就导致瑶人的反抗终明之时而未已。可以说，明代中央政权对瑶人用兵最频，而收效则不明显。②

二、社会控制

明代中央政权在瑶区设立地方行政机构，对瑶族进行全面管理。如广西恭城县的行政机构，明代称县公署，治所设于凤凰山下，因屡遭水患，成化十三年（1472）迁黄牛岗（今址）。县公署设知县（正七品）1 人，执掌全县政令；下设县丞（正八品）1 人，掌管粮秣，赋税；主簿（正九品）1 人，掌管户籍、典领文书，办理事务；镇峡司巡检（从九品）1 人，掌管“警奸宄、缉盗贼”；教谕 1 人，掌握教育、祭祀、选举；训导 1 人，协助教育所属生员；典史 1 人，掌管监察、监狱、囚犯。③

明代中央政权通过编户具籍、行保甲法、赋税减免、瑶汉互市、禁止通山等法律措施对瑶区进行社会控制，促进社会发展，加强对瑶族的法律调整。

（一）编户具籍

瑶人一经归附，即籍其户口，成为明代中央政权的编民。此举，早在洪武年间即行之。如洪武中，侯礼判连州，“瑶变，廖广秀据高良乡，礼再招徕之，悉为编氓”④。至永乐时，广为推行。如永乐二年（1404），广西庆远府荔波县民单真保言：“县自洪武初至今三十余年，人民安业，惟 82 洞瑶民未隶编籍。今闻朝廷加恩抚绥，咸愿为民。”⑤

由于洪武年间，明代统治者的主要目的是攻占瑶区，平定瑶人的反抗，着重确立和巩固明代中央政权在全国的统治地位，故对瑶民编籍一事，并未引起重视。永乐时，在明代中央政权日益强大的基础上，着意推行抚瑶政策，故大批瑶民编籍，荔波县 82 峒瑶人“咸愿为民”，即是突出例证。而从《明实录》不断记载永乐朝瑶人户口入籍一事，也可见当时对此事之重视。如永乐八年（1410），德庆州新落山瑶首骆第二籍户百六十、口五百余；十四年（1416），高要县瑶首周四哥籍其属 17 户，男女

① 夏燮：《明通鉴》卷二三，中华书局标点本。
② 吴永章：《瑶族史》，四川民族出版社 1993 年版，第 317 页。
③ 恭城瑶族自治县地方志编纂委员会编：《恭城县志》，广西人民出版社 1992 年版，第 317 页。
④ 阮元：道光《广东通志》卷一四，上海商务印书馆影印本。
⑤ 《明太宗实录》卷三三。又可参见《明史》卷一六六，《韩观传》。

224 口均属此例。

（二）行保甲法

为维护瑶区的社会秩序，保障明代中央政权的治理，明代中央政权颁布法令编里甲、行保甲法。因归附瑶民已入版籍，故行里甲之制。据明制，“洪武十四年（1381）诏天下编赋役黄册，以一百十户为一里，推丁粮多者十户为长，余百户为十甲，甲凡十人。岁役里长一人，甲首一人，董一里一甲之事”。① 据载，湖南江华县，编里，（明永乐间）归并四里，后嘉靖间又增二里，共旧编民瑶之里六。②

关于在瑶区行保甲法，嘉靖二十一年（1542），兵部议复广西巡按御史何赞奏：“桂、柳、平、梧所属诸州县，瑶僮盘据，屡闻警变。宜丞命两广抚镇远将征兵，渐与剿除。……其余党听抚者，则檄有司编置保甲拊循之。”③ 这是归附瑶区广泛“编置保甲”的明证。瑶区的保甲法，是使瑶人互为约束，以防止瑶变的一种治理措施。④

（三）赋税减免

明代中央政权的法律规定，入籍成为“编户”的瑶人需要履行纳赋供役的义务，即瑶民一经入籍，即供赋税。如：洪武二十九年（1396），湖南句蓝诸熟瑶，“隶户籍，供租赋”⑤。永乐十四年（1416），广东肇庆府高要县瑶首周四哥来朝，“愿入版籍，供赋税”⑥。

但是，明代中央政权对归附瑶民的赋税，在某些方面还是有所照顾的。其主要表现有如下几种形式：

从宽减定额。由于瑶区生产较汉区相对落后，且明代中央政权意在羁縻，故定额较低。如，洪武二十九年，广西布政司言：“新设南丹等三卫及富川千户所，岁用军饷二十余万石，有司所征，不足以给。”⑦ 从南丹、富川等瑶僮之地的征赋，尚不足

---

① 《明史》卷七七，《食货志一》。
② 邓华邦：同治《江华县志》卷三，《赋役》，同治九年刻本。
③ 《明世宗实录》卷二六六。
④ 吴永章：《瑶族史》，四川民族出版社 1993 年版，第 336、340—341 页。
⑤ 卞宝第等：光绪《湖南省志》卷八五，《苗防五 · 诸瑶附》，光绪二十一年刻本。
⑥ 《明太宗实录》卷一八二。
⑦ 《明史》卷三一七，《广西土司列传一》。

卫所军用一事，可证征取不多。又据屈大均《广东新语·人语》卷七载：明代对罗旁瑶，“薄税轻徭，示以羁縻而已。”

来朝免赋。永乐四年（1406），“广东高州府信宜县陆亳、云峒、下水三山瑶首盘贵等来朝。上嘉向化，赐赉遣还，仍敕有司免其赋役。自今凡黎、僮、苗、僚来朝皆如之”①。由于永乐采取来朝“免赋役”之策，而出现了瑶首朝京师的高潮。

其他还有无田业者免输、受抚复业而定期免粮差、因瑶人起义受损而减免等。②

此外，明代中央政权为了减少政府对民间社会生活的干预，增加瑶人负担，曾明令禁止县官下乡扰民。③

（四）瑶汉互市

互市本来为一经济、贸易活动，瑶人汉人之间互相交换，促进流通，满足需要。但明代中央政权更多地将瑶汉互市作为节制瑶人的政治手段和治理措施，使瑶汉互市成为社会控制的工具。

明嘉靖四年（1525），陈琚为德庆州判官，在罗旁瑶居地的江道“南岸罗傍、大历等地设为圩市，使与州人互易，亲往监焉，使其相狎，以徐图之”④。嘉靖年间，田汝成议：“近效（交）之地，暨于通都，各立墟市，招致诸瑶，贾易货物，一月二举。委官董治，使无贪攘。”⑤ 嘉靖德庆知州陆舜臣《议地方事略》称：瑶人欲不招，“则无以通我鱼盐器用之利，售彼漆蜡皮张之产。”⑥

本来，瑶区与汉区经济有互补性。瑶人需出售“漆蜡皮张”等山货，以换取其短缺的“鱼盐器用”等必需品，故互市是有积极意义的。但明代中央政权把互市纳入其制瑶的轨道中，则大为限制和妨碍了瑶汉间的经济往来。

（五）禁止通山

在瑶汉互市的同时，为严格限制汉人进山采伐、贸易与往来，以隔断瑶汉之间的联系，明代中央政权规定禁止通山，企图通过以围困瑶山的手段达到防止瑶人反抗的

---

① 《明太宗实录》卷五二。
② 吴永章：《瑶族史》，四川民族出版社 1993 年版，第 340—341 页。
③ 参见岳庆平：《中国的家和国》，吉林文史出版社 1990 年版，第 70 页。
④ 阮元：道光《广东通志》卷二四九，上海商务印书馆影印本。
⑤ 田汝成：《炎徼纪闻》卷二，《断藤峡》，历代小史本。
⑥ 转引自杨文骏：光绪《德庆州志》卷九，光绪二十五年刻本。

目的。据史书记载：嘉靖二十七年（1548），“提督军务都御史欧阳必进严山禁。照得国家通山之禁，法制甚严。今查各处报到贼情，皆系乡村奸民，为之倡率响导。又各贼盔甲器械，俱各齐备，究其所由，皆由营堡官军与地方人等纵容奸民，与之往来，通同分利，如上年肇庆府祥之事是也。又有招主相信，隐匿官廪，透引奸商，为之影射。又有守土掌印巡捕守备等官，假以馈送上司名色，取讨货物。或以修理衙门为由，滥派竹木。如此，则山禁安得不疏，瑶人安得不肆。若使守土巡捕官知严禁地方，哨守巡司官知严禁军兵，无一奸民敢与相通。鱼盐布货之利，非听抚者不得相济。则导率无人，凶器无备，鱼盐布货之利又足以制其生命，又安有猖獗之患耶?”①自然，这样的禁山令是很难实施的。

此外，明代中央政权禁止私藏、私贩、私造军器。弘治十一年（1498），南京浙江道监察御史万祥奏：两广瑶僮之地，“仍须严禁军器，抚过村分，有收长枪、腰刀、盔甲、药弩并私造、私贩、私用军器者，俱治以重罪”。就是说，明代中央政权企图用“治以重罪”的严禁军器之法，剥夺瑶人反抗的武器。

这些法律治理举措虽不免有强迫同化之嫌，但客观上无疑有利于瑶区社会的稳定和瑶族经济的发展，具有积极的意义。

三、开发瑶区

瑶人不断起义这一严酷的事实迫使明朝统治者认识到，单靠武力镇压、用“剿”的手段绝不能把各族联合起事镇压下去，必须改变原来的民族政策和法律措施，改武力镇压为武力镇压和加快发展瑶区社会经济并用的策略，并最终确立以发展经济为主的法律调整方式。法律调整方式的转变是由隆庆年间两广总督殷正茂提出的，而法律调整方式的真正决策者是万里之外的名臣万历年间内阁首辅张居正。隆庆六年（1572），殷正茂提出：“岭海兵机，议事者主剿黜；为事者则权宜于抚剿之间。”即不单是以剿来对付瑶人起事，而更重要的是抚，以发展瑶区经济来平息瑶人起事。但是，殷正茂的建议因极度损害了各级官员的利益，而遭到他们的激烈反对。作为官员，在广东、广西瑶区征剿实有利可图之事，他们并不希望广东、广西瑶事得到平息。

关于这一点，张居正不愧是洞悉利害的政治家，他分析说：广东、广西瑶事，

① 顾炎武：《天下郡国利病书·广东下》，四部丛刊本。

“非南倭北虏以血战而得之”，统治者实际上只是以滥杀手无寸铁的平民为主而已，此其一；其二，没有战事，官军则只有“株守穷荒，升斗之粟，不足以糊口”，只有挑起事端，制造矛盾，才能“有掳获之利，功成有升赏之荣”（《答两广刘凝斋言赋情军情民情》）。于是，张居正及时给殷正茂回信，指出：“广事之坏，已非一日今欲振之，必宽文法，假便宜乃可。”并说：“近来议者纷然，朝廷既以阃外托公，任公自择便宜行之，期于地方安宁而已，虽弹章盈公车，终不为摇也。”（《答两广段总督》）正是张居正强有力的表态，才使得法律调整方式的转变得以顺利进行。

万历四年（1576），凌云翼接殷正茂出任两广总督，凌云翼在罗旁之役后，向张居正报捷，张居正马上给凌云翼复函指出，战事已告一段落，“宜乘此势，多方招徕，开其生路，随宜处置，务绝后患，则一劳永逸之策也”。张居正还采纳了凌云翼几乎所有的开发瑶区经济的建议，调拨了足够的财力物力，并督促中央各部大力支持。万历七年（1579），刘尧梅出任两广总督，张居正再次致书刘尧梅，提出了“辟除草莱，开通径路”，“迁以衣冠之族”开发瑶区的三条建议，刘尧梅也较好地贯彻了这三条建议。隆庆、万历年间，经殷正茂、凌云翼、刘尧梅三位两广总督的大力经营，广东瑶区进入社会经济开发的高潮。①

万历年间，两广总督凌云翼曾在粤西建立起以罗定为中枢的粤西新驿道。新驿道的开通意义重大：第一，缩短了自广州至高雷地区的陆路驿程。原驿道，“自广东省城水路至新会县之蚬冈驿登陆计，至高州八站，若改由泷水，自省城水路直抵泷城，登陆至高州只五站，较量道既为稍近”。第二，确保了对罗定、高州等地区的有效控制。驿道开通以前，“自泷水之南，抵高州府四百余里，旧皆贼剿盘据，今须改设驿道，庶几木拔道能。”第三，有利于经济开发向瑶区纵深发展。驿道开通以前，粤西经济开发局限于沿海地区，驿道的开通，使粤西的开发拓展到与广西相邻的群山之中。明清驿道，不仅仅用做官道，也常常为商人利用，新驿道的开通，“不惟血脉弗滞，而货财往来，元气更易充实”。“自此，豺狼荆棘之区，可化而为荡荡平平之域。”② 交通的畅通有利于瑶区的开发。③

明代中央政权开发广东瑶区社会经济的核心内容为招募流民，垦殖荒地，发展农

---

①③ 颜广文：《明代广东地区民族政策的演变与瑶区社会经济的发展》，载《华南师范大学学报》（社会科学版）1996年第5期。

② 中华民国《罗定州志》卷二，《廨署》。转引自颜广文：《明代广东地区民族政策的演变与瑶区社会经济的发展》，载《华南师范大学学报》（社会科学版）1996年第5期。

业生产。

明嘉靖年间，广东南海人霍韬就曾提出，单靠征勦是难以平息瑶民起事的，要征召“平民自备斧斤随大兵之后，凡贼巢林木听斩伐焉”，并于险旷之处“立屯兵屯其地”。① 嘉靖四十二年（1563），两广总督吴桂芳下令尽伐罗旁地区沿江林木，并于沿江地区垦田屯兵，“且耕且守，岁约用银二万有奇”。罗定建州以后，明代中央政权又规定：“今四方之民告给田耕种者纷纷日至，通候事定，委官丈量明白，计亩授民，许以三年之后，方议升科。”② 这是以授田并免税三年的优惠政策来吸引汉人进入瑶区。这一办法是相当有效的。刘尧梅任两广总督期间，便“度田五万八千四百七十亩，招徕流移二千四百二十四人，费银一万一千六百数”③。罗定，“万历未开州以前，其土著与瑶壮杂处，自开州以后，四方来占籍者日众”。“三都双脉、石步二村为新兴人；路话、新塘等九村为翁源、英德人；城市商场多广州人。各操乡音，初甚庞杂，日久相化成为方言”，“与珠江流域大率相同”。④ “日久相化成为方言，与珠江流域大率相同” 就是民族大融合的最好见证。⑤

随着汉人大量进入瑶区，也为瑶民带来了先进的农业生产技术。明后期，广东瑶人进入定居及犁耕牛耕阶段。如化州西北有地名“畲禾岭”，“周十余里，瑶人以此为畲（大耕地）种禾，故名”。⑥ 瑶民还习惯以豆为主食，“瑶豆绝大而甘，举家力作，犹可给其谷豆也”⑦。到了明末清初，“东安县瑶人，其服食耕种与齐民无异，惟头饰及语言不同”⑧。阳春瑶人“久已衰微，其瑶田瑶山皆化为民居”⑨。这自然也是经济开发的结果。

---

①④ 刘尧梅：《苍梧总督军门志》卷二九；霍韬：《广东郡县》，转引自颜广文《明代广东地区民族政策的演变与瑶区社会经济的发展》，载《华南师范大学学报》（社会科学版）1996 年第 5 期。

② 刘尧梅：《苍梧总督军门志》卷二六，转引自颜广文《明代广东地区民族政策的演变与瑶区社会经济的发展》，载《华南师范大学学报》（社会科学版）1996 年第 5 期。

③ 瞿九思：《万历武功录·罗旁瑶壮列传》，转引自颜广文《明代广东地区民族政策的演变与瑶区社会经济的发展》，载《华南师范大学学报》（社会科学版）1996 年第 5 期。

⑤ 颜广文：《明代广东地区民族政策的演变与瑶区社会经济的发展》，载《华南师范大学学报》（社会科学版）1996 年第 5 期。

⑥ 《嘉庆一统志》卷四四九，《高州府》，转引自颜广文《明代广东地区民族政策的演变与瑶区社会经济的发展》，载《华南师范大学学报》（社会科学版）1996 年第 5 期。

⑦ 屈大均：《广东新语》卷一四，《谷》，中华书局清代史料笔记丛刊本。

⑧ 全光祖：康熙《广东通志》卷三三〇，康熙三十六年刻本。

⑨ 康熙《阳春县志》卷首《凡例》，转引自颜广文：《明代广东地区民族政策的演变与瑶区社会经济的发展》，载《华南师范大学学报》（社会科学版）1996 年第 5 期。

随着社会经济的发展，瑶人商品交易意识日渐增强。“增城瑶人，贮茶以售于市”，“曲江瑶人，能作竹木器具负趁墟以易盐米”，“乐昌瑶人，亦常负物入市”，“连州瑶人，时以山果入市”，“新宁大隆峒瑶人，言语服饰渐与内地习染同”。① 此类记载，常见于明末清初诸史。而万历年间，德庆瑶山，仅南漆一项，便每年售数万担，还有砂仁、蜡密、竹木等在市场上进行交易。②

明代中央政权还要求地方官员劝农桑，发展瑶区生产。如成化时，林锦为按察使佥事，益勤于政，以教化为务，其治廉、钦，“修学校，劝农桑。……瑶蛮莫不爱信”③。成化时，杨昱擢饶平，“辟田野”、“劝农桑”。④

明代中央政权开发瑶区的成效，从下面这份天启五年（1625）广东连南大掌排的“地界执照”可以得到一定的反映：

大掌岭瑶人邓九、房三、唐法养通排等，告为乞恩照定瑶田地界至以杜瑶民互相交事。瑶等自祖下山承买田地，土名坐落：东至下坪烧炭岭、梅木冲、马骝山，北至分水凹白水带，西至安心峒界上陀跳石、铁帽寨，南至枫木坪径口石牌麻茶岭。断四至山场，总共田地税一百八十九亩。历年耕锄无异，钱粮随各山田主、里长户内投纳到县，并无拖欠。蒙本县申详，与瑶开图立里，各山主里长退出。原田土名至界分断，俱系瑶人耕管。恐有民瑶田地相连界，民强过占耕锄，互相争论，难杜后患。通排议合一词，只得从实照依黄册土名分界，逐一开报备照。退赴香花根白岭大岭界丹竹背雷公霹石石街踏大山塘黎霹岭担水步断天塘冷水。

爷爷台前告乞，伏望施恩赏给白照，以杜后患，万代沾恩准照。裹娄岩总共山岭税四十八亩，历年耕锄无异，钱粮随各山主、里长户内。

计开

里长罗一篇户退田税六十亩

欧阳植户退田税十八亩

朱用贵户退田税七十四亩

李一济户退田税十七亩零二厘五毛

---

① 阮元：道光《广东通志》卷三三〇，上海商务印书馆影印本。

② 参见顾炎武：《天下郡国利病书》，四部丛刊本。

③ 《明史》卷一六五，《林锦传》。

④ 全光祖：康熙《广东通志》卷一四，康熙三十六年刻本。

李茂英退田五亩五分

山主廖必圣退田地税十三亩退山岭税四十八亩

天启五年四月初八日告给照人唐法财　邓法财　房三　邓九　唐法养　房六十一　邓法宝　邓法亳　邓瑶四

这份“执照”给我们提供了一份重要的史料，它说明：第一，在天启五年之前，已经有瑶人迁居这里，并和汉族发生了关系；第二，这里已有土地、山林买卖，瑶族开耕土地，需向汉人交租交税；第三，瑶、汉民族之间，已常常为山田利益而发生纷争。①

这表明，广东连南瑶区的社会经济已经发展到比较高的水平，民族间经济、贸易往来较为频繁。

四、开化教育

以武力征讨少数民族，以汉文化来影响少数民族，这是历代封建统治者的一贯法律政策。明代更是大力推行。明太祖朱元璋在一次给广西左右江溪峒官民的谕文中就说：“朕惟武功以定天下，文德以化远人，此古先哲王威德并施。遐迩咸服者。”② 因此，明代中央政权在宋元的基础上，更进一步在包括瑶族地区在内的少数民族地区兴办学校、推行科举，动员内地通达经述通晓语言的生员去瑶族地区从事教育工作，薪俸从优，并采取一些优惠措施，鼓励瑶族子弟入学，在瑶区内发展文化教育，向瑶人灌输儒家伦理思想。明代在瑶族等少数民族地区也依照内地，府设府学，州有州学，县有县学，乡村设义学、社学，教授儒家经典。③

明嘉靖七年（1528），广西巡抚王守仁为“在边陲蛮地”推行其“良知良能之训”，训谕安定、白山等九土司“各设学塾于司衙，劝导本司人送子入塾读书”，倡导兴学。④

这样，瑶族子弟接受汉文化的机会更多了。明代中央政权在镇压大藤峡和罗旁瑶

① 广东省编辑组编：《连南瑶族自治县瑶族社会调查》，广东人民出版社 1987 年版，第 237 页。

② 《明史》卷三一八，《广西土司二》。

③ 黄成授等：《广西民族关系的历史与现状》，民族出版社 2002 年版，第 99—100 页。

④ 韦振苏：《土司制度下安定瑶社会情况调查》，载韦标亮主编《布努瑶历史文化研究文集》，贵州民族出版社 2003 年版，第 169 页。

人起义后，在某些瑶族聚居的地方增设州县，采取“兴教化，立学校”的方针，其措施有：第一，“立社学以教瑶，广廪额以资多士”①。第二，“选其子弟聚城，社师教之”。② 第三，对于瑶民起义首领归降者，“仍贷其死，并以其子入学”③。正因为明代中央政权采取上述措施，使得瑶族中出现一些知识分子，懂得汉字，为书写石牌习惯法条文培养了一批人才。嘉靖年间广东副按察使陶鲁常说：“治寇贼，化之为先”，所到之处，“率建县学以兴教化”。④ 陶鲁新建或复办的县学有从化、阳江、恩平、电白、新宁、白水等。此举深受瑶人欢迎，有些地方建学之时，“瑶壮运木以相资”⑤。

当时，在瑶区除官办正规府州县儒学外，尚有为民间子弟所办的进行普及性启蒙教育的社学。“太祖洪武八年，诏有司立社学，延师以教民间子弟。十六年，诏民间立社学有司不得干预。其经断有过之人，不许为师。二十年，令民间子弟读《御制大诰》者赴京，礼部较其所诵多寡，次第给赏，又令兼读律令。”⑥ “社学，自洪武八年(1375)，延师以教民间子弟，兼读《御制大诰》及本朝律令。正统时，许补儒学生员。弘治十七年（1504）令各府、州、县建立社学，选择明师，民间幼童十五以下者送入读书，讲习冠、婚、丧、祭之礼。然其法久废，寝不举行。”⑦ 从中可见社学的创建过程、入学对象、入学年龄、教学内容及出路（指许补儒学生员）。在罗定，还“立社学以教瑶童”。正统四年（1439），广西庆远府南丹州知州莫祯建议，在宜山等六县流官所治瑶僮之地，宜“各村寨皆置社学，使渐入风化”⑧。万历十六年(1588)，巡抚广西刘继文，条奏制驭粤西土夷切要四事。其一事为：“立社学以教僮竖。谓瑶僮俗固鸷悍，然性亦犹人，间有良者，颇知向学。往岁社学虽设，而督率尚无责成。宜行提学道，查建申饬，庶渐磨之久，夷风可永革也。”⑨

瑶族的《过山榜》现在流传的汉文歌本，也大多是明代以后写成的。因为，这时瑶族中一批知识分子已成长起来了，他们便将本民族的文化遗产和习惯法，用汉字撰

① 中华民国《罗定州志》卷八，转引自颜广文《明代广东地区民族政策的演变与瑶区社会经济的发展》，载《华南师范大学学报》（社会科学版）1996年第5期。

② 屠英：道光《肇庆府志》卷二二，光绪二年重刻本。

③ 《明史》卷三一七，《广西土司一》。

④ 《明史》卷一六五，《陶鲁传》。

⑤ 康熙《阳春县志》卷一六，《文艺》，转引自颜广文《明代广东地区民族政策的演变与瑶区社会经济的发展》，载《华南师范大学学报》（社会科学版）1996年第5期。

⑥ 《续文献通考》卷六〇，《社学》，万有文库本。

⑦ 《明史》卷六九，《选举志一》。

⑧ 《明英宗实录》卷五七。

⑨ 《明神宗实录》卷二〇五。

写成文，流传至今。①

为了保证瑶族等少数民族子弟入学，明代中央政权还禁止汉族子弟冒籍入学。如明万历年间曾规定："广西、云南、四川，凡改土为流州县及土官地方建有学校者，提学官严加查核，果系土著之人，方准考充附学，不许他处土民，冒籍滥入。"②

不过，明代中央政权开化教育的效果不能高估。如正德年间（1507—1520），湖南蓝山县明文规定，县学岁考瑶童学额三名，但入学者甚少，能考取进士、举人、秀才的寥若晨星。自明正德到嘉靖的50多年中，蓝山县仅有18名瑶童录为庠生。③

第五节

清代中央政权对瑶族的法律调整

清代瑶人的居住中心已转移到广西，并分布在湖南、云南、贵州、江西南部和广东的北部山区。④ 瑶族形成了相对稳定的民族实体，分布也大致确定下来了。

清代瑶人，从总体说来，社会经济发展仍相对落后。但与明代相比，已有明显进步。主要表现为过定居生活比在平地生活的瑶人有较大的增加。其农业经济类型，大致可分为四类：

①仍然过着游耕生活。这以"过山瑶"人最富代表性。据载："僻处山巅，以焚山种植为业，地力渐薄，辄他徙，故以过山为名。"⑤ "过山瑶"，又称山子，"山子瑶，居深山中耕山为业，迁徙无常，类过山瑶，故别其名曰山子"。"又有山子蛮人，无版籍定居，专斫山种畬，镞木盘铺射兽而食之，食尽又移一方。"⑥ 这类瑶人迁徙性和流动性大。清代过山瑶游耕生活的不稳定性从道光瑶人起义首领盘均华一例可见

---

① 姚舜安：《大瑶山"石牌律"的考察与研究》，载广西民族研究所编《瑶族研究论文集》，广西人民出版社1992年版，第220页。

② 《续文献通考·学校考四·郡国乡堂之学》，万有文库本。

③ 零陵地区民族事务委员会编：《零陵地区志·民族志》，零陵地区民族事务委员会2001年版，第137—138页。

④ 《瑶族简史》编写组编：《瑶族简史》，广西民族出版社1983年版，第39页。

⑤ 傅恒：《皇清职贡图》卷四，《庆远府过山瑶人》，四库全书本。

⑥ 诸匡鼎：《瑶僮传》，小方壶斋舆地丛钞本。

一斑。据《平定瑶匪纪略》下卷载："盘均华，湖南宁远县过山瑶人。嘉庆二十年（1815）移居江华县上五堡，二十三年（1818）复迁居广西贺县，道光五年（1825）搬至苍梧县旱塘种山度日。"盘均华一代三迁，由宁远而江华而贺县而苍梧，竟达数百里之遥，可见迁徙范围之广；或三年一迁，或七年一徙，可见迁徙次数之频仍。

②在相对固定范围内"游耕"。如湘西一带瑶人，"刀耕火种，三四年后辄弃而别种。数年后，地力复，则仍垦之"①。这与过山瑶相类似的是，仍从事"刀耕火种"生产。不同之处是，已过着相对定居的生活。这是生产力有所提高的结果。

③定居平地的瑶人。这以"平地瑶"为代表。如湖南兴宁县永安堡瑶，"一名平地瑶，即系熟瑶，布居一十二峒之内，于今又有民人寄处其地。平地瑶，自本朝定鼎，投诚向化，耕读是务，冠婚丧祭，悉遵王制，贡税一与汉同"②。

④与汉民杂居的瑶人。在平地瑶中，有的与汉人杂居，其发展水平已相当汉人。如史称："其杂居民间者，居处多与民同。"③

在上述后两种过定居农业的瑶人中，有的还过着较富足的生活，达到较高的发展水平。如广西富川瑶人，"田占沃饶"。"上下二排瑶人，莲花村最大，居住平原，余皆烟火相望，其田甚沃。"④ 像这种居于平地富庶之区"烟火相望"的瑶人，与某些汉区相较，也是有过之而无不及的。当然，这种情况并不多见。⑤

为适应社会发展，治理瑶族地区等少数民族地区，清代中央政权制定了大量的调整民族关系，处理少数民族地区事务的法规，无论在数量上还是在内容上都超过了以往任何一个朝代，达到中国古代历代民族立法的最高峰。清朝基本法典《大清律例》直接规定南方各民族严重犯罪依国家法律处罚，以保证国家法制的统一和改土归流工作的顺利进行。《大清律例》前后增纂了约十条左右的条例，都是雍乾年间改土归流过程中，根据有关督抚将军条奏而纂入的。这些规定加强了中央政府对包括瑶族在内的南方各少数民族严重破坏清朝统治和社会秩序的重案大案的直接司法管辖。但对一般的刑事案件和民事纠纷，则本着尊重民族习惯法的原则，由民族地方按民族习惯法处理。清朝在坚持国家法制统一的前提下，因地制宜地制定和实施边疆各少数民族区域的法律措施（包括承认其部分习惯法），成功地调整了中央和地方以及各民族间的

①③ 严如熤：《苗防备览·风俗下》，嘉庆二十五年刻本。
② 郭树馨等：光绪《兴宁县志》卷三，《疆城·瑶峒》，光绪元年刻本。
④ 顾国诰等：光绪《富川县志》卷三，《瑶僮》，光绪十六年刻本。
⑤ 吴永章：《瑶族史》，四川民族出版社1993年版，第566—568页。

关系。①

清代特别是康熙、雍正、乾隆时期，对瑶族地区等少数民族地区实行“恩威并施”、“因俗而治”的法律政策，“因俗而治”本于儒家经典《礼记·正义》中的“修其教不易其俗，齐其政不易其宜”，康熙、雍正、乾隆皇帝将其简化为“从俗从宜”、“各安其习”、“不易其俗”，在对瑶族地区等少数民族地区进行法律调整时，不改变其原有的社会组织形式、风俗习惯，因俗设官，因其俗而治之。②

清代，中央政权与瑶族地区的关系更为密切，民族间的经济和文化交流更加频繁。清代中央政权对瑶族的法律调整包括瑶长制度、优免安瑶、社会管理、“礼法”同化等，加强社会调控，以维护其统治，促进多民族统一国家的发展和巩固。

一、瑶长制度

在政治上，清代中央政权对瑶族的法律调整表现为强化瑶族地区的统治机构，主要采取了三方面措施：其一是在一些尚存封建领主制的地区，通过土司分别建立亭、哨等组织，委任一些头人担任“老鲊”、“老叭”、“亭目”、“哨目”等进行统治。在云南、广西被土司势力控制的部分瑶族地区，仍受着傣、哈尼、壮族土司的残余势力统治。广西南丹县莫氏壮族土司，在大瑶寨地区，建立“四亭”和“哨”组织。云南勐腊、江城、金平等县的瑶山，在土司的基层统治机构中，仍然利用一些“寨老”、“目老”担任“老鲊”、“老叭”职务。其二是地主经济刚兴起而不甚发达，或保留原始公社制，或其残余的地方，采取建立瑶长、瑶练、瑶甲、团总的组织，并利用瑶族固有的“瑶老”组织，进行统治。其三是在汉瑶杂居、地主经济比较发达的地区，在派遣官吏统治的同时，通过完善里、保等基层政权，同时组建地主武装“团练”，以加强统治。③ 这一时期，逐步失去正式地位的瑶族固有社会组织，与不断强化的封建

---

① 高其才：《中国少数民族习惯法研究》，清华大学出版社 2003 年版，第 279—280 页。有关这方面的情况可参见下列文章，郑秦：《清朝统治边疆少数民族区域的法律措施》，载《民族研究》1988 年第 2 期；陈光国、陆晓光：《清朝对青海蒙藏民族的行政军事诉讼立法初探》，载《青海民院学报》1991 年第 2 期；陈光国：《民主改革前西藏法律规范述要》，载《中国社会科学》1987 年第 6 期；杨选第等：《清朝对蒙古地区实行法制统治的几个问题》，载《内蒙古师大学报》（哲学社会科学版）1991 年第 2 期等。

② 龚书铎总主编，赵云田主编：《中国社会通史》清前期卷，山西教育出版社 1996 年版，第 5 页。

③ 张有隽：《瑶族历史与文化》，广西民族出版社 2001 年版，第 115 页。

基层统治机构同时并存，形成了互相利用、互相矛盾的复杂局面。①

（一）土司制度

明末清初瑶族大量进入云南，“入山惟恐不深，入林惟恐不密”，过着“居无定处”、“箐伐尽则他徙”的游耕经济生活。由于多居住于山区和边远地带，他们在政治上虽依附于土司，但有较大的自主性和独立性，有自己的传统社会组织，寨老在社会生活中仍然居于主导地位。加之瑶族迁徙频繁，各地土司对他们实行松散的控制和羁縻，同时由于长期迁徙，没有在一固定地域内形成自己的强大政治势力，瑶族内部一直没有人被封为土司。到清末民初，各地瑶族主要接受壮、傣、彝、哈尼等族土司和汉族地主的统治。其中，居住于今文山州各县的瑶族基本上受壮族、彝族土司的统治，分布于今红河州、思茅地区和西双版纳州的瑶族，则主要处于傣族或哈尼族土司的统治之下。

与以前相比，半定居状态的游耕生活使他们逐渐更为紧密地依附于当地的土司或地主，封建土司统治的触角也逐渐深入瑶族社会之中。这种统治关系的变迁，在金平县瑶族居住区表现得较为明显。金平瑶族土地全属猛喇刀姓土司（傣族）的领地，瑶族一迁来即成为土司的依附农民，直接受猛喇土司设在金平王布田的行馆统治。王布田土司领地分为东、西两块，分设管寨，王布田东设瑶族管寨，王布田西则设汉族管寨。管寨下设召坝，每一召坝可管大的自然村两三个，小的四五个。召坝下设小派、小催，负责征租和派徭役。② 由于土司统治的逐步深入，金平瑶族的寨老制受到冲击，寨老或由召坝兼任，或由土司任命，或仍由民主选举产生。寨老虽在村内按传统习惯法处理事务，但已逐渐蜕变为清代中央政权服务的工具。③

虽然如此，他们之间的关系除少数地区外，仍然是比较松弛的被统治者与统治者的关系。瑶族可以任意迁徙流动，各地土司或地主对此并未严加管制，因此瑶族保持有相当的人身自由，这也是其具有浓厚原始民主特征的村社组织丛会和寨老制得以长期保留的原因之一。

清代总结前代土官承袭制的流弊，认为“土官之乱，起于承袭”，于是采取预制土官、嫡庶有序和印信号纸等办法来严格限制土司承袭。所谓预制土官，即通过土司

① 《瑶族简史》编写组编：《瑶族简史》，广西民族出版社1983年版，第76页。
② 云南省编辑组编：《云南苗族瑶族社会历史调查》，云南民族出版社1982年版，第126页。
③ 徐祖祥：《瑶族文化史》，云南民族出版社2001年版，第94—95页。

事先呈报宗支族谱，从而确定应袭之人，以杜争袭、冒袭之事发生。所谓承袭有序，就是先嫡后庶，先族内而后族外。除一些地位低微的土舍、寨首等职位外，清朝规定："凡土官之职，皆给以号纸，土府、厅、州、县则加以印"①。上面写明土官职衔、世袭及承袭年月。②

在雍正年间改土归流之后，清代中央政权改革土司制度，取消了土司的特权，由中央政权派出的流官对瑶人进行管理，裁革瑶目，推行保甲制，实行直接统治。同时，清政府对某些瑶人采取与汉民一体"纳粮当差"的做法。故史称："庆远府属瑶人，向隶土司。雍正七年（1729），改土归流，遂入版籍，供赋役。"③

（二）设立"理瑶"机构与官职

清朝入主中原以后，连年用兵两广，对少数民族施行"剿抚兼施"的策略。清兵入关后，于顺治三年（1646），向湖南、广东、广西等地大举进攻。在使用武力的同时，清代中央政权十分注意安抚南方诸族。如顺治五年（1648），"广西全州、兴安县、关阳县苗、瑶共三十一处，峒二百六十处，俱各归顺"④。顺治九年（1652）清代中央政权建"连阳营"派兵1000名。至康熙四十一年（1702）又建"三江协营"，派兵2000名，并在瑶排出入要隘分设36汛，长期镇守阳瑶族聚居区，或剿或抚，视情而做。

同时，为更好地加强对瑶区的治理，清代中央政权在各级地方政权中，专门设立"理瑶"的机构与官职。

理瑶同知是最普遍的治瑶专职。康熙四十二年（1703），专设"理瑶同知"，直辖隶于广州府，统辖瑶区事务，至嘉庆二十二年（1817），升连山县为"绥瑶直隶厅"，官设军民同知，对瑶区加强绥抚与管理，并由广州提督直接领导，军政统一于厅同知。⑤ 设驻连州理瑶同知，兼管连州、连山、阳山三州瑶务。康熙四十二年，总督石琳奏请建三江城，拨兵驻守，调广州府海防督捕同知刘有成为"理瑶同知，驻扎连

① 《大清会典》卷一二，《吏部》。

② 黄成授等：《广西民族关系的历史与现状》，民族出版社2002年版，第95页。

③ 傅恒：《皇清职贡图》卷四，《庆远府过山瑶人》，四库全书本。

④ 《清世祖实录》卷三八。

⑤ 《连山壮族瑶族志》编写组编：《连山壮族瑶族自治县壮族瑶族志》，中国文联出版社2002年版，第149页。

州，瑶峒悉平”①。

此外，还有宝庆府理瑶同知、驻江华理瑶同知等。②

专门“理瑶”的机构与官员还有理瑶通判，如为就近治理，“道光十四年（1834），移平乐理判于钟山，专司治理”③。理判即理瑶通判。

在瑶人出没之地设有理瑶巡检，如乾隆八年（1743），吏部议准广西巡抚杨锡绂疏请，“改议裁之阳朔县伏荔市巡检，设迁江县平阳圩（今来宾县境）为理瑶巡检，置攒典兵役如额。从之”④。

此外，还有理瑶把总、理瑶外委把总等武职。如康熙四十三年（1704），建三江城，有东南西三门，“署西为理瑶把总”；东门外有武庙，“庙右为理瑶外委把总署”。⑤

清代中央政权专门设立“理瑶”的机构与官职，表明对瑶区治理的重视，客观上有利于瑶族地区社会的稳定和经济的发展。

（三）瑶总制度

清代除沿明制在瑶区实行瑶族土官制外，还利用原来的瑶老制增设了不少抚瑶土官。⑥ 如乾隆十年（1745），湖南宜章设立瑶总，莽山设立瑶总一人，千长四名。⑦

---

① 凌锡华：中华民国《连山县志》卷一，中华民国十七年铅印本。

② 吴永章：《瑶族史》，四川民族出版社 1993 年版，第 517—518 页。

③ 潘宝疆等：中华民国《钟山县志》卷一六，中华民国二十二年铅印本。

④ 《清高宗实录》卷一八五。

⑤ 凌锡华：中华民国《连山县志》卷二，中华民国十七年铅印本。

⑥ 有学者认为，明清的瑶族土官制与西南土司制之间具有同异之处。相同之处：除明代少数抚瑶官例外，均是任用少数民族首领为土官；其职均为世袭。不同之处有四：（1）瑶族土官制度不完备。没有如土司制从宣慰司或土府以下的一套从上至下的完整官制、机构与属员，往往只是基层设孤立的瑶总、瑶长、瑶目一类土官；也没有如土司制一套完整的包括诸如承袭、贡赋、征调诸方面的严密制度。（2）辖区范围有别。瑶官多限于管理某些瑶人的“山”、“峒”范围，且所领户数也不多。而大土司之地，则跨有府、州、县地之辽阔。（3）隶属关系不同。土司从上至下，有层层隶属与等级关系；而瑶族土官，即使是明代州、县抚瑶官，也直隶流官衙门管理。（4）瑶族土官势力微弱。一般瑶首主要起上传下达与约束瑶众的作用。他们与瑶众之间，往往还带有较为浓重的平等色彩的遗存。而土司对土民，则握有生杀予夺之权，“其虐使土民，非常法所有”（［清］赵翼《曝杂记》卷四），土民唯命是听。强大土司还拥兵自卫，俨如国中之国，土民往往称之为“土司王”。显然，两者之间的权势是无法比拟的。参见吴永章：《瑶族史》，四川民族出版社 1993 年版，第 528 页。

⑦ 汪灏：同治《桂阳直隶州志》卷二三，《峒瑶》，同治七年刻本。

东安县设立瑶长二人，百长四人。① 道光十三年（1833），清代中央政权镇压了赵金龙领导的瑶人起义后，“令八排（广东连南）瑶人各举老成知事者，立为瑶长、千长、赏给顶戴办事。瑶目立为瑶练、瑶长”② 等。清代中央政权在瑶族地区“诏补”愿为朝廷效力的土豪或土酋为瑶官，再由瑶官招聘所属部下。“宪招邓良等四十八户为峒主，后招张良等七十二户为户长，各峒主管户长，户长管小甲，吴庆管各散瑶。”③

清代瑶族土官，主要担任峒、寨、村等基层政权单位的职务。常见的称谓有瑶官、瑶管、瑶总、团总、瑶老、瑶长、瑶目、峒长、瑶练、瑶甲、头人等。④ 瑶官：如清代道州，州南马江瑶等六村及顾村瑶等八村，均设“瑶官一员领之”。⑤ 瑶总：如道州诸村，均设有瑶总“统之”。⑥

最常见的瑶人土官名为瑶总、瑶老、瑶长与瑶目。大的瑶人村寨立瑶总、瑶老、瑶长，“小冲”一类则为瑶目。瑶目地位低于瑶总、瑶老、瑶长。有的瑶目则为瑶总的属员，故史有“总之下，有瑶目”之载。⑦ 以广东连山为例，道光年间，在连山厅，“西路五大排、东路三大排及一百三十一冲，查明户口，给门牌，按户张挂。大排设立瑶老、瑶长，小冲设立瑶目”⑧。清道光十二年（1832）以后，封建王朝在八排设立了瑶长制，据清陈徽言《南越游记》卷三载：“越明年（1833）壬辰秋，贼焰尚难扑灭阁督李鸿宾赴连督剿，久未克复。上命尚书禧恩，盛京将军湖松额步云来连，协同办贼。比至，剿抚兼施，累月始平。连山厅理瑶同知郭际清与各官分赴瑶山，编历东西八大排，百三十一冲，核实丁口，填给门牌，按牌设立瑶老、瑶长，其小冲则设立瑶目，皆择谨愿者为之。”旧连山县志又记载：道光十二年，钦差户部尚书禧恩，征服八排瑶之后，因瑶人无统属，“……至是禧恩乃令八排瑶人各举老成知事者，立为瑶老千长，赏给顶戴为事，瑶曰为瑶练，凡瑶长十八人，瑶练六十四人，每月给饷银一两五钱，瑶长倍之，隶绥瑶把总。月朔日赴绥瑶营领饷具结状，排瑶有滋事者责之。自是瑶有讦民者先达于其长，其长达于官；民有讦瑶者官下其长，逃者十可得八九，视前加密矣”。清代中央政权在八排设立瑶长、瑶练制，使瑶老制改变

① 吕恩湛等：《永州府志》卷五七，《风俗·瑶俗附》，同治六年重校本。
② 姚柬之：道光《连山绥瑶厅志》卷五，《瑶防》，道光十七年刊本。
③ 吕恩湛等：道光《永州府志》卷五七，《风俗·瑶俗附》，同治六年重校本。
④ 吴永章：《瑶族史》，四川民族出版社 1993 年版，第 520 页。
⑤⑥ 李镜蓉等：光绪《道州志》卷一二，《杂撰》，光绪三年刻本。
⑦ 魏祝亭：《两粤瑶俗记》，小方壶斋舆地丛钞再补编本。
⑧ 佚名：《平定瑶匪记略》下卷，中南民族学院馆藏油印本。

了村社民主制—禅让制—终身制的自然规律，失去其原有的民主性质，成为清代中央政权的官方统治工具。①

湖南江华的瑶官也为瑶长。扶灵瑶人石芬寿保存的一部《瑶长瑶目英名册》，瑶目限于石首氏。瑶目、甲长的任职名单都是从同治十一年（1872）开始至民国三十年（1941）止。这部《瑶长瑶目英名册》在光绪三十二年前所记的瑶长、千总与《扶灵瑶统纪》记录的完全一致。所不同的是，在瑶长的名单后面还记录了石首氏瑶目的任职名单，同时还记录了甲长的任职名单。据这部《瑶长瑶目英名册》记载，选择朝代首尾予以摘录：瑶长：首必勇，同治壬申十一年；甲长：兆息，兆宣；瑶目：兆福。瑶长：蒋兴添，光绪乙亥元年；甲长：庆多，兆禄；瑶目：兆朋。瑶长：唐焕章，光绪己巳卅一年；甲长：献胆；瑶目：献诗。瑶长：翟永德，光绪戊申卅四年；甲长：献荣；瑶目：兆嵩。瑶长：莫灵求，宣统辛亥三年；甲长：兆渭；瑶目：献能；四月二十六日接事。虽没有能从勾兰、清溪、古调三瑶中获得完整的资料，但从碑文记事中也足以证实各瑶瑶长制的存在。②

广东连山内田的瑶官称“排长”。清光绪年间“团”的建立是官府政治制度输入的开端，原来的“当事”方石养、邓一公两人被封为内田（第一团）的正副排长。他们既是过去的“当事”，又有了官封的职务，在地方上有很大的权威。每次在配合官府剿匪时，他们都有调动瑶族群众、指挥作战、掌握军事的权力。平时地方有事，也由他们出主意解决。这说明原始的内生的“当事”办事制度在当时已不能再起作用了。③

广西恭城三江地区的瑶官为团总。清代中央政权为了进一步镇服瑶人，成立了军政合一的组织——团，团下有甲，三江地区共有四个团，即安良团、安靖团、新平团、新合团，每一个团下面都有若干个村。团有团总、甲有甲长，团总是最高的长官。团总的产生一般由地方绅士推荐而由县府任命。一经担任就很少有下台的，任期直到死为止，除非是他的“名望”已经扫地、失去了号召能力，无力统治瑶人，县府才更换别人，不过这种情况是很少有的。④

① 李筱文：《浅析连南排瑶的“瑶老制”》，载广西瑶族研究学会编《瑶族研究论文集》，广西民族出版社1987年版，第139页。

② 杨仁里：《零陵文化研究——都庞撷英》，珠海出版社2003年版，第184—186页。

③ 广东省编辑组编：《连南瑶族自治县瑶族社会调查》，广东人民出版社1987年版，第193页。

④ 广西壮族自治区编辑组编：《广西瑶族社会历史调查》第四册，广西民族出版社1986年版，第286页。

湖南江华的瑶官也有称为团总的。清溪瑶田万种、蒋浩曾提供了光绪二十八年(1902)"户部执照监生团总田苏荆"的委任状一张。田苏荆（田万种的祖父，蒋浩的外公）时年32岁。田万种说，他祖父24岁开始当团总，即从光绪二十年（1894）开始任团总之职。田苏荆寿终于民国二十六年（1937），后由田时昌接任。团总是知县委任的，掌有瑶族政治、经济、文化、武装、边防、社会治安等大权，是区乡制以前清代中央政权在基层的代理人，他们的职权自然在瑶长之上。①

广西凌云龙川的瑶官为副爷、保正等。清朝末期，在广西凌云龙川瑶族地区设有副爷、保正、头人、十家保等职位，以加强对瑶人的统治。①副爷：只有一人，带有栅兵十人，作为他的卫弁。副爷无杀人权，但有权办理一切民刑案件，并有练长一人率领团练兵50—60人，作为镇压人民的工具。副爷之下约有三个保正。②保正：保正没有军队，但有事可以临时号召群众，并能办理民间大小案件，以及调动保内团练进行集训活动，保正以下有六个头人。③头人：头人仅能办理一些一般的案件，重大的案件则由头人调查上报办理，头人的职位相当于新中国成立前的伪村长，他可以管辖5—6个十家保。④十家保：十户为一保，设有保长一人，相当于新中国成立前的甲长，他没有任何办理案件的权力。保正以上的人员都有薪俸，但头人、十家保的保长等人均无薪俸，他们主要依靠办理案件时的罚款作为收入。②

十万大山山子瑶自清朝直至民国二十八年（1939）推行保甲制度以前，中央政权一直未在瑶山建立统治机构。他们对瑶山的统治，是通过委封瑶族内部一些自然领袖为"老爷"、"团总"来间接实现的。这些自然领袖受中央政权或地方政权委封后，也提高了身份和地位，滋长了特权思想。据说广西上思南屏的李明安当老爷，职责是处理瑶人的纠纷和防御匪患。在处理纠纷时，得请他吃一餐丰盛的酒饭，事后还得送钱给他。山林的买卖如有老爷李明安的印，契约的效力就更大些。"老爷"处理事情，过年过节每户需送给"老爷"一两斤八角、香信、木耳，或一只鸡。③

其他的瑶官还有峒长。峒长为管理村峒的瑶人长官。如九疑山"其屯村一定者曰

---

① 杨仁里：《零陵文化研究——都庞撷英》，珠海出版社2003年版，第184—186页。

② 广西壮族自治区编辑组编：《广西瑶族社会历史调查》第五册，广西民族出版社1986年版，第199页。

③ 广西壮族自治区编辑组编：《广西瑶族社会历史调查》第六册，广西民族出版社1987年版，第201—202页。

平地瑶，……地有峒长”①。有瑶甲，如乐昌县，“有头目曰瑶甲”②。还有头人，如乾隆时，署广西按察使钟昭奏：粤西“苗、瑶各种”，“惟听该头人指挥。如头人奉公守法，即可宁谧；若头人欺诈，多生事端。现饬各州、县将玩法头人逐一革除，另选委充”③。

瑶总、瑶长等瑶官，多给“委牌”，以做凭证，以重其权。当瑶官被废止后，则需将委牌收回。如，湖南永兴县延道乡，从外县迁入瑶众后，“乾隆十年（1745），奉文议设瑶总，知县吕宣曾始于是年详请委牌，给领承充，共管辖瑶民一十五户，瑶总盘子玉。后瑶人多迁居常宁、兴宁，子玉故，委牌已缴”④。

瑶长等瑶官的经济待遇不一。有的瑶官领取“工食银”、“口粮银”。据《连山绥瑶厅志》载：“道光十三年（1833），尚书禧恩奏准，令八排瑶人举老成知事者立为瑶老、千长，赏给顶戴。办事瑶目，立为瑶长、瑶练，每月口粮银三两，瑶练每月一两五钱。凡瑶长十八人，瑶练六十四人，隶绥瑶把总。”广西恭城三江地区的团总没有报酬，不过他可以利用各种场合，通过种种手段鱼肉民众，非法收入不少，这种职务一向为绅士看做“肥缺”而垂涎。⑤

根据有关规定和记载，瑶总、瑶长等瑶官的职能与作用主要有：

（1）维护秩序，管束瑶人

如：“又有一等，由此迁彼种山佣趁，往来无定，名曰过山瑶，漫无约束。应视其现居处，即归各寨瑶总、瑶目等管束。”⑥“瑶首即瑶目也，盖以之管辖瑶民者。”“各地立有瑶总巡司查峒”。⑦

广西恭城三江地区团总宣布一些事项要瑶人遵守，如宣布修桥补路、修整祠堂庙宇时，要求瑶人捐款；要求不能丢宗灭祖，要祭祖扫墓；不能挨棺插葬（即在别人的两个墓中间插葬）；不准后尾骑龙（即在别人墓后安葬，阻断了“龙脉”）；不准前面

---

① 吴绳祖：嘉庆《九疑山志》卷二，《瑶峒》，嘉庆六年刻本。

② 魏祝亭：《两粤瑶俗记》，小方壶斋舆地丛钞再补编本。

③ 《清高宗实录》卷二九七。

④ 吕凤藻：光绪《永兴县志》卷二四，光绪九年刊本。

⑤ 广西壮族自治区编辑组编：《广西瑶族社会历史调查》第四册，广西民族出版社 1986 年版，第 287 页。

⑥ 佚名：《平定瑶匪记略》上卷，中南民族学院馆藏油印本。

⑦ 盛镒源等：同治《城步县志》，中华民国十九年重印本。

塞墓（即不能在别人墓前数尺埋葬，以免破了“风水”）。①

为维护瑶区秩序，瑶长等瑶官往往规定禁约。如广东乳源就有瑶练发布禁约：

朝廷有律法，乡党有禁条。我等瑶山历代耕种为业，饮食为先，各安本分，田地山岭竹木等项，各管各业，以及出山付（赴）墟，买卖公平交易，不得滋闹生端，概行禁止，年平安。大众的限二月初一日，齐到黄竹坑口大坝会议，议此。值日粗坑瑶甲赵才旺　德旺

光绪二十九年（1903）正月二十日

行关瑶练赖永详②

广西恭城三江地区的团总一年一度召集群众，宣布“条规”，并布告各村，主要内容为：禁止放火烧山，违者罚款；禁止为匪为盗，违者重则押解至县，轻则罚款；不得夺取别人山场田地，犯者罚款；不得奸污妇女，犯者罚款；不得放牛践踏别人的禾苗，犯者罚款；不准偷放别人的田水，犯者罚款；租佃田地要纳租，不得拖欠，若无租缴纳还应以打工补偿。③这些“禁约”、“条规”，以瑶族习惯法为基础，但已不完全是原始民主性质的规范了。

瑶长等瑶官易为瑶人信服，故能起到清朝一般的政府官吏（流官）所不能起到的作用。如广东增城，“有抚瑶官，黎姓者为之，家增城，片纸传语，山畲诸瑶无不奉命”④。

（2）调解与处理纠纷

如湖南鄜县，“瑶小争，则瑶官为之解剖，大争乃讼于官”⑤。九疑山瑶，“小争则峒长分解，大事难决乃讼于官，然亦罕有至者”⑥。据广东连山内田的排长邓火养公说，过去他们每年都有少则10次多则20次的事情要办，其中有家庭纠纷，偷窃，争杉山、地界等等。这些事件的办理，如属一般小事就由排长单独办理，要是案情较大，也召集各姓氏老人参与办理，但决定权仍属于排长。⑦广西恭城三江地区的团总

①③　广西壮族自治区编辑组编：《广西瑶族社会历史调查》第四册，广西民族出版社1986年版，第287、286页。

②　盘才万等收集，李默等编注：《乳源瑶族古籍汇编》下，广东人民出版社1997年版，第1258页。细初坑赵文藏，1986年6月20日房先清收集。

④　赵俊等：嘉庆《增城县志》卷一，《舆地·瑶人》，嘉庆二十五年刻本。

⑤　唐荣邦：同治《鄜县志》卷七，《户口·瑶俗附》，同治十二年刻本。

⑥　吴绳祖：嘉庆《九疑山志》卷二，《瑶峒》，嘉庆六年刻本。

⑦　广东省编辑组编：《连南瑶族自治县瑶族社会调查》，广东人民出版社1987年版，第193页。

有很大的权力，可以审问辖区内的一切案件。① 瑶长等负责解决瑶族民间的“小争”，有利于问题的解决。瑶人本性纯朴，对官府的流官有不信任感，而瑶官据瑶族习惯法处理，易为争执双方的瑶人所接受。

但是，瑶官对瑶人常常枉法滥刑，凡遇瑶人告状或打官司，有钱贿赂的免打屁股，否则先打屁股。如广西都安文华土官乱打了都安街上一位姓赖的，赖姓人多财足，向北京皇帝告状，结果潘风岗儿子春台因此被控下台。② 这一事件，既反映了瑶官的滥施体罚，也表明清代皇帝和中央政权对瑶区的控制力。

（3）催征粮赋

清代熟瑶需“纳粮”、“输赋”，清代中央政权通过瑶总、瑶长等瑶官进行征收。

（4）制止瑶人反抗

道光年间赵金龙起义时，清军利用瑶族生员吴日新等人，“督同瑶总，并往韭源等处招集逃散，团聚乡勇，以资守御”③。此为利用瑶官的地位与威信，“团聚乡勇”，以防备瑶人反抗之例。④

不过，由于清代中央政权的治理日益强化，清代瑶官的地位与实力，远比明代瑶官要低、要弱。

随着瑶、汉间的往来日益频繁，随着瑶族社会历史的不断发展，在较发达的瑶族地区，其发展水平已日益接近汉族地区。在这种历史条件下，清代中央政权为加强对瑶区的控制，自雍正以后特别是乾隆年间，采取大量裁革瑶族土官的措施，把瑶民编入保甲，实行直接统治。从此，瑶族的瑶总、瑶长等土官制度走向衰落。如：广东四会等地，清初设抚瑶土官，后因“子孙承袭纷争，骚乱滋事，且瑶民向化日久，各安耕凿，与齐民无异，瑶目可以不设。高宗乾隆二十年（1755），详请裁革，瑶民编入各村寨保甲，与齐民一体稽查”⑤。又，广东恩平县，“康熙二十七年（1688），上水上峒有抚瑶梁荣璋、冯尔雅，上水下峒有抚瑶吴来，高官陂抚瑶有谢道灼，皆良瑶也。乾隆二十一年（1756），以瑶民向化日久，瑶目可以不设，详请裁革，编入保甲，

① 广西壮族自治区编辑组编：《广西瑶族社会历史调查》第四册，广西民族出版社1986年版，第286页。

② 广西壮族自治区编辑组编：《广西瑶族社会历史调查》第五册，广西民族出版社1986年版，第394页。

③ 张锡谦：《平瑶日记》卷下，爱村堂藏稿本。

④ 吴永章：《瑶族史》，四川民族出版社1993年版，第524—526页。

⑤ 刘德桓：光绪《四会县志·舆地志》，光绪二十二年刻本。

与齐民一体稽查”①。

这一措施的直接后果，使大批瑶人成了封建国家的编户齐民，甚至成为当地汉民族的一个组成部分。这是乾隆以后广东瑶山、瑶区和瑶人大量消失的重要原因之一。

乾隆裁革瑶目之举，可视做清代中央政权大规模改土归流政策在瑶区的体现与继续，为改土归流的组成部分。这一措施，在当时的历史条件下，有利于瑶区经济文化发展与消除民族歧见。因而，在客观上起了积极的历史作用。

应该看到，清代中央政权对瑶区也采用一定的军事征剿，用武力镇压瑶人起义。如清康熙九年（1670），安定土巡检司土巡检潘如禄举兵围剿都安、大化布努瑶民起义，在八堡（今百旺乡八甫村）屠杀瑶人义军后，并于该地（今广西都安县菁盛乡与百旺交界处）扼要石壁上镌《灭猺关》三个大字，至今仍存。具有“八寨瑶民起义”精神的广西都安、大化布努瑶人民，因不堪忍受清朝封建土司的压迫和剥削，在领头人蓝老大的组织领导下起义，反抗都阳、安定、忻城土司的压迫和剥削的斗争，提出了“杀官保民、杀富救贫”的口号。安定司土巡检潘应壁的弟弟潘应基带练勇兵前往征剿布努瑶义军，蓝老大带领义军奋勇杀敌，将潘应基戮杀于红水河中，其练勇兵大部被义军消灭，震动清王朝。于是潘如禄袭位后，急奏康熙皇帝派兵清剿瑶民起义。清朝即命思恩军民府、庆远府（当时大化、都安属思恩府辖，河池、忻城属庆远府辖）派兵协同忻城、安定、都阳诸土司围剿布努瑶义军。官兵数千人，加上三个土巡检司的士兵，四面围攻，把义军赶至八堡，义军寡不敌众，2000余人在八堡与官兵激战，大部分义军在战斗中牺牲，尸体全部被投入红水河中。史记：“浮尸布满红水河面数十里，鲜血染红数十里河江。”安定土巡检潘如禄即在八堡石壁上镌下《灭猺关》三个大字。②

二、优免安瑶

为了更好地对瑶人进行管治，清代中央政权优免安瑶，对瑶人特别是“生瑶”实行“无赋役”的法律措施，即刀耕火种的生瑶与耕种贫瘠土地的瑶人“不赋不役”、

① 余丕成：中华民国《恩平县志》卷四，《舆地志·风俗》，中华民国二十三年铅印本。

② 政协广西大化瑶族自治县委员会编：《大化文史》第三辑《布努瑶历史与文化》，政协广西大化瑶族自治县委员会2002年，第70—78页。

“不供赋役”。如广西永宁梳瑶，“居山谷，最僻处，男妇以耕织为生，无赋役”①。永安县，“长发瑶不赋不役”②；宣化瑶，“男女皆椎髻跣足，结茅而居，刀耕火种，不供赋役”③。

不过，清代中央政权对瑶人实行区别对待的法律调整手段，部分瑶人有赋役负担。对过着定居的农业生活的“熟瑶”纳赋而不任差遣，即“赋而不役”，定期向封建国家缴纳赋税。如清末湖南桂东县瑶人，“今皆安垦纳赋”④。广西马平县，“县城外十里有僮，百里外则有瑶。耕田输赋皆熟瑶、熟僮也”⑤。而与汉民的发展程度相似的瑶人即所谓“与民无异”者则“供赋役”，如湖南江华县。“近年以来，熟瑶纳粮当差，令行禁止，与民无异”⑥。零陵县，“瑶峒，上辛乐峒，下辛乐峒。二峒皆熟瑶也，在二十五里之内，听本县纳粮当差”⑦。

下面这篇碑刻就明确指出瑶人“征收正供之外一切杂役免其当差”，对象应为熟瑶：

特授湖南永州府永明县正堂加五级记录六次顾。为给照事，照得民间民买田业，例应过割投税，如有隐匿，即干责罚。永邑瑶人置买瑶产批查钱粮攸关，正供固不容庄户拖欠，亦不许经书需索。今该瑶应完上忙钱粮，既经赴框投纳清楚，其串票自应随时发给，岂容经书借端肯留，候即查发归家安业。至成册等费钱文是否旧有为津贴经书之需，抑系经书凭空勒索并候查究可也。复批查该瑶完纳钱粮所有杂费，业已如禀禁革其成册钱文，前据禀称每届成册之年，由各买户出钱二百文以为津贴经书之需，亦已饬遵在案。今该生民自应办理，何得复请批议饬遵，惟既据渎呈，姑候查发串票时随堂瑜饬可也。

勾栏瑶生民周明俊等以恳赏给照永垂德泽等情称，该瑶僻外穷乡，而妇子盈宁系蒙本朝格外拨粮抚恤，亦由历来县主分外悯怜，征收正供之外一切杂役免其当差，何况银粮外索且永邑向分四瑶村，号扶灵、清溪、古调、勾栏，原同一体瑶粮完纳无异。近被粮书欺藐，勾栏另派成册杂费等弊生。民

① 傅恒：《皇清职贡图》卷四，《广西永宁州梳瑶》，四库全书本。
②③ 谢启昆：嘉庆《广西通志》卷二七八，《列传二三》，光绪十七年补刻本。
④ 卞宝第等：光绪《湖南省志》卷八五，《苗防五·诸瑶附》，光绪二十一年刻本。
⑤ 舒启：乾隆《马平县志》卷二，《瑶僮》，光绪二十一年刻本。
⑥ 邓华邦：同治《江华县志》卷一二，《杂记》，同治九年刻本。
⑦ 嵇有庆：光绪《零陵县志》卷五，《风俗》，光绪二年刻本。

询查三瑶并无此费，不甘受索备情叩呈蒙。批杂费革免其成册钱文每届由各买户出钱二百文以为津贴经费、纸笔之需，然恐事久弊生成为故纸，幸际仁恩德教之主，钱粮平价一体民瑶均沾，渥泽理合叩恳准照以作甘棠清荫为此例，准给永以为据须至印照者。

道光贰拾玖年（1849）五月官印廿八日给①

清代的地方各级官府如酃县、汝城、资兴等将瑶族来源的传说及《过山榜》赋予瑶人耕山免粮税的特权等内容在法律上予以承认。②

下面这件《郴州奉令安瑶碑记》就颇有代表性：

郴州奉令安瑶碑记

开天立地，皇恩赐封皇瑶子孙谱券。洪水发过，自古开国。

正（理）宗景定元年（1260），评王闺女所生一十二姓：盘、沈、包、黄、李、邓、周、赵、胡、唐、雷、冯，高梅封赏，皇恩敕赐，发往南京七宝洞会稽山安居，发族接代。漂洋过海，分居佛子连州、宁远道州、福建、江西季化县、两广居住。分居湖南郴州、永兴、宜章、兴宁、桂阳、桂东、酃县、九龙山，一州五县，处处落业。逢山吃山，逢水吃水。逢山开耕（垦），遇水安桥。以上三锹之地，乃是瑶人耕种，次纳阴粮，侍奉盘王，万代香火；以下三锹之地，寸土纳粮作税。照契管业，寸步难移，皇恩所管。下下三锹之地，插木为标，瑶不占民田，民不占瑶地，依行律令，各宜为守。因崇祯皇十三年（1640），吴王转位，苗贼作乱于普天之下，围城劫库。长沙都天大老爷、蔡宪大老爷、沈宪大老爷，惊动四省兵马，走往郴州地带，征他不动。郴州邓太爷、兴宁李太爷、桂阳马太爷、桂东黄太爷、酃县龙太爷，大小官员，惶惶无计，争报四山瑶总，征调皇瑶数百弩手，守在朝廷。手拿大小弓箭，站在城墙，射退苗兵流贼。普天之下，平白无事，京里出去三人，朱千岁、马老三、黄次侯，走往郴州四十八面瑶山藏住。木将军、铁将军、铜将军，归回数百弩手，呈奉京里。桂东沙田圩，朱千岁、黄次侯、马老三被瑶捕捉，解往桂东，桂东解往桂阳，桂阳解往兴宁，兴宁解

① 江永县民族调查组编：《湖南省江永县瑶族古籍资料选编》（一），1986年，第41—42页。此碑现存湖南省江永县兰溪乡黄家村。

② 赵砚球：《从族谱看郴州过山瑶人的社会历史生活及其演变》，载广西民族研究所编《瑶族研究论文集》，广西人民出版社1992年版，第106—107页。

往郴州，郴州解往长沙。都天大老爷，蔡宪大老爷，沈宪大老爷，多蒙皇恩回文，并龙凤批榜牒、郴州碑记，抚恤安瑶。万顷江山一线田差瑶人，十万粮田差朝廷。多蒙朝廷，皇恩敕赐，普天之下，万阳山、曲江山、山东山、山西山、凌扬抚州山、凌州天光山、平寒落山、桃源山、朱广山、峨眉山、郴州十里山、七里山、马鞍山、阳落山、骡子山、樱桃山、兴宁浙江山、牵牛山、莱皮山、凤凰山、周源山、回龙山、菠萝山、南腰山、雷洞山、雷公山、瑶岗山、桂阳九龙山、乌村山、急洋山、南麻山、鸡公山、月堂山、酃县路连界山、曾服山、猫儿山、永兴东冲大龙山、挂板山、敖王山、笔架山、盖龙山、金鸡搭米山、白露下洞连下福卡门，四十八面官山，皇恩敕封。除踩坟山，水源三尺，坟前脚踩不到，坟后反手一拉，具分赐瑶人所管。龙头龙尾，接木架枧，描水开垦良田，免粮无税。栽羌、蓝靛、栽种豆麻，免纳垦税。倘有民姓进山，砍伐树木，摘捡香菌、木耳，守法谨遵，不许乱法（伐）滥盗。不依律例，急拿送官究治。穷境冲差，尽行打落，不也通行。不许油棒之人，拦阻占夺。倘有民抢占夺，辄拿送官究治。赴官不究，报明地邻保长，发在上司十八重流徙。孔子圣人，制条四书律例一部。前官立案，后官观看。州府县丞，立碑为记，永远为照。评王朝图，普同天下，朝廷赐下五龙之所，一字分明。蒙万岁敕封瑶碑，永立为照。

大清同治十三年（1874）三月十五日，岁次甲戌年。①

这里明确规定瑶人“免粮无税”、“免纳垦税”，给予特别优待和体恤，以安定瑶人，维持秩序。不过，相比明代，清代供赋役的瑶人有较大的增加。

清代中央政权重视瑶人的土地问题，通过法律予以确认和保障。瑶人耕居在“官山”，当山权物产受到侵害，被豪强、地痞欺凌、索租时，当时的地方官府也曾依据《过山榜》等文献赋予的特权给予过保护。这可从清代中央政权和地方各级官府的一些布告榜文及判例等类文献中得到印证。如道光十二年（1832）谕内阁：“卢坤等奏防剿事峻，酌议善后章程一折。广西贺县瑶匪滋事，剿捕完竣善后事宜自应随时变通，以期永臻绥靖。兹据该督等奏称，瑶人生计艰难，每被地棍游民欺压。着责成各该县，每于季首轻骑赴山，传谕各瑶目，……民人侵占瑶业者，查明退还瑶人，在山

① 郴州奉令安瑶碑记，原存湖南郴州所属瑶区，多被捣毁无存。1985 年 3 月 29 日，湖南资兴市茶坪村赵前卫按碑记原文抄录供稿。见黄钰辑点：《瑶族石刻录》，云南民族出版社 1993 年版，第 98—100 页。

外承佃民业者，照旧耕种纳租。”①

再如《郴州直隶州·棉花垅断案》载：“严禁籍占官山，以安瑶民事。照得州南秀才乡，大地名五盖山，小地名鸡公石、棉花垅、张古岭、大垅、横垅、碑记、石猴古、坦香炉寨、王相岭、东岭瑶婆山，白水源十三处俱系官山”。《汝城县知事公署判词》和榜文载：“缘九龙江一带官山，自有明拨与瑶民耕种……附近居民不得肆砍占耕。”汝城县一张乾隆年间的告示指出：“照得桂邑地名，九龙山官田原给瑶人耕种世业，一州宪批示在案，除将瑶山填给瑶人收执，永为凭据外，合再案晓谕。”②

保障瑶人土地所有权和使用权，使瑶人占有维持最低生计的少量土地，是避免瑶区出现动荡的基本条件。因此，清代中央政权做出了禁止汉人“侵占瑶业”的规定。③

瑶族民歌中就有关于汉人霸占瑶人粮田的叙述。如下面这一湖南桃川的盘瑶写给广西同族请求银钱上给予援助的“信歌”中所叙述的：

飘文寄禀遇仙凤　　顺飞世上报情来
听传贵国仙林众　　报情来砌贱寒街
飘文遇仙无别事　　因为当初公胜田
公胜粮田拾捌石　　税银九两八钱三
被了汉民强占了　　龙村贫贱亦难连
贱乡人偶被了难　　费了银两无万千
地名落在立头洞　　落在桃州十八都
明朝年间瑶人管　　清朝民占命难逆
嘉庆九年上禀纸　　州杨补堂审不清
本县官人不做主　　官非打到北京城
道光圣上倒了旨　　州太安爷断子传
部文打到马沙府　　毛匪民家双泪连
道光年间十一岁　　张太官人断好声
上司断转瑶人种　　无钱赎契又抛情

① 《清宣宗实录》卷二二六。

② 赵砚球：《从族谱看郴州过山瑶人的社会历史生活及其演变》，载广西民族研究所编《瑶族研究论文集》，广西人民出版社1992年版，第106—107页。

③ 吴永章：《瑶族史》，四川民族出版社1993年版，第536页。

姊妹思量心不伏　　舍身传案种粮田
二十六年又去禀　　黄太清官追契原
粮田断转瑶人种　　报龙众偶凑银钱
毛屋强人又起较　　害了苗乡受可怜
贱处银钱使空了　　无钱赎契到今年
拖到今年二十八　　具禀官人要赎田
七月二十九日审　　老除清官报子连
因为众人钱枯了　　官人难把寄来传
四处恩兄齐意了　　能表春来冬又飞
重有寒乡贫贱偶　　独树架梯难奈为
山广鸟单冷落啼　　一个鸟儿难出声
有钱禀契官非胜　　无钱空恨审无情
咸丰君王登了位　　想起劳情心不甘
又去三关呈案纸　　合得船成撑过滩
咸丰五年飘书报　　伸词飞下广西游
随意那人拆开看　　舍兄驾福赐桃州
不怕朝廷人马乱　　亦有清官批得清
有心六年八月到　　杀败毛家就立营
众乡贫寒无计奈　　三州四县奏邀请
听闻龙州贵人众　　禀报仙林舍砌城
传叩天眉开境照　　靠国贵人齐赐缘
齐捐银钱赎田地　　赎转契书得转田
若是真心龙驾到　　齐家拾盛凑银钱
瑶人入户讨得令　　逍遥快乐过长年
共乡耕田好过日　　瑶人同生一爷生
公胜粮田齐有份　　赎转契书齐得耕
伸报广西众人偶　　挪步舍情一面宋
来到苗乡共村住　　起屋立条对面街
千　　万　　千　　千万叩龙来赐缘
若有真心龙驾到　　好合花园千万年

飘文寄到逍遥国　　千万叩龙抬砌情

行人言语真言语　　本不虚传无假声①

从歌中可知，毛姓霸占了桃川十八都立洞瑶人的公胜田历时已久，瑶人仍然锲而不舍地和这个恶霸做坚决的斗争，从清嘉庆九年（1804）直到咸丰五年（1855）历50年而坚持不懈。他们采取向清朝官府告状的方式，在瑶人不懈的坚持下，官司竟然打到北京城，致使清朝官府也不得不把这些田判归原主。这总算是瑶人的胜利，清代中央政权还是支持和保护瑶人利益的。请求银钱上给予援助是为了向官府赎契，这也印证了有些瑶人供赋役的事实。

同时，清代中央政权还禁止汉、瑶土地买卖与交换田产。汉族地主阶级往往利用借贷关系典质瑶民山田，“往往重利准折，以致瑶田日少，生计益难”②。为抑制汉族地主对瑶人的土地兼并，道光年间清政府禁令：“瑶人产业，只准各瑶户互相买卖，不准与民人交产，以杜准折之弊。”③ 如有违犯，一经控发，即将田产断归瑶人执业，不准追还原价，并将买主照违令责惩。不过，这一法律规定在实际执行中效果并不理想，存在较大问题，瑶人与汉人间的田地买卖并不少见，于是官府唯有通过税负进行控制，即瑶人间的田地买卖不纳税，瑶人与汉人间的田地买卖照例纳税。

下面这件湖南永明（现江永县）的《优免瑶税瑶差碑》就表明了这一事实：

优免瑶税瑶差碑

四品戴署湖南永州计永明县正堂加五级赏。为再赏印照以分民瑶事，照得民间置买田房产业，例应投税。兹据扶灵瑶石成玉、清溪瑶田浚、古调瑶蒋国琳、勾兰瑶田嘉谷等，具禀该四瑶自明洪武招安各瑶把守粤隘，瑶田瑶粮免丈免量，暨免杂差，所有瑶买瑶田，历无投税过割。至嘉庆十七年（1812）顾前县饬瑶投税，经张翼云上控，奉前抚部院景批，据司详司行府讯明，瑶买瑶产，仍循旧章，给有印照。咸丰年间（1851—1861）衙署焚烧，案卷无存，兹据石成玉等照录各前宪印照，禀请存案前来。查该瑶人免派杂役，其瑶买瑶田，历无投税，推收过割，既奉有从前印照为凭，自应照旧办理。除禀批示，并府月禀发房存案备查外，合行发给印照。为此照仰石

① 原歌本现藏长洞区桂田乡田头村赵德仙家，为光绪二年（1876）十月手抄本。歌词中“龙”、“贵”等是第二身的尊称，“苗”、“单”、“贱”、“单林”等是第一身的谦称。广西壮族自治区编辑组编：《广西瑶族社会历史调查》第一册，广西民族出版社1984年版，第290—291页。

② 周存义：《平瑶述略》，道光十三年刻本。

③ 凌锡华：中华民国《连山县志》卷五，中华民国十七年铅印本。

成玉、田浚、蒋国琳、田嘉谷瑶长粮户人等知悉。嗣后尔等瑶买瑶田，仍循旧章，免其投税过割；若瑶买民业，应即遵例过粮，不得隐匿，至于责罚。各宜禀遵，须至照者。

同治十一年（1872）九月二十七日给。

右照仰古调瑶长粮户人等准此。

此照随瑶长收存。

特授湖南永明府永明县正堂加五级记录六次顾。为给照事，照得民间置买田业，例应过割投税，如有隐匿，即于责罚。永邑瑶人置买瑶产，曾经□前县田府念瑶情，给予印示，听照旧章，免其过割投税有案。兹复奉扶宪景批据司详，饬令瑶买瑶产，仍照旧章办理，毋容纳税。等因奉此，合行给照。为此照仰古调瑶长粮户人等遵照，嗣后尔等凡有置买田产内系瑶田瑶粮，准仍循旧章，免其过割纳税，以示体恤。其业置买民屯产业房屋等项，务遵选例过割投税，毋得隐匿，至于责罚。该管瑶长等，仍随时稽查，亦毋徇延于究，各宜禀遵，须至照者。此照存□□□□。

嘉庆［印］十八年（1813）十一月二十日给照。右照仰古调瑶瑶长粮户等，准此。①

此外，清代中央政权还颁布了优先照顾苗瑶人的佃种条例，佃种先苗瑶后汉人，并不许加租逐佃。据同治《户部则例·户口》卷四载："客民所招佃户，本系苗民者，仍令照旧承佃，不准另招流民耕种。其租谷均照原契数目，不得额外加收。随田陆地，如系未耕平土，选尽苗佃开垦，所出租谷，照苗寨旧规酌分。至荒山箐林，仍听苗民樵收栖止，耕种杂粮，业主不得征收颗粒。如有加租逐佃等事，一经查出，立予重惩，所招新佃，概行递籍"。"（客民）有置当苗民全庄田土者，所招佃户，多系汉人。遇有退佃，先尽原庄苗人承佃。如苗人不愿耕种，仍准汉人佃种。"

清代中央政权禁止汉人重利盘剥。为防止苗瑶之人因受重利盘剥而卖了田产，以致陷入破产的困境，故对高利贷剥削做了严格限制。据同治《户部则例·户口》卷四载："苗寨内外及肩挑贸易开店客民，将米贷物借给苗民，止许取利三分。如有重利盘剥，准折田土子女者，将田土子女还给苗民，钱债追缴入官，放债之客民仍照盘剥

① 优免瑶税瑶差碑，原存湖南江永县古调村会寺宫，后移右调村碾米厂内。碑高 100 厘米，宽 65 厘米，厚 10 厘米。拓印时间 1984 年 9 月 14 日，拓印人广西恭城县刘绍仁等。1985 年 4 月 5 日供稿。黄钰辑点：《瑶族石刻录》，云南民族出版社 1993 年版，第 53—54 页。

准折例，加等治罪，家口驱逐出境。”

这些规定，虽针对苗民而言，但对瑶人同样适用。此中所谓“客民”，系指进入民族地区的汉人。

优免为安瑶的重要方面，但不是全部，安瑶还需要各级官府和官吏不扰瑶累瑶勒瑶。清代各级官员常常仗势欺压瑶人，百般敲诈勒索。如清光绪九年（1883），广西都阳土巡检黄世琳，扩建土司衙楼阁，就要摊派大化县的六也乡豆也村瑶人缴纳银钱500贯的建衙费。豆也村瑶人无力缴纳这笔巨资，瑶族领头人蓝正就到思恩军民府去控告黄世琳乱摊派害民，但思恩军民府接受黄世琳的贿赂，官官相护。都阳土巡检黄世琳把布努瑶领头人蓝正以聚众谋反罪名打入大牢。瑶人派韦利送饭，土司官又把韦利抓起来，土司官对韦利施刑拷打死于都阳土司大牢。①

对此，清代中央政权较为重视，强调治理楚粤苗瑶，应善为抚绥，“不可扰累以滋衅。嗣后，应饬文武各官，一切需用人夫公事，则照给官价，私事则自行雇募，不许擅派苗夫及私役苗瑶。凡遇公差，无论兵役人等，不许索诈鸡酒。即各该文武衙署所需一切食物，不许差遣兵役持银入寨强买。……倘违纵滋扰者，或经上司访闻，或被瑶人首告，官弁严行参处，兵役立即拿治”②。这表明，清代比较重视对官吏的要求和约束。

这方面的碑刻留传下来的有不少，如《永禁官差勒索茶笋竹木等项碑》：

永禁官差勒索茶笋竹木等项碑

具呈广西桂林府兴安县民粟祥明、侯美政、杨上品、侯天相、梁君连、黄世忠、蔡登佩、侯子位，为沥陈舆情，乞恩查禁事。民等住居兴邑西隅，山多田少，惟赖茶、笋、竹、木各项，上供国课，下资衣食。近因采买山货，夫差繁重不已。于本年二月内，居民刘定国、龚玉盛、周文杞等，合词由县控府豁免。无如辗辅（转）拖延，救弊而弊滋甚。韦秉钢等于九月初三日，条呈院宪，蒙批前藩宪查报。后逐批发前府转发下县，录供议详。署县主王，嗔怒上控，竟将具呈之头目周文杞、龚玉盛杖责销禁，遂至公道湮没。兹蒙恩批发府提准释放，冤抑得伸。窃思采买夫差之累，川融六峒千余户人家，人人受此苦累，并非杞、盛二人。现在出控多人，何独杞盛二人重

① 政协广西大化瑶族自治县委员会编：《大化文史》第三辑《布努瑶历史与文化》，政协广西大化瑶族自治县委员会2002年，第79—80页。

② 黄宅中：道光《宝庆府志》卷六，《大政纪六》，道光二十九年刻本。

杖之余，又遭禁锢。今幸钧批洞悉民瘼，云天日见，霜雪之后，得被阳和。为此公恳钦命大人台前主持公道，以不忍人之心，行不忍人之政，一切采买夫差，照查原呈，核详豁免，宪天施莫报之恩，穷檐有更生之象。金石讴思，公侯世祝，激切具呈。乾隆四十一年（1776）六月二十五日，署理广西布政使司陈示兴安县民粟祥明等呈控，署令勒买茶笋木一案。前据周绍柖、龚延等具呈，当批该府严查革禁。乃该县罔知敬悟，仍循故辙，具办理地方诸事不善可知，业经撤回，另委署理在案，仰桂林府查照。屡次呈批查明妥议详参，并饬嗣后采买茶竹各项，不得仍用官价名包，擅差下乡勒买，苦累小民，有干功令。仍大书勒石永禁，并取碑摹报查，等因。蒙署桂林府正堂赵，拟定碑式，详明发刊，遵于乾隆四十二年（1777）三月十五日，立碑县衙头门之内。署县主纪，因公晋省，管门家人甘仁锁押石匠，将碑放倒。嗣于四月十一日奉社水巡司林，票取贡茶一千七百斤。峒头目十人，每名下派买细茶一百七十斤。遵即依限于端午前垫价办交，禀请领价。县主嗔怒，将头人蒋光玉、刘大复、侯贵福、粟才羡等四名，各责四十大板。五月三十日，蒋光玉等合词控府。六月初二日，申控藩台朱，蒙批短价勒买峒茶，甫经饬禁，向以该县复行差役勒买，是否实情，仰桂林府作速严查究报，粘单并发。六月初二日，申控泉台哈，于七月十七日审明照旧饬县补给茶价，竖碑划缴。纪主随即病故，经署县主史奉文立碑署前，此案始结。乾隆四十三年（1778）五月署巡司孔，至沐水查边，于应人夫八名之外，多要人夫二十四名，无则每名折收夫价银三钱，将小甲潘仁举等杖责，勒交夫价。潘仁举等以逼禁勒派等情具控。署县主廖审明，将弓兵责革，当堂追退折收夫价，此案又结。山区瘠苦，随弊日滋，荷蒙陈藩宪洞烛民隐，严批查禁，更荷。

列府宪审明驰禁，但恐日久法弛，用是节叙始末，俾不忘推恩所自。

大清乾隆四十三年十二月十二日①

这件《永禁官差勒索茶笋竹木等项碑》详细记载了各位县主“垫价办交”买细茶、“短价勒买峒茶”、“多要人夫二十四名，无则每名折收夫价银三钱，将小甲潘仁举等杖责”，甚至“重杖之余，又遭禁锢”的劣迹，要求“采买茶竹各项，不得仍用

① 《永禁官差勒索茶笋竹木等项碑》，原存广西兴安县华江乡千祥村旧庙前。华江六峒，明代至今，为瑶族居地。1958 年 9 月 30 日采集。黄钰辑点：《瑶族石刻录》，云南民族出版社 1993 年版，第 26—28 页。

官价名包，擅差下乡勒买”，以防止“随弊日滋”。

在有些瑶区征收粮额银米时，官吏易分外需索、私征派累，增加瑶人负担，引起社会矛盾，因此有些瑶区的官府具体、明确规定数额，专门“勒石永远禁革”，“倘官役再征收情弊，即行严揭详参”，“一经访查，定行严究不贷”。

为实现清代中央政权对瑶族的稳定治理，有些瑶区对于常见的勒索事项“逐一开列”，有针对性地加以革除，具体列举如下：

严禁官勒索，安定瑶民

奉府示禁碑

署理广西桂林府事，柳州府正堂随带军功加二级记录四次郑。为剀切严禁事，照得龙胜地方，苗瑶杂处，地瘠民贫，自宜加意抚绥，以靖地方，俾不法差役，不能乘机滋事，方为妥善。除现在访查拿究外，合将永远应禁各条，明晰晓谕革除，逐一开列。

计开：

一、采买仓谷，应照例还主，□等信家丁，赴各圩场，照市价公平采买，毋得任听书差发价向乡民勒买，以致短价累民。

二、各衙门采买米粮柴炭、茶叶鸡鸭、猪羊鱼肉菜等物，均应在城市圩场，照实价公平采买，毋得以官价派勒乡民，以致短价。

三、征收官租，应平斛响挡，毋得淋尖阳斛，任意多收。除耗米之外，所有陋例小租一项，该书差等不得借端索取。

四、盘量社仓，所有家丁书差等一切饭食，均应自备，毋许勒令乡保供应，致滋派累。

五、衙役奉调缉拿要犯至各乡踩缉，均应自备盘费，毋许乘坐篼轿，滥派乡夫及需索酒饭供应。

六、发给门牌委牌，均应照例当堂给领，毋得假手书差，至启需索陋规之弊。

七、修理衙署监仓，所用竹木料物砖瓦片，均应照时价向圩市公平采买，毋得派累乡民，致有短价之弊。凡需夫运物料，亦应拨夫给价，毋得滥派。

八、修理塘房，应官雇工匠，所需物料，随时给价，毋得任听书差向民间派收工匠钱文。

以上应禁各条，尔书差人等，务宜凛遵。如敢违抗，一经本府访问或被告发，定将尔等严拿，按例法究，从重办理，决不宽贷。尔地方民瑶等，宜各守法，一律不得妄生事端，听信奸狡讼棍，捏词兴讼，致蹈法究。各宜禀遵毋违，特示。

乾隆五十七年（1792）六月二十八日立。①

这些安瑶的告示，大多采取勒石立碑的方式谕示，长期广而告之，使老百姓广泛知晓，对官吏和差人进行监督。一般有“奉官（道、府、县）示禁（谕）”、“奉官给示”等字样，从这些名称可以看出，它们有的直接为官府所为，表明了官方的态度；有的虽属民间行为，但必须由官府批准方可立碑，因此可以说是官方意志的体现和延续，是与官府保持一致的，也可以说是为清代中央政权的治理服务的。

三、社会管理

清代中央政权继承和广泛实行明代保甲制度，加强对瑶人的管理和控制。如嘉庆年间，广东布政司徐乾“檄行保甲法，令抚瑶里长旬朔一至县庭受事”②。

清顺治年间，在汉区全面推行保甲制度。据载：“世祖入关，在编置户口牌甲之令。其法：州县城乡十户立一牌长，十牌立一甲长，十甲立一保长；户给印牌，书其姓名，丁口出则注所往，入则稽查所来。”③

雍正年间大规模改土归流后，把保甲制推广至包括瑶族在内的某些南方民族地区。如“自雍正十三年（1735）户部题准福建台湾府生番百99名，汇入彰化籍，广西庆远府归流土民百79名，汇入宜山籍，嗣后台湾生番、四川生番、岭夷归化者甚众，定例令专管官编立保甲，查缉匪类，逢望日宣讲上谕，以兴教化”④。

乾隆以后，在广东、湖南等地接受汉文化影响较深的瑶区，往往以保甲制代替瑶官制，从而使瑶长等瑶官的势力日益衰弱。如乾隆六年（1741），“编立城步瑶峒甲长。楚粤苗瑶多能汉语，粗识字，宜编立保甲。寨大者十户立一牌头，十牌立一甲长，每寨择小心知事者佥立寨长一人，寨小者不必限定，牌甲亦必佥立一寨长。贵其

① 《奉府示禁碑》，原存广西龙胜各族自治县泗水乡周家村白面寨旁，1985年5月21日收集。黄钰辑点：《瑶族石刻录》，云南民族出版社1993年版，第32—33页。

② 蒋廷锡等：《古今图书集成》卷一三九三，《职方典》，上海中华书局影印本。

③④ 《清史稿》卷一二〇，《食货志一》。

稽查，按户给发门牌，将大小丁口逐一备载，不许容留汉人及面生可疑之苗瑶居住。所藏军器，悉缴官，不许私行打造。其从前捏造篆字，即行销毁，永禁学习。如有敢故违不行首报，牌内一家有犯，连坐九家，治寨长失察之罪”。①

在实行保甲制的瑶区，有的甚至发有门牌纸。如光绪年间“连山绥瑶直隶军民总司”发给瑶人的门牌纸。它用黄纸印成，高约6寸，宽约1尺，在年份上盖有“广东理瑶营把总之钤记”等字样，原文如下：

> 连山绥瑶直隶军民总司黄为编给瑶民门牌以凭查考事。照得近年以来，瑶人生齿日繁，间有赁耕民人田地、山场以谋衣食者，若不编给门牌，诚难以区别民瑶而资查考。为此牌给该瑶户遵照，即将年籍男女丁口逐一注明，后开项下，悬挂屋内，咸得周知。必须安分营生，公平交易。凡与民人买卖，尤当信义相孚，守望相助，以期民瑶永远相安，共敦和好，同享升平。切勿窝留外来板瑶及听信奸民挑唆，动则逞凶械斗，致滋事端。有干严究，是所厚望焉。切切须牌计开。
>
> 瑶户一名
>
> 邓九龙四年　岁系里八（峒）洞排分支现在迁居叉坑山场耕种为业
>
> 妻
>
> 父　　　　　　　母
>
> 男：邓满　　　　女
>
> 媳：唐氏、沈氏　　孙：邓六
>
> 田主：　　　　　　　左邻
>
> 山主：梁德中、叶三妹　　右邻
>
> 光绪十五年（1889）九月十八日给②

保甲制主要行于“熟瑶”区，其作用在于稽查约束，监督瑶人不得违反禁令；实行连坐法；在设保甲制的瑶区，瑶目裁革。③

在不实行保甲制的瑶区，仍由原有头人管束，但采用保甲制的“稽查之法”。这在广西瑶区尤为突出。如乾隆七年（1742），广东巡抚杨锡绂奏：“‘粤西瑶、僮，近

---

① 黄宅中：道光《宝庆府志》卷六，《大政纪六》，道光二十九年刻本。

② 广东省编辑组编：《连南瑶族自治县瑶族社会调查》，广东人民出版社1987年版，第148页。

③ 吴永章：《瑶族史》，四川民族出版社1993年版，第530页。

来时有煽惑为匪，多由不行保甲所致。查苗、瑶聚处各村寨，原有头人等管束，惟有以彼束之例，用我稽查之法。现饬各州、县官于城厢内外及汉人村寨，仍按成法编立。其苗、瑶地方，目就本地情形变通处理。’得旨：‘所见甚是，所办亦妥。’”① 又载，杨锡绂奏言：“广西未行保甲。苗僮虽殊促，多聚族而居，原有头人，略谙事体。请因其旧制，寓以稽核。苗、瑶、伶、僮各就其俗为变通。招嘉之。”②

总之，清雍正特别是乾隆以后，在瑶区，或行保甲制，或虽保留瑶族土官制，但也行“稽查之法”，从而强化了清代中央政权对瑶族基层村寨的统治。

镇压赵金龙起义后，鉴于瑶人的英勇反抗斗争，清代中央政权在对瑶人的社会管理方面制定了一些暂时缓和矛盾的“善后”办法。在政治上，规定“一切瑶人控诉及民瑶相讼之案”皆归理瑶同知署“审理”，改变了过去瑶人投诉无门的局面。对于“犯了王法”的瑶人，要通过瑶总“交出到案”，如擅自派差役进入瑶寨拘捕，则对管辖官吏予以惩处。并责成理瑶署和县署随时稽查汉奸和土匪骚扰瑶山的事端，对于掠夺瑶人的牛谷引起瑶人复仇的案件，要随时将这些“奸棍”缉拿严办，如延缓或不办，道、府官员应查究。同时许诺，如瑶总瑶目对于进入瑶区放债盘剥和占山为盗的债主、地痞流氓等，及时报官缉究，管理有方使民瑶三年相安无事者，由县署上报给予花红，并酌给外委顶戴的奖赏。这些措施，在客观上使瑶人争得了一个比以前稍为宽松些的政治环境，有助于瑶族社会的发展。

清代官府在受理有关瑶人的案件尤其是涉及瑶族与其他民族的纠纷案件，也尽量注意保护瑶人利益。在广西富川瑶人的记忆中，在清朝晚期，曾发生过两次瑶、汉两族间的纠纷。一次大约发生在同治初年。那时，一个来自广东阳山县的姓陈的汉族，在富川大田寨住下之后，就霸占了涝溪源黄、盘、梁三姓瑶族的山场。瑶族曾向官府告状。那时打官司是要花很多钱的，因旷日持久，三姓瑶族的生活也就日益贫困，最后不得不忍痛放弃了自己的山场，迁往别处谋生。另一次纠纷发生在清朝末年。当时，大田寨汉族的“村老”黄金明、财主黄金刚等人阴谋霸占洋冲黄、邓两姓瑶族的香堂田（此种田地收入用于祭祖、扫墓）和大片的山场。有一次，黄金明、黄金刚等人挑动、唆使七八个大田寨的汉族农民到属于瑶族所有的洋冲后山砍树，洋冲村的十几个瑶人上前阻拦，于是发生了械斗。双方以石头、木棍、柴刀为武器互相打斗，瑶族人少力弱，被打死一人，伤五六人。事情发生后，瑶族曾先后到平乐、南宁、桂林

① 《清高宗实录》卷一六五。

② 《清史稿》卷三〇八，《杨锡绂传》。

等地告状，一共打了11年的官司。官司打赢了，清朝官府支持瑶人的要求，但瑶族也花了不少的钱，瑶族老人说，他们所花的钱要用箩装。自此以后，洋冲和大田两村的人长期不和。①

在经济上，清代中央政权派人清理死亡义军的田产，按惯例应“入官”、“充公”，但清代中央政权鉴于瑶族人民起义的能量，不得不以这些田地“恐日久承变，无人，致荒芜，于瑶人生计有碍”为台阶，② 将山场田地造具清册后，令各处瑶寨的瑶总、瑶目等人承领，招抚流亡的瑶人回来耕种；又禁止汉人进入瑶山强行买卖田地、山场。清退田产和造册等费用均由官府拨付，不向瑶人摊派。与此同时，减轻赋税，规定瑶人向地主交租不得超过2/10，比原来交三至七成要少得多。

此外，清代中央政权还拿出瑶人上交赋税的2/10“赏给瑶总、瑶目，以资办公”，并在适中圩镇建造房屋，收养瑶人中鳏寡孤独残废者，或者设立义学、义仓，由理瑶署管理，对瑶人进行一定的照顾。③

而社会管理方面的变化最集中地体现在《治瑶胪例六条》上。《治瑶胪例六条》是清代中央政权镇压湖南江华县赵金龙反清起义之后进行治瑶之措施，行文刊刻有关州县瑶区：

治瑶胪例六条

湖南江华理瑶直隶军民府加十级姚。为遵扎晓谕事，案奉督部堂讷 抚部院员会同具奉湖南瑶地善后事宜，增议章瑶一，钦上谕，抄出转行到府，合就出示，晓谕为此示。仰各冲瑶总瑶目及军民人等知悉，尔等务各民瑶相安安遵照。后开各保，敬谨奉行，毋得视为文具，致于查究。谨将六条胪例于后。计开：

一、准赎顶当山场，以复瑶业也。查瑶人地亩山场，除从前售与民人者，其仍旧执业外，嗣业瑶人户业，只准瑶户互相买卖，不准与民人交产。案奉责定章瑶出示在案，至于从前瑶人与民人交产。有顶契当契及永批之契，并非售卖可比，均准瑶人取赎。若瑶人无力取赎，准其按年月之远近，分定取赎之章程。凡契在十五年以外者，酌令减原价三分之一；二十年以外

① 广西壮族自治区编辑组编：《广西瑶族社会历史调查》第三册，广西民族出版社1985年版，第96页。

② 周存义：《平瑶述略》，道光十三年刻本。

③ 江华瑶族自治县民族事务委员会、政协江华瑶族自治县委员会文史委员会编：《赵金龙起义》，湖南出版社1993年版，第87—88页。

者，准其半价取赎。若原主实在赤贫无力，又无田可种者，令典主佃种，酌分一半与原主佃种分租。俟其有力时，再照规定章程取赎。至此之后，如有不遵令仍交产者，应请广东善后章程，将田继续归原主，不准追价，仍将两造场照，违令律责惩。

二、编查瑶境，流寓民人，以在扰害也。查瑶地向设有瑶总、客总，与内地之乡保无属，应慎选诚实晓事之人充当，责令确查。如有盘剥扰害瑶人匪徒，即行禀官究逐。其现居瑶地良民，应按户编查造册，报明地方官存案。嗣后只许民人迁出瑶境，不准再招民人入山居住。如瑶总、额总，阳奉阴违，即行究办。并将招行，容留客民，立时逮驱。

三、严禁巧占树山，以保山利也。查瑶山之不能开垦荒场，系种植杉木、松、桐茶等树，卖与民人抵偿贷债。议明年限砍伐，及至砍伐之时，内有滋生小树，名为脚树，向归买主管业，瑶不得过问。及至脚树长成，砍伐之时，又有脚树，仍系买主管禁。脚脚相生，藉以巧占山场，殊属狡诈之尤。应令地方官出示晓谕，嗣后人承买瑶山树木，至远近之期，以二十五年为限，只准砍伐一次，即将契据涂销，山场付还原主，以免瑶累。

四、严禁匪瑶，使知畏敬也。查瑶人之蠢陋，空苦固多，而狡黠匪瑶强占民地，以及欠债不尝，持凶计殴逞、刁兴讼者，亦往往有之。若不严加管束，恐兹骄纵，且民人既不准典买瑶户，则瑶人亦不容擅置民人田户。其从前典批民地，悉照前条所议民置瑶户章程办理，比照平允。惟承佃山场，业经用开垦成熟者，准其照旧耕种交租。无论民人瑶人，均不能依持山主勒退加租。倘瑶人敢在民地讹赖，滋生事端，除应治重罪，为地方官办理外，如罪正枷杖发落，押令迁回瑶地，交瑶总严加管束，不准再令出山滋扰。

五、勤种木棉，以便服用也。查瑶山地势高燥，宜种木棉。而瑶人愚蠢，不知播种之利，亦不清纺织之法。所需布匹，均系各处民人入山贩卖，其价值之增昂，数倍寻常。应令地方官教种木棉，各习纺绩。不惟被服有空，亦可售卖获利。

六、勤设义仓，熟以备接济，而资教化也。查民瑶种山致富者，颇不令人，应试入学，系占拄额，不应膜视。贫瑶即土瑶，中间亦有小康之户。嗣后诸瑶之存者，集资先设义仓，秋后量力输（储）谷，存至青黄不接之时，借给种地贫瑶为籽粒、口粮，收成时加一还仓。举殷实瑶生与瑶总经管出纳，毋使冒滥，以及土瑶与过山瑶中间，有读书识字，而无作文应试之人，是以岁科取进者，复系民瑶。该等各捐设义学，择选诚实瑶生，招集瑶童，认真督课，兼合学习揖让礼貌。如此权养兼行，胥为良善，则瑶俗益臻挣滥矣。

督部堂讷
抚部院员 奏奉 上谕饬行之。该瑶民等，各官敬谨禀遵毋违，切切特示。右仰通知。

道光十三年（1833）吉月吉日①

《治瑶胪例》也有八条的，内容基本一致。②

清代中央政权要求各级官府和官吏认真执行《治瑶胪例》。准赎地、编户册、禁占山、禁匪瑶、教种棉、设义仓、审词讼、禁需索、立瑶圩，清代中央政权和地方各级官府做出的这些法律调整手段，维持了瑶区的秩序，减轻了瑶人的负担，在一定程度上促进了瑶族地区生产的恢复和发展。③

在社会管理中，清代中央政权和地方各级官府还发布告示，将有关法律规定告知瑶人，如广西恭城高界就有这样的告示：

广西恭城高界小源芹荣瑶特立古照碑

钦加同知衔特授恭城县正堂加五级记录五次□为出示晓谕事，照平（乐）阳（朔）恭（城）三县联团条规，奉委署巡警道宪欧督三县核定，并经该民瑶等禀在案，合行出示晓谕，为批示仰该民瑶人等一体遵照，永远各守毋违示遵。计开：

一钉门牌调查户口，即系向来清查团甲办法更加请真，并非借此抽索，不得听信谣言，倘有违抗。

一民团学堂并不抽索瑶人款项，其民瑶公共款项亦不抽提，不得听信谣言，自生疑虑。

一瑶人所收桐茶花生，并无出山抽钱之事，不得听信谣言，自相纷扰。

一民团总及办理乡局各甲，如有妄造谣言，哄吓（恐吓）瑶人及向该瑶

① 原存湖南江华瑶族自治县码市龙湾村。1958年5月31日，湖南少数民族社会历史调查组采集。黄钰辑点：《瑶族石刻录》，云南民族出版社1993年版，第65—68页。

② 具体可见道光《十朝东华录》。参见江华瑶族自治县民族事务委员会、政协江华瑶族自治县委员会文史委员会编：《赵金龙起义》，湖南出版社1993年版，第107—108页。

③ 江华瑶族自治县民族事务委员会、政协江华瑶族自治县委员会文史委员会编：《赵金龙起义》，湖南出版社1993年版，第87—88页。

人等需索钱之（者），准其赴县禀佥以查究。

一平乐三十七区团、阳朔之□和团，与该瑶人田地相连，仍准与旧联团此（比）计，该瑶人不得招人入团，及收钱登册，违者经官出外治。

一瑶人等务要有执业，不得游手好闲，窝藏聚赌，以及勾引歹人扰害地方，如有不遵者，查出惩治。

一凡瑶人各村若被贼匪抢劫，即鸣锣，闻声各引护救失主，据凭县官及附近各民团发兵追捕。

一凡团内田禾、地头物、茶等项，无法民瑶各宣训诫各家男女。出外不得偷盗，如有不遵，一经拿获，加倍赔还，并公同议罚。

一本团内无论大小事件，团甲务要秉公办理，不得徇情受贿，如有清查出送官革究。一凡团内人等，务同心德，有助扶持，不得违犯公理，别存意见，有伤和睦。

一以上各项规条，如有增添更改之处，必须呈官会同扶究遵办。

宣统元年（1909）正月初五告示晓谕①

有时，地方政府专门发布通告，严禁汉人擅入瑶地、堆利盘剥、谋买瑶产、以净作典及油索赌博，加强社会治安，保障瑶人利益：

署湖南永州府道州正堂加级欧阳为出示严禁，以安徭（瑶）地事案，奉各上宪机，委巡查之际，恐有不法匪徒潜匿徭（瑶）地，遇事生端，合行出示严禁，为此示仰，该年徭（瑶）民人等知悉：尔等务各认真练团，各安生业，自示之后，倘有汉奸擅入徭（瑶）地，播弄愚徭（瑶），堆利盘剥，谋买徭（瑶）产，以净作典及油索赌博，欺挟徭（瑶），许徭（瑶）总等亦不得徇稳，致干并究，各宜禀遵毋违，特示。

右仰通知

同治三年（1864）十一月（印）

告示

实贴　晓谕②

---

① 广西壮族自治区编辑组编：《广西少数民族地区碑文、契约资料集》，广西民族出版社 1987 年版，第 221 页。

② 零陵地区民族事务委员会编：《零陵地区志·民族志》，零陵地区民族事务委员会 2001 年，第 302—303 页。

清代中央政权和地方政府的这些社会管理方面的法律调整手段，表现出对瑶人生业的重视，突出对瑶区安定的关切，因而对于瑶区发展有其积极意义。

四、“礼法”同化

清代中央政权除对瑶人使用武力震慑、发展经济外，也辅之以“文教为先”的怀柔政策，“礼法”同化。有清一代，对瑶区教育颇为重视，其主要措施包括兴义学、在府州县学中专门设立瑶族生员名额、开科举之门等，“如此权养兼行，胥为良善，则瑶俗益臻挣滥矣”①，通过法律手段促进瑶人的开化，推进瑶族社会的发展。

（一）兴义学

清康熙皇帝采纳广西布政使的教化建议，认为“粤西土司僻外边峒，不识诗书，不明礼仪，狠悍成性，请敕该抚，谕令各土司官，有意送子弟就近府州县读书者，命该教官收纳训诲。”②

据史书记载：“义学，初由京师五城各立一所，后各省府州县多设立。教孤寒生童或苗蛮黎瑶子弟秀异者。规制简陋。”③ 即对贫家及南方民族子弟实行初级义务教育。有清一代，由官方出资在瑶区办学不断。康熙三十三年（1694），道州地方人士议复明代义学二馆，“经知州李泓转请上宪，准如旧例，至今永为定式”④。乾隆九年（1744）江华县令陈嘉毂建秀峰书院，在锦田瑶区创义学。乾隆十八年（1753），江华上伍堡平地瑶区增办义学，后又建三宿书院。雍正年间，广东瑶区义学有了很大发展。雍正十三年（1735）议准，粤东凡有黎、瑶之州县，“悉照连州，一体多设官学，……听黎、瑶俊秀子弟入学读书”⑤。

道光十二年（1832），在镇压贺县瑶人起义后，谕内阁：“着就各冲设立义塾，于除近绅衿中择延品端学正之士，以四子第书训课瑶音。各该县随时亲临查察，其颖秀可教者，优为奖励。并恭宣圣谕广训，俾瑶众渐知礼法，勉为驯良。数年之后，果能

---

① 《治瑶胪例六条》。见黄钰辑点：《瑶族石刻录》，云南民族出版社 1993 年版，第 68 页。
② 《清圣祖实录》卷一二五。
③ 《清史稿》卷一〇六，《选举志一》。
④ 吕恩湛等：道光《永州府志》卷四，《学校》，同治六年重校本。
⑤ 何朝彦等：《学政全书》卷六四，清嘉庆刊本。

读书向义，酌量奏明，设立瑶童学额。”①

前述《治瑶胪例六条》也提出“以岁科取进者，复系民瑶。该等各捐设义学，择选诚实瑶生，招集瑶童，认真督课，兼合学习揖让礼貌”②。

清道光十一年（1831），广西富川创办了第一所瑶族书院——五源书院。清道光十二年（1832）春，富川训导（即县儒学教育）朱德铁奉令带兵至富川东五源设卡防护治安。他在考察了当地的经济民情之后，为了便利瑶山的孩子上学，发动龙窝、沙母、三辇、倒水、平石等五源瑶人捐资办学，倡立创建书院两进，专门招收五源瑶族子弟入学，目的在于“教化”瑶民，提高当地民众的道德修养和文化素质。平乐知府唐鉴将之命名为五源书院。该书院原有正院一间，为先生讲习之所；右厢书室楼房一间，是藏书之所；左厢是先生的寝室和厨房，占地1.5亩。院址在今富川新华乡坪源村公所境内，今仍有人前往探胜寻幽。清道光十四年（1834），翰林院编修池大人发下藏书39部922本，供师生学习和阅读。光绪年间更名为学堂，开设国文、算学、史学、地舆学、交际大全等学科，每年有学生80多人。正院设有孔圣先生的牌位，供师生早晚朝拜。该书院培养的人才，其间中举可考者有龙窝源洞池村的唐谟、坪石源黄竹山村的沈儒、豹洞村的沈大广等。此外还有很多的庠生，其中三辇源东湾村的任良辅，民国四年（1915）还被选为广西的省议员。③

同时，社学也在瑶区兴办，如顺治十四年（1657）夏，“设广东雷、连各瑶峒社学一所，教读一名”④。

清代，包括左右江流域和红水河流域的广西各地都普遍建立了儒学，积极普及教育，提高瑶人的文化水平。

（二）专设瑶族生员名额

由于考虑瑶族与汉族之间在文化程度方面的差异，若按同等分数考取，则瑶族童生往往落选，故设立专门名额，从瑶族中考取。⑤ 对此，史籍多有记载。如顺治十六年（1659），“设湖南辰州五寨学。巡抚袁廓宇疏言，五寨界接苗瑶，向事诗书，今更归化输诚，应请设学，考取童生七名，廪生六名，增广生八名。出贡年分，俱照各县

① 《清宣宗实录》卷二二六。

② 黄钰辑点：《瑶族石刻录》，云南民族出版社1993年版，第67—68页。

③ 唐玉文：《古道教育说书院》，广西富川瑶族自治县网。

④ 《清朝文献通考》卷六九，《学校考七》。

⑤ 吴永章：《瑶族史》，四川民族出版社1993年版，第549页。

事例，两年一贡。从之”①。这是清代最早关于苗瑶地区生员的规定。

康熙时，对瑶人子弟入学，始规定定额。康熙年间，湖南蓝山有 3 名瑶童录为秀才，22 名录为庠生，1 名为监生。中华民国《宁远县志》载：“宁远瑶有高山平地之别，山瑶不改旧俗，犹然化外；平地瑶颇读书属文，其应试者率至为数十人，往往成诸生。”雍正壬子、乾隆丙午两科，宁远瑶童先后有乡试中试者二人，一个叫张三仁，为雍正十年（1732）壬子科举人；一个叫邓家波，为乾隆五十一年（1786）丙午科举人。清同治以前，宁远文武学额各只有 12 名，瑶生占有 5 名。清道光《永明县志》载：“永明县桃川洞的清溪源、古调源、扶灵源、勾蓝源四源瑶民岁科两考，额取新生三名。又于清溪、古调新立新学，给之廪饩，仰内地通达经述生员入前，前往训诲。”《永州府志》载：“平地瑶则多读书能文之士，近年应童试者至百余生员，考列多高等。”②

康熙五十四年（1715），“定湖南衡、永、宝、辰、靖六府、州属苗瑶入学额数，别编字号于正额外，量取一二名。”③清雍正六年（1728）二月壬寅也规定：“今滇、黔、楚、粤等省苗民向化，新增土司入学额数，为学臣者尤宜加意禁饬。毋使不肖士子冒籍贯，阻土民读书上进之路。”④

瑶学开办后，对一些剿寇有功的平地瑶人，清代中央政权还给予学额上的照顾。咸丰五年（1855），因广西平乐县四冲的平地瑶人助官府御寇有功，经广西巡抚劳崇光奏请，清朝廷特准在四冲添设瑶学，准每次科举增加四冲平地瑶人的学额两名。即每届开科，不论四冲的平地瑶子弟中是否有人参加考试或是否有人考中，均可获得两个固定的秀才名额。⑤ 据平乐县的平地瑶老人王运良说，其王家曾有一个叫王才礼的人得过这种秀才名号。⑥ 后来，清朝廷又因四冲的平地瑶民“叠遭兵燹，户口凋零，应试寥寥，取进不能如额”，逐渐扩大到县属大冲、大贝、小贝、猫儿、巴江、油麻

---

①③ 《清朝文献通考》卷六九，《学校考七》，万有文库本。

② 转引自零陵地区民族事务委员会编：《零陵地区志·民族志》，零陵地区民族事务委员会 2001 年版，第 138 页。

④ 《清世宗实录》卷一六六。

⑤ 全文炳：光绪《平乐县志》卷五，《瑶学》，光绪十年刻本。

⑥ 广西师大地方民族研究所平地瑶调查组 2002 年 1 月在广西荔浦、平乐、蒙山三县的调查资料，存广西师大社会文化与旅游学院资料室。

等平地瑶地区。① 平乐县的平地瑶教育事业因而逐步发展起来。②

（三）开科举

由于学校的兴办，瑶人的文化水平有了提高，清代中央政权遂为瑶人开科举之门，提倡与汉人一样应考。《清朝文献通考》卷六九载，康熙四十二年（1703），“令湖广各州县熟苗中有通晓文义者，准与汉人一体应试，广西土司之民人子弟及贵州苗民并照此例”。如湖南民瑶，与“与汉人无异，每岁科试，瑶童亦得与考。所取瑶生，亦例与生监一体乡试”③。

这表明，在兴教办学的基础上，清代中央政权又鼓励瑶族等少数民族学生参加科举考试，并在录取时给予照顾。如康熙五十一年（1712）三月戊申，清朝决定在云南、贵州、广西三省增加进士名额一人。④

教育的发展，使瑶区面貌发生了较大变化，人才日盛。如：“平地瑶则多读书能文之士。近年应童试者多至百余，易瑶籍为新籍。生员考列一二等岁、科试，每不乏人。雍正壬子（1732）、乾隆丙午（1786）两科先后中乡试额，实自楚省瑶籍所未有。”⑤ 政府的扶持，瑶学的创办，为瑶区教育的发展提供了制度上的保证，培养了一批瑶族知识分子，他们中不乏获得功名和做官者。如广西荔浦县雷姓平地瑶，在乾隆年间出现了第一个有顶子的庠生雷联科，是雷姓平地瑶中取得功名之始。联科之子天麟，天麟之子世钦也是清代庠生，皆有顶子。⑥一家三代获得功名，说明了平地瑶的教育水平有了较大的提高。这从一定程度上实现了清代中央政权所希望的“久道化成，声教广被，抚绥怀柔，使之日新月异”，也促进了民族之间的交流和融合。⑦

清代，在清政府和瑶族民间的共同推动下，瑶学的兴办和发展，反映了瑶族尤其是平地瑶思想观念的转变，突破了原始的传统教育模式，新的正规的教育逐渐形成，瑶族尤其是平地瑶教育逐步融入汉族教育之中。⑧

清代中央政权虽然采取过一些办学措施，但作用不能估计过高。例如，雍正十三

---

① 全文炳：光绪《平乐县志》卷五，《瑶学》，光绪十年刻本。

②⑥⑧ 陈志波：《桂东北平地瑶教育发展的历史及动力探析》，载《娄底师专学报》2004年第4期。

③ 吴省兰：《楚峒志略》，艺海珠尘本。

④ 《清圣祖实录》卷二四九。

⑤ 曾钰：嘉庆《宁远县志》卷一〇，《瑶峒》，嘉庆十六年刻本。

⑦ 唐荣邦：同治《酃县志》卷七，《户口·瑶俗附》，同治十二年刻本。

年（1735），清代中央政权曾经议准："粤东凡有黎、瑶之州县，悉照连州一体多设官学。饬令管理厅员督同州县于内地生员内，选择品行端方，通晓言语者为师，给以廪饩，听黎、瑶子弟之俊秀者入学读书，训以官音，教以礼义，学为文字。……"但到两广总督硕色上任后，发现这个措施并没有执行，他和广东巡抚岳竣在一分会奏中说："广东连、韶、琼等处，先后曾设黎、瑶各学，每年动支官费给馆师修铺。今查各处因无瑶童从学，久废。惟韶郡之乳源一处尚存，就学者亦无瑶人子弟。"于是只好裁去。① 在入学率、全面平衡发展方面都存在不少问题。

总之，清代中央政权对瑶族的法律调整有一个发展过程。清初顺治、康熙时期，法律调整的重点是逐步确立和巩固清王朝在瑶区的统治地位。

雍正、乾隆时期，法律调整的重点是使清代中央政权的统治势力日益深入瑶区，治瑶制度也日臻完善。随着南方民族社会的不断发展，清代中央政权在南方民族地区的统治地位日益牢固，清王朝治理南方民族的政策也发生了重大变化，这就是从雍正四年（1726）起实行的大规模改土归流。与此同时，治瑶的法律调整也发生了相应变化。这主要表现为在某些较为发达的瑶区，政治上裁革瑶目，推行保甲制，实行直接统治；经济上，增加瑶民入籍供赋役的比重；文化上，推广封建"礼法"教育，强化同化政策。

清朝后期，对瑶族法律调整的重点是力图维护和挽救清代中央政权在瑶区行将崩溃的统治地位，其法律调整措施也愈带有消极和反动性质。嘉庆以后，清代中央政权日益腐朽没落，对瑶区的压迫和剥削日益加强，瑶人反抗不断。其中，道光年间湖南永州锦田瑶赵金龙与常宁瑶赵福才、广西贺县瑶盘均华、广东连州八排瑶的反抗活动，最富代表性。

清承明制，清代中央政权对瑶族的法律调整袭自明代。清代的瑶族土官制、赋役制、军事镇戍制、禁山制、兴学校制等治瑶基本制度，均与明代有着密切的联系。但是，清代中央政权对瑶族的法律调整较前朝更为周密。如清代在瑶区推行的保甲制，实行来往人口登记，"稽汉奸及外来苗、瑶在寨居住，一人容隐，九家连坐"②。瑶人失去了行动自由，其控制之严可谓史无前例了。故史称："防遥（瑶）之法，肇自前明，至今而大备。"③

---

① 张有隽：《瑶族传统文化变迁论》，广西民族出版社 1992 年版，第 52 页。

② 《清高宗实录》卷一三九。

③ 姚柬之：道光《连山绥瑶厅志》卷五，《瑶防》，道光十七年刊本。

与明代相比，清代重抚绥。清代，在加紧控制瑶区的同时，则反复强调“德化”，特别注重推行同化政策。有清一代，瑶区保持相对稳定，经济文化得到相应发展。只是到了清末，清代中央政权统治面临风雨飘摇之际，大规模的瑶人起义才此起彼伏。可以说，与明代相比，清代中央政权对瑶族的法律调整是较有成效的。①

清代中央政权对于瑶族的法律调整逐渐加强，但并不平衡，如对贵州荔波瑶麓社会的有效控制就极为薄弱，以至于形成政府行政统治、管理的“真空地带”。据乾隆五年（1740）荔波县知县赵世伦作《荔波城塘纪事碑记》：“官吏……受任斯邑，莫不心怀畏缩，裹足不前，咸借寓于庆远府城，间有亲至者，皆请南丹兵防护，……所以改土已逾二百余年，而风不能遽易，习不能遽改。”② 这一段是对荔波官府行政官员们尚普遍持辖治荔波的畏惧心理的描述。对于远离荔波 26 公里的瑶麓而言，更难以称得上控制了。③

第六节

中华民国中央政权对瑶族的法律调整

1911 年的辛亥革命，推翻了清王朝的统治，创建了中华民国。孙中山及其南京临时政府超越了传统的民族观和大汉族主义思想，提出了国家主权属于各族人民和各民族一律平等的主张。然由于南京临时政府存在时间过短，其民族方面的法律政策未能实施。④

北洋军阀政府时期，由于军阀混战，中央政权更替频繁，政治上较为混乱无序，中央政权对广大少数民族地区的控制力有限，虽也采取了一些法律措施加强对西藏、内蒙古等少数民族地区的管理。而在瑶区，民国以降，广东、湖南等省少数民族中的

① 吴永章：《瑶族史》，四川民族出版社 1993 年版，第 515—517 页。

② 引自潘一志：《荔波县志稿》。参见彭兆荣等：《文化特例——瑶麓社区的人类学研究》，贵州人民出版社 1997 年版，第 176 页。

③ 彭兆荣等：《文化特例——瑶麓社区的人类学研究》，贵州人民出版社 1997 年版，第 176 页。

④ 龚书铎总主编，朱汉国主编：《中国社会通史》民国卷，山西教育出版社 1996 年版，第 91—92 页。

土司渐废，改为一般县制，政府委任官吏管理。中央政权对瑶族的法律调整基本上较为薄弱。

1928 年，国民党政府确立了对全国的控制和统治，南京国民政府对瑶族的治理有了一定的深入，设立各类治理机构，采取“以夷制夷”和“同化”的法律政策。瑶人聚居地的地方政府，积极制定法律、法令，治理瑶区。如广西省政府为了加强对瑶人的控制，通过了《处理兴全灌龙猺（瑶）乱人犯办法》①、《兴、全、灌猺（瑶）乱善后修筑县道工赈办法》、《龙胜县猺（瑶）乱灾区善后借款办法》、《广西各县苗猺（瑶）民户编制通则》、《广西苗猺（瑶）教育实施方案》、《省府议决开辟猺（瑶）山案》等法规。

中华民国时期，中央政权主要通过保甲制度、善后管理、发展经济、兴办教育、改良习俗等手段对瑶族进行法律调整。

一、保甲制度

中华民国时期，中央政权为了加强对瑶族的法律调整，在清朝建制的基础上，进一步强化县、乡组织，建立保甲制度，如广西榴江县瑶人，“近渐编瑶族入团甲，而瑶族习惯亦难骤改革也”②。南京国民政府的保甲制度是在 1932 年蒋介石在鄂豫皖三省进行“剿共”时颁布的《剿匪区内各县编查保甲户口条例》基础上建立起来的，1934 年推行到全国。1940 年的《乡组织暂行条例》根据实行新县制的要求对保甲制度进行了完善。③

国民党政府承袭了历代“以夷制夷”的法律政策，利用瑶老制组织，委派头人、地方和上层人物，充任区、乡、村长，为其效劳。在瑶族聚居地区，还设立“瑶务处”、“化瑶局”、“设治局”、“警备区署”等机构，以加强对其政治、法律和军事上的控制。国民党政府除直接派遣官吏进行统治外，又利用“社老”、“石牌”、“寨老”等组织的头人，充当“设治局”等机构的官吏和区、乡、村长。这样，原有的瑶老制、石牌制组织，就逐渐失去作用，充当政府官吏和区、乡、村长的头人，成为中央

---

① “猺”一字带有侮辱性，反映了中华民国政府对瑶族的歧视。本书为存真而用之，特此说明。

② 吴国经等：中华民国《榴江县志》第二编《社会·风俗》，中华民国二十六年铅印本。

③ 龚书铎总主编，朱汉国主编：《中国社会通史》中华民国卷，山西教育出版社 1996 年版，第 398 页。

政权治理瑶族地区的代理人。

中华民国时期，为了强化瑶族地区管理制度，国民党政府在瑶族聚居地区建立设治局。20世纪30年代，在广东连南和广西金秀大瑶山，分别设立化瑶局、设治局组织。设治局和化瑶局直到中华人民共和国成立后才废除。①

在广西金秀，中华民国初期到民国二十二年（1933），大瑶山的瑶族社会组织仍沿袭明清时期传统的石牌制度。1933年以后，国民党政府的势力开始入侵大瑶山，在大瑶山的边缘地带建立乡村机构，但在大瑶山腹地金秀一带仍保留固有的石牌制度，社会上一些重大事件由石牌头人或团总处理。1934年至1939年间，国民党加快了对金秀大瑶山的“开化”，而瑶民不服，抵制国民党的“开化”政策；1940年，广西省政府“以防间谍反汉奸活动”为名，在大瑶山金秀中心地区成立警备区署。1942年，金秀警备区署改组，成立金秀设治局，为县一级建制，把大瑶山周围七个县毗邻瑶山的瑶族划入金秀设治局统辖，成立乡村甲团组织。金秀设治局的公务员，由上级委任，乡、村、甲各级组织的领导，由设治局物色并加以委任。一些寨老、社老和石牌头人分别充任乡长、村长、甲长，成为国民党政府在瑶区的代理人。1943年发生了“金秀瑶变”，以武力反抗国民党的统治，遭到国民党政府的残酷镇压，石牌制度被摧毁。此后，整个瑶山原来的石牌管理制度为国民党政权和法律代替。②

具体而言，1933年国民党政府在大瑶山西南角原归桂平县属处的十八山，建立区公所，委李荣保（盘瑶）、黄云焕（李荣保的赘婿）等分任区长和助理，并花了2万元的巨款，给李荣保等用于动员瑶山西南角一带的盘瑶六七十户迁往十八山，发了56支枪给区公所使用。区下还划了三个乡。现在桂平县三江区北部及大瑶山大樟区瓦厂乡一带盘瑶村落，都划入这三个乡的范围。还在小横冲、六庙和十八山设立了小学。

同年，平南县属罗香、平竹、六竹一带，也由平南县政府进行编组乡村，设立小学。次年，在罗香村设立了联乡办事处，正式建立国民党政府的基层组织。当时，象州所辖六巷、古陈、门头和长洞等处，也由县政府开始组编乡村，委派瑶人充任乡长。不过，名义上虽然如此，但实际上这些基层组织，还是不能发挥什么作用。虽然在六巷设立了小学，但上学的学生也只是稀稀拉拉的几个。而且，这些地方也仅限瑶山的一角。

---

① 黄钰等：《国际瑶族概述》，广西人民出版社1993年版，第43—44页。

② 金秀大瑶山瑶族史编纂委员会编著：《金秀大瑶山瑶族史》，广西民族出版社2002年版，第237页。

自此以后，桂系地方政权李宗仁、白崇禧等，为了逐步加强对大瑶山的统治，就陆续派人入山了解情况。同时还命令沿山各县府，就原有各县所辖瑶山的境界，加以调整，并逐步编组乡村，设立学校。1935 年 3 月 6 日《南宁民国报》第七版刊载："……象县修仁平南间之瑶山，居有瑶民甚众，自称化外之民，于近年来本省当局关怀此种瑶民，积极派员前往宣导，已渐归化，于去年（1934）复将其瑶村依照区乡甲户之编制改编完毕……"① 从 1935 年至 1939 年几年间，广西省立特种师资训练所的学生陆续回山，山里各地的学校，也陆续增多。而平南、象州、武宣三县所辖瑶山的乡村公所，也相继成立。

金秀警备区署是国民党政府在大瑶山境内设置的县一级特别行政机构，1940 年至 1942 年 6 月，区署设署长 1 名。1942 年 7 月，金秀警备区署被国民党广西省政府改组为金秀设治局，设治局有局长 1 人。到了 1947 年冬，国民党广西省政府在金秀撤金秀设治局，重建金秀警备区署。1948 年秋，金秀警备区署又改为金秀警察局，设局长 1 人。1949 年 11 月，金秀警察局称金秀警察中队，编制同警察局。②金秀警备区署、金秀设治局、金秀警察局均为国民党广西省政府派出相当于县一级的行政机构，拥有民政、财政、建设、教育、治安等方面的管理权，但无司法权。

在国民党政府统治大瑶山期间，署局下设立乡、村、甲等行政机构。乡设乡公所，有正副乡长各 1 人，文书、户籍、乡队副各 1 人，乡警若干人；村设村公所，设正副村长各 1 人，甲设甲长。

金秀警备区署进驻金秀瑶山前，整个瑶山分属沿山 7 县所辖，并已实行乡村保甲制度，其中修仁县管辖的有：永定、长宁、崇仁、尚义 4 个乡；象县管辖的有：东北、东南 2 个乡；武宣县管辖的有翁祥乡；桂平县管辖的有木山乡；平南县管辖的有罗香、罗运、平竹 3 个乡；蒙山县管辖的有岭祖、古朴 2 个乡；荔浦县管辖的有贵山、三合 2 个乡。1942 年金秀设治局对原有诸乡进行部分调整，永定与长宁合并为宁乡，崇仁与尚义合并为崇义乡，其余不变；村以下设甲，各乡除司法事务仍归原属各县办理外，民政、财政、教育、建设、治安等行政事务则由设治局负责。③

1940 年金秀警备区署长官潘耀武，带着三个中队的武装部队 300 多人，要进瑶山，但遭到金秀一带瑶人的拒绝。他只好把这个机构寄设在修仁达半年以上。在这段时间中，潘耀武曾一度派罗茂兰（原修仁大蚕村壮族）和薛四（迁居瑶山旧村居住的

---

①②③　金秀大瑶山瑶族史编纂委员会编著：《金秀大瑶山瑶族史》，广西民族出版社 2002 年版，第 243—244、247—248、248 页。

汉族）入山和三十六瑶大石牌头人陶进达接洽。陶进达召集全山各地瑶族到金秀大会石牌。会商结果，大家都不愿向国民党政府低头，不让金秀警备区署设在大瑶山里，并决议："谁服从国民党，就杀谁！"会后，各地瑶人纷纷购买枪支，准备在潘耀武进山的时候，进行武装抵抗。潘耀武入山遭到瑶人拒绝之后，便于同年旧历七月十四日带着武装部队进攻金秀。部队从修仁七排入山，到达三排岭后，分两路进攻：一路打田村一带，一路打金秀四村，但打金秀的，暂住郎庞村的九七冲不敢冒进。打田村一路，遭受到瑶人的截击，退回九七冲。潘便拍电向平乐区民团指挥部，请求增兵来助。七月十五日晚，瑶人拦截潘耀武的武装后自动撤退，潘即率队直指金秀，到达接近六拉村约 1 里的地方驻扎，不敢直接进村。石牌头人陶进达召集金秀、白沙、六拉、昔地四村居民户主商量应付对策，在他的劝诱下，四村居民暂时停止抵抗，并派人与潘接洽，约定次日让部队进村。次日，潘及所有武装部队，进入金秀四村，分驻各瑶人家里。潘耀武在瑶山统治瑶人的时间不到一年，便离职他往。接着李宗仁、白崇禧等又派刘廷年来接替。在警备区署打入瑶山之后，国民党的保甲制度，也随后在瑶山建立起来，瑶族传统的石牌制度随之失去了正式地位。① 1942 年，警备区署撤销，改设金秀设治局。当时的政府，仍采取"分而治之"的政策，把整个大瑶山划归沿山七个县管辖，但一般的行政事务，却又归设治局办理。②

与此同时，国民党组织也在大瑶山瑶区建立。1927 年，国民党修仁县党部成立后，即在修仁县一致乡（今头排乡）、桐木镇、七建乡、六合乡（今桐木镇鹿鸣村辖地）分别建立国民党区分部。至 1949 年底，桐木区分部有国民党员 257 名，七建区分部有 85 名，六合区分部有 131 名。

1941 年初，国民党修仁县党部在金秀警备区署机关内建立中国国民党修仁第二十九区分部。1942 年 7 月，金秀设治局辖区内的各乡均已建立国民党区分部组织。经国民党广西省党部批准，金秀直属区党部（县级）正式成立，主任委员刘延年，唐开乾任书记长。1943 年 7 月前后，刘延年等区党部执行委员大部分离开金秀，区党部停止活动。1945 年秋，国民党广西省党部再派唐开乾筹备员到金秀重建国民党金秀直属区党部，重新登记国民党党员并发展新党员。1946 年上半年，国民党金秀直属区党部重

---

① 莫金山认为 1903 年以前，瑶山已普遍设立了团甲制，所谓"李国治始建团甲"并不符合史实。参见莫金山：《瑶山石牌考证三例》，载张有隽主编《瑶学研究（第 4 辑）——现代化与瑶族：发展前景》，广西民族出版社 1997 年版，第 594 页。

② 广西壮族自治区编辑组编：《广西瑶族社会历史调查》第一册，广西民族出版社 1984 年版，第 93—97 页。

新成立，设治局局长敖永龄兼任主任委员，唐开乾任书记长；直属区党部下设宣传股、组织股。1948 年 3 月，因敖、唐二人调职离开金秀，区党部自动撤销。金秀设治局所辖永宁、崇义、岭祖、古朴、平竹、罗香、罗运、东北、东南、木山 10 个乡公所及金秀、六拉等 27 个村的国民党区分部，分别由当时地域所属县国民党县党部管辖。各区分部发展党员，均采用集体宣誓入党方式。1949 年底，永宁乡有国民党党员 108 名，崇义乡 40 名，平竹乡 75 名。①

在其他瑶区，中华民国政府的力量也逐步进入。清光绪末年（1908），为了对付革命党人和会党的活动，开始在广西十万大山瑶区委派“团总”，不过在相当长的一段时间内，团总除了受理瑶、壮之间一些“打官司”的事务外，对瑶族内部事务并不施加影响。到 1939 年，国民党中央政权为了加强其统治，在瑶山编组乡村，设立保甲制度。当时上思片建立了南屏乡（乡治在米强），下辖七个行政村，村下立甲。随后抽送了几批瑶族青少年到桂系军阀在桂林举办的“特种资师训练学校”受训，他们回来后被安排充当国民党乡村党务和行政骨干，并通过他们在瑶区发展了一批国民党员。

虽然中华民国政府委派乡、村、甲长时，要和瑶族协商，听取各村村老的意见，但这些乡、村、甲长受委派后，执行的是国民党政府强制性的政令。尽管国民党政府统治时期没有在山子瑶地区收税、征兵，中华民国政府委派的乡、村长也没什么固定的薪俸，但国民党统治者强令实行户口登记，遇到伪军进山“清剿”共产党游击队时，所过村寨要派伕运枪械、粮食，修建营房。此外，国民党上思县当局规定瑶族每户每年要收缴一些香菇、木耳，“孝敬”给“县太爷”。②

在广西龙胜潘内地区，中华民国政府先是利用“头人”、“寨老”进行治理，再建立保甲制度。1927 年，中华民国政府将广西龙胜潘内划归寨纳（泗水）总局（乡）统治，寨纳人为总局长。汉族地主周植林即对潘内横征暴敛，通过“头人”抽捐税，潘内各屯红瑶为抵抗国民党政府强征暴敛，曾共同用木石塞断对外通道。于是国民党政府采用更狡猾的办法，派桂林专员陈恩元亲自为潘内假仁假义进行“调解”，利用瑶人反对寨纳汉族地主的不满情绪，把潘内从寨纳总局划出，成立潘内特别支局（乡），并趁机委任在瑶人中颇有声望的粟天保（红瑶族，寨老之一）做特别支局长，

① 金秀大瑶山瑶族史编纂委员会编著：《金秀大瑶山瑶族史》，广西民族出版社 2002 年版，第 248—249 页。

② 张有隽：《瑶族传统文化变迁论》，广西民族出版社 1992 年版，第 95 页。

利用“头人”、“寨老”进行治理。国民党统治时期“头人”权力渐渐缩小，而“寨老”通过议定“乡约”（习惯法）仍有一定权威。如1931年“寨老”粟天保曾依靠大家的支持，并据“乡约”（习惯法），处死恶霸蒙弟运。

1933年瑶人反抗中华民国政府统治，发动了大起义，潘内全村都参加了起义。国民党屠杀镇压了这次起义，将杨梅等屯财物抢掠一空，房屋烧成废墟。仅杨梅就被杀20余人，瑶人纷纷逃上高山或外地，生命财产损失惨重。国民党政府趁机在潘内建立保甲制度，拉了一些瑶族地主加入国民党，当村长或甲长，如粟生旺是国民党员，任村长。国民党政府和地主勾结一起，对潘内瑶区进行统治。①

从辛亥革命后直到1924年这一时期，广西巴马甘长的行政机构是县、乡、保、甲，实行保甲制，县署设有民政、教育、司法、财政等机构。县里还设有团防总局，并在团防总局下设有团局，由团总掌握，各乡设立分团，以下则有保董和甲长。团局的经费除由“公田”项下开支外，还有各种杂捐的收入；团总及其他办团务的人没有薪饷，他们借各种名目盘剥瑶人，如勒索草鞋费、伕马费等等。团总的权力是很大的，他有权处理民事诉讼案件，而且必须先经过他审理，然后才由县衙门裁判。一般较小的案件，团总有权自行裁判，只有一些较大的案件，如人命案等刑事案件，才送到县里处理。瑶人有事也不能上衙门，他们要通过山主才能上诉到衙门。②

1933年桂北瑶族起义失败后，国民党桂系军阀为了“开化”瑶族，加紧在瑶山推行保甲制度。1939年，国民党上思县当局根据桂系军阀意旨，在十万山区建立南屏乡（乡治在米强），在山子瑶中推行保（村）甲制度，由国民党上思县当局直接从山子瑶自然领袖中任委乡长，由乡长圈定村、甲长，报县府批准任命。到民国三十四至三十五年（1945—1946），广东也在防城板八、洞中等瑶族地区推行保甲制。不同的是，板八、洞中的保长一律由偏长（壮族）、艾人（汉族）充任，甲长则是板瑶、山子瑶，偏长都做。有些村屯，甲长轮流充任。③

广东连南南岗、内田瑶区的保甲制度建立则比较晚。

1942年，由于日寇的入侵，广东省的省会北移韶关。中华民国政府为了加紧对山

---

① 广西壮族自治区编辑组编：《广西瑶族社会历史调查》第四册，广西民族出版社1986年版，第203—204页。

② 广西壮族自治区编辑组编：《广西瑶族社会历史调查》第五册，广西民族出版社1986年版，第151页。

③ 广西壮族自治区编辑组编：《广西瑶族社会历史调查》第六册，广西民族出版社1987年版，第202页。

区瑶人的控制，把汉区的保甲制度推向瑶区，以取代原有的瑶老制和瑶长、瑶练制。

在1943年前后，中华民国政府在南岗设乡，设立保甲制，任命瑶人唐山十、邓瑶冷三两人为乡长，并在排内建立了号称“百二兵”的民团组织，由乡长总揽大权。据第一任乡长唐山十说：“我任乡长后，作过一些改革，如以前偷牛、猪等都罚三百七十元，偷盗者负担不起就会牵连到亲属们，这很不好，我改为只能将偷盗者本人家产吃光，不能连累亲属。这些改革都是老人们所不赞同的，但当时我有‘百二兵’作后盾，老人们不敢反对。”从这番话中可以看出一个乡长在瑶排的权威。①

在连南南岗瑶人的社会里，瑶老制、瑶长制、保甲制一直并存到20世纪50年代。但在瑶族的内部，瑶老制始终起着较大的作用。如内部有事件发生，瑶老、瑶长、乡长在一起共同办理，做出决定。指甲钱（即手续费）则大家平分。如果瑶老不表达意见，事情每每不能解决。

自从瑶长及保甲制设立，瑶区在政治上便开始受到中华民国政府更多的控制和干涉。瑶长、瑶练与中华民国政府往来较密，每年分四季到连南化瑶局汇报，听取指示和领饷。瑶长每季领饷银12两，瑶练每季6为两。后期由于不常发饷，他们也就不常去汇报，于是化瑶局就派人上排了解情况。化瑶局派人到排后，先在瑶长家住下，由乡长召集瑶练汇报。平常排内有较大事情不能解决时，瑶老、瑶长和乡长也到化瑶局请求派人来协助解决。这说明，国民党政府的势力已深入到瑶区。

保甲制的设立，在内田政治生活中乍看起来并不是一项很大的变革，然而，从团到保甲却是外来的国家政治制度的巩固和发展的过程。保甲制建立以后，各房姓的长老再也不能过问政治了，保甲长处理一切内外事务，小事独断独行，大事请示区乡，与国民党政府关系十分密切，每年都有十多次到县区或乡开会，区乡也常派人上排处理案件。有一个时期，内田赌风炽盛，乡长彭大活四（汉人）常带乡丁五六名上排，以禁赌为名，拉人勒赎。瑶人沈近保二曾被抓去，勒款100多块大洋才释放。区乡人员每次上排都在保长家里食宿，他们一起聚饮，一起办事，一起分赃，关系相当密切。②

中华民国地方政府还通过瑶长、瑶练每年向瑶人收税，以调解纠纷为名勒取手续费、吃用钱，还利用这些瑶族上层作为他们升官发财的工具。1934年，各排瑶长、瑶练因多年没有饷银而产生不满情绪，三江的“土皇帝”莫老五（化瑶局长）便利用

①② 广东省编辑组编：《连南瑶族自治县瑶族社会调查》，广东人民出版社1987年版，第68、193页。

这一机会把各排瑶长瑶练共22人（南岗去了三人，即唐房九一、房佳六、唐山十）骗到广州，对陈济棠说这些瑶人要造反，必须以金钱软化。陈济棠便发给饷银700元，另送每人蓝布和药，派人带领他们参观工厂、学校。回来时，又给500斤晚造谷种。莫老五受到陈济棠的嘉奖，在回来半途中，莫将所有财物吞没，连路费也不给瑶人。唐山十等人把自己带去的和兄弟托买东西的钱都花光了，回来不得不卖掉20多担谷田还债，两兄弟几至破产。①

湖南江华瑶族地区和汉族地区一样，在中华民国政府统治前就实行了团总制度，各乡设有团总，瑶族中设有瑶目，由当地的豪绅出任团总。中华民国二十三年（1934）以后，国民党的势力直接深入江华瑶山，推行保甲制度。保甲制度建立以后，各地都设立了乡、保、甲的组织机构，指派乡保甲长。从当时的情况来看，甲长在经济和政治上没有权力，主要负责要粮催米、要款催款、要兵催兵等事务。如中央源盘香积当过甲长（1944年），就被关押过。乡长和甲长相比有所不同，乡长都是有钱有势的人，在政治和经济上都有地位，有职有权，主要替国民党政府抓兵派款。

中华民国时期，苛捐杂税，名目繁多。如根据1949年10月统计，江华濠江瑶族共捐稻谷有104.12石，包括有村学谷、乡警谷、保丁谷，县长出巡伙食费，自卫队主、副食费，演习检阅壮丁费，保长办公费，农干班的伙食费，乡公所开会费，户警伙食费，常备兵派谷费，乡公所和县中修理费，县自卫队冬服费等项目，此外还有屠宰税等，共计有15种之多。②

随着明代云南各地经济文化的迅速发展，封建地主经济在不少地区得到了发展。它曾对巩固边疆起过积极作用，但代表了旧的生产关系的土司制度日渐衰败，于是在各地推行改土归流。云南的改土归流历经明清两代直到中华民国初年，在全省各地的进展并不一致。在云南瑶族居住区域内的改土归流与全省的情况大体一致。由于瑶族内部并无土司，改土归流对云南瑶族的影响主要是通过其居住区内的他族土司的归流而间接形成。经明清两代，仅开化府、他郎厅等地的改土归流较为成功，这里的瑶族逐渐沦为汉、壮等族地主的佃农，同时加快了本民族内部的封建化过程。广南府及其以西之大部分地区，瑶族直到中华民国初年仍处于各地土司的统治之下，致使本民族

① 广东省编辑组编：《连南瑶族自治县瑶族社会调查》，广东人民出版社1987年版，第20—21页。

② 广西壮族自治区编辑组编：《湖南瑶族社会历史调查》，广西民族出版社1986年版，第86页。

封建化过程缓慢，得以保留较多的原始社会残余。1922 年以后，中华民国政府在各地推行改土归流政策。但土司制度并未清除，而是与保甲制度并存，同时瑶族社会中残存的农村公社政治制度和社会组织仍然保存，如 1922 年改土归流以前，土司管寨召坝制度和瑶族传统村落政治制度——寨老制在云南金平平安寨同时并存。管寨召坝制度是当地傣族土司管理属地的制度，土司之下设管寨、召坝等职务。每一召坝可管大寨二三个，小寨则管四五个。改土归流后，原召坝辖区改为保长辖区，原召坝制度改为保甲制，但基本内容同召坝制度。① 由于寨老制并不妨害土司或国民党的统治，寨老制度一直得以存续。云南金平平安寨瑶人有纠纷难以解决时也会找国民党政府，但多数情况下国民党政府鞭长莫及，而且所设保长、甲长主要任务是政治、经济和军事方面而不是社区事务的管理，平安寨更多的时候处于自治的状态。平安寨的社会秩序主要依赖于其自身的社会控制系统来完成。② 1938 年以后，虽重新丈量土地，并由政府发给田照，但旧的土地制度并未产生变革，土司仍旧拥有土地的所有权，云南瑶人处于土司和国民党政府的双重统治之下。瑶族中任保长、甲长的极少。③

建立保甲制度后，中华民国政府要求瑶族服兵役和交杂税。不过，由于瑶族地区的特殊情况，往往给予特殊对待。如解放战争时期，国民党发动内战，兵员紧张，到处拉兵，十万大山的瑶族青年也难免被抓去当炮灰。这引起瑶人的反对，青年们都逃上山躲避，有的越境逃入越南。后来十万大山瑶族的头人盘金福、邓升形代表本民族到国民党县府谈判，要求免除瑶族的兵役和杂税。这两个人和国民党县长谈判时，向县官们出示《评皇券牒》，说免除瑶族兵税，是盘古大王的圣旨，前朝（清朝）不征我们瑶族的兵税。现在瑶族不当兵不交税就是按盘古大王的圣旨办事。县官看了《评皇券牒》，并把它拍照下来，答应免瑶族兵役，但税不能免。以后，国民党政权确实不在瑶区征兵，但收人口税。由于县府免征瑶族兵役，乡村长作难时，这些瑶族就拿《评皇券牒》同他们讲理，有些乡村长也只好作罢。④

为了对瑶族进行管治，中华民国中央政权建立了完备的地方党组织和国家机构。以广西恭城县为例，中国国民党恭城县地方组织的领导机关是县党部，县党部下设区

① 云南省编辑组编：《云南苗族瑶族社会历史调查》，云南民族出版社 1982 年版，第 146 页。

② 王启梁：《传统法文化的断裂与现代法治的缺失——少数民族农村法治秩序建构路径选择的社区个案研究》，载《思想战线》2001 年第 5 期。

③ 徐祖祥：《瑶族文化史》，云南民族出版社 2001 年版，第 96 页。

④ 广西壮族自治区编辑组编：《广西瑶族社会历史调查》第六册，广西民族出版社 1987 年版，第 620 页。

分部，区分部下设小组。

中华民国十五年（1926）春，成立中国国民党恭城县党部筹备处，并召开县第一次代表大会，正式成立中国国民党恭城县党部。同年11月，召开县第二次代表大会，改组县党部第一届执行委员会和监察委员会，选举执行委员7人，候补执行委员3人，监察委员3人，候补监察委员2人。中华民国十六年（1927）7月，选举县党部第二届执监委员会。中华民国二十年（1931）10月，成立县党务整理委员会，办理党员登记，进行合格检验。中华民国二十一年八月至二十六年夏（1932—1937），奉省党部令县党部转为秘密组织，对外以党部通讯员名义开展活动。中华民国二十七年底（1938），县党部成立党务指导委员会，行使原执监委员会的职能。中华民国二十八年（1939），县党部指导委员会更名为执行监察委员会，在未正式选举执监委员会之前，成立党务计划委员会，协助党务工作的计划与开展。中华民国三十年（1941）2月，正式选出县党部第一届执监委员会。中华民国三十六年（1947）6月，县党部召开党员代表大会，选举第二届执监委员会，执行委员5人，候补执行委员2人，监察委员3人，候补监察委员1人。同年9月，县党部与县三民主义青年团（简称“三青团”）机构合并，重新进行党团员总登记。恭城县原无“三青团”机构，只有在外地参加的“三青团”员流散县内。为做好总登记工作，9月22日成立中国三民主义青年团广西支团恭城分团筹备处，办理党团员合并工作。合并后，“三青团”分团干事改为县党部执行委员会委员，县党部执行委员会委员增至10人。1949年10月1日中华人民共和国成立后，县党部书记长梁映枢避居家乡西岭，国民党县党部自行解体。

中华民国十五年（1926）县党部成立后，在机关、学校及乡村基层单位普遍征募党员，当时参加国民党的约50人。中华民国二十一年（1932），有党员145人。中华民国三十年（1941），有党员407人。中华民国三十六年（1947），有党员761人。1951年7月取缔国民党和三青团时，经县公安局登记的国民党区分部书记16人，执、监委员和党部干事10人，普通党员277人。三青团分队长1人，团员38人。①

国民党恭城县党部的党务活动，是通过县政府去进行的，实行所谓“融党于政”。

恭城县行政机构，在中华民国十七年（1928）前，县的行政机构仍称公署，设知事1人，下设参议会、团务总局和团务分局。同年，改县公署为县政府。恭城属二等

① 恭城瑶族自治县地方志编纂委员会编：《恭城县志》，广西人民出版社1992年版，第307页。

甲级县，只设财务、教育2局，县长下设秘书1人，科员、办事员若干人，承审员、管狱员各1人，管理司法、监狱。中华民国十九年（1930）设县民团司令部，中华民国二十一年（1932）合并于县政府办公，中华民国二十二年（1933）撤局设科，合署办公。恭城当时划为四等二级县，设民政、财政、建设、教育4科及承审员、典狱员、检验吏各1人，协助县长办理诉讼、管理监狱等事项。民政、财政、建设3科不设科长，其事务由秘书指定科员分别管理。教育科设科长1人、督学2人。同年增设政务警察，有警长1人，警士3个班，以推行政令，维持治安。中华民国二十五年（1936）元月，撤民团司令部，于县政府增设第五科（民团科）办理团务，由民团副司令兼任科长。中华民国二十七年（1938）4月，增设会计室、农业管理处和司法处。会计室设主任1人，会计员、助理员若干人。农业管理处设主任1人，技士、技佐、助理员、事务员、雇工等各1至2人，由第四科科长兼主任。中华民国二十八年（1939）8月，县民团改为国民兵团，由县长兼任团长，县政府设一、二、三、四、五科及会计室，分别掌管民政、财政、教育、建设、军事及会计事项，以后为办理地政增设第六科，同时裁撤农业管理处，于建设科内设农业技师2人办理。中华民国二十九年（1940）5月改组县政府，设民政、财政、教育、建设、军事五科及秘书室、会计室。中华民国三十年（1941）6月，增设合作指导室、警佐室。11月，因田赋改征实物，又增设粮政科。其时编制是：县长1人，秘书室秘书1人，承审员、科员、统计员各1人，办事员2人、雇员6人、公役13人；民政科科长1人、科员2人、办事员2人；财政科科长1人、科员1人、办事员1人；教育科科长1人、科员1人、督学1人；建设科科长1人、科员1人、办事员1人、农林技士1人、农林技佐1人，土木工程技佐1人、电话管理员1人、电话助理员1人、收音员1人；军事科科长1人、科员1员、办事员1人；粮政科科长1人、科员1人、办事员2人；地政科科长1人、科员1人、技佐1人，办事员2—3人，雇员3—4人；合作指导室主任1人、指导员2人、登记员1人；会计室主任1人、会计员1人。中华民国三十四年（1945）10月，裁撤县国民兵团，其工作由县政府军事科办理。中华民国三十八年（1949）8月，奉省令裁并县政府机关，县田粮处、县税征收处、文献委员会一律裁并，县政府的机构设置和人员编制是：主任秘书1人、承审员1人、政务指导员1人、人事管理员1人、承审书记员1人；秘书室秘书1人、科员2人、办事员2人、统计主任1人、出纳1人、助理员1人、雇员8人；民政科科长1人、科员3人；财政科科长1人、科员3人、技佐1人、办事员1人；教育科科长1人、科员1人、督学3

人；建设科科长1人、科员1人、技佐1人、合作指导员2人；军事科科长1人、科员2人、办事员2人；田粮科科长1人、股长2人、科员2人、实物会计员2人；会计室主任1人、科员2人、办事员1人；警察室警佐1人、训练员1人、警察员1人、巡官1人、队副1人、办事员1人。除兼职外，实设置59人，比原来增加12人。

中华民国二十年（1931）实施训政后，恭城县政府设县政会议，由县长、秘书及各科科长、各局局长组成，每半个月举行一次，审议县预算决算、公债、公产、公共事业经营管理及县长提交审议的其他事项。县政府设地方行政干部训练所，由县长兼任所长，对新录用人员和乡村基层干部进行训练，自中华民国二十二年（1933）起至中华民国三十六年（1947）止，共举办训练班18期。

同时，恭城县还设置参议会作为咨询机构。清宣统元年（1909）奉行新政，筹办自治时，地方自治局即附设议事会。中华民国二年（1913）奉令成立参议会，选举议长李文伯及副议长1人、参事员4人、议员30人。各区设议会，一区议会议员20人，二区议员14人，三区议员8人，四区议员14人，五区议员12人，投票选举产生。议事会每月开会一次，特别会在外，议定议案呈请县政府核准，然后交各区局执行，议会维持到中华民国十九年（1930）。

中华民国二十八年（1939）2月成立恭城县临时参议会，每届任期一年，其任务是对县府各项政务提出建议。中华民国三十四年（1945）11月15日废临时参议会，成立恭城县参议会，设正副议长各1人，议员16人，每乡1人，任期2年，可连选连任。第一届（中华民国三十四年（1945）至三十五年（1946））议长李俊英，副议长容鸣世。第二届［中华民国三十六年（1947）至三十七年（1948）］议长钟幻云，副议长容鸣世。两届议会举行了8次常会，对本县行政建制、兴修水利、田赋管理、加强警政、维护治安、筹建西（岭）沙（子）公路等事项进行了建议。第三届未及选举，恭城解放。①

在司法审判方面，中华民国中央政权也较为重视瑶区的司法机关设置。

如广西都安，明清时期，土官操“生杀予夺”之权。“改土归流”后，重大民、刑案件悉由武缘县承审。一般民刑案件由流官弹压委员承办，行使审判权。中华民国五年（1916）设都安县以后，县知事、县长兼任审判官。中华民国五年（1916）至二十六年（1937），民事、刑事案件经司法科（课）侦讯后，将处理意见签呈县长（知

① 恭城瑶族自治县地方志编纂委员会编：《恭城县志》，广西人民出版社1992年版，第317—318页。

事）核准批复。必要时，县长（知事）直接参加案件的审理。中华民国二十七年（1938），县府设司法处，盗窃、抢劫、杀人、伤害、强奸等刑事案件归类为一般刑事案件；汉奸、逃服兵役等案件归类为军事案件；偷运、吸食鸦片、参与共产党政治活动等案件归类为特种案件。一般刑事案件和军事案件分别由司法处和县长任命的县府军事承审员负责审理，县长签发核准法律文书；特种案件由县长亲自审判，当事人没有上诉的权利。中华民国三十四年（1945）11月，县参议会向民国政府、司法行政部和广西高等法院呈文，要求设立县地方法院。中华民国三十五年（1946）2月6日，广西省高等法院复函核准，并指派唐开程（玉林县人）到县筹建地方法院。中华民国三十六年（1947）11月16日，都安县地方法院正式成立，租赁安阳镇周氏宗祠做办公住址。都安县地方法院设院长1人，推事4人，书记官长1人，书记官6人，执达员3人，录事员10人，检验员1人，法警10人，庭丁3人，公役4人。法院负责审判刑事、民事诉讼案件，履行审判职能。检察处实施侦察、起诉，协助自诉和法律规定的其他职能。

中华民国时期，刑事审判由县府军事承审员承审。对逃兵、参加共产党和贩运、吸食鸦片等军事犯和特种案犯，由地方及县警察局捕获后，由承审员开庭审讯，填写收押签，将案犯收押候办。接着以县府电函发案地收集材料报送，知情者也可以以书面形式将情况报送县府。然后，承审员再次开庭审讯，即对案犯做出判决。对一般刑事案件，先由乡村呈报材料，县警察局将报告材料整理移交县长核准（对警察直接抓获的嫌疑犯，由县长起稿报告），并由县长做出是否逮捕的决定。对于逮捕的案犯，县长将“咨片”（即起诉书）及卷宗材料移送司法处，由司法处指派审判官、书记官、传供各1人出庭审讯。审讯时，被告人可以自我辩护，也可委托他人进行辩护。对于委托辩护，辩护人只能撰写刑辩状呈送司法处，不能出庭为被告辩护。经过审讯，对没有依据定案定罪的人犯，进行羁押候办（羁押不定期限），或由他人觅保开释；对有定案依据的，经审判官拟判决书，主任审判官核稿，报县长核准后向被告人宣告判决。判决后，判决书内容抄贴于“告示栏”上（死刑案件除外）。

民事审判，都安未成立县法院前，由司法处承审，当事人送呈诉状后，符合立案的，收取诉讼费后受理，并在“诉讼指示处”告示案件受理情况。县法院成立后，对所立案件，由院长分配给推事受理。推事接到案件后，先通知原告到庭询问，再传唤原、被告到庭审理，经法庭调查、辩论后进行调解；调解达不成协议的，即做出判决，并将判决书张贴于“批文处”。①

在具体案件的处理上，在审判实践中，中华民国的司法机关也在一定程度上注意尊重事实，维护瑶人的利益。如下面这一广西宜州屋基地纠纷案：

今立于广西宜州市境内南部离城区约30公里地的宜州市石别镇永定村关上屯蓝韦氏第四代孙蓝仲达居屋大门两侧紧贴屋基的墙体上的《赖人存裁决土司侵民布告碑》和《陆荣廷训令碑》两块碑刻，记述了清末至中华民国初年永定长官土司及其亲族强索屋基地事件。蓝仲达是瑶族，与安定司池花地（今属都安瑶族自治县）的蓝姓瑶共祖，祭祖时仍往池花。蓝韦氏为防土司日后生变以中华民国三年（1914）正月初六和二月十三日照知布告和批给训令全文勒石铭记。

从碑文中，知蓝韦氏所修房屋坐落在庆远府署通往忻城土县的官道上。在这条官道上，出庆远府至忻城土县界，共有太平塘、思榄塘、石别塘、三寨塘、烽火塘五个驿站，距府城30公里。蓝韦氏的房屋即在三寨塘关上口关门入口内古塘房（即三寨塘驿站）地旁，后塘房即驿站房舍因废弃已成遗址。蓝韦氏房屋即起造于其右，并已历六代之久而成为“祖遗房屋”，无有侵占官地之嫌。但土官欲据为己有强指其为古塘房基址，并以“作自治公所”为由多次强索。事发后，蓝韦氏向当时的宜山县署呈递了状告土官侵占民房，并由宜山县署转呈广西都督并民政长陆荣庭的状子。该状纸即由永定土司最后一任土官亲族欲占蓝韦氏屋基址引发。

《赖人存裁决土司侵民布告碑》

署宜山县积压事赖人存

布告

奉广西都督兼民政长陆指令开呈。悉关上入口之荒地一所，既据蓝韦氏及韦王瑞等均称系古塘房地，即为官荒。该知事拟请收回官有，尚属正当办法，自应照准。至蓝韦氏住宅北偏一间，据系紧接荒地，较南偏各屋，有平斜新旧之别，然究不能据为官荒之证，是否有实？据呈内，并未申述，遂断为侵占官荒，何以折服蓝韦氏及耆民韦王瑞等。果系占筑，该土司等地近咫尺，岂无闻见，何不呈控于先！而乃有争论于今，种种疑窦，殊难索解，所请与荒地，一律充公，应勿庸议，该土司不能约束子侄，以致凌逼孤寡，控案垒垒，亦属难辞其咎，仰仍遵照前令，切实查明，严予处分，毋稍左袒，

① 都安瑶族自治县县志编纂委员会编：《都安瑶族自治县志》，广西人民出版社1993年版，第590—594页。

并将该土司子侄韦克良等查办具报，切切此令。等因奉此当复查确实，蓝韦氏住宅确系民房，应即判归蓝韦氏管业，该区议会应即迁移，不得再事占据，至于未便，其蓝韦氏住宅右偏荒地，原系古塘房遗址，应即收归官有，仍许人民呈请租卖，均收办给。本案情形呈报外，为此仰告该区人民，全体照知。

此布

中华民国三年（1914）正月初六日发贴关上晓谕

《陆荣庭训令碑》

署宜山县知事赖人存奉

广西都督并民政长陆训令

中华民国三年（1914）正月初四日案据本知事呈复永定蓝韦氏上控土官侵占民房，请拨还管业住居，以恤孤寡。旋于一月二十四日奉到行政公署批开，案据该县呈复核办，蓝韦氏上控永定土官韦秉钺侵占民房一案各缘由，如呈照准，此批。等因奉此合行令知蓝韦氏所有，该氏原有之房屋，准照旧管业居住，其余塘房之荒地，系归官有，不得藉居侵占，致滋事端，切切此令。

广西都督并民政长陆荣廷批

据呈，该氏家祖遗房屋，由于自己起造，历居六代，如果属实，何以该土官指为古塘房基址，充作筹办自治公所，不近情理，谓系该土官迭索不遂，挟恨横霸，是否无有其事，仰庆远府委员前往查勘明确，核办饬遵，毋稍徇延。切切此令批

中华民国三年（1914）二月十三日给

这位孤寡的蓝韦氏，和她的舅父一起，在土司及其亲族面前表现出了瑶族特有的坚韧和毅力，把状子呈递到了宜山县署和庆远府衙，又转呈到广西都督兼民政长陆荣庭的府邸。经过审理，土司败了下来，蓝韦氏赢了这场官司。①

在其他瑶区，中华民国的司法机关也有一定作用。如1942年，广西金秀郎旁的冯荣福负债累累，无法偿还。原来的社老，这时已任国民党甲长的赵如广又诬称他放鬼，使村里的人畜不安。冯荣福只得逃离家乡。债主来找冯荣福不见，转找保人，保

① 梁允常：《从旧永定长官司属三块碑文看清末瑶民的社会地位》，载韦标亮主编《布努瑶历史文化研究文集》，贵州民族出版社2003年版，第151—156页。

人又找甲长赵如广。他们就出“花红”买通了人，找到并杀害了冯荣福。当时，郎旁属修仁县管辖。案发后，国民党的修仁县司法机关将凶手判了三年徒刑，但实际只关押了一年多，就释放出狱。① 再如广西凌云龙川瑶族地区，国民党政府曾有“人命值千里，十里草不生”、“打破油落问地主”的规定，即是说，如果发生人命案件，抓不到凶手，则由出事地点的村屯负责赔偿，抑或案情发生在谁家的田地里，就由这块地的主人负责。据说：中华民国初年，在那桑屯附近有一人被保董打死，结果那桑附近的各个村屯都有人被政府捆走，交了钱后才放回来。此外，还采取联保的办法，规定所谓“大事连族，小事连亲，家无全犯，罪不得奴”的条例，即是大小事件都可以连累到亲族，只是不得以女人代替罪犯。如遇强盗，追捕不到时，可以开枪打死。其他如沿途抢劫、拐带人口、谋杀夫妻等均处以极刑，偷牛盗马、霸占田地等可从轻处理，至于牛马践踏庄稼，则议定赔偿即可。② 这反映了中华民国政府控制的严密。

这样，中华民国中央政权通过保甲制度对瑶区实行了较为全面的法律调整，通过国民党组织、行政机关、司法机关等对瑶族进行全面管理，瑶族固有的社会治理方式已经没有正式的地位，中华民国政府颁布的法律代替了瑶族习惯法，中华民国政府的司法机关代替了瑶族头人的执法职能，瑶区成为国家的有机组成部分而受到中华民国中央政权的控制。

二、善后管理

在中华民国时期，由于受到瑶族地主和汉族地主经济上的剥削及官僚的敲诈勒索，再加上中华民国政府政治上的压迫，瑶人经常起事。其中比较大的有1933年发生的桂北瑶人起义、1943年发生的“金秀瑶变”等。③ 为维持瑶区的秩序，保障统治，中华民国政府在武力镇压起义之后，总结起义原因，采取缉首缴械、编配村甲、开发瑶山等法律手段有针对性地进行善后管理，提高统治效能。

---

① 胡起望等：《盘村瑶族》，民族出版社1983年版，第130页。

② 广西壮族自治区编辑组编：《广西瑶族社会历史调查》第五册，广西民族出版社1986年版，第200页。

③ 关于1933年的桂北瑶人起义，可参见广西壮族自治区编辑组编：《广西瑶族社会历史调查》第四册，广西民族出版社1986年版，第11—29页；许立坤：《1933年桂北瑶民起义述论》，载《广西社会主义学院学报》第12卷第3期（2001年8月）。关于1943年的“金秀瑶变”，可参见金秀大瑶山瑶族史编纂委员会编著：《金秀大瑶山瑶族史》，广西民族出版社2002年版，第254—258页。

针对1933年发生的桂北瑶人起义，中华民国政府在广西龙胜龙脊村的善后措施为：收缴武器，诸如义军使用的鸟枪、大刀等；收缴义军的肩章、符号，查获者“重处”；委任保甲长进行控制；实行五户联保；发自新票，登记户口；强迫僮、瑶族一律汉化，必须穿汉装等。①

具体情况，在中华民国广西省政府民政厅编的《绥靖兴全灌龙猺（瑶）变始末》中，对1932年的瑶民起义是这样总结其善后管理“办理之情形”的：

政府力持宽大年来政府对于省内弱小民族，一秉，先总理“国内民族一律平等”之遗教，历年派员深入猺（瑶）区，宣传民族主义，及调查各族生活文化状况，并筹备设校兴学，拨地垦殖各事。去岁桂平板猺（瑶），首先向化，应召来省，备受优渥待遇，界以十八山剿纵横数十里之沃壤，且拨款给械，俾利屯垦，顾计议方定，而灌猺（瑶）之乱起。灌民迭电请剿，且盛传共党阴谋。政府迄不为动，但令县团妥为监视，仍戒毋事操切，致涉压迫。始则桂林区指挥部派全县区长蒋春浦、梁翰藩等就近劝慰，继请全县望绅蒋伯文出任调解，终且由区指挥官张淦亲往宣抚，盖以德化未能被于蛮荒，法律不妨曲弱于者也（于字疑有脱文）。

惩姜抚猺（瑶）袁春和既以追杀抄掳控姜，未及查确，而罗家坪之衅已开。全绅入源调解，猺（瑶）头梁化龙复历数超民侵暴状。全绅遂持祸首是姜非猺（瑶）之说。全、灌县府，亦以姜实召祸，电请惩处，及张指挥官抵灌，亦颇主惩姜以平猺（瑶）愤。政府核与本党抑制强豪，扶助弱小民族之旨相符，始决置姜于法。

事后之处置　罗家坪冲突后，灌府即集团以备万一。猺（瑶）见有备，且经官绅一再宣慰，乃暂退回源内。张指挥官司以十二月四日抵灌，七日处决姜超民，九日集各区村甲长宣示本案因果，及政府德意，并勉以服从法令，民族平等，团结对外，努力生产数事。猺（瑶）汉一时疑怨，遂以冰释。惟以罗家坪一带，汉民灾情奇重，袁春和集猺（瑶）暴动，梁化龙身任指挥，赵云甫捐款助乱，龙应祥匿案不报，均属罪责较重者。乃请罚袁一千五百元，梁八百元，赵五百元，龙二百元，以作抚恤双方灾黎之用。政府亦以猺（瑶）民盲动，虽可原情，而酿祸首要，难逃薄责，罚锾恤灾，情理两

① 广西壮族自治区编辑组编：《广西瑶族社会历史调查》第四册，广西民族出版社1986年版，第77页。

得，遂可其议，并规定善后办法数项：（一）由两县正绅遴选猺（瑶）中诚实人士，担保服从当地政府。（二）兴、全、灌会同派员入猺（瑶）区编组村中，点验武器。（三）责成猺（瑶）区村甲严防外匪窜入。（四）暂划灌五源为特别区，准暂以猺（瑶）人任区长。（五）责成全县严缉妖巫。（六）劝导剃发易服。（七）宣传兴学通婚。（八）撤惩溺职之区村长。①

这些善后管理措施，包括军事、政治、教育等方面：

决定办法，各县猺（瑶）匪叛形既著，势且燎原。政府鉴于去岁之一意抚绥灌猺（瑶），转为妖巫匪共煽惑之资，致成扩大之势，非施以威力镇压，不能促猺（瑶）民之觉悟，而维地方治安。乃商请国民革命军第四集团军总司令部，决定剿抚办法三项，令饬各军政机关办理。

甲、关于军事者：（一）已蠢动之猺（瑶）匪，大加痛剿，一律缴械，方准悔过自新；（二）未蠢动者，加意抚循。

乙、关于政治者：（一）剿办肃清后之猺（瑶）区，应乘机关照本省村制编组区乡村甲，委可靠猺（瑶）民长之，责令约束猺（瑶）民，奠定国家法令，不得仍前目无政府，置身化外，否则严予制裁；（二）未附乱之猺（瑶）区，稍宽时日，仍一律照编区甲。

丙、关于教育者：全省瑶族，应用宣传及教育方法，使其归化，逐渐改易其服装。

三项办法决定令行后，政府复以事权未一，汉人乘机报复为虑，乃再商同总部，协定六项办法，会电各军政府机关遵办：（一）各县民团后常各队，悉归第七军军长廖磊指挥调遣；（二）聚众不散，恃顽抗拒者，实行痛剿；（三）各县民团，无故焚杀者军法从事；（四）严拿首要，解散助从；（五）参加附乱者，无论猺（瑶）汉，一律勒缴枪枝刀矛；（六）神坛神像，一律烧毁，宝贝旗帜，悉数追缴。②

由上可知，善后管理的具体措施有：

1. 惩释人犯

在善后处理时，中华民国政府实行区别对待的法律措施，对附和或被胁从者，如

①② 广西壮族自治区编辑组编：《广西瑶族社会历史调查》第四册，广西民族出版社 1986 年版，第 95、96 页。

能觉悟自新，均不予以追究，免致寻仇报复，再生祸乱。① 根据《处理兴全灌龙猺（瑶）乱人犯办法》，将现押猺（瑶）汉各犯从速讯明，分别究释；省释人犯，须由该管村甲长具保；各区村甲长逃散者，即由区长分别呈请委任之；羁押各犯，在未释放以前，讯明情节轻者，使之修筑道路；重者，仍监押究办；取保手续，由被保人出具切结，分呈村甲长及县政府存查，再由村甲长出具保结，始可放释，其已释放者，仍应补具上项手续，以杜流弊。②

对于所谓的起事首犯，中华民国政府则通过法律手段给予严厉处罚。如广西绥靖主任公署派了军法官廖成来审理1943年“金秀瑶变”中被捕的瑶人。廖成通过司法判决形式，杀害了许多瑶人。下面这份判决书就表明了这一点：

广西省绥靖主任公署判决

被告：苏道升　男　农　现年51岁　修仁县永宁乡人　（金秀）
陶秀材　男　农　现年52岁　修仁县永宁乡人　（长滩）
刘胜印　男　农　现年53岁　修仁县永宁乡人　（六拉）
苏道剳　男　农　现年49岁　修仁县永宁乡人　（昔地）
陶扶揽　男　农　现年48岁　修仁县永宁乡人　（长滩）
苏扶化　男　农　现年55岁　修仁县永宁乡人　（昔地）
陶道安　男　农　现年33岁　修仁县永宁乡人　（六拉）
苏胜环　男　农　现年42岁　修仁县永宁乡人　（白沙）
龚显达　男　农　现年42岁　修仁县永宁乡人　（金秀）
龚桂兴　男　农　现年39岁　修仁县永宁乡人　（金秀）
苏道号　男　农　死亡

右列被告因盗匪案件本署审理判决如左；

主　文

苏道升、陶秀材、刘胜印、苏道剳抢劫公署，各处死刑，并各褫夺公权终身。陶扶揽、苏扶化、苏胜环、陶道安、龚显达、龚桂兴均无罪。苏道号部分不受理。土造左轮手枪一支、子弹十一颗，没收。

事　实

缘民国二十九年（1940），吾省军政的局，将金秀瑶区开化，并设立设

①② 广西壮族自治区编辑组：《广西瑶族社会历史调查》第四册，广西民族出版社1986年版，第130、102页。

治局，行使行政事务。所以征兵纳税国民应尽之义务，均不令瑶民负担。被告苏道升、陶秀材、刘胜印、苏道剳等，得享受此特种权利，不知体念政府爱护瑶民之德意，反怀叵测，妄乱干戈。于本年三月三十一日竟与全金标、苏玄成等，率领暴徒，图攻金秀设治局，抢劫军用品，并击毙局警多名，希冀恢复其石牌旧日之制度。旋据金秀设治局长刘廷年暨傜（瑶）民莫道文先后呈请严拿首要匪犯惩办，等情到署。当即派员驰赴金秀办理。旋将被告苏道升、陶秀材、刘胜印、苏道剳、陶扶揽、苏扶化、陶道安、苏胜环、龚桂兴、龚显达、苏道号、全金标、苏胜演、黄克文等十四名，先后拿获，并缴得刘胜印土造左轮一二支、子弹十一颗。此外，尚缴回设治局被劫去之公枪子弹甚夥（意为“多”）。除被告全金标、黄克文、苏胜演等三名，暨缴获之公枪等另案办理外。至被告苏道升、陶秀材、刘胜印、苏道剳、陶扶揽、苏扶化、陶道安、苏胜环、龚显达、龚桂兴、苏道号等十一名，业经分别讯明，应予判决。

理　由

本案被告苏道升、陶秀材、刘胜印、苏道剳等四名与另案办理之全金标暨被设治局击毙之苏玄成等，于本年三月三十一日，率众围攻金秀设治局，抢劫军用物品各情，讯据该被告均供认不讳。实属罪无可逭，自应依法惩办，刚昭炯戒。至被告陶扶揽、苏扶化等二名，或因盲从附和，或受胁迫而来，均情非得已。经准自新，姑予免议。又被告陶道安、苏胜环、龚显达、龚桂兴等四名，经查并无参加抢劫设治局情事，应即论知无罪。缴获土左轮一二支，左轮弹十一颗，既属犯罪物品，均应没收之。又查被告苏道号一名，于侦查中在监患病身故，经金秀设治局验明属实，填书呈报在案，依法应不受理。

综上论结，爰依惩治盗匪暂行办法第三条第三款，第十一条，刑法第二十八条，第三十七条第一项，第三十八条第一项第二款前段，刑事诉讼法第二百九十一条前段，第二百九十三条第一项，第二百九十五条第五款，分别判决如主文。

中华民国三十二年（1943）十一月

广西省绥靖主任公署军法处

军法官　廖　成　印

书记官　林元贤　印

至于对这次起事的首领全金标是这样处理的：在瑶人进攻设治局之后，全金标没有被国民党的军警民团抓到。设治局局长刘廷年便设下圈套，多方设法把他哄骗了来。全到了设治局，刘还办下酒席请他和黄克文、苏胜演等三人吃喝，并花言巧语地说他们无罪。除暗中派人监视不让他们脱逃外，表面上还给他们以自由，让他们住在金秀民众家里。经过了一段时间，又骗他们说省政府为了要了解这次瑶人反抗的底细，请他们三人到省里去一趟，把道理说清，然后省里就送他们回来的，并保证他们绝不会有意外。全金标等最初还心怀疑虑，最后见刘天天请他们吃喝，彼此谈话时，刘又殷勤和蔼，同时又让他们自由行动，想着到桂林去也不会发生事故的，这样便答应了刘。刘把他们三人送到桂林后，全金标就在桂林被杀害，黄克文和苏胜演被判徒刑监禁。① 中华民国政府就这样运用法律手段镇压了瑶人的反抗。

在桂北，仅1933年4月13日至27日期间，就枪决所谓“瑶匪”87名，年龄最大的为63岁，最小的仅有12岁，中华民国政府的滥杀可见一斑。②

2. 收容赈济

为分化瓦解瑶人，中华民国政府设立收容所，收养因变乱而生的灾民千余人，“日给盐米，免致冻馁”，以稳定瑶区秩序。③ 但是，有的收容所则为镇压的另一手段，如1943年“金秀瑶变”后，金秀设治局局长刘廷年就另出诡计，成立所谓收容所，骗取群众回家，说要给房屋被烧的居民一个安顿，等避入深山的居民回来后，又陆续捕人。有的则被遭杀害，有的则被勒索罚款。④

赈济方面，广西省政府财政厅拨了1万元给兴安、全县、灌阳、龙胜四地，兴安、灌阳各3000，全县、龙胜各2000。，以解决瑶人生活困难。但杯水车薪，作用不大。⑤

3. 编配村甲

根据1933年8月11日出版的《政训旬刊》第22期记载，针对1933年的桂北瑶民起义，中华民国政府的善后治理措施之一为：自各处猺（瑶）乱平息后，即继续办理善后工作，唯地方辽阔，经费有限，非一时所能同时办竣也。目前所举办之纲要

---

①②④⑤ 广西壮族自治区编辑组编：《广西瑶族社会历史调查》第一册，广西民族出版社1984年版，第95—97、127—129、98、95页。

③ 广西壮族自治区编辑组编：《广西瑶族社会历史调查》第四册，广西民族出版社1986年版，第95页。

是：编配村甲——以前各猺（瑶）民多属化外，一举一动，自生自灭，汉人少有注意及之，故次猝不及防之变乱。现已重新调查，逐渐将各猺（瑶）山从新编配村甲，互相开导监督。到猺（瑶）民壮丁，则令其一律加入民团后备队。①

值得注意的是，为全面实施对瑶区的控制，中华民国广西省政府于1933年还通过了《广西各县苗猺（瑶）民户编制通则》，对甲、村、乡的设置和首领、捐税输纳、耕种、卫生、教育等进行了全面规定，可谓善后管理的总章程，这一法规特别强调“瑶族之民户，须依照法令一律同等，不得歧异”：

广西各县苗猺（瑶）民户编制通则

第一条　凡有苗猺（瑶）民户之县，皆依照本通则编制之。

第二条　凡有苗猺（瑶）民户之地方，除本通则规定外，皆须依照广西各县组织大纲办理。

第三条　苗猺（瑶）民户聚居达五户以上时，得编为一甲，指定其本族一人为甲长。若不及五户，则归并于指定他族一人为甲长，苗猺（瑶）本族一人为副甲长。

第四条　苗猺（瑶）民户聚居达五甲以上时，得编为一村，指定其本族二人为正副村长。若不及五甲，则归并于他族之村，指定他族一人为村长，苗猺（瑶）本族一人为副村长。

第五条　苗猺（瑶）民户聚居达五村以上时，得编为一乡，指定其本族二人为正副乡长。若不及五村时，则归并于他族之乡，指定他族一人为乡长，苗猺（瑶）本族一人为副乡长。

第六条　完全为苗猺（瑶）民户之乡，由区公所或县政府委派乡助理员一人，常川来往乡公所。协助乡长办理该乡事务，其费用由县库或区库支给之。

第七条　完全为苗猺（瑶）民户之村，由乡公所委派村助理员一人，常川来往村公所或正副村长住处，协助村长办理该村事务，其费用由乡公所支给或由区库补助之。

第八条　完全为苗猺（瑶）民户之甲，该甲应办事务，由乡公所或村公所派人代为办理，其费用由乡公所或村公所支给之。

---

① 广西壮族自治区编辑组编：《广西瑶族社会历史调查》第四册，广西民族出版社1986年版，第130页。

第九条　凡有苗猺（瑶）民户杂居二分一以上之村及乡，其村公所及乡公所费用，由县库完全支给。其五分一以上，二分一以下者，由县库酌予补助。其贫瘠之县，并得呈请省库补助之。

第十条　凡县政府及区乡村公所办理各种政务，暂时不得摊派苗猺民户之户口捐及其他各种费用。

第十一条　凡苗猺（瑶）民户耕种官有山林田地，由县政府或区公所划分指定之。如该处缺少官有山林田地，则民有之山林田地之荒弃多年者，亦应由县政府查明，依垦荒条例没收指拨之。苗猺民户所耕种之官有山林田地，得暂缓升科纳税，但其租用或购买有粮赋契据之田地，不在此限。

第十二条　凡苗猺（瑶）民户因贫穷不能耕种时，由村公所、乡公所、区公所及县政府依照村、街、乡、镇、区垦殖章程，贷与牛只粮食，用其耕种。

第十三条　凡有瘟疫或天花流行等病传染及于苗猺（瑶）民户时，村、乡、区公所及县政府须为防止及医治，其费用皆由村、乡、区公所及县政府支给之。

第十四条　凡完全苗猺（瑶）民户之村乡，未设有学校者，由区公所或县政府参照苗猺（瑶）民户习惯，设立特种学校，使苗猺（瑶）青年男女入学，其费用暂由区公所或县政府支给之。

第十五条　凡苗猺（瑶）青年男女入学，一律免征学费，并得由学校暂给以书籍及笔墨纸张。

第十六条　凡苗猺（瑶）民户之正副甲长、村长、乡长，须一律改着普通服装，并须剪发，不得自为歧异。

第十七条　苗猺（瑶）民户生计未改善以前，其苗猺（瑶）之正副甲长、村长、乡长，因公服用之衣裤，暂由区公所或县政府发给，其费用由县库或区库支付。

正副甲长每年灰布对襟式单衣裤一套，于春初发给之。

正副村长每年夏季灰布对襟式单衣裤一套，冬季灰布对襟式夹衣单裤一套，各于春初及冬初发给之。

正副乡长夏季灰布中山式单衣裤一套，冬季灰布中山式棉衣单裤一套。各于春初及冬初发给之。

第十八条　苗猺（瑶）民户之正副甲长及村长，由区公所或县政府委派，呈报省政府备案。乡长由区公所或县政府选择素孚众望者委任，并须呈请省政府加委。

第十九条　待遇苗猺（瑶）各族之民户，须依照法令一律同等，不得歧异。

第二十条　各县编制苗猺（瑶）民户缺乏经费时，得请省库补助或借贷。

第廿一条　除本通则外，各县苗猺（瑶）地方，如有特殊情形时，得呈请核准补充。

第廿二条　本通则施行后，各县原有苗猺（瑶）特殊章制，皆须依照本通则改正。

第廿三条　本通则有未尽事宜，由省政府委员会修改之。

第廿四条　本通则由省政府委员会议决公布。

第廿五条　各县施行本通则时期，分别以命令指定之。①

这一通则内容全面、具体，自此以后，中华民国政府对广西瑶区进行了全面的社会控制和法律治理。

4. 开辟瑶山

在善后管理中，中华民国政府也考虑统筹安排、综合规划、全面开发瑶山，促进瑶区的发展，提高瑶人的生活水平，以利长期而稳定地治理瑶区。为此，中华民国广西省政府在1933年就曾发布《省府议决开辟猺（瑶）山案》：

省府议决开辟猺（瑶）山案

猺（瑶）山位于修仁、蒙山、平南、桂平、武宣、象县之间，东西数十里，南北百余里，群山环绕，自成一区，树木参天，草莱未辟，鸟兽鱼虫，与太古遗族之猺（瑶）人宅居其中，怡然与世外无涉，此诚别有天地之乐也。

猺（瑶）人居猺（瑶）山者，分为五族：一曰寨山，二曰花蓝，三曰正猺（瑶），此三族系有定居者，以其蓄有长发，故又名为长毛猺（瑶）。四曰板猺（瑶），五曰山子猺（瑶），此二族系无定居者。正瑶一族，已习

① 广西壮族自治区编辑组编：《广西瑶族社会历史调查》第四册，广西民族出版社1986年版，第100—102页。

汉化，每年纳税于平南，故又特称为粮猺（瑶）。其余四族，未行归化，概称为蛮猺（瑶）。全猺（瑶）山约有70余村，人口约六七千左右，耕山田及取动植物以为生。其人文化未启，又因食物不充，及天然早婚与血族婚姻之故，体格较山外汉人略小，气力较之汉人亦称为薄弱，此与该民族之前途关系不轻也。

又，猺（瑶）人因其文化程度低浅，其受官治者，往往易受官绅威势之所压迫，其不受官治者，又多受汉人商贩经济之榨取与欺凌，故其生活艰难，因而民族间之仇恨易生，驯至激成变乱者时有所闻，如去年（二十一年）灌阳、全县界上东猺（瑶）山之事变，即其一例。为实现孙总理之民族主义起见，不能漠然置之也。若以现代国家政治之观点言之，吾文明之广西，尚留有未经开化之民族存在，不能不谓为政治上之一污点也。

猺（瑶）山物产，以木材、竹笋、薯莨、木薯、兽皮、山禽、茶叶、桂皮、香草及香菌等类为大宗，全山猺（瑶）民，恃此与汉人交易，作为养生之资，故其产量亦不小，尚有未经人发见之矿藏，与未经人选采之有用动植物，其数必不在少也。

猺（瑶）山地方，高峰插天，榛莽塞途，动植物类保有天然之状态，自来未有人探查者。自民国十五年，中山大学曾派采集队到横埇一次，居留四天，粗得概略。民国十七年五月，该校又组织采集队从平南官村水晏而入罗香，居留两月，遍历猺（瑶）山各村，采集标本，计得动物八百余种，三千二百余个，植物八百余种，数千件，其中有价值之标本，可以证明东亚动物植物分布之状况者颇多，而为我国所难得之高山鸟类、爬虫、两栖类，尤有价值。至于新发现之爬虫类雷公蛇一种，尤足以惊动世界生物学者之耳目，使猺（瑶）山之名，在我国学术上之地位，已可与发见北京人类之北平，等量齐观矣。猺（瑶）人因其保持太古状态，于民族习俗、语言、服饰等，人类学研究上，贡献不少。集实（采集的实物）亦为学术界之宝藏也。

猺（瑶）山山环水绕，草木丰盛，景物天成，圣堂顶高峰高出海面六千英（尺）以上，普通山丘均在四五千英尺间，气候较平地为凉爽，若改作避暑之所，则牯岭、莫干山，均瞠乎后矣。况加以乱峰插云，白云掩映。乔松深蔚，绿竹漫山。灌树丛生，藤萝纠结。山花竞艳，沁人心脾。溪水和鸣，虫鸟相乐。真人世间之桃源，仙国不是过也。若以本省名胜之桂林山水方之，不啻小巫之见大巫也。

总上数项观之，猺（瑶）山之急宜开辟，盖无可疑也。至于开辟之次序，拟定下如：

第一期由省政府设立开辟猺（瑶）山事务所，办理下列各事。（时期一年）。

（1）测量全山地形图。

（2）建筑干线马路（北自修仁入，西，自平南入）。

（3）建设长途电话（沿马路建设）。

（4）整理自然森林。

（5）举办猺（瑶）语人员训练所。

（6）规划天然公园地区及选择避暑地区。

第二期

A. 由开辟猺（瑶）山事务所继续进行下列事项：

（1）兴办猺（瑶）民教育。

（2）改良猺（瑶）人生活。

（3）改良猺（瑶）人乡村组织。

（4）继续建筑交通要道。

（5）建筑天然公园。

（6）建设避暑旅店（招人建筑别墅）。

（7）培植森林。

B. 由省政府与中山大学及中央研究院合设猺（瑶）山研究所，专办下列各事：

（1）建筑研究院所。

（2）设立测候所。

（3）调查及研究自然物。

（4）调查及研究地质。

（5）调查及研究人种（或户口调查）。

（6）调查及研究民俗。

（7）采集及制作标本。

至若经费人才之筹，拟定如下：

第一期A．经费由省政府筹拨预算约三万元。

B．人才由建厅测地局、教育厅等机关调用。

第二期　事务所方面

A．经费

（1）事务所及行政经费，仍由省政府照上年度筹拨。

（2）招商建筑避暑旅店。

（3）招人建筑避暑别墅。

（4）整顿猺（瑶）山人各项收入。

B．人才

（1）由上年度人才继续办理。

（2）猺（瑶）语训练班学生。

（3）加委专才。

研究方面

A．经费

（1）省府筹拨。

（2）中山大学分担。

（3）中央研究院分担。

（4）呈请中华文化基金委员会津贴。

B．人才

（1）省政府特委专才。

（2）中山大学教授。

（3）中央研究院研究员。

（4）国中学者。

（5）国外专门家。

至于详细计划及预算等，另由专人拟定。①

这一法规虽然对大瑶山瑶区的调查、研究、建设、开发等做了具体的规定，设想值得肯定，但是实际实行情况颇不理想，基本上停留在纸面上，缺乏实施的基础和条件。

---

① 广西壮族自治区编辑组编：《广西瑶族社会历史调查》第四册，广西民族出版社 1986 年版，第 104—106 页。

三、发展经济

治理瑶区的基础为社会安定，而社会安定需要瑶人的安居乐业，因此，发展经济便成为中华民国政府的重要法律调整内容。中华民国中央政府和地方政府对发展经济有一定设想，但是具体落实并不理想，效果有限。

前述善后管理中，广西《省府议决开辟猺（瑶）山案》曾提到“建筑干线马路和交通要道、建设长途电话、规划和建筑天然公园、建设避暑旅店（招人建筑别墅）、培植森林”等。这些交通、通讯、旅游基础设施建设对瑶区经济发展有积极意义。

在广西瑶区，国民党新桂系政府为了巩固自己的政权，缓和与农民的矛盾，其中包括与苗、瑶等民族的矛盾，采用“承垦官荒”、“领植荒地”的办法，在各地先后推广建立垦殖公司（场）。最先于1932年在象县建立了诺民垦殖公司、合益垦殖公司。随后在柳江、宜山、柳城、田阳等22县发展，至1939年共建立了96个垦殖公司。

1938年3月16日，国民党广西省政府委员会第339次会议决议通过《广西省官荒承垦规则》，其中：

> 第一条：本规则所称荒地系指未经开垦种植之地而言，但垦后仍复荒废者亦视作荒地。
>
> 第二条：凡省内各处未经私人或团体机关取得所有权之荒地皆谓之官荒。
>
> 第三条：凡官荒除政府认为须保留作特别使用者外，均准私人或团体机关按照本规则领垦。前项领垦之私人或团体以有中华民国国籍者为限。

而“领地限制及竣垦期限”规定：“一、单领水田者不得超过五十亩，二、单领旱地者不得超过一百亩，三、单领山岭者不得超过二百亩。”

《承垦官荒其开垦或种植完竣年限》规定：“一、水田或旱地种植农作物者，未满五十亩者，一年。五十亩以上，百亩未满者，二年。百亩以上，三百亩未满者，三年。三百亩以上，六百亩未满者，四年。六百亩以上，千亩未满者，五年。千亩以上者，六年。二、山领地种植树木者，未满二百亩者，二年。二百亩以上，五百亩未满者，三年。五百亩以上，千亩未满者，四年。千亩以上，三千亩未满者，五年。三千亩以上，六千亩未满者，六年。六千亩以上，万亩未满者，七年。万亩以上者，八年。”

此外，《广西省官荒承垦规则》规定了《查勘手续及查勘费用》、《发放升科》、《罚则》等条文。①

1941年，国民党新桂系军阀在大瑶山一带先后建立了好几个垦殖公司，如安堂垦殖公司、兴华垦社等。国民党军队的一个营长在长垌南州村一面驻军，一面建立垦殖公司。盘村一带，原属修仁县崇义乡安化村（即今金秀瑶族自治县三角公社甲江大队范围）建立了安化垦殖公司。安化这个地名，是国民党新桂系取的。这里原名旧村。黄克文利用国民党广西省府通过的《广西省官荒承垦规则》中允许私人或团体机关开垦荒地野岭的条例，向盘瑶山丁扬言，要盘瑶起来反抗茶山瑶，成立安化垦殖公司。在黄克文的煽动、鼓吹之下，包括盘村在内的安化村一带的盘瑶、山子瑶表示同意，他便向修仁县政府等有关部门疏通，每户按贫富的差别交三至五元，作为缴纳执照费、印花税及地价的费用。按旧广西省政府规定，执照费二元；地价，水田每亩二角，旱地每亩一角，山岭每亩五分；印花税则按规定缴纳。通过领垦的手续，安化垦殖公司辖境的山地成为了官有。境内的居民有土地使用权。土地分配方法是，每年的农历七月二十日，各家各户到山上去号地（即占地）。自己能种多少地，就号多少。不在此日而任意号地者，不为公司和社会承认。安化垦殖公司成立后，就不需向山主交地租了。②

在瑶人起义后，国民党政府采取了购发农具、以工代赈、善后借款等恢复经济、发展生产、安定社会的法律措施。

根据1933年8月11日出版的《政训旬刊》第22期记载，国民党政府在瑶人起义后，恢复和发展经济方面的法律治理措施为：

（1）购发农具——各山猺（瑶）民，已将其所有农具，尽行毁坏。然已缺乏农具，一时不能耕作，故政府已准备购买大量农具，分发应用，免致流离失所。③

（2）以工代赈——以前搜获得收容一般流离失所之猺（瑶）民，其重要者已分别正法，其无知者从而又无家可归者，则令其在各处修筑道路，暂维持其生活。④

为此，专门颁布了《兴、全、灌猺（瑶）乱善后修筑县道工赈办法》：

兴、全、灌猺（瑶）乱善后修筑县道工赈办法

一、兴安、灌阳、全县应给予之赈款毫洋四万元。

---

①② 胡起望等：《盘村瑶族》，民族出版社1983年版，第93—94、95、98—99页。

③④ 广西壮族自治区编辑组编：《广西瑶族社会历史调查》第四册，广西民族出版社1986年版，第102、130页。

二、各该县应修筑之县道。

兴安县：甲线由县城起经黎头、矮山脚、九块田，至全县之界顶，与全县县道含接。

全县：甲线由头所至界顶，与兴安县县道含接由头所至石塘（已通），石塘至金鸡渡，金鸡渡至灌阳县之马头岭，与灌阳县道含接。

乙线由头所至界首，与兴、全干路含接。

丙线由金鸡渡至全县县城。

灌阳：甲线由县城起，经文市至马头岭，与全县之道含接。

乙线由县城经黄牛市，至恭城县界，以便将来与恭城县道含接。

三、设立兴、全、灌工赈委员会，由省政府指派专员，召集各该县县长暨地方团体领袖组织之。

四、省拨赈款，以给与各该县乱后灾民之从事筑路工作者为限。

五、被难灾民，从事筑路工作之给养费，应由兴、全、灌工赈委员斟酌当地情形酌定。

六、省拨赈款，须完全用为被难灾民筑路工作之给养费，其余管工事务费、购置费及桥梁涵洞之设备费等，皆由兴、全、灌工赈委员会设法另筹等，应先呈报省政府核准。

七、兴、全、灌工赈委员会及工赈各种办事规则随时呈报省政府核准执行。①

同时，为尽快解决瑶人生活问题，安定瑶区秩序，中华民国政府还颁布了《龙胜县猺（瑶）乱灾区善后借款办法》：

龙胜县猺（瑶）乱灾区善后借款办法

一、请由省库核发毫银五千元，作为该县善后借款。

二、此项借款，由该县设立临时借贷所，专备灾民借用。

三、借贷所借款，月息最多不得超过五十元，并以受灾之大小为序，先后借给。

四、借款归还期限，不得逾三年。

五、借款用途，专限于购买耕牛、农具、种食粮等，以恢复耕地。

---

① 广西壮族自治区编辑组编：《广西瑶族社会历史调查》第四册，广西民族出版社 1986 年版，第 102 页。

六、善后借款详细办法，由该县斟酌地方情形妥拟，呈候核定。①

这些发展经济的措施有值得肯定的一面，但也不能评价过高。

在正常的社会状态下，中华民国政府对瑶族的法律调整，在经济方面的具体措施并不多，主要为税负方面的规定。

在中华民国时期，瑶族所负税负不轻，如广西凌乐览金地区有人头税、猪税、土地税、富力捐、福利捐、教育辅助费、乡村长警兵生活补助费等等。①人头税：政府每年要进行户籍登记一次，登记时要缴纳登记费；政府官员说，谁不缴纳登记费，就没有法律保障。②猪税：每到年底，村长就到各村屯各家实行登记猪头，每100斤生猪就要缴税1元，猪仔则估计缴纳。③土地税：每10斤种子地面积要缴纳粮谷5斤，有时有些农民土地不够10斤种子的面积，也按照10斤计算，甚至三四斤种子的面积也要交粮10斤。④富力捐：每年要收两次，每次每户四五元。⑤乡村长警兵等生活补助费：是给村长乡长警兵用的。⑥福利捐：每月要出一次，2—3元。⑦教育补助费：每年每家要出2—3元。⑧其他杂税：瑶人拿东西上街卖的也被抽税，如蓝靛：每10斤抽税1角；八角：每10斤抽税1角；黄豆：每50斤（一担）抽税5角；猪肉：每10斤抽税1角；米酒：每担（20斤）抽税5角，瑶族过年熬些酒饮，也照收，甚至在街头卖小菜和草鞋的均抽税。瑶人负担的杂税很重，有些人连拍卖炊具也交不清税钱，如黄顺安、李卜甲等户，就因交不起富力捐把沙罐和三顶脚卖掉也不够税款。②

根据这一状况，在有些瑶区，中华民国政府为了安定瑶人，规定减免税负。如贵州荔波就有这方面的规定：

贵州民国九年（1920）立

瑶庆里瑶六团民，人稠地瘠，丁粮过重，于前清前任杨，瑶民具禀，恳求以示体恤，正扣酌减，每两只准收市钱两千五百文上纳，永不加征，通报有寨，不准格外需索。至于棉花一种，奉杨今，一律从今减免，勒石以存永远。③

① 广西壮族自治区编辑组编：《广西瑶族社会历史调查》第四册，广西民族出版社1986年版，第102页。

②③ 广西壮族自治区编辑组编：《广西瑶族社会历史调查》第五册，广西民族出版社1986年版，第229—230、86—87页。

这块石碑是荔波县县长杨健重申前清既定的瑶麓赋税银钱比值的规定，并颁布了县政府关于减免瑶麓棉花收税的命令。政府的文告表现于石碑形式，一方面借助石牌律在瑶麓族民心里的崇高地位加以传播宣告；另一方面，以石碑形式出现又说明了政府的告示是根据族群组织、反映瑶人的意愿与要求而得来的结果。政府告示结合石牌制原有功能，也使石牌本身产生了宣告政府法律、政策的内容，而立于石碑，也避免政府对于告示内容的轻易更改，从而使石牌对政府也产生了一种约誓关系，拓展了石牌的适应性功能。①

以后，1939 年时瑶麓瑶人即针对杀猪纳税事请免。荔波县政府批示：瑶民一再恳请逢年过节过卯丧事杀猪免缴屠捐，应予照准。② 1941 年瑶人请免捐杀牛事，县政府批复云：每年十一月逢卯祭祀，宰牛三四只，又过节杀猪三四只，在各前县长，均给谕豁免有案，应予照案豁免，以示体恤。③

广西瑶区也有类似免税政府文告。如《广西恭城高界小源芹荣瑶特立古照碑》在将“广西各县苗瑶民户编制通则”全文刻录后，再：

仰苗

瑶民等遵照苗瑶民户编制通则，速将本区各村民户切实调查编就，并将选出，呈报来区，仍将奉文日期遵办情形查为要，此令。计发苗瑶民户编制通则一份，区长欧纯礼广民政厅批字第 118 号，原具呈入平乐、恭城、阳朔三县瑶民等呈件，为乡团抽收百货，指□县准予减免，以苏民困。呈悉，仍候分平乐、恭城、阳朔等三县政府查明呈报，再行核办此批。厅长雷殷，核对邓志贤，监印雷宇东，瑶民盘□和、盘启金、盘启文、邓成林、邓宽友。

民国十二年（1923）五月六日和共碑记盘升旺李正□恭城县政府布告示，按据县原西岭乡瑶民等面称，瑶民多数穷困，现编定户口，呈请县政府面示体恤免税杂捐，以遂安居乐业之心等情。据此事行布告仰该乡民众一体知照，日后无论地方抽收何种捐款，应呈候县府命令通行，如无县府命令，不得向瑶民任意摊派，以免骚扰而□流，切切此布。县长唐□

民国廿三年（1934）二月五日立瑶民□猪酒税免

① 彭兆荣等：《文化特例——黔南瑶麓社区的人类学研究》，贵州人民出版社 1997 年版，第 192—193 页。

②③ 岑家梧：《岑家梧民族研究文集》，民族出版社 1992 年版，第 250 页。

梁材书不得抽调石匠刘司付①

从中可以发现，中华民国政府考虑具体情况，在经济上对瑶族有一定的特别照顾。

此外，在其他履行国家公民义务方面，中华民国政府对瑶人也采取了变通的“怀柔”政策。1939 年 8 月贵州荔波县政府布告云：查瑶民壮丁在 18 岁至 40 岁者，一律受壮丁训练，违者严办，受训地点定在瑶麓，因尚未开化，暂免兵役。②

四、兴办教育

中华民国时期，废科举，兴学校，对瑶族教育继续采取“开化”政策。国民党中央政府和地方当局加强了教育事业，将教育视为开化之重要措施，通过法律兴办教育，特别是在瑶人起义的善后工作中给予了比较高的重视。

中华民国元年至 1925 年，为旧桂系军阀统治时期，广西内乱不断，社会动荡，政局不稳，统治者的主要精力集中于打内战，无暇顾及少数民族的文教事业。因此，这个时期瑶区的教育发展速度缓慢，但也设立了一些新式教育机构。平乐县的平地瑶老人王运良曾说，其祖父当年曾到附近新式小学堂读书。③

1925 年至 1949 年，广西为新桂系统治时期。新桂系出于维护自身集团利益和巩固统治的需要，在“建设新广西”的口号下，在包括瑶族在内的少数民族聚居的地区推行“特种”教育（新桂系把少数民族称为“特种部族”），设立国民基础学校。桂东平地瑶聚居的地区大都建立了国民基础学校。当然，这些学校并不是单独为平地瑶设立的，那样会减弱同化平地瑶的力度。因此，这些学校多为各民族子弟共同就读。据王运良老人说，当时平乐县四冲村就办有国民基础小学，有瑶、汉、壮族学生 20 余人在一起就读。④

前述《省府议决开辟猺（瑶）山案》中提出应“兴办猺（瑶）民教育”。根据 1933 年 8 月 11 日出版的《政训旬刊》第 22 期，针对桂北瑶人起义，国民党政府的治

---

① 资料收集人：恭城县莫纪德等。广西壮族自治区编辑组编：《广西少数民族地区碑文、契约资料集》，广西民族出版社 1987 年版，第 221—222 页。

② 岑家梧：《岑家梧民族研究文集》，民族出版社 1992 年版，第 266 页。

③④ 广西师大地方民族研究所平地瑶调查组 2002 年 1 月在广西荔浦、平乐、蒙山三县的调查资料，存广西师大社会文化与旅游学院资料室。转引自陈志波：《桂东北平地瑶教育发展的历史及动力探析》，载《娄底师专学报》2004 年第 4 期。

理措施之一为：自各处猺（瑶）乱平息后，即继续办理善后工作，唯地方辽阔，经费有限，非一时所能同时办竣也。目前所举办之纲要是：兴办教育——各处猺（瑶）民，素来不受教育，蛮干愚蠢，容易被人欺骗利用，政府目前已准备在各属猺（瑶）山，遍设学校，执行强迫教育，便猺（瑶）民子弟均得入学，逐渐开化。①

为此，广西地方当局专门设计了一个强化苗瑶教育的方案，于1933年颁布了《广西苗猺（瑶）教育实施方案》，并以达到完全同化于汉族为目标：

广西苗猺（瑶）教育实施方案

第一条　由省教育行政机关组织苗猺（瑶）教育委员会，进行下列工作：

一、调查全省苗猺（瑶）民户之生活及教育概况；

二、研究及解决关于苗猺（瑶）小学教育之经费、校舍、师资、课程、设备等问题；

三、研究及解决关于苗猺（瑶）成人教育及社会教育之设施推行等问题；

四、征集苗猺（瑶）区域所流传之文字歌谣；

五、编辑或审定苗猺（瑶）小学及成人教育用书与其他补充教材；

六、研究及解决其他关于苗猺（瑶）教育设施问题。

第二条　凡毗邻各苗猺（瑶）民户聚居区域之县政府，应进行下列工作：

一、实地调查苗猺（瑶）民户生活及教育现状，详细填报（表式附后）；

二、改进苗猺（瑶）区域之现有教育；

三、划区及分期推行苗猺（瑶）教育；

四、指定附近各小学收受苗猺（瑶）学童入学，并规定优待办法；

五、介绍或招致苗猺（瑶）区域之头目等赴各大都市游历参观，以开通风气，联络感情，化除其畛域之见。

第三条　由省教育行政机关根据调查报告，就各苗猺（瑶）区域，择定其幅员较大，人口密集之处，划为苗猺（瑶）教育实验区，拨给省款，筹设

① 广西壮族自治区编辑组编：《广西瑶族社会历史调查》第四册，广西民族出版社1986年版，第130页。

苗猺（瑶）民众教育馆若干所，以为实施及推行苗猺（瑶）教育之中心机关。

第四条 苗猺（瑶）民众教育馆长，由当地县政府选合格人员，呈请省政府教育行政机关委任之，其资格如下：

一、富有教育经验者；

二、具有苗猺（瑶）教育之研究兴趣及开化苗猺（瑶），之决心者；

三、了解苗猺（瑶）之语言习惯者。

第五条 苗猺（瑶）民众教育馆之任务如次：

一、设计并实验改进苗猺（瑶）之小学教育；

二、设计并实验改进苗猺（瑶）之成人教育；

三、设计并实验改进苗猺（瑶）之社会教育；

四、深入苗猺（瑶）区域，详密调查苗猺（瑶）民户之社会组织、经济状况，随时报告政府；

五、设法改良苗猺（瑶）民户之风俗习惯，使之接近汉族，逐渐同化；

六、指导苗猺（瑶）区域居民改良其生产及消费方法，以改善其生活；

七、其他关于实施苗猺（瑶）区域教育事业。

第六条 在苗猺（瑶）民众教育馆内，附设苗猺（瑶）教育师范班，由毗邻苗猺（瑶）区域之各县选送有相当程度之苗猺（瑶）人士，加以训练，准备扩充苗猺（瑶）教育。

第七条 就地筹款，逐年增设苗猺（瑶）小学校，以达到完全同化于汉族，为苗猺（瑶）教育完成时期。

第八条 各中等以上学校，添设苗猺（瑶）公费生学额，选拔苗猺（瑶）学童中之优秀分子使之就学，以养开明之领袖人才。

第九条 在省立师范专科学校，增加猺（瑶）教育研究之选修科日。

第十条 实施苗猺（瑶）教育所需经费，呈请省政府核定拨支。

第十一条 本方案自呈奉省政府核定后施行。①

这一法规内容比较全面，包括成立教育委员会、设立民众教育馆、调查教育现状、增设学校、选拔瑶生等，涉及组织机构及职责、人员、措施、经费等事项。

---

① 广西壮族自治区编辑组编：《广西瑶族社会历史调查》第四册，广西民族出版社 1986 年版，第 103—104 页。

《广西各县苗猺（瑶）民户编制通则》第十四条也规定："凡完全苗猺（瑶）民户之村乡，未设有学校者，由区公所或县政府参照苗猺（瑶）民户习惯，设立特种学校，使苗猺（瑶）青年男女入学，其费用暂由区公所或县政府支给之。"第十五条规定："凡苗猺（瑶）青年男女入学，一律免征学费，并得由学校暂给以书籍及笔墨纸张。"

在举办国民基础学校的同时，新桂系还在南宁创办"特种教育师资训练所"，1936年迁往桂林（1942年改名为桂林民族师范学校）。该所从全省各县的少数民族青少年中选拔了一批优秀分子，送入学校免费学习，培养少数民族教育师资。蒙山县的平地瑶老人邓裕章1947年就毕业于该校。① 恭城县三江乡的平地瑶邓日乾、盘福英夫妇也系该校毕业。②新桂系为全力办理国民基础教育，还几次申令禁办私塾。

在湖南瑶区，政府规定考县中的学生录取从优，由湖南省教育厅拨专款资助，名曰："瑶生助学金"。民国三十一年（1942）湖南省政府拨款，于民国三十二年（1943）春，在宁远九嶷山舜源峰创办起"湖南省立宁远边区小学"简称"九嶷边小"，也是宁远瑶族地区有史以来的第一所正规小学，对瑶族子女免费入学，并为在校寄宿的瑶族学生提供被褥、蚊帐，经费由省拨款开支。校长由省教育厅委派，教师由校长聘用。待遇高于同等学校教师。民国二十四年（1935），该校在梨子根、三亩田、十亩田、文武冲、牛头江、大坪、大地坪、棉花坪等离校较远的瑶族村寨各设分班，就地聘请教师，轮流开班上课。至民国三十七年（1948）有5个教学班，共有学生200余人，其中瑶族学生占40%左右。是时，道县、零陵等县分别在平地瑶区创办小学。尽管如此，由于历史、自然和民族歧视等因素制约，民国时期瑶族的教育事业仍然非常落后，儿童入学率只有10%左右，90%的瑶民仍处于文盲状态。③

中华民国政府将劝学兴教视为提高瑶人素质、发展瑶区经济、开创社会新风的重要举措，这在一定程度上受到了"教育救国论"的影响，客观上也产生了积极的作用，提高了瑶族的教育水平。但是由于经费、师资等具体条件的限制，实际收效不很理想。

值得注意的是，经过政府进行的国民基础教育后，瑶族特别是经济社会发展比较快的平地瑶地区，逐渐接受汉文化教育，从教育的形式、内容和目标上逐渐突破传统

---

①② 莫纪德：《恭城瑶族自治县三江乡松木寨瑶族婚俗初探》，存广西师大社会文化与旅游学院资料室，转引自陈志波《桂东北平地瑶教育发展的历史及动力探析》，载《娄底师专学报》2004年第4期。

③ 零陵地区民族事务委员会编：《零陵地区志·民族志》，零陵地区民族事务委员会2001年版，第138—139页。

教育模式，使平地瑶的教育水平高于其他的瑶族支系，并全面融入以汉族为主体的中华教育体系中，民族差距基本消失。①

五、改良习俗

国民党政府统治时期，中央政权在一定程度上比较注意尊重包括瑶族在内的各民族的宗教和风俗习惯，并对包括瑶族在内的各民族的社会风俗习惯采取尊重、改良、融洽的法律调整措施。《中华民国临时约法》规定："中华民国人民，一律平等，无种族、阶级、宗教之区别。"② 在《关于加强国内各民族及宗教间之融洽团结，以达成抗战胜利建国成功目的之施政纲领案》中指出："尊重各民族之宗教信仰及优良社会的习惯，协调各民族之情感，以建立民族统一之文化。"在《确定边区建设方针并切实进行案》中规定："对于各该地人民之社会风俗，亦应采取渐进的改良"，"对于各地风俗习惯之记载，须和平诚恳，不可有动人恶感之文字。在可能范围内，必须以新旧思想之融洽为宣传要点"。③ 不过在具体实施中，虽有一些实际措施，但效果并不明显。

改良习俗首先表现在剪发改装方面。如1933年广西桂北瑶人起义失败后，国民党政府对瑶人实行强制同化，强迫瑶人更俗易装。按照1933年8月11日出版的《政训旬刊》第22期记载，针对瑶人起义，国民党政府的法律治理措施有：改良习俗——猺（瑶）民风俗，自有其传统习惯，与汉人不同，故形成两种民族。目前禁止其建醮外，并令一律剪发改装，服从政府法令，汉猺（瑶）互通婚嫁，使汉猺（瑶）逐渐同化，打成一片。④《广西各县苗猺（瑶）民户编制通则》第十六条也规定："凡苗猺（瑶）民户之正副甲长、村长、乡长，须一律改着普通服装，并须剪发，不得自为歧异。"⑤清乡前，瑶族男子，多留有发辫，盘瑶女子多剃光头，带三角帽。清乡时就强迫男人剃掉长发，女子要留长发。红瑶地区只改装两年，又偷偷地改回了原来的

---

① 陈志波：《桂东北平地瑶教育发展的历史及动力探析》，载《娄底师专学报》2004年第4期。

② 《临时政府公报》1912年3月11日。

③ 参见吴宗金等主编：《中国民族立法理论与实践》，中国民主法制出版社1998年版，第119页。

④⑤ 广西壮族自治区编辑组编：《广西瑶族社会历史调查》第四册，广西民族出版社1986年版，第130、101页。

装束，至今不变。盘瑶妇女有的从此就改变了。①

在贵州瑶区，中华民国初期曾发布一份强令瑶族改装的文告，现已无法找到，不知其具体内容，但一份签发于“中华民国二十八年八月二十四日”的文告足以说明有关事实，其文告全文如下：

荔波县政府布告

查猺（瑶）民今初受政府德化，关于风俗习惯应逐渐改良。兹姑准暂不剪发改装，但须遵章入校读书，贫家子弟须读夜书。至瘟毙之牛不准上场售卖，照章亦不准收税。合行布告一体。知照。

中华民国二十八年（1939）八月二十四日

县长：陈世宇（盖章）

这表明已经认识到“风俗习惯应逐渐改良”，而“姑准暂不剪发改装”。显然这件文告是针对以前曾颁发的有关强令瑶人改装剪发，遭强烈抵抗后不得已的一种绥靖政策。②

瑶汉通婚也是改良习俗的重要方面。瑶汉之间的通婚，除了本族已意识到狭隘的通婚范围的不良后果而改良外，与当时政府的提倡及“化导”也是有关的。

1914 年，广西富川新华平地瑶聚居区为改良当地风俗，曾由当地团总拟定 8 条改良风俗的条文规定，碑刻存入“五源书院”。其中，第一条规定“同姓不婚”。第三、四、五条规定是对青年男女在婚姻自由恋爱等方面的约束。如禁止男女青年赴会期答歌和未嫁女青年游街等。平地瑶的婚姻风俗逐步汉化，但仍有招郎上门的习俗，成婚手续较为简单。③

湖南资兴政府在 1930 年《改进瑶民生活案》中决定：“县设各机关得雇用有相当学识技能之瑶民，打破汉瑶不通婚的陋习，准是进行汉、瑶待遇之方法。”到 1932 年，湖南《郴县政府特种部族调查一表》中，对茶坪（1950 年改隶资兴）的婚俗描述：“亦与汉人通婚，惟仅招赘汉人为婿，以承宗兆，不嫁瑶女与汉族为妻耳”。④

---

① 广西壮族自治区编辑组编：《广西瑶族社会历史调查》第四册，广西民族出版社 1986 年版，第 84 页。

② 彭兆荣等：《文化特例——黔南瑶麓社区的人类学研究》，贵州人民出版社 1997 年版，第 256 页。

③ 陈伟明等：《生态环境与平地瑶传统文化的变迁》，载《中南民族大学学报》（人文社会科学版）第 23 卷第 3 期（2003 年 5 月）。

④ 转引自赵砚球：《从族谱看郴州过山瑶人的社会历史生活及其演变》，载广西民族研究所《瑶族研究论文集》，广西人民出版社 1992 年版，第 99 页。

通过改良习俗，瑶族的社会风貌有了一定的变化，民族传统文化也逐步发生变化，呈现出多元、多变、新陈并杂的复杂面貌，也在一定程度上促进了民族间的融合，但是大汉族主义下表现汉族极强的自我优越感的强制易俗也产生了一些消极影响。这种改良习俗的法律措施，并非建立在民族尊重基础之上，因而引起瑶人的不满和抵制就在情理之中，也造成了民族间一定的隔阂，在一定程度上影响了瑶族地区社会的发展。

中华民国时期，是中国历史上社会变动至为剧烈的时期之一，政治方面风云激荡，民族危机严重，经济处于缓慢发展状态，科学、民主观念和民族主义思想已为社会多数民众所认同并或多或少地接受，社会风尚发生某些变化。中华民国中央政权对瑶族的法律调整于此背景下制定和实施，自然有其时代特点和局限。

结　语

中国古代的历代中央政权对瑶族的法律调整，基本上是从征服、同化的目的出发，强调瑶族对中央政权的臣服，而非基于民族尊重、民族平等和民族团结原则。中央政权对瑶族的法律调整，主要采用征、剿和招、抚两类方式，中央政权的国力、瑶族的实力、瑶汉交流状况、社会的治乱、周边关系等因素决定具体的法律措施。虽然由于社会因素不同而有反复、有例外，但政治上特别治理、经济上优免治理、文化上同化治理等为历代中央政权的基本管治原则。

政治上特别治理。历代中央政权针对瑶人特点实行特殊的管治。秦汉之时，除在少数民族地区设置边郡边县，以区别于内地的郡县外，还在少数民族聚居的一些地区设置了“道”和“属国”二级特殊的地方行政单位。南朝在包括瑶族先民居住地在内的少数民族聚居的地区设置左郡左县。唐王朝的统治者，清楚地认识到武力是无法征服瑶人的，于是就采取了抚的办法，即实行羁縻制度，在统一领土内，对包括瑶族先民居住地在内的南方民族聚居和杂居地区，采取有别于汉族地区的办法治理，“其道在于羁縻”。针对瑶族等少数民族的社会习俗与内地存在极大差异的情况，宋代在法律调整上采取区别对待的政策。宋真宗曾下诏说：“朕常诫边臣，无得侵扰，外夷若自相杀伤，有本土之法，苟以国法绳之，则必致生事，羁縻之道在于此”①，因此“尊本土之法”，“因俗为治”，即不强制推行汉法，允许瑶族按习惯法处理民事、刑

① 李焘：《续资治通鉴长编》卷七二，上海古籍书店影印本。

事纠纷。元代中央政权对瑶族的法律调整，有制度上的创新，即土司制度。而不断的瑶人起义这一严酷的事实迫使明朝统治者认识到，单靠武力镇压、用“剿”的手段绝不能把各族联合起事镇压下去，必须改变原来的民族政策和法律措施，改一味地武力镇压为剿抚并用的策略，并最终确立以发展经济为主，辅以“改土归流”的法律调整方式。清代特别是康熙、雍正、乾隆朝，对瑶族地区等少数民族地区实行“恩威并施”、“因俗而治”的法律政策，康熙、雍正、乾隆皇帝将其简化为“从俗从宜”、“各安其习”、“不易其俗”；雍正大规模改土归流后，把保甲制推广至包括瑶族在内的南方民族地区。中华民国时期，中央政权进一步强化县、乡组织，主要通过保甲制度全面实行对瑶族的控制。道和属国、左郡左县、羁縻府州、土司、保甲等制度的实施，反映出历代中央政权对瑶族特殊性的认识，在法律调整方面实行区别对待。

经济上优免治理。历代中央政权对瑶人实行赋役优免、互市、发展经济的法律政策。两汉以前贡而不税，瑶族先民与中原王朝基本上是一种臣服关系。西汉轻赋政策，东汉征徭增赋。晋王朝对包括瑶人在内的“夷人”实行租赋从轻的制度。在赋役方面，隋朝统治者对莫徭（瑶）采取的是十分宽松的赋役政策。唐代中央政权也对包括莫徭（瑶）在内的“夷僚”等实行减税的赋役政策。宋代中央政权比较重视对包括瑶族在内的南方诸族的开发，积极开边拓土，采取许多措施促进经济发展，进行法律调整，主要表现在实施“计口给田”或“籍户授田”制度，采取按丁收租的缓和办法。自宋初起就采取了有别于汉区的税负制，总体而言，瑶人税负较汉区百姓轻。宋代中央政权还逐步开放溪峒瑶区的贸易市场。元朝对瑶人实行免赋或轻赋的政策。明代中央政权视瑶民入籍与否施行相应的赋役政策，把互市纳入其制瑶的轨道中，规定禁止通山。明代中央政权开发广东瑶区社会经济的核心内容为招募流民、垦殖荒地、发展农业生产。清代多因袭明代治瑶政策，通过法律保障瑶人土地所有权和使用权，禁止汉、瑶土地买卖与交换田产，禁止各级官府和官吏扰瑶累瑶勒瑶。在清代雍正年间，由于中央政权对瑶区及其他少数民族地区的控制加强，便实行“改土归流”，实施丈量土地、编丁纳赋等如同内地的赋役政策。中华民国时期，对瑶人在税负方面有一定的照顾，采用“承垦官荒”、“领植荒地”办法；在瑶人起义后，国民党政府采取购发农具、以工代赈、善后借款等恢复经济、发展生产、安定社会的法律措施。从总体上看，国力强盛、社会安宁、周边和平时期，往往轻徭薄赋，或着手开发瑶区，将瑶人逐步纳入国家经济的轨道，如西汉、隋、唐、北宋、元、明、清等朝均是。而国力衰颓或社会动荡、边区不靖，或者需要借助瑶民的中间势力时，则会出现两种情况，其一是笼络瑶民，对瑶区的控制减弱，如三国前期、晋代、南朝等；其二是开发经营瑶区，增加赋役，转嫁负担，如东汉、三国吴、北朝、五代十国等时期均是如此。

文化上同化治理。历代中央政权比较注重教育、文化的作用，强调“德化”注重推行同化政策。宋朝中央政权在治理瑶区时，为“化服人心”、“以柔人心”，维护统治，在瑶区兴办学校，传播汉文化，以“兴学化心”，提高瑶人素质。明代中央政权在宋元的基础上，更进一步在包括瑶族地区在内的少数民族地区兴办学校、推行科举，动员内地通达经述通晓语言的生员去瑶族地区从事教育工作，薪俸从优，并采取一些优惠措施，鼓励瑶族子弟入学，在瑶区内发展文化教育，向瑶人灌输儒家伦理思想。清代重抚绥，有清一代，对瑶区教育颇为重视，其主要措施包括兴义学、在府州县学中专门设立瑶族生员名额、开科举之门等，“如此权养兼行，胥为良善，则瑶俗益臻挣滥矣”①，通过法律手段促进瑶人的开化，推进瑶族社会的发展。中华民国时期，废科举，兴学校，对瑶族教育继续采取“开化”政策。国民党中央政府和地方当局加强了教育事业，将教育视为开化之重要措施；颁布《广西苗猺（瑶）教育实施方案》；剪发改装、瑶汉通婚以改良习俗。

历代中央政权对瑶族的法律调整，有其社会历史背景和原因，客观存在着民族歧视和民族压迫的思想，带有浓厚的功利色彩和主观特色，它往往缺乏实施的连贯性与确定性，不能贯彻始终。一旦双方的力量对比、社会局势、民族关系等发生变化，抑或是遭到中央政权的改弦更张，或是受到地方官吏的肆意破坏，以抚化优免为主转变为勒剥侵夺时，瑶人也就会起而剧烈地反抗。不过，随着时间的推移，历代中央政权对瑶族的法律调整逐步走向系统、完备与成熟。历代中央政权对瑶人区别对待、分类而治、因地制宜的法律措施，有利于瑶族社会的发展与进步，有其积极意义。

---

① 《治瑶胪例六条》。见黄钰辑点：《瑶族石刻录》，云南民族出版社 1993 年版，第 68 页。

YAOZU XIGUANFA

第三章

瑶族习惯法

20世纪50年代前，中国的部分瑶族地区处于封建社会阶段，有些瑶族地区还保留有浓厚的原始公社制残余,① 瑶族社会没有建立统一、有效的政权组织，瑶人以大分散、小集中的居住方式生存和发展，通过自治、主要依靠内生秩序维系民族的繁衍，广西金秀瑶族的俗语“瑶还瑶，朝还朝”正是这种状况的真实写照。中央政权对瑶族的管治和法律调整较为有限，瑶人过着较封闭的带有原始民主性的社会生活，为了美好而有序的生存而不断地自我组织、自我完善、自我发展，不断地创造着世界。在瑶族社会中，社会关系的调整、社会资源的分配、社会秩序的维持、民族文化的传承主要是通过习惯法进行的，习惯法在瑶族社会具有举足轻重的地位。由于习惯法的存在，各地瑶族的社会制度发育得较为健全。②

瑶族习惯法的生成过程是与瑶人的惯常性相联系的，是与满足和符合瑶族社会成

---

① 参见林耀华主编：《民族学通论》，中央民族学院出版社1990年版，第261页。

② 《中国大百科全书·法学》对“习惯法”是这样界定的：“习惯法反映国家认可和由国家强制力保证实施的习惯。……在国家产生以前的原始习惯并不具有法的性质。”参见《中国大百科全书·法学》，中国大百科全书出版社1984年，第87页。其他一些有影响的教材如《法学基础理论》也认为，“习惯法是经国家认可并赋予国家强制力的完全意义上的法”。参见孙国华主编：《法学基础理论》，中国人民大学出版社1987年版，第41页。其他一些教材的观点也与此类似，如孙国华主编：《法学基础理论》，中国人民大学出版社1999年版，第259页；沈宗灵主编：高等学校文科教材《法学基础理论》，北京大学出版社1988年版，第89页；沈宗灵主编：高等学校法学教材《法理学》第二版，高等教育出版社2004年版，第320页；葛洪义主编：《法理学》，中国政法大学出版社1999年版，第355页。值得注意的是，近几年有不少学者开始对这一主流观点表示了不同意见，梁治平的《清代习惯法：社会与国家》（中国政法大学出版社1996年版）即为其中的代表。

我认为，习惯法是独立于国家制定法之外，依据某种社会权威和社会组织，具有一定的强制性的行为规范的总和。参见高其才：《中国习惯法论》，湖南出版社1995年版，第3页。

马克斯·韦伯认为传统中国的治理是一部“皇权试图将其统辖势力不断扩展到城外地区的历史”，但实际上，“出了城墙之外，统辖权威的有效性便大大地减弱，乃至消失”。参见〔德〕马克斯·韦伯：《儒教与道教》，江苏人民出版社1993年版，第109—110页。而季卫东先生曾经就制度的自组织性进行过颇有启发性的分析，参见季卫东：《法治秩序的建构》，中国政法大学出版社1999年版，第272—284页。

近几年，有一些学者对少数民族习惯法进行了研究，如范宏贵的《少数民族习惯法》（吉林教育出版社1990年版）、徐中起等主编的《少数民族习惯法研究》（云南大学出版社1998年版）、俞荣根主编的《羌族习惯法》（重庆出版社2000年版）、高其才的《中国少数民族习惯法研究》（清华大学出版社2003年版）等。

关于国家制定法或国家法与习惯法的关系、区别，在王铭铭等主编的《乡土社会的秩序、公正与权威》（中国政法大学出版社1997年版）中有多篇文章涉及，可资参考。

员的需要而与本性相一致的，“几乎全然是从自身内部，圆融自洽地发展起来的”①，瑶族习惯法较之国家制定法有其独特的合理性和实效性。②

瑶族习惯法的议定与修改通过总结社会经验以解决社会问题，充分发挥民意，尊重长者智慧，旨在弘扬民族传统。

瑶族习惯法的内容十分丰富，涉及瑶人生产和生活的各个方面，包括人法如社会组织与头领习惯法、婚姻习惯法、家庭及继承习惯法、丧葬宗教信仰及社会交往习惯法；物法如生产及分配习惯法、所有权习惯法、债权习惯法；保障法如纠纷解决习惯法、刑事习惯法等，形成种类齐全、内容完整的法律体系。

瑶族习惯法的实施主要依靠个体自觉，注重内在接受，强调群体参与。

第一节

瑶族习惯法的议定、修改

瑶族习惯法是瑶人在长期的生产、生活过程中，为了保障团体生存、促进群体发展、解决社会冲突而逐渐形成与发展起来的。

一、瑶族习惯法的形成

瑶族习惯法既有自然形成即俗成的，也有特定社会组织成员议定即约定的。议定是瑶族习惯法创制的重要形式。在长期的社会发展中，瑶族逐渐形成了有关习惯法的议定、修改的组织、人员、程序等方面的规范。通过习惯法的议定与修改，瑶族将观念中的法表现为现实中的法，为瑶人行为和社会关系的调整提供规范依据。

自然形成即俗成的瑶族习惯法。瑶族为了满足生存和繁衍的需要，在社会生活与

① 〔德〕萨维尼：《论立法与法学的当代使命》，许章润译，中国法制出版社 2001 年版，第 26 页。与此类似的是，日本学者滋贺秀三在分析了中国古代社会的情况后，感慨地指出：中国的“法只是由外行的人们所创造和支持（的）”。参见滋贺秀三：《清代诉讼制度之民事法源的考察》，载王亚新等编《明清时期的民事审判与民间契约》，法律出版社 1998 年版，第 81 页。

② 孔子曾经说过的一句话非常值得我们细细琢磨：“礼失求诸野。”

生产实践中逐步形成习惯法。当某一特定群体成员“开始普遍而持续地遵守某些被认为具有法律强制力的惯例和习惯时，习惯法便产生了”①。“生产本身又有两种，一方面是生活资料即食物、衣服、住房以及为此所必需的工具的生产；另一方面是人自身的生产，即种族的繁衍。一定历史时代和一定地区内的人们生活于其下的社会制度，受着两种生产的制约：一方面受劳动的发展阶段的制约，另一方面受家庭的发展阶段的制约。”② 由于生产和婚姻与人类的生活最密切相关，因此，瑶族习惯法，应该最先在婚姻生活与生产领域内出现、产生。在瑶族的古歌、神话中，可以找到这一判断的佐证。③ 瑶族先民在长期的婚姻实践中，发现血缘婚给民族成员的体质和智力带来极大危害，为使民族成员的繁衍正常、健康进行，瑶族先民就逐渐形成了同姓不婚的习惯法，排除血缘婚，而以族外婚替代之，并长期遵守。同时，为了在生产力水平极端低下的状况下维持整个氏族的生存、繁衍，也必定有类似同姓不婚的习惯法来保证狩猎、采集、捕鱼等生产活动的顺利进行，如规定共同劳动，所有成员按照自然分工即生理上分工选择劳动方式，共同消费，尤其是保证主要劳动力的消费等。正如恩格斯所说的：“在社会发展某个很早的阶段，产生了这样一种需要，把每天重复着的产品生产、分配和交换用一个共同规则约束起来，借以使个人服从生产和交换的共同条件。这个规则首先表现为习惯，不久便成了法律。”④ 因此，瑶族习惯法的产生与瑶族社会经济、文化条件相关。

二、瑶族习惯法的议定目的

随着瑶族社会的发展，习惯法主要通过特定社会组织成员议定即约定而形成。瑶人根据社会发展需要，总结社会实践和经验，针对现实社会问题，按照一定程序，发挥主观能动性，为实行社会自治而有意识地创制习惯法。

---

① 〔美〕E·博登海默：《法理学——法律哲学与方法》，邓正来译，中国政法大学出版社1999年版，第381页。

② 恩格斯：《家庭、私有制和国家的起源》，载《马克思恩格斯选集》第四卷，人民出版社1995年版，第2页。

③ 神话对我们认识早期人类社会有非常重要的意义。马克思曾经指出，神话“是已经通过人民的幻想用一种不自觉的艺术方式加工过的自然和社会形式本身”，见马克思：《〈政治经济学批判〉导言》，载《马克思恩格斯选集》第二卷，人民出版社1995年版，第29页。

④ 恩格斯：《论住宅问题》，载《马克思恩格斯选集》第三卷，人民出版社1995年版，第211页。

瑶族习惯法议定的目的，在广西金秀瑶族的《根底话》中说得非常清楚，因为“天下有百种粮，世上有百样人”。“人有善有恶，就怕恶人欺善人；人有好有坏，就怕坏人欺好人。世上坏人虽不多，一颗鼠屎能毁一碗汤。人心隔肚皮，防范不可忘。”因此“才制十二条‘三多’，才定十三条‘俄料’”（“三多”、“俄料”在瑶语中分别为法律、法规的意思）。即要用习惯法来制裁、惩治那些“为非作歹”、“戮马杀人”、“谋财害命”的“恶人”与“坏人”，使社会得到安定，人民生活能够安宁。① 中华民国二十七年（1938）议定的广西金秀《六眼、六椅等村石牌》就指出：“盖闻朝庭（廷）有律法，乡党有公义（议）之方。倘有不顺之人，不守团律，自（肆）意随心所欲，至此外反内乱，不依瑶团。公共才会结合团体，俾众有律。”② 因此。瑶族习惯法主要的精神在于保护生产和维持社会秩序，实现瑶族内部的自我管理。

从族群整体利益考虑，瑶族议定习惯法突出化解矛盾、息事宁人。如清道光二年（1822）议定的广西金秀《门头、下灵、黄桑三村石牌》就提出立石牌习惯法的目的即为大事化小，小事化无：“三村立石牌，大事收为小事，小事收为全无。”③这既是瑶族自身秩序维持的需要，也可能受到汉文化的一定影响。

瑶人也往往从团结、互助角度出发议定习惯法，以凝聚人心、团结一致抵御外来力量的滋扰，使自然环境条件十分艰苦的瑶人得以生存、族群得以发展。清道光二十年（1840）广西金秀《班愆石牌》就指出：“班愆村九家兄弟，意祖父住在小地方，客状（壮）瑶人（指盘瑶）乱匪欺（漏一侮字），九家谪（商）议理论，到□兄弟上秀，歌赦、立龙三村，六亲兄弟不伏（服）。意旧老人先□安请班愆村九家，先意先人立字一纸内外人不见。到道光二十年，照旧老人出字立牌，内外人见石牌字得知。后来班愆村永代子孙，何人不得乱欺福（侮）。如有何人乱欺福（侮）匪颓（类）九家，上秀、歌赦，立龙三村众人兄弟，齐心不伏（服），立牌告知。”④这表明，因有山外客人（汉人）、壮人和山内盘瑶等“匪类”欺侮班愆村九家而议定习惯法以御侮。1908年时就当头人的广西金秀坳瑶老人赵杰初笔述的《罗香七村石牌》卅端即言：“一、在我石牌群众，一志同心同志，团结惟一。二、我团内群众，上山同队，

---

① 韦玖灵：《从石牌话看瑶族的原始法律意识》，载《广西大学学报》（哲学社会科学版）1994年第5期。

②③④ 广西壮族自治区编辑组编：《广西瑶族社会历史调查》第一册，广西民族出版社1984年版，第48、62、52页。

落水同途，有福同占，患难同当。”① 中华民国七年（1918）议定的《三十六瑶七十二村大石牌》的序文就表示：“维大会石牌事：朝廷以立法为先。我背（辈）瑶山以石牌为先。向年因匪扰乱，曾经大会三十六瑶，七十二村。凡我同人，务须协力同心，各相救应合力，因大石牌合理公议，凡我瑶山遇有匪兵，或者经过瑶村，务须通报近村，以防不测。再者，遇兵匪攻劫邻村，不帮不报者，即以半通匪论，会同石牌公罚。我众瑶山，务要同心，不得各生异念，可保子孙永远勿虑。特此通知，各村例规，是幸！”②值得注意的是，这一石牌将瑶山立石牌习惯法与朝廷立法相并列，表明了习惯法在瑶区的重要地位。

瑶族习惯法的议定一般根据瑶族社会实际面临的状况和存在的问题，遵循从实际出发的原则。清代光绪二十二年（1896）的广西金秀《长滩、长二、昔地三村石牌》，其序文表明是基于当时人心不古、偷盗现象严重而重新议定习惯法：“盘故（古）开天自立地，先立遥（瑶）山，后立朝庭（廷）。遥（瑶）朝各有所管。我遥（瑶）山全靠田地山场来养男女。在老班祖公管来，并无何人乱偷贼（盗）遥（瑶）山山场物件，如今现见三五年，失物不小（少）。今我众石牌想仪（议）位（会）太平团，照我老班律辉（规）料令。”③中华民国十三年（1924）议定的《六段、仙家漕、老矮河三处石牌》的序文谈到议定的起因时就说：“兹今近岁，屡有不法之徒，常在边方境侵扰，殊属玩法可恶之极。通瑶会议，特立规条章程，开列于左。”④从已经收集到的习惯法材料加以分析，较早期的，其内容侧重在保护生产和调处瑶族内部的纠纷，较晚的，则是侧重防止山外歹徒恶棍入山滋扰，到了辛亥革命以后，则是侧重防御土匪。从这些习惯法中，也显然可以看出瑶族社会不同时期的特点。⑤

瑶族习惯法的议定、修改一般均须由全体社会成员或全体社会成员的代表参与，并遵循全体一致的原则，每一住户的户主或每一村落的代表到场出席，体现了比较明显的原始民主色彩，因而有较深厚的实施基础。但是随着瑶族进入阶级社会，由于本族系间或甲族系与乙族系间的政治地位和经济地位有所不同，虽然彼此共同组织一个石牌，议定共同遵守的习惯法，但事实上在法律地位上已不再一律平等。如广西金秀上下卜泉两村与金秀等四村共一个石牌，两村议定金秀等四村为“父母”，自己则是

①②③④⑤ 广西壮族自治区编辑组编：《广西瑶族社会历史调查》第一册，广西民族出版社1984年版，第63—64、45、57—58、46、39页。

"小人"，愿归他们管辖，等级色彩较明显。①

三、瑶族习惯法的议定程序

瑶族习惯法的议定有自然形成的程序，在参加人、具体议程等方面均有一定之规。

具体而言，广西金秀等地瑶族的习惯法主要是通过石牌会议议定的。石牌会议，瑶语叫做"会石牌"，它是形成、创制习惯法的过程。

据传从明洪武八年（1375）五屯千户所千户覃福统治时，广西大瑶山就开始有石牌习惯法。清同治六年（1867）的广西《金秀沿河十村平免石牌》记："明朝目下立昨（着）会律法，不准何人乱昨（作）横事。"②这说明在明朝瑶山就已有石牌习惯法。李维信先生在《大瑶山的石牌制度》一文中曾有"大瑶山的石牌制度则产生于明代前期"之说。1990 年，瑶人在广西金秀三角乡三角村发现的《成二、下故都等村石牌》，就是明崇祯四年（1631）立的。③ 比较早的石牌还有清顺治十一年（1654）《上秀二村石牌》。以前 200 余年历史中究竟还竖立了多少石牌，尚无文字可考。1962 年姚舜安先生在龙华乡花蓝瑶侯宗吉家看到一份关于石牌名的手抄本，记录有八块石牌的名称，即《八村三十一排花相石牌》、《罗运、平林五十五石碑》、《门头三村石碑》、《水乡村石牌》、《立山五十村石排》、《何狗村五百六十石碑》、《罗梦十段石碑》、《七十二石碑》。在上面的八块石牌中，经过与现在的石牌和历史资料以及瑶人提供的情况，进一步考证，只有两块石牌，可见，其他六块石牌没有发现实物。这说明广西大瑶山等地还有众多的石牌习惯法还没有被发现，就被毁坏了。④

到目前为止，在广西金秀、龙胜、湖南江永、贵州荔波等地发现瑶族习惯法的石牌 42 块，其中广西金秀发现 33 块。⑤也有学者认为金秀瑶族习惯法的石牌律和料话有 45 块。⑥

广西金秀召开议定瑶族习惯法的石牌会议，首先是由几个当地瑶人所公认的自然领袖，即瑶族所称的"石牌老"或"石牌头人"的人物（一般是四五人，不是独

①② 广西壮族自治区编辑组编：《广西瑶族社会历史调查》第一册，广西民族出版社 1984 年版，第 52—53、54 页。

③⑥ 莫金山：《瑶族石牌制》，广西民族出版社 2000 年版，第 25、15 页。

④⑤ 姚舜安：《大瑶山"石牌律"的考察与研究》，载广西民族研究所编《瑶族研究论文集》，广西人民出版社 1992 年版，第 213、215 页。

裁），根据民族传统精神，观察当前社会现象中所表现出来的一般动态和某些方面的突出事故，加以揣摩考究，找出它的关键性的东西，然后依据当地的民族特点，拟定若干条款，作为石牌习惯法的一个草案。接着便通知当地瑶人在预定的日期和地点开会。被召集与会村落住户的多少，要看石牌会议所涉及的事态而定。如果是仅限于一般性的保护生产和社会秩序的事，常是一村或相邻几村的住户参加，如果属于特殊性的事件，比方御匪防匪等，则须多数村落住户参加。甚至可以召集全瑶山的36部瑶、72村的大集会，公布总石牌习惯法，让全山各族系团结一致，共同遵守。

被召集参加石牌会议的瑶族居民，一般都由各户的户主出席。如果距离集会地点太远的村落，有时也可以推选代表参加。凡参加会议的人，都自带伙食费用。如果是一村或几村的小石牌会议，开会的一切费用，则由这个石牌以前所存的石牌罚款开支。

石牌会议进行的程序是这样的：各被召集的与会住户到齐后，齐集一村外的较宽平的场所，再由预先由石牌头人中互推一个头人出来当众“料话”，宣布他们事先拟好的“料令”草案。瑶语所谓“料”，即是“讲”的意思，所谓“令”，即是“法律”或“规条”的意思。在“料话”当中，一般照例还要从盘古开天辟地讲起，接着讲述祖先迁徙的经过，以及进入瑶山后的艰苦斗争经历（在几个不同族系的居民集会的场合，这些就省去），接着就讲述瑶山以往所发生的有关石牌的大事，如某年发生匪盗，某村某人作恶触犯石牌习惯法之类。

其次就宣布“料令”（习惯法）。这是“料话”的主要部分，故须逐条念读，并加讲解，务使人人入耳，个个进心。最后还要加上一段勉励大家齐心协力，共同遵守“料令”（习惯法），使地方太平，人人得以安居乐业的结束语。值得一提的，在“料话”当中，那些能讲会说的头人，常常夹讲一些排比句式的成语，以增强说服力和感染力。举例如下。

开头讲开天辟地时，就说：

盘古开天立地，　　伏羲姊妹造人民，

先立瑶（或做先有瑶，或先立瑶山），　　后立朝（或做后有朝，或后立朝廷）。

讲祖先迁徙经过时，就说：

立门为主，　　立村为社，

坐得安，　　站得稳，

先敬社，　　　　后敬庙。

讲立石牌时，就说：

官府朝廷，　　　　大理到官，

小理到团，　　　　山下瑶民，

大理请头请老，　　　　小理请邻请舍，

立石牌，　　　　走脚步（意思是跟着前辈人的脚步走），

用木为牌，　　　　杀牛立律，

十二十三条规约，　　　　十三十五条法律。

讲勉励石牌头人办事、判案要公平时，就说：

治老要正，　　　　治官要平，

人不得乱做，　　　　粑不得乱捣，

人乱做，　　　　粑乱捣，

上犯天，　　　　下犯地，

犯三十三天，　　　　犯九十九地，

大事化为小，　　　　小事化为无，

一条未了，　　　　百条未断，

一条办了，　　　　百条办完。

讲述石牌人要同心协力时，就说：

撵牛不离一条鞭，　　　　鸡母不离一只公，

水同船，　　　　盐同包，

鹏鸡同队，　　　　四马同行，

上山同路，　　　　下水同船。

在议定习惯法时，瑶族石牌头人经常宣讲《根底话》和《三十六瑶石牌法律》，阐述金秀瑶族习惯法议定目的和基本精神。《根底话》与《三十六瑶石牌法律》涉及瑶族社会生活的基本方面，具有相同的理念，即团结、互助、守法、严惩，可谓金秀瑶族习惯法具体规范的总纲。

根底话——《石牌话》序

盘古开天辟地，　　　　伏羲兄妹造人民。

先有瑶，　　　　后有朝；

先立青山，　　　　后立朝廷；

先建村屯，
后建金坛社庙①。
山外大地方②，
有田有塘，
田塘是命根，
吃穿全靠它；
惟恐强人作恶，
恐怕恶人作乱，
因而立衙门，
因此建牢房，
官掌印，
差传票③，
捉拿强人进衙门，
捆绑恶人进牢房。
我们二十四花山④，
我们三十六瑶村，
我们是偏僻小地方；
三家为一村，
五房为一寨，
小村靠大村，
大村靠石牌。
天下有百种粮，
世上有百样人；
人有乖有笨，
就怕乖人欺笨人；
人有善有恶，
就怕恶人欺善人；
人有好有坏，
就怕坏人欺好人。
世上坏人虽不多，
一颗鼠屎能毁一碗汤；
人心隔肚皮，
防范不可忘。
这样，才砍树置牌⑤，
这样，才杀牛立牌⑥，
才制出十二条“三多”⑦，
才定出十三条“俄料”⑧。
有了石牌律，
瑶山固如铁。
石牌大过天，
对天也不容。
哪个敢作恶，

① 金坛社庙：指社庙。过去每一村屯均立社庙，以社为大。庙设庙主，社设社老。社老专管祭祀和农事。

② 山外大地方：指汉、壮族地区。

③ 差传票：指衙门当差者，负责传票和捕人。

④ 二十四花山：指瑶族居住地方。

⑤ 置牌：指立石牌条文的木牌和石牌。

⑥ 立牌：指立石牌条文的木牌和石牌。

⑦ 三多：瑶语，即法律、法规。

⑧ 俄料：瑶语，即法律、法规。

哪个敢捣乱，
也把它熔了；
也把它化掉。
法规严厉，
我们才立得稳。
我们三十六瑶村，
我们唇亡齿寒；
我们下水同船，
同心海可淘。
这样，我们法律才灵。
天灵地准。①

即使它是铜，
即使它是锡，
法律严峻，
我们才坐得安，
我们二十四花山，
我们唇齿相依，
我们上山同路，
众志山可移，
这样，我们法律才准，
石牌法律。

“料话”完毕之后，如果与会的共石牌群众对这些“料令”（习惯法）有不同意见的话，也可以提出个人的意见来供大家商讨，不过这种情况是极其少见的。一般都是对所提出的“料令”（习惯法）草案，全场一致以默认或欢呼的形式通过的。

石牌习惯法通过之后，各村就把推选出来的甲头姓名介绍给石牌头人登记（如果开大石牌会，各小石牌也还把它的石牌头人介绍给大石牌），议定习惯法的会议便告结束。习惯法就正式生效。

有的在通过石牌习惯法规范之后，为了表示参加者的齐心合力，要杀鸡饮血酒。如广西金秀罗香一带的坳瑶，便是如此。其他族系立石牌时，仅是在开会之后，杀鸡杀牛，欢聚痛饮，对石牌并不举行什么仪式的。六巷一带的花蓝瑶，在竖立不刻字的石牌时，还要用斧在石上砍三下，作为大家决心遵守的标记。②

有的瑶族地区议定习惯法的程序则比较简单，如广西上林正凡瑶族由民众认为某人能说话，能与外界交涉为本族办事的人，就公认（没有选举）其为自然领袖。由这位领袖召集本族的人聚会，宣布定全族共同遵守的公约即习惯法，习惯法的内容大概是：凡是本族因无辜被外族欺侮或殴打，本族人有共同替他出头的义务，如果本族成员，因无故与别人闹事，咎由自取，本族的人一概不负责任……通过习惯法时，要杀

① 陶公气口述，刘保元、苏德富翻译整理。参见金秀瑶族自治县志编纂委员会编：《金秀瑶族自治县志》，中央民族学院出版社 1992 年版，第 568—569 页。

② 广西壮族自治区编辑组编：《广西瑶族社会历史调查》第一册，广西民族出版社 1984 年版，第 36—37 页。

鸡饮血酒，表示共同遵守，并各自签上名字，然后生效。① 虽然也包括聚会、宣布、饮血酒、签字等步骤，但由于参加者较少，涉及范围不广，故总体而言不复杂。

四、瑶族习惯法的形式

通过后的瑶族习惯法的表现形式多种多样。瑶族习惯法经过由不成文到成文的历史演进过程，始初是口头流传的不成文法规。如贵州荔波瑶麓的习惯法由头人或专人传诵，传诵一般在“熟霞”祭祖、丧葬砍牛、喜庆结婚等瑶胞云集时举行。内容为重申古规古训如丧葬砍牛时唱的“煮劳”歌，念的记公词，结婚嫁女时唱的“时霞”歌等。这是瑶族习惯法的初级表现形态。

瑶族习惯法的中间过渡形态是立不刻字的石牌。有些瑶族地区，习惯法条文并不镌在石上，却也要竖立一块略带长方形而石面扁平的石头，作为石牌。这块石头，要在开会以前竖好。竖立这种石牌时，须举行一种简单的祭祀仪式，即是在石牌前杀猪杀牛，烧香化纸来祭它。②口头议定规约后，当众宣布，立石牌以为标志，不刻文字。广西金秀罗香乡龙军村现存的两块石牌，一块直立，一块平躺。人们解释说：“立着的石牌是让人走正道，就是像石头永远站得住脚，如果行为不正，就像躺着的石头，永远站立不起来。”在门头、古浦、六巷三村的交叉路口，有一块石头，石头上打着11个斧印。据说，以前有11个老年人在这里开会，议定不准随意离婚，凡是要离婚的须罚与这块石头一样重的银子。这就是不成文石牌，也叫无字石牌，据说是瑶族最早的石牌。贵州荔波瑶麓也有无文的“阿摆”，即石板，是重大事件突发后，经会议议决，将粗略加工之后的石头，当着众人埋入地下。传说这种埋石有多起。洞干埋有一块，是教育族民不能让洞干和覃家开亲的，因为是血缘兄弟。另外洞告、毕查、洞八等寨也都有埋石，那是因为异族入侵，留给子孙后代的证明石。

随着社会的发展，瑶人中识字的逐渐增多，习惯法的内容就用文字来表达了，石牌也由不成文石牌（或无字石牌）演变成为成文石牌。这是瑶族习惯法的高级形态。③ 有的瑶族地区把石牌习惯法的条文，镌刻在石板上，竖在原来开会的地方。有

①② 广西壮族自治区编辑组编：《广西瑶族社会历史调查》第五册，广西民族出版社1986年版，第45、37页。

③ 金秀大瑶山瑶族史编纂委员会编著：《金秀大瑶山瑶族史》，广西民族出版社2002年版，第180页。

的则不镌石而改用木板书写，有的仅用纸写下，发给参与开会的村寨张贴或收藏。

瑶族石牌习惯法有不同的称谓，如“料令”、“律法”、“班律”、“律规”、“规律”、“条规”、“规条”、“律”等，还有称“五料三朵（多）”的。每件条文最简的只有3条，一般为5条到15条。

瑶族习惯法的具体名称，按所参加的村寨的不同范围、参加石牌的村数、参加石牌的户数、竖立石牌的地点而有所不同，如总石牌、十村石牌、三百九石牌、丁亥石牌等。①

瑶族习惯法有综合性的规范，也存在组织生产、禁偷治盗等方面单项的规定。如1940年的金秀庚广村石牌即为综合性的规范，虽然条文不多却涉及生产、治盗、防匪、互助、祭祀、纠纷解决等内容：

庚广村石牌

朝廷有法，乡党有规，民有民约。全村石牌公议，列出条文，公布遵守。

一议册中田地禾苗，不得放牛踩吃，犯者倍（赔）回，罚二千文。

一议不得勾生吃熟，停留生面之人，犯者罚五千文，坏人送官。

一议一家有事，大家帮忙，帮钱帮米，帮多帮少，同心协力。不帮者格［隔］众。

一议还良愿（盘王愿）三年一回，五年一回，同祝同庆，大小平安太平，收成旺盛。

一议遇事大家讲理，小理村老头人排解；大理鸣众起用（团），不得动武打架。

一议村内各人不得为匪抢……（以下缺损）

民国二十九（1940）庚辰岁，正月十五日众（同）村立起石牌条规，准令照行。②

成文的瑶族习惯法的结构一般包括序言、正文、订立人、时间等，下面这一红瑶

① 参见广西壮族自治区编辑组编：《广西瑶族社会历史调查》第一册，广西民族出版社1984年版，第33—34页。另外可参见苏德富：《大瑶山石牌制度析》，载《瑶族研究文集》，广西民族出版社1987年版，第102—112页。

② 这一庚广石牌是写在杉木皮压平的内皮层上，为木石牌类。原张挂在广西金秀瑶族自治县双化乡耕广村赵文福家，部分损缺。1974年5月15日采集。参见黄钰辑点：《瑶族石刻录》，云南民族出版社1993年版，第242页。

地区的广西龙胜潘内杨梅屯的规约就比较典型：

盖闻奉上明文，以截盗源，以靖地面，而安善良事。窃思国以民为本，民以食为天。我乡本邑瑶民，历年安分苦耕守法，礼依酋长而不乱也。上古之民，夜阁不闭，道今不古。□□□无籍，流离逃窜之徒，三五成群，四五余党，昼则壁上之虎，夜间云里之龙，使鸡犬不得安眼，带撬刀打墙挖孔，害良无厌，目击心伤。乡村无一宁户，我等齐心协力乡禁止，□□谆谆公议款条，开列于后，大则送官究治，小则贼游团公罚。

一禁不得忤逆不孝，藐犯尊长者送上究治。

一禁不许卖□□……

一禁不得停留面生之人，不得私招铺店……

一禁不许勾引外人来地索需□□油火事。

一禁桐棕竹木各管各业，不许恃横霸占，以强欺弱。

一禁瓜茄小菜和茶，不得乱盗乱偷。

一禁□□田中禾稻、包谷、产子、仓库沉（陈）粮，不得俞（偷）窃。

一禁各村后龙，恃强隐匿偷葬□。

一禁大小事务地方头人理论不表，方控为□

首事

□□□　侯桥生　粟大气　粟应成　□□□　陈正田

粟再祥　周龙贵　陈笑为　粟仁发　陈弟贵　刘金发

周才胜　粟万田　粟贵朝　粟凤龙　粟弟胜　粟贵旺

粟龙田　陈长义　粟明楼　粟金相等

道光十八年（1838）七月①

这反映了瑶族比较全面的社会认识能力和比较高的法条议定水平。

瑶族习惯法主要为禁止性规范，以“不得”、“不许”、“不准”、“禁止”、“禁”等方式规定瑶人的义务，如广西金秀《六段、仙家漕、老矮河三处石牌》的“凡有客有进瑶做买卖者，或生面不识，不准留宿”；②《三十六瑶七十二村大石牌》的“立料

① 碑存龙胜潘内杨梅屯，1958年广西少数民族社会历史调查组收集。广西壮族自治区编辑组编：《广西少数民族地区碑文、契约资料集》，广西民族出版社1987年版，第163页。

② 广西壮族自治区编辑组编：《广西瑶族社会历史调查》第一册，广西民族出版社1984年版，第46页。

石牌有事，不得请别人”；①《六拉村三姓石牌》的“公议山中杂粮，物各有主，各种各收，不准乱行偷盗”；②也有一些授权性规范存在，但数量比较少。

有些瑶族习惯法由于参加议定的瑶族村寨较多，因而适用范围较广，如议定于清同治二年（1864）的广西兴安龙胜联合瑶团禁约碑，打破了两个县三个区七个行政乡的区划界限，所有的红瑶村寨全部参加，排除外族或族系外而建立的瑶团共同议定的习惯法，在红瑶内部发挥了重要作用。

兴安龙胜联合瑶团禁约碑

尝思夷齐者，高风普共，众同美世，则乡邦无忤，是由恶蛮时，雍斯兼介之，相沿者，非一日矣。然而及于目前之所紧，泯泯棼棼，蚩尤惟始作乱，奚能追于前人。书云，若跣弗视地，厥足用伤。若人无远虑，必有近患。今有四乡贤者，举齐四民，统约同乐之事，化如木同绳，夫如是，则接物周旋之际，均有损益。旧染污俗，咸兴维新。再者旁窥，今世盗贼蜂起，赌博孤群肆荡，恨杀前辈老人，敢怒而不敢言，何则况余等。籍居偏隅，山多田少，土瘠人稠，则□勉趋于耕。尚且□怨□饥寒，于冬期厥为艰哉。何况其惰农，自安而竞习日盗，于资盗赌博者，安可以不触前辈之恨生不已。纠合群人，同亲会议，议定章程，永遗不废，不必家喻户晓，一概不听闻，不必耳提面命，皆翕言之悠之归。一有冒犯，鸣鼓攻之。

谨将公方款条刻石列后：

一、议地方凡有大小事务者，必要报明瑶团头甲（甲头），□右曲直。如说未息，需经本瑶论之。不散头人，带告方准词颂。

一、诚恐贼匪患入其境，务必同心协力堵剿，不许藉势操掠。那人如达，查出公罚钱□□文不饶。

一、不许勾引索诈油火，以强凌弱，以众包寡，以智欺愚。那人如此，鸣众呈上究治。

一、凡有大小事，非情理说，当面论清，不得横行。吞烟悬梁诬提。那人不遵者，鸣众阻挡，公罚不容。

一、富户请其雇工之或然上山毒鱼涉水，以及助君出力，恐有毙命，主家出钱五千元（文）安葬二比不得异言。不遵者，鸣众阻挡。

---

①② 广西壮族自治区编辑组编：《广西瑶族社会历史调查》第一册，广西民族出版社1984年版，第45、59页。

一、不许开场聚赌，□□□□積隐藏或拿获其家即操。若往山私赌，查出每人罚钱二千四百文，不恕。

一、或被盗偷窃财物者，一家失盗，众人失主，各带盘费拿获丧命。不遵者，公罚不容。

一、殡葬坟墓，不得骑胙对门，□□无犯，以老人坟各宜堆砌勒碑。如有不遵者，挖着无究。

一、已经先年卖断之业产，一卖一休，不得找价增补，以后买主出卖，广得银钱，原主不得争论。

一、乞丐人等或年幼及年迈残弱者，只许文钱、勺米，少壮全无。如强讨者，鸣众获拿拷打。

一、村寨男妇出入，不许乱放野焚山，那人如违，查出公罚钱文不饶。

一、育女尝遗或男或女，均系骨肉，不可溺杀。那人如不遵者，查出公罚不恕。

一、结发之亲，让上亲者，订礼八千文，折乾礼钱十四千文。不遵者公罚。

一、以娶妇家，年已三十［岁］，若无生育，应从娶妾，外家不得异言，违者公罚无恕。

一、再醮之亲，须宜相貌行聘，上亲者，礼钱二十千文，下定八百文，媒人钱每千二百文，表［舅］礼每千一百文，不准多取。如不遵者，罚不容。

一、至秋获或谷或草，停于南阡北阡，不得乱携，那人胆敢，查出公罚钱文，不容。

一、各村寨木林，不得窃偷或找干柴者，不得带刀，那人如违，目睹报信者，罚钱二百四十文，若有隐瞒查出与贼同罚钱文，不恕。

一、畜之类，恐被狼狗伤亡，眼睹应从主施，不可妄取。不遵者，众责不贷。

各地耆者（即寨老、族长、瑶团、瑶甲、庙老等）计开。

孟山：余才仁　余忠海　余桥贵　余贵明　余龙才　余文海　余昌荣　余全成　余弟爷　余桥样　余　保

水银：王秀书　王进金　王人成　龙桥

白面：龙永　　黄路明　潘正才

细滩：朱应龙

崩里：杨文正

潘内：粟弟惟　粟文禄　粟老四

金坑：潘金桐　潘惟金　潘大气　潘凤正　潘老四　潘长富　潘　龙　潘才贵　潘弟四　潘顶富　潘老一　潘长才

矮岭：李四福　杨　海

黄乐：杨胜和

三舍：陈昌寿　杨通祥

七星：李粟田

马堤：吴老四

大段：侯瑞荣

三百冲：侯正朋

大塘：潘大富

大清同治二年（1863）甲子岁六月吉日申明。

兴安龙胜瑶团众民同立。①

在广西金秀大瑶山里，有些石牌习惯法的适用范围也比较广泛。一村或数村有小石牌，相邻的数村或十数村有联立石牌；全山有总石牌（或称大石牌）。在金秀大瑶山，最初有长毛瑶各族系共同建立的石牌习惯法，随后过山瑶也同样建立了自己的石牌习惯法。到清朝末年，各地三点会、哥老会等堂会兴起，瑶山曾有一部分地区做了这样堂会的根据地。为了保护自己的生命财产，长毛瑶和过山瑶就联合起来建立石牌。如清光绪二十三年（1897）由金秀、白沙两村领导的千八石牌，有现居忠良区和金秀区共和乡等处的23个盘瑶村庄参加，便是典型的范例。参加石牌习惯法的人，必须遵守石牌习惯法。故瑶族有“石牌大过天”的谚语。② 正如《金秀白沙领导下的五十一村石牌》第十二条料所规定：“我大家石排（牌），如有何人强势，违背规条，

① 禁碑原存广西龙胜各族自治泗水乡孟山大寨旁大树底下，高1米，宽1米，受腐蚀破坏严重。1980年10月6日采录。黄钰辑点：《瑶族石刻录》，云南民族出版社1993年版，第90—94页。

② 广西壮族自治区编辑组编：《广西瑶族社会历史调查》第一册，广西民族出版社1984年版，第292页。

不遵大石排（牌）秉公理论，一概充公究议。”①《罗香七村石牌》亦载：“户主回家宣传，老幼男妇不得乱开口破石牌公约。如破公约，即召集群众大会治罪。”②

五、瑶族习惯法的修改

随着瑶族社会的发展、变化，瑶族习惯法也会出现一定的与社会状况不相适应的情况，因此瑶族习惯法也会进行某些修改和补充。

瑶族习惯法的修改、废除虽较为少见，但也存在。如清同治二年（1863），贵州荔波瑶麓瑶儿寨头人姚娘滴，深感习惯法规定的九牛婚姻制对瑶族人口的增加影响很大，③便邀集寨上父老商议改革习惯法，得到众人支持，于是再率瑶儿父老到瑶麓上违寨，找头人韦银娜汇报。韦银娜觉得姚娘滴等人想法极对，立即召集了覃家、卢家、洞干、洞闷、下韦、打里、莫家、欧家、尧朝、洞八、洞香、毕杳、努当等寨头人商议，众头人也都觉得有理。于是决定，选择吉日，在覃家石坪召开全部落大会进行表决，并邀请荔波县知县吴德容出席。同意改革的人，就在石坪中央投放一根糯米草竿，表决结果：一致同意改革。大会一共议决七项，刻在石牌上，让石“永留后代”。这次习惯法的修订废除了姑舅表婚制，若再娶外甥女，反要“罚牛八支，钱三千”；允许寡妇再嫁，杜绝“犯奸”。④

湖南江华瑶族，也曾根据实际情况，对习惯法做了一定的修改。江华瑶族在中华民国二十年（1931）时规定，每年过了十月十六以后，就可以放牛，不用人看，不管农作物是否收完。如果粮食还未收完，被牛吃了，也就算白吃，也不必赔偿。如果桐茶未捡完的，可以随便乱捡，不算犯法。到中华民国二十七年（1938），⑤由于作物收不完，大家都认为需要把时间推迟些，于是习惯法就改变了一下，规定冬至才能

---

①② 广西壮族自治区编辑组编：《广西瑶族社会历史调查》第一册，广西民族出版社 1984 年版，第 47、64 页。

③ 九牛婚姻制，即姑妈的女儿一定要回嫁给舅父的儿子，如要外嫁，男方要付给女方母舅七到九头黄牛作为“血统养育金”，违者要罚“架菊米包”，即舅方家族要到男方家吃酒吃肉。还要包够一“丢”（小箩）的糯米饭回家，如果不包够，就要年年来吃一次，十年为期。

④ 黄海：《努侯瑶传统文化及对商品经济的制约与改革研究》，载广西瑶学会编《瑶学研究》第 1 辑，广西民族出版社 1993 年版，第 145 页。

⑤ 原文作“民国十七年”，疑有误，从上下文推测应为“民国二十七年”。

放牛。①

随着社会的变化，瑶族习惯法的某些内容也逐渐失去影响而消亡。

第二节 瑶族习惯法的内容

瑶族习惯法包括人法如社会组织与头领习惯法、婚姻习惯法、家庭及继承习惯法、丧葬宗教信仰及社会交往习惯法；物法如生产及分配习惯法、所有权习惯法、债权习惯法；保障法如纠纷解决习惯法、刑事习惯法等，形成种类齐全、内容完备的法的体系，全面调整瑶族社会关系。

在险恶封闭的地理环境中，在以血缘为纽带的文化背景下，在用较为简陋的生产工具从事农猎谋求生存的经济条件下，瑶人希望通过瑶族习惯法建立一种与山外隔绝、族系与村寨协调、生活安定有序的社会秩序。

一、社会组织与头领习惯法

人唯有组织起来结成团体才能生存和发展。由于瑶山社会历史条件的限制，国家的组织形式未能形成，而这种带有浓厚的原始民主性质色彩的瑶老制等社会组织，便组织起瑶人并担负着类似国家政权和政府机构的政治职能、社会管理职能、司法职能和军事职能的责任。

在长期的社会发展中，瑶族形成了油锅组织、瑶老制等血缘、地缘社会组织，确立了社会组织的组成、结构、作用，头领的产生、任期、职责、权利义务等方面的习惯法。

瑶族的社会组织本质上属于原始民主型政治制度。②

瑶老制是瑶族古老的社会组织形式，有着悠久的历史，可以上溯到汉代。宋代称

---

① 广西壮族自治区编辑组编：《湖南瑶族社会历史调查》，广西民族出版社 1986 年版，第 86 页。

② 林耀华主编：《民族学通论》，中央民族学院出版社 1990 年版，第 278 页。

“瑶酋”，元明以后，史籍上始出现“瑶老”的名称。随着社会经济的发展，这种社会组织的名称、形式也不断变化。如广西南丹县大瑶寨叫“庙老”，云南和广东连南地区叫“龙目”，广西龙胜地区叫“社老”，湖南瑶族地区则叫“峒长”。名称之多，难以尽举。

宋代瑶人的社会基层组织，主要为峒。瑶人聚族姓而居，在族姓的基础上而形成峒。峒的大小不一，有的“一峒所聚已二千余人”①。但一般尚未形成较为强大的联盟，“蛮瑶散漫山谷，不能群聚”②、“不能君长”、“各为酋长”③，反映了这一历史事实。

元代瑶人聚族而居，按世系群构成社会基层单位。据《平瑶记》载，广西诸族，“若所谓曰生瑶、曰熟瑶、曰僮人、曰款人之目，皆强犷之标也。曰溪、曰洞（峒）、曰源、曰寨、曰团、曰隘之属，皆负固自保，因以肆暴之所也”。换言之，瑶、僮诸族，按所居地域构成名为溪、洞（峒）、源、寨、隘称谓的社会组织。这一组织，起着对内团聚族人对外共同行动的协调指挥作用，故史称其为“负固自保”之所。这些按“溪”、“洞（峒）”、“源”、“寨”、“团”、“山”组织起来的瑶人首领，被称作“酋”④、“瑶酋”⑤、“瑶首”⑥、“山主”等。这些瑶酋、瑶首、山主，约相当于后世的“瑶老”。⑦

以后，各地瑶族形成了石牌制、瑶老制、寨老制、丛会制等多种形式的地缘性社会组织。

1. *石牌制*

石牌制主要存在于广西瑶族，尤以大瑶山为代表。它是瑶族一种把有关维持生产活动、保障社会秩序和治安的原则，议定为若干习惯法，经过参加石牌组织的居民户主的集会和全场一致通过的程序而约定全体居民共同遵守的制度。这种习惯法的执行

---

① 李焘：《续资治通鉴长编》卷一四七，上海古籍书店影印本。
② 李焘：《续资治通鉴长编》卷三四五，上海古籍书店影印本。
③ 祝穆：《方舆胜览》卷三〇、卷三一，四部备要本。
④ 张锡谦：《平瑶日记》，爱村堂藏稿本。
⑤ 《元史》卷一九二，《周自强传》。
⑥ 《元史》卷二九，《泰定帝本纪一》。
⑦ 吴永章：《瑶族史》，四川民族出版社1993年版，第264页。

者，则是由当地群众所公认的自然领袖——石牌头人。①

大瑶山的石牌制，是一种特殊的政治组织形式。根据调查中已经获得的材料，大概从明朝中叶以后直到1940年国民党广西当局势力还未伸入瑶山之前，都一直在延续着。由于瑶山社会历史条件的限制，国家的组织形式未能形成，而这种带有浓厚的原始民主性质色彩的石牌制度，便担负着类似国家机构的政治任务和军事任务。在没有国家机构为其前提条件从而产生比较周密的成文法律之前，这种极其简单的类似乡村公约的十多条成文的习惯法和一些不成文的石牌习惯法，起着对内保护农村副业生产和维持社会秩序，对外团结各个族系一致抵御强暴的积极作用。②

石牌制度开始创立的具体时间，现已无法确切知道。③ 查问瑶族各族系的老人们，大家都说，“我们瑶山自古以来都是这样照石牌办事的。从老祖先起，一代一代传下来，我们都跟着老班一样做”。或者说：“外面平阳大地方，有官府衙门办事，我们瑶山小地方，不归官府所管，怕人强人恶，乱作乱为，老班就立起石牌，定下规律。有人犯事，都照石牌规律来办”。有的人却说他们在未进瑶山之前已经有了石牌，有的却说石牌已经几百年几千年了。在已发现的有关石牌的资料中，在广西金秀沿河十村清朝同治六年（1867）共立的坪免石牌文字里，发现有“明朝目下立着会律法，不准何人乱作横事”的记载。由此可知，约在距今近150年以前的瑶族老人们，还能记忆着祖先的传说，他们是在明朝时代就立了石牌，定了律法，禁止居民乱做横事的。④有学者认为，石牌制度与祭社的习俗有密切的关系，社老所宣布的生产公约，和石牌头人所执行的石牌习惯法的历史关系。也可以说，前者是后者的雏形，而后者却是前者的发展。⑤

习惯法规定石牌头人的产生，既不由于世袭，也不由于选举，而是为人公道，而且能说会讲、有胆有识，在为群众调解争端中逐渐树立威信而自然形成的。也有部分

---

① 有学者认为，瑶老制和石牌组织的不同点在于瑶老制比石牌组织形成要早，是瑶族原始的氏族组织，而石牌组织是瑶老在某些地区发展到一定阶段的产物；瑶老制在瑶族地区普遍存在，而石牌组织在部分瑶山才有；瑶老制只有不成文的习惯法，由瑶老口头传授。石牌组织有成文的习惯法，而且后期用汉字书写在纸或木板上，大多是镌刻在石牌上。参见姚舜安：《大瑶山“石牌律”的考察与研究》，载广西民族研究所编《瑶族研究论文集》，广西人民出版社1992年版，第217页。

②④⑤ 广西壮族自治区编辑组编：《广西瑶族社会历史调查》第一册，广西民族出版社1984年版，第31、32、33页。

③ 关于石牌组织的产生时间，史料并没有确切记载。但根据一些专家学者的研究，应是在瑶族被统治者武装压迫大瑶山的初期或是在瑶族进入大瑶山前就存在。参见钱宗范等：《广西各民族宗法制度研究》，广西师范大学出版社1997年版，第276页。

是老头人培养而成的。能够为联合石牌各村居民所信任的大石牌头人，必须经过较长时间的考验。石牌头人取得群众信任之后，如果办事没有很大差错的话，群众就会一直信任他直到他身死，如果办事不妥会自然失去威信。

除了石牌头人，石牌制还有社老一职。社老的产生是由卜卦决定的。在广西金秀一带的茶山瑶，一旦当上社老，就一直到他死为止，一生都担任这个职务。坳瑶则不相同，当某人发生疾病，在问卜时问出是社神要他当社老，他就得在病愈之后，去接替原来社老的职务，一直做到有人来接替他的职务时为止，时间是没有一定的。盘瑶的社老，则不由卜卦产生，而是最先来开村一家的老人当社老；父死子继，世代相承。以金秀茶山瑶的社老为例。当前一个社老死去后，他的子孙，还要代这个死去的前辈当社老三年。三年届满，共社庙的甲（由同姓亲房推定的小头人）约期齐集社庙里，并请一个师公（巫师）在神前进行祈祷，述明再选社老的心愿，然后摆方桌一张在社庙门外，师公站在桌上，按着先由甲拟定的社老候选人名单（按村里老壮青的次序排列），逐一卜卦。当上社老的，在春秋两次祭社的时候，要对共社的群众“料话”，即是宣布当时在生产中应该共同遵守的习惯法。①

石牌制的基层组织是甲，一般由近族亲房几户自由结合组成。甲除了承担石牌所委托的义务以外，还要承担一些有关生产和祭祀的活动。其头人也称甲，一经居民组合推定后，即子孙承袭下去，并可把这个职位出卖。石牌另有临时军事首领一二人，当有军事行动时，石牌头人临时推定在当地较大而有威望和勇敢的头人率领和指挥群众武装。②

长期以来，石牌制由于具有浓厚的民主色彩，其规范以保障瑶族生命财产为主，故对广西金秀瑶族社会生产的发展和社会秩序的安定，均起到极为重要的积极作用。随着封建统治的渗入，在瑶族心目中根深蒂固的石牌制开始发生质的变化。石牌权力的行使，多集中于石牌头人身上；阶级的产生和分化，石牌条规及其实施开始打上了阶级的烙印；石牌头人自行培养“徒弟”来接班而不经群众推举公认，往往为富有人家或强盛家族所把持；石牌习惯法必须经全体石牌会众通过的规约也逐步演变为服从于少数人权势的形式；石牌头人借端勒索他人钱财甚至田产山林，仗势欺人，栽赃诬

① 广西壮族自治区编辑组编：《广西瑶族社会历史调查》第一册，广西民族出版社 1984 年版，第 33—34 页。

② 广西壮族自治区编辑组编：《广西瑶族社会历史调查》第一册，广西民族出版社 1984 年版，第 33—34 页。另外可参见苏德富：《大瑶山石牌制度析》，载《瑶族研究文集》，广西民族出版社 1987 年版，第 102—112 页。

害，袒护亲朋，排斥异己现象已较为普遍；石牌头人之间的矛盾，被扩展为瑶族内部的不和；一些头人为众人所痛恨，被殴打或暗杀，石牌威望受到削弱；用“开打”来解决纠纷，往往被富裕强大家族借以欺压、掠夺贫穷弱小家族。这些现象的出现说明，随着时代的演变，石牌制已不再适应瑶族社会的发展需要，它在瑶族心目中的牢固信念开始动摇了。①

贵州荔波瑶麓瑶族也实行石牌制。

瑶麓瑶族的瑶语所称的“努侯”或“官侯”是一种组织完备的社会。有部落大会集体讨论族内大事，如同治二年（1863）三月的石牌记载，全族举行大会，革除九牛婚姻制，从而结束了瑶族历史上的“姑舅表婚”制。瑶麓瑶族有头人议事会议。由部落头人和各氏族头人组成，监督、干预各寨头人的违规乱伦行为。如1943年，打里寨头人韦凤章，以瑶麓第一文人自居，骄横跋扈，藐视习惯法，强占族民粮米，被人告发。大头人“买努广”覃尚忠召集议事会议，处罚韦凤章“吃酉（酒）”赔礼，罢免其职务。瑶麓瑶族还有正副大头人“买努广”，由部落大会或头人议事会议推举和罢免。如民国三十七年（1948），大头人覃天颂，不尽“买努广”职责，倚仗权势，贪污族民上缴粮米，偷鸡摸狗，其劣迹被其父亲覃老扭（覃家家族头人）发觉，即提请议事会议处罚。结果覃天颂当大头人几个月就被罢免。经国民党教育督学杨一侯作保才保留了瑶麓学校校长一职。

瑶麓瑶族头人由选举产生。如中华民国三十七年冬月，全瑶麓各家各户派出一名成年男子，大多是壮年老年，也有青年。年轻人参加的原因是其父亲因事因病不能参加，乃补缺顶替。到现在乡政府前面的一个小盆地内，在四周的倾斜的草地上坐好。主持会议的覃家寨寨老覃老扭站在中央。会场虽无布置装饰，但气氛紧张、庄严肃穆。候族民到齐后，覃老扭慎重宣布说：山山有虎，寨寨有头。现在我们的“买努广”果忠（覃尚忠）年纪大了（时年近七十），不能上县上州了，需要有人接替，孩子们！大家想想看，谁当我们的母亲呢！于是，瑶胞开始酝酿讨论，有人提名覃金德，说他为人忠厚正直，相貌堂堂。多年来，又与他父亲（覃尚忠）一起管理瑶六见过官，相信他一定是一个“上能取悦官府，下能安抚族民”的好母亲。多数人附和此

① 金秀瑶族自治县志编纂委员会编：《金秀瑶族自治县志》，中央民族学院出版社1992年版，第142页。有学者指出，石牌制的变化主要表现为——组织：由合而分，又由分而合；会议：由全体一致通过的形式而逐渐向为少数石牌头人所左右；领导人：由社老判事向专理政事的石牌老人过渡；法律：由保护生产和财产向抵御强暴侵扰衍化。见浦朝军等：《中国瑶族风土志》，北京大学出版社1992年版，第253—254页。

议。这时有人补充说：他人是很好，但文化少。是否再增选一个会写能记的人协助他。这样大家就提议选韦秀优。说韦秀优是省立小学的瑶族学生中成绩最好的，他很快就要毕业了。会上，也有人提名卢金贵，说他汉话讲得好，家庭富裕，接待官府一定满意。最后举手表决：覃金德当选为大头人，韦秀优、卢金贵为副头人，并分别任保长和副保长。①

头人在执行习惯法时，享有极高的权威性，是最高权力的代表，族民必须无条件服从。但头人无法外的丝毫特权，不能打骂族民，更不能随意处罚族民；本人参加劳动，同样服劳役；参加狩猎分配猎获物时，也与普通族民一样依先后次序按平均数领取；退位后是普通族民，就是死于任上的头人，其葬礼也与普通族民无任何不同。头人受石牌制约束，石牌可以将不称职头人弹劾、罢免、罚款、开除以至处死。②

2. 瑶老制

广东连南瑶族地区实行瑶老制。自宋代至中华民国时期，聚族定居的排瑶，以“排”为单位，团结自保，维护民族的生存和发展，逐渐形成了严密的社会组织、联寨结盟形式和习惯法。清代迁入连南的过山瑶，则在不断迁徙和运动中求生存、求发展，也逐渐形成其独特的社会组织。

连南瑶族有“龙”的组织，1949 年中华人民共和国成立前仅存在于南岗排。“龙”系按堪舆家说的所谓“风水龙脉”，将南岗排纵向分成三条“龙”，在每条“龙”的地势中间竖一大石，称做“龙头”，东“龙”为唐姓的大唐和小唐二房人所居；西“龙”为盘、房二姓和部分大唐、小唐所占居；中“龙”为邓姓所居。“龙”虽以地缘划人，但中、东两“龙”实为血缘组织，仅西“龙”系按地缘划分，但其内部仍恪守聚族而居的原则，盘姓在西，房、唐姓在东，东边的房、唐再划地分界，房姓在上部，大唐、小唐在下面；大唐、小唐又以中线为界分开，血缘组织的划分十分明显。“龙头”有其首领，习惯称做“龙头”，管理“龙”内事务。“龙头”每三年选一次。“龙”实为依地域、山势划分的排之下的社会单位。

连南瑶族还有“户”的组织，产生于明代，至 1949 年中华人民共和国成立前，在部分瑶排如大掌排仍残存着。所谓“户”，就是以血缘关系为基础，按田亩数量多少，由一房或几房人组成的。大掌排邓姓有十一房，大唐有七房，小唐单传一户，分别组成八个户，其中有一房占一户的，两房占一户的，三房占一户的。“户”有其首

①② 黄海：《努侯瑶传统文化及对商品经济的制约与改革研究》，载广西瑶学会编《瑶学研究》第 1 辑，广西民族出版社 1993 年版，第 162、163 页。

领，习惯称做“户长公”，负责管理“户”内事务。“户长公”由每“户”各选一人担任，三年至五年改选一次。

瑶老制产生、形成之后，“龙”与“户”便成为一排之内政治制度与血缘社会组织的连接点。如瑶老制中全排的首领天长公，分别由“龙”或“户”轮流选出一人来充任。①

排，系汉族对排瑶村寨的称呼，有大排、小排之分，再小者称冲。“排”称呼的来源，有以竹木为寨排得名，有以房屋排列整齐得名。过去，瑶排多设在险峻高山之上，通往瑶排的路，瑶民沿途以岩石为屏障，设关建隘；在排的四周，均用大石垒砌，只留寨门出入，据险设防，抗御外敌。瑶排大者有几百户、数千人，小者有几十户、数百人。除部分小排和小冲外，大部分瑶排均聚数姓共居，以油岭排为例，过去有唐、房、盘、龙、李、沈、邓等七姓，多姓族人先后走到一起，共结成寨，团结自保，逐渐形成大型聚落，成为地缘社会组织。随着社会的发展，这种社会组织逐步演变成管理瑶排社会的政治组织——瑶老制。②

每个瑶排自然村是一个基本单位，每个排都有自己的瑶老办事，依习惯法，他们的名称、职守如下：

①天长公。天长公为一排之首，一年一任，以年龄最长的老人充任（有的地区是选举产生），当选者一生中只任一次。其职责是处理排内大小事务，处理排内纠纷，维持排内秩序。凡有人失物、被杀，他就要负起侦查和破案之责；遇到他排或异族侵害，则召集全排群众会议，领导抵抗敌人；参加各排联合会议；保管过山榜，等等。任职期间，每户半年给一斤米作为办事费用。调解纠纷时收取一定酬劳费。若办事人不公正，有贪污、贿赂行为的，群众可向他提出罚款，并可罢免，另行选任新的天长公。

②头目公。每条龙的头目，由每条龙选定一人，任期各地不一（二、三、五年均有），除管理龙内的事务之外，在排里也是作为协助天长公办事的人。他们的主要职责是协助天长公缉捕盗窃人犯，办理纠纷事务；每年十二月十五日携酒至巫师处择定与明年农事有关的事（如正月拜山、二月整田、三月种山、立夏前下谷种等）；立秋又请巫师择好日子修路、除草铺石、修补漏屋；岁末又登高呼喊，要大家警惕火灾；头目公除办事有报酬外，每年另由本龙的人家出米一斤为酬。

---

①② 清远市政协文史委员会、连南瑶族自治县政协文史委员会编：《清远文史（九）——连南瑶族文史专辑》，清远市政协文史委员会 1995 年版，第 12—13、13—14 页。

③管事头。管事头是在非常时期，即遇到“搞是非”即械斗时产生的军事首领，每条龙选出六名，一般由年富力强而又有胆识的青壮年充当，并须是出生时辰有“未”字的人。出战时每天可取得3元白银的报酬，如杀死敌人和俘虏敌人，还有额外的赏格，但战斗不力畏缩不前的也会被免职，他们的职务随械斗的结束而自然结束。

④掌庙公和烧香公。这二者都是司理宗教事务的人物。掌庙公是管理庙的人，任期不定，也可终身任职。在每年的几个大节带领全排的人到庙中敬奉祖先，向大家筹集钱米等，都由掌庙公主持。烧香公的职责是为庙里的祖先公烧香，一经选任就终身任职。掌庙公和烧香公每年由每户出两斤米给他们做报酬。

⑤放田水公、放食水公。放田水公不用选举，愿意做者就在“白露”那天日出之前到水圳陂头处，把长得最长的茅草打一个结，谁先打上结，谁就是放田水公。其酬金是根据修筑水圳所花的人工数及该水圳灌溉范围内的田亩数平均出资，义务是每天巡查一次，见有小洞自己修补，若洞较大，则叫村民一起来修补。放食水公是在群众大会中自己先提出要求，经大家同意后即可，职责是保证食水的供给，酬金以人口计算，大人每人每年出米二斤或玉米三斤，7岁至12岁的小孩出米一斤，七岁以下的每人出米半斤。①

作为一种传统的社会政治制度，② 瑶族的社会组织形式多样，各地区瑶族有与自己的社会经济制度、社会发展阶段、社会结构条件相适应的形式。恶劣的生存环境、低下的生产力水平要求瑶族必须组织起来，依靠社会组织求生存，并抵御外来力量的控制。由于公有土地、山林占有比较大的比例，集体生产和互助具有重要意义，因而具有原始民主色彩的各种社会组织能够存在。

在险恶封闭的地理环境中，在以血缘为纽带的文化背景下，在用极其简陋的生产工具从事农猎谋求生存的经济条件下，瑶族希望通过一定的社会组织，建立一种与山外隔绝、族系与村寨协调、生活安定有序的社会秩序。这种社会秩序的特点是：第一，封闭性。它绝少与外界交往，不受外来的干扰和侵犯，也不让外来的人杂居其间。第二，自足性。它的经济是以农业为主、狩猎为辅仅能维持生存的自给自足型。

① 广东省编辑组编：《连南瑶族自治县瑶族社会调查》，广东人民出版社1987年版，第64—66页。

② 关于传统政治制度的分析，参见董建辉：《政治人类学》，厦门大学出版社1999年版，第66—70页。

第三，协调式。它维系血缘关系并与村寨地缘关系协调统一起来。第四，氏族传统。它具有氏族社会的原始平等民主传统的人际关系和管理组织。总之，他们建构的是一种封闭的、自足的、维系血缘关系的和具有氏族传统的社会结构和社会秩序。

同时我们也要注意到瑶族的社会组织都包含着复杂的内容，有些社会组织的性质经过发展变化往往具有多类型因素。随着瑶族进入阶级社会，有的瑶老成为享有某些特权的头人。

二、婚姻习惯法

"婚姻家庭问题与每个人息息相关，与社会组织、政治、经济、文化、伦理道德、种族的繁衍、民族关系等密切联系在一起，因而，自古迄今一直成为最引人注目、思考和探讨的重大社会问题之一。"① 婚姻的缔结是人类自身生产的前提条件，是人类繁衍的保障，因此瑶族重视婚姻问题，有关婚姻的习惯法是瑶族习惯法的重要组成部分。瑶族的婚姻习惯法规定了婚姻的成立、婚姻的缔结程序、夫妻关系、离婚等方面内容，对婚姻和夫妻关系做了全面规范。这些规范既考虑到婚姻所固有的自然属性，也注重婚姻的社会本质和社会功能。

（一）婚姻成立

瑶族习惯法对婚姻成立采广义说，即婚姻的成立既指夫妻关系的建立，又包括婚约关系的建立，在婚制、自由婚与安排婚、通婚的血亲范围、等级限制、结婚年龄等方面有较为具体的规定。

瑶族婚姻的发展经历了血缘婚、对偶婚、一夫一妻制等的发展。瑶族的伏羲兄妹神话，就是关于血缘婚的神话故事。神话中，一场毁灭人类的大洪水之后，世上只剩下伏羲兄妹二人，他们在经过多方撮合后结为夫妻，繁衍了人类，这正是瑶族先民在远古时曾经历过血缘婚的反映。血缘婚姻家庭是人类婚姻家庭的最初阶段，它按辈分区分婚姻集体和范围，在集团内集体共居的同辈兄弟姐妹互为夫妻，禁止不同辈的男女通婚。在这种婚姻家庭形式下，属于同一辈分的男男女女既是兄弟姐妹，又互以为夫妻，因此就决定了同辈之间（如兄弟姐妹、父母叔婶等等）彼此不分的现象。《评

① 林耀华：《婚姻家庭词典》，中国国际广播出版社 1989 年版，序言第 1 页。

皇券牒》（《过山榜》）中关于伏羲兄妹为婚的神话传说正是这种婚姻家庭的典型反映。它反映了瑶族先民由原始的杂交向血缘家庭过渡的历史事实，标志着他们从原始群体向真正的人类社会的飞跃。

《评皇券牒》中关于12姓王瑶子孙不得相互为婚的记载则反映了人类婚姻家庭的第二种形式——普那路亚婚姻家庭。①“花英王女配太宁”先是实行族外婚，即盘瓠氏与高辛氏（评王）两个部落之间的婚配，以后又发展为族内婚，“伏羲兄妹自相配”。

瑶族先民发展到盘瓠蛮社会时，已进入氏族外群婚即对偶婚的阶段。随着社会经济的发展，人类自身的生产也得到发展，人群的规模不断扩大，最初的人类集团因人口增加而分裂为若干个子集团，这些子集团之间仍然保持着密切的经济、社会联系，并相互间缔结为一定的婚姻关系，氏族外群婚因此而出现，其中人类的自然选择原则起了积极的作用。② 盘瓠神话经东汉应邵《风俗通义》记载之后，《后汉书·南蛮传》、《晋记》、《搜神记》等汉文典籍都予以记述，瑶族的《评皇券牒》中也有明确记载，至今瑶族民间仍广泛流传着盘瓠故事。

瑶族习惯法规定婚姻行一夫一妻制。宋代时，瑶族的婚姻即以一夫一妻制为主。瑶族习惯法确认的婚姻基本为自由婚，恋爱自由、结婚自主；有些地区为安排婚。瑶族习惯法确认同姓为婚。如明代曲江瑶，“婚姻不辨同姓”③。清代瑶人，“婚姻不避同姓”④，“同姓婚姻，亦所不拘”⑤，“婚则无论同异姓”⑥，“婚不论同姓”⑦。瑶族存在姑舅表婚与妻兄弟婚这一族外群婚制原始婚俗遗迹，瑶族习惯法对此并不禁止，有的地区的规范则持鼓励态度。据载：瑶人“婚姻必妹姊之女，谓之还头。兄弟妻其嫂，弟死兄亦如之”。“婚姻必妹姊之女”在瑶族中曾长期流行。瑶族，“婚姻必娶姐妹之女，谓之还头”⑧。这实际是姑舅表亲，属于亚血缘婚姻，是原始社会族外婚的一种形式。直至近代，瑶族仍普遍存在类似的婚俗遗风。瑶族婚姻主要为男娶女嫁婚

① 黄志辉：《瑶族〈过山榜〉中的婚姻文化》，载《广西民族研究》1996年第2期。

② 林耀华主编：《民族学通论》，中央民族大学出版社1990年版，第304—308页。

③ 屈大均：《广东新语》卷七，《人语·徭人》，中华书局清代史料笔记丛刊本。

④ 谢启昆：嘉庆《广西通志》卷二七八，《武缘瑶人》，光绪十七年补刻本。

⑤ 邓华邦：同治《江华县志》卷一二，《杂记》，同治九年刻本。

⑥ 郭树馨等：光绪《兴宁县志》卷三，《疆城·瑶峒》，光绪元年刻本。

⑦ 李树楠：中华民国《昭平县志》卷七，《夷民部》引乾隆旧志，中华民国二十三年铅印本；潘宝疆等：中华民国《钟山县志》卷一六，《瑶僮》，中华民国二十二年铅印本。

⑧ 王士性：《广志绎》卷上，中华书局元明史料笔记丛刊本。

姻，但招婿入赘也较为普遍。入赘婚是远古人类婚姻遗风的反映，刀耕火种的生产方式是瑶族入赘婚存在的经济基础，男女平等的思想观念为入赘婚的存在打下了思想基础。

（二）婚姻缔结程序

瑶族习惯法确认的婚姻缔结程序为婚姻成立的形式要件，大体上包括恋爱、订婚和结婚三个阶段，各地略有差异。作为一种仪式，婚姻缔结程序是一种集体行为，它把平时分立的家户和家族内部不同的社群和个人联合起来，强调家族的内部团结和认同。其次，通过仪式的表演展现，支持瑶族文化的传承。换言之，婚姻缔结程序从根本上说已成为一种灌输瑶族社会价值观念、社会情感和加强民族内聚力的符号和活动。

瑶族习惯法允许未婚青年男女公开交往，保障自由恋爱，以满足青年男女的社交需要和择偶需要。

瑶族习惯法将订婚视为婚姻成立的必经程序，对订婚的仪式、效力、解除婚约的后果进行了具体规定。

广西金秀六拉乡（包括金秀、白沙、六拉、昔地四村）和金田乡（包括田村、刘村、金村、社村、孟村、美村）一带的茶山瑶订婚的手续很简单，男娶妇的或女招赘的，都由娶方的父母遣媒向嫁方父母议婚，一言为定，并不经任何仪式和交什么礼物做凭证。如果由父母包办的婚姻，而双方订婚时都是年纪还小的话，到男女双方成长之后，往往因不同意而加反对，在父母无法强制结婚的情况下，也可解除婚约。不过，这种行为是违反习惯法的，故哪一方面首先表示不同意的，就得赔款给另一方。赔款的数目，多则 72 毫（银币），少则 36 毫。由此可见，这里的婚姻要经双方同意还是一个相当重要的条件。媒人在婚姻中也是必不可少的中介，在订婚时向双方说合，解约时得向不同意的一方索取赔款。这一方除赔款外，还要给媒人以相当的报酬。①

结婚为婚姻成立的最关键阶段，瑶族习惯法对此的规定较为详细、具体。根据史籍记载，清代瑶族的婚仪较为简朴。瑶婚，“嫁则荷伞，悬草履，归于夫室”②。“俗

---

① 广西壮族自治区编辑组编：《广西瑶族社会历史调查》第一册，广西民族出版社 1984 年版，第 334—335 页。

② 陆次云：《峒溪纤志》，问影楼舆地丛刊本。

多陋朴，婚礼不尚品物，订以酒肉，车轿俱废，步行而归。"①"相悦则答歌，（歌合）纳红巾似（以）为采，寻请期于归。"送妇之时，"婿使人致迎。新妇彩衣花裳，执雨具徒（跣）行，父母兄弟饯于道。妇至婿门，主人鸣鼓击金，燃花爆相欢迎，屠牛豕，设酒以醉宾。凡嫁女娶妇，聘财无过钱五千，聘礼不外鸡牛酒肉，奁具杂以锹锄。"②"新妇徒步行，昂然直入夫家之室，无何种结婚仪式。"③"近岁间用年庚行定及娶办银二两四钱，贫者或一两二钱，猪肉四十斤，富者或六十斤，酒一埕，鸡一对，用糯米作圆糍大如月饼为聘，女家用一十四人送之，男家各酬牛肉一十二斤。"④在大瑶山东北角的岭祖（包括仑崩、大村、九龙、仑根），上下卜泉、低水、莫村、板衍等村茶山瑶，其婚姻习惯法，一方面因岭祖比较接近汉区，许多仪式受到了汉族的影响，但另一方面，却又保存了一种带有"群婚"残余的制度，使它的形式与实质显得很不调和。兹以岭祖为例，举其婚姻缔结程序如下：整个过程比较复杂而烦琐，大体要经过提亲、合年庚、订婚、报婚期、拿送聘礼、结婚、回门等七个阶段。

（三）夫妻关系

瑶族习惯法调整结婚后形成的夫妻关系，对夫妻之间的权利、义务进行规范。

习惯法确认已婚标志，将男女的社会身份予以界定。在明代，如同许多民族一样，瑶女婚后在装饰打扮上，也是有变化的。这主要表现为：一是发式。如屈大均在《广东新语》中所说：八排瑶，女已字，则带板（戴方板于顶，以发平烧其上，左右覆绣帕，及肩，胶以黄蜡膏，缀以琉璃五彩珠）；未字，则戴一箭竿（分其发盘箭杯结之，报堆花叠草巾于箭尾）。又，据纪明事的《罗浮书》云：苏罗瑶村，"女子未嫁则髻一叠，中妇二叠，大妇三叠"⑤。一是耳饰。据《广东新语·人语》卷七载：曲江瑶，"女子饰女环，妇则屏之"。这表明，服饰变化是习惯法要求的妻子对丈夫的义务。

在部分瑶区，习惯法规定夫妻之间的同居义务并不从结婚就开始，而有"不落夫家"之规定。"不落夫家"，指女子结婚后即返母家居住较长一段时间，一般多在生子

---

① 李树楠：中华民国《昭平县志》卷七，《夷民部》，引乾隆旧志，中华民国二十三年铅印本。

② 凌锡华：中华民国《连山县志》卷五，《瑶俗》，中华民国十七年铅印本。

③ 刘锡蕃：《岭表纪蛮》。

④ 李来章：《连阳八排风土纪》卷三，礼山园全集本。

⑤ 赵俊等：嘉庆《增城县志》卷二，嘉庆二十五年刻本。

后，始归夫家。清代与民国时期瑶区仍有“不落夫家”的规范，仍保留某些母系氏族婚姻的残缺形式。

瑶族习惯法一般确认夫妻之间的忠诚义务，要求男女双方相互尊重。但在有些瑶族地区，习惯法对夫妻关系的规范较为宽松，在性方面的忠诚度要求较低。

（四）婚姻解除

瑶族离婚较为自由，瑶族习惯法允许解除婚姻，唯在婚姻解除的条件方面宽严有别。习惯法还规定了婚姻解除的程序、后果。

瑶族妇女有离婚的自主权。如粤北瑶人，“妇为夫纲，妇犯奸非，亲属皆许捉获奸夫，辄捶楚，或至死，其家不仇，妇不坐。曰：有男强女，无女强男也，妇无为夫出者，而夫则为妇出。有二条，一曰夫懒惰，一曰夫反目。出之日，宗族亲戚皆造女，调难而谐和之，若难和则不出。不和，妇碎一碗以示绝。育有男女，男归夫宗，女随妇嫁。其已聘未嫁，女犯奸者，其捉获奸夫，与有夫之妇同，未聘者，非女兄弟不敢捉，父母不得而防闲也，至寡妇，则听其所为，曰：当与人共之也。”① 这在汉族封建传统的婚姻中不可思议，被视为大逆不道，但明清时期瑶族妇女有此权利，这与其在社会经济生活中所具有的重要地位密切相关。

广东连南南岗瑶族习惯法对离婚没有什么限制。习惯法规定，离婚时，对于儿女问题、财产问题等的处理，都得由专做中间人的老人（如唐卖芋八斤公和邓沙十沙里两人）做第三者帮忙办理。于是男女双方都各请他们自己的弟兄一二人，持一竹筒酒和中间人到大路上去喝，边喝边谈，事情谈妥后，两方的兄弟彼此走着相反的方向，表示此后各走各的路。②

总体而言，瑶族习惯法确认的婚姻制度类型主要为一夫一妻制，也有群婚制遗迹。在通婚范围方面，瑶族的婚姻习惯法一般考虑血缘、辈分、民族、勤懒、距离、年龄差等因素，另外还有一些迷信方面的因素；自由婚姻与包办婚姻、买卖婚姻等婚姻方式并存，以自由婚姻为主；普遍盛行早婚。婚姻缔结程序大体上包括恋爱、订婚和结婚等阶段，婚姻成立简单朴素。夫妻关系较为自由，允许婚姻解除，但要求符合程序。

---

① 姚柬之：道光《连山绥瑶厅志》卷四，《风俗》，道光十七年刊本。

② 广东省编辑组编：《连南瑶族自治县瑶族社会调查》，广东人民出版社 1987 年版，第 97 页。

三、家庭与继承习惯法

自人类形成以来，人与人之间所形成的最古老而又最普遍的互动关系就是家庭。“家庭是一种社会集团，以共同的住处、经济合作和繁殖后代为特征。”① 家庭是缔结婚姻的结果，瑶族有大量有关家庭及继承的习惯法，对家族、家庭、父母子女关系、亲属关系、继承人、继承的原则、程序等做了规范，以保障家庭成员利益、维系家庭成员感情、维护家庭的和谐。

（一）家族、家庭、父母子女关系

亲属制度是婚姻家庭形式的反映或记录，摩尔根认为：“每一种亲属制度表达了该制度建立时所存在的家族（家庭）的实际亲属关系，因此，它就反映了当时所流行的婚姻形态和家族形态。”② 家族为由父系世代相传的若干个家庭组合而成的群体，具有血缘的因素、地缘的因素和领导人、组织机构、活动场所、财产、规章制度等要素。③ 家庭更是少数民族地区的基本的生产和生活单位，担负着生育、抚养、教育、生产等责任。通过习惯法，瑶族确认了家族组织的地位及职能，对家长的权限与职责、族内人员的权利义务做了规定，并对家庭结构、家长、父母子女关系进行了具体的规范，表现出尊敬长辈、重视亲情的特点。

瑶族的家庭制度为大家庭和小家庭并存，重视亲属关系，对于直系血亲之间的权利义务有详细的规定；家长在劳动、经济、财产分配等方面有较大的权限，长幼之间界限清楚，习惯法注重维护家长的权威；习惯法在称谓、辈分、敬老、回避等方面有具体规定。作为东方民族，瑶族也重视人伦主义，因此这方面的规范比较丰富。

广西大瑶山五个族系的瑶族，大都各分族系而自成村落。按照习惯法，家族有时占有公共财产，那就只限于他们祖先早年占有的山场与河流。

由血族近亲所组成的房的成员，彼此间相互关系就比较紧密一些。其权利与义务，习惯法规定大致有如下几种：第一，不互通婚姻（茶山瑶有例外），男女不得通奸。第二，如有鳏寡孤独得互相照顾。第三，某家无子嗣，要尽先在房内选人承继，

① 默多克语。见童恩正：《文化人类学》，上海人民出版社 1989 年版，第 43 页。

② 摩尔根：《古代社会》，商务印书馆 1977 年版，第 390 页。

③ 冯尔康：《中国古代的宗族与祠堂》，商务印书馆国际有限公司 1996 年版，第 7 页。

本房无人才得在族内挑选。第四，房内有无嗣继承的产业，由同房各家共同处理。第五，某家当卖土地，先通房内，次通家族，倘无人承买，才得外卖（早年如果房和家族无人承买，则不得外卖）。第六，某些族系，房内有老人去世，同房的弟妹和晚辈都要戴孝一个时期，以表哀悼（例如坳瑶，在这种场合例须不戴银饰及包扎全由红丝挑绣的花戴30到42天）。第七，互通有无，即是同房某家有婚丧大事，所需银钱、酒、米、猪肉等，无力筹措的，同房中的生活较富裕的各家，都有借助的义务，并不得索取利息。甚至有某家缺少水田耕种，同房田多的人还得分出一些水田给他耕种，以示照顾。不过这种事例，并不常见，而这发生关系的两家，其感情也要较好的才如此。如本家族、本房的成员严重违反习惯法，则有被驱逐出族的可能。有的地区的瑶族可以接受别的非同姓同房的人加入本房本姓，甚至汉族人也可以被接受入族。

（二）财产继承

瑶族的财产以生活资料为主，也包括生产资料、家庭财产、个人财产。继承财产的顺序，除了子女在家庭的地位决定之外，有的地区还以婚姻方式来决定。赘婿、寡妇限条件地继承。瑶族习惯法一般都强调财产继承的非外流原则，维护家族、家庭的既有财产。

广西金秀的长毛瑶（茶山瑶、花蓝瑶、坳瑶）的家庭，是以父权为中心的。故掌管家财的大权，一般都操在男子手里，只有在个别情况下，丈夫不能很好地掌握家务，而妻子却又比较能干时，妇女也可以掌家。另一种情况，就是留女招赘的，妻子怕丈夫不忠实，会把她的家产拿回娘家去，也不会让男子掌家。

习惯法规定，家庭中父母健在的，一般都由父亲掌家，只有父亲年纪老了而自己又不愿再费心操持家务时，才把财产大权交给下一代。儿子掌家之后，凡一切生产计划和家庭大事，还是要事先和父亲商量，听取老人的意见然后才能决定。

长毛瑶的家庭习惯法采取“一脉单传”为继承宗祧的原则，家中财产，即由留在家里的儿女享受。没有亲生儿女，收养的子女，也同样可以享受财产。如果家庭富有，要留两个儿女在家时，到他（她）们婚娶之后，财产就照两份均分。

云南瑶族的财产继承，习惯法一般规定幼子继承制，如无儿子，则由幼女继承。但以幼子或幼女继承多数财产并赡养父母并非是绝对之事，如父母认为某个并非幼子或幼女的儿子或女子更孝顺，或幼子、幼女因各种原因难以承担赡养老人之责，父母也可以另选子女以承祖业。所谓幼子或幼女继承，并非由他们继承所有的家产，而是获得分家时父母所得的份额和祖屋。分家时村里的寨老和家族的长者参与协商。财产在儿子之间平分，父母也占一份。女儿只在出嫁时有若干陪嫁，不得参加分财产，但终身上门的赘婿可参与平分财产。①

四、丧葬、宗教信仰与社会交往习惯法

瑶族习惯法还通过对丧葬、宗教信仰、社会交往等方面进行规范，使社会生活的各个领域、基本行为都有规范进行调整，维持瑶族社会的整体秩序，满足瑶人的需要。

（一）丧葬

人类学家认为，丧葬规范起源于人对死者鬼魂的恐惧，由此产生祖先崇拜的信仰，在这种心理下，对死者遗体做一番处理，并有一套象征悲恸的仪式，希望死者顺利到达另一个永息的世界中。② 有关丧葬的习惯法，主要体现在葬制、葬地、葬仪（停灵、入殓、祭灵、埋葬）及服孝这几方面，包括处置尸体与安顿灵魂的初丧规范、生者对死者哀悼的治丧规范、送亡灵“上路”的出丧规范、墓葬的等级差异和尸体掩埋的墓葬规范、葬后的祭祀规范等，充分反映了瑶族生者缅怀死者的心理状态。

广西恭城瑶族丧葬用木棺土葬。老人亡故，即按照习惯法行入殓、报丧、吊唁、出柩、服孝等治丧活动。③

瑶族习惯法具体规定采取何种丧葬形式，与瑶族所处的自然环境、生产方式、生活方式、宗教信仰和意识形态等都有关系，各种葬式主要都围绕鬼神崇拜及其人们的功利目的进行。④ 瑶族丧葬方面的习惯法在民族文化的传承方面具有重要的作用。这种作用，既表现在对年轻一代进行“尽孝”的教育方面，教育后辈尊老敬老，处理好与家人以及亲戚邻里的关系；也表现在对家庭、家族、村寨或社区关系的协调，以及将本民族传统文化中的道德意识与人伦关系灌输给丧仪的参与者；同时进行本民族的

---

① 徐祖祥：《瑶族文化史》，云南民族出版社 2001 年版，第 259 页。

② 王明珂：《慎终追远 · 历代的丧礼》，载刘岱总主编《中国文化新论 · 敬天与亲人》，三联书店 1992 年版，第 309 页。

③ 恭城瑶族自治县地方志编纂委员会编：《恭城县志》，广西人民出版社 1992 年版，第 437 页。

④ 玉时阶：《瑶族葬式述议》，载《广西民族研究》1995 年第 1 期。

起源、迁徙以及发展等方面的再教育，让每一位丧葬活动的参加者都对本民族历史文化获得深刻的领悟，进而对民族的发展与振兴产生出责任感和忧患意识。同时，瑶族习惯法确认的厚葬体现了对生命的重视，习惯法的规定有助于激发人们生存的热情与获得生存的快乐。①

（二）宗教信仰、宗教活动

宗教是人类历史上一种古老而又带有普遍性的社会文化现象，对瑶族社会的各个方面产生了并将继续产生影响。宗教生活在瑶族社会生活中占据了重要位置，瑶族习惯法对宗教信仰、宗教职业者、宗教活动和宗教节日等进行了规定，从而对民族的发展、民族的文化产生一定的影响。

瑶人自古信奉原始宗教（巫教）和道教，也普遍信奉佛教。原始宗教方面崇拜雷王和五谷灵娘、山神、河神、树神、兽神等自然神，崇盘古圣帝等造物神及道教的玉皇大帝、太上老君、张天师、三元、三清等。他们也敬奉佛教的观世音菩萨。瑶人对神鬼的信奉，也形成了繁杂的古老宗教仪式、宗教礼仪、宗教性仪俗、宗教性生养习俗、宗教性丧葬仪式。如宗教仪式的还盘王愿；宗教礼仪的度戒；宗教性仪俗的做功德、喊寨、做洪门、游甘王、还花、烧香、装袋、进社、砍鸡头等；宗教性生养习俗的架桥接花、师公刹邪、三朝取名、挂隔邪筛、家壁哈（意为“隔鬼神军”）、祭拜等；宗教性丧葬仪式的花棺葬、造花棺、父母会捐助、挂葬等。②

具体而言，瑶族习惯法对祭社、度戒等宗教性社会活动进行了全面规范。山子瑶没有社庙，而是以石头为神像，供于大树下面，以树为屋的。社有社老，系由问卦选出，任期仅三年，期满又得另选，如果问卦出来要连任的话，也可以继任。每年春秋二季祭社，时间是二、八两月的社日。当天必须聚餐分肉。为此，全村共社各户，每年轮两家各养猪一头，作为两次祭社之用。祭神仪式在社老家举行，每户户主一人参加，并在那里会餐分肉（猪肉以一半聚餐，一半按户平均分配）。祭社前，社老还要当众“料话”，宣布有关生产方面的一些习惯法。③

依习惯法瑶族所敬奉的神祇多而复杂，除少数是本民族的人、神外，有儒道两教

---

① 朱恒夫：《中国文化史教程》，江苏教育出版社 2000 年版，第 69 页。

② 王超等：《广西金秀瑶族师公田元考察综述》，载《民族艺术》1997 年第 1 期。

③ 广西壮族自治区编辑组编：《广西瑶族社会历史调查》第一册，广西民族出版社 1984 年版，第 398—400 页。

的神，还有壮族、汉族有真姓名的人神，这些大致可分为人类始祖神、自然神、民族神、祖先神、保护神、祖师神、兽神等七类。几乎村村有庙，少者一个，多者达十几个，主要的有社王庙等。主要的祭神仪式有祭社王、做洪门、做功德、游神、做盘王、祭甘王、度戒、还花等。个人生病婚丧大事等还有送小鬼、送关煞、送大鬼、破六甲、开坡催生、除秽、安名、收花、安龙、送魔鬼、架桥、出嫁补福、迎亲、打太公醮、丧事打斋、谢坟、挖墓迁葬、造房上梁、安神龛祖先灵位、择日子等宗教活动。

瑶族社会宗教氛围浓郁，宗教对瑶人的感情、情绪和行为有广泛影响。从某种意义上讲，宗教信仰也是一种社会控制的手段，通过习惯法对各种仪式、活动、节日等的规范，加强群体成员的神圣感。① 瑶族的宗教信仰方面的习惯法强化了神秘力量的存在，任何违反者都将受到报复和惩罚，从而实现瑶族社会的秩序与公平。

（三）社会交往

瑶族的社会交往习惯法大体包括见面、称呼、祝贺、请客、拜访等方面，社会交往习惯法，对交往的原则、交往的礼节、注意事项等有所规定，要求“礼义”、“宽厚”待人，丰厚待客，积德行善，反映了民族心理状态和价值观念，对于加强社会和群体的沟通，增进民族成员之间的了解，维持良好的人际关系是非常有意义的。

从维持社会存在出发，瑶族在社会交往中非常强调互助互酬。互酬在经济人类学家中指的是一种广义上的互助、赠与关系，这在瑶族社会中极为普遍，瑶族素有助人为乐的传统。瑶族在建筑房屋、播种、婚礼、葬礼、宗教祭仪（如还愿、挂灯、度戒等）、过节、收获作物、捕获猎物等社会生产、生活活动中盛行互助、赠与。习惯法规定，互助的内容包括出钱、出物、出劳力给当事者以帮助。受助者下回给援助者以帮助作为回报。如某人建房子或播种、收割缺人手时，村邻亲友不计报酬及时来帮工，受助者下回也必然会以出相当人力帮助作为回报。左邻右舍遇有灾难，竭力相助。遇有生人过路，老少皆主动引路。赠与包括赠钱、赠物，以人生节礼活动（出生、满月、周岁、成人礼、婚礼、寿礼、丧葬礼）相互赠与最多。受礼者对赠与的钱物牢记在心，下回必定按习俗给予回赠。回赠物可以等质，也可以超质，数量多寡，

① 美国的伯尔曼认为神圣性是法律与宗教的共同要素，参见〔美〕伯尔曼：《法律与宗教》，梁治平译，三联书店 1991 年版，第 39 页。

视身份、地位而定。① 在瑶族古籍《盘王歌》中的《梅花大碗曲》中赞扬这种社会规范："二十八后生有远谋，相帮相助起屋楼，起成高屋楼，柱子直溜溜，提笔柱上画金龙，人生世上要相帮，揭开曲缸盖，曲子飘出香。"瑶族由于生存环境较为恶劣，只有团结互助，才能生存发展，因此互助的习惯法比较丰富。②

五、生产与分配习惯法

瑶族赞美勤劳、斥责懒惰，在千百年的生产劳动中，形成了许多习惯法，有关于农业生产的，也有关于狩猎生产的，渔业生产与采集方面的规范也有不少，这些习惯法反映了人们对于自然现象和客观世界的认识，包含了人们的生产实践的经验积累，促进了生产的发展和社会的安定，满足了民族社会成员的需要。

（一）农业生产

瑶族在农业生产的组织、劳动日期、用水、生产互助等方面有许多习惯法，较为完整地规范了从播种到收割的农业生产行为，同时对庄稼收割以后的防偷盗和禽畜兽损害也有较详细的规定。③

按照十万大山山子瑶习惯法，二月初二日为社日，各户出三根香、半斤米、一条腊肉或一只鸡，派一人到社坛，在村老的主持下祭盘皇、社皇，祈求一年当中人畜兴旺，粮食丰收。然后吃一餐，某户那天如没有人去参加的，给他留一份，由一个人帮带回来给该户人。社日时，村老在祭完神之后，主持改选下一届村老，新当选的村老和大家商量有关防盗、生产、村内团结、修桥修路等习惯法规范，令大家共同遵守执行。有关的习惯法规定，由参加者传达给各家全体成员。④

---

① 参见冼宗等：《瑶家的美德》，载金秀瑶族自治县民委、县文联等编，苏胜兴等主编《瑶族风情录》，广西人民出版社 1991 年版，第 16—18 页。

② 张有隽：《吃了一山过一山：过山瑶的游耕策略》，载《广西民族学院学报》（哲学社会科学版）第 25 卷第 2 期（2003 年 3 月）。

③ 在一些歌谣如《踏朝歌》中，有不少反映了农业生产备耕的状态和规范，如《阳鸟歌》唱述："枫木青，阳鸟年年来送声，第一催春过岭背，第二催春过岭头，大哥归家浸谷种，大哥加斗妹如升。枫木青，阳鸟年年来送声，阳鸟年年催春早，先耙秧地下秧芽，手把五谷满洞撒，撒了三朝满洞青。黄桑树上采牛兀，深山木根采犁耙，三月犁田哥引去，五月插田妹引头，哥愁不得春牛使，妹愁不得插田青。"参见黄钰：《瑶族〈踏朝歌〉初述》，载《广西民族研究》1995 年第 3 期。

④ 广西壮族自治区编辑组编：《广西瑶族社会历史调查》第六册，广西民族出版社 1987 年版，第 268 页。

广东连南的过山瑶也有生产方面团结互助的习惯法。1949年以前，瑶人居住在偏远的高山大岭上，地广人稀，许多重大的生产项目如烧荒、锄地等，单家独户很难完成，他们便采取凑工与打会的协作方式，集体劳动，共同完成。

凑工，几户人联合起来，今天帮这家，明天帮那家，自由结合，依次轮流。每日少则十几人，多则数十人。帮工者，自带膳食，不留宿，不计报酬，直到完工时，才在主家吃一餐便饭。

打会，当某户准备大面积开荒，自家劳动力少无法完成时，便叫一个人做会头，到一个寨或几个寨去，各家各户发一筒烟丝，邀请大家帮助。瑶人历来助人为乐，一家有难，全寨相帮。到了主家约定的日子，大家便如约前来帮工，不计报酬，也不用还工，主家招待一餐简单的午饭，到了春节年初二或初四时，再请帮工者吃一餐，菜肴多数以油豆腐为主。大家也不计较吃得好坏，以相聚述情道义为乐。①

（二）狩猎

瑶族是一个山地民族，生活、居住在崇山峻岭中，刀耕火种、狩猎谋生的生活在《盘王歌》中也有所反映。“放猎狗”歌谣就是瑶族游猎文化的剪影。如：

四山岭头放猎狗，　　湖南江口立横枪②，
立枪完了羊来到，　　狗吠三声羊着枪。③

可见，狩猎在瑶人的生产、生活中占有一定的地位，因而瑶族习惯法对此有比较全面的调整，包括狩猎组织、狩猎规范、猎获物的分配等内容。

按照习惯法，山子瑶对猎获物的分配原则是：①凡参加者各得一份；②射中者另加一份；③猎狗各得一份；④猎获物的头脚和内脏不分，留着祭神后给参加的人共同聚餐。有时把野兽追至村边才捕获，凡村里在未射中前到现场的人，也可得一份，小孩则得半份。④

湖南罗子山一带的“七姓瑶”居住在崇山峻岭之中，刀耕火种的包谷、小米、红

① 文清：《凑工与打会》，载清远市政协文史委员会、连南瑶族自治县政协文史委员会编《清远文史（九）——连南瑶族文史专辑》，清远市政协文史委员会1995年版，第116页。

② 立横枪：意为在路口放暗枪。

③ 赵金荣：《〈盘王歌〉初探》，载韦承林等编《连山瑶族》，天津古籍出版社1992年版，第107页。

④ 广西壮族自治区编辑组编：《广西瑶族社会历史调查》第一册，广西民族出版社1984年版，第192—193页。

薯等庄稼常遭野兽危害，影响收成，因而瑶人常常打猎。瑶人喜爱围山打猎，他们懂得野物的习性，追踪觅迹技术好，关卡熟，枪法准。一旦猎获野物，除头、皮归射中者外，肉则按照习惯法规定见者有份，不管大人小孩，平均分配。狩猎方法除围猎外，还有绳套、石压等等。①

（三）渔业生产

瑶族主要生活在山区，水面不多，多为河溪。渔业不是瑶族社会的主要生产活动，但捕鱼在瑶族社会中占有一定地位，瑶族的一些歌谣就反映了捕鱼的情况。

瑶族习惯法有一些捕鱼方面的习惯法规范。如广西金秀沿河十村，对河流的管理十分重视，各村虽然划分了河界，各管各业，任何人都不得越界捕鱼。但关于捕鱼的季节和方法的规定，却是各村都一致的，主要的有：①限定捕鱼时间：每年钓鱼期是二月春社以后至八月秋社止，装攒搼鱼期与钓鱼期同。②规定捕鱼方法：任何时候不许撒网和用药毒鱼。③家中有人生病，须用鱼做祭品送鬼时，只许塞滩得几条，不许多捕。④家中有老人过世，只许塞滩捕滩和捕鱼一天，捕多捕少不论，但仍不能用其他方法捕捉。⑤别人在自己田里装攒捕鳅鱼，田主不得把鱼攒搞坏或丢出田外。以上这些规定，一经宣布，便具有法的效力，有人违反，就算他犯了石牌习惯法，是要受处罚的。金秀河狭水浅，鱼类本不太多，但因有了这些习惯法规定，故河中蕴藏的鱼类，足敷当地居民一般需要。②

六、所有权习惯法

瑶族重视财产关系，将之视为社会生产关系的最集中表现。财产所有问题是民族成员社会生产和生活的基础，财产所有权是最基本的权利形式之一，关于财产所有权的习惯法是瑶族习惯法的核心内容。所有权，是指所有人依法对自己的财产享有的占有、使用、收益和处分的权利。瑶族的所有权习惯法主要包括一般财产所有权，土地山林河流所有、占有、使用权等。

---

① 肖守资：《“七姓瑶”风俗记略》，载《怀化师专学报》第13卷第1期（1994年1月）。

② 广西壮族自治区编辑组编：《广西瑶族社会历史调查》第一册，广西民族出版社1984年版，第191页。

（一）一般财产所有权

一般财产所有权方面的习惯法，主要是有关财产所有的主体、财产的取得、财产的种类、财产的处分等方面的规范。这里的一般财产是指山林、土地以外的财产，主要为动产。瑶族习惯法在财产所有方面保护先占权，先期的所有或使用而形成的所有权具有独占性；同时，习惯法还鼓励劳动，确认劳动的价值，保障劳动者对劳动成果的权益。

除公有土地、山林、河流等外，瑶族主要是家庭私有制，家庭占有的财产有水田、山地、林木、屋舍、园地、工具、家具、牲畜等。家庭成员中的个人私有财产，主要是个人的私储（私份钱）和个人用私储买的小部分土地（私份地），全由自己支配，家人不加过问。如系父母的私份钱、私份地，由老人决定，将来给子女中的一人或几个享受，不按财产遗传，不由兄弟均分。①

关于财产的取得，瑶族习惯法规范先占取得，关于财产占有，有“打标为记”的习惯法，从几百斤重的野猪到几两重的小鸟，从珍贵的麝香到干柴，只要上面插有草标，旁人见了就不占不拿。这方面的规范，主要有两类：一是“发现标”，用于证明已有人发现了蜜蜂、地龙蜂等；二是“有主标”，用于人们暂时放在路边、岭上的东西，说明不是丢失或不要，而是有意放的。② 湖南江永瑶族规定，野外凡有肥粪、柴草、木料等实物或待垦荒地，打一草结置于物上，以示有主，旁人绝少染指。田里下肥后，田坝口上插一草标，上下田即使急于过水也不能妄动。野外劳动，衣物、饭包挂在路旁树上，无人乱拿。③ 在湖南罗子山一带的“七姓瑶”瑶区，把物件放在野外或大路旁边，只要放上一个草标，别人就不会拿走了，即使山上的木头、粗柴，也不例外。用这种方法，还可以守水、守鱼、守瓜果，瑶人不分大人小孩，个个能自觉遵守这一习惯法，从而形成路不拾遗的淳朴风气和有序的社会状态。④

---

① 广西壮族自治区编辑组编：《广西瑶族社会历史调查》第三册，广西民族出版社1986年版，第36页。

② “草标”的种类很多，除了所有权、使用权方面的“发现标”、“有主标”外，还有“提醒标”，用于人们忽略的方面，如为防止有些人责任心不强、看管不好牛，使牛进田吃农作物，以引起注意；“拦路标”，用于带有危险性和不给通行的方面；“转告标”，用于急需借用而主人又不在场的东西。参见张劲松：《走向二十一世纪的瑶族民俗文化》，载《民族论坛》1996年第3期。

③ 黄石山主编：《瑶族古都千家峒》，《瑶族古都千家峒》编纂领导小组2002年，第276—277页。

④ 肖守资：《“七姓瑶”风俗记略》，载《怀化师专学报》第13卷第1期（1994年1月）。

（二）土地山林河流所有、占有、使用权

这类习惯法，主要规范土地山林所有、占有的主体、种类、所有或使用权限和界线的标志等方面。

广西龙胜红瑶的习惯法确认土地山林河流分为村寨占有、家族占有、家庭占有等。

村有土地是边远茅草山坡、古老水源林和流经河段。它是当初各村先民划定的。村有山坡、森林禁止私人开垦砍伐。若要开垦砍伐，须经村属各寨寨老协商同意才能动工。违禁垦伐，寨老责成退垦赔偿林木损失或植树造林。寨有土地多是放牛坡、柴木山、疏林山。由当初各寨老前辈划定，只准本寨放牧、打柴。大片砍伐开垦，要经寨老同意，交点山费，方可动工，小块垦伐种地向寨老打个招呼即可。但无论大片或小块垦伐均不是私有产业，不许买卖赠送。①

村有河段是按村界划分占有，也有的地方数村共同占有。凡村有河段都有由众人制定的管理条例。如立黄洛寨旁的《盛世河石》规定"……河道向（有）章分界各管各业"。大寨、小寨等处《村规公约》碑文第 14 条规定："没有其境之河，不许毒鱼，各本天良。"第 15 条规定："议有违反以上条例，轻则鸣众处罚，重则送官究治，莫不预告。"由德高望重的寨老执行管理。所谓"鸣众处罚"，是指违反者当众宣布处以罚金。这种罚金少的大洋（银元）两三元，多则八九元不等。拒不交罚金，众人进家杀猪或牵牛，绝不留情。至于平日的钓鱼撒网是许可的与金秀瑶俗不同。②

家族占有土地是森林、草山、坟山等。这是老祖宗留下的产业，家家有份，俗称"太奶的奶头个个可吸"。这些产业由家族老人协助族长管理，不许外族人侵占。本族人可入山打柴种地、葬坟，但非私有财产不许买卖赠送。

家庭占有产业包括水田、旱地、树林、竹林、油桐山、油茶山、房屋、耕牛等。其来源有的是祖先开田造地、种植、繁殖、兴建；有的是陪嫁品、购买、侵占等。家庭产业一般都由男性家长掌管，但逢买卖田地、房屋等重大家政事务，则开家庭会议商量决定。③

所有权是一种最基本的民事法律关系，它是社会再生产中财产转让和商品交换关系产生的前提条件和最终目的。瑶族习惯法规定一般财产所有权和土地山林河流所有、占有、使用权以满足瑶人生产生活需要为主要目的，为瑶族的生存和发展奠定物

---

①②③ 龙胜各族自治县民族局《龙胜红瑶》编委会编：《龙胜红瑶》，广西民族出版社 2002 年版，第 13、12、13 页。

质基础。

七、债权习惯法

随着社会的发展，交流的增多，特别是近百年来私有制和商品、货币的进一步发展，瑶族的财产流转日渐增加，瑶族的土地买卖、土地典当、租佃、雇佣、借贷和商品交换关系有了相应的发展，有关债权的习惯法也应运而生，并不断丰富和完善。

（一）土地买卖

土地买卖是在土地成为家庭私有财产以后才逐渐产生的。瑶族习惯法对土地买卖的条件、范围、手续、契约乃至价金等做了规定。习惯法确认的土地买卖，一般要求自愿，不得强迫，也不许显失公平；家族、亲属有优先权；程序上大多要求有各种形式的契约，有中人见证。

在广东连南大掌瑶区，习惯法确认的生产资料买卖，一般要先卖给房内、排内的人。如房内、排内无人买受时，才可以卖给别排的瑶人和汉人。在交易时，无须征求族内、排内老人意见，但必须请中人立下契据。

土地的买卖包括水田、旱地、杉山、社地和屋地。杉山包括山上的林木。

买卖立契必须写明卖因、坐落位置、土名、价目，有买卖双方及中人的签字。立契时，买方主要请中人和卖者饮酒面订，即席签名，否则无效。

> 立写大卖田文契人房五斤六，今因家下无银使用，无路出计，原（愿）将祖父遗留下水田一处，土名统坑，要行出卖。自请中人送到本村唐法耕二，承应出价承受。当日言定，时价三千五百文正（整）。即日钱契两交明白，亦两家愿充。莫还口。如一家返如，龙角一双，生虎一只，千年老酒三埕（瓮、坛），归众使用是实。
>
> 作中人：唐里入斤二　　银一百
>
> 代笔人：男唐四斤二　　银一百
>
> 在场人：房法受四公　　银五十
>
> 崇祯八年（1635）七月二十二日吉立①

① 许文清：《粤北瑶族研究》，香江出版有限公司2002年版，第27页。

悔约须提供“龙角一双，生虎一只，千年老酒三埕”归众使用，用不可能做到的事来表明契约效力的绝对性。

瑶族土地买卖在明清时期已经存在，契约多用文字形式亦反映了社会的发展程度。

（二）土地典当

除土地买卖（绝卖）外，瑶族还有许多土地典当即活卖的现象，因而形成了关于土地典当权，土地典当的手续、契约、期限、价格及回赎等方面的习惯法。

土地典当是中国社会一种比较独特的民事制度，承典人有完全的土地使用权，出典人不得对典当标的再进行出租、抵押等流转行为，形成了“一物二主”的状况。

土地典当一般要先问同族近亲，习惯法规定家族有优先承典权利，只有无亲房或亲房所出的典价比外人低廉时，才能典给外族或外寨人。

田地的典当，其价格仅为断卖价格的一半左右，由当事双方凭中议定。一般出当人多不愿索要高价，以便日后赎回。

典当的进行，按习惯法须凭中保说合，立契约为凭。契约内必须载明回赎的期限（一般是三年），如果出当人逾期不赎，以后纵然有钱也不能回赎。

（三）租佃

由于土地占有的不平衡，瑶族地区存在土地租佃现象，瑶族习惯法中有关租佃的规定主要包括租佃的租额、租制、手续、契约等方面的内容。

瑶族某些地区在宋代时就存在租佃关系。受田于酋长而“服其役”，是劳役地租的典型表现。据《宋史·蛮夷列传二》卷四九四载：武冈军溪峒义保，因征敛百出，“困苦不胜，乃举其世业，客依蛮峒，听其徭役”。这应是劳役地租的一种表现形式。

租佃关系在广西大瑶山瑶族各支系都不大相同。根据习惯法，茶山瑶和花蓝瑶出租山地给盘瑶和山子青瑶时，一般都要立写契约，在立写契约时，承租者还必须备办一餐酒席请出租者饱餐一顿；坳瑶在立写契约时不一定要承租请酒席，即使有些请酒席也是出于“人情”，不像茶山瑶和花蓝瑶那样具有强制性。①

具体而言，广西金秀茶山瑶族习惯法确认的租佃关系有多种形式，不但有实物地

① 金秀大瑶山瑶族史编纂委员会编著：《金秀大瑶山瑶族史》，广西民族出版社2002年版，第155页。

租与货币地租，并且还有劳役地租的残余。同时在每一种地租形态之中，又有各种不同的形式，有时各种地租形态又混合在一起。

（四）雇佣

瑶族有关雇佣方面的习惯法，主要是对雇佣的种类、工资、期限、手续等做出规定。

广西南丹里化寨地主黎启干雇本寨黎老矮做长工八年，后来黎启干替他讨了个老婆，夫妇结婚后还要再替他无偿劳动一年，才让他们回家。里化寨地主黎启扬雇覃老价做长工十年，也帮他讨了老婆，婚后，夫妇俩还要为他劳动四年，才允许离开黎家。①

（五）借贷

根据史书记载，宋代时瑶族就存在借贷关系。如《溪蛮丛笑》“骨债”条这样所载：“或以佣而亡，或以债死，约牛牲若干偿还，其名曰骨债。”

由于天灾人祸、婚丧嫁娶，瑶人在钱、粮乃至生活用品方面会出现紧张和短缺，因此就需要通过借贷进行解决，瑶族习惯法因而规定了借贷的种类、手续、契约、利息等内容。

按照瑶族习惯法，以前借贷未立文字契约，而是采用竹、木等实物契约。在竹筒上刻借贷的数目，然后将竹筒破为两片，债主和债方各执一片为凭证。这种原始“契约”，20 世纪 50 年代还可看到很多，可见不久以前花蓝瑶还在应用它。②

湖南江华瑶族借贷的利率比较高，拿借实物来说，年利 50% ~100%，有的还要超过此数。借现款分年利和月利两种。年利一般是大加一（借 10 元十个月，本利还 20 元），就是十个月翻一番，月利是大加三，借 10 元，用一个月需还息 3 元，即三个月翻一番。总的看来，月利高于年利，借期短比借期长的利率要高得多。如六区赵大妹借了地主 6 石谷子，两年以后就卖掉水田 10 石还债，又借地主 60 斤茶油，两年以后将 20 石茶子的山林抵债。

---

① 广西壮族自治区编辑组编：《广西瑶族社会历史调查》第三册，广西民族出版社 1985 年版，第 24 页。

② 广西壮族自治区编辑组编：《广西瑶族社会历史调查》第一册，广西民族出版社 1984 年版，第 155—157 页。

习惯法规定，借贷的手续，普遍是要写借据和借条，规定限期。但写抵字的也是不少的。向高利贷者借款，要用森林、田地、山地以及其他财产作为抵押。如果逾期不还或还不起债，就本利加码，利上加利，时间久了，就需要变卖财产，或者将抵押的物抵债。有的借不到钱，就在饥荒时“卖新货”（又叫拿桐子钱），到冬天交货，每石价要少于实价的1/2，或者等于实价的1/3 的价钱。①

（六）商品交换

瑶族由于长期处于自然经济发展阶段，生产和生活需要基本上自给自足，较少通过交换满足，交换关系不是很频繁，因此商品交换方面的习惯法不多。瑶人“不事商贾，专力稼穑”②，瑶族耻于经商，因而在地方志书上描绘瑶族是“多种山”、“捕鱼为业”、“伐木为业”、“居无常所，为食尽，则他徙”。随着社会的发展，瑶族的商品交换也有一定的增长。瑶族的商品交换关系既包括瑶族与其他民族进行的商品交换关系，也包括瑶族内部的商品交换关系。

瑶族的商品交换活动，主要是依靠山外汉区小商贩来进行，属于被动的交往。瑶族习惯法保护瑶族与其他民族进行的商品交换关系，保障正常的贸易行为。习惯法保护入山贸易的商贩，不准抢劫或谋害外来商贩。③ 如广西金秀瑶族的习惯法规定“不得中途抢劫，以强打单，日后查知，大众石牌究治”④。镌刻年月为乾隆五十一年（1786）十月，原竖立在金秀在保村桥头的在保、杨柳、将军三村共立的石牌，其条文第九条载有“善人买卖生意，有茶有食吃”一句。意思是说，如果进入瑶山做买卖的善良商贩，到瑶族家里，是会受到茶饭招待的。瑶人为了与山外进行商品交换以满足生产和生活的需要，故在石牌习惯法条文上做出这种带有鼓励山外商贩进入瑶山进行贸易的规定。

关于金秀瑶族石牌习惯法保护山外商贩规定的，在清同治六年（1867）的广西金秀沿河十村共立的平免石牌中，也可发现。这件石牌的第十和第十一条载明：“十立：

---

① 广西壮族自治区编辑组编：《湖南瑶族社会历史调查》，广西民族出版社 1986 年版，第78—79 页。

② 阮元：道光《广东通志》卷九三，上海商务印书馆影印本。

③ 见广西壮族自治区编辑组编：《广西瑶族社会历史调查》第一册，广西民族出版社 1984 年版，第 208—215 页。

④ 广西壮族自治区编辑组编：《广西瑶族社会历史调查》第一册，广西民族出版社 1985 年版，第 44 页。

不论何人，见客买卖生意，不得乱作横事可也。”“十一立：不论何人，见客生意交易，是作横事，莫怪石牌。”条文里所谓“见客买卖生意”，即是指来山里做买卖的客人。瑶族称汉人为客人。所谓“不得乱作横事”，即是说不得抢劫或谋害这些外来商贩。所谓“莫怪石牌”，即是说，如果有人抢劫或谋害外来商贩，石牌出面干涉，休得见怪。①

为了减少商贩的盘剥行为，公平交易，同时，为了让更多的商贩进山，货比三家，降低商品价格，广西金秀瑶族石牌习惯法制定了许多类似保护商品交换、自由买卖的条文。清道光二十九年（1849）的《上下卜泉两村石牌》规定：“你小人不用□头（疑漏一人字），边工（公）平教意（交易）。”②《莫村石牌》规定：“往来生意，取物有道。”中华民国三年（1914）《六十村石牌》规定：“十料众石牌人，如有客瑶生意为商，担货出外入瑶，在路中被抢，闻知即起团追拿，如有闻知不起团追捕，究治。”③中华民国二十五年（1936）《金秀白沙领导下的五十一村石牌》规定：“第六条，如有客状（壮）瑶人，生意为前（钱），担货出外，入瑶，在我石排（牌）各处小路抢劫，见知即报起团追捕。第七条，如有客状（壮）瑶人，生意货物买卖，价钱两边自形（行）为难（准），不得争打，算数不明，位（为）论村团算清。”④瑶人之所以要以法律的规定来保护入山贸易的商贩，显然是瑶山作为商品的生产已有了发展，商品交换日趋频繁的结果。⑤它一方面规定客商不能见利忘义，哄抬物价，坑害瑶人；另一方面又规定瑶人不能乘客商独自进村，势单力弱之机，侵夺伤害客商。这种规定在当时政府管辖较弱的情况下，犹如一张保护伞，既保护瑶人的利益，又保护了客商往来的人身财产安全，为其进山做买卖创造了条件。⑥

瑶族习惯法也对客商进行一定的防范和规范。如清光绪二十三年（1897）《两瑶大团石牌》规定：“各位□□□□□生意，大路任行，并大山；小路乱行，包米地乱入，为贼。子（我）瑶开炮打死莫怪。”⑦中华民国三年《六十村石牌》规定：“十四料众石牌人，若众商面熟有字号，方准担货入瑶。如假伪客商，以做匪为实。石牌查

①⑤　广西壮族自治区编辑组编：《广西瑶族社会历史调查》第一册，广西民族出版社 1984 年版，第 208、208—209 页。

②③④⑦　广西壮族自治区编辑组编：《广西瑶族社会历史调查》第一册，广西民族出版社 1985 年版，第 53、44、47、42 页。

⑥　莫金山：《近年来发现的两件瑶族石牌习惯法考释》，载《广西民族研究》2002 年第 2 期。

知，决不容情。”① 中华民国七年（1918）的《三十六瑶七十二村大石牌》规定：“七立料客人过往，生面查实姓名。”②清道光二年（1822）《门头、下灵、黄桑三村石牌》规定：“生易（意）不得卖病猪，从（重）罚。”③

同时，由于历史上民族歧视所造成的恶劣影响，瑶族在不自觉交往的同时又在破坏正常的商业往来。各地瑶区均有关于留宿外人的禁令，一旦违反，处罚极严。如清宣统二年（1910）的《桂田等村石牌》规定：“各户不得停留面生歹人，如有此事，仰十里严究，一家犯罪九家同论”④，中华民国十三年（1924）《六段、仙家漕、老矮河三处石牌》规定：“一议：凡有客有进瑶做买卖者，或生面不识，不准留宿。倘有刁顽强者，宜报知瑶首，当众逐出。一议：凡有客人进瑶居住，皆宜遵吾瑶规。如果有至亲至厚，探留宿者，皆系住家担当。倘有隐藏，生端出事者，我瑶公同酌议办罚。”⑤桂北的情况更不利于商业往来，兴安地方政府就曾颁布禁令：“……公悬赏示，严禁掳捞，以保商旅而卫地方事，生等居住六垌（瑶区），山多田少……稻粱不敷半年食用，全赖禁蓄竹木，砍伐编筏，运省发卖，借以养生……漂流……竹木，存放一处，俟客人认货……不准据为己有”。⑥ 禁令中提到，这是屡禁不止之事，从中可看出商人利益没有得到很好保护，买下后顺水漂流（运输方式）之竹木，被瑶人捞起，据为己有，不利于商业往来。类似禁令在其他地方也可看到，如全州，当地人也是沿河抢劫或骚扰商人，政府不得不“奉示严禁”。因为，“诚恐日久酿成巨案，商等皆视为畏途矣”⑦，或被驱逐出村，或被处以沉塘等。因而能进入瑶区做生意的只是极少的人，“若众商号面熟有字号，准担货入瑶”⑧，而“凡有客进瑶区做买卖者，或生面不识，不准留宿”⑨。这使得瑶人的交往圈大受限制，这些能进入瑶区的商人有可能在商品质量和价钱上蒙骗他们。⑩

瑶族习惯法关于商贩、商品交换的规范，表明瑶族与汉族等其他民族的交往不

---

①②③⑤ 广西壮族自治区编辑组编：《广西瑶族社会历史调查》第一册，广西民族出版社1985年版，第44、45、62、46页。

④⑧⑨ 广西壮族自治区编辑组编：《广西瑶族社会历史调查》第一册，广西民族出版社1984年版，第65、44、46页。

⑥ 广西壮族自治区编辑组编：《广西瑶族社会历史调查》第四册，广西民族出版社1985年版，第61页。

⑦ 广西壮族自治区编辑组编：《广西少数民族地区石刻碑文集》，广西民族出版社1985年版，第134页。

⑩ 李闰华：《交往差异与近代广西壮、瑶社会经济发展的比较》，载《广西右江民族师专学报》第14卷第2期（2001年6月）。

断，通过经济往来等方式与外界保持联系。①

第三节

瑶族习惯法的实施

瑶族习惯法议定后，就要在社会生活中被人们实际施行。任何习惯法不实施就仅仅只有文本和认识上的意义，只有在社会生活中实施，才能够发挥作用，真正成为法律，具有社会规范的意义。法律实施是实现瑶族习惯法的作用与目的的条件。美国的霍姆斯曾指出："法律的生命不是逻辑而是经验。"② 强调了法律在社会中实施的意义及法律实施与社会因素的关系。

为保障习惯法的实施，瑶族习惯法对调解处理审理的程序、人员、结果、神判、械斗等做了明确的规定，以解决瑶族地区的各种纠纷，处罚违反习惯法的行为，维护瑶族习惯法的权威和尊严。

同时，瑶族习惯法还详细、全面地规定了对故意杀人、过失杀人、殴斗伤害、偷盗、强奸、通奸、纵火、失火等行为的处罚，以保障习惯法对社会关系的调整，保障瑶族成员生命财产的安全，维护瑶族地区正常的社会秩序，促进社会的发展。

一、瑶族习惯法的实施

瑶族习惯法，实际上是瑶族的"百科全书"，内容包罗万象，涉及社会生活的各个领域、各个方面。其中既有民族经济的内容，又有政治、文化方面的规范；既有制度的、规范的内容，也涉及观念、意识、心理的内容；既涉及物质文化，也涉及精神文化。包容了民族文化的基本方面。因此，瑶族习惯法是瑶族民族文化的主要载体，习惯法世代相传的过程，也就是瑶族民族文化保存、继承、传递的过程；习惯法观念的代代沿袭，也就是民族意识、民族心理、民族文化的沿袭、发展过程。因此，瑶族

① 冯敏：《石牌下的贸易》，载《广西大学梧州分校学报》2005 年第 1 期。

② 〔美〕霍姆斯：《普通法》，转引自上海社会科学院法学研究所编译《法学流派与法学家》，知识出版社 1981 年版，第 417 页。

习惯法的实施实际上也是瑶族民族文化的传承。议定、执行习惯法本身就是一项重要的社会文化活动，是民族文化传递的主要形式和手段。瑶族对此十分重视，依靠一代又一代人不断地形成、总结、积累、传承习惯法意识和习惯法信仰。故瑶族有谚语云："白天有太阳，晚间有月亮；官家有法律，瑶民有私约"；"石牌大过天，对天也不容。哪个敢作恶，哪个敢捣乱，即使它是铜，也把它熔了；即使它是锡，也把它化掉"。"石牌大过天"的观念在瑶族人民心目中根深蒂固。

瑶族的许多有影响的文献都强调遵守习惯法，如长诗《盘王遗训》（原名《盘王教人传》）就有这方面的重要内容。① 译者赵廷光先生认为，瑶族笃信盘古和盘瓠，认为本民族的传统道德规范均为盘古和盘瓠的训示，从而代代相传，共同遵守。从这一点出发，将《盘王教人传》改为《盘王遗训》是比较贴切的。所谓"遗训"，并非盘古和盘瓠遗下的训示，而是后人根据被宗教异化了的人类祖先"盘古开天辟地"之说，为充分发挥瑶族笃信盘古和盘瓠这一心理的作用，以维系本民族内部的团结，增强凝聚力，抵御外来侵扰，达到自我保护以求生存和发展的目的而编写的。② 其第五部分是"守法"，长诗表现了鲜明的法制观念：

王法天规断是非，铁面无私不可违；

言语谨慎依道理，莫要横道犯法规。

长诗宣传了守法的好处：

为人若把王法守，晴天霹雳不动心；

行善莫怕夜敲门，守法莫怕国不宁。

大家守了法，家安国宁，有利于大家安居乐业。如果违法犯罪，多行不义必自毙，"作恶多端害自身"。诗中指出了犯法犯罪的恶果是：

铁牢黑黑惩罪人，轻者惩戒重则杀；

犯罪受惩人财空，杀人抵命后人骂。

诗中提及的法制观念应是以盘瓠集团（族群）为范围的内部约定俗成的"条规"，即习惯法，借以团结整个族群的每个成员，凝聚成为一股力量，以抵抗封建王朝的民族歧视和民族压迫，保护自己的生存权和发展权。

---

① 原件是清乾隆四十六年（1781）的手抄本，现存云南红河州个旧师范学校。赵廷光根据邓胜华的转抄本进行了翻译整理，共460行，收入《论瑶族传统文化》一书。原诗分苦读、勤耕、孝善三部分，译者根据原诗内容分解为六个部分，并在译文前做了说明。

② 赵廷光：《论瑶族传统文化》，云南民族出版社1990年版，第216页。

这部长诗是以教人知礼守法为目的的，通过十分鲜明的文学性增加其说服力和感染力，在瑶族社会中发挥了积极的作用。①

瑶族文献《瑶律》的结束语，也明确要求人们“必须遵守法律，必须执行法律”。希望人人都要遵守法律，自觉运用法律规范自己的言行，经常检讨自己是否有违反法律的想法和行为。只有人人遵守石牌习惯法，坚决执行石牌习惯法，发挥石牌习惯法的威力，才能打击匪盗，惩治恶邪，维护社会秩序，保障人们的生命财产安全。

瑶族没有专门的习惯法执行机构和专职人员，瑶族习惯法的实施主要依靠瑶人的自觉遵守。瑶人由于社会环境的制约，从生存和发展的自身利益出发，视习惯法为生活之必需，对习惯法有着内在的认同和遵从。

瑶人从小就被教导尊重父母、长者、知识、权威和法律，守法意识是瑶人成人化、社会化过程中的重要教育内容。凡是模范地遵守习惯法，为习惯法的实施和发展做出贡献的，就能得到整个瑶族社会的承认、尊重，以至流传千古。如贵州荔波瑶麓的头人覃光明，认真履行头人职责，体恤族民，为族民办了很多好事，特别是他大胆向朝廷为瑶人请命，为瑶人求粮有功，瑶人尊称他为“果告粮”，并约定全瑶麓地方，凡是播种插秧，一定要等洞干坝上果告粮的田动土之后，其余的人才能进行生产，并形成一种规范，一直传袭下来。这是对优秀头人的最高褒奖。对严格遵循部落内婚、氏族外婚规范，不畏强暴，忠于爱情的“妞”和“多”，人们就编成美丽动人的爱情故事，一代接一代地流传下去。②

同时，瑶族习惯法通过大量、全面的规定和对违反者的处罚，告诉本民族成员应当怎样行为，不应当怎样行为，社会欢迎什么样的人，鄙视、排斥什么样的人，理想的社会成员应该具备什么条件，从而在所有成员中树立一个行为的标准模式，强化他们的社会角色意识和守法意识，并通过言传身教和各种集体活动进行培养。瑶族的家族、家庭的老一辈对年轻一代口传身授的教育中，遵守习惯法、维护习惯法的权威是最为主要的内容，不管是劳动技能技巧、本民族的风土人情、民族历史、家族历史的传授，还是英雄故事、格言谚语、宗教意识的传诵培养，都渗透着浓厚的习惯法意识，从而潜移默化地影响瑶人。

---

① 农学冠等:《瑶族文学史》，广西民族出版社 2001 年版，第 142、145、146 页。

② 黄海:《瑶族传统道德的现代化探索》，载张有隽主编《瑶学研究（第 4 辑）——现代化与瑶族：发展前景》，广西民族出版社 1997 年版，第 312 页。

二、瑶族的纠纷解决习惯法

任何社会都离不开解决纠纷的手段。只要有社会冲突存在，以纠纷解决为任务的司法必然成为社会架构中的一个重要组件。为了解决社会纠纷，保障习惯法的实施，维护习惯法的权威，瑶族形成了纠纷解决方面的习惯法，包括调解、审理、械斗和神判等，处理社会纠纷，解决社会冲突，维护社会秩序。

在一般情况下，瑶人选择调解和审理方式解决纠纷；发生重大冲突时，瑶人采用械斗方式平息纷争；在人力无法判明时，瑶人运用神判方式化解矛盾。

针对纠纷、冲突，瑶族社会通过调解和审理依靠公共力量进行救济，通过械斗依靠私人力量进行救济，通过神判依靠神的力量进行救济，形成了独特的权利救济系统和纠纷解决体系，促进了社会的发展。

公力救济也称司法救济，即权利主体请求国家权力介入纷争的解决纠纷程序。

私力救济也称自力救济，即权利主体在其权利受到侵害或发生争执时直接向对方行使救济权或者商请对方解决纷争，如和解、自决。私力救济主要包括自决与和解。自决与和解是最为原始和最为简化的程序形式。械斗包括了自决程序与和解程序，纠纷主体依靠自我力量或自觉的情感来消除民事冲突。①

（一）调解和审理

瑶族尽管并无专门的习惯法实施机构和专职人员，但调解处理审理方面的习惯法是比较丰富的，诸如调解和审理的组织，调解和审理人员的资格、职责与权限，调解和审理的原则、受理范围、程序、判处等方面都有详细规定，为处理刑事案件和民事纠纷提供了程序依据。

瑶族对纠纷的处理，主要进行调解，抱着息事宁人的态度，力求大事化为小事、小事化为无事，尽可能避免事态扩大。清咸丰三年（1853）的广西金秀《罗运等九村石牌》就规定：遇到争端应“大事化成小事”②。而对某些严重违反习惯法的行为，

---

① 参见顾培东：《诉讼制度的哲学思考》，载柴发邦主编《体制改革与完善诉讼制度》，中国人民公安大学出版社 1991 年版，第 16 页。

② 广西壮族自治区编辑组编：《广西瑶族社会历史调查》第一册，广西民族出版社 1984 年版，第 40 页。

则进行审理，并予以严厉的处罚。

瑶族的调解和审理主要由瑶老、头人主持。如明代推年高有行之人，加以调解与裁决。据《蛮司合志·湖广》载："争讼则推一人断曲直，曰行头。"大源瑶，"有所争不决，则推其乡高年众所严事者往直之，谓之叫老。老人以为不宜，则罚酒食分飨谢罢，故瑶人讼，鲜至官府"①。峒内，"有所争，不决，则推其乡高年众所严事者，往直之，为之叫老。老以为不直，则罚酒食谢罢"②。"赛老者，即本地年高有德行之人。凡里中是非曲直，俱向此老论说。"③

按照广西金秀石牌习惯法的规定，凡石牌成员发生争端时，必须请石牌头人处理，叫做"请老"。例如甲乙二人因争山场界址，两不相下，甲要请老时，如果是本村的头人，就用口头通知，路远的头人，就用禾秆一截，穿入铜钱方孔，再行折回，合搓成小绳，作为凭证，着人携至头人家，请他到家里来办事。④

根据瑶族习惯法，"有事不得外出请老"。瑶族的村寨大多是在血缘关系基础上，由若干不同的宗族、家族集团和家庭组成。开始时因村小人少，矛盾纠纷并不突出。随着人口的繁衍和私有制的发展，由各种利益引发的纠纷便不断增多。一旦出现纠纷和冲突，瑶族习惯法一般不准到别村去诉讼，而由本村村老按习惯法来解决。清咸丰三年（1853）的广西金秀《罗运等九村石牌》规定："有事要行老。"⑤中华民国三年（1914）的《六十村石牌》规定："一料，众石牌有人事争口舌，山水、田土分界不明，失物、千家百事，千祈要听我石牌判，不得请外方人来包事，害我石牌地方。"⑥中华民国七年（1918）的《三十六瑶七十二村大石牌》规定："石牌有事，不得请别人。"⑦中华民国二十五年（1936）的《金秀白沙领导下的五十一村石牌》也规定："第八条料：我石排如有何人争山水田地，口舌，百物，事不明，要先经报请老，村团分判。"⑧

调解者和审理者基本上是义务的，没有报酬。清道光二年广西金秀《门头、下灵、黄桑三村石牌》就规定："请老不许食银，不得杀人。"瑶老为瑶人排难解纷，不许收受贿赂、抽扣部分罚款等，更不许任意杀人。根据习惯法，调解者、审理者有义务认真、公正、尽职解决纠纷，否则会受到处罚。

---

①③　谢启昆：嘉庆《广西通志》卷二七八，《诸蛮》，光绪十七年桂垣书局补刻本。

②　钱之昌：《粤西诸蛮图记》。

④⑤⑥⑦⑧　广西壮族自治区编辑组编：《广西瑶族社会历史调查》第一册，广西民族出版社1984年版，第69、40、44、45、47页。

但是随着社会的发展，有一些瑶老、头人，常凭借石牌的权力，在民众中作威作福，不但为人排难解纷时要“台底钱”（贿赂），有时在定罚款的时候，当着赔款的一方就把数目加大，当着受赔款的一方就把数目缩小，等到双方达成协议时他就可以从中捞一笔，有的甚至借端从事敲诈，或是栽赃害人，尤其是对处于山丁地位的过山瑶，更是为所欲为，肆无忌惮。这种情况多发生在清代、中华民国时期，这表明瑶族社会有了较大的分化，社会内部的民主色彩有了一定的变化，特权观念逐渐滋生。

根据瑶族习惯法，调解和审理须遵循内部解决、和平解决、公平解决等原则。

瑶族习惯法要求内部解决纠纷，一般不允许外力介入调解和审理。正如清道光二年广西金秀《门头、下灵、黄桑三村石牌》所规定的：“三村有事，不许过介（界）请，若过介（界）请老，众罚银六十两。”① 广西龙胜杨梅瑶族 1891 年的乡约规定：“地方遇有大小事务，准请头甲及公举之老人，再三理论或判不清，方可兴讼。倘有刁顽之辈，不由分论而擅词讼控者，地方合具公呈毋得推诿。”② 中华民国三年（1914）的《六十村石牌》也强调：“一料众石牌人有事争口舌、山水、田土、分界不明，失物，千家百事，千祈要听我石牌判，不得请外方人来包事，害我石牌地方，究办。”③中华民国七年（1918）的《三十六瑶七十二村大石牌》也规定：“八立料石牌有事，不得请别人。”④中华民国二十七年（1938）的广西金秀《六眼、六椅等村石牌》也规定：“一议现吾处委有甲长，管户若干，一甲有一甲理。理不妥即来总团处，不準（准）过村办事。各有各甲。若不信此，议罚随团。”⑤瑶族内部了解情况，有利于保持民族团结。

同时，瑶族习惯法强调采取和平方式解决纠纷和争端，避免以非对非，引起更大冲突。如清道光十二年（1832）广西金秀的《长二、长滩二村共立石牌》就规定：“三料令二村□□□许何人□□□□□□家具□□锁上□□□，就犯石牌，□银一…百二十两。十二料令二村不许何人大小事，不得锁人，庚（跟）山庚（跟）水□□乱锁□□，石牌（以下文字漶灭）。”⑥

瑶族的调解和审理受理范围极为广泛。调解和审理没有明显的区分，相对而言调解主要针对山林、土地和水利纠纷、借贷纠纷等，审理则偏重于人身伤害、匪盗方面

①③④⑤⑥ 广西壮族自治区编辑组编：《广西瑶族社会历史调查》第一册，广西民族出版社 1984 年版，第 62、44、45、48、51 页。

② 广西壮族自治区编辑组编：《广西瑶族社会历史调查》第四册，广西民族出版社 1986 年版，第 205 页。

的案件。

一般而言，调解和审理既可以由瑶老、头人个人受理，也可以由村寨集体受理。不过，有些地区的瑶族习惯法规定某些纠纷和案件必须由村寨集体受理。如清光绪末年，广西金秀六巷村瑶族蓝公顶在浪冲种了一些包谷，同村蓝公安去偷盗，恰巧被蓝公顶看见。蓝公顶不待蓝公安发觉，便先赶回村来，约齐兄弟家族，等候在村头巷口，等蓝公安挑着包谷回来的时候，便把他抓了关在家里，请同村一个小头人来调处。结果罚蓝公安毫银 12 元。事后露了风声给石牌知道了，便去要蓝公顶杀猪请吃和罚款。经过了一场辩论，大家查对石牌习惯法，结果因蓝公顶不报石牌而私自抓人罚款是违反石牌习惯法的，于是被罚款 30 元给石牌了事。①

此外，根据习惯法，因纠纷大小而有不同的受理者。如中华民国七年（1918）《罗香七村石牌》规定："第六条：无论何人争执田土山场，先请父老调解不下，又请小石牌调解，不下，再请大石牌调解，不得擅自开武。"②中华民国二十五年（1936）的广西《金秀白沙领导下的五十一村石牌》也规定："第十一条料：我瑶山石排（牌），有小大事，听村团判，大事要听石排（牌）公审公办，人理不得人亲，不得包办何人。"③要求严重的纠纷、争端村团无权处理，而必须由石排（牌）解决。

瑶族一般是在提起者家中进行纠纷调解和审理，有的则在"社"等公共场所处理。钱之昌在《粤西诸蛮图记》所录瑶族风俗时，有"有相讼者，集于社"句。④

根据瑶族习惯法，提起调解和审理者一般为直接的当事人或者受害人，实行当事人亲告，基本不存在其他人代为提起的规定。但是如果当事人自己拙于表达、不善言辞的，也可请较为熟悉习惯法的兄弟、伯叔代讲，代讲人必须是与当事人有密切关系的亲族，对方对他是采取敌视态度的，否则，算做"包事"，而"包事"是违反习惯法的。

调解和审理时，有双方当事人均到场的，也有请调解和审理者将一方当事人的要求转达给另一方当事人的。有的则强制当事人到场。如清同治六年（1867）的广西《金秀沿河十村平免石牌》规定："一立不论河（何）人有事经过人老，正（才）得锁人可也。"⑤广西金秀在调解和审理时，主持的头人到家后，提起的一方当事人先请头人吃一餐便饭。吃完之后，事主甲就把桌子摆好，请老人坐在两旁，自己就把同事

---

①②③⑤ 广西壮族自治区编辑组编：《广西瑶族社会历史调查》第一册，广西民族出版社 1984 年版，第 76、63、47、55 页。

④ 谢启昆：嘉庆《广西通志》，光绪十七年桂垣书局补刻本。

主乙如何争执的原委申诉出来。①

调解、审理后，经过听取双方的理由，有时通过向知情人调查了解，调解、审理者就要根据事实和习惯法宣布调解结果或进行判处，从而结束调解和审理。

调解和审理的结果通常是口头的，较少用书面形式，但在清朝后期、中华民国时期，书面的和息合同、判书在一些瑶族地区如广东乳源、广西金秀已经出现：

广东乳源的和息贴：

立愿公罚贴人谢命昌，情因饔餮不续，盗心突起，得偷茶坪坑瑶人棕皮一十余斤，登即追赶擒获，原棕缴回。经投村邻罗春养等理论，均叹匪徒本该送官重究，奈命昌哀求余等，上无兄弟，下无妻子香火，原将自己家资办出作为公罚之资。当日瑶人甘允了事，言明后日瑶人与命昌仍敦旧好，不敢反悔，另生枝节等情。后日命昌再行攘窃瑶村物件等情，一经查出，任瑶人送官，自己甘休死地无词。失物者亦不敢经投理论，二家心允，立贴为据。

在场人：罗春养　陈加福　许燕怀
谢玉才　谢神芳　谢玉辉
谢神启　谢神才笔
光绪辛巳年（1881 年）正月十三日立合同二张为据②

（二）神判

神判是以非人的神灵为后盾的解决氏族成员的争端和纠纷的一种裁决方法。③ 每个初民社会都无一例外地设定神灵和超自然力的存在，他们寄望于神灵，并坚信它们会对人的任何一个特定的行为做出赞成或不赞成的反应。一旦人们不能收集到确凿的证据来查明案件的事实情况、解决争议时，便转向求助于神灵。英国法史学家梅因在其名著《古代法》中认为，“从中国到秘鲁，没有一套文字记录下来的法律制度在它

① 广西壮族自治区编辑组编：《广西瑶族社会历史调查》第一册，广西民族出版社 1984 年版，第 69 页。

② 盘万才等收集，李默编注：《乳源瑶族古籍汇编》下册，广东人民出版社 1997 年版，第 1262 页。

③ 我国在神判研究方面有不少著作问世，有关神判的进一步了解，可参看夏之乾的《神判》（上海三联书店 1990 年版）、邓敏文的《神判论》（贵州人民出版社 1991 年版）等。

最初被发现时，不是与宗教的礼仪和形式相纠缠在一起的”①。霍贝尔也指出：在爱斯基摩人的制度中，法律的绝大部分内容都为宗教的控制作用所取代。只有当宗教的制裁不灵或禁忌的规范一直为人们所忽视时，法律才作为最后的救济手段来维护宗教的权威。在伊富高社会中，仅仅是在证据的领域内，超自然的因素才被视为一种具有重要作用的东西。在切依因纳人相互反诉的纷争案件中，为辩明证据、澄清事实，当事人有着对野牛的头颅骨立誓的做法。在阿散蒂人社会中，法律为宗教所控制。某些法律上的争议，例如债务纠纷，可能完全因纯世俗的冲突而起，然而一旦赌咒立誓，便会笼罩在一片宗教的氛围之中。神灵会通过当事人立誓或神判的方式来查验一切证据言词，国王作为皇室祖先魂灵的后裔，也使得他的统治合法化了。②

由于社会发展阶段和文明进化程度的限制，包括瑶族在内的相当多的民族采用神明裁判方式来解决疑难纠纷，处理复杂的违反习惯法的行为，形成了有关神判的适用条件、种类、方法、结果等的习惯法。③ 美国学者伯尔曼认为，在日耳曼社会，“信任—不信任”的同时并存与极端相信命运的任意性紧密相关，而这种信念则首先反映在运用神明裁判作为法律证明的主要手段之中。这对于我们理解瑶族的神判同样有启发。④

神判与人证、物证的不充分有密切联系，但与神灵崇拜更有关系。当其遇上不能解决或解释不了的事时，往往转而求助于万能无敌的神灵。“所有的神裁方式，其根源都是人祈求神的帮助，以减轻自己裁断的责任；使事件得以确定是神裁的一个最大特点。”⑤

为了维护瑶族的共同利益，惩罚违反习惯法的行为，瑶族便利用人们的神灵崇拜

---

① H. S. Maine, AncientLaw: *Its Connection with the Early History of Ideas*, *and its Relation to Modern Ideas*, 3rd American ed., NewYork, 1879, p. 15. 梅因还指出，“东方和西方的法典的遗迹，也都明显地证明不管它们的主要性质是如何的不同，它们中间都混杂着宗教的、民事的以及仅仅是道德的各种命令；而这是和我们从其他来源所知道的古代思想完全一致的，至于把法律从道德中分离出来，把宗教从法律中分离出来，则非常明显是属于智力发展的较后阶段的事”。参见〔英〕梅因：《古代法》，沈景一译，商务印书馆1959年版，第9—10页。

② 〔美〕霍贝尔：《初民社会的法律》，周勇译，中国社会科学出版社1993年版，第293—298页。

③ 神判是在什么时候出现，基本上有两种看法：一种认为有氏族制度就有神判；另一种认为神判起源于农村公社阶段。我赞同第一种观点。可参见宋兆麟：《神明裁判与法的起源》，载《广西民族研究》1987年第3期。日本的伊藤清司曾在《铁火神判系谱杂记》一文中讨论了中国一些少数民族的神判，详见《贵州民族研究》1986年第1期。

④ 〔美〕伯尔曼：《法律与革命——西方法律传统的形成》，中国大百科全书出版社1993年版，第67—68页。

⑤ 〔美〕博西格诺：《法律之门》，邓子滨译，华夏出版社2002年版，第496页。

观念和对鬼神的膜拜心理，“有罪或无罪的证据常求之于超人的权力。谳定的权委于神灵，而以占卜及神断的方法探神的意。问神的话是一句率直的问题，要求‘是’或‘非’的一句答案”①。社会需要和人们的神灵观念决定了在当时社会历史条件下神裁是重要的习惯法，在瑶族成员的生活中占有重要地位。社会“只有把它放在神和惩治的法律的庇护之下才能维持”②。

总体而言，在瑶族社会，石牌头人或瑶老判决不下，或判决后有一方不服的，除让双方开枪相打（械斗）外，可以进行神明裁判，到时石牌头人、瑶老必须到现场观察作证。根据习惯法，瑶族的神判主要有赌咒、占卜、砍鸡头、杀鸡砍狗、进社、装袋、烧香、捞油锅、喊话和射箭等十种方式，尤以赌咒为普遍。

赌咒神判为发生纠纷的双方，在神灵面前赌咒发誓。明代时，瑶族在处理纠纷时，往往设誓，将誓词视为不可违反的习惯法予以遵守。据《粤述》载：“瑶僮交易文书内云：若有翻悔，与龙角一对，或云凤毛明珠等。常笑其妄。偶读《汉书》板循蛮传……盟曰：秦犯蛮输黄龙一双；蛮犯秦，输清酒一种。此盖有所本也。”此为以盟辞用以交易文书之例。③

清代时，“瑶人……遇有冤忿，必告庙誓神，刺猫血滴酒中饮以盟心，谓之‘吃血’。吃血后三日必宰牲酬愿，谓之‘悔罪做鬼’。其入庙则膝行股栗，莫敢仰视，抱歉者则逡行不敢饮。其誓必曰：‘你若冤我，我大发大旺；我若冤你，我九死九绝。’犹云祸及子孙也，远不能赴庙者，建拜亭于路，于庭前盟誓，舆骑过亭必下，尊之至也。事无大小，吃血便无反悔，否则官断亦不能治。盖瑶人畏鬼，甚于畏法也。”④

在广西都安，瑶族发生偷盗和财物纠纷案后，如有人证、物证，用习惯法便可进行处理；如无人证、物证，且失主和被嫌疑人之间又各执一词、清浊难分时，往往使用神明裁判来断定是非。广西都安一带的瑶族如发生偷盗或债务土地纠纷，经族中老人调解不下，原告便诉诸神判。如双方争端严重，就到“雷庙”前赌咒，俗称“赌雷庙”。如争端不太严重，又是房族兄弟纠纷，便在本族祖宗神位前发誓。

赌咒分集体和个人两种。如某人东西被盗，但又无人赃，就召集附近村民到雷庙赌咒；如有人赃、物证，但被告不承认，或仅怀疑是某人所为，就用个人赌咒。

① 参见林惠祥：《文化人类学》，商务印书馆 1991 年版，第 208 页。
② 〔美〕拉法格：《财产及其起源》，王子野译，三联书店 1978 年版，第 77 页。
③ 吴永章：《瑶族史》，四川民族出版社 1993 年版，第 406—407 页。
④ 黄维瓒：同治《武冈州志》卷五三，《峒蛮志》，同治十二年刻本。

"赌雷庙"时，由原告杀两只鸡，烧纸钱祭神，请管庙人巫公念咒语，巫公先喃喃道："××人如果为人心不正，偷人家东西（或者瞒别人钱财），合家绝灭。"被告就随巫公念过咒语，重念一遍，"赌咒"就算结束。当地瑶族认为，神灵能主持公道，偷盗者必遭惩罚，故被告承认赌咒，纠纷便算了结，原告不可再向被告索还原物。这种赌咒在双方争端严重时进行。本族祖宗神位前赌咒一般为房族兄弟发生争端时运用。这种赌咒不杀鸡，只烧香纸，由被告念咒即可。

另一种赌咒更简便，原告拿一把火烧一盆水在屋檐外让被告念咒后灭火即可。这种赌咒一般用于较小的争端，不需用老人作证。①

神判是瑶族解决纠纷和冲突的一种迫不得已的方式，主要是弥补证据的不足。为了解决日益严重的矛盾纷争，瑶人在自身理性、能力、经验有限、无法正确判别纷争中的是非正误，公正处理纠纷的情况下，便把违法犯罪解释为违背了神的意旨，渴望借助具有超人威力和无穷智慧的神，通过神力救济来惩罚真正触犯了神灵的人。

（三）械斗

由于瑶族内部缺乏公认的有权威的解决纠纷的机构，因而宗族家族之间、村寨部落之间发生纠纷而又调解破裂时往往采用械斗的办法最后了结，械斗成为较大群体间解决纠纷的一种特殊方式和最后的手段，因此瑶族形成了有关械斗的参加者，械斗的时间、地点、开始、结束、伤亡处理等械斗的习惯法。

广西金秀瑶族发生纠纷的双方经过调解、说理互不相服，也不听从作为中间人的石牌头人的判决，最后就会发生械斗。

习惯法规定，如果对大石牌头人的判决，其中甲方仍然不服，他就要请大头人来吃一顿。吃后，甲方就要交"八文十六"给头人，表示决心要和乙方做大事了。所谓"八文十六"即是用禾秆两条，一条扎铜钱八文，另一条扎十六文。这"八文十六"交出后，头人就先要向他索取一个"码"，叫做"交码"。码或用禾秆扎铜钱一枚，或用手镯。甲方交码后，就把不服判决的道理，再讲一番。头人就把甲方的"八文十六"带给乙方，并把甲方的讲话传给乙方。如果乙方不服，也要交"八文十六"和一个码给头人，并把不服的道理申诉一番，由头人传话给甲方。头人往来双方数次，经过劝告，仍有一方不服判决，头人就要"退码"给双方，让双方"开打"。不经头人

① 广西壮族自治区编辑组编：《广西瑶族社会历史调查》第五册，广西民族出版社 1986 年版，第 390 页。

“退码”双方是不能乱打乱捆人的。否则，即属违反习惯法。

头人“退码”后，当事双方就各关门闭户，阻塞巷道，实行“开打”。开打之后，双方男女老幼都不敢出门，同时各自邀请合族亲房的人援助，设法向对方攻击。有的各在自己高楼上开枪，打对方的瓦屋，有的则暗地摸到对方屋后的山坡上掷石打屋，如果相打的时间延长过久，双方必须因事外出，对方就设法趁他外出之时，暗地埋伏，或用枪射击，或活捉捆人。假若一方有人被捆，对方为了救这个人，必须对所争执之事自行让步。此外，更须备钱赎人，造成失败的定局。但是实际情况往往并非如此，而是以谁的势力强大为准的。谁人多人强，纵然被打死人也不服输，硬挺打下去，打到对方不愿打，愿服输了，这方算获胜。不但打死别人不要“赔人头钱”，反而根据习惯法要对方赔偿损失，如请老杀猪，给石牌头人“草鞋钱”等费用。如胜方有人被捆或被打死，就要对方赔“人头钱”或“赎魂钱”（被捆的人受吓失了魂，要请师公作法续魂）。“人头钱”规定男子360元，女子240元东毫。①

械斗是瑶族一直未形成一个统一的有权威性的仲裁和判决机构，因而发生了纠纷又难以进行和解的结果，也是国家权力控制薄弱的表现，为私力救济的体现，反映了瑶族浓厚的群体观念和互助意识。在瑶人看来，个人利益、家庭利益、团体利益是紧密相连的，团结、互助是应尽的义务。

三、对违反瑶族习惯法行为的处罚

除了正面教育引导培养外，对违反习惯法者给予应得的制裁也是一个重要的保障瑶族习惯法的实施、维护习惯法权威、培养社会角色的手段，从而使本民族成员按照习惯法的指引正确选择角色模式、维护社会秩序。责任的承担和处罚的实施是瑶族习惯法运行的保障机制。

任何法都有强制力，无强制力即无所谓法，也无所谓司法。缺乏强制力的法，“就如同一堆没有点燃的火，一盏没有光亮的灯”②。强制性在法律上有其特殊的含义，是指人们在一特定的场合，不能依其想要选择的方式作为或不作为，它包括对现

---

① 广西壮族自治区编辑组编：《广西瑶族社会历史调查》第一册，广西民族出版社1984年版，第69—70页。

② 鲁道夫·冯·耶林语。见 Rudolf Von Jhering: *Law as Means to an End*, trans. I. Husik, New York, 1924.

实行为的直接控制或对行为后果的间接威吓两种形式。

瑶族刑事方面的习惯法内容比较全面，包括对违反瑶族习惯法行为的处罚方式、处罚种类、处罚执行等。通过强制性的手段按照习惯法或群体大多数人的意愿，直接干预瑶族社会成员的行为，以对受到侵害的权利的补救来恢复社会常态。

（一）处罚方式

发生了违反瑶族习惯法、损害了他人和集体利益的行为后，瑶族习惯法首先要求违法者向受害人认错。当事人如果能够诚心诚意地向受害人认错，赔礼道歉，即使犯有较大的过错，也可以大事化小，小事化无，得到谅解而免于追究。如果有过错的人已经认错，而受害人还要纠缠不放，横加指责甚至采取过激的报复行为，便会变有理为无理，受到公众的谴责。

对于造成损失的，习惯法要求赔偿损失。如广东连南南岗瑶族习惯法规定，放牛吃了别人的禾苗等作物，少量者须替别人补回禾苗；大量者牛主要赔偿所有损失的谷子，还要罚5至15斤酒请主人和瑶老饮食。每年种的农作物，过了农历十月十六日尚未收归仓库者，被猪牛损坏，不用赔偿，并且谁收归谁。①

除了赔偿损失这类补偿方式以外，瑶族对违反瑶族习惯法行为还进行各种形式的制裁，具体的处罚方式包括赔礼道歉、罚款、罚“酉（酒）”、没收家产、游村喊寨、逐出村寨与革除族籍、肉刑、死刑等，涉及财产、精神、社会名誉、人身、生命等方面。

如在广东连南，罚款是主要的违反习惯法的处罚方式。如南田唐一公的侄子唐凹贵原是一个游手好闲的人，常在外饮食赌博，很少回家。1924年的一天，唐凹贵突然在大龙附近茶水桠死去，外家寻回尸骸后，认为是唐一公谋杀的，便将唐一公捉去，通知全排“吃人命”。结果唐一公被罚赔人命钱约1500两白银才告结束。②

广西兴安金石瑶族习惯法规定，如有人偷盗被发现了还拒不承认，众人就将他的两个大拇指捆在有缝的一条小木上，然后用一头大一头小的楔子从木缝中打入，使他受到痛苦煎熬，进而承认偷盗事实。③

---

① 许文清主编：《神奇的千年瑶寨》，国际炎黄文化出版社2003年版，第14—15页。

② 广东省编辑组编：《连南瑶族自治县瑶族社会历史调查》，广东人民出版社1987年版，第194页。

③ 蒋太福：《寨规民约胜“王法”》，载金秀瑶族自治县民委、县文联等编，苏胜兴等主编《瑶族风情录》，广西人民出版社1991年版，第240—241页。

（二）处罚种类

为了维护正常的社会秩序，保障民族成员生命财产的安全和生产、生活的顺利进行，瑶族习惯法对诸如故意杀人、偷盗、强奸、通奸、纵火和失火、为匪和通匪、婚姻违法、不服瑶族社会组织管理、损坏财物等违法行为规定了具体的惩处办法，通过惩罚反叛与冲突，恢复与加强对瑶族传统和文化的认同。

偷盗是比较常见的违反瑶族习惯法的行为。广西金秀瑶族习惯法规定，对偷砍柴杉和偷杉木、稻、番薯、瓜菜、鸡鸭、猪狗的行为都要罚款，数额不等，不服从处罚者加倍，屡犯者甚至可以处死。所罚的钱，多用来买酒和豆腐给全寨人吃。若本人无产业赔偿，则由其家族代出。如清光绪二十三年（1897）《两瑶大团石牌》规定："一仪（议）瑶山香草、桂树、竹、木、山货、杂粮百件，不得乱取。重罚。一仪同山共村，皆是前缘。各位男女，畜生（牲），不得乱取。重罚。一仪（议）山丁山主，各人六和（禾）、菜种、枝（芝）麻百件，不得乱取，重罚。一仪（议）各村各宅猪畜养物，不得乱取。众团重罚。一仪（议）各家和苍（禾仓）屋□，牛猪羊□，不得乱取。众石牌重罚。一仪（议）各村大小男女，入山入地，各种各收。石牌重罚。一仪（议）瑶山小地，包（苞）米杂粮百物，不得乱取。众团重罚。"① 中华民国七年（1918）《罗香七村石牌》规定："第四条：不论偷牛马猪狗鸡鸭，定行重罚。偷牛者填牛，公议另罚。偷猪另罚银五十元以下，三十元以上。偷狗九两。偷鸭八两。偷鸡六两。如有讲错话者，罚银十二两。第五条：不得穿墙挖屋，偷盗杂物，定死罪。"② 如1918年金秀桂田村黄春得由于多次偷盗盘进安等家的猪、香草、树木，盘进安发觉后，告诉至石牌头人处，经调查后，证据确凿，石牌便捉拿黄春得到石水山下杀掉，并勒令其家属卖掉田产，赔偿失主。③

（三）处罚执行

根据习惯法而做出的处罚，瑶族违反习惯法者从自身长远利益出发并慑于群体和习惯法的威力，一般自觉的予以配合、执行使之实现。处罚的效力和它是否被当事人

---

①② 广西壮族自治区编辑组编：《广西瑶族社会历史调查》第一册，广西民族出版社1984年版，第42、63页。

③ 姚舜安：《大瑶山"石牌律"的考察与研究》，载广西民族研究所《瑶族研究论文集》，广西人民出版社1992年版，第211页。

遵守并不仅仅取决于瑶族社会的物理性制裁，只有当处罚决定在一定程度上反映当事人的意志、愿望和利益，得到主体各方的认同时，方有充分的实效和权威性可言。正如人类学家哈维兰所指出的，“社会的裁处在一切群体关系内部逐渐发生作用。这些裁处不仅包括法律这种有组织的裁处，还包括邻居的闲话或自发产生于工厂工人当中的习惯法生产规范”。在小规模的社区，“非正式的裁处可能比法律条文中规定的惩罚更为严厉”①。

瑶族还没有分化出专门代表社会利益和具有公共权威的机构。即便是公共力量也只有解决纷争的权力，而无强制实现请求权的权力。因此，瑶族调解者、审理者的权威性是有限的。在此情况下，特许权人自然而然地成为群体司法权威的代言人。美国法人类学家霍贝尔曾明确指出：“运用强制力的特权，构成了法律中的‘官方’因素。普通或特别认可的作为合法行使人身强制的人，是社会权威的派生。他不必是有合法官衔的官员或有巡警标志的警察。在任何一个初民社会中，一桩民事伤害案件的‘自诉人’，只要他是为了一度存在的不法行为而作为，就无疑是一位临时的公共官员。他不是也不可能仅代表自己、他的家庭或其氏族而作为，他享有该社会与此案无利害关系的其他社会成员明示或默示的支持。……自诉人扮演了既为整个社会利益的代表，也是自己特定利益的代表这一角色。”②

瑶族对违反习惯法行为的处罚，基本形式为集体参与执行，对一些重大的违反习惯法行为更是如此。这表明群体的力量有效地保证了习惯法的权威。

广西金秀的瑶族在参加石牌的民众中，如果发生杀人等重大的事件，就不仅是被害人的事，而是石牌的事了。由直接被害人起来集合石牌群众来干涉，即是要集合共石牌的各户户主，由石牌头人率领一齐到出事地点去办理。假如已经知道了凶手，那就直接去找这个人；假如还未查出凶手，就要找当地的头人和全村群众。这种集齐石牌群众去办案的方式，称为“起石牌”。起石牌是件重要的事情。石牌群众一到出事地点，不管案情怎样，首先就要杀猪买酒，大吃大喝，吃了再说。有的时候，在案件发生后，也先由石牌头人去办理，当事人拒绝头人的判决以后，群众才起来做头人的后盾，才“起石牌”去干涉。在这种情况下，当事人只有两条路可走：一是彻底认输，甘受石牌习惯法的处罚；一是纠合同族亲房或同村起来对抗，村与村或甲族系与乙族系的械斗，有的就因此引起。不过，能纠合同族同村起来对抗，绝不是轻而易举

① 〔美〕哈维兰：《当代人类学》，王铭铭等译，上海人民出版社 1987 年版，第 485—486 页。

② 〔美〕霍贝尔：《初民社会的法律》，周勇译，中国社会科学出版社 1993 年版，第 29 页。

的事，如杀人、为匪、恃强嚣张、公然反抗石牌习惯法的裁处之类，是得不到别人支持的。

如约1932年，大瑶山美村金姓一户仇杀了金村的人。事主告到小石牌，小石牌解决不了，大石牌也解决不下，最后报由大瑶山（金秀）总石牌来处理。这一家父子二人不服总石牌的处理，并以武器抗拒。人说天大，石牌大过天，不服总石牌的裁决和处理，就是犯天。总石牌便"起石牌"进行镇压。总石牌命令刘村的石牌头人率领"石牌丁"把美村团团围住。在未攻打之前，让肇事者妻子和子女携带衣物离开家，待屋里只剩下金家父子二人时，才开始攻打。先鸣枪警告并进行劝降喊话。父子不服，顽抗到底。石牌头人一声令下，石牌丁攻入，用火点燃金家房屋，结果金家父子全被烧死。这就是"石牌大过天"，这就是石牌习惯法的威力！①

（四）处罚特点

瑶族习惯法对违反习惯法行为的处罚具有以下特点：

处罚范围广泛，不仅谋财害命、偷盗等要受到处罚，妇女闹离婚、女子未婚先孕、坟山阻挡别人风水等也要受到制裁。如清光绪三十二年（1906年）广西金秀《六段、三片、六定三村石牌》规定，"一条开棺挖墓，一条斯（骑）龙葬墨（脉），一条女人七三八四，一条火烧屋宅，一条强奸妻女，一条打劫生事，一条杀人害命，一条欺兄某（谋）弟，一条迷魂禁井，一条挖屋开仓，一条女人幡（翻）乡（腔），一条贼（偷）牛盗马，一条勾生外合，一条某（谋）山沾（占）国"，均"犯律令照办"。② 举凡社会生活中的不当行为，都在瑶族习惯法处罚之列。

广泛使用罚款。财产处罚普遍地运用于各类违法行为，罚款为最主要的处罚方式。广西金秀瑶族的《滴水、容洞、六力、大进四村石牌》，共有7条计12项，唯一的处罚方式即为罚款："一料，偷禾苍（仓）、挖屋、偷禾（衍文）坟三条，一条犯银四十大元正。二料，何人有事，先请老，后锁人。不请老锁人，犯银四十大元正。三料，有事不得打屋、偷牛、偷猪、挖田、挖圳，一条犯银四十大元正。四料，偷棉花，犯银二十四大元正。四料石牌招老婆，有子不用，犯银一百大元正。五料，过村

---

① 颜其香主编：《中国少数民族风土漫记》中，农村读物出版社2001年，第35页。

② 骑龙葬脉：是指把坟墓葬在别人坟墓的后面；女人七三八四：是指有夫之妇与人通奸；女人翻腔：是指女人闹离婚；迷魂禁井：是指施魔术迷人，使人生病或死亡；勾生外合：是指勾生吃熟，里应外合。广西壮族自治区编辑组编：《广西瑶族社会历史调查》第一册，广西民族出版社1984年版，第58页。

招男女，有子不用，犯银五十大元正。招客（指汉人）犯银五十大元正。偷鱼攒（攒即捕鱼的笱）犯银一十二大元正。六料，在四村招第二老婆，犯银一百大元正。过村招第二老婆，犯银五十大元正。四村何人犯批田山新客，犯银二十大元正。七料，甘成（奸情）犯银二十四大元正。"① 这说明瑶族社会的发展水平尚较低级，财产对瑶人的生活、生存有着极其重要的意义。

责任共同承担，株连家族甚至亲属邻里。瑶族习惯法一般都规定一人违法，若不检举，则全家受罚。个人为有限主体，家族、亲属、邻里必须承担替代责任。广西金秀瑶族的《金秀沿河十村平免石牌》规定："众石牌何人作生事，铲灭男女，杀死可也。"《莫村石牌》规定："日后何人引通生面，勾熟欺善，众识将家查办。"《罗香七村石牌》也规定："在我石牌内，不得里通外诱，作针作线，接济外患入境，查出证据捉到，经石牌大会铲草除根。""无论何人，不遵规条，合众石牌将他全家抵罪。"石牌株连之法，不仅犯罪者一家，还要株连亲属邻里。广西金秀的《六段、仙家漕、老矮河三处石牌》规定："自行匪类者，一经查出，公同将户充公，旁叔尽罚。"《桂田等村石牌》则明确规定："各不得停留歹人。如有此事、令十甲严查。一家犯罪，九家同论。"② 有事不听石牌公办、招生食熟、从匪同行等都要杀绝全家、财产充公。特别是株连全家这种规定过于严酷。

没有自由刑，瑶族习惯法不存在限制人身自由的处罚。由于社会发展和社会条件的限制，瑶族没有形成地方政权，缺乏固定的类似监狱的场所，无法较长期看管。

根据受害对象、具体情况而有不同处罚。如广东连南瑶族习惯法规定，杀死人命男性赔偿银 360 两，而女性只 240 两。③

全体社会成员参与执行，表明受害的广泛性和利益的共同性，体现了比较明显的原始民主色彩。

---

① 广西壮族自治区编辑组编：《广西瑶族社会历史调查》第一册，广西民族出版社 1984 年版，第 60 页。

② 金秀大瑶山瑶族史编纂委员会编著：《金秀大瑶山瑶族史》，广西民族出版社 2002 年版，第 188 页。

③ 广东省编辑组编：《连南瑶族自治县瑶族社会调查》，广东人民出版社 1987 年版，第 78 页。

第四节

瑶族习惯法的特点

在长期的发展中，瑶族习惯法形成了民主性、民族性、群体性、具体性、稳定性的特点。

一、民主性

瑶族习惯法是民族成员在长期的生产、生活和社会交往中共同确认和信守的行为规范，其目的是要维护有利于瑶族整体发展的社会关系和社会秩序，因此，瑶族习惯法具有民主性质，是一种带有浓厚自治色彩的社会规范。①

瑶族习惯法是古老的社会规范，具有原始民主的痕迹。

在习惯法的议定方面，作为一个民族某一部分成员共同确认的行为准则，瑶族习惯法具有内生性。其议定、修改、废除均须由全体成员参与和一致通过，即遵循全体一致的原则。有的地区虽然主要由首领和头人商议条款，提出初步意见，但仍然必须由全体成员一致通过才能形成。在议定时，所有参加者均有平等的发言权，可以提出自己的意见和看法，畅所欲言，最后根据大多数人的意见而定。如广西金秀大瑶山石牌习惯法的议定，由头人根据民族传统精神，观察当前社会现象中所表现出来的一般动态和某些方面的突出事故，加以揣摩考究，找出它的关键性的东西，然后依据当地的民族特点，拟出若干条款，接着召集全体人员开石牌会议，商量讨论后全场一致以默认或欢呼的形式通过习惯法，最后树石牌表明团结一致，共同遵守。

瑶族习惯法的民主性在首领、头人的产生方面表现得更为明显。首领、头人在社会生活中凭着自己的才能和威信自然形成的，即不经过选举，也无须罢免，一旦办事和处理问题不公，就失去人们的信任而丧失首领、头人资格。有的则是由本村寨、家

① 也有学者认为不能一概而论，瑶族的不同族系的习惯法有本质的不同，茶山瑶、多族系联立的大石牌的习惯法已是极大程度强加的、被动的封建性的法律了。参见蔡郇：《金秀瑶族石牌制性质剖析》，载《民族论坛》1994 年第 1 期。

族全体成员民主选举产生的，人人都有选举权，人人也都有被选举权。如果头领处理事情不公有违习惯法，或者利用职权营私舞弊，人们就可以罢免他，另选他人。有的瑶族社区更有对不断作恶、为群众所痛恨的头人，瑶人或暗地商量凑成一笔“花红”买通打手去拦路暗杀他，或纠合群众大张旗鼓地把他捕杀掉的事例。首领、头人不脱离生产，不脱离劳动，没有特权，没有固定的报酬，有的甚至办事后连酒饭一顿都没有，纯粹义务和服务性质。正如恩格斯所说，“酋长在氏族内部的权力，是父亲般的，纯粹道义性质的；他手里没有强制的手段”①。

瑶族习惯法的实施基本体现了人人平等的原则，无论是头人或普通成员，也不管富人或贫穷者，都同样受到习惯法的保护，都必须遵守习惯法。若有违反，都要受到制裁。瑶族有“石牌大过天”的谚语，表明在石牌习惯法面前，全体成员的地位平等，都有遵守和服从习惯法的义务，也都有受习惯法保护的权利，习惯法对其所有适用对象都有同样的效力。《瑶律》指出：“法律严峻，法规严厉，我们才坐得安，我们才立得稳。法律法规，自古就有，法律面前人人一样，对天也不例外。”任何人都要守法，都要受到习惯法的约束和保护，都要按照习惯法的规定享受权利，履行义务，不允许任何人利用职权违反习惯法；不允许任何人破坏习惯法，无法无天；不允许任何人有超越于习惯法之上的个人特权。如果违法犯罪，不管是谁，不管资格多老、地位多高，都要受到习惯法的制裁。

在对违反习惯法行为的处理、处罚的执行上也体现了浓厚的民主色彩。对违反习惯法的行为特别是杀人、偷盗等重大行为，由全体成员大会按全体一致原则决定处罚方式。执行处罚时，瑶族习惯法大都规定由全体成员共同执行，一起参与。如广西金秀瑶族有“起石牌”的习惯法，即石牌头人集合共石牌的各户户主，一起到出事地点或直接去找违法者，共同处罚凶手，维护习惯法的权威。瑶族通过集体制裁违反习惯法的人，共同维持村寨或家族秩序，保障村寨、家族的整体利益。在处理纠纷过程中，一般也不采取强制手段，不搞刑讯逼供，而是采取劝解说服的方法，使双方尽量得以和解。

瑶族习惯法的民主性是基于群体成员间原始平等的事实，同时它的存在又起到保证氏族成员拥有平等权利和义务的作用。原始民主的认识基础是生命同源论和个体无差别，生命同源论沟通了多种多样的个别生命形式，基于“万物有灵”，人与动植物

① 恩格斯：《论住宅问题》，《马克思恩格斯选集》第四卷，人民出版社1995年版，第84页。

有平等的关系，这种平等关系表现为图腾崇拜。①

需要指出的是，随着社会的发展和习惯法的演变，瑶族习惯法逐渐具有了一定的等级色彩，其在反映民族全体成员意愿、维护村寨、家族整体利益的同时，也突出反映了首领和头人的意志。特别是那些处于封建制和农奴制社会形态的瑶族社区的习惯法，等级色彩和专制色彩尤为明显。保护私有财产成为习惯法的主要职能，原始等级开始法定化，原始民主调停也有了变化。如广西金秀大瑶山瑶族的石牌习惯法，绝大多数由山主村寨所议定，山丁则不能享受习惯法所规定的平等权利。即使在山主里面，也不是一律平等。金秀、白纱、六拉、昔地四村，分别组成了“百八”和“五百四”两个大石牌，在它统辖下的各山主村寨，虽然也分别组织了各村或联村的石牌，但仍不能脱离这两个大石牌的领导，甚至称这四村的头人为“父母”或“父母官”，自己则称“小人”，其间等级关系是很明显的。② 这种差异，反映了瑶族习惯法发展的阶段性。但这不是瑶族习惯法的主流。

二、民族性

各民族总是“强调一些有别于其他民族的风俗习惯，生活方式上的特点，赋予强烈的感情，把它升华为代表这民族的标志”。③ 瑶族习惯法是瑶族特有的心理、意识的反映，凝结了瑶族强烈的民族情感，是伴随着瑶族的形成、发展而逐渐形成、发展的，它深受瑶族居住地自然环境、经济生活、社会状况等因素的影响，是构成民族特征的重要方面，也是瑶族的民族性的突出表现。因此瑶族习惯法在内容、形式诸方面与其他民族的习惯法是有一定差异的，有其浓厚的民族的特色，深深地烙下了民族的印迹。瑶族习惯法成为瑶人自我识别和民族认同的基本内容。

瑶族习惯法是民族的全体人员，不分等级所共有的，是全体成员在日常社会生活

---

① 从民主性我们也可以发现瑶族习惯法具有淳朴性，在内容和形式方面较为古老、单纯、质朴。参见高发元：《少数民族传统道德浅论》，载《思想战线》1999 年第 1 期。

② 广西壮族自治区编辑组编：《广西瑶族社会历史调查》第一册，广西民族出版社 1984 年版，第 39 页。

③ 费孝通：《民族与社会》，人民出版社 1981 年版，第 18—19 页。

中所必须遵守的行为规范，对民族全体成员有深刻影响。① 瑶族的每一个成员从一出生就受到习惯法的强烈熏陶和感染，生老病死、婚庆丧葬无一不遵守习惯法，因此瑶民对本民族的习惯法怀有天然的亲近感和认同感，每一个人的习惯法意识、习惯法观念有强烈的民族色彩。瑶族习惯法成为瑶族成员判别自我和团体归属的重要标志之一，瑶人普遍有团体归属意识，关心并维护民族利益。

瑶族习惯法反映了瑶族这一南方山地民族的特点。②

中国古代统治者将瑶人圈定在“所处险绝，人迹不至”的山林丛箐之中，瑶人长期耕山为生，过着“历政不宾服”、“不事赋役”、“浮游天下，五湖四海落业，逢山吃山，逢水吃水”的生活，以“伐木盖棚栖身，狩猎采集，刀耕火种”为生，处于“种黍粟豆禾杂以为粮”、“暇则猎山兽以续食”的自然经济阶段，从而形成独有的山土观念和习惯法。有歌谣唱道：“仍住青山万千年，刀耕火种胜如田，班裳花领常时着，长腰木鼓庆丰年。儿孙饮酒连歌唱，不理东西昼夜眠，手把更弓求野肉，拿来谢祖敬家先。”③

瑶族以“刀耕火种”为主要生产方式，实行轮流耕作，“这山无地那山种”，地力耗尽后便丢荒，另开荒地耕种，因此习惯法确认山坡荒地为村寨共同所有，谁种谁收。与不断迁徙的生存方式相适应，瑶族在财产所有权使用权方面有“示标”习惯法，打标为记，保障生产和生活的正常秩序。

由于自然环境的恶劣，瑶人在生产、生活中需要互助，无论插秧、盖房，还是婚丧喜事，都共同协作，互相帮助。瑶族的互助习惯法内容丰富，颇有特点。

瑶族习惯法规定了男女平等，重视对女性社会地位和权利的保障，习惯法在命名、婚嫁、继承、社会地位等方面均男女一视同仁。

瑶族村寨中，人们抬头不见低头见，人与人之间相互帮助、相互提携，彼此熟

---

① 韦森先生对习俗有过一段论述，对我们思考瑶族习惯法有一定启发：“习俗作为一种自发社会秩序，一旦生成，它就能作为人们社会活动与事务中的一种常规性固化习俗本身所覆盖的团体、社群或社会中成员的现象型行为，从而它本身也就作为一种事态、一种情形像一种社会规则那样对成员的行为有一种自我强制性的规约。”参见韦森：《习俗的本质与发生机制探源》，载《中国社会科学》2000年第5期。

② 覃洁贞认为，瑶族勤劳互助的民族美德、诚实守信的族群秉性、粗放实用的生活方式和平等秩序的伦理取向等人文特征，均是大山养育的结果。参见覃洁贞：《试论瑶族传统文化的山地文化特质》，载《广西民族学院学报》（哲学社会科学版）人文社会科学专辑（2001年6月）。

③ 零陵地区民族事务委员会编：《零陵地区志·民族志》，零陵地区民族事务委员会2001年，第2、84、85页。

悉，故日常交往诚实守信。否则，就无法在社区中立足、生存。在瑶族山寨的日常交往、贸易、借贷或其他社会生产活动中，瑶人只要有言在先，各方都恪守信用，不管出现什么情况都不食言。诚实守信为瑶族习惯法的重要内容，对规范瑶族人民的日常生活行为，维护民族团结和安定发挥着巨大的作用。①

瑶族具有非常强烈的民族生存意识，这种强烈的民族生存意识已渗透到瑶族社会文化的各个方面。瑶族习惯法确保瑶民对本民族的认同和忠诚。它有利于村寨族人的团结互助，有利于防御外来侵扰，防止与外界结盟破坏瑶区安宁。

同时，由于居住地域以及因此引起的生活方式、价值观念的不同，不同地区的瑶族习惯法也存在地域差异，如广西金秀瑶族与广东连南瑶族在习惯法方面就有不少差别。广西金秀瑶族在社会组织方面实行石牌制，广东连南瑶族则多为瑶老制；广西金秀瑶族新娘婚后即在夫家长住开始家庭生活，广东连南瑶族则有新娘不落夫家的习惯法。

三、群体性

在个体智力不发达的状况下，个人无力猎取野兽，抵御自然灾害或反抗入侵之敌，而以群体行动、群体力量来代替个体能力不足的缺陷，维持群体的物质再生产和民族的繁衍。瑶族习惯法的群体性正是在这种背景下表现出来的，有其深刻的经济的、政治的、自然环境的、认识论的原因。

瑶族习惯法是以瑶族地区的若干村寨或家族为基本单位议定修改并执行实施的，民族、村寨和家族的整体利益高于个体成员的利益，习惯法的重心在于保护民族的共同利益和整体利益，主要目的在于维持本民族社会的秩序与安定，从价值形态上更倾向于追求安全、秩序、平等，体现了集体本位原则。瑶族习惯法强调个体归属群体，重视群体内部的“序列”，重视群体内部个体之间的协同关系。

在瑶族习惯法中，群体的每一个成员很少能成为法律意义上真正的主体，很少能独立自主地作为或不作为，个人笼罩在集体的阴影下。人们不敢离开群体，不想离开群体，不愿离开群体，因而将群体的法观念、法思维加于个人，从某种程度上说影响

① 覃洁贞：《试论瑶族传统文化的山地文化特质》，载《广西民族学院学报》（哲学社会科学版）人文社会科学专辑（2001 年 6 月）。

了每一成员主体意识和自由法观念的生长和发展。① 土地买卖习惯法均规定家族有先买权，土地出卖时须先问家族、本寨后才能向外家族、外寨出卖。村寨、家族内绝户财产归家族或村寨，不允许流入外姓外寨；瑶族习惯法严格保护山场共享。瑶族习惯法还强调婚姻制度在维护瑶人整体利益中的特殊地位。生产互助的习惯法以及许多民族对孤寡残弱成员的生活互助的习惯法也充分表明了这一点。为了维护民族、团体的整体利益，瑶族习惯法禁止有纠纷、有事情不经本地方寨老、老人处理而擅请外人解决。这表明瑶族习惯法是一种初始的法。

四、具体性

瑶族习惯法是建立在瑶族成员在生活中的亲身感受、习惯法的实践经验，以及传统的习惯法观念基础上的，体现出整个法体系都与具体的事物、具体的经验联系在一起的特点。瑶人对瑶族习惯法权威性的认识，是基于他们参加了议定、修改、讲述、解释习惯法的全体成员大会，亲身感受了喝血酒时的神圣、一致通过时的庄严；是基于他参与和经历了对违反习惯法者的处罚和制裁，亲眼目睹了违反习惯法者被处死、拷打、开除寨籍族籍的下场。在纠纷处理中，某一方能胜诉，是因为在调解时他所得的竹节木棍多，是因为木板上代表他的那一面口子多。这种具体形象的仪式和符号，充分表现了习惯法的神圣严肃以及约束力。②

瑶族习惯法的这种具体性表现在许多方面。瑶族的石牌，有的镌刻有习惯法条文，有的仅竖立一块略带长方形而石面扁平的石头作为石牌，全体在场者杀鸡饮血酒，表示齐心合力，决不违反，如有违者像鸡一样死去。有的还用斧在石上砍三下，作为大家决心遵守的标记。瑶族的“打标为记”对于财产的占有具有直观的告示作用。有的地区离婚时互送一对蜡条即告脱离夫妻关系，有的用一块白布男女双方手拉着从中间剪断，各执一半，即表示离婚正式生效。这些具体的事物、物件，体现了瑶

---

① 这从瑶族历史文献《评皇券牒》中亦可以得到某种证明。陈路芳认为《评皇券牒》反映出瑶族先民的价值观念体系以十二姓瑶人的整体利益为价值评价标准，以盘王子孙的生存和繁衍为基本的价值目标，以山场共享为价值取向。参见陈路芳：《从〈评皇券牒〉看瑶族先民的价值观念体系》，载《广西民族学院学报（哲学社会科学版）》第23卷第3期（2001年5月）。

② 彭兆荣认为这种仪式和符号成为保持民族文化传承和认同的重要方式之一。参见彭兆荣：《民族认同的语境变迁与多极化发展》，载《广西民族学院学报》（哲学社会科学版）第19卷第2期（1997年1月）。

族的某种习惯法观念、习惯法象征，表明瑶族习惯法缺乏概括性。①

与此相联系，瑶族习惯法也表现出形象性。瑶族由于受限于文明发展程度，不能脱离具体事物、具体经验而判断和把握事物，因此就只能用形象的方式进行思考，依靠形象来说明问题，表达思想。英国学者梅特兰曾经指出："只要法律是不成文的，它就必定被戏剧化和表演。正义必须呈现出生动形象的外表，否则人们就看不见她。"② 瑶族习惯法离不开第一手的感性材料，曲折地反映了某些事物、某些现象的因果联系，尽管其较为简单和原始，仍是人类智慧的结晶，是瑶族习惯法贴近民众生活的表现。③

由于受限于所处的社会发展阶段，瑶族习惯法不能撇开具体物象做单纯的理论推论，它总是由一定的个别经验去类比另一种情况。当瑶族先民由于生产力与认识能力极为低下，而难以用理性和实证方法来解释主客观世界的复杂现象时，就通过直观性、类比性和猜测性的方式来填补这个"真空"，从而满足自己对自然存在、社会存在和心理存在的认知欲望和需求。劳动形式和生产关系的特点决定了瑶族意识"只是对直接的可感知的环境的一种意识，是对处于开始意识到自身的个人之外的其他人和其他物的狭隘联系的一种意识"④。人们从一个具象物体中去观察另一个具象物体的内容，通过简单联系来分析和把握事物。这一特点最显著的表现，就是瑶族在习惯法的议定、修改、解释、讲述以及处理纠纷处罚违反习惯法者；在教育后代、主持正义、谴责邪恶、总结经验时，都高度重视谚语、格言、神话传说，用联想、对比、排比、譬喻、借代、夸张等手法，以精练的语言、形象的比喻，把天、地、人、物中的某一具体现象和习惯法直接联系起来，把习惯法表述得更通俗、更逼真、更生动、更

① 龚友德将这些结绳、刻木、符号等称之为"前文字"，曲彦斌将诸如手势、烟火、鼓点等称之为"副语言"。龚友德认为少数民族的这种记事表意方式具有古朴性、模糊性、象征性。见龚友德：《原始信息文化》，云南人民出版社1996年版，第3—10页；曲彦斌：《副语言习俗》，辽宁大学出版社1988年版，第4页。

② 转引自〔美〕伯尔曼：《法律与革命——西方法律传统的形成》，贺卫方译，中国大百科全书出版社1993年版，第69页。

③ 瑶族习惯法的这种具体性、形象性对于其传承具有十分重要的意义。瑶族通过宗教活动、婚嫁等民俗礼仪、民间节日等传播和弘扬瑶族习惯法，反映了独特的文化传承机制和传承载体，参见石宗仁：《苗族文化传承机制漫议》，载《民族论坛》1992年第4期。王亚南提出了口承文化的概念，"口承文化"指的是各个民族的各种经整理而定型于书面的口头作品和较原始而未定型的民间"说法"的总和，包括谚语、格言、神话、史诗等，并分析了其功用，这对我们理解瑶族习惯法有一定启发。见王亚南：《口承文化论》，云南教育出版社1997年版，第20—26页。

④ 马克思、恩格斯：《德意志意识形态》，载《马克思恩格斯选集》第一卷，人民出版社1995年版，第81页。

优美，加强了说服力、感染力，表现出瑶族习惯法的类比性特点。①

如广西壮族自治区西部的都安、大化、巴马等三个瑶族自治县及其周边的瑶族，属于布努瑶支系，有笑酒的习惯法。指斥错误、揭露弊端、教育他人，是笑酒的一大特点；含蓄、幽默是笑酒的又一个特点。笑酒有明确的批评教育对象，但不直说，而是通过比喻、影射、反衬等手法来表达，表面上言此物，实际上是指彼物，声东击西，道南指北；要批评的是他人，唱词却针对自己。对人的批评本是严肃、慎重的事，但却说得轻松、幽默，使人感到好笑，有点莫名其妙之感。如讽刺小偷小摸的人时，唱“我多长一只手，和你们不一样，随时可以摸鸡狗，弄得家家户户人畜慌”②。

五、稳定性

瑶族习惯法具有相对的稳定性，同时也有落后于经济社会发展水平的滞后性。瑶族习惯法是一定社会历史发展阶段的产物，是在特定的历史、文化土壤中形成的，因而它具有深刻的社会根源、历史根源和自然根源。习惯法蕴藏着瑶族浓厚的民族感情，只要瑶族存在，反映民族特点和民族形式的习惯法就会长期存在。如瑶族的很多习惯法都是从古代一直传承下来的。以婚姻习惯法中的抢婚为例，抢婚是原始社会民族公社由母系向父系过渡时曾流行过的一种族外婚，这种婚制的遗风在瑶族中以各种形式保存下来。如瑶族中有一种迎亲方式是在晚上男方结伙高举火把向女家方向进袭，到平路上，女方做夺回的“战斗”，随后，新郎和新娘溜出队伍，于是停止战斗，双方开始聚宴。再如瑶族的互助习惯法与瑶族的山地民族特点相一致。

瑶族的每一个成员从出生到成年直至死亡，无时不处在习惯法的管理之中，受着习惯法的浸染熏陶。这种潜在的影响及长期积淀，使得瑶族习惯法更具有稳定性和不可抗拒性。

瑶族习惯法具有稳定性的特征，这并不否认它还有变异的一方面。随着历史的前进，社会的发展，少数民族习惯法也不断处于变化发展中。从某种意义上而言，变异

① 日本学者滋贺秀三认为，法谚在一定程度上确实具有将习惯客观化或实定化的作用，在中国的一般民众中流传着大量丰富的谚语，这些谚语在社会生活中有很大用处。见滋贺秀三：《清代诉讼制度之民事法源的考察》，载王亚新等编《明清时期的民事审判与民间契约》，法律出版社1998年版，第56页。徐晓光曾对藏族的法谚进行过专门分析，认为法谚体现了习惯法的精神。见徐晓光：《藏族法制史研究》，法律出版社2001年版，第399—410页。

② 韦成球：《广西西部瑶族笑酒规范钩沉》，载《广西民族研究》1997年第2期。

是永恒的、绝对的。习惯法主要是靠口头传播、行为传承的，本身就有较大的局限性，个人往往根据自己的是非标准和理解判断做出不同的解释，表现出一定的差异。而且随着生产条件、生活方式、社会阶段的变化，习惯法也或多或少会有反映。像瑶族石牌习惯法的内容，早期是着重保护生产和财产，而后期则着重强调抵御暴力侵扰。

当然，也有不少习惯法的变化是通过人为的扬弃和吸收，通过主动、自觉的方式变革的。贵州荔波的瑶族曾通过头人废除了“九牛婚姻制”（姑舅表婚）习惯法，重新确立了“四不通婚”的习惯法（一不准与其他民族通婚，二不准与瑶族其他支系通婚，三不准与同宗共祖的人通婚，四不准与姨表兄妹通婚）。不过，由于瑶族社会经济生活条件变化缓慢，习惯法的变化相应也是缓慢的。

瑶族习惯法还具有地域性。地域性是瑶族习惯法在空间上所显示的特征，即地理特征或乡土特征。由于人们生活的地理、社会环境、发展阶段的不同，瑶族习惯法往往表现出地域性特色。俗语说：“十里不同风，百里不同俗”、“一方水土，一方风情”。由于居住地域不同以及由此产生的生活方式、价值观念也不同，广西瑶族与广东瑶族在习惯法方面差别不少。如广西瑶族在社会组织方面实行石牌制，广东瑶族则多为瑶老制；广西瑶族新娘婚后即在夫家长住开始家庭生活，广东瑶族则有新娘不落夫家的习惯法。

此外，从法律发展角度上看，瑶族习惯法还属于早期的法，缺乏系统性、明确性；民事规范、刑事规范相混合，对犯罪的认定概念并不非常清楚，量刑的畸轻畸重也很突出，处罚也比较残酷；程序意识和程序规范比较弱；法意识比较朴素、感性。①

① 蔡郁：《金秀瑶族石牌制性质剖析》，载《民族论坛》1994年第1期。

参考文献

苗族法制史

［1］恩格斯：《家庭、私有制和国家的起源》，《马克思恩格斯选集》第四卷，人民出版社 1975 年版。

［2］杨汉先：《贵州威宁县苗族古史传说》，载《贵州民族研究》1980 年第 1 期。

［3］潘定衡：《蚩尤的传说》，贵州人民出版社 1989 年版。

［4］马克思：《摩尔根〈古代社会〉一书摘要》，《马克思恩格斯选集》第四十五卷，人民出版社 1985 年版。

［5］田兵：《苗族古歌》，贵州人民出版社 1985 年版。

［6］范文澜：《中国通史》第一册，人民出版社 1978 年版。

［7］童书业：《春秋左传研究》，上海人民出版社 1980 年版。

［8］周星：《史前史与考古学》，陕西人民出版社 1992 年版。

［9］蔡枢衡：《中国刑法史》，广西人民出版社 1983 年版。

［10］李学勤主编：《中国古代文明与国家形成研究》，云南人民出版社 1997 年版。

［11］刘海年、杨一凡：《中国古代法律史知识》，黑龙江人民出版社 1984 年版。

［12］恩格斯：《家庭、私有制和国家的起源》，《马克思恩格斯选集》第四卷，人民出版社 1972 年版。

［13］杨昌文、雷广正：《苗族古代社会的氏族制和“议榔”制》，载《贵州民族研究》1983年第2期。

［14］尤中：《中国西南民族史》，云南人民出版社1985年版。

［15］周光大：《苗族社会组织和习惯法述论》，载《思想战线》1988年第6期。

［16］田兵：《苗族古歌》，贵州人民出版社1985年版。

［17］伍新福：《苗族原始氏族制度的史迹探索》，载《湘潭大学学报》1989年版。

［18］李廷贵、酒素：《苗族“鼓社”调查报告》，载《贵州民族研究》1980年第3期。

［19］李廷贵、酒素：《略论苗族古代社会的“三根支柱”——鼓社·议榔·理老》，载《贵州民族研究》1981年第4期。

［20］何积全：《苗族文化研究》，贵州人民出版社1999年版。

［21］徐晓光等：《苗族习惯法研究》，华夏文化艺术出版社2000年版。

［22］石启贵：《湘西苗族实地调查报告》（增订本），湖南人民出版社2000年版。

［23］徐晓光：《无文字状态下的一种“立法”活动——黔桂边界苗族地区作为“先例”的埋岩》，载《山东大学学报》2006年第6期。

［24］李廷贵、酒素：《苗族“习惯法”概论》，载《贵州社会科学》1981年第5期。

［25］吴永章：《中国土司制度渊源与发展史》，四川民族出版社1988年版。

［26］苏钦：《唐明律“化外人”条辨析——论中国古代各民族法律文化的冲突与融合》，载《法学研究》1996年第3期。

［27］刘广安：《清代民族立法研究》，中国政法大学出版社1993年版。

［28］［清］爱必达：《黔南识略·黔南职方纪略》，贵州人民出版社1992年版。

［29］郑秦：《清代司法审判制度研究》，湖南教育出版社1988年版。

［30］苏钦：《“苗例”考析》，载《民族研究》1993年第6期。

［31］苏钦：《试论清朝在“贵州苗疆”因俗而治的法制建设》，载《中央民族大学学报》1991年第3期。

［32］贵州省编辑组：《苗族社会历史调查》（一），贵州民族出版社1986年版。

［33］贵州省编辑组：《苗族社会历史调查》（二），贵州民族出版社1987年版。

［34］贵州省编辑组：《苗族社会历史调查》（三），贵州民族出版社 1987 年版。

［35］［清］吴振：《黔书·续黔书·黔记·黔语》，罗书勤等点校，贵州人民出版社 1992 年版。

［36］［清］魏源：《圣武记》，中华书局 1984 年版。

［37］［清］陈鼎等：《黔游记》，罗书勤等点校，载《黔书·续黔书·黔记·黔语》，贵州人民出版社 1992 年版。

［38］李汉林：《百苗图校释》，贵州民族出版社 2001 年版。

［39］佘贻泽：《清代的苗民问题》，载《新亚细亚》第 12 卷 2 期（1936 年 8 月）。

［40］佘贻泽：《清代民族问题》，载《亚细亚》1936 年 8 月第 12 版。

［41］中国第一历史档案馆等合编：《清代前期苗民起义档案史料》，光明日报出版社 1987 年版。

［42］胡起望：《乾嘉苗民起义参加人供单》，载《苗族史文集》，湖南大学出版社 1986 年版。

［43］松桃苗族自治县委员会文史资料研究委员会编：《松桃风情》“旅游文史专辑”（松桃文史资料第十辑）。

［44］徐晓光：《清政府对苗疆的法律调整及其历史意义》，载《清史研究》2002 年第 3 期。

［45］松桃苗族自治县民族事务委员会编：《松桃苗族自治县民族志》，贵州民族出版社 1990 年版。

［46］高其才：《中国习惯法论》，湖南出版社 1995 年版。

［47］［美］露丝·本尼迪克特：《文化模式》，王炜等译，生活·读书·新知三联书店 1988 年版。

［48］韦启光：《雷山县西江苗寨调查报告》，载《贵州民族调查》（三），1995 年 10 月。

［49］吴泽霖、陈国钧：《贵州苗夷社会研究》，贵州民族出版社 2004 年版。

［50］贵州省编辑组：《侗族社会历史调查》，贵州人民出版社 1988 年版。

［51］徐晓光：《清水江流域林业经济法制的历史回溯》，贵州人民出版社 2006 年版。

［52］杨有庚：《清代苗族山林买卖契约反映的苗汉等族间的经济关系》，载《贵

州民族研究》1990 年第 3 期。

［53］石启贵：《湘西苗族实地调查报告》（增订本），湖南人民出版社 2002 年版。

［54］徐晓光：《苗族习惯法的遗留传承及其现代转型研究》，贵州人民出版社 2005 年版。

［55］吴大华、徐晓光：《少数民族习惯法规范与生态环境保护》，载杨慧等主编《旅游、人类学与中国社会》，云南大学出版社 2001 年版。

［56］凌纯声、芮逸夫：《湘西苗族调查报告》，民族出版社 2003 年版。

［57］夏之乾：《神意裁判》，团结出版社 1993 年版。

［58］林惠祥：《文化人类学》，商务印书馆 1991 年版。

［59］邓敏文：《神判论》，贵州人民出版社 1991 年版。

［60］〔美〕摩尔根：《古代社会》下册，商务印书馆 1988 年版。

［61］〔日〕伊藤清司：《铁火神判系谱杂记》，载《贵州民族研究》1986 年第 1 期。

瑶族法制史

［1］《史记》。

［2］《后汉书》。

［3］《三国志》

［4］《旧唐书》。

［5］《新唐书》。

［6］《宋史》。

［7］《元史》。

［8］《明史》。

［9］《清史稿》。

［10］广西壮族自治区编辑组编：《广西瑶族社会历史调查》第一册，广西民族出版社 1984 年版。

［11］广西壮族自治区编辑组编：《广西瑶族社会历史调查》第三册，广西民族出

版社 1986 年版。

［12］广西壮族自治区编辑组编：《广西瑶族社会历史调查》第四册，广西民族出版社 1986 年版。

［13］广西壮族自治区编辑组编：《广西瑶族社会历史调查》第五册，广西民族出版社 1986 年版。

［14］广西壮族自治区编辑组编：《广西瑶族社会历史调查》第六册，广西民族出版社 1987 年版。

［15］广西壮族自治区编辑组编：《广西瑶族社会历史调查》第八册，广西民族出版社 1985 年版。

［16］广西壮族自治区编辑组编：《湖南瑶族社会历史调查》，广西民族出版社 1986 年版。

［17］广西壮族自治区编辑组编：《广西少数民族地区碑文、契约资料集》，广西民族出版社 1987 年版。

［18］广西壮族自治区编辑组编：《广西少数民族地区石刻碑文集》，广西民族出版社 1985 年版。

［19］广东省编辑组编：《连南瑶族自治县瑶族社会历史调查》，广东人民出版社 1987 年版。

［20］云南省编辑组编：《云南苗族瑶族社会历史调查》，云南民族出版社 1982 年版。

［21］黄钰辑点：《瑶族石刻录》，云南民族出版社 1993 年版。

［22］金秀瑶族自治县志编纂委员会编：《金秀瑶族自治县志》，中央民族学院出版社 1992 年版。

［23］金秀大瑶山瑶族史编纂委员会编著：《金秀大瑶山瑶族史》，广西民族出版社 2002 年版。

［24］《恭城瑶族自治县概况》编写组编：《恭城瑶族自治县概况》，广西民族出版社 1994 年版。

［25］恭城瑶族自治县地方志编纂委员会编：《恭城县志》，广西人民出版社 1992 年版。

［26］龙胜各族自治县民族局《龙胜红瑶》编委会编：《龙胜红瑶》，广西民族出版社 2002 年版。

［27］都安瑶族自治县县志编纂委员会编：《都安瑶族自治县志》，广西人民出版社1993年版。

［28］零陵地区民族事务委员会编：《零陵地区志·民族志》，零陵地区民族事务委员会2001年。

［29］韦承林等主编：《连山瑶族》，天津古籍出版社1992年版。

［30］云南省思茅民委编：《思茅少数民族》，云南民族出版社1990年版。

［31］吕正元等主编：《富宁县民族志》，云南民族出版社1998年版。

［32］元阳县民委编：《元阳民俗》，云南民族出版社1990年版。

［33］郑德宏等整理译释：《盘王大歌》下集，岳麓书社1988年版。

［34］盘万才等收集，李默编注：《乳源瑶族古籍汇编》下，广东人民出版社1997年版。

［35］玉时阶：《白裤瑶社会》，广西师范大学出版社1989年版。

［36］金秀瑶族自治县民委、县文联等编，苏胜兴等主编：《瑶族风情录》，广西人民出版社1991年版。

［37］姚舜安：《瑶族民俗》，吉林教育出版社1991年版。

［38］《东山瑶社会》编写组编，盘福东执笔：《东山瑶社会》，广西民族出版社2002年版。

［39］韦标亮主编：《布努瑶历史文化研究文集》，贵州民族出版社2003年版。

［40］《瑶族简史》编写组编：《瑶族简史》，广西民族出版社1983年版。

［41］吴永章：《瑶族史》，四川民族出版社1993年版。

［42］黄钰等：《国际瑶族概述》，广西人民出版社1993年版。

［43］徐祖祥：《瑶族文化史》，云南民族出版社2001年版。

［44］柏果成等：《贵州瑶族》，贵州民族出版社1990年版。

［45］浦朝军等主编：《中国瑶族风土志》，北京大学出版社1992年版。

［46］胡起望等：《盘村瑶族》，民族出版社1983年版。

［47］张有隽：《瑶族传统文化变迁论》，广西民族出版社1992年版。

［48］赵廷光：《论瑶族传统文化》，云南民族出版社1993年版。

［49］李本高：《瑶族〈评皇券牒〉研究》，岳麓书社1995年版。

［50］彭兆荣等：《文化特例——黔南瑶麓社区的人类学研究》，贵州人民出版社1997年版。

［51］苏胜兴：《瑶族故事研究》，辽宁民族出版社 1998 年版。

［52］黄海：《瑶麓婚碑的变迁》，贵州民族出版社 1998 年版。

［53］谢明学等：《瑶族传统文化》，广西民族出版社 2000 年版。

［54］莫金山：《瑶族石牌制》，广西民族出版社 2000 年版。

［55］张有隽：《瑶族历史与文化》，广西民族出版社 2001 年版。

［56］农学冠等：《瑶族文学史》，广西民族出版社 2001 年版。

［57］颜其香主编：《中国少数民族风土漫记》中，农村读物出版社 2001 年版。

［58］李远龙主编：《传统与变迁——大瑶山瑶族历史人类学考察》，广西民族出版社 2001 年版。

［59］罗树杰主编：《走进民族学田野》，广西民族出版社 2002 年版。

［60］刘保元等：《茶山瑶文化》，广西人民出版社 2002 年版。

［61］许文清：《粤北瑶族研究》，香江出版有限公司 2002 年版。

［62］杨仁里：《零陵文化研究——都庞撷英》，珠海出版社 2003 年版。

［63］〔日〕竹村卓二：《瑶族的历史和文化》，广西民族学院民族研究所 1986 年版。

［64］广西民族研究所：《瑶族研究论文集》，广西人民出版社 1992 年版。

［65］广西瑶学会编：《瑶学研究》第 1 辑，广西民族出版社 1993 年版。

［66］张有隽主编：《瑶学研究（第 4 辑）——现代化与瑶族：发展前景》，广西民族出版社 1997 年版。

［67］中国人民政治协商会议江华瑶族自治县委员会文史资料研究委员会：《江华文史》第三辑，1992 年版。

［68］清远市政协文史委员会、连南瑶族自治县政协文史委员会编：《清远文史（九）——连南瑶族文史专辑》，清远市政协文史委员会 1995 年版。

［69］政协广西大化瑶族自治县委员会编：《大化文史》第三辑《布努瑶历史与文化》，2002 年。

［70］李刚等编：《广西恭城瑶族历史资料》，漓江出版社 1990 年版。

［71］黄石山：《瑶族古都千家峒》，《瑶族古都千家峒》编纂领导小组 2002 年版。

［72］匡自明主编：《云南民族村寨调查——瑶族（河口瑶山乡水槽村）》，云南大学出版社 2001 年版。

［73］《马克思恩格斯选集》第一卷，人民出版社 1995 年版。

［74］《马克思恩格斯选集》第二卷，人民出版社 1995 年版。

［75］《马克思恩格斯选集》第三卷，人民出版社 1995 年版。

［76］《马克思恩格斯选集》第四卷，人民出版社 1995 年版。

［77］〔古希腊〕亚里士多德：《政治学》，吴寿彭译，商务印书馆 1965 年版。

［78］〔德〕萨维尼：《论立法与法学的当代使命》，许章润译，中国法制出版社 2001 年版。

［79］〔英〕梅因：《古代法》，沈景一译，商务印书馆 1959 年版。

［80］〔美〕摩尔根：《古代社会》，杨东莼译，商务印书馆 1977 年版。

［81］〔美〕伯尔曼：《法律与宗教》，梁治平译，三联书店 1991 年版。

［82］〔美〕伯尔曼：《法律与革命——西方法律传统的形成》，贺卫方等译，中国大百科全书出版社 1993 年版。

［83］〔法〕拉法格：《财产及其起源》，王子野译，三联书店 1978 年版。

［84］〔美〕E·希尔斯：《论传统》，傅铿、吕乐等译，上海人民出版社 1991 年版。

［85］〔美〕R·科斯等：《财产权利与制度变迁》，上海三联书店、上海人民出版社 1994 年版。

［86］〔德〕柯武刚等：《制度经济学》，韩朝华译，商务印书馆 2000 年版。

［87］〔德〕马克斯·韦伯：《儒教与道教》，洪天富译，江苏人民出版社 1993 年版。

［88］〔德〕费尔巴哈：《费尔巴哈哲学著作选集》，王太庆译，三联书店 1962 年版。

［89］〔美〕克利福德·吉尔兹：《地方性知识》，王海龙等译，中央编译出版社 2000 年版。

［90］〔美〕E·博登海默：《法理学：法哲学与法律方法》，邓正来译，中国政法大学出版社 1999 年版。

［91］〔德〕茨威格特等：《比较法总论》，潘汉典等译，贵州人民出版社 1992 年版。

［92］〔美〕博西格诺：《法律之门》，邓子滨译，华夏出版社 2002 年版。

［93］〔奥〕凯尔森：《法与国家的一般理论》，沈宗灵译，中国大百科全书出版

社2000年版。

［94］〔美〕昂格尔：《现代社会中的法律》，吴玉章等译，中国政法大学出版社1994年版。

［95］〔美〕E·霍贝尔：《初民社会的法律》，周勇译，中国社会科学出版社1993年版。

［96］〔美〕哈耶克：《法律、立法与自由》第一卷，邓正来等译，中国大百科全书出版社2000年版。

［97］〔法〕布律尔：《法律社会学》，许钧译，上海人民出版社1987年版。

［98］白寿彝总主编，史念海主编：《中国通史》第六卷，上海人民出版社1999年版。

［99］白寿彝总主编，王毓铨主编：《中国通史》第九卷，上海人民出版社1999年版。

［100］龚书铎总主编，任崇岳主编：《中国社会通史》宋元卷，山西教育出版社1996年版。

［101］龚书铎总主编，赵云田主编：《中国社会通史》清前期卷，山西教育出版社1996年版。

［102］龚书铎总主编，朱汉国主编：《中国社会通史》民国卷，山西教育出版社1996年版。

［103］高丙中主编：《现代化与民族生活方式的变迁》，天津人民出版社1997年版。

［104］费孝通：《乡土中国》，三联书店1986年版。

［105］林耀华主编：《民族学通论》，中央民族学院出版社1990年版。

［106］林耀华：《婚姻家庭词典》，中国国际广播出版社1989年版。

［107］田继周等：《少数民族与中华文化》，上海人民出版社1996年版。

［108］董建辉：《政治人类学》，厦门大学出版社1999年版。

［109］岑家梧：《岑家梧民族研究文集》，民族出版社1992年版。

［110］林惠祥：《文化人类学》，商务印书馆1991年版。

［111］夏之乾：《神判》，上海三联书店1990年版。

［112］邓敏文：《神判论》，贵州人民出版社1991年版。

［113］乌丙安：《中国民俗学》，辽宁大学出版社1985年版。

［114］陈国强主编：《简明文化人类学词典》，浙江人民出版社 1990 年版。

［115］朱恒夫：《中国文化史教程》，江苏教育出版社 2000 年版。

［116］刘岱总主编：《中国文化新论——敬天与亲人》，三联书店 1992 年版。

［117］刘稚等：《宗教与民俗》，云南人民出版社 1991 年版。

［118］冯尔康：《中国古代的宗族与祠堂》，商务印书馆国际有限公司 1996 年版。

［119］张跃主编：《跨世纪的思考——民族调查专题研究》，云南大学出版社 2001 年版。

［120］黄成授等：《广西民族关系的历史与现状》，民族出版社 2002 年版。

［121］钱宗范等：《广西各民族宗法制度研究》，广西师范大学出版社 1997 年版。

［122］孙国华主编：《法学基础理论》，中国人民大学出版社 1999 年版。

［123］沈宗灵主编：《法理学》（第二版），高等教育出版社 2004 年版。

［124］葛洪义主编：《法理学》，中国政法大学出版社 1999 年版。

［125］吴宗金等主编：《中国民族立法理论与实践》，中国民主法制出版社 1998 年版。

［126］鲁加仑主编：《中国少数民族罪犯改造研究》，法律出版社 2001 年版。

［127］王亚新等编：《明清时期的民事审判与民间契约》，法律出版社 1998 年版。

［128］梁治平：《清代习惯法：社会与国家》，中国政法大学出版社 1996 年版。

［129］季卫东：《法治秩序的建构》，中国政法大学出版社 1999 年版。

［130］范宏贵：《少数民族习惯法》，吉林教育出版社 1990 年版。

［131］徐中起等主编：《少数民族习惯法研究》，云南大学出版社 1998 年版。

［132］俞荣根主编：《羌族习惯法》，重庆出版社 2000 年版。

［133］王铭铭等主编：《乡土社会的秩序、公正与权威》，中国政法大学出版社 1997 年版。

［134］高道蕴等编：《美国学者论中国法律传统》，中国政法大学出版社 1994 年版。

［135］高其才：《中国习惯法论》，湖南出版社 1995 年版。

［136］高其才：《中国少数民族习惯法研究》，清华大学出版社 2003 年版。

后记

苗族和瑶族都是具有悠久历史和丰富文化的南方民族，我们对苗族、瑶族的关注最早始于20世纪80年代末。当时进行中国习惯法研究时，我们查阅了苗族、瑶族社会历史调查资料和一些研究著作，对作为中国少数民族习惯法组成部分的苗族、瑶族习惯法有了一定的认识，特别是初步进行田野调查时，两个民族现今还存在的习惯法给我们留下了深刻的印象，苗族、瑶族的内生秩序和自治传统引发了我们的思考，他们吃苦耐劳的民族性格打动了我们，由此也增加了对苗族、瑶族民族文化的理解和对苗族、瑶族同胞的感情。

以后进行中国少数民族习惯法思考时，我们对苗族、瑶族文化和习惯法有了进一步的了解和认识。

2000年12月22日在云南昆明召开了中国少数民族法制史编纂研讨会，会议确定进行中国少数民族法制史的编写。在会上，我们便向少数民族法制史编纂的倡议者和总主编张晋藩先生提出承担苗族、瑶族法制史的撰写任务，得到张先生的同意。因此，本书能够完成首先感谢张晋藩先生的信任和支持。

自2001年开始，我们就分头搜集资料，在自己原有研究成果和资料积累的基础上进行苗族、瑶族法制史的思考与写作。其间虽有其他的一些写作事务，但苗族、瑶族法制史研究始终是我们教学工作之外的最主要的工作。

其中，苗族、瑶族法制史的研究主要依靠和得益于前人的大量成果。写作过程中广泛查阅了瑶族、苗族社会历史调查、地方志、碑刻材料、契约文书、乡规民约、民间文学资料等，阅读了有关瑶族、苗族的各种著述，逐渐对研究对象和研究范围有了清晰的认识，对研究内容有了较清楚的把握。所以瑶族、苗族法制史研究具有总结瑶族社会秩序形成，弘扬优秀瑶族、苗族法文化，促进现代法治在瑶族、苗族地区生长的意义，但是瑶族、苗族迁徙频繁，支系众多，居住较为分散，历史上没有形成统一的地方政权，因此，研究面临的难度颇大。唯有本着积极探索、全面梳理的态度，尽自己所能进行客观研究，才能很好地将新的科研成果呈现在广大读者面前。

苗族法制史部分是在徐晓光、吴大华、韦宗林、李廷贵著《苗族习惯法研究》（华夏文化艺术出版社2000年版）的基础上，通过多年的资料补充、调整结构而最终完成的。此次编写主要是进一步充实了历代封建王朝对苗族地区立法的内容，特别是清朝对苗疆地区法律调整的内容，吸收了周相卿、徐杰舜等人的研究成果，使本书谋篇、布局更加合理。由于先学对苗族法研究的成果不多，苗族口承法记述的不固定性，一些器物资料和文本资料难以入手等问题，都可能会影响本书的质量。

苗族法制史部分编写者分别承担以下章节：徐晓光负责绪论，第二章第一、二节，第四章第一、三节，第五章第二节，第六章第五节，第七章，第八章，后记；吴大华负责第六章第一、二节；李廷贵负责第三章；韦宗林负责第一章，第六章第三、四节；周相卿负责第五章第一节；徐杰舜等负责第二章第三节；最后，徐晓光对全书校对、引文核查以及补充相关资料。

本书瑶族法制史部分由高其才撰著。

本书主要进行了资料整理和初步的分析。由于苗族、瑶族法制史的研究是一个全新的课题，搜集的材料和进行的调查有限，我们的理解和把握不一定准确，因此本书难免存在错误和不足，期待方家和苗胞、瑶胞的批评、指正。

中国人怀中国情、思中国事、写中国书，这是我们的信念，我们愿意为此不断努力。真实生活和人文魅力始终引领我们前行。

著 者

2013年10月5日